# 타고난 반항아

**BORN TO REBEL**
by Frank J. Sulloway

사이언스 클래식 12

# 타고난 반항아

**프랭크 설로웨이** 정병선 옮김

## 출생 순서, 가족 관계, 그리고 창조성

**BORN TO REBEL**
birth order, family dynamics, and creative lives

사이언스
SCIENCE
BOOKS 북스

제롬 케이건에게

비글 호에 승선해 세계 일주(1831~1836년)를 하고 4년 뒤인 1840년 당시 찰스 다윈의 모습. 토지 귀족 가문의 여섯 자녀 중 다섯째였던 다윈은 자신의 저작 『자연 선택에 의한 종의 기원(*Origin of Species by Means of Natural Selection*)』(1859년)에서 개진한 진화 이론을 통해 생물학을 혁명적으로 바꿔 놓았다. 다윈은, 자신의 성격을 형성한 가족 역학 덕택에 타고난 반항아가 되었다. 다윈의 이론을 인간 행동의 과학, 특히 성격 발달 이론에 적용해 보면 창조적 업적의 기원과 관련해 단일한 최고의 안내를 받을 수 있다.

어젯밤부터 도대체 무엇이 인간으로 하여금 미지의 것들을 발견하게

해 주는지에 대해 고민하고 있다. 사실 그게 가장 난해한 문제 중의 하나란다.

아주 영리하다고 하는 많은 사람들—발견자들보다 훨씬 더 영리한—도

전혀 실마리를 찾아내지 못했지.

찰스 다윈, 1871년 아들 호레이스에게 보낸 편지에서(E. Darwin, 1915, 2:207)

# 차례

# 서론

●

 

이 책은 당혹스러운 난제에 의해 탄생되었다. 왜 어떤 사람들은 비범한 재능을 바탕으로 당대의 전통적인 지혜를 거부하고 우리의 사고방식에 대변혁을 가져오는 것일까? 코페르니쿠스, 뉴턴, 다윈은 세계에 대한 우리의 이해를 근본적으로 바꿔 놓은 대담한 몽상가 가운데 단지 세 명일 뿐이다. 제안된 아이디어가 아무리 급진적이어도, 그에 대한 반대가 제아무리 맹렬해도 어떤 사람들은 혁신의 탁월함을 재빨리 인식하고 그것의 방어에 동참했다.

찰스 다윈이 자연선택에 의한 진화 이론을 발표하자 과학자 사회는, 심지어 오늘날까지도 계속되는 신랄한 논쟁에 휩싸였다. 다윈의 사상은 격렬한 반대에 부딪쳤다. 그러나 일부 과학자들은 곧 다윈을 아이작 뉴턴 이래 가장 위대한 과학 혁명가로 인정했다. 인류가 원숭이의 후예일지도 모른다는 생각에 마음이 몹시 상한 다른 사람들은 그에게 과학적 추론이라는 진정한 방법론을 외면한 엉터리 무신론자라는 딱지를 붙였다. 결국은 소수의 견해가 다수를 압도했고, 다윈은 웨스트민스터 사원에 묻혔다. 그리고 거기서 멀지 않은 곳에 뉴턴도 잠들어 있다.

다윈이 혁명적 사상가로 성공한 것을 보면서 자연스럽게 두 번째 중요한 질문이 제기된다. 근본적인 혁명의 과정에서 어떤 사람들은 그들의 낡고, 잘못된 사고방식을 신속하게 폐기하는 반면 다른 사람들은 유력한 정설을 집요하게 고수하는 것은 왜일까? 역사가, 사회학자, 철학자, 심리학자 모두가 내가 제기하고 있는 이 문제에 답을 보내 왔다. 무수한 가설과 상당한 경험적 조사 연구가 이루어졌다. 그러나 어떤 사람들은 반항을 하지만 다른 사람들도 그에 못지않게 열광적으로 현 상태를 옹호하는 이유에 대해 만족스러운 답을 얻을 수가 없었다.

다윈의 진화 이론에서는 종교적 신념이 수용 과정에서 일정한 역할을 했음이 분명하다. 그러나 다수의 과학 혁명은 이데올로기적 동기보다는 기술적 이유로 맹렬한 반대에 부딪쳤다. 예를 들어, 알프레트 베게너의 대륙 이동설은 무려 50년 동안 무시되다가 마침내 지리학자들의 승인을 받았다.

관련 요인으로 종종 나이가 제안되었다. 그러나 나이는, 가끔씩이기는 하지만 부모들이 새로운 사상을 옹호하고 자식들은 동일한 혁신에 반대하는 이유를 설명해 주지 못한다.[1] 위대한 박물학자 에티엔 조프루아 생틸레르는, 다윈이 자연선택 이론을 발표하기 4반세기 전에 이미 진화를 믿었다. 그러나 같은 박물학자였던 에티엔의 아들 이시도르는 이 이단적 사상에 반대했다. 정치 분야를 살펴보자. 벤저민 프랭클린의 장남 윌리엄은 미국 독립 혁명에 반대하다가 영국당원으로 지목되어 추방당했다. 놀랍게도 나이가 혁명적 성향과 무관하다는 예는 이 외에도 많다.

급진적 사고방식과 관련해 또 다른 인기 있는 가설로 프로이트의 오이디푸스 콤플렉스 경쟁 개념이 있다. 혁명적 사상가들은 흔히 아버지와 힘든 관계를 경험한 것으로 이야기된다.[2] 역사적 사례를 동원하면 이 명제를 뒷받침하는 증거들을 쉽게 찾을 수 있다. 그러나 마찬가지로 동일한 방법론을 채택해 반대 증거들도 어렵지 않게 제시할 수 있다. 다윈이 어린 시절에 대다수의 과학자들과는 달리 아버지와 얼마간 심각한 갈등을 겪었다는 것은 사실이다. 그러나 자연선택 이론의 공동 발견자 알프레드 러셀 월리스는 부모와 돈독한 관계를 유지했다. 명명백백한 오이디푸스 콤플렉스를 전혀 경험하지 않고 자신들이 속한 학문 분야에서 사유 체계를 혁명적으로 변화시킨 다른 유명한 과학자들로 프랜시스 베이컨, 르네 데카르트, 루이 파스퇴르, 막스 플랑크를 거명할 수 있다. 지그문트 프로이트조차도 대다수의 과학자들보다 자신의 부모와 더 우호적인 관계를 유지했다.

혁명에 충성하는 태도가 각기 다른 이유를 설명하기 위해 재산과 사회적 지위가 자주 언급되어 왔다.[3] 사회 계급 이론은 혁명의 갈등 상황과 관련해 가장 곤혹스러운 특징 가운데 하나를 해명하지 못한다. 대규모 혁명은 흔히 가족 구성원들을 분열시키는 경향이 있다. 여기에는 함께 자란 형제(sibling, 남녀 모두를 아우르는 형제 관계를 말한다. 본문에서 sisters는 자매, brothers는 남자 형제로 표기하였다. —옮긴이)들도 포함된다. 프랑스 대혁명의 한 목격자는 공포 정치 시대에 이렇게 말했다. "이 통탄스러운 혁명에서도 최악인 것은 그것이 사적인 집단에 배태한 불화다. 가족과 친구, 심지어 연인 사이에서도 알력과 의견 충돌이 존재한다. 전염병과 같은 이 악성 풍조에서 누구도 자유롭지 못하다."[4] 시종일관 사회 계급 이론을 고수해 온 역사학자들은 프랑스 국민 공회(1792~1794년) 구성원들 간에 의미 있는 사회 경제적 차이점을 찾아내는 데 거듭 실패했다. 아무튼 압도적으로 중간 계급이 우세했던 이 대표 기구에서 쓰디쓴 반목과 다툼이 벌어졌고, 결과적으로 무자비한 공포 정치가 실시되어 50명 이상의 동료들이 단두대의 이슬로 사라지고 만다. 이 사실을 입증해 주는 확고부동한 증거로 국민 공회 의원으로 선출된 열여섯 형제의 사례만 한 것이 없다. 이 형제들은 대개 경쟁하는 정치 분파에 가입했다. 종교 개혁도 가족 구성원들에게 비슷한 영향을 끼쳤다. 남편들이 아내와 갈라서고, 부모가 자식들과 의절하고, 형제들은 서로를 도륙하거나 등을 돌렸다.[5]

급진적 사고방식의 이유를 설명하려는 이런저런 시도가 간과하고 있는 것은 바로 인간 행동에 대한 단순하지만 놀라운 관찰이다. 개인들의 성격 차이의 대부분 — 반항적 성향의 기초가 되는 성격을 포함해서 — 이 가족 내에서 발생한다는 사실 말이다. 도대체 어떤 사람들은 왜 반란을 일으키느냐는 물음 — 아주 현명한 소수의 개인이 급진적 혁명을 일으키는 이유를 포함해서 — 은 사실상 형제들이 왜 그렇게 다르냐는 질문과 같다.

이 책은 전체 4부로 구성되어 있다. 각 부는 기본적인 논지에 새로운 논의를 추가하는 방식을 취하고 있다. 1부는 가장 핵심적인 문제를 설명한다. 일부 과학자들은 서슴없이 급진적인 사상을 받아들이는데 다른 과학자들은 그렇지 못한 이유는 무엇일까? 다윈의 진화 이론으로의 전향에 대한 이야기가 혁명적 사상과 관련해 자주 등장하는 특징을 예시해 준다. 과학자는 말할 것도 없고 대부분의 사람들은 근본적 혁신에 저항한다. 동일한 생물학적 증거와 대면했을 때 다윈은 진화를 받아들였다. 그러나 그의 가장 절친한 동료들은 창조주에 대한 믿음을 포기하지 않았다. 다윈을 급진적 혁명가로 변화시킨 데에는 증거 외에 다른 많은 것들이 필요했다. 다윈의 길을 닦아 준 전기(傳記)적 환경은, 내가 서양사에 등장하는 6,000명의 개인사 연구를 통해 축적한 결론의 좋은 실례이다. 어떤 사람들은 반항을 타고나는 것 같다.

내가 개진하는 주장의 핵심은 주목할 만한 발견에서 출발했다. 함께 양육된 형제들은 서로 다른 가정에서 자란 사람들만큼이나 성격이 다르다.[6] 성격 심리학 연구로 확립된 이 결론은, 가족 경험이 각각의 아이들에게 얼마나 다를 수 있냐고 묻는다. 가족 내에서 발생하는 무작위적인 경험과 영향 때문에 형제들이 서로 다른가? 아니면 이런 영향력이 가정환경을 분할하는 변수들과 질서 정연하게 연결되어 있는가? 성별이 유의미한 고려 사항이라는 것은 분명하다. 그러나 성별이 유일한 요소, 아니 나아가서 가장 중요한 요소인가?

각각의 형제에게 상이한 조건인 출생 순서는 어떤가? 출생 순서 관련 문헌들은 이 변수의 연관성을 강력하게 뒷받침하고 있으나, 이런 연구 결과들은 흔히 모순적이라는 이유로 일반적으로 무시되었다. 세월이 흐르면서 이런 모순이 대개는 방법론 때문이라는 사실이 밝혀졌다. 출생 순서와 관련된 방대한 문헌들이 방법론적 문제 말고도 조사 결과에서 적절하고 합리적인 이론적 시각을 끌어내지 못했던 것도 사실이다. 그러나 출생 순서 관련 문헌은 제대로 재해석될 경우 인상적인 경향성을 제시해 줄 뿐만 아니라 형제들이 왜 그토록 다른지를 해명하는 데에서 중요한 첫발을 내딛도록 해 준다.

다윈의 이론과, 태동 중인 진화 심리학이 형제들이 왜 그렇게 다른지를 포함해 가족생활을 이해할 수 있는 유용한 지침들을 제공해 준다. 형제들이 서로 달라지는 중요한 원인 하나를 들라면 가족 내 자원을 놓고 벌어지는 경쟁을 꼽을 수 있다. 이 자원, 특히 부모의 사랑을 놓고 다툼이 발생하면서 경쟁 관계가 형성된다. 실제로 되풀이되는 갈등 원인은 그것이 무엇이 되었든 승리의 가능성을 증대시킬 적응을 촉진하는 경향이 있다. 형제들은 경쟁에서 우위를 점하기 위해 체격과 힘이라는 육체적 이점을 활용한다. 이러한 불균형은 형제들이 경쟁에서 채택하게 되는 전술을 좌우한다. 이런 육체적 차이의 우열을 가리고 나아가 가족 내 지위를 결정하는 중대한 요소가 출생 순서이다. 시간이 흐르면서 첫째들이 수행하는 전략은 후순위 출생자들의 대응 전략을 낳았다. 그 결과 가정 내에서 진화의 군비 경쟁이 단행되었다. 성경조차도 형제간의 다툼이 얼마나 중요한지 언급하면서 진화 이론을 건드리고 있을 정도다. 성경 최초의 살인 — 형 카인이 아벨을 살해한 사건 — 은 형제 살해였다.

첫째가 권력과 권위에 더 강력하게 공명하는 것은 자연스러운 현상이다. 그들은 먼저 가족 구성원으로 편입되었으며, 우세한 체격과 힘을 바탕으로 자신들의 특수한 위치를 방어한다. 첫째들은 그들의 더 어린 형제들과 비교할 때 자기주장이 더 강하고, 사회적으로 우세하고, 패기만만하고, 지위를 지키려고 몹시 경계하며, 방어적이다. 가족 체계 내의 패배자들인 더 어린 형제들은 현 상태에 이의를 제기하는 경향이 있으며, 일부는 '혁명적 성격'을 발달시키기도 한다. 후순위 출생자들은 혁명의 이름으로 유서 깊은 당대의 가설들에 거듭 도전해 왔다. 용감한 탐험가, 우상 파괴자, 역사의 이단자들은 모두 그들의 지위에서 비롯했다.

성별처럼 출생 순서도 명확하고 인상적인 결과들을 지닌 역사를 통해 그 영향력을 발견할 수 있다. 기록된 대부분의 역사를 보면 출생 순서가 누가 살고 누가 죽을지, 누가 정치권력을 보유하고 누구는 갖지 못할지, 누가 짝을 찾아 번식에 성공할지를 흔히 결정해 왔다. 이전 세기에 부모들은 흔히 첫째들에게 더 많은 투자를 했다. 후손 가운데 적어도 하나라도 가계를 성공적으로 존속시키도록 하기 위해서였다. 역사적으로 볼 때 첫째는 자식을 더 많이 가졌다. 장자 상속권이 도입되기 전에도 부족한 자원은 계속해서 가족의 규모를 제한하는 역할을 수행했다. 부모는 방치는 물론이고 유아 살해까지 저질렀다. 그리고 그 대상은 흔히 더 어린 형제들이었다. 후순위 출생자들은 유년기를 살아남아 자신의 유전자를 다음 세대에 전달하기 위해 노력하는 과정에서 더 나이 든 형제들과 끊임없이 갈등을 빚었다.[7]

행동의 진화는 개인들이 어떻게 행동 양식을 익히는가와는 구별되는 쟁점이다. 아이들은 첫째나 후순위 출생자 특유의 유전자를 물려받는 게 아니다. 부모의 투자를 이끌어 내기 위한 경쟁을 효과적으로 수행할 수 있는 유전자만이 존재한다. 가정환경이 이 경쟁 풍조가 표출되는 방식을 결정한다. 순전히 성격의 견지에서만 보자면 첫째도 후순위 출생자가 될 가능성이 있고, 그 반대도 성립한다. 그러나 출생 순서의 심리적 효과로 인해 가정환경에 불가항력적인 역학이 조성된다.

2부는 출생 순서 이외에도 성격에 영향을 미치는 다양한 요인들을 검토한다. 시간이 흐르면서 종들은 서로 달라진다. 같은 이유로 형제들도 서로 달라진다. 분산은 부족한 자원을 놓고 벌어지는 경쟁을 최소화한다. 예를 들어, 아이들은 직접적인 경쟁을 피하고 어느 쪽이든지 부담이 없는 부모에게 호소함으로써 자신들이 받는 관심과 양육의 양을 증대시킬 수 있다. 형제의 차이에 대한 이야기는 결국 가족 구조와 가족 내에서 각자의 지위가 분배되는 방식에 관한 이야기인 셈이다. 그것은 부모의 투자와 그 투자에 내재하는 편향에 관한 이야기이기도 하다. 그러지 않으려는 최선의 노력에도 불구하고 부모들은 종종 일부 자녀를 편애한다. 가정 내에서 당하는 불공평보다 더 심각하게 감지되는 사회적 불의는 없다. 이런 감정은 달래지지 않을 경우 권위에 대한 존경심을 훼손하고, 나아가 혁명적 성격의 토대가 된다.

성별, 기질, 부모-자식 갈등, 부모 사망 같은 특정 요인들을 혁명적 성격을 예측하는 조건들에 덧붙일 수 있다. 아울러 이런저런 변수들이, 부모의 투자를 극대화하는 것을 목표로 하는 형제 전략을 규정한다. 심지어 외자식일지라도 형제 전략을 구사한다. 역설처럼 보이는 이런 상황은 아직 태어나지 않은 형제의 위협으로 설명할 수 있다. 태어나지 않은 형제들이 가족의 삶에 미치는 다원주의적 영향력은 그들이 내재되어 있는 난자와 정자만큼이나 현실적이다.

형제 전략은 필연적인 결과로서 창발적인 특성을 수반한다. 출생 순서, 성별, 기질이 상호 작용하여, 이런 영향들의 단순한 총합에 기초해서는 결코 예상할 수 없는 성격적 특성이 탄생한다. 형제 전략 이론은 성격의 이런 창발적 특징들을 밝히는 데 도움이 되며, 이런 특징들이 가족 구조 및 역학과 맺고 있는 관련성을 서술하고자 시도한다.

3부는 사회적 영향력, 특히 사회적 태도와 사회 계급의 역할을 탐구한다. 사회적 영향력이 가족 간의 차이를 상당 정도 만들어 낸다. 이런 상이함이 성격에 끼치는 직접적인 영향력은 미미하지만 행동에 상당한 영향을 끼치는 사회적 태도와 가치를 규정한다. 성격과 사회적 태도의 상대적 독립성을 이해하면 각종의 전기(傳記)적 역설을 해명할 수 있다. '순응적' 성격의 사람은 부모나 다른 권위 있는 인물들로부터 배운 자유주의적 태도를 지지할 수 있다. 사회적 태도는 또한 형제간 차이도 반영한다. 이것은 자손들은 물론이고 가까운 조상에서도 마찬가지이다. 배우자들의 사회적 태도는 상호 관련성이 매우 높다. 세대를 거듭하면서 형제들의 세계관 차이는 동류 결혼, 즉 비슷한 사람끼리의 결혼을 통해 더욱 커진다. 가족 구성원들이 승인하는 세계관은 사실상 모습을 달리한 형제들의 차이다. 급진적 사고를 해명하기 위해 우리가 알아야 하는 대부분은 형제들의 상이성이다.

3부의 많은 부분이 일반적인 역사를 소개하고 있다. 과학적 규범을 적용하지 않으면 올바른 역사가와 그렇지 못한 역사가를 쉽게 식별하지 못한다. 역사가들이 이제까지 채택한 방법들은 가설을 만들어 내는 데서는 뛰어날지 모르지만 가설을 검증하기에는 부적절하다. 본 연구와 관련해 나는 수만 건의 전기적 기록에서 취합한 50만 개 이상의 전기적 자료를 전산화했다. 이렇게 많은 정보를 종합하고 분석하기 위해 컴퓨터 기술과 가설 검증을 활용했다. 대다수의 사람들은 과학이 물리학이나 화학 같은 과목이라고 생각한다. 그러나 과학은 과목이 아니라 방법이다. 역사의 많은 부분을 과학적으로 연구할 수 있다.[8]

반항적 성향의 중요한 원천은 과학에서와 마찬가지로 사회생활에서도 동일할까? 형제 전략이 실현되는 무대로서의 정치는 폭력이 개입하면서 복잡해진다. 좌익 테러리즘과 평등주의는 아주 상이한 정치 경향이다. 역사적으로 이런 운동들은 각기 상응하는, 형제들의 서로 다른 특성을 밝혀 준다.

정치 분야에서 가족 역학이 수행하는 역할을 밝히기 위해 나는 종교 개혁과 프랑스 대혁명을 연구했다. 나는 이 두 가지 급진적 사회 혁명을 조사하면서 나의 전반적 명제를 점검하고 사태를 추가로 해명할 수 있었다. 이 두 개의 급진적 사건이 진행되는 과정에서 사회 변화에 대한 태도를 알 수 있게 해 주는 최고의 예언자는 형제들 사이에 벌어진 불화였다. 프랑스 대혁명은 큰 규모로 씌어진 카인과 아벨 이야기이다. 프랑스 대혁명은 같은 가정에서 자란 형제들의 정치적 견해가 그토록 다른 이유와 과정을 실증한다. 사회 계급은 공포 시대를 설명하는 데서 보조적인 역할만을 담당할 뿐이다.

배우자들 사이의 갈등은 형제 투쟁의 법칙을 반영한다. 대다수의 배우자들은 형제들과 함께 자라면서, 가족 내에서 각자의 지위를 확립하려는 적응적 전략을 습득한다. 사회 혁명은 이런 형제들의 차이점을 표면화시킨다. 종교 개혁에 가담한 모든 배우자가 동일한 출생 순서를 가진 누군가와 결혼하는 행운을 누렸던 것은 아니다. 그리하여 종교 개혁기의 부부들은 종교적·정치적 쟁점을 두고 흔히 반목했다. 헨리 8세가 불만을 품은 배우자에 의해 권위에 도전을 받은 유일한 남편은 아니다. 신교라는 이단을 받아들였다가 왕비들 중 몇몇이 남편들에 의해 투옥 당했다. 어떤 사람들은 형장의 이슬로 사라졌다. 출생 순서는, 헨리 8세와 그의 여섯 아내의 경험을 포함해서 결혼 생활의 이런 갈등을 예보해 주는 훌륭한 지표이다.

책의 네 번째이자 마지막 부에서 나는 반항 성향과 관련해 내가 발견한 사실들을 종합한다. 그 과정에서 나는 아주 우발적인 역사의 특성과 씨름했다. 역사의 독특함은 그것이 제시하는 상황의 다양성이다. 인간의 행동은 예측할 수 있다. 물론 전후 맥락이 충분하게 구체적일 때만이다. 되풀이하여 발생하는 패턴을 간파해 내려면 개인의 전기적 영향력만큼이나 역사적 상황에도 많은 관심을 기울여야 한다. 역사가들은 올바르게도 역사적 상황의 역할을 정당하게 평가해 왔다. 그러나 그들은 이 문제를 과학적으로 조사하지 않았다. 개인의 성향과 행동의 상황적 맥락 사이에 존재하는 상호 작용이 너무나 다채롭고 풍부하기 때문에 이 문제를 서술적 방법으로 해명하기는 곤란하다.

독립적인 기준을 사용해 혁신의 사례를 분석하고 분류할 수 있었다. 그 혁신의 사례들을 적절하게 분류했더니 지지자들의 유형에서 혁명을 관통하는 주목할 만한 일관성이 드러났다. 과학에서 첫째들은 보수적 혁신을 지지한다. 반면 후순위 출생자들은 일반적으로 보수적 혁신에 반대한다. 생물학의 '생기론(生氣論)'은 첫째들의 이런 선입견을 거듭해서 입증해 주었다. 보수적 혁신과 달리 급진적 혁명가들의 제안은 널리 인정되는 사회적 관념, 특히 유력한 종교적 교의와 충돌했다. 코페르니쿠스의 이론과 다윈주의는 모두 후순위 출생자들이 주도하고 첫째들은 줄기차게 반대한 급진적 혁명이었다.

혁명들의 상이한 유형이 같은 사람에게서도 각각 다른 반응을 불러일으키기 때문에 단 하나의 역사 변동 사례로는 역사에서 누가 지도적 역할을 발휘할지 알 수 없다. 다수의 역사적 사건을 연구하고, 이 사건들을 명확한 특징에 따라 분류하는 것이 필수적이다. 역사 사건들을 적절하게 분류하면 대개는 인간 행동의 일관성을 증명할 수 있다.

이 연구를 시작할 때 나의 목표는 인간 행동의 한 측면만이라도 해명하는 것이었다. 반항 성향 말이다. 마주친 문제와 관련해 나는 어떤 도움도 받을 수가 없었다. 가족생활의 딜레마에서 도출된 행동학적 해결책이 사람들을 변화에 대처할 수 있도록 사전에 적응시킨다. 현 상태를 받아들이느냐 거부하느냐의 문제는 우리 모두가 종종 내려야 하는 근본적인 결정이다. 우리는 먼저 가족 내에서 그런 결정을 내리는 법을 배운다. 가족은 혁명이나 반혁명에 대한 개인의 태도를 벼려 주는 위대한 대장간으로, 역사 변화의 으뜸가는 엔진 가운데 하나이다. 나도 처음에는 깨닫지 못했지만 반항의 원인이 모든 가족에 다양한 방식으로 존재한다. 이 책은 우리 모두에 관한 이야기이다.

# 1부

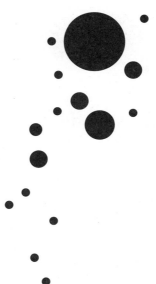

# 출생 순서와 혁명적 성격

# 1장

●

## 과학 혁신에 대한 개방성

찰스 다윈이 살았던 시절에 진화는 이단적 교설이었다. 성경은 물론이고 상식과도 배치되었으니 말이다. 동시대인 대다수가 공공연히 이 사상을 거부했다. 그러나 다윈은 심지어 근심 걱정으로 병이 날 지경이었지만 이 문제를 진지하게 받아들였다. 그는 자신이 진화를 믿는다고 인정하면서 이렇게 말하기까지 했다. "살인을 고백하는 것 같다."[1]

이 책은, 서구의 사상사에서 자신들이 살았던 시대의 사고방식을 혁명적으로 일신하기 위해 분투한 수많은 '다윈들'의 이야기이다. 그 가운데 일부는 16세기의 철학자 조르다노 브루노처럼 화형을 당했다. 이단적 신념을 고수한 다른 일부는 좀 더 자비롭게도 교수형에 처해지거나 참수당했다. 갈릴레오처럼 당대의 막강한 사회 기관으로부터 혹독한 비난을 감수해야 했던 이들도 있다. 다수의 급진적 사상가들이 익명 출판을 통해 보호책을 강구했다. 볼테르는 현명하게도 100개가 넘는 가명을 사용했다. 이런 방법을 동원했다고 해서 그가 인생의 상당 기간 동안 자신이 사랑한 파리에서, 이어서 조국에서 추방당하는 사태를 면할 수는 없었다. 추방, 참수, 화형의 위협에도 불구하고 이들 용감한 사람들은 잠자코 있기를 한사코 거부했다.

도대체 왜 어떤 사람들은 다윈처럼 새로운 사상을 받아들이는데 다른 사람들은 동일한 혁신에 반대할까? 다윈의 경우에도 압도적인 과학적 증거들은 전혀 결정적인 요소가 못 되었다. 다윈은, 불과 몇 년 만에 동료들 사이에 널리 알려진 조사 결과를 바탕으로 진화를 믿기에 이른다. 오직 다윈만이 이 증거들에 자극을 받아 혁명적인 설명 방법을 모색했다. 이 이야기는 들어 볼 만한 가치가 있다.

1831년 12월 27일 비글 호가 영국을 출발해 5년간의 세계 일주 항해를 시작했다. 비글 호의 임무는 남아메리카의 남쪽 해안을 조사하고, 지구의 경도를 측정하는 것이었다. 다윈이 이 배의 박물학자 자격으로 항해에 동승했다. 그는 약관 22세로 케임브리지 대학교를 갓 졸업하고 성직에 몸담을 준비를 하고 있었다. 다윈은 붙임성 있는 성격으로, 지질학과 자연사에도 관심이 많았다. 그의 삼촌이 그를 "호기심이 대단하다."고 묘사한 것은 적절한 지적이었다.[2] 그는 영국을 출발할 당시만 해도 하나님이 모든 피조물을 세상에서 의도한 위치에 맞게 설계했다고 믿는 창조론자였다. 그는 『자서전(*Autobiography*)』에서 이렇게 회고했다. "비글 호에 승선할 당시만 해도 나는 아주 정통적이었다. 장교 몇 명(그들도 정통적이기는 마찬가지였다.)이 어떤 도덕 문제와 관련해 내가 반박할 수 없는 권위로 성경을 인용하자 크게 비웃었던 게 기억난다."[3]

비글 호 항해와, 특히 다윈이 갈라파고스 제도를 방문하면서 이 모든 것이 바뀌었다(그림 1.1).[4] 에콰도르에서 서쪽으로 600마일(약 966킬로미터) 떨어진 지점에 위치한 16개의 주요 섬으로 이루어진 갈라파고스 군도는 과거 수백만 년 동안 화산이 분출하면서 형성되었다. 현재 갈라파고스 제도에서 가장 오래된 일부 지형은 그 기원이 약 300만 년 전으로까지 거슬러 올라간다. 그러나 수중의 해산(다시 말해 '수몰된' 섬) 몇 개는 그 나이가 최고 900만 년에 이른다.[5] 이 정도의 시간은 지구 나이의 400분의 1에 불과하며, 공룡들이 세상을 지배한 이후 시기의 20분의 1 정도이다. 그렇지만 진화가 자신의 틀림없는 결과를 보여 주기에는 충분한 시간이었다.

갈라파고스 군도는 전체가 불과 250마일(약 402킬로미터) 정도의 타원형 지역 안에 분포하며, 대부분의 섬이 서로의 시계(視界) 안에 존재한다. 스페인 해적들이 거기 사는 거대 육지거북(갈라파고스)에 착안해 당초에 무인도였던 이 제도에 이름을 붙여 주었다. 적도가 지나가는 이 제도는, 높은 고도를 제외하면 뜨겁고 건조한 기후이다. 고지대인 화산 꼭대기에서는 구름이 형성되어, 기온이 온화하고 식물상도 다채롭다. 반면 사막 같은 저지대는 선인장과 잎이 없는 덤불로 덮여 있다. 다윈은 이 불모의 풍광을 "지옥"에서나 기대할 수 있는 광경이라고 말했다.[6]


**"수수께끼 중의 수수께끼"**


갈라파고스 제도에서 가장 눈에 띄는 것은 그곳에 서식하는 동물이다. 다윈도 자신의 『연구 일지(*Journal of Researches*)』에 이렇게 적고 있다.

이 섬들의 생물상은 아주 흥미롭고, 주목할 만한 가치가 있다. 대부분이

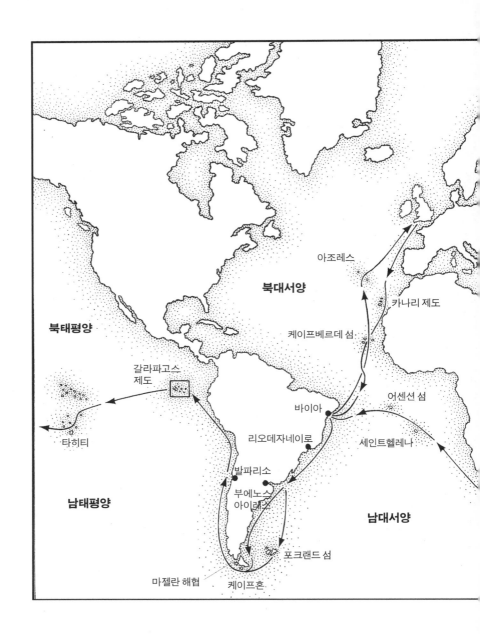

그림 1.1 비글 호의 세계 일주 항해(1831~1836년) 경로.

**오른쪽 상단의 삽입 지도** 비글 호는 에콰도르에서 서쪽으로 600마일(약 966킬로미터) 떨어진 갈라파고스 제도를 1835년 9월과 10월에 방문했다. 다윈은 이 군도에서 겨우 5주 보냈을 따름이

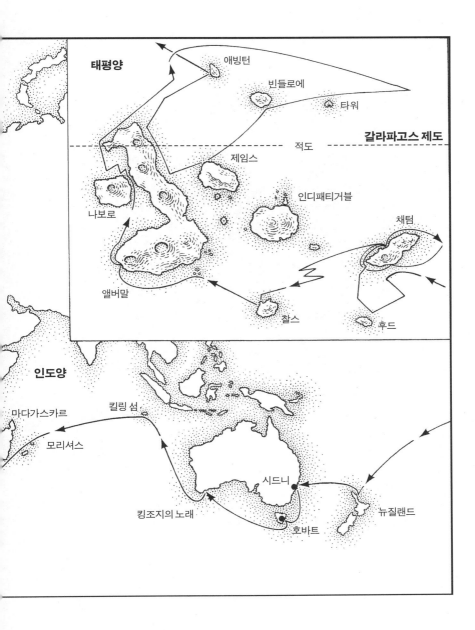

태평양

애빙턴

빈들로에

타워

갈라파고스 제도

적도

제임스

인디패티거블

채텀

나보로

앨버말

찰스

후드

인도양

마다가스카르

킬링 섬

모리셔스

시드니

킹조지의 노래

뉴질랜드

호바트

지만 여기서 발견한 증거를 바탕으로 종의 기원에 관한 자신의 생각을 근본적으로 바꾼다. 다윈은
채텀, 찰스, 앨버말, 제임스 등 주요 섬 네 개에 상륙했다. 그리고 거기서 고지에서의 3일을 포함해
9일 동안 표본을 수집했다.

채텀 섬 스티븐스 만 근처의 **화산 원뿔**. 다윈은 자신의 『일기』에서 이 지역을 이렇게 묘사했다. "이 섬의 해안에서 하룻밤을 잤다. 꼭대기가 잘린 검정색 원뿔들이 무수히 많았다. 작은 고대(高臺) 하나에서 시작해 60개까지 세어 보았다. 위로는 전부 얼마간 완벽한 형태의 분화구였다. …… 섬의 이쪽 부분은 전체적으로 고운 체처럼 지하에서 분출하는 증기가 관입하고 있는 것 같다. …… 많은 분화구가 일정한 모양을 하고 있어서 인위적이라는 느낌을 받았고, 대형 주물 공장이 많이 자리하고 있는 스태퍼드셔 지방이 연상되었다. 타는 듯이 더운 낮에 거칠고 험한 지면을 가로질러 뒤엉킨 잡목 숲을 헤치고 나아가는 일은 아주 힘들었다. 그러나 나는 기묘하고도 거대한 광경을 보면서 충분히 보상받았다고 생각했다."(Darwin 1845:374)

토착 생물로 다른 곳에서는 전혀 찾아볼 수가 없는 것이다. …… 이 군도의 작은 규모를 고려하면 토착 생물의 수와 녀석들의 제한적 서식 범위에 더 한층 놀라게 된다. 우리는 머리 부분이 분화구인 온갖 고지와 여전히 경계가 뚜렷한 용암류를 보면서 지질학적으로 비교적 최근 시기에 온전했던 대양이 이곳에서 분출했음을 알게 된다. 그 결과, 시간과 공간 모두에서 우리가 엄청난 사실에 얼마간 다가서게 된 것 같다. 그것은 수수께끼 중의 수수께끼로, 이 지구상에 새로운 생물이 최초로 출현한 것과 관계가 있다.[7]

갈라파고스 제도의 지질학적 기원이 다윈이 얘기한 "수수께끼 중의 수수께끼"를 푸는 열쇠였다. 창조론에 따르면 하나님께서는 시대를 달리해 지구상에 다양한 생물 종을 늘어놓았다. 다윈은, 갈라파고스를 방문했을 즈음 다양한 창조의 "중심지들"이 독자적인 동물군과 식물군을 보유하는 이유를 개별 창조 학설로 설명하려고 했다. 다윈이 항해 일지에서 언급한 것처럼, 그런 지리적 차이점이 "창조의 시기들이 서로 멀리 떨어져 있는 전혀 별개임"을 알려 주는 것 같았다. "조물주는 수고스러운 노동 속에서 쉬고 계셨다."[8] 설계 이론이 창조론의 주춧돌을 제공하면서 생물이 각각의 개별적 환경에 잘 적응하는 이유를 설명해 주었다. 이 이론에 따르면 창조주는 모든 종의 필요성을 예상하고, 그들에게 자연의 질서에서 각자의 지위에 어울리는 적응 형태를 제공했다고 한다.

갈라파고스의 생물들이 이 섬들에 고유하고 최근에 발생했기 때문에 다윈은 이 사실을 "개별 창조"의 증거로 보았다. 만약 그렇지 않다면 남아메리카 서부에서 볼 수 있는 동일한 종이 일부라도 이 군도에 서식해야만 했다. 외래 동식물이 가끔씩이라도 길을 잃고 유입되었을 것이므로.

다윈은 갈라파고스 제도의 상이한 섬들에 아주 비슷하지만 같지는 않은 종들이 서식한다는 사실에 큰 충격을 받았다. 제도의 부총독이 이 지역적 편차를 다윈에게 처음 알려 주었다. 그는 아무 거북이라도 어떤 섬에서 가져온 것인지를 "확실하게" 구분할 수 있다고 자신 있게 말했다. 다윈은 처음에는 이런 주장에 별다른 관심을 기울이지 않았다. 그러

**그림 1.2 다윈의 갈라파고스핀치.**
13종 가운데 4종을 묘사했다. (1)큰부리지상핀치(*Geospiza magnirostris*), (2)중간부리지상핀치(*G. fortis*), (3)작은식충나무핀치(*Camarhynchus parvulus*), (4)휘파람핀치(*Certhidea olivacea*). 다윈은 이 상이한 형태의 핀치들이 제시하는 진화적 함의에 깊은 인상을 받았고, 이 삽화를 자신의 『연구 일지』 제2판(1845:379)에 추가했다. '다윈의 핀치'는 진화의 가장 유명한 사례 가운데 하나이다.


나 증거를 숙고하면서 이 사실들이 중요하다는 것을 깨달았다.

다윈은 갈라파고스에서 발견되는 근연 관계의 핀치들이 보이는 다양한 형태에 호기심을 느꼈다. 큰부리콩새에서부터 굴뚝새에 이르기까지 부리의 크기가 다양한 13종의 핀치를 확인할 수 있었다. 지상에서 생활하는 4종은 주로 씨앗을 먹었고, 2종은 선인장을 먹었으며, 잎을 먹는 게 1종, 수상 생활을 하며 곤충을 잡아먹는 6종에는 '휘파람'핀치와 '딱따구리'핀치도 포함되었다(그림 1.2). 다윈은 나중에 『일기』에서 이 특이한 조류 집단에 관해 이렇게 적었다. "근연 관계의 작은 조류 집단 하나에서 이런 식으로 단계적 변화를 보이는 구조의 다양성을 목격하면 정말이지 누구라도 이런 생각을 품지 않을 수 없을 것이다. 이 군도에서 처음에는 소수에 불과했던 한 종의 새들이 상이한 목적에 따라 변형되었을 것이라고."[9]

다윈은 갈라파고스 군도에 주목할 만한 또 다른 동물군이 서식한다는 사실을 확인했다. 두 종류의 대형 도마뱀이 그것들이었는데, 하나는 해양 종이었고, 다른 하나는 육지에 살았다. 두 종 모두 처음 보는 것이었지만 서로는 매우 비슷했다. 다윈은 해양 종이 대집단을 형성해 해안 근처의 화산암에서 햇볕을 쬐는 광경을 목격했다. 녀석들은 해조류만 먹는 것 같았다. 세계 유일의 해양 도마뱀이었던 것이다. 과거에 섬을 찾았던 사람들은 이 섬뜩한 외모의 피조물을 "암흑세계의 마귀"라고 불렀다.[10] 한 비글 호 승무원에 따르면, 이 이구아나를 바위에 잡아매 놓고 익사시키려 했는데 녀석은 한 시간이 넘도록 잠수를 했다고 한다.

다윈은 육지이구아나가 해양 종과 달리 영역성이 매우 높으며 땅속에 굴을 파고 산다는 사실을 확인했다. 해양 종은 군도 전역에서 발견되었지만 육지 종은 놀랍게도 4개의 주요 섬으로 서식지가 제한되어 있었다. 다윈은 이렇게 말했다. "해양 종과 육지 종이 있고, 지구상에서 이토록 제한된 지역에만 서식하는 특이한 속(屬)을 발견하다니 매우 흥미롭다."[11] 그렇다면 다른 어디에서도 찾을 수 없는 이 독특한 종들은 어떻게 갈라파고스에 처음 모습을 드러낼 수 있었을까? 녀석들이 여기서 창조되었을까? 만약 그렇다면 하나님께서는 도대체 왜 서로의 시계 안에 있는 섬들에서 확연하게 구분되는 종을 창조하셨단 말인가?

다윈은 이 문제들을 고민하다가 갈라파고스에 서식하는 생물들이 오래전에 아메리카 본토에서 건너온 생물들의 후손일지도 모른다고 생각하기 시작했다. 만약 그렇다면 갈라파고스 생물상의 다수가 흉내지빠귀와 딱새처럼 "아메리카의 흔적"을 갖고 있는 이유를 해명할 수 있을

**갈라파고스거북.**

**왼쪽** 제임스섬거북(*Geochelone elephantopus darwini*). 제임스 섬에는 푸른 풀이 무성한 고지가 있고, 먹을 것과 마실 물이 풍부하다. **오른쪽** 후드섬거북(*G. elephantopus hoodensis*). 이제는 멸종해 버린 찰스 섬 거북과 유사한 극단적인 안장 형태를 하고 있다. 건조한 저지대에서는 거북들이 목을 높이 뻗어 선인장 잎에서 음식물이나 물을 획득할 수 있도록 등딱지가 위로 올라가는 진화가 발생했다.

터였다. 그는 나중에 자신의 항해 『일기』에 이렇게 적었다.

> 갈라파고스 제도는 아메리카 해안보다 (아프리카 북서부 해안에서 500킬로미터 떨어진) 카보베르데 제도의 섬들과 물리적 환경이 훨씬 더 유사할 것이다. 그러나 이 두 제도의 토착 생물들은 완전히 다르다. 카보베르데 제도의 생물들은 아프리카의 특징을 갖고 있다. 반면 갈라파고스 군도의 생물들은 아메리카 생물의 흔적이 남아 있다.[12]

다윈은 궁금하지 않을 수 없었다. 섬의 동식물이 가장 가까운 본토 생물에서 유래하지 않았다면 어떻게 이런 일이 가능하단 말인가? 게다

**갈라파고스이구아나는 이 군도 특유의 생물이다.**

**왼쪽** 해안선 근처의 화산암에서 햇볕을 쬐고 있는 해양이구아나(*Amblyrhynchus cristatus*). **오른쪽** 육지이구아나(*Conolophus subcristatus*). 육지이구아나는 다윈이 관찰했던 제임스 섬에서 현재 멸종한 상태이고, 다른 두 섬에서도 멸종 위기에 처해 있다. 비글 호가 방문했던 1835년 당시만 해도 육지이구아나는 그 수가 엄청나게 많았다. 다윈은 이렇게 말했다. "녀석들의 숫자는 그야말로 가공할 만한 수준이었다. 제임스 섬에 발이 묶였는데 녀석들의 땅굴이 하도 많아서 텐트 한 동을 설치할 공간이 없을 정도였다."(1845:388)

가 각각의 섬에서 발견되는, 확연하게 구분되지만 동시에 근연 관계에 있는 종들의 존재가 군도 자체 내에서 계속해서 진화가 이루어졌음을 드러내고 있는 것 같았다. 다윈의 혁명적 천재성의 대부분은 갈라파고스 제도에서 얻은 증거들이 창조 이론과 일치하지 않는다는 것을 인식한 데에 있었다.

다윈은 갈라파고스 여행을 통해 종의 불변성을 더욱 더 의심하게 되었지만 그렇다고 그가 뚜렷하게 구분되는 종의 성립 여부를 판단할 수 있는 전문가는 아니었다.[13] 이것은 분류학자들의 영역이었기 때문에 그들의 결론이 갈라파고스 제도가 제기한 질문에 답하는 데 결정적으로 중요했다.

비글 호는 1836년 10월 2일 세계 일주 항해를 마쳤다. 다윈은 다양한 분야의 분류학자들에게 항해 과정에서 수집한 표본들에 명칭을 부여하고 설명해 줄 것을 요청했다. 그는 런던 동물 학회에 새들을 보냈다. 학회의 박제사 존 굴드가 새들을 인수했다. 다윈보다 다섯 살이 많았던 굴드는 19세기의 위대한 조류학자 가운데 한 명이었다.[14] 굴드는 평생 3,000종 이상의 새를 관찰하고 기술했다. 이것은 전 세계에서 알려진 조류의 3분의 1에 해당하는 규모였다. 굴드가 아름다운 삽화를 그려 넣은 저작들은 오늘날 수집가들 사이에서 수만 달러에 거래된다. 그는 새들의 노래를 흉내 내서 녀석들을 끌어 모으는 데 특히 능통했다. 그는 새들을 너무나 좋아한 나머지 비문을 이렇게 써 달라고까지 했다. "'조류 연구가(Bird Man)' 굴드, 여기 잠들다."[15]

다윈이 비글 호 항해 과정에서 수집한 표본을 굴드가 수령한 것은 1837년 1월 초였다. 그는 그중에서도 갈라파고스에서 수집된 표본들에 흥미를 느꼈다. 그 대부분이 과학계에는 전혀 보고된 바가 없는 완전히 새로운 것이었기 때문이다. 굴드가 13종으로 확인한 핀치들은 "형태가 아주 독특했다." 그는 "갈라파고스 제도에만 제한적으로 존재하는 …… 이 녀석들이 완전히 새로운 분류군을 만들어 냈다고 간주하고 싶어" 했다.[16] 굴드는 갈라파고스 군도에 서식하는 근연종들이 대개 한 섬에만 발이 묶여 있다는 다윈의 추론도 확인해 주었다. 굴드는 이 흥미로운 사실이 흉내지빠귀는 물론이고 딱새, 어쩌면 일부 핀치에서도 사실일 것이라고 결론지었다. 그는 갈라파고스 조류의 상당수가 이 군도 특유의 생물 종이라고도 단언했다. 이것은 다윈이 비글 호 항해 과정에서 충분히 깨닫지 못한 중요한 사실이었다.

다윈이 갈라파고스에서 채집한 새들을 자료로 굴드가 작성한 각종

'조류 연구가' **존 굴드**의 1849년 모습(45세).

보고서들이 런던 동물학회에서 1837년 1월과 2월에 발표되었다. 당시 런던에서 발행되던 신문들도 이 보고서들에 많은 관심을 보였다.[17] 다윈은 1837년 3월 초 굴드의 결론을 처음 접했고, 보고서가 내포하고 있는 의미에 깜짝 놀랐다. 하룻밤 사이에 다윈은 개종을 했고, 열렬한 진화론자가 되었다.[18] 그는 새로운 신념을 바탕으로 사적인 일기에 다음의 유명한 구절을 써넣었다. "(1837년) 7월 '종의 변이'를 설명하는 최초의 노트를 펼쳤다. 남아메리카의 화석들과 갈라파고스 군도의 종들이 보여 주는 특징과 관련해 지난 3월 달인가부터 나는 큰 충격을 받았다. 이 사실들(특히 후자)이 나의 모든 견해의 출발이다."[19]

다윈은 비글 호 항해에서 수집한 증거가 진화론을 채택할 만큼 압도적이라고 생각한 유일한 과학자였다. 그가 비글 호 표본을 분류하고 해석하는 것을 도와주었던 존 굴드를 포함해서 이 주목할 만한 증거에 동요한 전문가들은 단 한 명도 없었다. 런던 동물 학회의 각종 회합에서 다윈이 수집한 갈라파고스 표본을 직접 살펴본 수많은 박물학자 가운데서도 태도를 바꾼 사람은 단 한 명도 없었다. 다윈은 절친한 과학자 동료 몇 명에게도 갈라파고스의 증거들에 관심을 갖도록 했다. 지질학자 찰스 라이엘도 그중 한 명이었다. 그러나 이 가운데서 자신들의 창조 신념에 의문을 제기한 사람은 한 명도 없었다.[20] 다윈이 창조론을 거부하면서 진화의 개념을 발명한 것은 아니다. 이전의 이론들이 그의 생각을 앞서서 표현하고 있었다. 그가 한 중요한 기여는 자연선택 이론이었다.

## 자연선택

다윈은 종의 변이에 대한 공식적인 탐구 활동을 시작하고 나서 대략 15개월 정도 후에 우연히 토머스 맬서스의 『인구의 원리에 관한 에세이(*Essay on the Principle of Population*)』(1798년)를 읽게 된다. 맬서스는 그 책에서 인간 집단이 '기하학적으로'(다시 말해 기하급수적으로) 증가하는 경향이 있다고 지적했다. 그러나 이런 증가율은 결코 지탱될 수가 없다. 식량 공급이 산술급수적으로 증가하기 때문이다. 맬서스는 기아, 질병, 전쟁, 나아가 번식 억제가 지속적으로 인구 증가를 저지한다고 주장했다. 다윈이 보인 천재성 가운데 하나는 맬서스의 이런 원리를 인간 존재만이 아니라 모든 생물 종에 적용할 수 있음을 깨달은 것이었다. 다윈은 나중에 『자서전』에서 맬서스의 책을 읽던 당시를 이렇게 회상했다.

동물과 식물의 습성에 관한 장기간의 관찰을 바탕으로 모든 분야에 두

루 적용되는 생존 투쟁을 올바르게 인식할 준비가 되어 있었다. 이런 환경에서 유리한 변종들은 보존되고, 불리한 변종들은 사라지는 경향이 있다는 사실을 순간적으로 깨닫고 나는 깜짝 놀랐다. 이렇게 해서 새로운 종이 형성될 터였다. 여기까지 생각이 미쳤던 바로 그때 나는 비로소 획기적인 이론을 구축할 수 있었다.[21)]

다윈은 이후로 15년 동안 비글 호 항해 과정에서 얻은 과학상의 결론들을 발표했다. 그가 갈라파고스에서 수집한 증거가 이 과정에서 널리 알려졌고, 그의 『연구 일지』(1839년)와 후속의 동물학 논문(1841년)에서 특별히 언급된다. 다윈은 1842년에 특별히 시간을 내서 자신의 진화 이론을 35쪽 분량으로 간략하게 개설했다. 그는 2년 후에 이 개설을 230쪽의 에세이로 확대 개편했다. 그는 또 자신이 조기에 사망할 것에 대비해 아내에게 에세이를 출판해 줄 것을 부탁하는 편지를 써 두는 세심한 면모도 과시했다.[22)] 다윈은 불행한 사건으로 자신의 혁명적인 구상이 좌절되도록 내버려두지 않겠다는 결의가 확고했다.

드디어 1854년에 다윈은 『자연선택(Natural selection)』이라는 "위대한 책"을 쓰기 시작했다.[23)] 진화를 논하는 이 책의 집필이 1858년 7월 중단되었다. 다윈은 알프레드 러셀 월리스가 말레이시아에서 보낸 짧막한 원고를 받고 깜짝 놀랐다. 월리스의 에세이에도 자연선택을 주장하는 동일한 이론이 담겨 있었던 것이다! 물론 다윈이 20년 더 빨리 착안하기는 했지만 말이다. 다윈처럼 월리스도 지리적 분포, 특히 말레이 군도에서 얻은 증거가 진화를 입증하는 강력한 논거라고 판단했다.

타협이 이루어졌다. 다윈이 1844년에 쓴 에세이의 발췌록과 월리스가 쓴 원고를 함께 출판했던 것이다. 그리하여 두 발견자는 이 이론으로 공동의 영예를 보장받았다.[24)] 유명한 런던의 린네 학회가 그들의 이론을 발표했고, 놀랍게도 별다른 소동은 일어나지 않았다. 다윈-월리스 논문이 그 학회의 회장 토머스 벨에게 미친 영향이 전형적이다. 그는 학회의 1858년 활동을 결산하면서 고상하게 억제된 표현으로 이렇게 결론지었다. "정말이지 올해는 …… 과학 분야를 혁명적으로 바꾸어 놓을 만한 놀라운 발견이 전혀 없다."[25] 20년 전에 벨은 다윈이 갈라파고스에서 발견한 두 종의 이구아나를 분류했다. 그리고 20년 후처럼 그때도 이 증거를 진화적으로 해석하는 데 둔감했다.

린네 학회에서 공동 논문을 발표한 다윈은 추가 증거를 확보해 자신의 사상을 보강해야겠다고 판단했다. 그는 절반 정도 쓴 대저의 완성을 미루고 서둘러서 자신의 주장을 더 간단한 형태로 출판하는 과업에 착수했다. 이 작업이 1859년 11월 『자연선택에 의한 종의 기원(On the Origin of Species by Means of Natural Selection)』으로 그 모습을 드러냈다. 『종의 기원』은 정말이지 "세상을 발칵 뒤집는 책"이었다. 아마도 이 책이 현대 과학의 역사에서 가장 중요한 혁명을 개시했을 것이다.[26]

다윈의 당대 독자들 대다수가 책의 결론에 기겁했다. 1859년 당시 생존 인물 가운데 세계에서 가장 저명한 박물학자로 널리 인정받던 루이 아가시가 다윈의 이론이 "과학적으로 오류이고, 사실 관계가 허위이며, 방법론이 비과학적이고, 의도가 유해하다."면서 비난을 퍼부었다.[27] 과거 다윈에게 지질학을 가르쳤던 케임브리지 대학교 교수 애덤 세즈윅은 그에게 편지를 써서 받아들이기 어려운 절망감을 피력했다. "자네 책을 읽었는데, 기쁘다기보다는 고통스러웠네. …… 읽으면서 정말이지 비통했던 까닭은 완전한 오류에 관점마저 심각하게 유해하다고 판단했기 때문이네. 모든 견고한 물리적 진실의 궤도에서 출발했던 자네가 진정한 귀납법을 방기했네."[28] 세즈윅은 『종의 기원』에 대해 또 다른 사람에게 훨씬 더 경멸적인 내용의 편지를 써 보냈다. "이 책은 처음부터 끝까지 교묘하게 가공되어 제출된 야비한 유물론에 불과합니다."[29] 프랑스 과학 학회의 종신 서기 피에르 플루랑은 따로 책을 한 권 써서 다윈의 이론을 논박했다. 그는 "막연한 생각에, 터무니없는 관념!"이라고 훈계했다. "박물학에 꼴사납게 편입된 형이상학적 허튼소리라니! 얼마나 건방지고 공허한 말인지! 유치함과 낡음의 전형이로세! 오, 명석함이여! 마음의 프랑스적 안정 상태여, 그대는 어디에 있는가?"[30]

심지어 어떤 사람들은 다윈이 수집한 증거를 진화가 아니라 창조의 근거로 보기까지 했다. 비글 호의 선장 로버트 피츠로이는 자신의 항해 『이야기(*Narrative*)』를 통해 갈라파고스의 핀치들을 창조론의 맥락에서 파악했다. 그는 자신의 배에 탔던 박물학자와는 정반대로 이렇게 썼다. "용암으로 덮인 이 섬들에 사는 작은 새들은 전부 부리가 짧다. 그리고 멋쟁이새처럼 그 기부가 아주 두껍다. 이것은 조물주의 경탄스러운 설계안 가운데 하나인 것 같다. 각각의 피조물은 하나님께서 의도한 지위에 맞게 적응했다."[31]

루이 아가시는 죽기 1년 전인 1872년 진화론의 주장을 검증하겠다면서 남아메리카에서 다윈이 밟았던 경로를 되짚어 보기로 결정했다.[32] 진화가 사실일 리 없다는 아가시의 태도는 확고부동했다. 그리고 갈라파고스에서 이 관점을 지지해 줄 증거들을 억지로 찾아냈다. 그는 이 군도에 가득했던 최근의 용암류를 조사하고 나서 진화처럼 느린 과정이 일어나기에는 지질학적 시간이 너무 짧다고 결론지었다. 아가시는 다윈이 했던 것처럼 갈라파고스의 고지를 수고스럽게 답사하지도 않았다. 아가시가 거기 갔더라면 아주 다른 이야기와 마주쳤을 것이다. 갈라파고스의 고지대는 광범위한 침식과 비교적 오래된 화산 구조물들을 보여 준다. 노련한 박물학자라면 갈라파고스의 고지를 한번 둘러보는 것만으로도 진화적 변화에 수백만 년이 소요되었으리라는 것을 충분히

**갈라파고스 군도의 생태적으로 확연히 구분되는 세 지역.**

**위** 최근에 용암류로 덮인 제임스 섬의 불모지대. 설리번 만에 있는 돌기한 '바늘 바위'는 응회암 원뿔의 잔재이다. 바깥쪽은 침식되어 더 단단한 현무암 덩어리만 남아 있다. 루이 아가시는 이 불모의 화산 풍경을 보고 갈라파고스 제도의 지질학적 나이가 얼마 안 되었다고 판단했다. 그는 이를 바탕으로 진화가 일어나기에 충분한 시간이 확보되지 못했다고 결론 내리기에 이른다. **아래 왼쪽** 인디패티거블 섬에 있는 갈라파고스에서 가장 높은 지대(양치류와 사초 지역). 오래된 화산 원뿔들은 침식되어 완만한 기복의 낮은 산으로 바뀌었다. 바늘 바위처럼 왼쪽으로 보이는 돌출 지형은 화산 원뿔의 내부에 있던 현무암이다. **아래 오른쪽** 습윤 지대에서 다윈의 핀치를 촬영하고 있는 저자. 이 지대는 스칼레시아 삼림이 무성하고, 착생 양치류와 난과 이끼가 가득하다. 아가시가 다윈처럼 갈라파고스의 고지를 찾았더라면 이 군도에서 진화적 변화에 필요한 지질학적 시간의 양에 더 큰 인상을 받았을지도 모른다.

알 수 있을 것이다. 아가시는 갈라파고스에서 자신이 열심히 찾고 있던 증거만을 발견한 것 같다.

진화를 역설하는 다윈의 증거를 놓고 동시대인들이 보인 이런저런 반응들은 우리에게 중요한 사실을 알려 준다. 다윈의 마음속에서 이 증거가 아무리 강력했다고 할지라도 다른 사람들은 전혀 그렇게 생각하지 않았다. 이런 상황은 대다수의 박물학자들이 결코 포기하려 하지 않았던 뿌리 깊은 이데올로기적 헌신을 분명히 드러낸다. 이런 헌신에는 불변하는 세계에 대한 믿음, 설계 이론, 그리고 창조론에서 인간이 차지하는 특별한 지위에 대한 주제넘은 가정이 수반되었다.[33] 진화를 옹호하는 다윈의 증거들에 사람들이 보인 다양한 반응은 과학의 중요한 원리를 분명하게 드러낸다. 과학에서 '사실들'은 스스로를 옹호하지 않는다. 그것들은 이론적·이데올로기적 관련성에 기초해 그 의미를 갖는다. 과학자들의 활동과 신념은 더 커다란 사회적 맥락에 깊숙이 뿌리박고 있다.

과학이 근본적으로 사회적 성격을 갖는다는 사실에 자극받은 토머스 쿤은 『과학 혁명의 구조(Structure of Scientific Revolution)』에서 지적 "위기"가 발생하면 과학 혁명이 일어난다고 강조했다.[34] 쿤은 위기가 없을 경우 과학자들은 파격적인 연구 결과를 배격하면서 틀린 것으로 치부해 버리는 경향이 있다고 주장했다.[35] 과학자들은 파격적인 증거들을 당대의 이론적인 가정과 조화시키는 과업에서 반복적으로 실패할 때에만 비로소 그들의 이론이 잘못된 것일지도 모른다는 사실을 인정한다. 이런 식으로 위기가 점증하는 상태에서 마침내 혁신이 수용되고, 과학은 혁명의 시기에 돌입한다.[36]

일부 과학 역사가들이 지적한 것처럼, 파격적인 증거 — 생각건대 이런 증거들이 대부분의 과학 혁명을 낳는다. — 는 사실을 뛰어넘어야만 비로소 파격적인 것으로 인정받는다.[37] 인간의 마음은 사실들을 이미 존재하는 인식 구조에 맞춰 이해하는 것이, 이 구조를 파격적인 연구 결과에 동조시키는 것보다 훨씬 더 편리하다고 생각하는 경향이 있다. 과학의 역사는 대다수의 과학자들이 혁신에 저항한다는 관찰 결과를 확인해 주는 증거들로 가득 차 있다.[38]

지구가 태양의 주위를 돈다는 코페르니쿠스의 주장이 제대로 인정받기 위해서는 한 세기 이상의 세월이 필요했다. 천체 역학에서의 뉴턴의 혁명이 데카르트의 소용돌이에 기초한 중력 이론과 경쟁하면서 대체되는 데에는 60년이 걸렸다. 1912년에 제안된 알프레트 베게너의 대륙 이동 이론은 1960년대 중반에야 비로소 받아들여졌다. 발표되고 나서 50년 이상이 지난 셈이다. 이미 1740년대에 드 마이예와 모페르튀이가 진화 학설을 분명한 형태로 제시했다. 정확히 100년 후에 다윈의 사상이 마침내 널리 보급되기 시작했다.[39] 다윈의 진화 이론에 대한 저항은 과학의 역사에서 거듭해서 발생한 일반적인 현상을 반영한다. 다윈 자신도 이 문제와 관련해 이렇게 이야기했다. "라이프니츠 같은 비범한 천재가 오늘날에는 누가 보더라도 명약관화한 뉴턴의 만유인력 이론을 거부했다는 사실이 내게는 큰 충격이었다. 진실이 선입견으로 경도된 마음에는 침투하지 못하는 것 같다."[40]

쿤이 제시한 지적 위기 개념은 과학자들이 집단으로서 혁신에 대응한다고 가정한다. 쿤의 사회학적 관점이 다윈의 경우에는 얼마나 잘 들어맞을까? 어떻게 보면 꼭 들어맞는 것 같기도 하다. 특히 동료 박물학자들이 거의 만장일치로 다윈이 갈라파고스에서 발견한 사실들을 창조론의 틀에 꿰어 맞춘 것을 생각해 보면 말이다. 게다가 1830년대, 나아가 다윈이 『종의 기원』을 발표하기 직전의 10년 동안에도 박물학에 위기 상황이 존재했다는 징조가 거의 없다.[41] 다윈은 『자서전』에서 이와 관련해 다음과 같이 말했다.

나는 많은 박물학자들의 생각을 타진해 보았다. 그러나 종의 영속성을 의심하는 사람은 단 한 명도 없었다. 라이엘과 후커도 관심을 가지고 내 얘기를 경청했지만 동의하지 않는 눈치였다. 나는 자연선택 이론의 의미를 똑똑하고 유능하다는 사람들에게 한두 차례 설명해 보았다. 그러나 번번이 실패했다.[42]

1840년대에 진화적 사고는 기존의 자료를 해석하는 데서 존재하는 광범위한 문제들의 해결책이기보다는 과학적으로 부적격한 이론으로 간주되었다. 진화에 탐닉하는 것은 사이비 과학에 빠져드는 것이었다. 많은 과학자들이 사이비 과학에 탐닉하는 것은 이교를 수용하는 것보다 훨씬 더 나쁘다고 생각했다. 수많은 박물학자들에게 영향을 미친 에든버러의 출판업자이자 지질학자였던 로버트 체임버스는 교묘한 수단을 동원하여 자신의 정체를 숨겼다. 익명으로 출판된『창조의 박물학적 흔적들(Vestiges of the Natural History of Creation)』(1844년)의 저자가 바로 로버트 체임버스였다. 이 사변적인 저작은 태양계가 "우주에 존재하는 불의 안개"에서 발달했고, 이어서 지구상의 생명은 자연적인 "발달" 과정을 통해 출현했다고 주장했다. 체임버스의 책은 널리 읽혔고, 그만큼 많은 비판을 받았다. 다윈에게 지질학을 가르쳤던 애덤 세즈윅은 다른 많은 과학자들을 대신해 이렇게 말했다. "나는 정말이지『창조의 박물학적 흔적들』이 싫고, 또 혐오스럽다."[43]

로버트 체임버스가 사망하고 13년이 흐른 1884년에야 비로소 그가 저자였다는 사실이 밝혀졌다. 과학이 정말로 위기 상황에 도달했었다면 '역사를 창조하는' 혁신의 과정에서 익명을 추구하는 행위는 불필요한 경계로 비칠 것이다. 마찬가지로, 널리 인정되는 위기 상황이었다면 다윈이 동료 과학자들에게 자신의 견해를 밝히면서 "살인을 고백하는

것처럼" 느끼지도 않았을 것이다.[44)]

　『종의 기원』이 발표되기 이전에 과학자 사회 전반에 걸쳐 위기가 만연하지 않았고, 따라서 진화론자들은 사람들이 그들의 사상을 경청하도록 하는 데서 어려움을 겪었다. 대다수의 과학자들은 창조 이론이 훌륭하다고 믿었고, 급진적 대안에는 전혀 관심이 없었으며, 감히 그런 사상을 제안하는 동료들을 비웃었다. 그러므로 쿤의 접근법은 체임버스와 다윈과 월리스와 과학 분야의 다른 많은 급진주의자들이 전반적 위기가 없는 가운데서도 정통 교설에 도전하도록 이끌리는 이유를 설명하지 못한다. 한 비평가는 이렇게 이야기했다. "쿤은 혁명을 일으키는 데서 과학자 개인들에게 너무 수동적인 역할을 부여한다."[45)] '천재성'에서 원인을 찾는 식으로 과학 혁신을 설명하는 다른 상투적인 접근 태도도, 일부 과학자들이 확고한 정설에 대항해 마침내 반란을 일으키는 이유를 해명하는 데서 마찬가지로 무기력하다. 『종의 기원』을 쓰려면 다윈 같은 천재가 필요했을 것이다. 그러나 뛰어난 지력만으로는 충분하지 않았다. 마찬가지로 총명했던 다른 과학자들은 해결책에 대한 필요성은 고사하고 문제를 제대로 보지도 못했다.[46)]

　『종의 기원』이 수용되는 과정은 또 다른 중요한 현상을 예증한다. 다윈의 이론을 놓고 개인들이 보인 태도는 엄청나게 다양했다. 그 모든 완강한 비판자들이 진리의 빛을 볼 수 없었던 것과 비교해서, 마찬가지로 다수의 열광적인 개종자들은 자신들이 더 일찍 그 이론에 근접하지 못했다는 사실이 믿기 어려웠다. 『종의 기원』의 중심 사상을 이해한 후 토머스 헨리 헉슬리가 한 유명한 말이 떠오른다. "그걸 생각하지 못했다니 얼마나 어리석은가!"[47)] 마찬가지로 1830년대에 진화론으로 전향한 휴 코트렐 왓슨도 『종의 기원』을 읽고 난 직후 다윈에게 이런 편지를 써 보냈다. "당신은 모든 세기는 아닐지라도 금세기의 박물학에서 가장 위대한 혁명가입니다. …… 새로운 견해가 대중에게 공포된 이 시점에서 생각해 보면 그렇게 많은 사람들이 더 일찍 올바른 길을 찾을 수 없었다는 사실이 참으로 놀라울 따름입니다."[48] 왓슨의 통찰력 있는 논평이 나의 중심 주장을 뒷받침해 준다. 다윈을 혁명적 사상가로 만들어 준 것은 사실들이 아니라 특정한 유형의 성격, 다시 말해 혁명적 성격이었다.

확실히 해 두자. 혁신에는 강력한 사회적 요소가 필요하다. 그것은 새로운 사상이 지지를 받기 위해 경쟁하는 과정에서도 마찬가지다. 그럼에도 불구하고 과학 혁명의 주창자는 결코 과학 공동체가 아니다. 과학 공동체가 위기에 빠져 있을 때조차도 말이다. 창시자들 ― 다윈처럼 인습에 사로잡히지 않은 인물들 ― 은 언제나 통찰력을 갖춘 개인들이다. 예술의 창조성처럼 과학 혁신도 개인의 차원에서는 제대로 이해될 수 없다. 다윈이 주도한 혁명은 이 문제를 철저하게 드러낸다. 어떤 사람들은 이미 확립된 진리에 체질적으로 도전하는 성향이 있는 것 같다. 문제는 왜 그러냐는 것이다.

# 2장

●

# 출생 순서와 과학 혁명

　혁명적 사상가들을 그렇지 못한 사람들로부터 구분해 주는 것은 사실들에 관해 더 많은 지식을 보유하고 있느냐 그렇지 않느냐가 결코 아니다. 다윈은 비글 호 항해 과정에서 자신이 수집한 다양한 생물 표본과 관련해 나중에 자신을 대신해서 이들 동식물을 분류해 준 영국의 전문가들보다 아는 게 훨씬 더 적었다. 그러나 그런 전문가들도 다윈이 수집한 자료의 혁명적 중요성을 알아보지 못했다. 아는 게 적었던 다윈만이 웬일인지 더 많은 것을 이해했다.[1]

　다윈과 같은 사례들을 통해 급진적 혁신을 위한 능력에는 파격적인 연구 결과를 단순히 접하는 것 이상이 필요함을 알 수 있다. 이 파격적 사실들을 쫓아 행동에 나서야만 하는 것이다. 그 사실들을 진지하게 받아들이고, 새로운 이론을 개발해 설명해야 한다. 창조 과정의 이런 결정적 측면에는 심리학자들이 경험에 대한 개방성이라고 부르는 것이 요구된다. 개방적인 사람들은 상상력이 풍부하고, 유연하고, 창조적이고, 독립적이고, 자유롭다고 묘사된다.[2] 이런 사람들은 새로운 상황과 경험을 직접 체험하는 것을 즐긴다.

함께 또는 따로 양육된 쌍둥이를 포함해서 형제들에 관한 조사 연구는 개방성이 유전된다는 것을 알려 준다. 이런저런 성격 특성에서 약 30~40퍼센트의 분산이 현재 유전되는 것으로 간주된다. 이 조사 연구에서 크게 놀라운 사실은, 환경이 성격에 미치는 영향이 개인에게서 아주 구체적으로 나타난다는 것을 발견했다는 점이다.[3] 경험에 대한 개방성을 예로 들어 보자. 가정환경이 동일할 경우 검사 결과는 분산이 5퍼센트에 불과했다. 반면 환경적 영향이 다를 경우 분산은 35퍼센트였다. 무려 7배나 차이가 나는 것이다!

같은 가정에서 자란 형제들의 경험이 다른 이유는 크게 두 가지이다. 첫 번째 원인은 우연적 경험이다. 우연적 경험의 대다수는 가족 외부에서 일어난다. 예를 들면, 학교 같은 곳이다. 두 번째 원인은 구조적 영향이다. 구조적 영향의 대부분은 가정 내에서 일어난다. 이와 관련해서는 '지위(niche)' 개념이 유용하다. 지위 개념은 개인들이 가족 구조 내에서 상이한 역할을 발달시키는 방식을 설명해 준다. 생태학에서 유래한 지위 개념은, 상이한 종들이 자신들이 속한 환경에서 가용한 자원을 활용하는 방식을 설명해 준다.[4] 가족 내 지위도 마찬가지 방식으로 개념화할 수 있다. 형제들은 부모로부터 물질적·정서적·지적 자원을 확보하기 위해 노력하는 과정에서 서로 경쟁한다. 형제들은 출생 순서, 성별, 육체적 특징, 기질적 특성의 차이를 바탕으로 가족 구조 안에서 상이한 역할을 창조한다. 이 상이한 역할은 부모의 비위를 맞추는 다른 방식이기도 하다. 예를 들어, 맏이는 더 어린 형제들 앞에서 대리 부모 행세를 함으로써 부모의 총애를 추구할 가능성이 많다. 더 어린 형제들은 동일한 방법으로 부모의 환심을 살 수가 없다. 일반적으로 그들의 지위는 부모와의 동일시가 약하고, 성실한 행동과는 거리가 멀며, 사교적인 쪽에 기울어 있다. 나이를 더 먹고, 독특한 관심사와 재능이 부상하기 시작하면 형제들은 각자의 지위를 더욱 더 다각화한다. 형제 중에서 한 명이 체육 특기로 인정을 받는가 하면 또 다른 형제는 예술적 재능을 뽐낼 수도 있다. 다툼을 화해시키는 데 능숙하여 가족 내의 외교관이 되는 형제도 있다. 형제들 — 일란성 쌍둥이까지도 — 은 상이한 지위를 차지하고, 그래서 각기 다른 방식으로 가족을 경험한다.

성격을 개인에게 특유한 경험이 아닌, 가족 내 지위의 구조적 차이를 바탕으로 규명할 수 있게 됨에 따라 성격을 해명하는 작업이 상당히 수월해졌다. 가족 환경을 지위로 분할하는 한 가지 후보자는 출생 순서이다. 순서에 따른 지위는 단순한 하나의 요소가 아니다. 그것은 몇 가지 중요한 고려 사항들을 요약하고 있다. 출생 순서는 가족 내부에서 볼 수 있는 나이, 체격, 힘, 특권의 차이를 담고 있는 위임장 같은 것이다. 이런 이유들로 출생 순서는, 가족 내 지위를 좌우하는 근본적 원리들의 일부를 해독하는 데서 필수적인 로제타석(石)((Rosetta stone, 1799년에 로제타에서 발견된 비석으로 고대 이집트 상형 문자를 해독하는 데 단서가 된다. — 옮긴이)이 된다.

성격적 특성의 폭넓은 다양성과 관련하여 성격에서 나타나는 차이가 출생 순서에 의한 것으로 보고되었다.[5] 첫째들이 자신들의 더 어린 형제들보다 다른 집의 첫째들과 성격이 더 비슷해 보일 만큼 이런 차이는 크다. 특히 맏이들은 부모와 권위에 더 큰 일체감을 느끼는 경향이 있다.[6] 문서 기록에 의해 충분히 입증된 이 경향은 첫째들의 일반적 태도, 곧 야망, 성실, 성취 지향과도 부합한다. 맏이들은 더 어린 형제들과 비교할 때 더 순응적이고, 인습적이며, 방어적이기도 하다. 이것들은 경험에 대한 개방성과 반대되는 특징들이다.

이 출생 순서 경향은 성격 심리학은 물론이고, 앞으로 이 책에서 살펴볼, 기록된 역사 전반에도 들어맞는다. 역사 자체가 '성격 검사의 무대'이다. 실제로 역사는 이와 관련해 확실히 유리한 점을 지니고 있다. 부분적으로는 그러한 행동들이 종종 불법이기 때문에 심리학 실험실에서는 연구하기 어렵거나 불가능한 행동들을 역사의 과정 속에서 사람들은 수행한다. 실험적 연구가 가능할 때조차도 심리학자들은 자신들의 연구 결과가 실제 생활에서의 행동과 부합하는지 여부를 흔히 확신하지 못한다.[7] 반면 역사가들은 이단자를 화형에 처한 행위가 현실 세계와 맺고 있는 관련성을 걱정할 필요가 없다. 이런저런 이유로 해서 급진적 변화에 대한 개방성의 원인들을 역사 기록이라는 수단을 통해 가장 잘 연구할 수 있다.

## 생물학적 출생 순서와 기능적 출생 순서

출생 순서는 생물학적 범주뿐만 아니라 기능적 범주로도 평가할 수 있다.* 성격에서는, 개인들이 출생하면서 어떤 생물학적 기질을 부여받느

---

* 이 책 전체에 걸쳐 나는 출생 순서(birth order)와 출생 순위(birth rank)를 구분한다. 출생 순서는 보다 일반적인 용어로, 나는 이를 (외자식을 포함하는) 첫째와 후순위 출생자를 구분하기 위해 사용했다. 출생 순위는 첫째, 둘째, 셋째처럼 순서적 위치에 의한 특이적인 차이에 속한다. 나는 구체적인 가족 내에서 자녀들의 수를 표시하기 위해 형제 수(sibship size)라는 용어도 자주 썼다. 모호한 가족 수(family size)보다는 이 용어가 더 낫다고 본다.

냐뿐만 아니라 그들이 어떤 환경 속으로 태어나느냐 하는 것도 중요하다. 출생 순서 효과의 핵심은 가족 내 지위이다. 그러므로 기능적인 출생 순서가 이 책 전체에 걸쳐 나의 주된 관심사이다.[8] 여러 경우에 생물학적 출생 순서와 기능적 출생 순서는 동일하다. 그럼에도 불구하고 형제의 사망, 입양, 재혼, 기타의 사정으로 인해 기능적 출생 순서가 바뀌기도 한다. 이런 모호한 상황이 존재했지만 대다수의 개인들은 변함없는 형제 지위 속에서 유년기와 청소년기를 보냈다. 나는 발생할 수도 있는 출생 순서의 변동을 검사하기 위해 이러한 가족들도 점검해 보았다.

형제들의 연령 격차에 관한 정보를 얻을 수 있을 때면 항상 그 내용을 기록했다.[9] 이 정보는 출생 순서와 함께 경험에 대한 개방성과 성격의 다른 특징들을 얼마간 예보해 준다. 예를 들어, 손아래 형제가 여섯 살 이상 어린 첫째들은 기능적으로 외자식과 유사하다. 외동 자녀는 일종의 '대조군'이라고 할 수 있다. 출생 순서나 형제 경쟁의 영향을 받지 않고 자라는 것과 동일한 셈이다. 외동 자녀들은 대부분의 성격 특성 측정에서 첫째와 후순위 출생자 사이의 어딘가에 자리하는 경향이 있음에도 불구하고 경험에 대한 개방성에서는 대체로 첫째에 더 근접한다. 그 이유는, 첫째들처럼 외자식들도 부모 및 권위와 자신을 동일시하는 경향이 있기 때문이다. 이 책에서 나는 이 두 형제 지위 사이의 행동학적 차이를 살펴볼 것이다. 이 차이가 작기는 하지만 많은 실례를 통해 입증될 수 있었다. 나는 과학 혁신에 대한 태도를 분석하면서 달리 지정하지 않을 경우 외자식을 첫째들과 함께 취급했다.[10]

역사에서 매혹적인 부분은 기묘한 세부 사실에 있다. 그리고 기묘한 세부 사실에는 가족 이야기가 상당수 포함된다. 이런 기이한 사건들은 기능적 구성 개념(functional construct)으로서의 출생 순서에 극적인 증거를 제공해 준다. 미국에서 다윈을 비판했던 루이 아가시는 다섯 번째 자

1861년의 **루이 아가시**(54세). 이 당시에 아가시는 미국에 살고 있는 흑인종의 미래에 대해 의견을 피력해 달라는 요청을 받았다. 그는 이렇게 답했다. "각종의 지적·도덕적 활동 분야에서 똑같이 인간의 진보를 촉진하고 문명을 발전시킬 수 있는 능력이 있다는 의미에서 모든 사람이 평등하다는 생각보다 더 일방적인 인간성 이론도 없다. …… 나는 전 시대를 통틀어 사회적 평등이 실현 불가능하다고 생각한다. 흑인종의 특성상 그런 일은 절대로 일어날 수 없다."(E. Agassiz 1885, 2:603~605)

녀로 태어났지만 유아기를 살아 낸 첫째였다. 더 어린 형제 세 명은 살아 남아 성인이 되었다.[11] 기능적으로 볼 때 아가시는 네 자녀 가운데 맏이였다. 나는 이 순서를 바탕으로 그를 전산화했다.

아가시처럼 프랑스의 박물학자 조르주 퀴비에도 형의 사망으로 인해 맏이로 자랐다. 퀴비에의 법률상 이름이 장-레오폴드였지만 부모는 죽은 형을 좇아 그를 항상 조르주라고 불렀다. 퀴비에에게는 또 다른 형제가 한 명 있었다. 프레데릭은 그보다 네 살 어렸다. 기능적으로 볼 때 조

르주 퀴비에는 두 아이 가운데 맏이였다.[12]

루이 아가시와 조르주 퀴비에의 경우를 통해 양육되는 방식이 중요함을 알 수 있다. 이 두 과학자는 '생물학적으로' 후순위 출생자였음에도 불구하고 태도의 개방성과는 거리가 먼 사람들이었다. 한 과학 역사가는 아가시를 이렇게 논평했다. "그는 자신의 판단에 대한 진솔한 의심을 받아들일 능력이 체질적으로 없어 보였다. 너무나 자존심이 세서 자신의 실수를 인정할 준비가 안 되어 있었던 것이다."[13] 또 다른 역사가도 이런 평가를 확인해 준다. 그는 아가시가 함께 일하는 사람들에게 "절대적 충성"을 요구했고, "반대를 전혀 참지 못했다."고 언급했다.[14]

퀴비에의 정치적 이상은 계몽 전제 정치였다. 한 과학 역사가는 이 저명한 첫째의 정신 상태를 다음과 같이 요약했다.

> 그는 …… 평화롭고 질서 정연한 마음이 올바른 마음이라고 확신했다. 평화롭고 질서 정연한 사회가 올바른 사회인 것처럼 말이다. …… 평화를 보장받기 위해서 사람들은 널리 인정되는 전통적 관습에 충실해야만 한다.[15]

또 다른 퀴비에 연구자는 이렇게 논평했다. "다소 독일적인 정신세계를 갖고 있던 그는 사회를 종속 관계가 철칙인 일종의 유기체로 보았다. 그는 '윗사람'은 아주 깍듯하게 대했지만 자신보다 '아래'라고 여기는 사람들에게는 권위적이었다."[16]

퀴비에는 나폴레옹 보나파르트와, 왕정복고 시대에 즉위한 세 명의 군주 치하에서 충직하게 봉사했다. 세 군주 가운데 한 명이 그를 남작으로 임명하기도 했다. 남의 이목을 끄는 인상적인 체격 때문에 매머드라고 불렸던 퀴비에는 "과학의 주교"를 자임했다.[17] 그는 1814년 이후 국가 고문 자격으로 프랑스의 과학 기관들을 관리 감독했다. 이 과정에서 그

60대 초반의 **조르주 퀴비에**(사후에 제작된 초상화). 퀴비에는 진화 이론에 대한 비판을 막 시작할 즈음인 1832년 5월 64세의 나이로 죽었다. 그는 마지막 강연에서 "쓸모없는 과학 이론과 킬마이어, 조프루아(생틸레르), 라마르크의 범신론에 파문을 선고하고 만물의 창조주이신 하나님에게 엄숙하게 경의를 표했다. 청중은 감격했다."(Bourdier 1971b:527)
같은 달 찰스 다윈이라는 젊은 박물학자가 리우데자네이루에 도착했다. 그는 5년 일정의 항해에서 첫 항정을 시작했고, 장차 조르주 퀴비에의 창조론 교설에 반기를 들 터였다.

는 급진적인 진화론자들을 이단으로 몰아붙였다. 퀴비에의 "허영은 끝이 없었고, 명예와 칭송에 대한 열망도 마찬가지였다."[18] 스탕달은 그에 대해 이렇게 말하기까지 했다. "매머드 퀴비에가 권력자들에게 보여 주지 않은 비굴함과 비열함의 사례를 찾을 수가 없을 정도다!"[19]

조르주 퀴비에의 동생 프레데릭은 마찬가지로 박물학자였지만 유명했던 형과는 완전히 딴판이었다. 한 전기 작가는 그를 "겸손하고 예의바르다."고 묘사하며, 그의 주위로 "신실한 친구들"이 모여들었다고 말했다.[20] 그러나 프레데릭은 겸손한 외향과 달리 자신의 과학적 사유에서 "자주 대담한 행보"를 취했다.[21] 영장류의 사회 집단은 지배적인 수컷 한 마리를 정점으로 해서 위계적으로 조직되는 경향이 있다는 사실이 그의 가장 중요한 발견 가운데 하나였다. 그의 형이 프랑스 박물학계에서 차지하고 있던 지위를 손쉽게 설명한 셈이다.

사회주의자이기도 했던 알프레드 러셀 월리스는 루이 아가시 및 조르주 퀴비에 같은 기능적 첫째와는 또 다른 대조적 교훈을 제공한다. 자연선택 이론의 공동 발견자인 월리스의 과학적 독창성은 항상 다윈의 그것과 비교되면서 손해를 입었다. 어떤 전기 작가는 그를 "다윈의 달(月)"이라고 부르기까지 했다.[22] 월리스는 아홉 자녀 가운데 여덟째였다. 그가 태어나기 전에 누나 세 명이 죽었다. 그리하여 월리스도 다윈처럼 여섯 자녀 가운데 다섯째로 자랐다.[23] 월리스의 남동생 에드워드는 아마존 강 유역에서 형이 표본을 수집하는 것을 돕다가 스물두 살에 죽었다. 내가 제시한 지침에 비추어 볼 때 에드워드는 너무 늦게 죽었고 형의 기능적 출생 순위, 다시 말해 중간 자녀로서의 지위에 영향을 미칠 수 없었다.

유명한 천문학자 티코 브라헤는 덴마크 귀족 가문에서 열두 명의 자녀 가운데 둘째이자 장남으로 태어났다. 쌍둥이 형제는 사산되고 말았다. 더 어린 형제 세 명이 유아기에 사망했다. 가족사의 운명이 급변하지 않았더라면 티코는 여덟 명의 자녀 가운데 둘째로 자랐을 것이다. 형제 사이에 갈등이 벌어지면서 — 여기서는 티코 브라헤 앞 세대에서 다툼이 발생했다. — 이런 시나리오가 불가능해졌다.

티코의 아버지 오토에게는 "고대의 전사 문화와 단절한" 조지라는 형이 있었다.[24] 조지는 결혼을 했지만 자식이 없었다. 장남이었던 조지는 가문의 대를 이어야 한다는 생각이 간절했다. 그리하여 그는 동생에게 이렇게 말했다. 동생 아내의 출산 능력을 고려할 때 "그들이, 말하자면,

1586년의 **티코 브라헤**(40세). 과학계의 상좌를 놓고 벌인 여러 차례의 싸움으로 악명이 높았던 성마른 티코는 스무 살 때 벌인 결투에서 코의 일부가 잘려 나가는 사고를 당했다. 그는 이 부상 때문에 금과 은의 합금으로 만든 인조 코싸개를 착용해야 했다(초상화에서 확인할 수 있다.). 오류로 판명된 티코의 점성술 예언 때문에 그 싸움이 벌어졌을 것이다. 결투 두 달 전에 그는 월식의 발생을 토대로 터키의 술탄 술레이만 황제의 죽음을 예견했다. 그런데 곧 이어서 월식이 일어나기 6주 **전에** 술탄이 사망했다는 소식이 전해졌다. 티코는 실수 때문에 조롱거리로 전락하고 말았다. 그는 이후로 별점 치는 일을 저어하게 된다.

그들의 재산을 공유하는 것만이 적절하고도 타당하다."는 것이었다.[25] 오토와 아내는 동의하지 않았다. 그리고 티코가 태어나고 얼마 후에 이 문제에 관한 협상이 결렬되었다. 12개월 후 오토의 아내가 두 번째 아들을 낳자 조지가 행동을 취했다. 부모가 집에 없는 틈을 타서 어린 티코를 유괴해 갔던 것이다. 오토 브라헤는 형을 죽여 버리겠다고 협박했지만 결국 진정했고 수습책을 받아들였다. 그의 아들은 상당한 유산을 물려받을 수 있게 되었다.

백부에게 유괴당한 티코 브라헤는, 결국 친부모의 집에서 50마일(약 80킬로미터) 떨어진 영지에서 외자식으로 자랐다. 그는 어린 시절에 생물학적 형제들과 거의 접촉하지 않았다. 티코가 유괴당해서 백부 내외의 보살핌을 받으며 따로 양육되지 않았더라면 나는 그를 (1)후순위 출생자, (2)둘째 자녀, (3)장남, (4)살아남은 여덟 형제 중 한 명으로 분류했을 것이다. 그러나 나는 그를 외자식으로 기록했다.

티코는 결국 '오만하고 완고한' 성격을 갖게 되었다. 후순위 출생자보다는 첫째와 더 유사했던 셈이다.[26] 그는, 분수를 모르는 부하들을 호되게 다루는 것으로 악명 높고 "농민 착취자"로도 유명했던 양아버지를 따라 했던 것 같다.[27] 티코가 천문학의 몇몇 중요한 분야에서 혁신을 이루기는 했다. 그러나 그는 결코 급진적 혁명가가 아니었다. 그는 지구가 돈다는 코페르니쿠스의 생각이 "물리학적으로 터무니없다."고 생각했다.[28]

결국 티코는 예법에서 벗어나는 것을 주저하다가 쉰다섯의 나이에 스스로 명을 재촉하고 말았다. 품위 있는 상류 사회의 만찬 석상에서 "과"음을 하던 그는 방광의 고통을 덜기 위해 자리에서 물러나기를 거부했다.[29] 저녁 내내 오줌을 참았던 그는 방광 폐색에 걸렸고, 9일 후에 죽었다. 자연의 부름에 답하고자 식탁 예절을 팽개칠 수 없었던 사람은, 코페르니쿠스처럼 우주론의 토대에 도전할 수 없었다.

## 과학 혁명들

과학의 역사에는 현재도 '혁명'으로 인정받을 뿐만 아니라 당대에도 그렇게 인식되었던 10여 개의 개념적 전투가 포진하고 있다.[30] 코페르니쿠스와 뉴턴과 다윈의 혁명들이 대표적인 세 가지 사례다. 역사가들은 과학계에서 일어난 이런저런 중요한 지적 변화들을 부지런히 연구해 왔다. 나는 그렇게 해서 탄생한 2차 문헌들을 바탕으로 28가지 혁신에 판결을 내린 3,890명의 과학자 자료를 포함한 데이터베이스를 구축할 수 있었다. 나의 조사 연구에는 과학에서 흔히 '혁명'이라고 간주되는 16개의 사건과 덜 급진적인 결과를 수반한 또 다른 12가지 혁신의 사례들이 포함되었다.

출생 순서와 과학 혁신에 관한 연구 결과를 제시하기 전에 먼저 표본들을 수집한 방법을 설명해야 할 것 같다. 나는 역사적 증거를 수집하는 과정에서 다음의 세 가지 기본 원칙을 준수하려고 노력했다. (1)표본은 대표성을 가져야 한다. (2)과학적 입장에 대한 평가는 정확해야 한다. (3)평가에는 판단이 수반되므로 확실성도 입증할 수 있어야 한다.

나는 2단계로 과학 혁신에의 참여를 기록했다. 먼저 2차 문헌을 통독하면서 개별 논쟁의 예비적 표본을 추출했고, 여기서 용기를 내 발언했다고 보고된 각각의 개인들을 기록했다.[31] 나는 대부분의 경우 역사가들의 명백한 진술에 기초해 과학자들을 혁신의 "지지자"와 "반대자"로 분류할 수 있었다.[32]

최종 표본은 100명 이상의 과학사 전문가들과 상담하면서 획정했다. 이들 역사가들이 내가 선택한 예비적 표본들을 확인했고, ("과학적 입장"이라는 공식 기준을 포함해) 다양한 척도로 참가자들을 평가해 주었다.[33] 나는 전문가들에게 내가 작성한 예비적 표본에서 빠졌다고 생각되는 사람이 있으면 천거해 달라고도 요청했다. 이렇게 해서 그 대부분이 중요성이 떨어지기는 했지만 약 200명의 참가자가 보태졌다. 천거된 개인들은 발표된 자료를 바탕으로 과학적 견해를 확인할 수 있었고, 전부 최종 목록에 반영되었다. 일부 개인들은 시간이 경과하면서 태도를 바꾸었기 때문에 나의 데이터베이스에서 두 번 이상 등장한다.

## 과학 혁신에 대한 태도 평가

나는 과학 이론을 수용하게 만드는 것이 무엇인지 판단하는 과정에서 두 가지 척도를 사용했다. 2진수 척도와 연속 척도가 그것이다. 2진수 척도는 개인이 주어진 혁신을 지지했느냐 반대했느냐를 기록한다. 나는 2차 문헌을 통해 이 정보를 확인할 수 있었다. 연속 척도는 1(극단적인 반대)에서 7(전폭적인 지지)까지로 태도를 평가한다. 2진수 척도에서 다윈 이론의 지지자가 되려면, (1)진화가 일어나고, (2)자연선택이, 독점적이지는 않다고 할지라도 타당하다고 생각되는 진화의 원인이라는 점을 인정해야만 했다.[34] 열 명의 자녀 가운데 맏이였던 찰스 라이엘은 1868년까지 위 두 가지 명제 모두를 거부했다. 그래서 그는 1868년 이전에는 반대자로, 이후로는 신중한 개종자로 분류했다.

　나는 2차 문헌에서 정보가 충분히 얻어질 때마다 과학적 입장의 7점 눈금자를 사용해 진화에 대한 태도를 분류했다. 나는 신중을 기하기 위해 열 명의 과학 역사가들 — 모두 다윈 혁명의 전문가들이었다. — 에게 동일한 척도를 사용해 개별적으로 평가해 달라고 요청했다.[35] 과학자들이 다원주의에 반응하는 태도에서 보인 개인적 차이를 사정하는 데서 연속 평가 척도는 더 많은 허용차를 제공하였다(표 1).

　찰스 라이엘은 다윈의 『종의 기원』에 대해 처음에 주저하는 태도를 보였기 때문에 3.75점을 받았다. 이로써 그는 눈금자의 중앙 바로 아래

다윈 이론에 대한 논쟁이 한참 치열했던 1865년 당시의 **찰스 라이엘**(67세). 라이엘은 인류가 짐 승에서 유래했을지도 모른다는 가능성에 오랫동안 괴로워했다. 그는 자신의 저서 『고대의 인간 (*Antiquity of Man*)』(1863년)에서도 이 논쟁적 이론을 지지하는 데까지는 나아가지 않았다. 라이 엘이 자신의 개종 사실을 발표해 주기를 기대했던 다윈은 크게 실망했다. 다윈은 라이엘이 쓴 『고 대의 인간』을 읽고 조지프 후커에게 이렇게 말했다. "그가 자신이 그 옛날 순교자의 용기를 갖고 행동했다고 생각한다면 그것이야말로 최고의 농담이다."(Darwin 1887, 3:9)

위치하게 되었다. 라이엘은 다윈과 개인적으로 절친한 사이였고, 그래서 다윈의 진화적 관점을 공정하게 들으려고 애썼다. 라이엘은 조지프 후 커와 함께 1858년 7월 그 유명한 다윈-월리스 논문을 린네 학회 — 여기 서 자연선택 이론이 최초로 발표되었다. — 에 제출했다. 다윈은 라이엘 의 개입에 감사를 표하면서 1860년에 아사 그레이에게 이렇게 말했다.

"그의 나이, 그의 과거 견해와 사회적 지위를 고려할 때 이 문제와 관련해 그가 보여 준 행동이 영웅적이었다고 생각한다."[36]

라이엘은 다윈을 위해 행동했음에도 불구하고 진화를 믿는 쪽으로 즉시 개종하지는 않았다. 정말이지 그는 이 문제로 몹시 괴로워했다. 1863년에 다윈에게 한 말을 들어 보자. "나의 이성이 허락하는 한에서 극단으로까지, 또 나의 상상력과 정서가 따라갈 수 있는 지점보다 더 멀리까지 나아가서 나는 용기 있게 발언했다."[37] 다윈은 친구가 진화를 지지하기를 거부하자 점차 화가 났다.[38] 두 명 이상의 전기 작가가 이 시기를 전후해 다윈의 건강 상태가 악화된 이유로 라이엘의 공식적 지지 유보에 따른 실망감을 언급한다.[39]

라이엘은 1868년경에 마침내 생물에 대한 진화적 견해에 찬성하면서 4.8점을 기록한다. 이로써 그는 "중립적" 입장(4.0)보다 다소 높은 점수를 받지만 "온건한" 지지 수준(5.0)보다는 여전히 낮았다. 라이엘은 1875년에 죽었다. 다윈의 진화 이론과 관련해 나의 조사 연구는 1875년까지를 대상으로 했다. 생애의 마지막 7년 동안 그는 자연선택 이론은 물론이고 순수하게 자연적인 형태의 다른 어떤 진화 과정도 결코 충분히 받아들이지 않았다. 대신 그는 신에 의해 창조적 단계가 예정된 진화적 변화라는 방식을 고수했다. 특히 원숭이에서 인간으로의 진화적 도약에서. 누군가는 라이엘의 입장을 두고 "창조적 진화"라고 부를지도 모르겠다. 과거에는 충실한 창조론자였다가 결국 진화론자가 된 사람들 사이에서 흔하게 확인되는 태도 말이다.

동일한 7점 눈금자에서 다윈에게 지질학을 가르쳤던 애덤 세즈윅은 신랄한 반대 때문에 1.3점을 기록했다. 다윈의 이론이 그의 "도덕적 가치관"에 "엄청난 충격"으로 다가왔던 탓이다.[40] 루이 아가시도 같은 점수를 받았다. 아가시는 『종의 기원』이 출간된 직후 다윈의 책을 엄청난

**표 1**

**다윈주의 혁명에 대한 '과학적 입장'의 예**

| 평점[a] | 해석 | 예시된 개인들<br>(출생 순서 정보: FB=첫째, LB=후순위 출생자) |
|---|---|---|
| 1.0 | 극단적인 반대<br>(흔히 정서적인 반응을 보임) | 루이 아가시(FB)<br>칼 프리드리히 심퍼(FB)<br>애덤 세즈윅(LB) |
| 2.0 | 강력한 반대<br>(대체로 합리적으로 반응함) | 레옹스 엘리 드 보몽(FB)<br>존 허셜(FB)<br>로더릭 머치슨(FB)<br>윌리엄 위웰(FB) |
| 3.0 | 온건한 반대<br>(대개 정중했고 동조적이기<br>까지 했음) | 제임스 드와이트 데이나(FB)<br>존 스티븐스 헨슬로(FB)<br>플리밍 젠킨(FB)<br>리처드 오웬(LB) |
| 4.0 | 중립 또는 우물쭈물함 | 찰스 라이엘(1868년 이전)(FB)(3.75를 기록) |
| 5.0 | 온건한 지지<br>(그러나 중요한 단서를 담) | 조지 벤덤(LB)<br>윌리엄 카펜터(LB)<br>찰스 라이엘(1868년 이후)(FB)<br>제프리스 와이먼(LB) |
| 6.0 | 강력한 지지<br>(단서 조항이 더 적음) | 아사 그레이(FB)<br>조지프 댈턴 후커(LB)<br>토머스 헨리 헉슬리(LB)<br>알프레드 러셀 월리스(1867년 이후)(LB) |
| 7.0 | 전폭적인 지지<br>(가끔 투기적 경향을 보임) | 찰스 로버트 다윈(LB)<br>에른스트 헤켈(LB)<br>알프레드 러셀 월리스(1868년 이전)(LB)<br>아우구스트 바이스만(FB) |

a. 과학 역사가 열 명의 평가를 바탕으로 작성됨. 이 표에서는 각각의 평점을 평균하고 반올림해 가장 가까운 정수로 표시했다.

과학적 실수라고 비난했다. 그는 미국에서 다윈주의 반대를 선도했다.[41]

다윈은 이런 유명한 진화 반대자들과 대조적으로 6.9점을 기록했다.

내가 의뢰한 전문 평가자들 가운데서 한 명을 제외한 아홉 명이 다윈에게 생각할 수 있는 최고 점수인 7.0점을 부여했다. 나머지 한 사람은 에른스트 헤켈 같은 광적인 추종자들과 구분하기 위해 다윈에게 6.0점을 주었다. 내가 추출한 표본 가운데 모두한테서 7.0점을 받은 과학자는 단한 명도 없었다. 일부 과학 역사가들이 주장하는 것처럼 순도 100퍼센트의 다윈주의자 — 심지어 찰스 다윈마저도 — 는 전혀 없는 것 같다.[42]

## 다윈 이전의 진화

진화적 사고에 대한 나의 역사적 조사는 1700년부터 1875년까지의 시기를 대상으로 했다. 이 과학 혁명은 『종의 기원』(1859년)을 전후로 두 개의 뚜렷이 구분되는 단계로 구성된다. 진화를 옹호하는 참된 주장을 제시한 최초의 인물은 프랑스의 지질학자이자 외교관인 브누아 드 마이예(1656~1738년)였다.[43] 드 마이예는 모든 생물이 바다의 세균에서 진화했다고 믿었다. 그는 자신의 이론이 내포한 무신론적 함의 때문에 20년 이상을 기다렸다가 비로소 내용을 공개했다. 드 마이예는 마침내 죽기 3년 전인 1735년에 『텔리아메드(Telliamed)』라는 책을 통해 자신의 생각을 발표했다. 책은 익명으로 출판되었다. 공식적인 인가도 없었기 때문에 책의 이단성이 분명하게 감지되었다. 그러나 드 마이예는 모든 진실을 저버리는 사람이 아니었다. 책 제목은 그의 이름(de Maillet)을 거꾸로 쓴 것이다.[44]

드 마이예의 『텔리아메드』와 다윈의 『종의 기원』 사이에서 200명 이상의 과학자가 진화라는 쟁점을 놓고 용기 있게 발언했다. 이들 논평가 대다수가 진화라는 생각에 강력하게 반대했다. 우리가 고려한 모집단에서 후순위 출생자들이 첫째보다 더 많다는 사실을 보정하고서도, 진화 이론을 옹호한 사람들은 압도적으로 후순위 출생자들이었다. 드 마이예 자신부터가 그랬다. 진화 사상을 옹호한 다른 저명인사들로는 에라스무스 다윈(다윈의 할아버지), 장-밥티스트 라마르크, 에티엔 조프루아 생틸레르가 있다. 이들 모두는 대가족의 막내였다(집합적으로 보면 이 세 명의 진화 이론 개척자들에게는 29명의 형제가 있었다.).

『종의 기원』이 출판되기 이전에는 117명의 후순위 출생자 가운데 56명, 다시 말해 공개적으로 입장을 표명한 후순위 출생자 가운데 48퍼센트가 특정 형태의 진화 이론에 호의를 보였다. 같은 기간에 첫째들 사이에서는 반대 의견이 지배적이었다. 내가 증거 자료를 첨부할 수 있는 103명의 첫째 가운데 9명(9퍼센트)만이 진화에 공감했다. 이 9명 가운데 5명이 1850년에서 1859년 사이에 진화론으로 귀의했다(그림 2.1).[45]*

'승산비(odds ratio)'라고 하는 간단한 통계치를 활용하면 출생 순서에 따른 이런 연구 결과를 손쉽게 요약할 수 있다. 이 통계치는 모집단에서 첫째들과 후순위 출생자들이 보이는 상이한 빈도수를 참작해 정정한 것으로, 개인 대 개인 차원에서 두 집단을 비교한다. 1859년 이전 시기에 승산비는 9.7대 1이었다. 이것은 다윈이나 월리스 같은 후순위 출생자들이 진화의 사상을 옹호할 확률이 라이엘이나 아가시 같은 첫째들보다 9.7배 더 높았다는 것을 의미한다. 여기서 특별한 다른 무엇이 개입하

---

* 그림의 이런저런 수학적 통계 자료는 후주에 실어 놓았다. 물론 각 그림마다 간단한 설명도 붙였다. 이 책에 나오는 대부분의 통계는 상관관계의 형태로 제시된다. 따라서 상이한 결과를 쉽게 비교할 수 있을 것이다. 나는 상관관계 및 기타 기본적인 통계 개념에 익숙하지 않은 독자들을 위해서 '부록 1: 간략한 통계 해설(과 상관관계 설명)'에서 이 문제를 개관했다.
그림 2.1은 거리 계수 적재 최소 제곱법 알고리즘을 활용해 시간이 경과함에 따라서 변동하는 지지 수준을 매끄러운 평균으로 그린 것이다(Wilkinson and Hill 1994:380~91). 이런 매끄러운 알고리즘은 회귀 처리 절차와 동등한 시각 정보를 제공함으로써 통계적 유의성보다는 '효과 크기(effect size)'를 강조해서 보여 주는 장점이 있다.

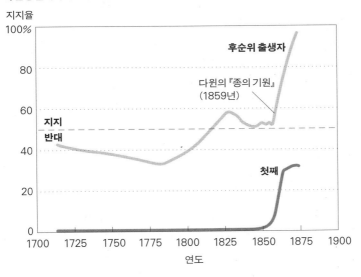

**연도와 출생 순서에 따른 진화 이론 수용도**

**그림 2.1** 1700년부터 1875년 사이의 기간 동안 출생 순서에 따른 진화 이론 수용도의 변화 (N=433). 다윈의 『종의 기원』이 출간되기 이전의 오랜 논쟁 기간 동안 후순위 출생자들이 진화를 지지할 확률은 첫째들보다 9.7배 더 높았다. 집단에 따른 이런 차이는 모집단에 후순위 출생자들이 더 많다는 사실을 바탕으로 보정한 결과이다. 출생 순서에 따른 이런 차이가 우연히 생길 확률은 10억분의 1 미만이다.

첫째들의 다윈주의 개종이 『종의 기원』 출간 직후 정점에 도달했다는 사실에 주목하라. 다윈주의로 개종할 수 있었던 첫째들은 재빨리 개종했고, 나중에 개종하는 개방적인 첫째들은 더 적었다.

고 있음을 인식하기 위해 다른 통계치를 알아야만 할 필요는 없다.

　1830년대와 1840년대 초반에 진화에 대한 지지가 일시적으로 소강 국면을 맞이했다. 이런 하향세는 두 명의 첫째 조르주 퀴비에와 찰스 라이엘의 위압적인 영향력 때문이었다. 그들이 이때 진화에 반대하는 강력한 캠페인을 벌였던 것이다. 라이엘의 비판은 『지질학 원리(*Principles of Geology*)』(1830~1833년)에서 개진되었다. 바로 다윈이 세계 일주 항해를 하던 때다. 다윈은 비글 호 항해 이후 진화에 관한 사상을 발전시켜 가면서 작성한 노트에 이렇게 적고 있다. "라이엘의 원리를 요약하고 답변해야만 한다."[46] 다윈이 자신의 진화 사상을 발표하기 위해 아주 오랜 세월을 기다려야만 했던 중요한 이유 한 가지는 라이엘과 같은 저명한 첫째들이 제기할 반대를 우려해서였다.

1840년대 후반에 진화 이론에 대한 관심이 부활한 것은 대부분 로버트 체임버스가 익명으로 출판한 『창조의 박물학적 흔적들』(1844년) 때문이었다. 이 시기에 후순위로 출생한 진화론자들의 승산비는 17.5대 1로 최대치를 기록했다.[47] 이와 같은 확률을 고려할 때 체임버스가 후순위 출생자였다는 사실은 전혀 놀라운 일이 아니다. 그의 영향을 받은 가장 유명한 개종자 알프레드 러셀 월리스도 마찬가지로 후순위 출생자였다.

## 다윈주의의 수용

나는 다윈의 『종의 기원』에 대한 반응들을 개별적으로 분석했다. 『종의 기원』이 진화 관련 논쟁의 성격을 크게 바꿔 놓았다. 후순위 출생자들이 다윈의 사상을 지지할 확률은 첫째들보다 4.4배 더 높았다. 다윈이 성공할 수 있었던 한 가지 이유는, 과거의 진화 이론들에 저항했던 다수의 첫째들을 그가 전취할 수 있었기 때문이다.[48] 그러나 대다수의 첫째들은 1875년 — 내 조사 연구의 마지막 대상 연도 — 까지도 진화를 수용하지 않았다. 프랑스의 생물학자 장-루이-아르망 콰트르파주 드 브로 — 두 자녀 가운데 맏이 — 는 1892년 사망할 때까지 다윈주의에 반대하는 운동을 펼쳤다. 다윈주의를 공박하는 그의 마지막 저작이 1894년 『다윈의 적들(Les Émules de Darwin)』이라는 제목으로 사후 출판되었다. 또 다른 첫째인 캐나다의 지질학자 존 윌리엄 도슨은 1899년 사망할 때까지 창조론을 변호했다.

19세기는 종종 "다윈의 세기"라고 불린다. 다윈의 사상이 과학 및 사회사상에 끼친 극적인 충격 때문이다.[49] 출생 순서에 따라 진화의 사상을 수용하는 태도에서 엄청난 차이가 발생했다. 그리하여 거의 한 세기를 사이에 두고 두 번의 파고를 거치면서 진화 이론이 채택되었다. 첫째들은 1875년경에, 후순위 출생자들이 1775년경에 처음 도달한 것과 동일한 지지 수준(40퍼센트)에 도달했다. 우리는 간단한 셈을 통해 "다윈의 세기"가 비로소 역사적 실재가 되었음을 알 수 있다. 후순위 출생자가 전체 인구에서 2.6대 1의 비율로 첫째들보다 많았던 것이다.[50]

인구 통계의 역사가 제공하는 흥미로운 사실은 다윈주의의 수용과 관련이 있다. 프랑스는 다른 유럽 국가들보다 약 50년 더 빠른 시기인 18세기 후반에 인구 통계를 내기 시작했다. 이 때문에 우리는 다른 나라의 과학자들과 비교해 프랑스의 과학자들이 왜 그렇게 다윈주의에 적대적이었는지를 알 수 있다. 다윈 자신도 "프랑스인들은 징글맞게도 안 믿는다."며 불평했다. 그러나 사태는 프랑스인이라는 것과는 거의 아무런 상관이 없었다.[51] 1859년에 프랑스 과학자들에게는 불과 1.1명의 형제만이 있었다. 다른 나라의 과학자들에게는 형제가 2.8명이었다.[52] 19세기의 남은 기간 동안 다윈주의는 프랑스에서 결코 뿌리를 내리지 못했다. 이 나라에서 자연선택 이론이 널리 수용되기 위해서는 『종의 기원』이 출간되고 나서 거의 한 세기가 흐른 1950년대까지 기다려야만 했다.[53] 이런 특이한 지체 현상의 이면에는 퀴비에 학파가 아니라 피임과 가족계획이 자리하고 있었다.[54]

다윈의 혁명과 관련해 마지막으로 고려해야 할 정보가 있다. 나이는 과학 혁신에 대한 태도를 예보해 주는 매우 훌륭한 지표이다. 나이 든 과학자들이 젊은 과학자들보다 새로운 사상을 받아들일 가능성이 더 적은 게 사실이다.[55] 이런 사실은 출생 순서의 영향력을 평가하는 데서 편리한 비교의 척도를 제공한다. 진화 관련 논쟁이 벌어지는 내내 80세의

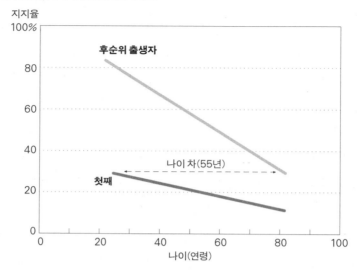

**나이와 출생 순서에 따른 진화 이론 수용도**

**그림 2.2** 1700년에서 1875년 사이에 이루어진 진화 이론의 수용(나이와 출생 순서에 따른 분류, N=405). 출생 순서의 영향력 때문에 80세의 후순위 출생자도 25세의 첫째만큼 진화 이론에 개방적이었다.

출생 순서와 나이 사이에는 상당한 상호 작용 효과가 존재한다. 첫째들은 통상 진화에 적대적이었기 때문에 나이와 상관없이 이 이론에 반대하는 경향을 보였다. 나이를 먹으면서 편협해지려면 젊은 시절에 반드시 개방적이어야 한다. 나이가 후순위 출생자들 사이에서 진화를 바라보는 태도에 상당히 커다란 영향력을 행사한다.

후순위 출생자들은 25세의 첫째들만큼이나 이 이론에 개방적이었다. 다윈 혁명의 과정에서 후순위 출생자라는 사실은, 으레 젊은이들의 전유물이라고 여겨지는 개방성에서 55년의 세월과 맞먹었다(그림 2.2).[56]

## 기타의 과학 논쟁

후순위 출생자들이 과학 분야에서 일어난 기타의 변화들을 창시하고 지지했느냐의 여부가 자연스럽게 궁금해진다. 나는 이 물음에 답하기 위해 지난 5세기 동안의 과학 역사를 수놓은 28개의 혁신을 분석했다.[57] 이 28개의 혁신 가운데서 16개를 인용 빈도에 기초해 중요한 '혁명'으로 분류했다. 다윈 혁명 말고도 자주 인용되는 사건으로 내가 작성한 목록에는 코페르니쿠스 혁명, 뉴턴의 물리학, 아인슈타인의 특수 및 일반 상대성 이론이 있다.[58]

어떤 과학 혁명들은 다른 것들보다 이데올로기적 의미가 더 강력했다.[59] 따라서 이 16개의 혁신을 두 덩어리로 다시 나누는 작업이 필요했다. 급진적 이데올로기 혁명과 기술적 혁명으로 말이다.[60] 뉴턴은 자신의 과학 업적으로 기사 작위를 수여받았다. 반면 갈릴레오는 이단적 교설을 폈다는 이유로 재판에 회부되었다.

어떤 이론이 급진적 이데올로기 혁명으로 분류되려면 광범위한 종교적 논쟁을 불러일으켜야 했다. 나는 해당 주제와 관련한 책들이 가톨릭 교회의 『금서 목록(Index Librorum Prohibitorum)』에 올랐는지 여부와 같은 공식적 지표들을 활용했다. 급진적 이데올로기 혁명에 대한 또 다른 표지는 과학자들이 자신의 사상을 익명으로 출판하는 경향이다. 드 마이예와 체임버스는 물론이고 다윈 이전의 다른 진화론자 대여섯 명도 그렇게 했다. 나는 이런 지침을 바탕으로 16개의 중요한 혁명 가운데서 4개만을 급진적 이데올로기 혁명으로 구분했다. 코페르니쿠스의 이론, 제임스 허턴의 지구 이론, 다윈 이전의 진화 이론들, 다윈주의가 그것이다.[61]

허턴의 지구 이론은 다른 급진적 혁명들보다 덜 유명하지만 결코 덜 이단적이지 않았다. 허턴은 노아의 대홍수를 포함해 지질학적 변화에서 격변적 메커니즘을 강조하던 동시대 과학자들에 대항하여 "동일 과정설(uniformitarianism)"의 원리를 제창했다. 이 원리는 침식이나 풍화 작용처럼 오늘날 관찰할 수 있는 현상 이외의 다른 지질학적 과정을 전혀 허용하지 않았다. 허턴 추종자들이 지구 지각의 주요 변화를 설명하기 위해서는 수백만 년이라는 엄청난 양의 시간이 필요했다. 허턴은 유명한 문구를 동원해 세상은, "시작의 흔적도 없고, 끝의 전망도 없다."고 설명했다.[62] 그는 지질학적 시간의 척도를 성경에 기초해 계산된 6,000년에서 대폭 늘림으로써 다윈이 밟고 걸어갈 길을 다져 주었다.[63] 허턴의 지질학 사상은 성경의 연대기와 충돌했고, 그 내용의 무신론적 함의 때문에 많은 비판을 받았다. 다윈처럼 허턴도 후순위 출생자였다.

과학 역사가들이 과학의 주요 혁명으로 판정한 16개의 사건 말고도 나는 덜 심원한 또 다른 12가지 혁신을 조사했다. 혁명들처럼 이 12개의 혁신도 두 덩어리로 나눌 수 있다. 논쟁적 혁신이 그 하나로, 여기에는 7가지 사례가 포함된다. 산욕열에 대한 이그나즈 제멜바이스의 생각, 조지프 리스터의 멸균 수술 도입이 이 범주에 속한다. 이 두 가지 의학 발달 사례는 중요한 진보를 대변하지만 과학사가들은 대체로 이 사건들을 주요 '혁명'으로 취급하지 않았다.

네 번째이자 마지막 혁신의 사례들은 보수적 이론이다. 이 범주에는 기성의 종교나 상층 계급의 가치들을 지지한 5개의 교설이 포함된다. 역사적으로 생명 과학은 보수적 교의의 비옥한 산란장으로 기능해 왔다. 17세기에 생물에 대한 각종의 기계론적 설명들이 생물학을 침범하기 시작했다. 창조주의 역할이 심각한 위협에 직면했다. '생기론자들'은 '유물론적' 생물 이론에 강력하게 반발했다. 생기론의 교의는 종교의 중요성에 대한 호소로 뒷받침되기 일쑤였다.[64] 1766년 알브레히트 폰 할러는 동료 박물학자에게 써 보낸 편지에서 이 보수적 의제를 다음과 같이 설명했다. "손가락이 우연히 만들어졌음을 인정하는 것이 아주 위험한 일이라는 사실을 명심하게. 만약 손가락이 스스로 만들어진다면 손도 그렇고, 팔도 그렇고, 사람도 그럴 것이야."[65] 한 생물학 역사가는 할러의 과학 투쟁 대부분이 "신에 대한 존경심에 기대어 무신론자와 기계론자들을 비난하는 것"이었다고 말한다.[66]

보수적 이론들은 급진적 이데올로기 혁명의 반정립(反定立)으로 간주할 수 있다. 린네에서 다윈에 이르기까지 대부분의 생물 분류 체계는 창조 이론에 기초했고, 그것을 고무하는 것이 목적이었다. 이런 박물학자들은 하나님에 대한 자신들의 믿음을 담고 있는 각종의 분류 체계를 새로 개발했다. 이 '이상주의적' 체계에는 수비학적(數秘學的) 가설도 포함되어 있었다.[67] 예를 들어, '5진법주의자(Quinarian)'들은 종들이 5개의 서로 겹치는 집단에 따라 설계되었으며, 그 각각은 원형으로 정렬되어 있다고 생각했다. 5진법주의자들은 각각의 원 안에 5개의 원을 추가로 획정했다. 다른 생물학자들은 7이라는 숫자를 선호했다. 창조에 소요된 7일과 일치했기 때문이다. 이런 이상주의 동물학의 충실한 옹호자들에게 하나님은 유클리드보다 더 영리한 수학자였다. 관념주의적 동물학자들은 다윈주의 혁명을 꾀한 급진적 분파와는 사이가 매우 나빴다. 한 과학사가의 말마따나 두 집단은 상이한 "사회상과 자연 세계"를 옹호했고, 서로 "심각하게 반목하기" 일쑤였다.[68]

나는 표 2에서 내가 조사한 28가지 논쟁을 출생 순서 정보와 함께 전부 목록화해 제시했다. 각각의 논쟁에 대한 나의 연구 결과는 승산비로 요약해 표시했다(굵은 글씨로 표시되어 있다.). 표에 나오는 첫 번째 사건은 코페르니쿠스 혁명이다. 이 논쟁의 초기 단계에서 승산비는 5.4대 1로 후순위 출생자들을 지지했다. 이것은 후순위 출생자들이 지구가 태양 주위를 돈다는 코페르니쿠스의 주장을 지지할 확률이 첫째들보다 5.4배 더 높았다는 의미이다. 코페르니쿠스도 네 자녀 가운데 막내였다.

개관

후순위 출생자들은 지속적으로 많은 수가 참여해 개념의 변화를 옹호했다. 내가 조사한 28가지 혁신에서 승산비는 2.0대 1로 후순위 출생자

표 2

28가지 과학 논쟁에 관한 출생 순서 자료

| 논쟁 | 조사 대상 연도 | 알려진 출생 순서 | 상관관계[a] | 후순위 출생자들이 지지할 상대적 가능성[b] |
|---|---|---|---|---|
| **급진적 이데올로기 혁명(N=4)** | | | | |
| 코페르니쿠스 혁명 (1609년까지) | 1543~1609년 | 30 | 0.38* | 5.4에서 1까지 |
| 코페르니쿠스 혁명 (1609년 이후) | 1610~1649년 | 51 | 0.00 | 1.0에서 1까지 |
| 다윈 이전의 진화 | 1700~1859년 | 221 | 0.43*** | 9.7에서 1까지 |
| 허턴의 지구 이론 | 1788~1829년 | 46 | 0.31* | 5.2에서 1까지 |
| 다윈주의 혁명 | 1859~1875년 | 228 | 0.36*** | 4.6에서 1까지 |
| **소계[c]** | **1543~1875년** | **576** | **0.36*** | **4.8에서 1까지** |
| **기술적 혁명(N=12)** | | | | |
| 베이컨과 데카르트 (과학 방법) | 1600~1685년 | 82 | 0.09 | 1.7에서 1까지 |
| 하비와 혈액 순환 | 1628~1653년 | 37 | 0.34* | 5.8에서 1까지 |
| 뉴턴 혁명 (천체 역학) | 1687~1750년 | 65 | 0.24 | 3.1에서 1까지 |
| 라부아지에의 화학 혁명 | 1778~1795년 | 85 | 0.25* | 3.1에서 1까지 |

a. 양의 상관관계는 후순위 출생자들이 더 많이 지지했음을 가리킨다. 모든 상관관계(phi)는 별도로 코드화한 출생 순서와 과학적 입장을 바탕으로 산정했다. 피셔의 적합 확률 검정을 사용한 통계적 유의성 수준은 *표를 달았다. *($p<0.05$), **($p<0.01$), ***($p<0.001$). 양측 검정을 사용했다.

b. 모집단에서는 후순위 출생자들이 첫째들보다 더 많다는 사실에 입각해 승산비를 보정했다.

c. 소계의 상관관계는 평균 가중치이다. 각급 사건들의 승산비는 만텔-헨셀 통계(와 가중 평균)에 근거하고 있다.

| 논쟁 | 조사 대상 연도 | 알려진 출생 순서 | 상관관계[a] | 후순위 출생자들이 지지할 상대적 가능성[b] |
|---|---|---|---|---|
| **기술적 혁명(N=12)** | | | | |
| 빙하 이론[d] | 1815~1849년 | 42 | 0.00 | 1.0에서 1까지 |
| 라이엘과 동일 과정설[e] | 1830~1850년 | 32 | 0.06 | 1.3에서 1까지 |
| 프로이트의 정신 분석 (1919년까지) | 1900~1919년 | 90 | 0.30** | 3.8에서 1까지 |
| 프로이트의 정신 분석 (1919년 이후) | 1920~1930년 | 36 | -0.4 | 0.86에서 1까지 |
| 플랑크의 양자 가설 | 1900~1919년 | 59 | 0.05 | 1.2에서 1까지 |
| 아인슈타인과 특수 상대성 이론 | 1905~1914년 | 48 | 0.30* | 3.6에서 1까지 |
| 아인슈타인과 일반 상대성 이론 | 1915~1930년 | 67 | 0.06 | 1.3에서 1까지 |
| 대륙 이동설 | 1912~1967년 | 57 | 0.24 | 2.7에서 1까지 |
| 불확정성의 원리 (물리학) | 1918~1927년 | 40 | 0.18 | 2.1에서 1까지 |
| **소계** | **1600~1967년** | **740** | **0.18***** | **2.2에서 1까지** |
| **논쟁적 혁신(N=7)** | | | | |
| 전성설[f] | 1600~1699년 | 20 | 0.41 | 6.0에서 1까지 |
| 후성설 | 1700~1820년 | 45 | 0.21 | 2.3에서 1까지 |

d. 루이 아가시의 빙하 시대 개념은 격변설과 창조론을 지지한 보수적 이론이다. 그러나 빙하 이론의 옹호자들이 전부 아가시의 격변설을 채택한 것은 아니었다.

e. 라이엘의 동일 과정설은 허턴이 지구의 역사와 관련해 제기한 급진적 이데올로기 혁명의 후기 단계로도 볼 수 있다.

f. 1700년 이후 전성설은 후성설에 대해 보수적 대안으로 자리바꿈을 한다.

| 논쟁 | 조사 대상 연도 | 알려진 출생 순서 | 상관관계[a] | 후순위 출생자들이 지지할 상대적 가능성[b] |
|---|---|---|---|---|
| **논쟁적 혁신(N=7)** | | | | |
| 최면술[g] | 1780~1800년 | 42 | -0.03 | 0.89에서 1까지 |
| 골상학[h] | 1796~1840년 | 98 | 0.45*** | 9.0에서 1까지 |
| 데본기 논쟁 | 1830~1840년 | 15 | 0.22 | 2.5에서 1까지 |
| 제멜바이스와 산욕열 | 1842~1862년 | 37 | 0.22 | 2.6에서 1까지 |
| 리스터와 소독법 | 1867~1880년 | 45 | 0.14 | 1.9에서 1까지 |
| **소계** | **1600~1880년** | **302** | **0.28*** | **3.5에서 1까지** |
| **보수적 이론(N=5)[i]** | | | | |
| 자연 발생설 반박 (=생기론) | 1640~1859년 | 67 | -0.24* | 0.36에서 1까지 |
| 이상주의적 분류 체계들 | 1809~1859년 | 43 | 0.41** | 0.08에서 1까지 |
| 현대적 관념론 | 1848~1920년 | 110 | -0.09 | 0.68에서 1까지 |
| 배종설 | 1859~1880년 | 33 | -0.19 | 0.30에서 1까지 |
| 우생학 | 1864~1949년 | 142 | -0.06 | 0.76에서 1까지 |
| **소계** | **1640~1949년** | **395** | **-0.14*** | **0.54에서 1까지** |

g. 최면술은, "부자들과 명문가들 사이에서 유행하던 실내 게임"이었다는 지위 때문에 어쩌면 보수적 이론으로도 분류할 수 있을 것이다.(Darnton 1968:74)

h. 골상학은 실패한 급진적 이데올로기 혁명이다. 골상학을 급진적 이데올로기 혁명으로 분류하면 논쟁적 혁신의 출생 순서 상관관계 평균 가중치가 0.17이 되고, 급진적 이데올로기 혁명의 출생 순서 상관관계 평균 가중치는 0.37이 된다.

i. **인종 간에 선천적인 차이가 존재한다**는 학설도 보수적 이론이다. 흑인과 기타 소수 민족의 열등성을 강조했으므로. 셔우드와 내타웁스키(1968년)는, 첫째인 심리학자들이 흑인과 백인 사이의 IQ 차이가 선천적이라고 믿을 확률이 후순위 출생자들보다 더 높다고 보고했다. 표 2에 적용된 방법을 바탕으로 내가 계산한 승산비는 0.35대 1로 첫째들이 더 많이 지지했다(r=-0.24, N=82, p<0.05).

들이 변화를 더 많이 수용한다는 것을 보여 주었다. 이런 차이가 우연히 발생할 확률은 10억분의 1도 안 된다.[69] 새로운 이론의 창시자들이 첫째 일 때 — 뉴턴, 라부아지에, 아인슈타인, 프로이트의 경우처럼 — 조차도 그 지지자들은 여전히 압도적으로 후순위 출생자들이었다. 급진적 과학 혁신가들 가운데서 첫째들은 예외적인 사례이다. 급진적 혁신을 기꺼이 받아들이는 과학자들 가운데서 첫째들이 소수인 것처럼 말이다.[70]

이 발견들은 서로 다른 종류의 혁신을 구분하지 않기 때문에 출생 순서의 영향을 약화시켰다. 따라서 중요한 통계적 상황에 따라 과학 혁신의 사례들을 하위 집단으로 나누어 탐구하는 것이 마땅하다. 표 2의 결과는 상당히 잡다하다. 이것은 출생 순서의 효과가 사건에 따라 크게 달라진다는 것을 의미한다.[71] 여러 연구의 결과들이 크게 다를 때마다 우리는 '조정' 변수가 개입했을 가능성을 고려해야 한다. 역사에서는 조정 변수가 사건의 본질을 포함하는 경향이 있다.

## 이데올로기적 급진주의

각급의 혁신들을 개별적으로 고찰해 보면 이론이 수용되는 과정에서 이데올로기적 요소가 차지하는 중요성이 명백해진다. 급진적 이데올로기 혁명에서 후순위 출생자들이 이단적 대안을 지지할 확률은 첫째들보다 4.8배 더 높았다. 기술적 혁명에서는 후순위 출생자들이 첫째들보다 2.2배 더 높았다. 급진적 이데올로기 혁명보다는 훨씬 작지만 우연히 발생할 확률보다는 훨씬 더 큰 승산비 값이다.

보수적 이론의 경우에는 그 결과가 반대였다. 첫째들이 이런 종류의 사상을 채택할 가능성이 후순위 출생자들보다 1.9배 더 높았다. 마찬가지로 우연이라고 하기에는 매우 높은 확률인 셈이다. 과학에서 첫째들은 반동(反動) 사상의 옹호자들이다. 혁신이 반동적이면 반동적일수록 더 많은 첫째들이 그것을 지지한다(그림 2.3).

논쟁적 혁신, 또는 통상 혁명으로 간주되지 않는 새로운 이론의 사례들에서 한 가지 놀라운 통계를 확인할 수 있다. 이 하위 집단의 승산비는 3.4대 1로, 후순위 출생자들에서 더 높게 나타났다. 기술적 혁명의 승산비(2.2대 1)보다 훨씬 더 큰 값이다. 나는 이러한 차이를 예측하지 못했다.

이 이례적인 결과는 간단하게 설명된다. 7개의 논쟁적 혁신 가운데 하나인 골상학이 잘못 분류되었던 것이다. 이 학설은 두개골의 '융기'로 인지 능력과 성격을 파악할 수 있다고 전제했다. 프란츠 요제프 갈이 1796년에 개발한 골상학은 정신 작용을 뇌의 특정 부위로 소급할 수 있다는 가정에 기초했다. 이렇게 노골적으로 유물론적인 가정 때문에 갈의 이론은 영혼의 존재를 부인하는 것처럼 보였고, 그리하여 조르주 퀴비에를 포함한 정통 과학자들의 격렬한 반대에 부딪쳤다. 1801년 오스트리아 황제 프란츠 요제프는 갈에게 친서를 보내 이 주제와 관련해 더 이상의 대중 강연을 금지했다. 갈의 이론이 "유물론과 부도덕과 무신론에 이바지한다."는 이유에서였다.[72] 갈은 1828년에 죽었고, 가톨릭교회는 그의 교회 매장을 불허했다. 사태는 여기서 그치지 않았다. 그의 골상학 저술은 『금서 목록』에까지 올랐다. 급진적 이데올로기 혁명의 지위를 갖추기 위한 나의 공식 기준 가운데 하나를 만족시킨 셈이다. 갈의 지지자들이 출생 순서에 따른 효과를 강력하게 보여 준 것처럼 그도 후순위 출생자로 열 명의 자녀 가운데 여섯째였다.

골상학의 사례는, 과학 혁신을 '혁명'으로 분류하려는 그 어떤 시도도 회고적 판단에 지나치게 의존해서는 안 된다는 사실을 보여 준다. 우리 시대의 과학사가들이 혁명으로 인용한다고 해도 말이다.[73] 논쟁적 혁신 가운데 일부는 발표 당시에 혁명적 업적으로 간주되었다. 최면술

**출생 순서와 혁신의 유형에 따른 과학 혁신 수용도**

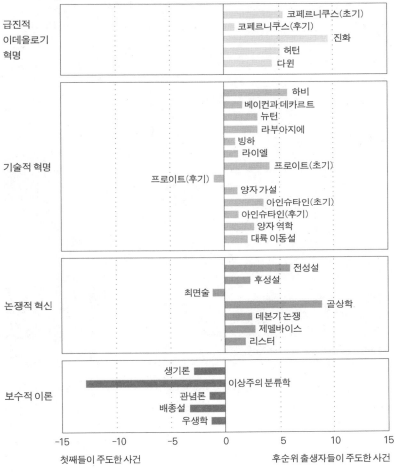

출생 순서에 따른 상대적 지지 가능성

**그림 2.3** 28가지 과학 혁신에서 발휘된 출생 순서의 효과. 네 부류의 혁신 각각에서 양의 지지 가능성(여기서는 승산비로 표시했다.)은 첫째들보다 후순위 출생자들의 지지가 더 많았다는 것을 의미한다. 반면 음의 값은 첫째들의 지지가 더 많았다는 의미이다. 갈릴레오가 망원경을 통해 여러 사실을 발견하기 이전의 코페르니쿠스 혁명 초기 단계에는 후순위 출생자들이 이 이론을 지지할 확률이 첫째들보다 5.4배 더 높았다. 후순위 출생자들이 첫째들보다 앞서서 새로운 이론을 채택하는 경향이 급진적 이데올로기 혁명의 사례들에서 확인되었다. 보수적 이론은 대부분 첫째들이 지지했고, 후순위 출생자들은 반대했다.

모형 두상과 두개골이 잔뜩 수집된 곳에서 동조자들과 함께 골상학 토론을 벌이고 있는 **프란츠 요제프 갈**. 1808년에 제작된 이 풍자적 동판화는 정통 의학계가 갈의 사상에 적대적이었음을 암시해 준다.

과 골상학이 그랬다. 성공 여부보다 이데올로기적 이단성이 급진적 이데올로기 혁명을 가늠하는 고유의 지표라면 골상학도 이런 급진적 혁명에 속할 것이다.[74)]

과학 논쟁들을 분류하는 데서 발생하는 또 다른 곤란은 논쟁 대상의 성격이 시기에 따라 변한다는 점이다. 결국 성공을 거두는 급진적 혁명들은 기술적인 혁명이 된다. 이런 상황은 출생 순서 효과에 중요한 결과를 가져온다. 논쟁이 한 부류의 사건에서 다른 부류의 사건으로 이행하면 출생 순서 효과가 약해진다. 출생 순서의 역할은 논쟁이 말기에 접어들면서 축소되었다. 코페르니쿠스의 이론, 허턴의 지구 이론, 진화 이론, 프로이트의 정신 분석, 상대성 이론 논쟁이 전부 그러했다.[75] 각급의 혁신 사례에서 시간의 조정력을 확인할 수 있었다. 물론 다른 사건들보다는 급진적 이데올로기 혁명의 과정에서 시간의 조정력이 훨씬 더 분명하게 감지되기는 했지만(그림 2.4).[76]

출생 순서 효과는 개별적 논쟁에서 시간이 경과할수록 흔히 감소한다. 그러나 일반적인 차원에서 이 효과가 시간이 경과한다고 해서 줄어드는 것은 아니다. 다시 말해, 출생 순서 효과는 혁신의 유형에 따른 통제가 이루어질 경우 4세기 전만큼이나 20세기의 논쟁에서도 마찬가지로 막강한 영향력을 행사한다.[77]

이 마지막 연구 결과는 출생 순서에 따른 차이가 장자 상속권 때문일지도 모른다는 가능성을 배제한다.[78] 장자 상속 — 장남에게 전 재산을 물려주는 풍습 — 은 프랑스 대혁명 이후 대다수 유럽 국가에서 폐지되었다.[79] 상속 관행의 이런 변화는 출생 순서 효과에 어떤 의미 있는 영향력도 행사하지 못했다. 일반적으로 장자 상속권의 수혜를 받는 장남으로 태어난 후순위 출생자들이 차남 이하인 후순위 출생자들만큼이나 혁신을 지지할 확률이 높았다는 사실도 주목할 만하다.[80] 사람들로 하여금 급진적 변화에 반대하도록 만드는 것은 기능적으로 첫째라는 사실이지 가족의 재산을 물려받는 것과는 상관이 없다.[81]

보수적 이론은 기타의 과학 발달 사례들과 비교할 때 다른 수용 양상을 수반하기 때문에 나는 이 책 전체에서 보수적 이론들을 개별적으로 분석했다. 또, 보수주의와 결부되지 않는 23가지 혁신을 취급하기 위해 편의상 '자유주의적 이론'이라는 용어를 사용했다. 후순위 출생자

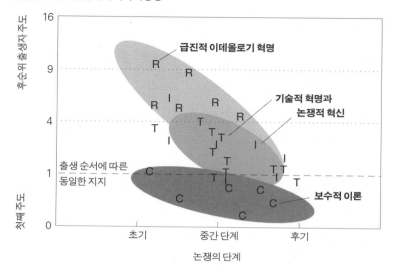

**출생 순서에 따른 과학 혁신의 지지도 차이(혁신의 유형과 단계도 함께 표시)**

출생 순서에 따른 상대적 지지 가능성

후순위 출생자 주도

16

급진적 이데올로기 혁명

9

R        R

R  I  R        R        기술적 혁명과
                        논쟁적 혁신
4
T        T  T      R
I          T T
T  T      I
출생 순서에 따른        T  T
동일한 지지          T  T  I  T T
1              T  C      T T      보수적 이론
              C  C    C
첫째 주도        C          C
          C

0
      초기      중간 단계      후기

논쟁의 단계

**그림 2.4** 28가지 과학 혁신에서 파악된, 출생 순서에 따른 수용도 차이(혁신의 유형과 논쟁의 단계도 함께 표시). 각각의 혁신을 출생 순서에 따른 상대적 지지 확률(승산비)로 표시했다. 1.0을 초과하는 승산비는 첫째들보다 후순위 출생자들이 더 많이 지지함을 가리킨다. 1.0 미만의 승산비는 반대 상황을 나타낸다. 급진적 이데올로기 혁명은 초기 단계에서 후순위 출생자들이 혁신을 지지할 확률이 첫째들보다 10배 더 높았다. 보수적 이론은 후기 단계에서 첫째들이 새로운 관점을 지지할 확률이 후순위 출생자들의 2~3배였다.

각급의 과학 혁신에서 첫째들은 논쟁의 후기 단계에서 태도를 바꿀 가능성이 많았다. 시간이라는 조정 변수의 역할은 다른 종류의 과학 혁신들에서보다 급진적 이데올로기 혁명에서 훨씬 더 컸다.

들이 이런 자유주의적 혁신을 지지할 확률은 첫째들보다 3.1배 더 높았다.[82] 이런 결과가 우연히 발생할 확률은 정말이지 0에 가깝다. 이 두 가지 정반대되는 범주(보수주의와 자유주의)에 딱 들어맞는 이론들에 대한 지지를 비교해 보았더니 후순위 출생자들이 자유주의적 대안을 지지할 확률이 첫째들보다 5.7배 더 높았다. 보수적 대안과 급진적 대안을 지지하는 것 사이에서 선택해야 하는 상황이 발생할 경우 출생 순서에 따른

차이는 8.9대 1로, 후순위 출생자들이 급진적 관점을 옹호할 확률이 높았다.[83]

9장과 14장에서 나는 보수주의적 혁신과 자유주의적 혁신의 구분을 뒷받침해 주는 근거들을 추가로 제시했다. 사회적 태도는 이런 구분을 확실하게 해 주는 아주 좋은 수단이다. 출생 순서에 따른 이론 수용의 차이를 통제한 다음에도 보수주의적 혁신은 자유주의적 혁신을 수용하는 이들과 사회적 견해가 크게 대립되는 사람들을 끌어당긴다. 보수적 이론은 사회적 보수파들에게 호소력을 가지는 반면 자유주의적 이론은 사회적 자유파에게 호소력을 발휘한다. 게다가 자유주의적 이론은 젊은이들이 채택할 가능성이 높다. 보수적 사상을 옹호하는 사람들 사이에서는 문젯거리도 안 되는 것이지만 말이다. 이 두 종류의 혁신을, 그 차이를 무시하고 일률적으로 다루면 혁신에 대한 개방성에 영향을 미치는 사실상의 모든 요소들, 다시 말해 나이, 사회적 태도, 출생 순서가 무의미해진다.

이데올로기와 기술적 내용 외에도 과학에서 출생 순서 효과를 조정하는 기타의 고려 사항들이 존재한다. 보통은 이런 조정 요소들이 논쟁을 대표한다.[84] 초기에는 지지를 거의 받지 못했고, 논쟁에 참가한 사람들이 많았으며, 오랜 시간이 흐르고서 해결된 혁신의 지지자들 가운데 특히 후순위 출생자들이 많다.[85] 논쟁의 이 세 가지 척도를 결합해 보면 그것들이 출생 순서에 따른 차이를 촉진하는 데서 발휘하는 집합적 역할이 인상적으로 드러난다. 세 측면 모두에서 논쟁적인 과학 혁신의 경우 후순위 출생자들의 승산비는 4.2대 1이었다. 이 세 가지 기준에 비추어 볼 때 논쟁이라 할 만한 것이 거의 없었던 사례에서는 후순위 출생자들의 승산비가 1.4대 1에 불과했다. 이것은 통계적으로 유의미하지 않은 차이다.

## 출생 순서 비판자들

스위스 출신의 심리학자 세실 에른스트와 쥘 앙스트가 출생 순서 문헌에 대한 종합적인 비평을 통해 출생 순서 연구의 오류 가능성을 언급했다. 에른스트와 앙스트는, 대부분의 출생 순서 조사 연구가 배경적 변수로 인해 불충분하게 이루어졌다고 지적한다.[86] 하나의 예로서 하층 계급 가정은 상층 계급 가정보다 대가족인 경우가 많다. 그래서 하층 계급 가족들은 후순위 출생자들에게 호감을 가진다고 한다. 사회 계급과 형제의 수를 적절히 통제하지 않으면 의미 있는 출생 순서 경향을 발견했다고 해도 출생 순서의 영향력을 입증하지 못한다. 가족들 간의 차이가 그 원인이 될 수 있다.

나는 이런 방법론적 우려에 대응하기 위해 에른스트와 앙스트가 출생 순서 연구에서 심각한 장애물이라고 판단한 온갖 변수들의 자료를 수집했다. 혼란을 야기하는 변수들 가운데서 가장 중요한 것은 형제의 수다. 내 표본을 보면, 새로운 사상의 수용자들 가운데 후순위 출생자들이 압도적으로 많은 경향이 형제 수가 2~20인 모든 가족에서 확인되었다. 가족의 수는 이 결과에서 상황을 혼란스럽게 하는 요소가 아니다 (그림 2.5).[87]

후순위 출생자들은, 사회 계급으로 나누어도 귀족 계급에서 육체 노동자에 이르기까지 모든 사회 경제 단계에서 새로운 이론을 더 많이 지지했다. 귀족 계급에서만 이런 경향이 통계적 유의성을 갖지 못했다. 놀랍게도 사회 경제 계급 자체는 과학 혁신의 수용에 탐지 가능한 영향력을 전혀 행사하지 못했다(그림 2.6).[88]

출생 순서 경향이 통계적으로 유의미하지 못한 귀족들의 상황은 더 언급할 필요가 있겠다. 내 표본의 다른 구성원들과 비교할 때 귀족들은

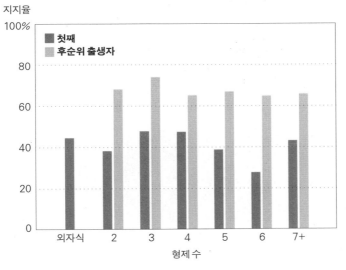

출생 순서와 형제 수에 따른 과학 혁신의 수용도

**그림 2.5** 23가지 자유주의적 과학 이론 수용 과정에서 출생 순서에 따라 드러난 차이(형제 수에 따라 분류함, N=1,218). 출생 순서에 따른 지지의 차이는 형제 수가 2에서 7 이상인 모든 가정에서 통계적으로 유의미하다.

몇 가지 측면에서 달랐다. 특히 갈등 상황으로 번졌던 논쟁에서 그들의 수가 너무 적었다. 다시 말해 귀족들은 출생 순서 효과가 없는 논쟁에 참여하기를 좋아했다. 귀족과 평민 사이에 존재하는 이런저런 배경적 차이들을 조회해 보았더니 귀족들도 마찬가지로 출생 순서에 따른 인상적인 차이를 보여 주었다.[89]

같은 가정에서 함께 자란 형제들 사이에서 출생 순서 효과가 발생하는지를 확인해 보면 출생 순서 효과를 가장 확실하게 파악할 수 있다. 내 표본의 구성원들 가운데서 105명이 조르주 퀴비에와 프레데릭 퀴비에처럼 서로 형제였다. 이 형제의 4분의 3이 동일한 과학 혁신에 대해 각자의 의견을 피력했다. 출생 순서는 그들의 개념적 선호를 알려 주는 홀

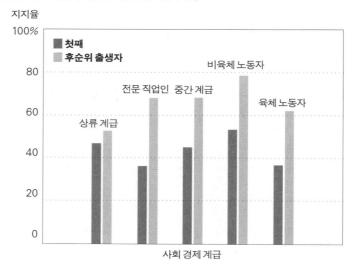

**그림 2.6** 23가지 자유주의적 과학 이론 수용 과정에서 출생 순서에 따라 드러난 차이(사회 계급에 따른 분류, N=1,502). 출생 순서의 영향력은 귀족 계급을 제외한 모든 사회 계급에서 통계적으로 유의미하다. 사회 계급은 과학적 입장에 포괄적인 영향력을 전혀 행사하지 못한다. 사회 경제적 지위는 아버지의 직업에 기초해 작성했다.

륭한 예보자이다. 자유주의적 이론을 놓고 논쟁이 벌어졌을 때 후순위 출생자들이 혁신적 대안을 지지할 확률은 첫째들보다 7.3배 더 높았다. 이 수치는 혈연이 아닌 과학자들 사이에서 관찰된 차이의 2배였다. 가족 배경을 통제해도 출생 순서에 따른 차이는 없어지지 않았다. 그러기는 커녕 이런 대조 표준을 확정했더니 오히려 출생 순서에 따른 차이가 증대했다(그림 2.7).[90]

  내 연구에 등장한 형제들은 새로운 과학 이론 수용 여부를 놓고 의견을 같이했을 때조차도 견해를 피력하는 강도가 서로 다르기 일쑤였다. 퀴비에 형제가 대표적인 사례다. 역사 전문가들의 평가를 반영했더니 프레데릭은 진화와 관련해 조심스럽지만 얼마간 동정적인 태도로 인해

**형제 과학자들: 출생 순서에 따른 자유주의적 이론의 수용도**

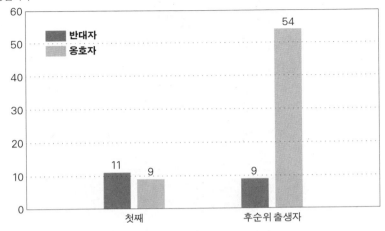

**그림 2.7** 형제 과학자들의 자유주의적 이론 수용도(N=83). 출생 순서에 따른 지지 정도의 차이가 상당하다. 개인 대 개인의 차원에서 후순위 출생자가 과학 혁신을 지지할 확률은 가장 나이 든 형제보다 7.3배 더 높았다.

이 도표는 승산비의 원리도 예증해 준다. 후순위 출생자가 과학 혁신을 지지할 확률은 54/9(다시 말해, 6.0대 1)이다. 첫째가 그렇게 할 확률은 9/11(다시 말해, 0.8대 1)에 불과하다. 54/9를 9/11로 나눈 값 7.3대 1이 승산비로, 해석하면 후순위 출생자 개인이 과학 혁신을 수용할 확률이 첫째들보다 7.3배 더 높다는 의미인 것이다.

7점 눈금자에서 3.3점을 받았다. 진화를 열정적으로 배격했던 형 조르주는 1.0으로 평가되었다. 두 형제의 차이 2.3점은 출생 순서에 따른 형제 과학자들의 평균적인 차이보다 약간 더 컸다.[11] 출생 순서를 평가하는 궁극적 요체는 동일한 가족의 형제들이 보이는 상대적 차이이다. 프레데릭은 형 조르주와 비교할 때 진화와 관련해 전형적인 '후순위 출생자의' 입장을 취했다.

종 문제에 대한 프레데릭의 생각은 두 형제 사이에 존재했던 또 다른 과학적 불일치를 드러낼 뿐만 아니라 형제가 보이는 차이의 중요한 원리

1826년의 **프레데릭 퀴비에**(52세). 이 초상화에서 권위주의적 태도로 명성이 자자했던 형 조르주와 프레데릭을 구별해 주는 인정 있는 기질을 읽을 수 있다. 프레데릭이 동료 라마르크나 조프루아 생틸레르처럼 솔직한 진화론자는 아니었지만 행동 연구 분야에서 진화론에 개방적이었다는 사실을 주목해야 한다.

다윈은 1837년 진화론으로 전향한 직후 행동 진화에 관한 퀴비에의 생각을 연구했다. 다윈은 퀴비에의 저작에서 인용문을 따와 종의 변환에 관한 자신의 첫 번째 연구 노트에 적어 넣었다. 22년 후 다윈은 『종의 기원』에서 프레데릭 퀴비에의 선구자적 견해에 주의를 환기시켰다.

도 예증해 준다. 1797년 조르주가 동생을 파리로 호출했다. 불과 스물여섯 살이었던 프레데릭은 자연사 박물관에서 형의 조수로 일하기 시작했다. 조르주가 1804년 프레데릭을 박물관의 동물원 책임자로 임명했다. 프레데릭은 새로 맡게 된 임무를 이용해 당시에 막 태동 중이던 동물 행동을 연구했다. 역사적으로 볼 때 후순위 출생자들이 개척한 이 과학 분야에서 프레데릭의 연구는 "가장 독창적"이었고, 또 "시대를 앞서 나가는" 것이었다.[92] 프레데릭은 자신이 연구하는 포유동물의 지능에 깊은 인상을 받았고, 동물의 본능이 유전되는 지식의 형태라고 결론 내렸다. 이런 결론이 특히 이단적이었던 까닭은 본능이 설계 이론의 증거로 간주되었기 때문이다. 프레데릭은 인간의 도덕심은 사교성이라는 동물적 본능이 그 기원이라고까지 말했다.

프레데릭은 형의 전문 분야 — 동물 형태학과 생리학 — 에서는 변이를 시인하지 않았지만 동물 행동에 관한 그의 견해는 단호히 그를 진화론 진영으로 밀어넣고 있다. 역사가 로버트 리처즈는 이렇게 말한다. "퀴비에는 형에 대한 충성에도 불구하고 …… 행동 진화론자였다. 비록 온건하기는 했지만."[93] 순전히 논리적인 관점으로만 보면 종에 관한 프레데릭의 과학적 견해는 기묘하게 모순적이다. 리처즈도 프레데릭의 과학적 견해가 "매우 이상하다."고 얘기한다.[94] 프레데릭의 논리는 논리학자의 그것이 아니라 후순위 출생자의 논리였다. 형이 내뿜던 가공할 만한 위용의 그늘 아래서 그는 자신만의 과학적 지위를 찾고 개발해야 했다. 그리고 이 분야 — 동물 행동의 과학 — 에서 그는 종의 고정불변성에 관한 형의 가르침에 공손하게 도전했다. 프레데릭은 1838년에 죽었고, 당시는 다윈의 이론에 관한 견해를 표명하기에는 너무 이른 시기였다. 끝까지 온건하고 신중했던 그의 묘비에는 이렇게 씌어 있다. "프레데릭 퀴비에, 조르주 퀴비에의 동생."[95]

**결론**

대다수의 과학 혁신, 특히 급진적 혁신을 일으키고 옹호한 것은 후순위 출생자들이었다. 첫째들은 새로운 사상을 거부하는 경향이 있다. 특히 그 혁신이 오랫동안 널리 인정되던 원리들을 뒤엎는 것처럼 보일 때는 말이다. 급진적 혁명의 초기 단계에서 후순위 출생자들이 이단적 관점을 채택할 확률은 첫째들보다 5~15배 더 높았다. 기술적 혁명 과정에서 후순위 출생자들의 지지 가능성은 첫째들보다 2~3배 더 높았다. 첫째들은 반동적 혁신에 이끌렸다. 그들은 이 분야의 주요 개척자들이기도 하다. 일반적으로 첫째들은 급진적 변화를 차단하는 잠재적 보루로서 보수적인 학설을 환영한다. 그들이 보수적 학설을 지지할 확률은 후순위 출생자들보다 두 배 더 높다.

형제들이 드러내는 혁신에 대한 개방성의 차이는, 사회 계급이나 형제의 수 같은 자유로운 배경적 변수의 인위적 결과가 아니다. 출생 순서에 따른 차이는 나의 역사적 조사에 포함된 20개 이상의 국가에서 전부 발생했다. 이런 차이는, 6장에서 살펴보겠지만 남자뿐만 아니라 여자의 경우에도 유효했다. 마지막으로 출생 순서의 영향력은 종교 개혁 이후로 거의 5세기 동안 한결같았다. 계급, 국적, 성별, 시대를 초월해 이렇게 일반적으로 적용할 수 있는 인간 행동의 양상은 거의 없다.

동일한 역사 시대를 살아가면서 동일한 개념적 선택에 직면한 개인들을 비교 대조해 보면 출생 순서의 영향이 현저하게 드러난다. 1859년 이전에는 대다수의 첫째들이, 볼테르의 작품에 나오는 팡글로스 박사처럼, "모든 것이 다 하나님의 뜻으로, 가능한 모든 세계 가운데서 최선의 형태"라고 생각했다. 생물학에서 첫째들은 시종일관 하나님의 권능과 지혜를 고무하는 학설을 지지했다. 그들의 세계관은 신의 섭리에 대한 믿음과 안정의 필요를 전제로 했다. 조르주 퀴비에와 찰스 라이엘처럼 첫째로 태어난 박물학자들은, 도처에서 피조물들을 의도한 곳에 배치한 것처럼 보이는 "자연의 평형"을 찬양했다.

출생 순서가 과학적 세계관에 미치는 영향은 아주 강력하다. 다윈 이전 시대의 후순위 출생자들이 '보수적' 혁신보다 '급진적' 혁신을 지지할 확률은 첫째들보다 무려 124배 더 높았다. 이 통계치는 내 역사 연구의 다음과 같은 사실에서 얻은 것이다. 신의 지혜를 찬미하는 생물학 이론은, 첫째들의 12.8명 지지당 단 한 명의 후순위 출생자가 지지했다. 반면 진화 사상은 첫째들의 12.8명 지지당 124명의 후순위 출생자가 지지했다.[96]

이렇듯 출생 순서와 과학적 세계관 사이에서 보이는 강한 연관성을 설명하기 위해서는 이론적 틀이 필요했다. 그리고 내가 연구하던 이론이 이 문제에 직접적으로 관련이 있음이 밝혀졌다. 형제들은 그들의 다윈주의적 이해관계가 항상 일치하지는 않기 때문에 갈등 관계에 놓인다. 경험에 대한 개방성에서 드러나는 성격 차이를 포함해 형제들이 취하는 전략은 부모의 사랑과 관심을 확대하려는 다윈주의적 적응이다. 더 어린 형제들은 더 나이 든 형제들과는 다른 발달상의 도전에 직면하고, 결국 그들의 성격도 이에 상응하여 각기 다른 방식으로 발달한다.

출생 순서가 진화 이론과 관계를 맺고 있다는 사실을 다윈도 알고 있었다. 1864년에 그는 알프레드 러셀 월리스에게 이렇게 말했다. "하지만 오, 자연선택을 훼손하는 장자 상속법은 얼마나 대단한 계획인가!"[97] 그는 조지프 후커에게도 같은 생각을 되풀이해서 말했다. "장자 상속은 자연선택에 몹시 반하는 제도이다. 만일 모든 농부가 부득이하게 제일 처음 태어난 황소를 혈통을 이어 갈 종우(種牛)로 삼아야 한다면 어떨지 생각해 보라."[98] 사태가 명확해지면서 다윈의 이론은, 장자 상속이 왜 반(反)다윈주의적이며, 최고 품질의 고기를 생산할 수 없는지 하는 이유 말고도 더 많은 것을 설명해 주었다. 다윈의 진화론 체계는 이제 겨우 이해되기 시작한 심리학의 다양한 문제들을 분명하게 밝혀 준다. 다윈의 원리들을 가족생활에 적용해 보면 형제들이 왜 그토록 다른가 하는 난감한 문제를 명확하게 이해할 수 있다. 게다가 진화 심리학은 후순위 출생자들이 급진적 변화를 환영하는 이유, 그들의 더 나이 든 형제가 전반적으로 현 상태에 집착하는 이유를 설명해 준다. 변화는 패배자에게 유리하다. 더 어린 형제들은 본능적으로 이런 행동 논리를 이해하는 것 같다. 팡글로스 박사의 세계관을 열렬히 옹호하는 그들의 더 나이 든 형제들도 마찬가지이다.

# 3장

●

## 출생 순서와 성격

심리학자들은 한 세기가 넘게 출생 순서를 연구하고 있고, 다수의 흥미로운 결과를 제시해 왔다. 첫째들은 후순위 출생자들보다 책임감이 강하고 성취 지향적이라고들 한다. 반면 후순위 출생자들은 더 나이 든 형제들보다 사회적으로 더 성공한다고들 한다.[1] 그 이유를 밝히는 수많은 설명이 제시되었지만 보편적으로 승인된 이론은 단 하나도 없다. 프로이트의 초기 추종자였다가 1911년에 프로이트와 결별하고 "개인 심리학"이라는 독자적인 학파를 세운 알프레트 아들러는 출생 순서에 강한 관심을 보였다.[2] 그는, 첫째로 태어난 아이는 다음 형제가 태어나면서 "권위 있는 지위를 빼앗긴다."고 주장했다.[3] 이런 정신적 충격을 극복한 첫째들은 부모를 모방하려고 노력한다. 첫째들이 대리 부모 역할을 하면서 법과 질서의 중요성을 지나치게 강조하고, "권력에 굶주린 보수주의자"가 될 수도 있다.[4] 아들러는, "자신의 권력, 다시 말해 자기가 지배하던 작은 왕국을 잃어버린 아이가 권력과 권위의 중요성을 다른 아이들보다 더 잘 이해하는 경우가 종종 있다."고 설명했다.[5] 그는, 첫째들이 부모의 총애를 다시 얻을 수 없게 되면 가끔씩 반항으로 나아가기도 한다고 주장했다.

그 자신이 둘째였던 아들러는 둘째로 태어난 개인들이 첫째들보다 더 협력적이라고 생각했다. 그는 둘째가 더 나이 든 형제보다 더 열심히 노력한다고 주장했다. 항상 형제들을 따라잡고자 하기 때문이라는 것이다. 둘째는, "자신이 경주를 하고 있는 것처럼 행동하고, 항상 전력투구를 하며, 더 나이 든 형제를 능가하고 이기기 위해 끊임없이 연습한다."[6] 결국 둘째들은, "다른 사람들의 엄격한 지도를 잘 견뎌 내지 못한다."[7]

막내들은 권위 있는 지위에서 쫓겨날 염려가 없고, 따라서 게으른 응석받이가 된다고들 한다. "응석받이는 독립적일 수 없다."고 아들러는 주장했다.[8] 특히 더 나이 든 형제들 때문에 우울함을 느끼는 막내들은 열등감을 경험하기도 한다. 아들러는, 막내들이 더 나이 든 형제들과 경쟁하기로 단단히 마음먹을 경우 만년에 성공하는 일이 잦다고 주장했다.

아들러의 가설은 거의 모든 심리학적 결과에 들어맞을 수 있다. 아들러의 체계에서는 첫째들이 보수적일 수도 있고 반항을 꿈꿀 수도 있다. 아들러 체계의 후순위 출생자들은 경쟁적일 수도 있고 게으를 수도 있다. 이 가설이 유용하려면 논박될 수 있는 방식으로 진술되어야만 한다. 인간 행동에 대한 정신 분석 방법들은 대부분 가설 검증을 외면해서 무너졌다.[9] 이런 주장들이 유효하려면 임상적 일화들이 아니라 체계적인 연구가 필요하다.[10] 일화적 증거는 과학에서 별개의 역할을 수행한다.

**지그문트 프로이트**(왼쪽, 50세)와 결별 당시의 **알프레트 아들러**(당시 40대). 하인츠 앙스바흐어 (1959년)에 따르면 프로이트와 아들러의 초창기 환자 선택과, 그들이 임상 증거에 기초해 발전시킨 이론들은 각자의 출생 순서에 강한 영향을 받았다. 논의의 여지가 없을 정도로 어머니가 가장 사랑했던 전형적 첫째인 프로이트는 자신의 사회적 지위를 자각했고, 권위와 권력을 높이 평가했다. 그는 이렇게 쓰기도 했다. "하찮은 인간들한테서 나는 항상 큰 충격을 받았다. 그것은 정신 분석학자도 마찬가지였다." 시종일관 이런 태도를 고수했던 프로이트는 인간이 선천적으로 사악한 요소를 가지고 있으며, 그것이 더 고등한 권위인 초자아의 통제를 끊임없이 받아야만 한다고 가정했다. 프로이트는 주로 상류 계급 환자들을 진찰했고, 아들러는 덜 부유한 환자들을 보았다.

앙스바흐어에 따르면 아들러는 차남이라는 지위의 영향을 받았고, 오이디푸스 콤플렉스(와 부모-자식 관계에 대한 지나친 강조)라는 프로이트의 "첫째" 개념을 신용하지 않았다. 아들러는 출생 순서가 가지는 심리적 중요성을 고심하는 과정에서 자신의 환자들이 더 커다란 권력을 쟁취하기 위한 투쟁의 희생자들(다수의 더 어린 형제들이 맞이해야 하는 운명)이라고 생각했다.

예를 들어, 가설을 세우는 데 도움을 주고, 통계 검정을 통해 이미 확인된 경향을 예증하는 식으로 말이다.

## 다윈주의 지침

진화적 갈등

진화 이론은 출생 순서가 왜 성격에 영향을 미치는지 하는 질문에 강력한 대답을 제공한다. 진화는 몇 안 되는 생물학적 갈등의 지배를 받는다. 생물들은 포식자와 병원균을 포함해 주변 환경과 끊임없이 투쟁한다. 찰스 다윈은 이런 통찰을 바탕으로 자연선택이라는 놀라운 이론을 도출해 냈다. 가차 없는 생존 투쟁의 과정에서는 개체의 아주 작은 차이도 삶과 죽음 사이의 균형을 깨뜨릴 수 있다. 유리한 특성을 보유한 개체들은 자손에게 그러한 특성을 물려줄 가능성이 더 많다. 자연선택은 시간을 거듭하면서 환경에 도사리고 있는 위험들에 종들을 적응시킨다.

다윈은 두 번째 원리인 성선택을 진화적 변화의 강력한 메커니즘이라고 보았다. 『종의 기원』과 특히 『인간의 유래(Descent of Man)』에서 그는 이 원리를 동원해 2차 성적 형질들을 설명했다. 수컷 공작은 짝짓기 경쟁 과정에서 아름다운 꼬리를 발달시켰다. 이 성가신 장식물 때문에 포식당할 위험성은 더 커졌다. 하지만 암컷 공작들의 분별 있는 선호가 자연선택의 압력에 우선했다. 다윈이 얘기한 고전적 "적응"에서 벗어나는 공작의 꼬리와 같은 구조는, 자연선택과 성선택이 독립적인 별도의 과정임을 증명한다.

생물학자들이 다윈의 두 가지 근본적 통찰을 넘어서는 데에 한 세기이상이 걸렸다. 최근에 생물학자들은 진화라는 주제를 유전자의 관점에서 다시 생각하기 시작했다. 1963년 대학원생이던 윌리엄 해밀턴이 다윈 이래 생물학계의 위대한 지성들을 애먹여 온 난제를 해결할 수 있는 방안을 제시했다.[11] 자연선택은 개체의 이익만을 위해 작동하기 때문에 그 결과는 태생적으로 이기적이다. 그렇다면 생물들이 가끔씩 협력을

**표 3**

**다윈주의 진화의 다섯 가지 원리**

(각각의 원리는 구체적 종류의 생물학적 적응을 설명해 준다. 이런 적응들은 구체적 갈등에 대응하는 과정에서 발달했다.)

| 원리 | 갈등 | 진화된 적응 |
|---|---|---|
| **고전적인 원리(찰스 다윈, 1859년)** | | |
| 1. 자연선택 | 생물 대 환경 | 생존을 위한 적응 |
| 2. 성선택 | 성별 사이 및 성별 내부 | 2차 성적 형질, 짝짓기 전략 |
| **최근의 이론들(1963년부터 현재까지)** | | |
| 3. 혈연선택 | 비혈연과 혈연 사이(그리고 관계 정도에 따라 혈연 내부에서) | 이타주의와 협력, 부모의 투자 |
| **혈연선택의 결과: 가족 역학** | | |
| 4. 부모-자식 갈등 | 부모와 자식 사이 | 이유(離乳) 갈등, 유아 살해, 부모의 차별 |
| 5. 형제 갈등 | 형제 사이 | 형제의 경쟁 관계, 형제의 전략, 형제의 성격 차이 |

하는 이유는 무엇인가? 이 문제에 대한 해밀턴의 해결책이 바로 "혈연선택" 이론이었다. 이타적인 개체의 유전자 복제본은 대개 가까운 혈연 속에 존재한다. 친족들은 이타적 행동에서 이득을 보기 때문에 이런 행동을 암호화한 유전자가 집단 내에서 확산되는 경향이 있다. 이타적 개체가 가끔씩 희생을 하겠지만 말이다(표 3).

해밀턴은 이런 추론 과정을 통해 "포괄 적응도(inclusive fitness)"라는 개념을 고안해 냈다. 포괄 적응도는 개체 자신의 번식 성공 및 일가친척의 번식 성공에 대한 기여(관계 정도가 고려된다.)로 산정한다.[12] J. B. S. 홀데인은 포괄 적응도의 논리에 기초해 자신이 두 명 이상의 형제, 의붓형제 네 명, 사촌 여덟 명을 위해서는 목숨을 바칠 수도 있다는 농담을 하기도 했다. 바로 가까운 혈연을 위해 자신을 희생하는 유전적 비용의 근사치를 엄정하게 구하는 공식에 의거해서 말이다.[13]

『종의 기원』을 쓰던 1857년경의 **찰스 다윈(48세)**. 다윈은 1859년 이 책을 출판하고 10년 후에야 비로소 인간 진화에 관한 자신의 생각을 통합적으로 설명할 수 있었다. 『인간의 유래』(1871년)가 발표되고 나서 1년 후에 『인간과 동물의 감정 표현』(1872년)이 출간되었다. 『인간과 동물의 감정 표현』은 원래 『인간의 유래』의 한 장으로 계획된 것이었다. 그러나 다윈은 자신의 연구가 책 한 권을 만들 정도로 이 주제의 진화적 함의가 풍부하다고 생각했고, 계획을 수정했다.

　이 문제에 대한 해밀턴의 해결책은 "찰스 다윈과 그레고어 멘델 이후 진화 이론에서 가장 중요한 진보"라고 불리었다.[14] 흥미로운 점은 해밀턴의 제안이 곧바로 진가를 인정받지 못했다는 사실이다. 런던 대학교는 해밀턴의 논문이 박사 학위를 주기에는 불충분하다고 평가했다.[15] 그의 혈연선택 이론에 자극받아 경이로운 양의 경험 연구가 축적되었다. 그리고 이 연구 결과들은 그의 중심 사상을 확인하고 확장해 주었다. 해밀턴 원리의 확장 가운데서도 가장 중요한 내용은 부모의 투자를 놓고 벌어지는 갈등을 해명하는 부분이다.

로버트 트리버스는 혈연선택에 비용-이득 분석 방법을 적용하여 "부모-자식 갈등"이라는 공리를 만들었다.[16] 양성 생식을 하는 대다수의 생물에서 부모와 자식은 유전자를 절반만 공유한다. 결과적으로 부모는 최적의 투자 수준과 관련해서 자식들과 의견을 달리하는 경우가 생기게 된다. 이런 불화 가운데서도 가장 뚜렷한 사례를 하나만 들라면, 젖떼기(離乳, 이유)를 놓고 벌어지는 갈등이 있다. 이유 시기에 자식들은 계속해서 젖을 물고 싶어 한다. 부모의 유전자적 관점에서는 다른 자식을 갖고, 그 자식에게 젖을 먹이는 것이 훨씬 이득이다. 다수의 종에서 이유 갈등은 상당한 물리적 폭력을 수반한다. 부모는 이 과정에 저항하는 자식에게 비싼 대가를 치르게 한다.[17] 그 비용이 아주 높아지면 자식도 마침내 부모의 조치를 따른다.

부모-자식 갈등 이론에서 또 다른 중요한 진화의 원리를 도출해 낼 수 있다. 형제들은 평균해서 유전자를 절반씩만 공유하기 때문에 형제 지간의 이타주의 — 상당하다고 해도 — 에는 한계가 있다. 형제들은 공유해야 하는 자원의 배당 문제를 놓고 불화할 것이다. 부모들은 보통 자식들 사이에서 동등한 분배를 장려하겠지만 자식들은 일반적으로 각자의 몫보다 조금이라도 더 많은 자원을 획득하려고 할 것이다. 대개 자식들에게 있어 '공정함'이란, 다른 형제에게는 뭘 줘도 절반이 아니라 3분의 1만 주는 것이다. 이런 배당량은, 자식들이 그들의 형제들보다 스스로와 유전적으로 두 배 더 연관되어 있다는 사실에서 도출된다.[18]

'형제 갈등' 개념은 부모-자식 갈등의 원리에 포함된다. 비록 이 두 가지 원리는 생물학적으로 불가분의 관계지만, 이들을 단일한 과정으로 취급하게 되면 중요한 점을 놓치게 된다. 부모-자식 갈등이 형제의 갈등에 의해 추동된다는 사실을 말이다. 만약 부모가 자식을 한 명만 가질 수 있다면 용어의 다원주의적 의미에서 그들의 유전적 이해관계는 자식의 이해관계와 일치할 테고, 부모-자식 갈등도 전혀 존재하지 않을 것이다. 개인이 형제 갈등을 경험하기 위해 반드시 형제가 있어야 할 필요는 없다. 이유 갈등이 증명하는 것처럼 미래의 형제들은 부모의 투자를 놓고 벌어지는 갈등의 강력한 원천이다.[19] 외자식들은 이유 과정에 저항하면서 형제 경쟁을 수행한다.

## 유아 살해

해밀턴의 혈연선택 이론은 가까운 혈연 내부에서 예상되는 갈등과 더불어 동물 행동의 각별히 암울한 측면을 설명해 준다. 어떤 상황에서는 생물체가 가장 가까운 혈연을 죽이는 것이 적응적이다. 오랫동안 비정상적이고 드문 현상으로 간주되었던 유아 살해가 곤충, 어류, 조류, 포유동물에 광범위하게 퍼져 있다는 사실이 밝혀졌다. 형제 사이의 경쟁도 동물 세계에서 폭넓게 관찰되며, 이런 경쟁이 종종 형제 살해로 귀결되기도 한다. 가래상어의 경우를 생각해 보자. 어린 녀석들은 어미의 수란관 안에서 서로를 잡아먹는다. 그렇게 해서 잘 먹은 한 마리만 살아남는 것이다. 이런 거리낌 없는 형제 살해는 드문 일이다. 그러나 무조건적인 이타주의도 마찬가지로 드문 현상이다.

형제 살해는 바닷새와 맹금류에서 아주 흔하게 일어난다. 이 종들은 부모가 성공적으로 양육할 수 있는 수보다 흔히 더 많은 알을 낳는다. 다음에 벌어지는 사태는 종과 가용한 식량 공급에 따라 결판난다. 푸른발가마우지의 경우 가장 먼저 알을 까고 나온 녀석의 체중이 형편이 좋은 해의 평균 체중의 80퍼센트를 밑돌 때 형제 살해가 일어난다. 더 나이 든 새끼는 더 어린 녀석을 쪼아서 죽이거나 둥지에서 밀어낸다. 그러

**그림 3.1** 유럽참새의 일종인 바위종다리가 둥지 기생 동물과 대면하고 있다. "뻐꾸기 새끼는 부화 직후 여전히 앞을 못 보고 벌거숭이 상태인데도 바위종다리의 알을 하나씩 둥지 밖으로 밀어낸다. 바위종다리는 이 과정에 절대로 개입하지 않는다. 자손이 눈앞에서 사라지는데도 말이다." (Davies 1992:217)

다윈은 『종의 기원』에서 뻐꾸기 새끼로 하여금 의붓형제들을 둥지에서 밀어내도록 만드는 "이상하고 불쾌한 본능"에 관심을 기울였다. "뻔뻔스럽게도 이것이 인정 많은 행동이라고 여겨졌다! 새끼 뻐꾸기가 충분한 먹이를 얻을 수 있고, 의붓형제들도 일정한 의식을 획득하기 전에 죽을 수 있는 것이다."(1872b:236) 다윈은 자연선택이 둥지 기생과 관련해 설계 이론보다 훨씬 더 나은 설명을 제공한다고 주장했다.

면 쫓겨난 녀석은 위험에 노출되거나 굶어서 죽고 만다.[20] 한 생물 연구 팀은 이렇게 보고했다. "현재까지 진행된 연구에 따르면 형제를 살해하는 모든 종에서 희생자는, 놀랍게도 대개가, 한배의 새끼 가운데서 가장 어린 녀석이었다."[21] 부모는 형제 사이에서 벌어지는 이 치명적인 갈등에 전혀 개입하지 않는다. 간섭해서 방해하는 행동이 그들의 유전적 이해관계에 반하기 때문이다. 사실은 부모가 적극적으로 개입하기 일쑤이다. 더 나이 든 가마우지 새끼가 더 어린 녀석을 둥지에서 쫓아내면 둥지의 범위를 설정하고 있는 구아노(Guano, 가마우지의 배설물이 퇴적된 것)의 테두리를 다시 가로지르려는 더 어린 새끼의 노력을 부모가 단호하게 좌절시킨다. 이 종에서 '형제 살해'는 일종의 팀플레이인 것이다.[22]

형제를 살해하는 종 가운데서도 챔피언을 가리자면 단연코 뻐꾸기일 것이다. 암컷 뻐꾸기는 다른 새 둥지에 알을 낳는다. 그 방식도 둥지 하나당 알 하나씩이다. 뻐꾸기 새끼는 자신의 의붓형제들과 아무런 유전적 연관성이 없기 때문에 부모의 보살핌을 공유할 이유가 전혀 없다. 뻐꾸기는 부화를 하면 제일 먼저 다른 알을 전부 밀어내 버린다. 살아 있는 새끼도 예외일 수 없다. 아기 뻐꾸기는 등에 오목하게 파인 부위가 있는데, 이런 신체의 도움으로 어깨 사이에 둥근 물체를 올려 담아 둥지 바깥으로 내다 버릴 수가 있다. 이런 행동은 본능에 따른 것으로, 부화 직후 앞을 보지 못하는 상태에서도 이 치명적인 과업을 수행한다(그림 3.1).

형제 살해는, 자신의 다윈주의적 이해관계가 자식들의 그것과 항상 일치하지만은 않는 부모에게 값비싼 대가를 치르게 할 수도 있다. 자연선택은 이런 갈등이 발생의 초기 단계에 일어나도록 했다. 부모가 자식에게 많은 투자를 하기 전에 말이다. 일부 포유동물의 경우에는 형제 살해가 자궁 내에서 발생한다. 수정란들이 자궁벽에 존재하는 소수의 착상 부위를 차지하려고 경쟁하는 것이다.[23] 다른 종의 경우는 암컷들이 대응 전략을 개발해 출생 후에 발생하는 형제들의 살해 행동을 저지한다. 카나리아는 독창적인 방법을 동원해 나중에 부화한 새끼들을 보호한다. 며칠 동안 암컷 카나리아는 네다섯 개의 알을 낳는다. 새끼들은 연달아서 부화를 하고, 가장 먼저 알을 까고 나온 녀석은 식량 자원을 독점하려고 한다. 암컷 카나리아는 연속해서 낳은 각각의 알들에 점차 더 많은 양의 테스토스테론을 주입함으로써 이런 우열의 차를 동등하게 한다. 막내는 첫째보다 주입받은 테스토스테론의 양이 최고 20배까지 많을 수도 있다. 테스토스테론은 부화한 유생을 싸움닭으로 만들고, 성장도 촉진한다.[24] 그에 상당하는 전략을 인간에서 적용한다면, 아마도 어머니들이 후순위 출생자들에게 (격투할 때 손가락 관절에 끼우는) 쇳조각을 주는 일일 것이다.

카나리아의 사례는 상이한 종류의 생물학적 인과 관계 사이에서 중요한 구별을 제공한다. 다윈의 이론은 행동의 궁극적인 원인을 해명한다.[25] 그리고 이 근본적 원인은 어떤 행동이 왜 일어나는지를 설명해 준다. 곤충을 먹는 새들은 겨울에 이동을 한다. 반면 올빼미는 이동을 하지 않는다. 진화는, 이들 종 사이의 생태적 필요조건의 차이에 기초해서 사태가 그렇게 굴러가는 이유를 설명해 준다. 진화 이론이, 겨울이 다가오면 어떻게 이동 본능이 작동하는지를 우리에게 알려 주지는 않는다. 마찬가지로 진화 이론은 카나리아의 알에 들어 있는 테스토스테론이 어떻게 경쟁하는 자식들 사이의 우열을 균등화하는지를 설명해 주지 못한다. 이런 생리적 메커니즘의 원인을 꽤 정확하게 규명해 그 결과를 알려 주는 과학 분야는 동물 생리학이다.

인간 발달 연구에서는 심리학 이론들이 행동의 인과 관계를 꽤 정확하게 설명해 준다. 동물 생리학의 설명 방식과 유사하다고 할 수 있다. 우리는 심리학 이론들의 도움을 받아서 사람들이 상이한 유전적 자질과 가족력에 기초해 어떻게 성격적 특성을 발달시키는지를 이해할 수 있다. 진화 심리학은 다른 질문들에 답한다. 가족 역학이 어떻게 성격을 형성시키는지가 아니라 가족 역학이 왜 성격을 형성시키는지를 말이다. 직접적 원인도, 궁극적 원인도 그것만으로는 행동을 완벽하게 설명할 수 없다는 사실을 깨닫는 게 중요하다. 행동의 원인을 구성하는 부분을 다 모아 놔도 절대로 사태를 온전하게 이해할 수 없다. 인류처럼 어떤 종이 평생에 걸쳐 계속 배울 수 있다면 직접적 원인과 궁극적 원인의 복잡한 상호 작용의 결과로 개체의 행동을 설명해야 한다. 이런 상호 작용적 관점이 이 책의 핵심이다.

다윈주의 이론에서 형제 살해, 부모의 유아 살해, 수유기 피임, 영양 소홀 행위는 상호 관련된 현상이다.[26] 수유는 배란을 억제하고, 나아가 임신을 예방한다. 어미들의 영양 상태가 부실할 때는 수유를 통한 임신 예방이 특히 효과적이다. 그렇다고 해서 난자를 잃는 것은 아니다. 그러나 아무튼 난자의 활용이 지연되고, 이것은 세포 퇴화와 연결된다. 다시 세포 퇴화는 유전자의 죽음과 같다. 그러므로 수유는 피임이라는 결과적 과정 속에서 유아 살해와 형제 살해를 겸한다고 할 수 있다.

자연발생적인 유산도 다윈주의의 원리들을 밝히 드러낸다. 이런 유산은 스트레스와 불충분한 영양으로 증대된다. 번식 과정에서 치러야 하는 대가가 어미의 생명을 위협할 때 흔히 자연이 개입해서 임신을 중단시켜 버리는 것이다. 인간의 '유아 살해'는 자궁 내에서도 일어난다. 초음파를 이용한 검사에서 처음에는 보이던 쌍둥이들의 상당수가 태어나지 못한다. 대부분의 경우 더 작은 녀석은 3개월이 시작되기 전에 모체에 의해 재흡수된다.

전통 사회에서는 형제들의 연령 격차가 너무 작거나 자원이 부족할 때 부모들이 때때로 유아 살해를 저지른다. 인류학자 새라 하디는 이렇게 말한다. "연령 격차가 작은 두 명의 자식들 가운데서 더 어린 애를 죽이는 것이 전형적인 예다. 새로 태어난 아기에게 들어갈 투자를 억제하고, 인생에서 이미 최초의 위험한 시기들을 살아 낸 건강하고 더 나이 든 아이에게 투자하는 것이다."[27] 전통 사회는 일반적으로 유아 살해를 묵과하며, 두 명의 형제 중에서 더 나이 든 자녀를 선호한다.[28] '형제 선택'이 자연선택의 한 형태로 후순위 출생자들을 희생시키면서 일어나는 것이다.

부모가 원하지 않는 자식을 죽이지 않을 때조차도 종종 그에 버금가는 영양 소홀 행위가 발생해 부모의 일을 대신해 준다. 출생 순서와 출생 간격이 이런 형태의 "은폐된 유아 살해"에서 중요한 조정자 역할을 담당한다.[29] 라틴아메리카에서는 출생 순서가 다섯째 이하인 아이들의 유아 사망률이 첫째들보다 두세 배 더 높다. 둘째의 경우조차 출생 간격이 작을 경우에는 유아 사망률이 훨씬 더 높았다. 이런 결과는 다수 국가에서 상세히 보고된 바 어머니의 나이와는 아무런 상관이 없었다.[30] 브라질의 농촌 여성을 연구한 한 인류학자는, 어머니들이 후순위 출생자들에 대한 자신들의 편견을 스스로도 인식하고 있음을 확인했다.

일부 노파는 나중에 태어난 잉여 자식들의 출생과 관련해 자신들이 느끼고 있는 감정을 솔직하게 표현했다. 그들에게는 자식이 너무 많았고, 아이들은 부담스러운 짐이었으므로, 그 가운데 일부가 유아기 때 죽어 주면 어머니들은 고마워했다.[31]

후진국 사회들에서 민간 신앙은 방치를 통한 유아 살해 풍습을 정당화한다. 아이들 가운데 일부는 날 때부터 "죽을 운명"이었고, 따라서 "죽는 게 더 낫다."는 것이다.[32] 원치 않는 아이들이 병에 걸리면 부모들은 흔히 의료 혜택을 거부하고 "죽도록 내버려둔다."[33]

대다수의 후진국에서 유년기에 사망할 확률은 두 명 가운데 한 명이다. 출생 순위가 낮은 개인들의 생존 가능성이 훨씬 더 낮기는 하지만, 후순위 출생자들이 이런 불평등을 극복하고 살아남는 데 성공한다고 할지라도 그들은 계속해서 부모의 차별을 변화시키기 위해 힘든 노력을 경주해야 한다. 인류 진화의 전 과정에서 더 나이 든 형제들은 대체로 그들의 더 어린 형제들보다 더 많은 번식 기회를 가졌다. 더 나이 든 아이들은 더 많은 유년기 질병을 견뎌 냈기 때문에 살아서 성인이 될 가능성이 더 많다. 부모 투자의 견지에서 볼 때 첫째들은 '우량'주인 셈이다. 반면 그들의 더 어린 형제들은 '투기적 저가주'에 가깝다. 더구나 첫째들은 그들의 더 어린 형제들보다 더 빨리 번식에 돌입한다. 부모들은 심지어 자식들이 어른이 되어서도 첫째가 낳은 손자손녀를 편애함으로써 종종 첫째를 편애하는 경향을 보인다.[34]

대다수의 문화가 출생 순서와 번식의 성공을 결합하며 첫째들에게 더 높은 지위를 부여하는 다윈주의 논리를 따르고 있다. 영국 찰스 왕세자와 다이애나 왕세자비의 두 아들이 때때로 "후계자"와 "예비 인물"로 불리는 것도 이런 사실을 예증하는 것이다. 39개의 비서구 사회를 조사해 보았더니 모든 문화권에서 첫째들이 후순위 출생자들보다 더 커다란 지위와 존경을 받았다. 고대 일본에서 더 어린 형제들의 더 못한 지위는 "찬밥"이라는 별명으로 예증된다. "찬밥"이라는 말은, 부모와 첫째가 배를 두드릴 만큼 먹고 난 다음 남은 음식을 후순위 출생자들에게 먹이던 관습에서 유래했다.[35]

### 상속 관행

상속은 부모가 행하는 투자의 한 형태이다. 대개 이런 관습은 진화의 원리와 일치한다. 이 말이 장자 상속법 같은 구체적인 상속 전략이 본질적인 경향이라는 얘기는 아니다.[36] 그런 식으로 유전자 수준에서 사전에 결정된 형식과 딱 맞아떨어지는 인간 행동은 거의 없다. 선천적인 것은 부모가 자식들에게 현명하게 투자하려는 성향이다. 그리고 이러한 성향은 부모 자신들의 포괄 적응도를 최대화하는 결과를 낳는 경향이 있다.

문화는 이러한 목표가 완수되는 방식을 정한다.

상속 제도는, 올바르게 이해하기만 한다면, 다원주의 원리와 관련해 제대로 평가받지 못한 진실을 분명하게 알려 준다. 상속 제도가 상황에 따라 바뀐다는 사실을 말이다.[37] 부모가 상속 전략을 탄력적으로 활용해야 한다는 것은 다원주의적 의미에서 분명 맞는 말이다. 자식들이 취약한 유년기를 통과해 살아남을 경우 그들의 번식 가능성은 대체로 출생 순위와 무관해진다. 이런 이유로 부모들은 살아남은 자식들에게 다소간 동등하게 투자해야 한다. 혈통의 보존에서 우연이 수행하는 역할을 고려할 때 부모가 투자를 동등하게 분배하면 가계가 단절될 위험성이 줄어든다. 중세 유럽의 이탈리아 도시 국가들에서 부(富)는 금융 투기에 기초하고 있었고, 따라서 한 세대 만에 재산을 불리거나 몽땅 잃을 수 있었다. 부모들은 그들의 유전적 가능성에 분산 투자를 해서 위험을 막았다. 자녀들에게 재산을 똑같이 나누어 주었던 것이다.[38]

다원주의적 관점에서 볼 때 장자 상속(성별에 편향된 상속이다.)은 농업 일변도의 사회에서 장기간의 혈통 계승을 담보하기 위한 전략이다. 포괄 적응도 이론에 따르면 부유한 부모는 그들의 남성 자식들에 더 많은 투자를 해야 한다.[39] 자식을 낳는 능력에서 남성의 생리적 한계가 더 적고, 재산이 이러한 남성의 능력을 여성이 이룰 수 있는 성과를 훨씬 뛰어넘는 수준으로까지 확대해 줄 수 있기 때문이다. 아내가 출산을 하다가 죽어도 부유한 남성은 재혼을 할 수 있다. 일부다처제 사회에서 부유한 남성들은 아내를 과도하게 많이 얻는다. 재산이 토지와 결부되면 부모들은 가족의 사회 경제적 지위가 줄어드는 것을 면하기 위해 언제나 장자 상속법을 채택한다.

평민 가정에서는 아들들이 딸에 비해 불리하다. 토지가 없는 아들들은 부유한 가문의 아들들과 성공적으로 경쟁할 수 없다. 그러나 딸은 결혼을 통해 사회적 신분을 상승시킬 수 있다. 이런 상황이라면 부모들은 딸들에게 투자해야 한다. 지참금을 동원해 딸들의 사회적 지위를 개선하는 것이다.

몇 건의 대규모 연구가 상속 관행의 이런 문화 감응 이론(culture-sensitive theory)을 검증했다. 포르투갈의 중세를 다룬 한 연구는, 1380년부터 1580년까지 200년 동안 명멸한 25개 최고위 귀족 가문을 대상으로 했다.[40] 이 연구는, 족보를 활용해 3,700명 이상의 출생 순서, 결혼 유형, 번식 역사 정보를 상세히 분류하고 기록했다. 예상대로 권력 엘리트들은 딸보다는 아들에게 더 많이 투자했다. 부모들은 주로 출생 순위에 따라서 아들들에게 재산을 배분했다. 이 연구는 정확히 후계자와 예비 인물의 이야기인 셈이다.

반면 포르투갈의 작위가 없는 귀족들은 딸들에게 더 많은 투자를 했다. 엘리트 계층이 아닌 부모들은 딸들에게 지참금을 제공함으로써 대개는 장녀인 자식 한 명이 가계를 잇도록 할 수 있었다.

사회 경제적 지위와 무관하게 더 어린 아들들은 결혼의 기회와 가능성이 거의 없었다. 이렇게 토지가 없는 남성들이 정치적 안정에 위협이 되었기 때문에 포르투갈은 다른 나라를 상대로 그들이 공격성을 발산하도록 조장했다. 더 어린 아들들은 사회적 지위를 끌어올려 보겠다는 희망을 품고 팽창주의 전쟁, 십자군, 지리상의 발견 과정에 참여했다. 더 어린 아들들은 그들의 형들보다 전쟁에서 죽을 가능성이 훨씬 더 많았다. 그리고 그 무대는 먼 타국 땅 인도였다.[41]

중세 포르투갈에서 출생 순서는 "결혼 가능성에 엄청난 영향력"을 행사했다.[42] 2세기 동안 장남들은 그들의 남동생들보다 후손을 50퍼센트 더 많이 남겼다. 자매들의 번식력도 출생 순서에 따라 비슷한 불균형을 보였다. 결혼을 할 수 없었던 다수의 더 어린 아들들은 가끔씩 사생

아의 아버지가 되는 게 고작이었다.[43)]

서양의 역사는 번식의 권리를 놓고 벌어진 추잡한 경쟁의 역사로 볼 수 있다.[44)] 이런 전투가, 우리가 생각하는 것 이상으로 빈번하게 가족 내부에서 수행되었다. 일부 사회에서 후순위 출생자들은 나면서부터 첫째 형제의 가구에서 종살이를 하도록 양육된다.[45)] 이런 상황에서 형제 갈등은 '계급투쟁'이 된다.


## 형제들의 적응 전략

모든 사회에서 부모들은 자녀들의 잠재 가능성을 바탕으로 차별을 하고, 그에 따라 투자를 달리 한다. 형제들은 부모의 차별에 직면해 전략적인 방식으로 대응한다. 형제의 행동 특성을 훌륭하게 개관한 한 연구 보고서는 그들이 부모의 편애에 얼마나 민감한지를 잘 보여 준다.[46)] 형제들은 누가 더 좋은 선물을 차지할지를 놓고 여러 시간을 다툰다. 이런 행동에 놀라는 진화 심리학자는 한 사람도 없다. 형제의 경쟁은 다윈주의의 상식이다. 형제들은, 부모가 그들을 불평등하게 대우할 의도가 전혀 없을 때조차도 경쟁을 함으로써 부모를 긴장시킨다. 형제 경쟁의 예측적 본질이 그 진화적 기원을 저버리는 것이다.

형제들은 부모의 투자를 극대화하기 위하여 일정한 기본 전략을 채택한다. 첫째, 자식들은 직접적인 방식으로 부모의 편애를 도모하려고 시도할 수 있다. 부모를 돕거나 복종하는 식으로 말이다. 자식들은 경쟁자들을 제압하려고 시도할 수도 있다. 그렇게 하면 부모의 투자에 대한 경쟁자들의 요구가 줄어든다. 마지막으로 자신들이 제압당하고 있다고 판단한 자식들도 다양한 대응책을 구사할 수 있다. 유화책이나 반란, 또

**"엄마는 항상 너와 핑키와 스파이크와 커스터드와 플러피를 가장 좋아하셨어."**

는 이 두 가지 전술을 결합하는 방식을 동원해서 말이다. 이런 전략 가운데 일부는 나이와 체격에 따라 좌우되고, 따라서 다른 것들보다 더 효과적이다. 그리고 출생 순서가 개입하는 지점이 바로 여기다.[47]

## 출생 순서와 '다섯 가지' 성격 특질

출생 순서가 형제간 차이를 발생시키는 직접적인 원인인지의 여부를 판단하려면 성격적 특성의 일반적 분류법을 참고해야 한다. 대다수의 성격 특성은 다섯 개의 포괄적인 '특질'로 분류할 수 있다. 이 다섯 개의 특질은, 전 세계의 상이한 국가와 언어권에서 수행된 성격 검사에서 시종일관 확인된다.[48] "빅 파이브(Big Five)"라고 하는 이 다섯 가지 특질은 다음과 같다. (1)외향성/내향성, (2)친화성/적대성, (3)성실성, (4)정서 안정성, (5)경험에 대한 개방성.[49]

　나는 여기서 이 다섯 가지 성격 특질을 길잡이 삼아 출생 순서에 따른 차이를 정신 역학적으로 설명하려고 한다. 이 가설들의 정당성을 입증하려면 더 많은 조사 연구가 필요하다. 그러나 그 가설들은 증거와 상당 부분 일치한다. 나의 가설들은 질문에 대한 답변의 형식을 취했다. 아이들이 부모의 투자를 얻어 내기 위해 경쟁할 때 출생 순서가 다를 경우 어떤 전략을 채택할 가능성이 가장 많은가? 나의 가설들은 다윈주의적 전망에 근거하고 있지만 각각의 경험적 실태와도 운명을 같이해야만 한다.

1. 외향성/내향성 성격적 특질로서의 외향성은 최소 여섯 가지 측면을 포함하는데, 이것들은 다시 기질적 특성과 대인 관계 특성의 두 가지 계통으로 분류할 수 있다. 외향성의 기질적 측면 세 가지는 활동성, 자극 추구, 자신감 같은 긍정적인 정서이다. 수줍음은 외향성의 이런 기질적 특성들과 긴밀히 결합되어 있다. 외향성의 세 가지 대인 관계 특성은 온정, 친절, 호의로, 이것들은 전부 사교성(붙임성)의 측면들이다.[50] 출생 순서에 기초해서 어떤 사람이 외향성의 기질적 특성을 보일 것이라는 예언이 그가 외향성의 대인 관계 특성을 보일 것이라는 예측으로 이어지지는 않는다.

나는 먼저 출생 순서와 기질의 문제에 초점을 맞추었다. 첫째들은 대부분의 어린 시절 동안 더 어린 형제들보다 더 크고, 더 힘세고, 더 영리하다는 이점을 만끽한다. 첫째들은 이런 특성들을 보유하고 있기 때문에 자연스럽게 후순위 출생자들보다 더 자신감을 느낀다. 첫째들이 형제들을 지배함으로써 그들이 존재하는 데 따르는 비용을 최소화하려고 노력할 가능성도 많다. 그 결과 첫째들은 '적극성'과 '우월성'에 이바지하는 행동들에서 후순위 출생자들보다 더 높은 점수를 기록할 것이다. 현재까지의 연구는, 이 장에서 나중에 논의할 몇몇 특성을 바탕으로 이런 예상을 입증한다. 예를 들어, 첫째들은 후순위 출생자들보다 더 자신감이 넘치는 것으로 보고되었다. 실제로 미국의 대통령과 영국의 수상을 포함해 정치 지도자들 가운데는 첫째들이 압도적으로 많다.[51]

사교성으로 외향성을 평가하면 낮은 사회적 지위와 관련된 특성들에서 후순위 출생자들이 첫째들보다 더 높은 점수를 기록해야 한다. 이러한 이유로 외향성의 여섯 가지 측면의 일부에 관해서는 예상을 할 수 있음에도 불구하고 출생 순서와 외향성을 포괄적으로 예측할 수는 없다.

2. 친화성/적대성 다시금 신체적 우위에 기초해 볼 때 첫째들은 후순위 출생자들보다 더 적대적이어야 한다. 실제로 첫째들은 완력 사용에서 그들의 형제들과 비교할 때 더 높은 점수를 받았다.[52] 후순위 출생자들의 더 왜소한 체격은 물리적 충돌을 최소화하는 전략을 추구하도록 만든다. 후순위 출생자들의 신중한 전략으로는 첫째의 요구에 복종하기, 협력하기, 간청하기와 우는 소리 하기, 부모에게 보호해 달라고 호소하기가 있다. 이렇게 '힘이 달리는' 전략들이 후순위 출생자들의 행동 연구에서 상세하게 밝혀졌다.[53] 후순위 출생자들은 첫째들보다 더 이타적이고, 감정적으로 쉽게 동화되며, 동료 지향적이라고도 한다.[54]

3. 성실성 첫째들은 가족 내의 특별한 지위 때문에 후순위 출생자들보다 부모의 소망, 가치관, 규범에 더 순종한다. 첫째들이 부모의 편애를 계속 유지할 수 있는 효과적인 방법 가운데 하나는 육아를 도움으로써 가족 내에서 '확실한' 아이로 자리매김하는 것이다. 그러므로 첫째들은 성실성에서 후순위 출생자들보다 더 높은 점수를 기록해야 한다. 첫째들이 학교와 기타 형태의 지적 성취에서 탁월한 능력을 뽐내는 경향은 부모의 기대에 부응해야 한다는 강력한 동기와 일치한다.[55] 각종 연구에 따르면 첫째들이 "부모와 자신을 더 강력하게 동일시하며 그들의 권위를 기꺼이 수용할 준비가 되어 있다."는 사실이 거듭 밝혀졌다.[56]

4. 정서 안정성(신경과민) 정서 안정성과 관련한 나의 정신 역학 가설은 다른 다섯 가지 특질에서보다 더 제한적이다. 그 이유는, 정서 안정성(신경과민, 정서 불안정)이 전면적으로 적용되지는 않기 때문이다. 첫째들이 후

순위 출생자들보다 더 '불안해' 하거나 '신경과민'일 가능성은 없다.[57] 그럼에도 불구하고 정서 안정성은, 소중한 자원을 지키는 데 필요한 특성인 질투와 밀접하게 결부되어 있다.[58] 다윈주의적 관점에서 볼 때 형제들은 생존을 위협하는 존재이다. 유년기 사망의 가장 흔한 원인 가운데 하나가 영양 부족이다. 그런데 영양 부족의 정도는 형제의 수와 함께 커지는 경향이 있다. 질투를 포함한 부정적 정서들은 이런 위협에 대한 자연스러운 반응인 셈이다.

첫째들은 후순위 출생자들보다 형제들을 질투할 이유가 더 많다. 모든 첫째는 부모의 투자를 100퍼센트 독차지하면서 삶을 시작한다. 처음부터 부모의 투자를 나누어 가지는 후순위 출생자들의 경우는 형제가 새로 태어나서 부모의 관심이 줄어들더라도 그 감소의 충격이 첫째들 같지는 않다. 부모는 질투를 억제하려고 한다. 그리하여 첫째들이 흔히 이런 특성을 억누르기도 한다. 그러나 부모가 지켜보지 않을 때 첫째가 드러내는 분노 어린 질투는 더 어린 형제들을 협박할 수 있는 효과적인 수단이다.

출생 순서 연구 문헌들은 이런 예상과 일치한다. 예를 들어, 첫째들은 자신들의 지위에 대해 더 많이 불안해 하는 것으로 파악되었다.[59] 그들의 감정 역시 후순위 출생자들보다 더 격렬했고, 혼란 상태에 빠졌을 때도 더 느린 속도로 회복되었다.[60] 남성의 경우 첫째들은 분노와 복수심을 표출할 가능성이 후순위 출생자들보다 더 많았다.[61] 성경에서도 그런 이야기를 찾을 수 있다. 질투에 눈이 멀어 성경 최초의 살인을 자행한 사람은 동생 아벨이 아니라 카인이었다.

5. 경험에 대한 개방성 후순위 출생자들은 경험에 대한 개방성에서 첫째들보다 더 높은 점수를 기록해야 한다. 경험에 대한 개방성은 인습에 사로잡히지 않고, 모험적이며, 반항하는 성향과 결부되어 있는 특질이

**"난, 다윈을 알지. 괜찮은 사람이었어."**

**찰스 다윈**은, 전기 작가들이 대체로 인정하는 것처럼, 친화적 성격의 보유자였다.

다. 후순위 출생자들이 부모와 자신을 덜 동일시하고, 더 나이 든 형제들의 지배를 받는다는 사실에서 이런 예상을 할 수 있다. 가족 집단 내의 '패배자'인 후순위 출생자들은 다른 짓밟힌 개인들을 동정하고, 일반적으로 평등주의적인 사회 변화를 지지할 것이다. 사회를 변화시키려면 흔히 위험을 감수해야 한다. 그러므로 우리는 후순위 출생자들이 첫째들보다 더 모험적이리라고 예상해 볼 수 있다.[62]

출생 순서에 관한 문헌들은 이런 예상과 일치한다. 후순위 출생자들은 권위에 의문을 제기하는 성향이 첫째들보다 더 강하고, 여론에 순응하라는 압력에도 더 강하게 저항한다. 반면 첫째들은 인습적 도덕을 지지한다. 여러 연구들에 따르면 후순위 출생자들이 첫째들보다 더 위험 지향적이라는 사실도 밝혀졌다. 예를 들어, 후순위 출생자들은 신체 접촉형 스포츠 같은 위험한 육체 활동에 더 많이 뛰어들었다.[63]

출생 순서에 관한 문헌들이 이 다섯 가지 경향과 대체로 일치했지만 이 조사 연구가 폭넓은 합의를 이끌어 내지는 못했다. 실제로 다수의 유명한 심리학자들이 일반적 경향이 존재한다는 사실에 격렬하게 반발했다. 그들이 반대하는 이유를 살펴보자.

## 출생 순서 주장들에 대한 검증

카르미 스쿨러가 「출생 순서 효과: 하나도 안 맞는다!(Birth Order Effects: Not Here, Not Now!)」라는 제목으로 출생 순서 관련 문헌들을 통렬하게 비판한 지도 20년이 넘었다.[64] 그 이후로도 다른 몇몇 저명한 학자들이 출생 순서 효과는 망상이라는 동일한 결론에 도달했다. 세실 에른스트와 쥘 앙스트는 주목할 만한 1983년도 저작에서 이 주제를 다룬 1,000건 이상의 논문을 검토했다. 그들은 대부분의 출생 순서 효과가 조잡한 연구 설계의 산물이라고 결론지었다.[65]

에른스트와 앙스트에 따르면 출생 순서 연구자들은 사회 계급이나 가족 구성원의 수 같은 중요한 배경 변수를 통제하는 데서 계속 실패했다. 통상 하층 계급 가족은 상층 계급 가족보다 규모가 더 크고, 그로 인해 출생 순서와 관련해 그럴듯하지만 엇갈린 상호 연관을 창출시킨다. 에른스트와 앙스트는 그러한 무딘 결론을 담고 있는 문헌들을 다음과 같이 요약 평가했다. "출생 순서가 성격과 지능(IQ)에 미치는 영향이 과대평가되어 왔다."[66] 독립적인 자료를 바탕으로 연구를 수행한 다른 신중한 학자들도 이런 결론에 동의했다. 던과 플로민은, 출생 순서가 "형제가 드러내는 차이의 드라마에서 단역일 뿐"이라고 단언했다.[67]

## 상충하는 연구 결과들: 메타 분석적 개관

에른스트와 앙스트의 포괄적인 비판은 행동 연구의 중요한 방법론적 쟁점, 말하자면 상충하는 연구 결과들을 해석하는 방법을 간과했다. 행동 과학에서는 상충하는 결과들이 많이 발생한다. 일반적 경향이 더 이상 논쟁거리가 되지 않는 분야에서도 이런 일이 비일비재하다. 우리가 어떤 연구 주제와 관련해 질문해야 하는 것은, 특히 잘 설계된 연구에서 유의미한 결과가 '우연적인' 기댓값을 넘어서는지 여부이다. 우리는 메타 분석(meta-analysis)을 통해 이 질문에 답할 수 있다.[68]

메타 분석이란 연구들을 취합해 통계적 위력을 확보하는 것이다.[69] 작은 규모의 연구는 큰 규모의 연구보다 신뢰성이 낮다. 표준화된 행동 연구에서 피험자는 약 70명이다.[70] 통계상의 오류로 인해 더 큰 모집단에서는 사실로 인정받는 관계를 확인하지 못하는 경우가 일상다반사이다. 게다가 '우연적' 결과를 보정하는 표준화된 안전장치로 인해 통계의 결론으로 하여금 허위를 받아들이기보다는 진실을 기각하는 잘못을 범하게 만든다. 18세의 소녀들이 14세 때보다 키가 더 크다는 사실은 모두가 알고 있다. 70명의 피험자를 추출해서 표본을 구성하면 이 타당한 관계가 통계적으로는 절반도 못 되게 확인된다! 상식적으로 볼 때 100명보다는 1만 명의 피험자에 기초한 통계 결과가 더 가치 있으리라는 것은 누구나 알 수 있다.

사회 계급이나 형제 수에 대한 통제가 결여된 출생 순서 연구 결과를 전부 기각한다고 해도 에른스트와 앙스트의 조사 연구에는 이런 사항들이 규명된 196개의 연구 논문이 여전히 존재하며, 그 표본의 수도 자그마치 12만 800명이다. 이 연구들이 보고한 수많은 출생 순서 효과가 조잡한 연구 설계의 산물일 것 같지는 않다. 나는 내가 제출한 출생 순서 가설들을 검증하기 위해 이들 연구를 가장 관련된 다섯 가지 성격 특질에 따라 분류했다. 이 196건의 연구는, 에른스트와 앙스트가 다섯 가지 성격 특질과 아주 유사한 범주들 — 외향성, 공격성, 책임감, 신경 과민, 순응성 — 로 이미 분류한 바 있다. 이 모든 사례에서 나는 그들의 분류를 따랐다(표 4).

이렇게 신중하게 통제된 196건의 문헌 가운데 72건의 연구가 나의 정신 역학 가설과 부합하는 유의적 출생 순서 결과를 보여 주었다. 14 건의 연구는 정반대의 결과를 보여 주었다. 나머지 110건의 연구는 어느 쪽으로도 통계적 유의성이 없었다. 이런 상황은 무엇을 의미하는가? 196건의 연구 가운데서 어느 집단을 보더라도 10개 정도의 허위 결론이 발생했다. 이것은 오차율의 무작위적 변동에 따른 것이다. 우리는 비논리적 결론이 최대 21개까지만 우연히 발생하리라는 것을 99퍼센트 확신할 수 있다. 비논리적 결과가 72개 발생할 확률은 사실상 0이다! 가끔씩 반대 결과가 발생하기도 하지만 출생 순서 문헌들은 우연적 기댓값을 압도적으로 초과하는 일관된 경향을 보여 주었다.[71]

다섯 가지 성격 특질 가운데 네 가지는 특히 인상적인 경향을 보여 준다. 경험에 대한 개방성 분야에서 가장 두드러진 경향이 발견되었다. 연구를 확인해 주는 것이 반박하는 것보다 10배 더 많았던 것이다. 후 순위 출생자들은 첫째들보다 덜 순응적이었고, 모험을 즐겼으며, 인습에 사로잡히지 않았다. 성실성 분야에서는 확인해 주는 연구가 20건이 었고, 부인하는 연구는 단 한 건도 없었다.[72] 첫째들은 짐짓 행실을 바르게 하는 것 같다.

외향성만이 모호한 결과를 보여 주었다. 외향성에서는 확인해 주는 연구와 부인하는 연구가 전부 우연으로 기대할 수 있는 것보다 더 자주 발생했다. 이것은 흥미로운 결과이다. 사태가 이렇게 뒤죽박죽인 이유는, 출생 순서 때문이 아니라 외향성을 구성하는 개념 때문인 것 같다.

**표 4**

**96건의 제어된 출생 순서 연구 요약(다섯 가지 성격 특질에 따라 분류)**

| (확인 정도에 따른) 행동 영역 | 결과[a] | 우연히 발생할 확률[b] |
|---|---|---|
| **경험에 대한 개방성**<br>첫째들은 더 순응적이고,<br>인습적이며 부모와<br>자신을 동일시함 | 확인 21(기댓값 2.2)<br>부인 2<br>통계적 유의성 없음 20 | 10억분의 1 미만 |
| **성실성**<br>첫째들은 더 책임감이 강하고,<br>성취 지향적이며, 침착하고,<br>계획적이다 | 확인 20(기댓값 2.3)<br>부인 0<br>통계적 유의성 없음 25 | 10억분의 1 미만 |
| **친화성/적대성**<br>후순위 출생자들은<br>더 태평스럽고, 협력적이며,<br>인기가 있다 | 확인 12(기댓값 1.6)<br>부인 1<br>통계적 유의성 없음 18 | 10억분의 1 미만 |
| **정서 안정성(신경과민)**<br>첫째들은 질투가 더 많고,<br>불안해 하며, 신경과민에,<br>두려움을 느끼고, 스트레스에<br>더 취약하다 | 확인 14(기댓값 2.4)<br>부인 5<br>통계적 유의성 없음 29 | 10억분의 1 미만 |
| **외향성/내향성**<br>첫째들은 더 외향적이고, 독단적<br>이며, 리더십을 보여 줄 가능성이<br>많다 | 확인 5(기댓값 1.5)<br>부인 6<br>통계적 유의성 없음 18 | 100만분의 1 미만(그러나 결<br>과에 대한 논쟁이 분분하다.)[c] |
| **모든 것을 취합한 결과** | 확인 72(기댓값 9.8)<br>부인 14<br>통계적 유의성 없음 110 | 100경분의 1 미만 |

에른스트와 앙스트(1983:93~189)의 자료 가운데서 사회 계급과 형제 수를 통제한 연구들만을 채택해 표로 작성했다. 보고된 각각의 결과는 한 편의 '연구'에 해당한다.

a. "우연히" 확인될 확률 5퍼센트.

b. 확인 연구와 그 밖의 모든 결과를 비교하는 메타 분석 방법에 기초함(Rosenthal 1987:213). 단측 검정. 모든 통계 비교는 최솟값 5에 맞추어진 확인 연구의 기대치와 함께 $p < 0.005$에서 유의미하다. 개방성의 경우 $z = 13.19$, 성실성의 경우 $z = 12.14$, 친화성의 경우 $z = 8.44$, 정서 안정성의 경우 $z = 7.68$, 외향성의 경우 $z = 5.01$, 모든 것을 취합한 결과는 $z = 20.39$.

c. 나는 여기서만 긍정적 연구와 부정적 연구를 결합해 통계적 유의성을 전혀 보여 주지 못하는 결과와 대비해 비교했다. 또, 양측 검정을 사용했다.

이 주제에 관한 연구는 후순위 출생자들의 특성인 '사교성'을 첫째들의 특성인 '적극성'과 한데 섞어 버리는 경향이 있다. 출생 순서와 외향성에 관한 연구 결과를 이 특질의 다양한 하위 척도로 분석해 보면 이치에 맞는다.[73]

## 영향(력)의 정도

메타 분석은 출생 순서 문헌에 등장하는 기타의 모순도 명확하게 밝혀 준다. 출생 순서가 성격을 형성하는 정도는 분석하는 분야에 따라 크게 달라진다. 이것은 중요한 발견이다.[74] 예를 들어, 출생 순서는 나머지 세 개의 특질보다 경험에 대한 개방성과 성실성 분야에 훨씬 더 큰 영향력을 행사한다. 나아가 출생 순서는 외향성보다 친화성과 정서 안정성(신경 과민) 분야에 상당히 큰 영향력을 행사한다. 출생 순서는 반항적 성향과 관련해 우리에게 많은 것을 알려 준다. 그러나 수줍음과 관련해서는 알려 주는 게 거의 없다. 다음 장에서는 경험에 대한 개방성이 기타의 네 가지 특질보다 출생 순서에 따른 차이와 더 일관되게 결합하는 이유를 살펴볼 것이다.

출생 순서와 관련해 주목할 만한 또 다른 놀라운 사실로 성격 변수들에 대한 연구와 지적 능력에 관한 연구 사이의 차이가 있다. 출생 순서는 학업 성취나 IQ보다 성격적 특성에 5~10배 더 큰 영향력을 행사한다.[75] 에른스트와 앙스트가, 출생 순서가 지적 능력에 작으나마 일관되게 영향력을 행사한다는 사실을 강조한 것은 충분히 정당했다. 첫째들은 후순위 출생자들보다 더 똑똑하다. 그러나 전형적인 IQ 차이(출생 순위에서 한 단계 변동이 생길 때마다 1점씩 차이가 났다.)는 개인의 경우 실질적인 의미가 거의 없다.[76]

잘 설계된 연구들에 기초해 보았더니 출생 순서가 성격적 특성들과 맺는 상관관계가 0.40(경험에 대한 개방성)에서 0.10 정도(외향성)까지 산포했다.[77] 0.40의 상관관계는 얼마나 큰 것일까? 이 정도의 상관관계는 생명을 위협하는 질병에서 살아남을 확률을 30퍼센트에서 70퍼센트까지(생존률 배가) 끌어올리는 약물과 대응하는 수준이다. 출생 순서가 기타의 성격 변수와 맺는 상관관계는 대체로 이것의 절반 수준이다. 그러나 절반 정도라고 해도 여전히 큰 영향을 미친다는 사실에는 변함이 없다. 비교를 해 보자. 성별과 다섯 가지 성격 특질 사이의 평균 상관관계는 0.14다. 이것은 출생 순서에 따른 다수의 차이보다 더 작은 수준이다.[78]

## 상호 작용 효과

온갖 비판에도 불구하고 출생 순서 관련 문헌들은 일관된 행동 경향을 보여 주었다. 그리고 더 자세히 분석해 보면 훨씬 더 솔직한 판단에 이르게 된다. 실제로 출생 순서 관련 문헌들은 출생 순서의 영향력을 시종일관 과소평가해 왔다. 사태가 그렇게 된 중요한 이유를 한 가지 들라면 상호 작용 효과 때문이다. 두 개 이상의 변수가 비가법적인 특성을 가질 때면 언제나 상호 작용 효과가 발생한다. 연대 효과는 상조적이고, '창발적'이다. 수소와 산소라는 성분에서 탄생한 물의 특성처럼 말이다.

출생 순서 효과의 창발적 특성은, 지금까지 수행된 것 가운데서 가장 종합적인 연구에 의해 멋지게 논증되었다. 시카고 대학교의 심리학자 헬렌 코치는 1954년부터 출생 순서에 관한 논문을 10편 발표했다. 이것들은 출생 순서가 수십 개의 심리적 특성에 미치는 영향력을 검증하는 내용으로 구성되었다.[79] 코치의 연구는 그 정교한 설계로 인해 주목할 만한 가치가 있다. 오늘날까지도 그렇게 많은 복잡한 변수들을 제어하려고 시도한 연구는 나오지 않고 있다. 코치는 연구 대상으로 384명의 아동을 선발했다. 모두가 시카고 주변에서 학교에 다니던 5~6세의 어린이였다. 그들은 전부 백인이었고, 건전한 두 자녀 가정 출신이었다. 피험자들은 출생 순서, 성별, 형제 성별의 조합에 따라 하위 집단으로 신중하게 분류되었다. 코치는 형제 사이의 연령 격차를 셋으로 나눈 다음 이 각각의 하위 집단을 다시 분류했다. 기술적으로 보면, 그녀의 연구는 2×2×2×3 설계를 따랐으므로, 24개의 하위 집단이 만들어진다(그 각각에는 16명의 아동이 포함되었다.). 마지막으로 코치는 각각의 하위 집단을 사회계급에 따라 나누었다. 세심한 교배 실험으로 유전의 법칙을 발견할 수 있었던 오스트리아의 수도사 그레고어 멘델조차도 이 사려 깊은 연구설계에 큰 감동을 받았을 것이다.

코치는 교사들에게 58가지 행동 측정 기준을 사용해 자신의 피험자들을 평가할 것을 의뢰했다. 첫째들은 후순위 출생자들과 비교할 때 더 자신감이 넘쳤고, 경쟁적이었으며, 권리에 집착했고, 감정이 격렬했고, 패배에 상심했다.[80] 코치는 이런 성격 차이를 다음과 같이 요약했다. 첫째들은 자신감을 가장하지만 "감정적이고, 불안해 하며, 방어적이고, 지위에 연연했다."[81] 내가 이 장에서 이미 설명한 각종의 경향들이 그녀의 연구 결과와 일치했다.

코치의 연구에서 가장 주목할 만한 특징은, 그녀가 자세히 기술한 엄청난 빈도의 상호 작용 효과이다. 이 비가법적인 효과들에는 출생 순서, 피험자의 성별, 형제의 성별, 연령 격차 — 2인, 3인, 심지어 4인에서도 서로 영향을 주고받는다. — 가 개입했다. 종합해 보면, 출생 순서는 다섯가지 주요 효과와 비교할 때 31개의 유의적 상호 작용 효과에 관여했다 (여기서 '주요 효과'란 하위 집단에만 적용되는 것이 아니라 전면적으로 작용하는 효과를 말한다.). 연령 격차와 형제의 성별은, 코치의 연구에서 또 다른 36가지 상호 작용 효과를 야기했다. 출생 순서, 연령 격차, 형제의 성별은 직간접적인 방식으로 72가지 유의미한 효과를 낳았다. 이런 사태가 우연히 발생할 확률은 100만분의 1 이하이다.[82]

### '형제 전략'으로서의 상호 작용 효과

여기 코치의 연구에 나오는 전형적인 상호 작용 효과 몇 가지가 있다. 첫째로 태어난 남자 아이들은 후순위로 태어난 남자 아이들보다 화를 더잘 내고, 집념이 강하고, 무자비했다. 여자 아이들의 경우 이런 성향은 통계적 유의성을 갖지 못했다.[83] 그러나 여자 아이들도 싸우기 좋아하는 성향에서 출생 순서에 따른 유의적 상이성을 보여 줌으로써 그 실종된 차이를 만회했다.[84] 첫째로 태어난 남자 아이들은 공격적이고 가혹한 방식으로 자신의 우위를 주장하는 반면 첫째로 태어난 여자 아이들은 언어를 통해 그렇게 하는 것 같다. 첫째들이 후순위 출생자들보다 더 '적대적'이라는 것이 공통분모인데, 이것은 다섯 가지 성격 특질 가운데 하나와도 일치하는 경향이다.

코치의 연구에 나오는 상호 작용 효과의 대부분을 비슷하게 설명할 수 있다. 형제들은 성별에 기초한 행동 규범들을 아주 잘 이해하고 있고, 이런 규범들을 각자의 전략적 목표에 맞게 변형한다. 출생 순서와 관련해 시종일관된 것은 전략들의 보편적인 동기이지 이런 목표를 달성하기 위해 채택하는 구체적인 행동들이 아니다. 성별을 포함해 형제들이 보이는 차이의 다른 원인들에도 동일한 결론을 적용할 수 있다.[85]

출생 순서가 그토록 빈번하게 성별과 상호 작용하는 한 가지 이유는 두 개의 변수가 모두 유사한 전략을 장려하기 때문이다. 사회성 동물은 두 가지 기본적인 방식으로 자원을 획득한다. 바로 지배와 협력이다. 지위를 강화하는 행동은 첫째들의 성향이다. 그것은 동시에 '수컷들의' 성

향이기도 하다. 협력은 후순위 출생자들의 성향이며, 동시에 '암컷들의' 성향이기도 하다.[86]

출생 순서와 성별 사이의 밀접한 관계는, 오빌 브림이 헬렌 코치의 자료를 재검토하면서 분명하게 드러났다.[87] 브림은 탤컷 파슨스의 사회학적 가족 모형을 참조해 코치의 행동 측정 기준을 성 역할과의 합치성에 기초한 "동기가 있는" 특성과 "자기 표출적인" 특성으로 나누었다.[88] 브림이 작성한 "남성적" 성향의 목록으로는 리더십, 자신감, 적극성, 경쟁심, 공격성 같은 것들이 있다. 그는 호의, 협력, 유연성 같은 특성을 "여성적" 성향으로 목록화했다.

브림은 이 행동 성향들을 코드화하면서 코치가 분류한 24개 형제 집단을 상호 작용 효과에 관여하는 정도에 따라 전부 평가했다. 그는 이런 비범한 채점 방식을 통해 지위와 지배를 장려하는 상조적인 행동들과 사랑과 협력을 촉진하는 상조적인 행동들을 대조 비교할 수 있었다.[89]

브림의 분석에 기초해서 보면 첫째들은 두 성별 모두에서 형제 구조의 '우두머리 수컷'이다. 브림은 형제의 성별이 동기가 있는 행동의 중요한 예보자임도 확인했다. 남자 형제가 하나인 개인들은 자매가 하나인 개인들보다 더 경쟁적이고 적극적이었다.[90]

자기 표출적인 성향은, 동기가 있는 성향과 달리 여자 아이들과 후순위 출생자들 사이에서 현저하게 감지되었다.[91] 교사들은 후순위로 태어난 남자 아이들(특히 누나가 있는 남자 아이들)을 특히 "나약하다."고 파악했다. 대체로 유순하고 상냥한 것으로 판정받은 여자 아이들은, 그들이 더 어린 형제일 경우 그런 성향이 훨씬 더 강한 것으로 간주되었다.[92]

브림의 연구 결과가 증명하는 것처럼 출생 순서는 성별에 따라 전형적으로 연상되는 다수의 특성들을 규정한다. 그러므로 성별 연구는 출생 순서 연구이며, 그 반대도 성립한다. 성별에 따른 차이가 코치의 연구에서 수도 없이 많이 등장했지만 출생 순서가 빈번하게 이런 차이를 무효화했다. 첫째로 태어난 여자 아이와 후순위로 출생한 남자 아이로 구성된 남매들의 경우 실제로 소녀들이 소년들보다 더 '남성적'이었다.[93] 종합해 보면, 출생 순서가 성별과 관련된 성격 특성에 미치는 영향력은 성별이 행사하는 영향력의 3분의 2 정도이다! 여성 연구 분야에서는 이 사실에 유의해야 한다. 성별이 개인들의 삶에서 어떻게 그 모습을 드러내는지와 관련해 중요한 함의를 지니고 있기 때문이다. 출생 순서 효과와 꼭 마찬가지로 성별과 관련된 행동의 상당수도 대체로 가족 체계의 '창발적' 결과이다(그림 3.2).

## 결론

헬렌 코치의 개척자적 연구는 출생 순서가 성격을 형성한다는 사실을 입증해 주었다. 여기에는 논쟁의 여지가 없다. 성별 및 형제가 갖고 있는 기타의 구조적 차이가 인간의 발달 과정에서 매우 중요하다는 것을 그녀의 연구 결과가 적시한 점도 마찬가지로 중요하다. 이 과정에는 수많은 상호 작용 효과가 개입한다. 성격의 '창발적' 특성을 예고하는 현상이다. 성별 외에도 상호 작용 효과를 발생시키는 흔한 원인으로 형제 사이의 연령 격차와 형제의 성별이 있다. 후속 장들에서 나는 이 내용을 상술할 것이다. 따라서 이 목록들을 제대로 구성하면 한 아이의 가족 내 지위를 명확히 보여 주는 다양한 영향력이 해명된다.

영장류 사회의 우두머리 수컷처럼 첫째들은 지위와 권력을 몹시 탐낸다. 그들은 경쟁자들을 복속시키기 위해 각종의 전략을 고안한다. 다섯 가지 성격 특질은 이런 전략들을 개괄할 수 있는 편리한 수단을 우리

**출생 순서와 성별이 개별 성격 특성에 미치는 영향**

동기가 있는 성향과 자기 표출적 성향

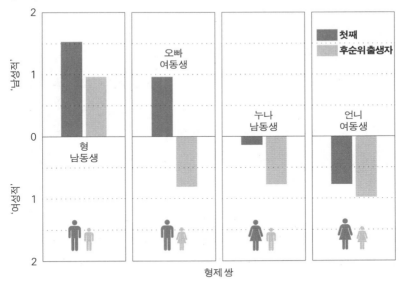

**그림 3. 2** 헬렌 코치가 상세히 기술한 성별과 관련된 특성들(N=384). 각 형제 쌍의 표준 점수는 출생 순서, 성별, 형제의 성별을 바탕으로 표시했다. 예상대로 남성들은 여성들보다 남성적이라고 일컬어지는 특성들을 보일 가능성이 더 많았다. 형제가 한 명인 형제들도 '남성적인' 성향을 더 많이 보였다. 결론적으로 출생 순서가 성별과 관련된 행동에 상당한 영향력을 행사했다. 네 쌍 모두에서 첫째들은 후순위 출생자들보다 더 남성적이다. 남성만으로 이루어진 쌍에서 그 효과가 가장 컸다. 남동생과 누나로 구성된 쌍에서는 실제로 누나가 남동생보다 남성적 특성에서 더 높은 점수를 기록했다. 요약하면, 출생 순서가 성별과 관련된 특성에 미치는 영향은 포괄적이며, 성별 그 자체가 미치는 영향력의 약 3분의 2 정도로 광범위하다.

에게 제공한다. 첫째들은 지배적이고, 공격적이며, 야심적이고, 질투가 많고, 보수적인 경향이 있다. 이 다섯 가지 행동 기준에서 출생 순서의 영향력은 일관되며 명백하다.

지위가 낮은 영장류 동물처럼 후순위 출생자들도 더 나이 든 형제와의 직접적인 갈등에서 불리한 처지에 놓인다. 후순위 출생자들은 단호한 반항적 성향을 자주 드러내기도 하지만 온후한 사교성과 협력을 바탕으로 자신들의 운을 개선하려고 부단히 노력하기도 한다. 지배와 협력은, 상이한 형태의 다원주의적 선택이 만들고 영속화한, 오래된 전략이다.[94] 어느 쪽 길을 선택해도 성공할 수 있다.

형제 경쟁이라는 드라마에서 출생 순서와 성별은 형제 전략을 선택하는 가장 중요한 두 배우인 것 같다. 이 결론은 진화적으로도 타당하다. 과거의 형제들은 그들의 경쟁 전략을 나이라는 정신적·신체적 절대 조건에 덧붙였다. 그들은 나이와 성별에 민감하게 반응하는 방식으로 전술들을 조정하면서 마치 체스 게임처럼 형제 경쟁을 수행했다. 오늘날의 자식들도 계속해서 이런 진화의 드라마에 출연하고 있다. 전 세계적으로 자식들은 부모의 투자를 극대화하기 위해 노력한다. 그들은 각자의 특수한 가족 내 지위에 따라 전략을 채택한다. 결국 형제 경쟁은 유년기를 살아 내는 방법에 관한 것이다. 이런 다원주의적 장애물이 제거된 후에도 형제들은 번식 권한을 놓고 계속해서 경쟁해야 한다. 형제들은 이 두 가지 근본적인 다원주의적 목표를 달성하기 위해 노력하는 과정에서 교활한 전략가가 된다. 그리고 그 최종 결과가 바로 성격이다.

# 2부

## 모든 것은 가족에서 시작되었다

# 4장

●

## 가족 내 지위

**다윈의 '분화의 원리'**

지난 20년 동안 성격 연구는 같은 가정에서 자란 형제들이 혈연이 아닌 개인들만큼이나 다르다는 사실을 보여 주었다. 생물학적 형제의 성격이 입양 자녀들보다 더 유사하다면(그 정도가 크지는 않다.) 그것은 유전자를 공유하고 있기 때문이지 가정환경을 공유하기 때문이 아니다. 형제들은 오래 함께 생활하면 할수록 더 큰 차이를 보인다. 성격 심리학이 직면한 가장 곤란한 문제 가운데 하나는 형제들이 왜 그렇게 다른가 하는 것이다. 이 문제를 해명하는 일은, 전기 문학과 역사학 등 수많은 관련 학문 분야에 아주 중요하다.[1]

형제들이 매우 다르다는 사실은 형제 스스로도 언급해 왔다. 그것도 놀라울 정도로 자주. 찰스 다윈은 네 살 위인 형 에라스무스에 대해 이렇게 말했다. "우리의 정신과 취향은 …… 아주 달랐고, 나는 그에게 지적으로 큰 빚을 지고 있다고 전혀 생각하지 않는다. 네 누이에 대해서도 마찬가지이다. 그녀들도 나와는 성격이 아주 달랐다."[2]

저명한 언어학자 빌헬름 폰 훔볼트도 자신과, 박물학자였던 동생 알렉산더에 대해 비슷한 요지의 발언을 했다.

가끔은 동생의 기질이 내게 있었으면 싶다. 그가 자신의 우둔함을 불평하는 것은 사실이다. 그러나 전체적으로 볼 때 그는 혼자서도 잘 노는 것 같다. 그는 끊임없이 움직이고, 항상 농담을 한다. …… 우리는 쭉 그래 왔던 것처럼 계속 함께 살 것이고, 의견이 일치하는 경우는 거의 없지만 항상 좋은 친구로 남을 것이다. 우리는 성격이 너무 다르다.[3]

빌헬름은 대단한 여행가는 아니었다. 반면 "끊임없이 움직였던" 알렉산더는 자신의 중남미 탐험 여행(1799~1804년)으로 이내 유명 인사가 되었다. 5년의 여정 동안 알렉산더는 도보, 승마, 카누 여행, 범선 항해를 통해 미개척의 영역을 4만 마일(약 6만 4372킬로미터) 이상 답파했다.[4] 그와 여행 동료 아이메 봉플랑은 죽을 고비를 수도 없이 넘겼다. 알렉산더는 예순의 나이에 야심을 채우기 위해 시베리아 조사 여행에 올랐다. 그는 또다시 8,000마일(약 1만 2874킬로미터)을 답사했다. 모험적 여행에 대한 형 빌헬름의 구상은 이탈리아로 가서 겨울을 보내는 게 고작이었다.

형제들은 때때로 논평가들이 설명 방법을 찾지 못해 당황할 정도로 현저하게 다른 모습을 보인다. 볼테르의 19세기 전기 작가 제임스 파턴은 불경한 프랑수아와 독실했던 형 아르망 사이의 현격한 차이에 너무

1800년의 **알렉산더 폰 훔볼트**(오른쪽에 서 있는 사람)와 그의 여행 동료 아이메 봉플랑(훔볼트 옆에 앉아 있는 사람). 이 그림은 훔볼트와 봉플랑이 베네수엘라의 오리노코 강 연안에서 원주민 안내인들과 함께 야영하는 모습을 담은 것이다. 두 박물학자는 오리노코 강을 1,000마일(약 1,609킬로미터) 이상 여행했고, 이 강이 아마존 강과 연결되어 있음을 확인했다. 그들은 6개월간 이 강을 탐험하면서 재규어, 악어, 보아 뱀의 위협에 끊임없이 노출되었다.

놀란 나머지 이렇게 물었다. "우리 인류의 박물학에서 이렇게 불가사의한 사실을 다윈은 우리에게 어떻게 설명할 수 있을까?"[5]

## 다윈주의 성격 이론

다윈을 언급하면서 볼테르의 전기 작가는 자신이 알고 있던 것보다 해답에 더 가까이 다가가 있었다. 형제들은 서로 다르다. 그들은 다윈의 "분화의 원리(principle of divergence)"를 예증하는 존재들이다. 생물 세계 전반에서 다양성은 유용한 전략으로, 종들은 이를 바탕으로 부족한 자원을 놓고 경쟁을 한다. 다윈의 이런 통찰 ─ 그는 1850년대에 마차 여행을 하다가 불현듯 이 생각이 떠올랐다고 적고 있다. ─ 이 골치 아픈 진화상의 난제를 해결해 주었다. 종들이 진화하면서 특성이 분화하는 이유는 무엇인가? 진화도, 종 형성도 반드시 분화를 필요로 하는 것은 아니다. 다윈은 깨달았다. "모든 지배적이고 증진하는 형태의 변화된 자손들은 자연의 질서에서 다수의 고도로 다양화된 위치에 적응하는 경향이 있다."[6] 다윈은 이 아이디어의 위력에 깊은 감명을 받았다. 그는 이 생각을 자연선택과 함께 『종의 기원』의 "근본 원리"로 간주했다.[7]

종들이 형태학적으로 구분이 잘 안 될지라도 생태적 필요조건에서는 대개 서로 다르다. 이런 경우들 ─ 생물학자들은 이런 녀석들을 흔히 "형제 종(sibling species)"이라고 부른다. ─ 이 가장 이른 시기의 진화를 대변한다.[8] 충분한 시간이 주어질 경우 종들은 특성이 분화된 다양한 형태를 발달시킨다. 우리는 이 과정을 "적응 방산(adaptive radiation)"이라고 부른다. 가장 잘 알려진 예들 가운데 하나가 갈라파고스 제도에 살고 있는 다윈의 핀치들이다. 이 아과(亞科)의 개체들은 서로 다른 생태적 지위를 차지함으로써 그렇지 않을 경우보다 훨씬 더 많은 수가 공존한다.

다윈의 핀치들 가운데 일부 종은 식습관이 겹치기 때문에 같은 섬에서 주기적으로 서로를 쫓아낸다.[9] "경쟁적 배제(competitive exclusion)"의 원리로 알려진 이 생물학 법칙은, 생태적 필요조건이 꼭 같을 경우 동일한 서식지에서 두 종이 공존할 수 없다는 사실을 알려 준다.[10] 유사한 종들이 나란히 서식지를 공유하고 있다면 녀석들은 "형질 치환(character displacement)"이라고 하는 현상을 보여 주고 있는 셈이다. 예를 들어 부리 크기가 달라져서 같은 먹이에 대한 경쟁이 줄어드는 것이다.[11] 공존은 진화적 다양화를 통해서만 가능하다.

자라는 아이들은 가정에서 각자의 지위를 구축하려고 노력하면서 적응 방산을 경험한다. 형제들은 서로 다른 관심사와 재능을 추구하면서 직접적인 경쟁을 최소화한다. 나는 이 주지의 진화 원리를 바탕으로 출생 순서와 그것이 성격에 미치는 영향을 다시 고찰해 보았다. 우리는, 성격 검사와 역사가 입증하는 바, 후순위 출생자들이 특히 경험에 개방적이라는 사실을 확인했다. 그러나 도대체 왜 그런가? 개방성은 더 어린 형제들이 아직 점유되지 않은 가족 내 지위를 찾아낼 수 있도록 돕는다. 이런 심리적 능력이 다윈의 분화의 원리를 구동하는 엔진이다.[12]

다윈주의 관점에서 볼 때 성격은, 개인이 유년기를 살아 내려고 노력하는 과정에서 개발하는 전략 목록이다. 이런 전략이 바로 형제 전략이다. 형제 전략 이론을 제안하면서 나는 외자식을 배제하지 않았다. 외동자녀들은 형제 전략 이론에서 특수한 경우이다. 다른 모든 아이들처럼 외동자녀들도 부모의 투자를 극대화하려고 노력한다. 전통 사회에서 그들은 어머니의 이유(離乳) 노력에 저항함으로써 그렇게 한다. 이런 행동은 나아가 어머니가 또 다른 아이를 임신할 가능성에 영향을 미친다. 뻐꾸기처럼 외자식들도 형제 전략이 목표를 완수한 사례이다.

형제 전략 이론을 구성하기 위해 고려해야 할 다른 사항으로 출생 순서 말고도 부모-자식 갈등, 이용 가능한 부모의 자원, 가족의 수, 성별,

기질이 있다.

## 형제 다양성의 유전적 기원

유전의 법칙 때문에 형제들은 처음 수태되었을 때부터 이미 상당히 다르다. 형제들은 통상 서로의 유전자를 절반만 공유한다.[13] 신체적 특성의 차이 외에도 유전적 특징을 발판 삼아 수많은 성격상의 차이가 발생한다. 아이들은 출생 당시부터 이미 기질적으로 서로 다르다.[14] 한 연구자가 얘기한 것처럼, "모든 부모는 둘째 아이를 가질 때까지는 전부 환경론자이다."[15]

사람들은 유전자가 50퍼센트나 겹치기 때문에 성격이 상당히 유사할 것이라고 생각한다. 그러나 이것은 사실이 아니다. 양성 생식은 각 부모의 유전적 기여를 반감시킬 뿐만 아니라 '재조합'이라는 과정을 통해 유전자의 순서를 재배열한다. 쌍둥이 연구자 데이비드 리켄이 멋진 은유를 동원해 이 과정을 명쾌하게 설명했다.[16] 형제들은 비슷한 전화번호를 부여받은 사람들과 같다. 뒤섞인 숫자들과 그 결과로 나타나는 전화 연결에서 짐작할 수 있듯이 뒤섞인 유전자들도 서로 다르게 발현된다. 이런 이유로 다수의 유전적 영향이 개인마다 독특하게 나타나며, 유전을 통해 계속해서 후대로 전해질 수 없는 것이다.[17] 우리는 이런 특성을 '창발적'이라고 부른다.

유명한 경주마 세크리 테리엇이 그런 창발적 능력을 지녔던 것으로 여겨진다.[18] 세크리 테리엇은 1973년 트리플 크라운(triple crown, 한 해에 3개의 경마 대회에서 우승하는 것을 가리켜 이르는 경마 용어 — 옮긴이)을 달성했다. 이후로 트리플 크라운을 달성한 말은 없다. 세크리 테리엇이 각종의 기록을

"경신했다."고만 말한다면 그것은 아주 절제된 표현일 것이다. 녀석은 사실상 모든 기록을 갈아치웠다. 31마신(馬身)의 격차로 벨몬트 경마 대회를 석권하는 등 세크리 테리엇이 작성한 경주 기록의 대다수는 오늘날까지도 결코 깨지지 않고 있다. 세크리 테리엇이 번식에 관여한 400마리 이상의 망아지 가운데서 오직 한 마리 리즌 스타만이 녀석의 경주 능력에 근접했다. 리즌 스타는 트리플 크라운을 구성하는 3개 대회 가운데 2개를 석권했다. 그러나 이 승리에서조차 녀석은 세크리 테리엇이 작성한 최고 기록에 못 미쳐 수 초 후에 결승선을 통과했다. 세크리 테리엇의 씨를 받기 위해 많은 돈을 지불한 마주들에게는 이 문제가 명약관화했다. 유전자가 섞여 버리면 세크리 테리엇의 절반도 온전한 절반이 결코 못 되었던 것이다.

일란성 쌍둥이가 아주 유사한 성격을 갖는 이유는 그들이 동일한 창발적 특성을 보유하기 때문이다. 이런 사실은, 따로 양육된 일란성 쌍둥이가 유별난 습관이나 취미를 포함해 놀라울 정도로 유사한 행동 성향을 보이는 일이 잦은 이유를 설명해 준다. 이런 유사성이 우연일 뿐이라고 생각할 수도 있다. 그러나 이란성 쌍둥이보다는 일란성 쌍둥이에게서 이런 일이 훨씬 더 흔하게 확인된다.[19]

성격 특성의 기초가 되는 유전적 변이가 적응적인지를 놓고 많은 논쟁이 벌어졌다. 이를 지지하는 좋은 예가 있다.[20] 인간의 심장에 존재하는 방의 개수처럼 바뀌지 않는 특성은 오래전에 일어나 이미 해결된 진화적 전투를 대변한다. 변화를 보이는 특성들은 여전히 다툼이 벌어지고 있는 진화적 전투의 경연장이다.[21] 그 어떤 유전적 해결책도 최적임을 입증하지 못했기 때문에 계속 전투가 벌어지고 있다는 것이다. 유전이 되는 감각 추구(sensation seeking)가 좋은 예이다.[22] 이런 행동에 이상적인 성향이란 없다. 어떤 상황에서는 적응적인가 하면 또 어떤 상황에서

A. G. 휜쿱
특허 대리인

**출생 직후 헤어진 멀리퍼트 가의 쌍둥이가 우연히 만나다.**

는 그렇지 않다. 대부분의 행동 문제는 다른 방식으로 해결된다. 예를 들어, 우리는 배가 고프면 다른 사람들한테서 강제로 음식물을 빼앗아 욕구를 만족시킬 수 있다. 또, 음식물을 얻기 위해 협상을 벌이기도 한다. 향후의 호혜 행동을 통해 도움을 제공하겠다고 약속하는 식으로 말이다.

유전학은 세월에 관한 다윈주의의 지혜를 알려 준다. 우리는 과거에 성공적이었던 전략을 촉진하는 광범위한 유전자 도구 상자를 가지고 이 세상에 태어난다. 우리는 개별적인 가족 경험 속에서 각자의 생존에 가장 적절한 일련의 행동을 발달시킨다. 유전학이 이 과정에서 항상 존재하는 요소지만 환경 역시 마찬가지로 결정적이다. 기질과 환경(본성과 양유) 사이의 관계는 화가와 그들이 사용하는 미술 도구 사이의 관계와 같다. 유전자가 캔버스와 물감에 상응하는 것들을 제공한다. 개인의 발달 과정을 인도하는 환경은 화가의 붓질에 해당한다. 인류라는 종이 언어 '본능'을 갖고 있지만 — 다른 영장류는 결여하고 있는 특성이다. — 우리가 구체적으로 어떤 언어를 배우게 될지를 결정하는 것은 문화라는 사실도 비슷한 맥락이다.[23]

다윈주의 이론은 흔히 유전자 결정론으로 잘못 이해되었다. 그러나 기질과 환경이 양방향 도로라는 사실이 진화 생물학자들에 의해 제시된 풍부한 증거들을 통해 증명되었다. 다수의 종에서 환경적 상황은 행동을 조절하는 호르몬을 분비시킨다. 영장류에서 어느 개체가 우두머리 수컷이 되면 녀석의 테스토스테론 수치는 상승한다. 지위가 낮은 녀석에게 테스토스테론을 주사해 보라. 그러면 이 녀석이 위계제의 정상으로 올라설 것이다. 쫓겨난 과거의 우두머리 수컷은 테스토스테론 수치가 감소한다. 프로작 같은 항우울제도 비슷한 결과를 야기한다. 차상위 수컷이 프로작을 처방받으면 우두머리 수컷이 된다.[24]

우리가 올바르게 이해하기만 한다면 인간 행동에 대한 진화적 설명은 결정론과는 하등 관계가 없다. 다윈주의적 접근 방법은, 기질과 환경이 변화하는 구조 내에서 끊임없이 상호 작용하는 현실에 관심을 기울인다.[25] 나아가 다윈주의 진화론은 개체의 특이성을 명확하게 해명해 준다. 형제가 보이는 차이야말로 이런 다윈주의적 관점을 지지해 주는 가장 중요한 단일 증거일 것이다. 유전자와 환경 사이의 변동하는 상호 작용이 정당하게 조명되면 기질과 환경을 구분하는 작업도 비로소 그 시효를 다하게 될 것이다.

## 환경이 성격에 미치는 영향

다른 종과 비교할 때 인간은 학습을 수월하게 해 주는 매우 '개방적인' 유전적 프로그램을 보유하고 있다.[26] 오랜 부모의 보살핌이 진화 과정에서 이런 개방적인 프로그램을 강력하게 장려했다. 다시 광대한 부모의 투자는 그러한 보살핌을 극대화하기 위한 행동 전략의 적응적 결과를 증진시켰다. 환경이 무수한 방식으로 이 과정을 촉진할 수 있기 때문에 형제들은 환경의 영향에 민감하다. 경험에 대한 개방성은 이토록 뚜렷한 인간적 특성을 가장 잘 반영하는 성격 특질이다.[27]

### 우연적 사건

환경이 성격에 미치는 영향은 우연적 사건과 구조적 경험으로 다시 나눌 수 있다. 찰스 다윈은 비글 호의 박물학자 자격으로 항해에 나서자는 제안이 "내 생애에서 가장 중요한 사건으로, 내 인생의 전체 진로를 결정했다."고 단언했다. "그러나 그 사건은 슈루즈베리까지 30마일을 득달같이 달려와 나를 죄어친 삼촌이 없었다면 일어나지 않았을 것이다. 지금 생각해 봐도 그렇게 해 주실 분은 거의 없다."[28] 다윈의 삼촌은 처음에는 반대했던 다윈의 아버지와 누나들을 설득하기 위해 이 여행에 나섰다. 삼촌의 의견이 설득력을 발휘했고, 다윈의 인생은 바뀌었다.[29] 다윈의 비글 호 승선에 우연이 일정한 역할을 하기는 했지만 그가 이미 카나리아 제도를 여행할 계획을 세우고 있었다는 사실도 여전히 남아 있다. 박물학에 대한 관심과 이글이글 불타오르던 여행 욕구를 고려할 때 그는 비글 호 직책에 적격이었다. 그리고 이것이 다윈을 가르쳤던 헨슬로가 그를 천거한 이유이기도 했다.

우리는 다윈주의적 관점을 바탕으로 성격 발달에서 구조적 경험 —

특히 혈연 집단 내에서 발생하는 — 이 개인의 특수한 경험보다 더 중요할 것이라고 예상할 수 있다. 여기서 '구조적 경험'이란, 개인들과 그들이 속한 특정 환경 내에 존재하는 특성들의 결과로써 규칙적으로 재발하는 경험을 말한다. 우연적 사건은 말할 것도 없고 구조적 경험이 성격을 형성하는 정도를 최신의 증거에 기초해 정확히 해명할 수는 없음에도 불구하고 내가 이 책에서 제시하는 연구 결과들은 구조적 경험이 압도적으로 중요함을 확증해 준다.[30] 그리고 이런 구조적 경험의 많은 부분이 가족 내부에서 발생한다.

## 구조적 경험: 부모의 차별

놀랍게도 부모들은 종종 그들이 자녀 가운데 특별히 한 아이를 편애하고 있다는 사실을 깨닫는다. 부모는 아이들을 동등하게 대우하려고 최선의 노력을 다하지만 이런 편벽성은 드러난다.[31] 한 연구에 따르면 조사 대상 어린이의 3분의 2가 어머니들이 편파적이라고 주장했다.[32] 형제들은 부모들이 실토하는 것보다 차별이 더 하다고 주장하기도 한다. 정말이지 아이들은 부모의 편애에 아주 민감한 것 같다.

아이들이 부모의 차별에 민감하다는 것은 다윈주의적으로 볼 때도 이치에 맞다.[33] 부모의 투자에 의지할 수 없는 아이는 이 엄연한 인생의 사실을 받아들이고 대안을 선택해야만 한다. 이 주제가 오랫동안 소설가들의 마음을 사로잡았다. 그리고 가장 열정적으로 이 문제에 천착한 작가가 바로 찰스 디킨스이다. 그의 문학 이력 전체가 이 주제로 점철되어 있다.

디킨스는 열한 살 때 "분노하고 좌절했다." 가난에 허덕이던 부모가 누나의 왕립 음악 학교 입학은 지원하면서도 자신은 고향에 남아 "아버지의 부츠를 닦고, 동생들을 돌보며, 심부름을 하도록" 시켰던 것이다.[34]

1839년의 **찰스 디킨스**(27세). 그의 두 번째 소설 『올리버 트위스트(*Oliver Twist*)』가 전해에 출간 되었다. 그는 아이들이라면 누구나 다 알고 있는 단순한 진실에 의거해서 출세했다. 그는 『위대한 유산(*Great Expectation*)』(1861년)에서 그 진실을 이렇게 요약했다. "아이들은 자신들이 존재하는 작은 세계에서, 누가 그들을 양육하더라도, 불의를 가장 섬세하게 인지하고 느낀다."

얼마 안 되어 그의 아버지는 빚을 갚지 못해 옥살이를 했다. 디킨스는 열두 번째 생일을 맞이하고 이틀 후에 부츠 공장에서 일하도록 보내졌다. 누나가 왕립 음악 학교에서 은메달을 받았을 때 디킨스는, "그녀의 성공을 질투할 수는 없었지만 자신의 처지가 한탄스러웠고, 몹시 자존심이 상했다."[35] 그는 누나가 상 받은 것을 기념하기 위해 잔치가 벌어졌던 날을 나중에 이렇게 회상했다.

> 나 자신이 그 모든 명예로운 경쟁과 성공 바깥에 있다고 생각하니 견딜수가 없었다. 눈물이 얼굴을 타고 흘러내렸다. …… 나는 그날 밤 잠자리에서 내가 빠져 있던 굴욕감과 소외 상태에서 벗어나게 해 달라고 기도했다. 그런 고통은 처음이었다.[36]

디킨스의 아버지는 옥살이를 하고 나온 후 아들의 고용주와 다툼을 벌였고, 그는 해고되었다. 어머니가 디킨스를 다시 공장에 집어넣기 위해 사태 수습에 나섰다. 어머니의 소망은 헛된 것이었다. 디킨스는 집에 남기로 했다. 시간이 지나도 그 쓰라림은 경감되지 않았다. 디킨스는 나중에 이렇게 말했다. "이후로도 나는 결코 잊지 못했다. 앞으로도 결코 잊지 못할 것이다. 어머니가 열심히 나를 공장으로 돌려보내려 했다는 사실을 결코 잊을 수가 없다."[37]

디킨스는 부모에게 일시적으로나마 "버림받았다"는 사실에 크게 당황했고, 아내와 자식들에게 이 얘기는 꺼내지도 않았다.[38] 그는 마침내 20년 후 구두 공장 경험을 짧게 기록했다.

> 커서 뛰어난 학자가 되고 싶다는 어린 시절의 소망이 무너져 내렸을 때 …… 느꼈던 내밀한 고통을 필설로는 형용할 수가 없다. …… 이런 생각으로

슬픔과 굴욕감이 뼛속까지 사무쳤다. 유명해지고 행복을 찾은 지금도 꿈을 꾸면 나에게 소중한 아내와 아이들이 있다는 사실을 자주 잊는다. 내가 성인이 되었다는 사실도 까먹은 채 내 인생의 그 시절로 돌아가 우울하게 방황하는 것이다.[39]

이 자전적 단편이 『데이비드 코퍼필드(David Copperfield)』(1849~1850년)의 기초를 형성했다. 디킨스는 이 책을 "사실과 허구가 아주 복잡하게 섞인 작품"이라고 설명했다.[40] 어린 디킨스는 부모가 자신을 버리자 이 문제와 씨름하며 다양한 구제책을 고민했다. 한 전기 작가는 이렇게 말한다. "사실상 그의 모든 소설이 가족 내의 삶을 소재로 하고 있다. …… 더 구체적으로 얘기하면 가족 관계의 붕괴와 이에 대한 불만이 주제이다."[41]

디킨스의 사무치는 경험을 통해 가족 내부에서 발생하는 불화가 성격 발달에 왜 그렇게 큰 영향력을 행사하는지 알 수 있다. 아이들은 자신들이 다른 부모의 아이들보다 덜 사랑받고 있다는 것은 모를 수도 있다. 그러나 다른 형제보다 덜 사랑받고 있다는 사실만큼은 귀신처럼 고통스럽게 깨닫는다.[42] 아이들은 그들 가족 내부에서 발생하는 불의에 아주 민감하다. 이런 불공평한 사태를 감지해 내는 심리적 메커니즘이 사회적 환경 속에서 진화해 왔기 때문이다.[43] 놀랍게도 사회 계급이 사회적 급진주의의 보잘것없는 선행 지표인 이유가 바로 이 때문이다. 반항의 동기는 일반적으로 가족 내부에서 비롯하지 가족들 사이에서 생기지 않는다.

## 형제 관계

형제들은 서로의 환경에 상당한 차이를 야기한다. 한 연구에서는 형제의 4분의 3 이상이 서로에 대해 상이한 애착 수준을 보여 주었다.[44] 주디 던과 로버트 플로민이 한 형제 쌍과의 인터뷰에서 대표적인 사례를 제시한다.

칼이 없으면 아주 외로울 것 같아요(열 살짜리 누나가 여섯 살짜리 남동생에 관해 이야기한다.). 걔는, 방과 후에, 교문 앞까지 와서 나를 기다려요. 정말이지 기분 좋은 일이에요. …… 남동생이 없다면 어떻게 해야 할지 정말 모르겠어요.

(칼이 누나에 대해 말한다.) 누나가 정말 싫어요. 서로 대화도 많지 않아요. 누나에 대해서 아는 게 별로 없어요. (면접관: 누나의 좋은 점은 뭐라고 생각하니?) 아무것도요. 가끔 내가 잘못을 하면 누나가 심하게 잔소리를 해요.[45]

모든 형제가 이 두 남매처럼 그들의 관계를 전혀 다르게 인식하지는 않는다. 그러나 의견이 일치하는 경우도 드물다.

형제들은 아주 다르기 때문에 빈번하게 사회적 비교를 수행한다. 수줍음이 많은 아이는 외향적인 형제들과 비교해 자신이 사회생활이 서툰 바보 같다고 느끼기도 한다. 한 형제가 학업 성적이나 특별한 스포츠 종목에서 두각을 나타내면 다른 형제들도 이런 업적에 부합하는 가능성에 주의를 기울인다.

더 어린 형제들은 더 나이 든 형제들과의 적대적 비교에 특히 민감하다. 이런 이유로 그들은 더 나이 든 형제들이 아직 개척하지 않은 대상과 활동에 이끌린다. 더 어린 형제들은 자신들이 경쟁에서 우위를 차지할 수 있는 분야의 활동을 즐기기도 한다. 볼테르가 이런 식으로 시인이 되었다. "나는 어린 시절부터 시를 썼다."고 그는 말했다. 가족은 그저 재미로 그와 형 아르망에게 시작(詩作) 경쟁을 시키곤 했던 것 같다. 볼테르

**만년의 볼테르.** 그는 형의 종교적 광신주의에 대응해 가톨릭교회를 비판하는 계몽주의의 지도자가 되었다.

볼테르는 자신의 희곡 『수탁자(*Le Dépositaire*)』(1772년)에서 형을 조롱했다. 볼테르는 약간 변형된 사건 속에서 두 형제가 논쟁을 벌이도록 한다. 형은 "완벽한 사람이 되겠다는 터무니없는 계획"을 세우는 "따분한 바보"로 묘사된다. 동생은 "다른 사람들을 즐겁게 하고 자신도 즐기기 위해 산다. 어쩌면 약간은 제멋대로일지도 모르지만 마음씨가 아주 곱고 정직해서 모두가 좋아한다." (Parton 1881, 1:56~57)

는 쉽게 이겼다. 한 전기 작가는 이렇게 적고 있다. "동생의 시는 아주 훌륭했다. 심판관이었던 아버지는 처음에는 기뻐했고, 나중에는 깜짝 놀랐다. 그렇게 무익한 재능이 발전하는 게 걱정스러웠던 것이다."[46] 볼테르의 아버지 프랑수아 아루에는 아들의 능력을 과소평가했다. 그러나 볼테르는 자신의 문학 작품으로 유럽 최고의 부자가 되었다.

볼테르의 사례는 또 다른 관점에서 도움이 된다. 그의 전반적인 성격은 형의 성격과 거울상(像)이었다. 장남 아르망은 "말수가 적고 약간 어색한" 것으로 묘사되었다.[47] 그는 "착실한" 아들로, 아버지는 벌이가 되는 공증인 관직을 물려줄 정도로 그를 편애했다.[48] 아르망은 열일곱 살 때 광신적 가톨릭 분파인 얀센주의로 개종했다. 그는 종교적 열정 속에서 "온갖 종류의 오락을 비난했고, 신의 은총이 명백하게 현현(顯現)하는 것을 미친 듯이 추구했다."[49] 볼테르는 형의 독실한 태도를 "질색하고 경멸했다." 형의 경건함이 "양심적인 삶을 우스꽝스럽고 저속한 것으로 치부"했기 때문이다.[50] 그는 문학에 몰두했다. 가족은 문학이 "사회에 쓸모가 없는" 직업이라고 생각했다. 볼테르는 문학을 통해 풍자를 하고, 편협한 신앙과 불의에 대항할 수 있었다.[51] 그가 가장 좋아했던 표적은 가톨릭교회였다.

## 지위 찾기

### 형제 대비 효과

형제 사이에서 극적인 차이는 흔한 일이다. 형제들이 가족 내에서 뚜렷이 구분되는 별개의 지위를 구축하기 때문에 이런 극적인 차이가 발생한다. 내가 제일 좋아하는 '지위 구축'의 사례는 미국의 소비자 권리 운동가 랠프 네이더 집안이다. 네이더와 다른 세 명의 형제는 청소년 시절 세계를 분할하기로 결정했다. 각각의 형제는 그렇게 해서 맡게 된 지역의 언어와 문화와 역사를 전공했다. 첫째로 태어난 새픽은 미국과 캐나다를 골랐다. 그는 나중에 캐나다의 한 대학교에서 학사 학위를 받았다.

둘째인 클레어는 중동 지역을 전공했고, 이 주제로 석사 학위 논문을 썼다. 셋째 로라는 멕시코와 라틴 아메리카를 선택했다. 그녀는 웰스 컬리지에서 멕시코 소설들에 등장하는 멕시코 혁명의 지도자들에 관한 학부 졸업 논문을 썼다. 그녀가 소속했던 문학부에서는 이 주제가 너무 낯설다고 판단했고, 그녀는 학위를 받는 데 실패했다. 다행스럽게도 포용적인 학장이 개입해서 라틴 아메리카 연구 분야의 1등 학사 학위(아직까지도 유일하다.)를 수여했다. 로라 네이더는 계속해서 인류학자가 되었고, 현재 캘리포니아 대학교 버클리 분교의 교수로 재직하고 있다.

　네이더 집안의 네 형제 가운데 막내인 랠프는 중국과 극동을 연구하기로 마음먹었다. 그는 프린스턴 대학교에 입학해 중국어와 러시아어, 아랍어를 배웠다. 프린스턴을 졸업한 후 랠프의 관심사는 미국의 소비자 안전으로 향했다. 그는 제너럴 모터스 등 미국의 대기업들이라는 "빅 브라더"와 대결했다. 네 명의 형제 가운데서 개인의 전문 분야로 유럽을 선택한 사람은 아무도 없었다. 그들 모두가 유럽에 대해서는 학교에서 이미 공부했기 때문이었다. 그들은 상이한 연구 지역을 선택함으로써 세상의 여러 지역에 대해 더 많이 배울 수 있었고, 동시에 서로가 직접 경쟁하는 것을 최소화했다.*

　형제가 드러내는 이런 종류의 구조적 차이를 설명하기 위해 대비 효과(contrast effect)라는 용어가 사용되어 왔다. 현재 이 현상이 상세히 기술되고는 있지만 저변의 심리적 메커니즘은 이해의 초기 단계에 불과

---

* 이런 개인사를 소상히 밝힐 수 있도록 허락해 준 로라 네이더에게 감사한다. 나는 독자들에게도 가족 내의 지위를 확립하기 위해 형제들이 수행하는 노력과 경쟁에 관한 얘기를 보내 줄 것을 요청한다. 여러분이 보내 주시는 정보가 이 장에서 제기된 이론적 쟁점들을 더 자세히 해명해 줄 것이기 때문이다.

"그런데, 내가 고생해서 내 지위를 만들자마자 그들이 동생을 또 가져 버렸지 뭐야."

하다. 이와 관련해 프랜시스 샤흐터 등이 한 가지 흥미로운 연구를 수행했다. 그들은 두 자녀 내지 세 자녀 가족 출신 대학생들의 관심사와 성격을 조사했다.[52] 샤흐터의 연구가 특별한 이유는, 그녀와 연구 협력자들이 피험자들로 하여금 스스로와 각자의 형제들을 평가하도록 했다는 점이다. 모든 가족에서 처음 두 형제가 가장 커다란 불일치를 보여 주었고, 두 번째 두 형제와 세 번째 두 형제가 그 뒤를 이었다. 이웃하지 않는 형제의 경우 그 차이가 훨씬 더 작았다. 성별도 일정한 역할을 수행했다. 같은 성별의 쌍에서 불일치가 가장 컸다. 샤흐터는 형제가 보이는 이런 차이를 논의하기 위해 "탈귀속(deidentification)"이라는 용어를 제안했다.[53]

이 사실은 샤흐터의 훌륭한 연구가 밝혀낸 보다 복잡한 양상의 일부이다. 형제들은 부모와의 동일시 과정이 구조적으로 달랐다. 한 형제가 부모 중의 한 명과 자신을 강력하게 동일시하면 인접한 형제는 다른 부

모와 자신을 강력하게 동일시했다. 모든 가족에서 '부모를 나누어' 동일
시하는 행위는 첫 번째 형제 쌍에서 두드러지게 나타났다.

### 이론적 해명

우리가 형제와 관련해 알아낸 모든 사실은, 그들이 서로 달라지기 위해
서 비상한 노력을 수행한다는 점을 가리키고 있다. 그런데 왜 그럴까?
샤흐터는 자신의 연구 결과를 정신 분석 용어로 설명했다. 그녀는 탈귀
속이 형제의 경쟁을 억누르는 "방어 수단"이라고 주장했다. "카인 콤플
렉스"에서 비롯하는 파괴적인 정서를 해결하려는 시도라는 것이다.[54] 정
신 분석 이론에 따르면 형제들은 무의식적이지만 다른 가족 구성원들
을 살해하고 싶은 충동에 시달린다. 그 희생자가 부모가 아닐 경우 대상
은 형제이다.[55]

한 다윈주의 심리학자가 샤흐터의 정신 분석적 설명을 뒤집어 버렸
다. 형제들이 달라지려고 하는 근본적인 이유는 방어가 아니라 공세라
는 것이다. 형제들이 점유되지 않은 지위를 개척하려고 하는 것은 그들
이 꾸준히 노력하는 과정에서 부모의 투자를 더 많이 얻기 때문이다. 샤
흐터의 제안처럼 탈귀속이 "내면 심리의 갈등"을 줄여 준다고 해도 이
런 결과는 보다 근본적인 다윈주의적 목표의 부산물일 뿐이다. 이런 진
화적 설명은 가설임에도 불구하고 동물 생물학의 여러 증거들과 부합한
다. 동물 생물학 분야에서 이런 현상이 상세히 보고되고 있다.[56] 향후에
이 가설이 틀린 것으로 입증된다면 호모 사피엔스는 이런 근본적인 진
화의 원리를 배반하는 주목할 만한 예외가 될 것이다.

형제들의 분화가 가져오는 주된 이익은 부모의 투자가 증대할 가능
성이다. 이 전략에서 더 많은 것을 얻는 존재는 후순위 출생자들이다. 첫
째들은 이미 각별한 편애의 대상일 뿐만 아니라 가족 내 지위도 맨 먼저

개척한 상태이기 때문이다. 분화는 더 어린 형제들에게 세 가지 혜택을 제공한다. 첫째, 나이 차를 고려할 때 후순위 출생자들은 비슷한 기술을 개발하는 데서 일반적으로 나이 든 형제들에게 뒤진다. 후순위 출생자들이 다른 기술을 개발하면 더 나이 든 형제들과의 적대적 비교를 최소화할 수 있다. 둘째, 아이들의 재능이 다 다르면 부모들은 이를 비교하는 게 어렵다고 생각할 것이다. 일반적으로 애매한 상황은 더 어린 자식들에게 유리하게 작용한다. 셋째이자 가장 중요한 혜택은 이런 것이다. 각각의 아이들이 부모의 포괄 적응도에 덧붙이는 추가물은 다른 가족 구성원들이 아직 구현하지 않은 기술의 개발과 비례한다. 새로운 능력에서 비롯하는 이익은 조상들의 삶을 특징 지웠던 소규모 사회 집단에서 특히 유용했을 것이다. 나이 든 형제들이 한결같이 창던지기에 숙달해 있었을 때 활과 화살이 발명되었을 것이다. 나이 든 형제들이 사냥에서 이미 탁월한 능력을 뽐내고 있었을 때 고기잡이 재능이 개발되었을 것이다. 우리의 호미니드 조상들은 재능의 분화를 통해 가혹하고 예측 불가능한 환경에 대응할 수 있는 중요한 수단들을 개발했을 것이다. 오늘날 금융 투자의 분산을 통해 위험률을 줄이는 것과 꼭 마찬가지로 말이다. 간단히 말해서 후순위 출생자들은, 얼마간은 가족 내 지위 문제와 관련해 새로운 해결책을 모색하는 과정에서 '급진주의자들'이 된다.[57]

형제들이 '가족 내 급진주의자'를 포함해 가족 내에서 일정한 지위를 차지하기 위해 책략을 쓴다는 사실은 출생 순위, 형제의 수, 급진주의 사이의 상호 의존적 관계를 보더라도 분명히 알 수 있다. 첫째들은 현 상태를 존중하는 경향이 있다. 그러나 두 자녀의 둘째는 확실히 급진적이다. 형제의 수가 많아지면 막내들이 가장 급진적인 가족 구성원이 된다. 출생 순위가 중간인 형제들은 중간 정도의 급진주의를 채택한다(그림 4.1).[58]

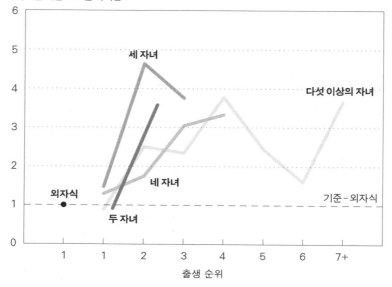

**출생 순위와 형제 수에 따른 혁신 수용도**

외자식을 기준으로 한 지지율

세 자녀

다섯 이상의 자녀

외자식

네 자녀

기준 – 외자식

두 자녀

출생 순위

**그림 4.1** 23가지 자유주의적 과학 이론 수용도를 통해 살펴본 출생 순위와 형제의 수. 각 출생 순위에 따른 지지율은 외자식을 기준으로 한 상대적 비율이다. 자녀가 셋인 경우 둘째가 급진적 혁신을 지지할 확률은 외자식보다 4.6배 더 높다. 외자식들은 형제가 없기 때문에 출생 순서 연구에서 일종의 '대조군' 역할을 한다.

 일반적으로 급진주의는 (첫째에서 막내로 이어지는) **상관적 출생 순위**에 비례한다. 이런 결과는 형제들이 가족 내에서 각자의 지위를 차지하기 위해 책략을 쓴다는 사실을 암시한다. 선점된 지위를 다른 형제들이 빼앗을 수는 없다. 형제 수가 많은 가족의 후순위 출생자들은 형제 수가 적은 가족의 후순위 출생자들보다 훨씬 덜 급진적이다(상호 작용 효과). 이 사실은 형제 수가 많아짐에 따라 가족 관계가 바뀌는 방식과 관련해 많은 것을 생각하게 한다. 예를 들어, 가족의 규모가 클수록 형제들의 협력이 증대될 수 있다.

 형제들이 달라지려고 하는 이유에 대한 나의 설명을 포함해 인간의 행동을 해명하려는 다수의 다원주의적 가설은 직관과도 일치한다. 내 말은, 이런 가설들이 직관과 일치하기 때문에 다원주의 이론을 몰라도 쉽게 정식화될 수 있었다는 것이다. 예를 들어, 다윈의 이론들은 우리가 대형 육식 동물로부터 달아나는 이유를 설명해 준다. 그러나 이것은 상식으로도 알 수 있는 사실이다. 인간 행동에 관한 모든 진화적 설명이 다 자명한 것은 아니다. 그러나 그것들 다수가 자명한 것 역시 사실이다.[59] 이런 상황은 진화 심리학과 관련해 흥미로운 문제를 제기한다. "진화 심리학이 무슨 필요가 있는가?" 정신 분석 이론의 커다란 매력 가운데 하나는, 그것이 과감하게 직관과 결별했다는 점이다. 같은 성별의 부모를 죽이고 싶다는 무의식적 욕망이 우리 모두에게 내재되어 있다는 생각을 프로이트 이전에 누가 감히 상상이나 했겠는가? 분명히 말하지만 다윈주의자 가운데 이런 사람은 한 명도 없다! 인간 행동에 대한 진화적 설명은 정신 분석 이론과 비교해 볼 때 흐리마리해 보일지도 모른다.

진화의 원리들에 대한 직관적으로 이해 가능한 설명은 사실상 자족적인 것이다. 대부분의 다윈주의적 진리가 자명한 이유는, 우리가 그 진리에 기초해 살아가기 때문이다. 그럼에도 불구하고 이 개념들을 검증하는 것은 중요하다.[60] 이 장의 나머지 부분에서 나는 과학자들이 당초 가족 내 지위를 개선하기 위해 갈고 다듬었던 전략을 인생 경력에서도 채택한다는 사실을 보여 줄 것이다. 가장 창조적인 과학자들은 기략이 풍부한 형제들이다. 그들은 점유되지 않은 지위를 개척한다.


## 지위 방어

### 선취권 유지

첫째들이 차지하는 가족 내 지위는 주로 첫 번째라는 사실과 관계가 있다. 이 지위가 다른 형제들은 누리지 못하는 혜택을 수반하기 때문에 첫째들이 열심히 그들의 이해관계를 방어하는 것이다. 첫째들이 사회적으로도 권력에 집착하고 방어적인 이유는 이런 목적 때문이다. 영장류 사회의 우두머리 수컷처럼 그들도 그들의 특별한 지위를 방어한다.

이런 방어적 스타일의 좋은 사례를 프랑스의 지질학자 레옹스 엘리 드 보몽의 생애에서 확인할 수 있다. 두 아들의 첫째였던 드 보몽은 "독단적이고, 차가우며, 쌀쌀맞은" 인물로 묘사되었다.[61] 그는 평생 동안 독창적이기는 했지만 잘못된 자신만의 산악 형성 이론에 단호하게 매달렸다. 그는 다른 사람들의 혁신을 질색했다. 1850년대에 그는 선사 시대 도구들을 발견한 부셰 드 페르트의 선구적 업적을 배격했다. 그는 다윈의 진화 학설을 "무의미한 과학"이라고 폄하했다. 드 보몽은 1874년에 죽었다. 이로써 40년 전에 제출된 빙하 이론의 마지막 반대자가 이승을 떠났다.[62] 한 역사가는 드 보몽에 대해 이렇게 말했다. "의견의 철회나 취소라는 용어가 그의 머릿속에는 들어 있지 않았다."[63]

첫째로서 다윈을 비판한 또 다른 인물인 윌리엄 휴얼도 자신의 무오류성을 방어하는 비슷한 성향을 보여 주었다. 휴얼의 전기 작가는 이렇게 적고 있다. "그가 비판을 참지 못하고 불같이 화를 냈다는 데에는 의심의 여지가 없다. 그가 독재적이었으며, 학문적 권력을 자주 멋대로 행사했다는 것도 사실이다. 그는 자신의 지위를 열심히 방어했다."[64] 다윈이 케임브리지 대학교 학생이었을 때부터 그를 알았던 휴얼은 실질적인 방식으로 『종의 기원』에 반대를 표명했다. 케임브리지 트리니티 칼리지의 책임자로서 다윈의 저서가 대학 도서관에 비치되는 것을 허용하지 않았던 것이다.[65]

선취권 논쟁은 과학계의 영역 행동에서 특히 현저하게 드러난다. 이런 논쟁의 본질은 최고가 되고자 하는 욕구이다. 첫째들이 후순위 출생자들보다 더 강력하게 이런 욕구를 드러내야 한다. 나는 이 가설을 검증하기 위해 과학자들이 선취권을 다툰 100개 이상의 에피소드를 분석했다.[66] 대부분의 경우 참가자들을 확실하게 공격자와 희생자로 다시 나눌 수 있었다. 명예를 공유하기로 합의하거나 주장을 철회함으로써 선취권 논쟁을 회피한 과학자들은 세 번째 하위 집단으로 분류했다.

200명의 개인을 이렇게 조사해 보았더니 첫째들이 선취권 논쟁을 시작해 비타협적으로 끌고 갈 확률이 후순위 출생자들보다 3.2배 더 높았다.[67] 갈릴레오, 뉴턴, 라이프니츠, 프로이트는 자신들의 선취권을 강력히 주장했으며, 방해가 되는 과학자들을 모조리 파멸시키려고 한 첫째들 가운데 일부였다. 이런 논쟁에 연루된 후순위 출생자들의 다수는 첫째들의 도발로 어쩔 수 없이 논쟁에 개입된 경우였다. 첫째들이 표절이나 도용을 주장하면 고발당한 사람들도 자신들의 정당한 선취권을 방어하지 않을 수 없었던 것이다.

아이작 뉴턴은 선취권을 놓고 벌인 여러 차례의 논쟁으로 유명했다. 그는 왕립 학회를 "철권" 통치한 오만한 인물이었다.[68] 뉴턴은 미적분학 창안 문제를 놓고 라이프니츠와 신랄한 논쟁을 벌였다. 그는 이 과정에서 왕립 학회 내의 지지자들 중심으로 조사 위원회를 선임했다. 그는 자기 이익만을 도모하는 조사 활동을 지시했고, 나중에는 위원회가 발표할 보고서를 몰래 직접 작성했다.[69] 뉴턴은 이런 협잡질에도 성이 안 찼던지 다시 익명의 논평을 발표해 자신이 몰래 쓴 보고서를 칭찬하고 나섰다! I. 버나드 코언은 뉴턴과 라이프니츠에 대해 이렇게 단언했다. "그 어떤 정상적인 기준으로 보더라도 두 사람의 행동은 기가 막힐 지경이었다."[70] 뉴턴처럼 라이프니츠도 첫째였다. 이 논쟁이 우지끈 뚝딱하는 대판 싸움으로 비화된 이유를 알 수 있는 대목이다. 첫째들은 2인자가 되는 것을 좋아하지 않는다. 그들은 이런 결과를 막기 위해서 기꺼이 우호적인 토론을 내팽개친다.

일부 사회 역사가들은 실험적 방법이 출현하면서 태동한 왕립 학회로 인해 "예의 바른" 형태의 과학적 담화가 도입되었다고 보았다. 스티븐 샤핀과 사이먼 섀퍼는 이렇게 주장한다. "왕립 학회의 실험주의 철학자들은 '기품 있고, 겸손하며, 우호적'이었다. 그들은 서로 다른 의견에 관대했고, 이룰 수 있는 확실한 목표를 향해 다 함께 노력했다."[71] 샤핀과 섀퍼는 자신들의 입론을 전개하면서 아이작 뉴턴 — 단연코 싸우기 좋아하는 천재였다. — 은 외면하고 대신 실험적 방법을 열렬히 옹호한 화학자 로버트 보일을 동원해 입증례로 삼는다. 열네 자녀의 막내이기도 했던 보일을, 한 전기 작가는, 후순위 출생자들에 전형적인 "친절하고 겸손한" 성격을 가졌다고 묘사했다.[72] 동시대의 한 영국인이 말한 것처럼, 보일은 "좀 지나칠 정도로 정중했다."[73] 크롬웰 휘하에서 군사 지도자로 활약한 보일의 형 로저에 대해서라면 그 누구도 같은 말을 할 수 없었을 것이다. 부업으로 시를 썼던 로저는 2행 연구로 가장 유명하다. "시인들은 술탄이다, 그들이 의지만 있다면야/ 왜냐하면 모든 작가는 그들의 형제를 살해할 수 있으므로."[74]

험프리 데이비가 자신의 젊은 조수 마이클 패러데이를 상대로 보여 준 행동은 과학계에서 확인할 수 있는 무례한 행동의 또 다른 준열한 사례이다. 패러데이는 1821년 전자기 유도를 발견했다. 그는 이 원리에 입각해 전기가 기계적 운동으로 전환될 수 있음을 보여 주었다. 오늘날 사용되는 모든 전기 모터에 이 혁명적 원리가 담겨 있다. 일부 과학자들은 패러데이가 윌리엄 하이드 울러스턴에게 더 많은 공을 돌렸어야 했다고 생각했다. 울러스턴은 자신의 아이디어가 갖는 근본적인 중요성을 간과했지만 아무튼 이의조차 제기하지 않았다. 울러스턴과 패러데이는 모두 동생들이었다.

다섯 자녀의 첫째였던 험프리 데이비는 패러데이가 울러스턴의 아이디어를 훔쳤다고 확신했다. 데이비는 자신이 전에 고용했던 실험실 조수

**왼쪽** 1821년의 **험프리 데이비**(42세). 이 화학자는 오만하고 질투심이 많은 성격으로 유명했다. **오른쪽** 1842년의 **마이클 패러데이**(50세). 그의 뛰어난 실험적 연구는 과거에 그를 고용했던 데이비의 연구를 능가했다. 겸손하고 예의 바른 패러데이는 과학의 신비를 아이들에게 가르치는 일을 즐겼다.

가 그렇게 중요한 발견을 할 수는 없다고 생각했다. 데이비의 질투 이면에는 단순히 범죄 행위를 의심하는 것 이상의 태도가 자리하고 있었다.

패러데이는 1821년 전자기 회전을 발견함으로써 국제적 유명 인사가 되었다. 데이비는 …… 영국 과학계에서 그가 차지했던 명성이 과거 자신이 고용했던 실험실 조수의 업적 앞에서 서서히 사그라지는 것을 보았다. 데이비는 사악한 사람은 아니었지만 자만심이 강했다. 그는 패러데이의 명성이 부상하는 것을 호의를 가지고 받아들일 수 없었다.[75]

패러데이는 아주 겸손한 사람으로 과학 논쟁을 전혀 좋아하지 않았다. 당연히 그는 데이비의 비난에 깊은 상처를 받았다.[76] 패러데이가 왕립 학회 회원 자격을 제안받았던 1824년 사태가 극도로 악화되었다. 이 명문 단체의 회장 데이비가 전직 조수의 입회에 반대하는 캠페인을 줄기차게 벌였던 것이다. 패러데이가 선출될 것처럼 보이자 데이비는 선거를 막으려고 시도했다. 데이비의 반대에도 불구하고 패러데이가 선출되었다. 데이비만 유일하게 반대표를 던졌다.[77]

## 과학사의 관대한 행위들

일부 과학자들은 발견에 따른 명예를 잃을지 모르는 상황에 처해서도 놀랄 만큼 관대하게 행동했다. 1799년 스물다섯 살의 장-밥티스트 비오는 계차 미분 방정식을 푸는 방법을 개발했다. 피에르 시몽 드 라플라스가 그에게 프랑스 학사원에 출석해 그 방법을 발표하라고 격려해 주었다. 라플라스는 실베스트르 라크루아 및 나폴레옹 보나파르트(유럽을 정복하기 전에 수학을 공부하기도 했다.)와 함께 비오의 발견을 호의적으로 논평한 논문을 쓰기도 했다. "얼마 후 라플라스는 서랍에 처박아 두었던 논문 한 편을 비오에게 보여 주었다. 라플라스 자신도 여러 해 전에 거의 똑같은 방법을 창안했음을 알려 주는 논문이었다."[78] 비오의 말에 따르면 라플라스의 학생 다수가 "그의 사상의 양자"가 되었다. "그는 우리가 스스로를 신경 쓰지 않아도 될 정도로 우리를 적극적으로 돌봐 주었다."[79] 라플라스는 막내였다.

신랄한 선취권 논쟁이 될 뻔했던 또 다른 사건에는 아주 관대한 두 명의 동생이 등장한다. 1858년 6월 찰스 다윈은 말레이시아에서 박물학 표본을 수집 중이던 알프레드 러셀 월리스한테서 원고를 하나 받는다. 월리스의 짧은 에세이는 다윈의 자연선택 이론을 완벽하게 제시하고 있었다. 다윈은 깜짝 놀랐다. 월리스는 다윈에게 그 에세이를 발표해 달라고 구체적으로 요청하지는 않았지만 찰스 라이엘에게 전달해 달라고 부탁했다.[80] 다윈은 월리스 폭탄을 얻어맞았지만 그의 요구를 존중해 라이엘에게 이렇게 말했다.

> 내가 미리 손을 써야 한다는 자네의 말이 호되게 실현되었네. …… 이보다 더 충격적인 우연의 일치를 본 적이 없어. 월리스가 1842년에 작성된 나의 초고를 봤다면 이보다 더 간명하고 훌륭한 요약문을 쓰지 못했을 거야! 이제는 그가 사용한 용어들까지 내가 구상한 장들의 제목으로 자리를 잡아 버렸네. …… 그렇게 해서 나의 모든 독창적 기여가 격파당할 지경이야.[81]

다윈은 선취권을 빼앗길지도 모른다는 예상 때문에 고민하기도 했지만 더 어린 박물학자를 위해 양보하기로 마음먹었다. 그는 라이엘에게 이렇게 알렸다. "내가 맥이 빠졌었다는 것을 그(월리스)나 다른 누구에게 알리느니 차라리 내 책을 전부 불태워 버리겠네."[82] 라이엘과 조지프 후커는 동시에 함께 출판하는 것이 명예로울 것이라며 다윈을 설득했다. 그렇게 해서 월리스의 논문이 린네 학회 논문집 1858년 7월호에 실렸고, 다윈의 미발표 저술의 요약문도 그 앞에 게재되었다.[83]

월리스는 이 '미묘한 상황'에서 최고로 관대하게 대응했다. "다윈 씨께서 지나친 아량을 베풀어 훨씬 더 이른 시기에 완성된 자신의 논문을 첨부하지 않은 채 나의 원고를 발표하셨더라면 그 일로 인해 나는 커다란 고통과 회한을 느꼈을 것이다. 같은 주제를 이토록 완벽하게 개관한 논문은 없다고 본다."[84] 월리스는 『종의 기원』에 상찬을 아끼지 않았고, 다윈은 이렇게 응답했다. "대부분의 사람들은 당신 처지였다면 조금쯤은 시기하고 질투했을 겁니다. 당신이 인간의 이런 보편적인 약점에서 자유로울 수 있다니 정말 대단하십니다."[85]

월리스는 1862년 영국으로 돌아왔다. 이후로 두 사람은 좋은 친구가 되었다. 몇 년 후 다윈은 월리스에게 이렇게 말했다. "내 평생에 그 사건보다 더 만족스러운 일은 거의 없었다. 우리가 서로를 전혀 질투하지 않았다는 사실이 내게는 경이롭다. 어찌 보면 경쟁자들임에도 불구하고 말이다.”[86] 다윈이 사망하고 7년이 흐른 1889년 윌리스는 『다윈주의(Darwinism)』라는 제목으로 일련의 진화 관련 에세이들을 재출간했다. 그는 자연선택 이론이 항상 다윈의 것이라고 말했다. 사회학자 로버트 머튼이 말한 것처럼 다윈-윌리스 사태는, 두 명의 과학자가 “각기 독립적으로 이룩한 업적에 대해 상대방에게 앞 다투어 공을 돌리려고” 애쓴 놀랄 만한 사례이다.[87] 같은 상황에서 두 명의 첫째가 그렇게 관대하게 대응했으리라고 상상하기는 어렵다. 첫째의 지위와 관련해 그 어떤 것도 선취권을 단념하게 할 수는 없다.

## 개방성과 분화(확산)

### 가설

나이와 전문적 기술에서 우위에 있는 더 나이 든 형제들(그들은 좋은 아이디어에 대한 선취권까지 주장한다.)과 맞닥뜨리게 되는 더 어린 형제들은 독자적인 관심사를 추구하는 게 현명하다. 관심사가 많을수록 더 좋다. 관심사가 광범위할수록 부모들이 지원할 가치가 있다고 판단하는 개인적 자질을 찾아낼 가능성이 커진다. 광범위한 관심사는 경험에 대한 개방성이 두드러지게 드러난 것이다. 이 가설은 출생 순서와 관련해 확인된 기타의 보편적 사실 다수와도 부합한다.[88]

출생 순서와 경험에 대한 개방성이 맺고 있는 강력한 연관은 결코 우연이 아니다. 후순위 출생자들에게 개방성과 융통성은 첫째들이 차지한 선취권에 대한 전술적 대응으로, 가족 체계 내부의 ‘적응 방산’을 용이하게 해 준다. 각자가 뚜렷하게 구별되는 형태를 발달시키는 데 수백만 년이 걸린 다윈의 핀치 13종과는 달리 우리 인류는 마음을 활용해 동일한 적응적 목표를 달성한다. 조너선 와이너가 퓰리처 상 수상작『핀치의 부리(The Beak of the Finch)』에서 표현한 대로, "마음이 우리의 부리"인 것이다.[89] 후순위 출생자들의 모든 것, 그들의 관심사, 그들의 태도, 그들의 지적 스타일이 "분화(확산)"를 지향한다.

심리학자들은 "확산적 사고"라는 용어를 사용해 이런 심리적 양상을 기술해 왔다.[90] 확산적 사고의 목표는 문제와 관련해 가능한 해결책을 많이 만들어 내는 것이다. 심리학자들은 이런 능력을 검정하기 위해 사람들에게 종이 클립 같은 사물을 대했을 때 얼마나 많은 쓰임새를 생각해 낼 수 있는지 물어본다. 독창성, 지적 유연성, 변통성은 확산적 사고의 특징이다. 확산적 사고는, 문제들에 직면해 단 하나의 고정된 해결책만을 찾으려고 하는 수렴적 사고와 좋은 대조를 이룬다. IQ 검사에서는 수렴적 사고가 강조된다. 확산적 사고는 살아가는 과정, 특히 어려운 환경에 처한 인생에서 가장 효과적으로 검증된다.

생물의 진화에서 확산을 촉진하는 조건들은 정상적인 가족생활에도 항상 존재한다. 부모의 투자와 같은 부족한 자원을 놓고 경쟁이 벌어질 때면 언제나 확산이 적응적이다. 확산은 세 가지 이익을 제공한다. 확산은 형제 사이의 직접적인 경쟁을 최소화한다. 확산은 (내가 곧 설명할 이유들로 인해) 부모의 투자를 증대시키는 경향이 있다. 마지막으로 자식들은 확산을 통해 부모에게 덜 의지하게 된다. 가족생활에 대한 다윈주의적 견해는 형제의 확산과 관련해 다수의 검증 가능한 가설을 제시한다. 나는 부모의 투자를 가장 능률적으로 활용하는 네 가지 '법칙'의 형태로 이 가설들을 제시하고자 한다.

제1법칙: 당신이 후순위 출생자라면 다각화하라. 모든 것이 동등하다고 해도 후순위 출생자들은 다양한 관심사를 개발하는 것이 현명하다. 부모들은 통상 맏이에게 가장 많은 투자를 한다. 후순위로 태어난 자식에게도 그만큼 많은 투자를 할지의 여부는 투자 '회수' 전망이 좋은가에 달려 있다. 후순위로 태어난 자식이 더 많은 재능을 보여 줄수록 부모 역시 가장 전도유망한 자녀에게 더 많이 투자할 것이다.

제2법칙: 부모에게 자원이 얼마 없다면 다각화하라. 부모들이 자녀들의 관심사와 재능을 전부 키워 줄 수 없을 때 그들은 가장 커다란 재능과 열정을 보이는 자식에게 더 많이 투자할 것이다. 자원이 부족하다면 확산의 이득도 첫째와 후순위 출생자를 막론하고 모든 자식에게 적용되어야 한다.

제3법칙: 형제의 수에 비례하여 다각화하라. 후순위 출생자들의 확산을 강제하는 것과 동일한 논리이다. 가족의 자원이 부족하고, 다수의 경쟁자들이 부모의 투자를 쟁취하기 위해 경쟁할 때에도 적용된다.

제4법칙: 특정한 상황에서는 이전의 세 법칙을 무시하고 전문화하라. 가족의 자원이 부족할 때 전문화를 고려해 보는 것도 현명한 일일 수 있다. 다른 형제들이 팔방미인이 되려고 노력하고 있다면 전문화야말로 유리하게 작용할 수 있는 '확산' 전략이다. 역설적이지만 자식들은 부모한테 덜 요구함으로써 결국 더 많은 것을 받아내기도 한다. 이런 '역투자' 전략은 몇 가지 조건 속에서 성공으로 이어진다. 첫째, 관심사를 아주 신중하게 선택해야 한다. 둘째, 이렇게 선택한 관심 분야의 전문 지식이 연구와 실천에 의해 강화되어야 한다. 셋째, 나이 터울이 가장 적은 형제가 팔방미인의 지위를 선택했다면 전문화야말로 부모의 투자를 확대할 수 있는 좋은 전략이 될 가능성이 높다.

## 과학계의 성공 추구 전략

나는 이 네 가지 가설을 검증하기 위해 나의 데이터베이스에 들어 있는 과학자 3,890명의 이력을 분석했다.[91] 나의 종속 변수는 과학자들이 전문화하거나 팔방미인이 되려는 경향이다. 이들 과학자의 52퍼센트가 그들의 연구를 천문학과 같은 단일 분야로 한정했다. 35퍼센트는 지질학과 고생물학 같은 두 분야에서 중요한 기여를 했다. 오직 9퍼센트만이 세 분야에서 뛰어난 업적을 달성했고, 네 분야에서 그렇게 한 과학자는 3퍼센트였다. 찰스 다윈은 최고의 '팔방미인(generalist)'이었다. 그는 지리학적 탐사, 지질학, 동물학, 식물학, 심리학 등 5개 분야에서 탁월한 업적을 남겼다. 지난 4세기 동안 불과 1퍼센트의 과학자들만이 다윈이 보여준 식견의 광대함에 필적했다.[92] 그는 정말이지 아주 '확산적인' 인물이었고, 아마도 그렇기 때문에 이러한 분화(확산) 원리가 갖는 진화적 중요성을 깨달았을 것이다.

다양한 분야를 연구하는 것은 과학적 명성과 결부된다.[93] 그러나 과학에서 다각화가 성공의 유일한 필요조건이라면 모든 과학자가 17세기의 예수회 수도사 아타나시우스 키르허처럼 이 전략을 극단으로까지 밀어붙일 것이다. 키르허는 각기 다른 10개 분야에서 저서를 발표해 내 연구에 박식가로 이름을 올렸다. 그러나 그는 너무 얇게 이것저것 손대는 바람에 불후의 명성을 얻는 데 실패했다. 다윈은 5개 분야로 한정했고, 그 모든 분야를 진화라는 통합적인 원리로 꿰어냄으로써 훨씬 더 큰 성공을 거두었다.

## 조사 결과

**제1법칙** ("후순위 출생자라면 다각화하라.") 이 법칙은 확인되었다. 개인의 출생 순위가 낮으면 낮을수록 그 또는 그녀가 성취하는 지적 다양성도 더 광범위했다. 모든 가정에서 막내들은 가장 다각화된 개인들이었다.[94] 세 자녀의 막내였던 볼테르가 좋은 보기이다. 그는 5개 분야 — 물리학(뉴턴의 이론을 대중화했다.), 박물학, 도덕 철학, 역사, 문학 — 에서 탁월한 성취를 했다. 열일곱 자녀의 열다섯째였던 벤저민 프랭클린은 6개 분야에서 두각을 나타냈다. 모든 다각화 실천가들 가운데서도 단연 돋보이는 아타나시우스 키르허는 아홉 자녀 가정의 여섯 형제 가운데 막내였다.

제2법칙 ("부모의 자원이 부족하면 다각화하라.") 이 법칙도 확인되었다. (첫째들을 포함해) 하층 계급 과학자들은 상층 계급 과학자들보다 더 많은 관심사를 추구했다.[95] 이 결과는 주목할 만한 가치가 있다. 사회 경제적 예상을 거스르기 때문이다. 부유한 가정 출신의 과학자들은 그들의 연구를 다각화할 자원이 많았음에도 불구하고 하층 계급 출신의 과학자들보다 그렇게 할 가능성이 더 적었다. 과학자들은 사회 경제적 곤란에 직면했을 때 대체로 다각화를 이루어 냈다.

제3법칙 ("형제의 수가 많다면 다각화하라.") 예상치 못한 복병이 숨어 있었지만 이 제3법칙도 확인되었다. 일반적으로 형제가 많은 과학자들은 형제가 적은 과학자들보다 더 다각적이었다.[96] 사회 계급이 이 경향을 상당히 조정했다. 특히 상층 계급 가족에서 형제가 많으면 과학적 관심 분야가 다각화되었다. 후순위 출생자들이 이런 다각화를 주도했다. 중간 계급 및 하층 계급 가족에서는 형제의 수가 과학적 관심 분야의 수와 음의 상관관계를 맺었다. 제2법칙을 반박했던 것이다. 후순위 출생자들이 이 경향에 가장 큰 영향을 받았는데, 대개는 첫째들이 가용한 가족 자원을 독점해 버렸기 때문으로 보인다. 따라서 제3법칙과 관련된 중요한 사실들에는 다음의 세 가지 상이한 효과가 작용한다. 가족의 수가 주된 영향력을 행사한다. 가족의 수와 사회 계급 사이에 2원적 상호 작용이 존재한다. 가족의 수, 사회 계급, 출생 순서가 개입해 3자 간의 상호 작용이 발생한다.[97] 형제 전략은 복잡한 사업인 것이다!

이런 상호 작용 효과를 야기하는 정확한 근인적(近因的) 메커니즘을 생각해 볼 필요가 있다. 그럴듯한 한 가지 설명이 중간 계급과 하층 계급의 부모들은 더 어린 형제들을 희생시키면서 장남에게 투자를 집중하는 경향이 있다는 것이다. 첫째였던 지그문트 프로이트가, 부모가 이런 편견 속에서 투자를 한 좋은 사례이다. 누이 안나는 나중에 프로이트에 대해 이렇게 썼다. "아직 어린 나이였음에도 불구하고 지그문트의 말과 요청을 가족 구성원 모두가 받들었다."[98] 안나가 피아노를 치기 시작했을 때 프로이트는 열한 살이었다. 자신의 방이 피아노 근처에 있지 않았음에도 불구하고 프로이트는 그 소음이 자신의 공부에 방해가 된다고 주장했다. 안나는 이렇게 탄식했다. "그렇게 해서 피아노는 치워졌고, 그의 (다섯) 누이가 음악가로 성장할 수 있었던 모든 기회와 가능성도 함께 사라졌다."[99] 프로이트의 경우는 첫째의 우선적 지위가 후순위 출생자들의 다각화 노력을 짓밟아 버린 사례이다. 피아노 교습에 쓰였을 수도 있는 자금이 다수의 서적을 구매하는 데 전용되었고, 이런 지원이 이미 어린 아이였을 때부터 프로이트의 학습 행위를 뒷받침했다.

제4법칙 ("상황에 따라 제1~3법칙을 무시하고 전문화하라.") 일부 후순위 출생자들은 가족의 자원이 한정적일 때 불가피하게 제4법칙에 의존한다. 이 역투자 법칙은 미묘한 방식으로 드러나기 때문에 그 효과를 파악하지 못하고 놓치기 쉽다. 어떤 가족에서 최적의 전략은 부분적으로 다른 자식들이 채택한 전략에 의존한다. 가용한 가족 자원의 한도 내에서 대개는 첫째들이 최선의 전략을 선취한다. 그 다음에는 첫째의 전략이 둘째의 전략을 지시하고, 후순위로 내려가면서 같은 과정이 반복된다.[100]

부모의 투자를 얻어 내려는 경쟁자들이 많으면 많을수록 첫째들은 더욱 더 다양한 관심사를 개발했다. 막내들도 이런 전략을 추구했는데,

첫째들보다 훨씬 더 열심히 그렇게 했다. 장래의 레오나르도 다 빈치들에 둘러싸인 중간 자녀들은 흔히 제4법칙에 의존했다. 관심사를 제한하는 그들의 경향은 대개 연령 격차와 연동해서 결정되었다. 그들과 순위 형제의 터울이 클수록 중간 자녀들도 막내의 통상적인 전략을 추구할 가능성이 더 많아졌다. 일정한 규모의 모든 가족에서 이런 다각화 경향은 출생 순위에 따른 U자형 패턴을 보여 준다. 그 결과를 그림 4.2에서 시각적으로 확인할 수 있다.[101]

## 성공 추구 전략과 과학적 명성

형제 전략이 과학계의 성공과 어느 정도나 관계를 맺고 있을까? 첫째 하면 명성이 연상된다. 물론 그 효과가 대단치는 않지만 말이다. 명성과 관련해 가족의 수와 사회 계급을 통제했더니 출생 순서에 따른 차이는 대개 사라졌다(나 자신의 연구에서도 이를 확인할 수 있었다.). 그러나 사람들이 유명해지는 방식에는 여전히 흥미로운 차이가 남아 있었다. 형제 전략이 다양하게 존재하기 때문에 스톡홀름으로 가는 길도 많은 것이다.[102]

역사를 살펴보면 과학적 관심사가 다양할수록 명성을 얻을 가능성도 더 많았다. 상층 계급에서는 후순위 출생자인 과학자들이 첫째인 과학자들보다 더 성공했다. 주로 그들이 더 많이 다각화한 때문이다. 이 상층 계급의 후순위 출생자들은 특히 생명 과학 분야에서 저명해질 가능성이 높았다. 생명 과학은 그들의 광범위한 관심사가 놀라울 정도의 성공으로 이어진 분야이다.[103] 이것이 다윈의 전략이었고, 그는 가장 유명한 실천가였다. 라마르크, 훔볼트, 다윈의 친척 프랜시스 골턴도 동일한 전략을 채택했고, 성과를 거두었다. 그들은 전부 막내로, 과학적 관심사의 다각화뿐만 아니라 저명성에서도 최고의 자리를 차지하고 있다.[104]

하층 계급의 첫째들은 물리학을 연구할 수 있을 만큼 사정이 좋지 못

## 출생 순위 및 형제 수에 따른 (관심) 과학 분야의 수

분야의 수

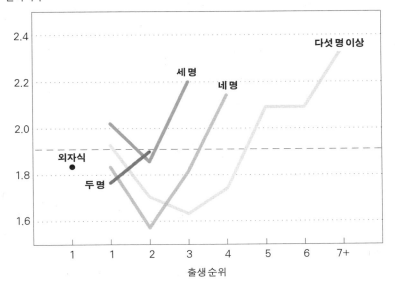

**그림 4.2** 출생 순위와 형제의 수는, 과학자가 관심을 갖고 연구를 수행하는 분야의 수를 알려 준다. 막내들이 가장 많은 분야를 섭렵하는 경향이 있다. 첫째들 역시 막내들보다는 덜 다각화하지만 중간 자녀들─특히 출생 순위에서 손아래로 첫째를 뒤잇는 중간 자녀들─보다는 더 많은 분야를 섭렵한다.

출생 순위와 형제 수 사이의 상호 작용 관계는 형제 수가 적은 가정의 다각화 패턴에서 잘 알 수 있다. 자녀가 두 명인 형제 관계에서는 둘째 아이가 다각화한다. 자녀가 세 명인 형제 관계에서 둘째 아이는 전문화를 수행하며, 다른 두 명의 형제들과 큰 차이를 보인다.

했다. 물리학을 연구하려면 일반적으로 일하지 않고도 지낼 수 있을 정도로 자산이나 수입이 많아야 했다. 결국 그들은 생물학에서 성공을 추구했다. 상층 계급에서 후순위로 출생한 생물학자들이 채택한 다각화 전술을 사용했던 것이다. 조르주 퀴비에는 개체 생물학의 전통적 분야들을 장악함으로써 동생 프레데릭이 차지한 지위(동물 행동)를 사실상 작고 보잘것없는 것으로 만들어 버렸다! 하층 계급에서는 첫째들이 더 많이 다각화하는 경향이 있었고, 그들은 같은 계급의 후순위 출생자들보다 더 저명해졌다. 결과적으로 출생 순서와 과학적 명성 사이의 관계에는 사회 계급에 의한 교차 관계가 수반된다. 그러나 한 가지 상수가 존재한다. 모든 계급에서 첫째들은 일반적으로 명성에 이르는 가장 직접적인 경로를 선택했다. 반면 후순위 출생자들은 보다 자유롭게 명성을 추구했다.[105)

사회 계급과 명성에 관한 이런 사실들은 형제 전략과 지적 성공의 관계를 연상할 때 상징적이다. 과학계에 종사하는 사람들을 보면 사회 계급이 성공에 직접적인 영향력을 거의 행사하지 못함을 알 수 있다. 그럼에도 불구하고 사회 계급은 간접적인 방식으로 영향력을 발휘한다. 같은 가족의 형제들이 상이한 전략을 채택하도록 만드는 것이다. 역설적이지만 사회 계급은 가족 내부의 차이로써 그 모습을 드러낸다.

과학적 명성과 관련해 또 다른 사실을 강조할 필요가 있겠다. 부모의 투자 수준을 통제했더니 중간 자녀들이 한 분야에만 집중함으로써 저명해지는 데서 뛰어난 능력을 보였다.[106) 유전의 법칙을 발견한 그레고어 멘델이 이런 경향의 좋은 실례이다.

세 자녀의 둘째였던 멘델은 농민 가문 출신이었다. 그는 여동생이 가족 토지의 자기 몫을 포기하는 덕에 겨우 대학 교육을 받을 수 있었다.[107) 멘델은 계속해서 교육을 받을 수 있는 물질적 수단이 없었고, 결국 수도원에 들어갔다. 지역의 한 고등학교에서 가르치면서 수도원의 다른 임무까지 수행해야 했던 그는 마음껏 연구할 수 있는 자유 시간이 부족했다. 멘델은 전 생애에 걸쳐 겨우 13편의 논문을 발표했다. 이 논문 가운데 하나로 그는 불후의 명성을 얻었다.

멘델이 보여 준 천재성의 본질은 가장 간단한 실험을 통해 심오한 진

1950년경의 **닐스 보어와 하랄드 보어**. 그들은 세 자녀 가운데 둘째와 셋째였다. 장남 닐스(오른쪽)는 진지하고 차분한 성격이었던 반면 18개월 후에 태어난 하랄드는 더 외향적이었다. 두 형제는 어린 시절 덴마크 국가 대표 팀에서 축구 선수로 활약했다. 닐스는 후보 골키퍼였다. 하랄드는 형의 약점을 이렇게 진단했다. 닐스는 "빠르게 마크하지 못했다."(Moore 1966:17) 하랄드는 주전 미드필더로 활약하며 1908년 올림픽 은메달을 거머쥐었다. 닐스도 노벨 물리학상(1922년)을 수상함으로써 지지 않는다는 것을 보여 주었다. 수학자가 된 하랄드는 형의 과학적 명성에 버금가는 업적을 결코 이룩할 수 없었다.

리를 발견해 낸 능력이었다. 완두콩을 가지고 교배 실험을 시작하기 한 해 전인 1855년 그가 몸담고 있던 중등학교의 교장은 이 겸손한 수도사에 대해 짧은 글을 남겼다. "멘델 씨는 훌륭한 실험가다. 그는 물리학과 박물학 모두에서 빈약한 장비로도 훌륭한 실험을 해 보일 수 있는 능력을 지니고 있다."[108] 1856년부터 1863년 사이에 멘델은 간단한 실험 설계에 따라 수천 개의 완두콩을 교배했다. 자원이 더 풍부했던 더 유명한 생물학자 수백 명은, 멘델이 수도원의 작은 정원에서 이룩한 업적을 달성하는 데 실패했다. 그들에게는 멘델이 차지했던 가족 내 지위에 전형적인 혁명적 천재성이 없었다.

## 위험 감수(모험)

후순위 출생자들은 위험을 무릅쓰는 경향이 있다. 다윈주의의 관점에서 볼 때 생존이나 번식의 전망이 희박하면 위험 감수의 진화적 비용도 적을 수밖에 없다. 위험 감수는 점유되지 않은 지위를 발견하려는 탐색 과정에서 유용한 전략이다. 뿐만 아니라 위험 감수는 경험에 대한 개방성의 중요한 구성 요소이다. 개방적인 사람들은 흔히 "모험적"이라거나 "무모하다."고 묘사된다.[109]

광범위한 조사 연구의 결과가 이런 주장들을 뒷받침해 주고 있다. 후순위 출생자들은 첫째들과 비교할 때 스스로를 "육체적으로 용감하다."고 평가하는 경향이 더 많다.[110] 후순위 출생자들은 럭비, 축구, 권투, 스카이다이빙 같은 위험한 스포츠 활동을 수행할 가능성이 더 많다. 반면 첫째들은 수영, 테니스, 골프 및 그 외의 비접촉성 스포츠 활동을 선호한다. 위험한 스포츠 활동에 참가하려는 성향은 출생 순위 및 가족의 규모에 비례한다.[111] 형제가 선택하는 행로의 진부한 두 가지 법칙인 셈이다!

### 과학 탐험가

나는 위험 감수 행동의 과거 역사를 알아보기 위해 특별히 과학 탐험가들을 조사했다.[112] 19세기 중반 이전에는 오지 여행이 수명을 단축시키는 좋은 방법이었다. 비글 호 항해 과정에서 사고와 질병으로 다섯 명이 목숨을 잃었고, 다윈 자신도 여러 차례 죽을 고비를 넘겼다. 훔볼트의 여행 동료 아이메 봉플랑은, 마테 차에 대한 자신의 독점권을 잃게 될지도 모른다며 두려워하던 파라과이의 독재자에 의해 9년간이나 감옥에 갇혀 있었다.[113] 남아메리카에서 다윈 자신도 깨달았듯이 박물학자들은 흔히 스파이 혐의를 받았다.

나는 세계 여행과 가족 내 지위 사이의 관계를 더 잘 파악하기 위해 내 표본의 모든 구성원들이 각자의 출생지에서 답파한 최장거리를 코드화했다.[114] 이 세상의 오지를 여행한 대부분의 박물학자들은 다윈, 월리스, 훔볼트, 봉플랑 같은 동생들이었다(그림 4.3).[115]

다윈의 이야기는 탐험가들의 중요한 성향을 예증한다. 그는 아이였을 때부터 원양 항해를 꿈꾸었다.[116] 이 점은 알렉산더 폰 훔볼트도 마찬가지였다. 그에게는 오지 여행이 어렸을 때부터 도저히 "저항할 수 없는 비밀스러운 매혹"이었다.[117] 한 후순위 출생자에게서 또 다른 후순위 출생자에게로 전달된 이 소년 시절의 몽상은 현실이 되었다. 다윈은 대학생 시절에 자신의 위업을 소개한 훔볼트의 『개인적 이야기(Personal Narrative)』를 읽었다. 이 책이 "자연 과학이라는 숭고한 체계에 미력하나마 기여하고 싶다."는 다윈의 "열정에 불을 질렀다."[118] 다윈은 곧 카나리아 제도 탐험 여행을 계획하기에 이른다. "저는 훔볼트를 계속해서 읽고 있습니다." 그는 1831년 7월 스승 헨슬로에게 이렇게 말했다. "선생님도 그렇게 하고 계신가요? 우리가 (테네리페 섬의) 거대한 용혈수(龍血樹)를 보러 가는 것을 막을 자 그 누구란 말입니까."[119] 한 달 후 비글 호 항해를 제안받으면서 그의 계획은 중단되었다. 다윈은 남아메리카로 가는 도중에 마침내 용혈수를 보게 된다. 비글 호가 카나리아 제도에서 잠시 닻을 내렸던 것이다.

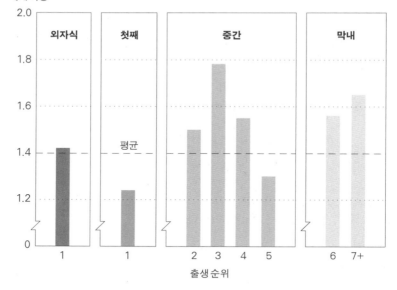

**출생 순위에 따른 세계 여행**

세계 여행

외자식 | 첫째 | 중간 | 막내

평균

출생 순위

**그림 4.3** 0(다른 나라로 전혀 여행하지 않았음)에서 4(세계 일주)까지 코드화한 출생 순서와 세계 여행. 점선은 표본의 평균 여행 점수를 가리킨다. 사회 계급과 형제의 수를 통제했더니 후순위 출생자들이 첫째들보다 원격지로의 광범위한 여행을 떠날 가능성이 훨씬 더 많았다. 세계 여행 점수는 둘째에서 넷째 사이의 출생 순위에서 정점을 이루었다. 물론 다섯 이상의 자녀로 구성된 가족의 막내들이 기록한 세계 여행 점수도 비슷한 수준으로 높았다. 후순위 출생자들은 첫째들보다 세계를 일주할 확률이 2배 더 높았다. 막내가 그렇게 할 확률은 3배 더 높았다.

세계 여행은 장자 상속권 같은 사회 경제적 고려 사항과 무관하게 형제의 차이를 드러낸다. 예를 들어, 외자식들과 후순위로 태어난 장남들은 모두 첫째로 태어난 장남들보다 여행을 훨씬 더 많이 했다. 첫째들의 경우 다른 형제들보다 나이가 더 많으므로 가족을 꾸렸을 가능성도 더 높고, 그것이 그들의 여행에 제한을 가했을 것이라 주장할 수도 있다. 그러나 전체 인구에서 첫째들은 후순위 출생자 평균보다 결코 나이가 더 많지 않다. 따라서 이것은 상대적인 쟁점이다. 가용한 자원에 영향을 미칠 수도 있는 부모와 자식의 상대적 나이를 대조하여 밝힌다고 해도 출생 순서에 따른 이런 차이가 줄어들지는 않는다.

내 연구의 표본들은 대다수가 과학자들이기 때문에 그들의 여행 결정은 대개 선택의 문제였다. 첫째로 태어난 과학자들은 이 지상의 오지로 향하는 여행 기회를 반복해서 사양했다. 비글 호에 승선해 선박의 책임 박물학자 자격으로 항해에 동참해 달라는 제안은 처음에 다윈의 스승인 존 스티븐스 헨슬로에게 건네졌다. 그는 첫째였다. 헨슬로는 초청에 응하지 않았고, 대신 다윈을 추천했다. 또 다른 유명한 첫째로 스웨덴의 식물학자 카롤루스 린네가 있다. 그는 여행을 통해 식물학 지식을 넓혀 보라는 제안을 여러 차례 거절했다. 네덜란드 선박을 자유롭게 이용할 수 있도록 해 주겠다는 헤르만 부르하페의 제안을 거절하면서, "린네는, 차가운 기후에서 자란 사람은 뜨거운 열기를 참지 못할 것이라는 이유를 들면서 변명을 늘어놓았다." 린네의 전기 작가는 그의 진짜 동기를 이렇게 설명한다. "사실 이 스웨덴 사람은 극단적인 더위만큼이나 극단적인 추위도 싫어했다. 그는 라플란드 (인근 방문) 경험을 통해 자신이 그 어느 곳에서도 '원시적인 생활을 하면서 불편을 참는 것'을 좋아하지 않는다는 사실을 깨달았던 것이다."[120] 나폴레옹 보나파르트는 이집트 원정을 단행하면서 프랑스의 여러 과학자들에게 도움을 요청했다. 조르주 퀴비에는 "(파리를) 떠나려 하지 않았지만 (막내였던) 조프루아 생틸레르는 열에 들떠 이 제안을 수락했다. 1798년부터 1801년까지의 모험적 여정에서 그는 자주 생명의 위협을 느껴야 했다. 그러면서도 그는 다수의 과학적 발견을 했다."[121]

첫째들이 오지로 여행에 나서는 경우는 대개 그들이 비교적 안락하게 여행할 수 있을 때였다. 미국에서 다윈에 반대했던 루이 아가시는 1865년 다윈의 남아메리카 여정을 그대로 답습했다. 그의 여행은 호화 증기선으로 이루어졌다. 후순위 출생자들이 여행 과정에서 일반적으로 참고 견뎌야 했던 원시적인 숙박 및 편의 시설 따위는 구경도 못했다. 아가시는 브라질에 정박한 증기선의 갑판에서 자기가 "케임브리지의 박물관이나 서재에 있는 것처럼 아주 편안하게" 작업할 수 있다고 자랑했

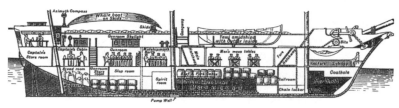

**위 마젤란 해협의 비글 호.** 뒤로 (불의 땅이라는 의미의) 티에라 델 푸에고의 최고봉 사르미엔토 산이 보인다. 작은 카누를 타고 비글 호를 에워싸고 있는 사람들은 푸에고 토착민들로, 다윈은 그들이 갖춘 생활 수단의 원시성에 큰 충격을 받았다. 비글 호는 조사 활동의 상당 부분을 여기서 수행했다. 다윈은 이 얕잡아볼 수 없는 지역에 관해 이렇게 썼다. "바위, 얼음, 눈, 바람, 물 등 자연의 생기 없는 사물들이 서로 아귀다툼을 벌이고 있다. 그러나 인간에 대해서만은 한통속이다. 여기서는 자연이 절대 주권을 행사한다."(1845:241)

**아래** 1890년 다윈의 승선 동료 한 명이 소묘한 **비글 호의 도면.** (1)선장실에 있던 다윈의 좌석, (2)선미루 방에 따로 마련된 다윈의 좌석, (3)표본 저장용 서랍들이 보인다.

다윈은 비글 호 항해 과정, 특히 티에라 델 푸에고에서 뱃멀미로 지독하게 고생했다. 그는 5년 일정의 항해가 막바지에 이를 무렵 누이 수전에게 이렇게 선언했다. "지긋지긋하다. 바다는 물론이고, 바다 위를 떠다니는 배도 전부 싫다."(Darwin 1985~, 1:503) 뱃멀미에도 불구하고 다윈은 영국으로 돌아온 후 또 다른 항해 여행을 계획했다.

**비단뱀과의 조우.** 말레이시아에 머물고 있던 알프레드 러셀 월리스는 어느 저녁 오두막 침대 위에서 나는 작은 소리를 듣다가 잠이 들었다. 다음 날 그는 그 소리의 출처를 확인했다. 커다란 비단뱀 한 마리가 면전에서 불과 3피트(약 90센티미터) 떨어진 거리에서 똬리를 틀고 있었던 것이다. 이 삽화가 그려져 있는 책인 『말레이 군도(*The Malay Archipelago*)』(1869년)에서 월리스는 뒤이어 벌어진 소동 끝에 오두막에서 그 비단뱀을 제거했다고 적고 있다. 월리스의 말레이시아 여행기는 또 다른 유명한 항해자 찰스 다윈에게 헌정되었다.

다.[122] 아내와 조수 여섯 명이 이 항해 여행에서 그를 보좌했다.

알프레드 러셀 월리스가 견뎌야 했던 고난은 루이 아가시의 여행과는 뚜렷하게 대비된다. 1848년부터 1852년에 걸쳐 월리스는 헨리 월터 베이츠와 함께 아마존 강 유역의 지류를 탐험했다. 1852년 남아메리카에서 귀국하는 도중 월리스가 탄 배가 불이 나서 침몰하고 말았다. 그는 4년 동안 수집한 각종 표본과 일기, 저술한 과학 논문의 대부분을 잃었다. 그는 막내 동생 에드워드도 잃었다. 에드워드는 형과 함께 아마존 강을 답사하다가 스물두 살의 나이에 황열병으로 사망했다.[123]

1854년 다시 말레이시아로 떠난 월리스는 말라리아에 걸렸다. 그는 말라리아 때문에 휴식을 취하면서 자연선택 이론을 생각해 냈다.[124] 월리스처럼 오지의 위험에 용감히 맞서는 과학자들은 일반적으로 급진적 사상에 이끌리는 경향이 있다. 그들은 목숨을 걸고 위험한 탐험 여행에 나서지 않을 때면 고향에서 지적인 폭풍우와 대면한다. 다윈주의 혁명에 참가한 사람들을 보면 세계 여행이 다윈주의 지지 여부의 예보자였다. 월리스와 다윈 말고도 후순위로 출생한 유명한 탐험가들이 진화 이론을 지지했다. 조지프 후커, 토머스 헨리 헉슬리, 에른스트 헤켈이 그런 사람들이다. 여행이 아니라 출생 순서가 이 관계의 대부분을 설명해 준다. 탐험가들이 대개 후순위 출생자들이었다는 사실로 세계 여행을 통제했을 때 여행은 더 이상 중요한 예보자가 못 되었다.[125]

관심 분야의 다각화(확산)처럼 세계 여행도 내가 이 장의 앞부분에서 개설한 형제의 길에 관한 네 가지 법칙을 따른다. 오지에서 생명의 위협을 느꼈던 사람들은 (1)후순위 출생자들, (2)대가족 출신, (3)하층 계급 출신, (4)가족 내에서 탐험을 자신의 지위로 삼았던 개인들이었다. 마지막 결론은, 세계 여행과 출생 순위 사이에서 관찰할 수 있는 현저한 Z자형 양상에서 도출된 것이다. 첫째들이 여행에 나설 가능성은 없었다. 그러나 차남들이 그렇게 할 가능성은 아주 많았다. 기타의 중간 아들들은 여행 가능성이 더 적었다. '탐험가'라는 지위가 이미 차지되었기 때문임이 분명하다. 이 기타의 중간 아들들이 탐험가의 지위를 개척하는 것을 포기하자 막내들은 탐험가를 더욱 더 매력적인 것으로 받아들였다. 그들이야말로 집념 어린 여행가의 전형이었던 것이다.[126]

유년기의 공상에 그 '억누를 수 없는' 뿌리를 두고 있는 여행 성향은 형제 전략의 온갖 특징을 보여 준다. 지적 다각화처럼 오지 여행도 점유되지 않은 지위를 찾아내는 효과적인 방법이다. 대다수의 더 어린 형제들은 탐험가들이다. 이것은 그들이 자신의 지위를 찾는 방법이기도 하다. 그들 가운데 일부에게는 발견의 과정이 곧 독자적인 지위가 된다.[127]

## 결론

널리 알려진 사실은 아니지만 다윈은 평생에 걸쳐 전기 문학에 관심을 가졌다.[128] 그는 셀 수 없이 많은 전기를 읽었고, 세 권을 직접 쓰기도 했다. 할아버지 에라스무스 다윈의 전기와 『자서전』, 그리고 장남이 생후 첫 3년 동안 보여 준 심리 발달 과정을 전기적 형식에 준해 기록한 것이 그것들이다.[129] 게다가 다윈의 『자서전』은 상당 부분이 아버지에 대한 기록이다.[130] 결국 다윈의 전기 기술 노력은 자신의 가계 4대를 아우르게 되었다. 다윈은 전기를 왜 그렇게 높이 평가했던 것일까? 그의 이론은 개인들에 관한 것이고, 특히 그들이 평생에 걸쳐 발달하는 내용을 다룬다. 다윈이 올바르게 인식한 것처럼 자연선택은 인생의 전 과정에 작용한다. 이렇게 이야기해 볼 수 있다. 다윈주의 서사는 전기 문학이다.

유년기와 가족이 인간 행동의 이야기에서 중심적인 이유는, 그것들이 이 발달 시나리오에 직접적 원인이 되는 환경을 제공하기 때문이다. 유년기는 가족 내에서 지위를 찾아가는 과정이다. 형제가 추구하는 행로의 제1법칙은 자신의 형제들과 달라지는 것이다. 그 또는 그녀가 후순위 출생자라면 더더욱 그렇다. 형제의 다양성은 환경이 성격 발달에서 수행하는 위력적인 역할에 대한 생생한 증거이다. 진화의 원리가 이 과정을 인도하지만 그 이야기는 유전적 잠재력과 환경적 기회가 한결같이 상호 작용한 결과이다.

형제들은 비상한 노력을 통해 서로 달라진다. 그렇게 하는 것이 그들의 다윈주의적 이익에 부합하기 때문이다. 다각화는 부족한 자원에 대한 경쟁을 줄여 준다. 또한 점유되지 않은 지위를 찾아내는 좋은 방법이기도 하다. 다른 종과 달리 우리 인간은 마음을 가지고 다각화를 수행한다. 우리 인류는 개인이 발달하는 과정에서, 다른 종들이라면 여러 세대에 걸쳐 점차로 달성할 것들을 성취한다.

다윈의 이론은 전기 문학에 대단히 유용한 길잡이를 제공한다. 특히 다윈의 분화의 원리를 동원하면 19세기에 볼테르 전기를 썼던 제임스 파턴을 그토록 애먹였던 문제 ― 볼테르는 독실했던 형과 왜 그렇게 달랐는가? ― 를 해명할 수 있다. 볼테르의 전 생애는 '볼테르가 겪어야 했던' 가족생활의 제 문제에 대한 분화적 반응이었다. 이 문제들에 대한 그의 해결책은 아주 급진적이었고, 가족들은 이 방법의 천재성을 알아보지 못했다. 볼테르는, 하나님과 현 상태를 숭배하는 형과 대결하면서 평생 동안 "가능한 모든 세계의 최선의 상태"를 비판했다. 그는 유쾌한 시의 형식을 빌려 가시 돋친 사회 비판을 수행했고, 그의 적들은 웃어야 할지 화를 내야 할지 알지 못했다. 아버지 프랑수아 아루에가 형과 시 창작 경쟁을 시켰던 날, 미래의 '볼테르'는 자신의 지위를 발견했다. 그의 재능은 전형적인 후순위 출생자의 특성, 곧 융통성이었고, 이는 시에서 발휘되었다!

# 5장

●

# 발달 장애

볼테르의 말이 옳았다. 우리가 사는 세상은 가능한 모든 세계의 최선의 상태가 아니다. 볼테르의 캉디드가 깨달은 것처럼 팡글로스 박사의 낙관적 철학은 이 세상의 고통과 결함에 의해 부인된다. 불행한 캉디드는 약탈, 매질, 노예 상태를 견뎌야만 했다. 그리고 마침내 스승의 진부한 견해를 거부하기에 이른다.

삶의 비극은 아이들에게 각기 다른 방식으로 들이닥친다. 대다수의 개발 도상 국가에서 아이들은 만성적 영양 부족과 질병으로 고통 받고 있다. 전 역사를 통해 모든 어린이의 절반이 성인으로 자라나지 못했다. 목숨이 심각한 위협을 받지 않을 때조차도 유년기에는 발달 장애가 수반된다. 아이들은 역경에 처하면 사태를 개선하기 위해 최선을 다한다.

우리가 팡글로스의 "가능한 모든 세계의 최선의 상태"에 살고 있지 않을 수도 있다. 그러나 우리는 보통 우리가 사는 세상을 최대한으로 이용한다. 팡글로스 박사의 철학에 담겨 있는 작은 진실은 그의 최대의 적인 찰스 다윈의 학설을 반영하고 있다. 진화가 적응을 촉진한다는 가르침 말이다. 다른 어떤 종보다도 호모 사피엔스는 '개방적인' 유전자 프로그램을 갖고 있고, 그렇기 때문에 개체의 발달 과정에서 적응이 일어날 수 있는 것이다.

발달 장애는 가족 구성원들에게 상이하게 작용한다. 예를 들어, 부모의 부재(不在)가 형제들에게 동일한 영향을 미치는 경우는 거의 없다. 형제들의 나이가 서로 다르기 때문이다. 부모가 부재할 시 맏이가 교육받는 것을 보류하고 더 어린 형제들의 부양을 돕기도 한다. 그리하여 동생들의 대학 진학 가능성이 실제로 증가하기도 한다. 한 자식의 기회의 창이 닫히면서 또 다른 자식의 기회의 창이 열리는 것이다.

이렇게 다른 발달 결과를 이해하려면 형제 전략과, 그 전략이 촉진하는 가족 내 지위를 가족 구조와 연결해 설명할 수 있어야 한다. 형제 전략 이론은 출생 순서 말고도 가용한 부모의 자원, 그들이 자원을 배분하는 과정에서 보이는 편견, 이 분배를 놓고 벌어지는 갈등을 고려해야만 한다. 성별, 기질, 출생 순서 이 모든 것이 형제 전략과 관계를 맺는다. 나는 형제 전략 이론을 개발하면서 외자식을 배제하지 않았다. 외동 자녀는 이 이론의 특수한 경우이다. 다른 아이들처럼 외동 자녀들도 부모의 투자를 극대화하기 위해 최선을 다한다. 전통 사회에서 그들은 어머니의 이유 노력에 저항한다. 그렇게 함으로써 어머니가 부모의 투자를 놓고 다투게 될 경쟁자를 임신할 가능성에 영향을 미치는 것이다. 뻐꾸기처럼 외자식들도 목표를 달성한 형제 전략을 예증한다. 우리 모두 안에는 '외자식'이 존재한다. 형제가 있는 아이들을 보라. 외동 자녀에 전형

적인 전략들에 형제들을 다루는 기타의 전략들이 보태졌음을 확인할
수 있을 것이다.


## 부모와의 갈등

형제 갈등과 부모-자식 갈등은 다원주의라는 동전의 양면이다. 이런 이
유로 부모와의 갈등은, 출생 순서에 따른 차이를 촉진하는 동력의 일부
가 된다. 부모-자식 갈등은 애착이라는 개념과 밀접하게 결부되어 있다.
애착 행동은, 영국의 정신 분석학자 존 볼비의 선구적인 작업 이후 중요
한 연구 분야로 자리를 잡았다.[1] 볼비는 애착 행동을 어머니의 가슴에
대한 신경증적 의존이라고 해석하는 동료들의 진부한 사고방식을 거부
했다. 볼비는 부모와 격리된 아이들을 관찰하면서 애착이 먹는 것에 기
초한 조건 반사 이상의 행동임을 확신하게 되었다. 그는 1952년 새들의
각인(刻印, imprinting)에 관한 동물 행동학 논문들을 읽었다. 각인은 어린
동물이 자신이 속한 종의 구성원들에게로 사회적 선호를 제한하는 법
을 배우는 과정이다. 갓 부화한 거위 새끼들은 자신들이 첫 번째로 조우
하게 되는 움직이는 물체를 각인한다. 그리고 그 대상은 대개 어미이다.
이때부터 새끼 새들은 이 대상이 어디를 가든 따라다닌다. 그 대상이 심
지어 인간일 수도 있다. 볼비는 이 연구와 영장류에 대한 관련 관찰 결과
를 바탕으로 애착이 다원주의 원리에 기원을 둔 적응 체계라고 추론했
다. 새끼 거위들은 어미와 밀접한 관계를 유지함으로써 포식자에게 잡
아먹힐 가능성을 낮추고, 생존과 번식에 필요한 기술을 배울 가능성을
높인다.[2] 후속 연구를 통해 이런 통찰이 풍부하게 확증되었다. 대부분
의 동물 종에서 새끼들은 포식자에게 잡아먹힐 위험이 상당히 많다. 영

장류의 경우만 보더라도 혈연이 아닌 수컷들에 의한 유아 살해가 상세히 보고되었다.[3] 젖먹이 새끼는 효과적인 출산 통제의 수단이다. 가톨릭 교회처럼 우두머리 수컷들도 피임을 탐탁지 않게 여긴다. 새로운 무리를 접수한 수컷은 유아 살해를 통해 이득을 얻는다. 돌봐야 할 새끼가 없어지면 암컷들이 발정하기 때문이다. 유아를 살해하는 수컷들은 자신의 것이라 하기엔 이미 너무 나이 들어 버린 새끼만을 살해하는 다윈주의 상식을 차용한다.

포식자와 유아를 살해하는 어른들이 부과하는 위험 때문에 대부분의 동물은, 어미와 자식을 끈끈하게 맺어 주는 다양한 생리적·행동적 메커니즘을 발달시켰다. 암컷 강치는 독특한 소리를 통해 수백 마리의 군체 속에서도 자신의 새끼를 구별해 낼 수 있다. 새끼도 어미의 호출을 똑같이 식별할 수 있다.

1950년대 후반에 해리 할로가 수행한 실험은 어미 없이 자란 원숭이들이 정상적으로 발달하지 못한다는 사실을 보여 주었다. 할로는 나무, 고무 스펀지, 테리 직물 소재의 대리모들을 만들었다. 새끼들은 테리 직물 소재로 제작된 어미에게 부착된 병에서 젖을 받아먹었다. 새끼들이 테리 직물로 만든 어미에게 강하게 애착을 보였고, 신체적으로도 정상적인 발달을 보였지만 그들의 사회적 기술은 심각한 결함을 보였다. 이 새끼들을 동료들 사이에 두면 녀석들은 흔히 두려움 속에서 위축되었고, 놀이에도 참여하지 못했다. 이런 녀석들은 성체가 되어서도 사나웠고, 심지어 자식을 죽이기까지 했다.[4]

인간도 애착 행동을 방해받으면 다른 영장류들만큼 중대한 발달 장애를 경험한다. 이런 이유로 나는 사람들이 왜 반항을 꿈꾸는지에 대한 나의 연구에 부모-자식 갈등을 포함시켰다. 지나친 갈등은 발달 장애로 이어진다. 나는 자전적·전기적 기록을 바탕으로 총 989명의 부모-자식

관계에 관한 자료를 입수했다. 그리고 세 명의 독립적인 판정관들에게 우호적인 관계와 상극인 관계로 평가해 달라고 의뢰했다.[5]

## 부모와의 갈등이 미치는 영향

부모와의 갈등이 상당하면 자식이 권위를 거부할 가능성도 커진다. 과학 분야에서 부모와의 갈등 수준이 높다는 것은 혁신에 대한 개방성의 전조가 된다. 이 연구 결과의 가장 놀라운 측면은, 그 결과가 주로 첫째들에게로 제한되어 있다는 사실이다. 맏이들은 첫째라는 지위의 일부로서 부모와 자신을 동일시하는 경향이 있다. 부모 역시 대가로 그들을 편애하는 것이 보통이다. 갈등이 일어나 첫째들의 통상적인 전략이 방해를 받게 되면 첫째들 가운데 일부가 후순위 출생자들처럼 행동하는 것이다(그림 5.1).[6]

부모-자식 갈등의 수준이 높으면 후순위 출생자들도 그러지 않았을 경우보다 더 과격해진다. 그러나 그 효과는 첫째들보다 훨씬 더 작다. 이미 더 나이 든 압제적인 형제가 있는 마당에 누가 훈족의 왕 아틸라(카스피 해로부터 라인 강에 이르는 대제국을 건설하였으며 그 와중에 약탈과 살인을 일삼아 전 유럽을 두려움에 떨게 만들었다. ─옮긴이)를 아버지로, 혹은 서쪽의 사악한 마녀(『오즈의 마법사』에 등장하는 인물 ─옮긴이)를 어머니로 원하겠는가?

혁명적 성격의 형성에는 출생 순서가 부모-자식 갈등보다 훨씬 더 크게 기여한다. 두 개의 변수를 직접 비교해 보았더니 출생 순서가 두 배이상 중요했다. 정신 분석의 관점에서 볼 때 이 결과는 놀랍다.[7] 역사 심리학은 주로 프로이트의 오이디푸스 콤플렉스 개념을 바탕으로 구축되었다. 오이디푸스 콤플렉스라는 주제와 관련해서 다윈주의와 프로이트주의는 아주 다른 견해를 제시한다.[8] 부모와의 갈등은, 프로이트가 믿었던 것처럼 성격 발달에서 정말이지 중요한 역할을 수행한다. 그러나

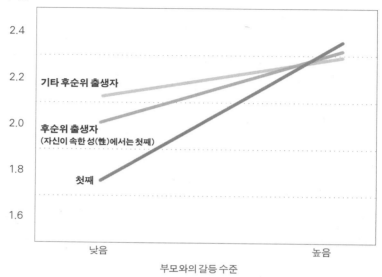

**부모-자식 갈등과 출생 순서에 따른 과학 혁신 수용도**

지지율

2.4

2.2 ── **기타 후순위 출생자**

2.0 ── **후순위 출생자**
　　**(자신이 속한 성(性)에서는 첫째)**

1.8 ── **첫째**

1.6

낮음　　　　　　　　　　　　　　　　　높음

부모와의 갈등 수준

**그림 5.1** 부모-자식 갈등과 출생 순서에 따른 과학 혁신 수용도. 자식들은 부모와의 갈등 속에서 혁신에 더 개방적인 태도를 보인다. 출생 순서와 부모와의 갈등은 상호 작용한다. 첫째들이 부모와의 갈등에 특히 많은 영향을 받는다. 자신이 속한 성(性)에서는 첫째인, 즉 장남이나 장녀인 후순위 출생자들도 사정은 마찬가지이다.

부모-자식 갈등이 프로이트가 아울러 주장했던 것처럼 으레 성별과 연계되는 것은 아니다. 프로이트는 아이들이 동일한 성(性)의 부모를 죽이겠다는 의지를 품는다고 확신했다. 다윈주의 이론은 굽히지 않고 이에 반대해 왔다. 어린 아이가 부모를 살해하는 행위는 진화적 자살과 같다. 부모를 죽이겠다는 의지는, 이 소망에 따라 행동하지 않는다면 주제넘은 시간 낭비이다. 아버지 살해를 소망하도록 암호화된 프로이트주의적 유전자는 자연선택에 의해 머지않아 인구 집단에서 사라지고 말 것이다.[9]

나는 프로이트의 주장을 검증하기 위해 부모와 다양한 수준의 갈등을 빚었던 과학자들을 분석했다. 정신 분석학적 예상과는 반대로 자식들은 아버지하고 빚는 갈등만큼이나 어머니하고도 많은 갈등을 겪었다. 나아가 갈등의 두 원천 모두 과학적 급진주의에 똑같이 기여했다.[10]

부모-자식 갈등과 경험에 대한 개방성은 상호적인 관계를 갖는다. 부모와의 갈등이 더 큰 개방성(부모의 권위에 대한 독립성과 함께)을 야기하는 경향이 있는 것처럼 독립의 정도가 부모-자식 갈등을 규제한다. 첫째들이 '폐쇄적'이고 순응하는 지적 스타일을 채택하고 후순위 출생자들이 다소 '개방적'이고 독립적인 스타일을 채택할 때 부모-자식 갈등이 최소화된다는 사실은 주목할 만하다. 양쪽 형제들이 동일한 방식을 채택하면 부모-자식 갈등이 증대한다. 첫째와 후순위 출생자가 치르는 독립의 비용이 각기 다르다는 사실도 주목할 만하다. 부모들은 후순위로 출생한 자식들의 독립적인 사고방식을 관대하게 허용한다. 첫째들이 비슷한 수준의 독립성을 보일 경우 부모와의 갈등이 훨씬 더 커진다. 간단히 말해서, 혜택을 받고 있는 지위를 차지한 개인들이 독립을 주장하려면 더 비싼 대가를 치르는 것 같다.[11]

부모와의 갈등에 관한 이런 사실들에 기초해 보면 전기 문학의 경험 법칙이 떠오른다. (가족의 삶이 가끔씩 이런 사람들을 만들어 내는 바) 첫째이면서 급진주의자인 개인들은 부모와 상당한 갈등을 겪었을 가능성이 높다. 부모-자식 갈등으로 인해 첫째들 가운데서 명예로운 후순위 출생자들이 탄생하는 것이다.

첫째들이 후순위 출생자들의 전략을 채택하는 경향은 하층 계급 가정에서 가장 흔하게 볼 수 있다. 상층 및 중간 계급의 아이들은 부모의 권위를 받아들일 가능성이 더 많다. 아마도 부모가 좋은 역할 모델이기 때문일 것이다.[12] 가난한 부모를 열심히 모방할 이유는 더 적게 마련이다. 이런 상황에서 첫째들은 때때로 자신들의 번식 가능성을 희생해 가며 더 어린 형제들에 투자하라는 압력을 받는다. 이런 압력이 첫째의 지위에서 비롯되는 정상적인 혜택을 그들에게서 앗아 간다. 가족 내 지위들의 가치는 언제나 부모의 투자 능력에 따라 달라진다.

하층 계급 출신의 첫째들이 부모와 갈등하는 경향의 훌륭한 본보기는 기드온 린세쿰(1793~1874년)이다. 그는 곤충학자로 미국 남부 지방에서 살았다. 린세쿰보다 더 인습 타파적인 사람을 찾기는 어렵다. 그는 스스로 무신론자임을 천명하고 다채로운 삶을 살았다. 그는 1859년 텍사스에서 "회의론자 협회(Infidel Society)"를 설립하려고 했다. 그는 한동안 인디언 부족들과 생활하면서 그들의 언어를 배웠다. 그는 백인들보다 인디언이 더 좋다고 말하기도 했다.[13] 그는 다윈의 『종의 기원』(1859년)을 읽고 난 즉시 개종했다. 그는 다윈에게 열정적인 상찬의 편지를 보내기도 했지만 1859년 이전에 이미 독립적으로 진화의 논리를 수용하고 있었다. 다윈의 할아버지 에라스무스가 개진한 진화에 관한 생각을 오래 전부터 옹호해 왔던 것이다.[14]

열 자녀의 첫째였던 린세쿰은 20대 1의 핸디캡을 극복하고 진화론자가 되었다. 부모-자식 갈등이 린세쿰의 비범한 성취를 설명해 준다. 그는 아버지와 계속해서 불화했다. 린세쿰의 아버지는 떠돌이 농부로, 자신의 "불같은 성격"을 자랑스럽게 여긴 주정뱅이였다.[15] 린세쿰은 스무 살도 안 돼서 집을 뛰쳐나왔다. "성질 사나운" 아버지한테서 벗어나기 위해서였다.[16] 부모와의 갈등 수준이 높았던 관계로 린세쿰이 새로운 과학 사상을 수용할 확률은 80퍼센트였다.

나의 표본에서 확인할 수 있었던 또 다른 급진적 첫째는 요하네스 케플러(1571~1630년)이다. 열렬한 코페르니쿠스 지지자였던 그는 갈릴레오보다 13년 앞서 이 문제에 대한 자신의 견해를 발표했다. 케플러는 1597

년 갈릴레오에게 이 이론을 지지해 달라고 간청했다. 갈릴레오도 개인적으로는 코페르니쿠스를 지지했지만 더 풍부한 증거를 입수할 때 ― 망원경이 발명되어 1609년에 새로운 증거들이 다수 확보되었다. ― 까지는 신중을 기하려고 했다. 케플러에게는 그런 경험적 예리함이 전혀 필요 없었다. 원형의 행성 궤도를 타원형의 행성 궤도로 대체해 버리는 급진적 행보를 내딛은 사람이 바로 그였다. 아리스토텔레스주의에 대한 반대 입장이 확고했던 갈릴레오조차도 과거와의 이런 개념적 단절을 수용하지 못했다.[17]

케플러는 두 부모와의 관계가 원만하지 못했다. 부모들은 "결혼 생활을 유지하면서 무시로 다투었다."[18] 스물여섯 살 때 직접 그린 가족 천궁도(天宮圖)에서 케플러는 아버지를 "잔인하고, 완고하며, 걸핏하면 싸우려 들고, 결국에는 패가망신할 운명"이라고 설명했다.[19] 아버지는 용병 생활을 하면서 상당 기간 동안 가족과 헤어져 지냈지만 계속해서 네덜란드 가톨릭 편에 가담해 싸웠고, 신교로 개종한 가족들은 이를 수치스럽게 여겼다. 케플러가 열일곱 살 때 아버지는 가족을 버렸고, 이후로 다시는 소식을 들을 수 없었다.

케플러는 어머니를 "키가 작고, 여위었으며, 얼굴이 가무잡잡하고, 수다스럽고, 걸핏하면 싸우는 데다, 성벽이 나쁘다."고 평했다.[20] 그녀는 주변 사람들을 이간하는 성가신 참견꾼이었다. 결국 이웃 사람들이 복수에 나섰다. 그녀를 마녀라고 고발해 버린 것이다. 재판에 회부된 케플러의 어머니는 아들이 개입하지 않았다면 사형에 처해졌을 것이다. 케플러 가문에는 아주 부조리한 면이 존재했고, 그래서인지 그에게 이와 관련해 유머 감각이 있었다는 것은 다행스러운 일이다. 계속되는 가족 천궁도에서 그는 (3인칭의 시점으로) 자신에 관해 이렇게 쓰고 있다.

인생의 절정기였던 1620년경의 **요하네스 케플러**(48세).

그 남자(케플러)는 모든 면에서 개와 같은 성격을 갖고 있다. 그의 외모는 작은 애완용 개의 그것이다. …… 그는 대화를 지루해 하지만 마치 작은 개처럼 방문객들을 환대한다. 그러나 그한테서 아주 작은 것일지라도 뺏어 간다면 그는 불끈 화를 내면서 으르렁거린다. 그는 나쁜 짓을 하는 사람을 집요하게 괴롭힌다. 다시 말해, 그들을 향해 짖어 댄다. 그는 심술궂고, 풍자로 사람들을 공격한다. 그는 많은 사람들을 매우 싫어하고, 그들도 그를 피한다. 그러나 그의 주인들은 그를 좋아한다. …… 그의 무모함에는 한계라는 것이 없다.[21]

나는 서구 역사에 등장하는 1,000명 이상의 첫째들이 영위한 삶을 조사했다. 그런데 요하네스 케플러가 자신에 대해 설명한 내용은 전형적인 첫째의 성격이 결코 아니다. 예를 들어, 무모함과 풍자는 첫째들보다는 후순위 출생자들 사이에서 발생할 가능성이 더 많은 특성이다. 이런 특성은 부모에 대한 케플러의 애착이 좌절되었다는 결론과 부합한다. 케플러는 힘겨웠던 어린 시절 때문에 첫째이면서도 새로운 사상을 지지할 가능성이 비정상적으로 높았던 것이다.[22]

아이작 뉴턴(1642~1727년)은 비전형적인 가족 환경 때문에 급진적 사상가가 될 가능성이 유달리 높았던 첫째의 또 다른 사례이다.[23] 뉴턴은 유복자였다. 그가 세 살 때 어머니는 바너버스 스미스라는 성직자와 재혼해 새 살림을 차렸다. 초로의 조부모가 뉴턴을 돌보게 되었다. 뉴턴의 전기 작가 리처드 웨스트폴은 그의 인격 형성기에 관해 이렇게 적고 있다.

어머니가 떠나 버린 사건은 아버지를 잃은 세 살 소년의 인생에서 잊을 수 없는 정신적 충격이었을 것이다. …… 우리가 앞으로 보겠지만 뉴턴은 번민하는 사람이었다. 극단적으로 신경증적인 성격으로, 적어도 중년이 될 때까지는 항상 신경 쇠약 직전의 위기 상태였다. 어머니가 재혼하면서 떠나 버린 사건이, 자신이 다른 아이들과는 달리 아버지가 없다는 인식으로 인해 이미 당황하고 있었을 한 소년의 내밀한 격통에 크게 이바지했으리라는 사실을 누구라도 쉽게 짐작할 수 있다. …… 그는, 이후의 인생에서 확인할 수 있는 수많은 인간관계에서도 일체의 유대나 결속의 끈을 만들지 않았다. 외로웠던 소년 시절은 장구한 고립의 생애를 장식하는 첫 장이었다.[24]

웨스트폴은 뉴턴을 의붓자식으로 들이지 않겠다던 바너버스 스미스의 태도를 이렇게 평가했다. "그의 행동은 충분히 이해할 만하다. …… 세 살 아이가 열 살 소년으로 자라는 동안 스미스는 뉴턴이 노스위덤의 교구에서 살도록 허락하지 않았다."[25] 그곳에서 태어난 의붓형제 세 명은 뉴턴의 모친의 사랑을 담뿍 누렸다.

뉴턴이 열 살 때 의붓아버지가 죽었다. 그때에야 비로소 뉴턴은 어머니 및 세 명의 의붓형제들과 함께 살 수 있었다. 당시의 글들을 보면 그가 의붓아버지의 가족으로부터 배제당한 과거지사에 분노하고 있었음을 알 수 있다. 뉴턴은 열아홉 살 때 자신이 저지른 죄악의 목록을 작성했다. 거기에는 이런 내용이 포함되어 있었다. "아버지와 어머니는 물론이고 그들이 살던 집을 불태워 버리겠다고 협박한 일."[404] 행복한 집안 배경에서 자란 첫째들 가운데 이런 협박을 하고 (나아가 혁명적 사상가가 된) 사례는 거의 없다. 뉴턴은 부모 및 권위와 자신을 동일시하지 않았던 급진적 첫째의 인물 개요에 딱 들어맞는다. 뉴턴은 자신의 방대한 저술에서 어머니에 대한 애정 어린 정서를 단 한 차례도 표명하지 않았다. 그녀의 사망마저도 무시했다.

첫째들이 부모와 제휴하는 데 실패하면 더 어린 형제들과 힘을 합할 가능성이 더 커진다. 이 전략의 디킨스적 사례가 W & R 체임버스 출판

기념비적 저작 『자연 철학의 수학적 원리(*Mathematical Principles of Natural Philosophy*)』를 출간하고 2년 후인 1689년의 **아이작 뉴턴**(46세). 유년기의 한 친구는 그를 "엄숙하고, 조용하며, 생각이 많았던 소년"으로 기억했다. 그가 "집 밖으로 나가 다른 아이들과 노는 일은 거의 없었다." (Westfall 1980:59)

사를 공동으로 설립한 윌리엄 체임버스와 로버트 체임버스이다. 그들은 에든버러의 한 대가족 출신으로 첫째와 둘째였다. 두 형제 가운데 동생이었던 로버트는 다윈 이전에 이미 진화론자였고, 『창조의 박물학적 흔적들』(1844년)의 저자였다. 그는 1859년 이후로 다윈의 이론을 지지했다.

체임버스 형제가 10대 시절에 접어들었을 무렵 아버지의 어리석은 행위로 가족이 파산하고 말았다. 형제들은 학교를 그만두어야 했다. 한 전기 작가는 이렇게 말한다. "두 형제는 겨울밤에 온기를 찾아서 다른 불행한 사람들과 함께 그 음산한 옛 감옥 톨부스를 들락거렸다."[27] 몇 년 후 윌리엄과 로버트는 아버지의 부채를 고스란히 짊어졌다. 후에 윌리엄은 지적 능력이 자신보다 뛰어났던 동생을 주인공으로 경탄할 만한 전기를 썼다. 이 전기에서 윌리엄은 이렇게 말했다. "아들들이 아버지를 영락시켰다고 …… 기록된 문헌들은 많다. 그러나 놀랍게도 아버지들이 아들이나 딸들의 삶을 몰락시킨 특별한 경우들은 거의 언급되지 않는다."[28] 윌리엄은 열여덟 살 때 로버트의 소규모 서적 판매업에 출자했다. 4년치 저금을 몽땅 털어 제공한 것이었다. 이 형제애적 행위가 세계적 명성을 획득한 체임버스 출판사로 결실을 맺었다. 두 형제는 사업 동료로서 성인기 전체에 걸쳐 사이좋게 함께 일했다. 사회적 지위의 상승이 핵심 문제로 부각될 때, 특히 부모가 충분한 자원을 제공해 주지 못할 때 형제들의 협력은 좋은 전략이 된다. 형제 전략이 일정한 법칙을 따름에도 불구하고 동시에 상당히 유연한 까닭은, 자식들이 실제로 경험하는 구체적 가족 환경에서 영감을 끌어내기 때문이다.

## 급진적 군주

후순위 출생자들 중에서 출생 순위가 빠른 자식의 경우 부모와의 갈등이 커다란 영향력을 발휘한다. 후순위로 태어난 장남이 특히 이런 발달 장애를 경험하기 쉽다. 그들이 대가족의 둘째일 때 특히 그랬다.[29] 좋은 예가 볼테르의 보호자였던 프리드리히 대제이다. 우리는 군주들이 사회적으로 보수적일 것이라고 생각하는 경향이 있다. 이런 일반화에 어떤 진실이 존재한다면, 그것은 왕과 왕비들이 대개 첫째, 그러니까 장남 아니면 장녀라는 사실에 주로 기인한다. 장남 프리드리히는 프러시아 프리드리히 빌헬름 1세의 열 자녀 가운데 둘째였다. 프리드리히는 자신의 이른 출생 순위에도 불구하고 매우 도량이 넓은 군주였다. 그는 대다수의 종교적 신념을 비웃었지만, 군주로서 그것들을 전부 용인했다. 왕이 되

**프리드리히 대제의 부모**인 프리드리히 빌헬름 1세와 소피아 도로테아. 프리드리히의 어머니는 하노버의 선제후였다가 후에 영국 왕 조지 1세가 되는 조지의 딸이다. 그녀의 오빠가 영국 왕 조지 2세가 되었다.

고 그가 취한 첫 번째 조치 가운데 하나는 간단한 명령을 포고하는 것이었다. "모든 종교를 관용해야 한다. …… 이 나라의 모든 백성은 각자의 방식으로 천국에 도달해야만 한다."[30] 그는 자신의 치세기 내내 다수의 자유사상가들과 교분을 맺었다. 루이 15세에 의해 프랑스에서 추방당한 볼테르는 1750년부터 1752년까지 프리드리히의 생기 넘치는 프러시아 궁정에서 도피처를 찾았다.

왕이 어떻게 그토록 개방적일 수 있었을까? 보수적인 군주들의 주요한 예외들로는 부모들과 심각한 갈등을 겪은 자식들이 존재한다. 프리드리히의 아버지는 학문을 전혀 존중하지 않는 완고하고, 경박하며, 잔인한 남자였다. 프리드리히의 어머니도 나을 바가 없었다. 그녀는 자신의 불행을 호소하는 방편으로 자녀들과 아버지 사이의 다툼을 조장한 이기적이고 무서운 여자였다. 프리드리히 빌헬름 1세의 야비한 기질을 잘 드러내 주는 이야기가 있다. 이 일화를 통해 장남 프리드리히의 삶이 어땠을지 짐작할 수 있다. 국왕은 종복들을 붙들고 긴 이야기를 장황하게 늘어놓는 습관이 있었다. 종복들은 그를 보기만 하면 달아났다. 어느 날 왕이 필사적으로 숨으려던 한 신하를 붙잡았다. 왕은 왜 자기를 피하느냐고 물었다. 붙잡힌 신하는 공포심에 떨면서 두렵다고 실토했다. "두렵다고? 두려워?" 왕은 보행용 지팡이로 그 신하를 찌르면서 말했다. "넌 나를 사랑해야 한다! 나를 사랑하도록 해, 이 쓰레기 같은 놈아!"[31]

왕은 개인 교사를 고용해 아들에게 직업적 군인의 삶을 가르쳐서 예비토록 지시했다. 프리드리히는 '검'으로 명예와 영광을 얻어야 했다. 프리드리히는 아버지의 뜻을 거스르고 아버지가 싫어하는 것이면 뭐든지 했다. 그는 감수성이 예민한 소년으로 독일어를 싫어했고, 프랑스적인 것이면 뭐든지 좋아했다. 아버지는 '사내다운' 관심사를 아들에게 주입하려고 애썼다. 국왕이 고집을 피우면 피울수록 아들도 아버지를 더욱 더 싫어했다. 프리드리히의 누나는 이렇게 회상했다. "국왕께서는 동생을 참아 낼 수 없었다. 아버지는 동생을 볼 때마다 욕하고 매도했다. 결국 프리드리히는 아버지를 두려워하게 되었다." 그녀는 계속해서 이렇게 적고 있다. 왕은 "동생을 대할 때면 항상 막대기를 가지고 위협했다."[32] 프리드리히와 누나는 식사 시간 외에는 왕의 면전에서 사라져야 했다. 왕이 "자신의 협장(脇杖)으로 우리를 두들겨 패는" 일이 잦았기 때문이다.[33] 한번은 왕이 아들의 머리를 겨냥해 접시를 던졌고, 하마터면 맞을 뻔했다.[34]

프리드리히가 열여덟이었던 1730년 이 미친 국왕은 아들을 살해하려고 시도했다.

어느 날 아침 전하께서 나를 부르셨다. 방에 들어서자 전하는 내 머리털

1730년 남동생들과 함께 있는 **프리드리히 2세. 왼쪽에서 오른쪽으로** 프리드리히(28세), 페르디 난트(10세), 아우구스투스 빌헬름(18세), 헨리(14세). 헨리 왕자는 맏형에 대한 시기심이 무척 강했고, 소년 시절부터 몇 달씩 그와 단 한마디도 대화를 나누지 않곤 했다. 화가는 프리드리히에 대한 헨리 왕자의 감정을, 특히 눈을 통해 드러내고 있다.

을 붙잡더니 바닥으로 내동댕이쳤다. 주먹으로 나를 구타한 후 창문 쪽으로 질질 끌고 가 커튼 끈으로 목을 묶었다. 다행히 일어날 시간이 있었고, 나는 전하의 손을 붙잡았다. 그러나 전하께서 온 힘을 다해 목에 감긴 끈을 잡아

당겼기 때문에 질식해 죽어 간다는 생각이 들었다. 나는 도와달라고 비명을 질렀다. 시동이 나를 돕기 위해 달려왔고 나를 풀어 주기 위해 완력을 사용해야만 했다.[35]

목숨의 위협을 느낀 프리드리히는 영국으로의 망명을 결심했으나 왕이 사전에 그 계획을 알아차렸다. 프리드리히와 음모를 꾸민 동료는 체포되었고, 군사 재판에 회부되었다. 군사 법정은 이 공모자에게 종신형을 선고했다. 그러나 프리드리히에게는 형벌을 부과하지 않았다. 법정의 관대한 평결에 격노한 국왕은 군사 법원의 판결을 뒤집고 두 도망자에게 사형을 선고했다. 프리드리히는 감옥에서 친구의 참수 과정을 지켜보아야 했다. 그 친구는 프리드리히의 동성 연인이기도 했다.[36] 국왕은 자신의 아들도 목을 베어 버릴지를 한동안 심각하게 고려했다. 그러다가 마침내 마음을 바꾸었다. 국제적 반발이 비등해질 것이라는 판단 때문이었다.

프리드리히는 1년 넘게 투옥된 후 아버지에 대한 충성을 맹세하고서야 겨우 풀려났다. 그는 아버지의 분부대로 따르면서 다시 점차로 왕위계승권에 다가갔다. 10년이 지난 1740년 아버지가 죽고, 프리드리히는 스물여덟이라는 젊은 나이에 왕위를 계승했다. 그가 왕이 되고 취한 첫 번째 조치 가운데 하나는 언론의 자유를 확립하는 것이었다. "그는 자신을 비난하는 1,000건의 통렬한 연설과 비평에 침묵하면서 아랑곳하지 않았다. 한번은 길거리에서 자신을 비난하는 벽보가 붙어 있는 것을 발견했다. 그는 사람들이 더 많이 볼 수 있는 곳으로 그 벽보를 옮겨 붙이도록 했다."[37] 볼테르가 프리드리히의 동성연애 문제를 상세하게 적시한 야비한 책을 출판했을 때도 그는 동요하거나 화내지 않았다. 그는 이렇게 말했다. "불쾌하기 짝이 없는 대접을 면한 왕은 지금까지 단 한 명

베를린에서 남서쪽으로 17마일(약 27킬로미터) 떨어진 포츠담 인근에 위치한 프리드리히의 여름 궁전 상수시에서의 **볼테르와 프리드리히 대제**(오른쪽). 볼테르는 프리드리히의 자유사상 궁전에 도착한 후 한 절친한 친구에게 이렇게 썼다. "웅장함과 우아함, 척탄병과 시인들, 트럼펫과 바이올린, 플라톤의 향연, 사교와 자유. 이런 것을 누가 감히 생각이나 할 수 있을까? 그럼에도 불구하고 이건 사실이야."(Asprey 1986:396)

도 없었다." 그는 "그 규칙의 예외가 되기를 원하지 않았다."[38]

볼테르와 프리드리히 대제가 계몽주의 시대에 마음이 맞는 영혼의 동료였다는 것은 진정 사실이다. 한 사람은 잔혹한 유년기와 살해 시도, 심지어 정서 불안의 아버지가 강제한 사형 선고를 뚫고 살아남아 프러시아의 왕이 되었다. 다른 한 사람은 반동적 가문에 의해 반항을 꿈꾸도록 추동되었고, 계몽주의의 무관의 제왕이 되었다. 왕과 종복 사이의 차이점조차 유사한 가족 역학이 만들어 낸 결과를 무시할 수 없었다. 프리드리히 자신이 말한 것처럼, "유년기에 각인된 영향을 영혼에서 지울 수는 없다."[39]

## 연령 격차

손위 형제에게 더 어린 형제가 생기는 일은 발달 장애를 가져온다. 이렇게 동생이 생김으로써 야기되는 발달 장애의 정도는 자식들 사이의 나이 차이에 영향을 받는다. 형제들은 손해와 이익을 수반한다. 그리고 그 손해와 이익은 출생 간격에 따라 다르다. 모든 형제는 유전자의 보험 증권이다. 어떤 사람이 번식을 하기 이전에 죽는다고 할지라도 평균적으로 그 사람 유전자의 절반은 살아남은 형제들 속에 계속 존재하며, 조카와 질녀들을 통해 발현된다. 더 이상 부모의 보살핌에 의지하지 않아도 되는 충분히 나이 든 자식들은 형제들이 새로 태어나도 손해가 거의 없다. 그들은 오스트리아의 생물학자 파울 캄머러의 세 형제들처럼 새로 태어난 동생을 보호해야만 한다. 캄머러보다 20년 더 일찍 태어난 이들 형제는, "새로 태어난 아기를 무척 좋아했고, 여러 해 동안 서로 사랑하며 충직한 형제들로 지냈다."[40]

연령 격차가 작으면 부모의 투자를 얻기 위한 경쟁이 강화되기 때문에 형제의 경쟁이 증대함은 물론이고 부모-자식 갈등도 더 커진다. 더어린 형제가 부과하는 손해는, 두 자식이 유아일 때 가장 크다. 전통 사회에서 5년 미만의 출생 간격은 유아 사망률의 증가와 결부된다.[41] 따라서 출생 순서가 형제 전략에 미치는 영향력도 터울이 5년 이하인 자식들에게 가장 클 것이다. 이런 상황에서 더 나이 든 형제들은 경쟁자들의 가치를 훼손하는 경향이 있다. 동생들이 분노와 반항을 마음속에 품도록 하는 것이다. 더 어린 형제들은 더 나이 든 형제들과의 직접적인 비교를 최소화하면서 이에 대응한다. 다시 말해, 그들의 관심사를 다양화하는 것이다.

나는 이 마지막 가설을 검증하기 위해 내 표본에 들어 있는 과학자들의 연령 격차에 관한 자료를 취합했다. 경험에 대한 개방성은 다윈의 분화의 원리 ― 부족한 자원을 놓고 벌어지는 경쟁의 직접적인 표현 ― 를 추동하는 심리적 엔진이다. 따라서 개방성은 출생 간격에 영향을 받아야 한다. 이 가설은 입증되었다. 혁명적 성격의 가장 커다란 불일치는 터울이 중간 정도인 자식들 사이에서 발생했다. 터울이 크거나 작은 형제들은 혁명적 변화의 에피소드에서 훨씬 덜 양극화되었다(그림 5.2).[42]

이 조사 결과는 경험에 대한 개방성이라는 좀 더 포괄적인 판단 기준에 의해 보강되었다. 이 기준은 세 개의 지표를 수반한다. 과학적 변화에 대한 개방성, 광범위한 관심사, 여행. 연령 격차는 과학적 입장 단독보다 이 복합적 기준에 훨씬 더 큰 영향력을 행사했다.[43] 손위 형제와 3~5년 터울로 태어난 후순위 과학자들이 이 지수에서 가장 높은 점수를 기록했다. 다윈과 월리스가 대표적인 예이다. 둘 모두 손위 형제보다 네 살 더 어렸다. 다윈과 월리스는 세계 여행에 대한 열정과 광범위한 관심사 덕택에 경험에 대한 개방성에서 나의 표본 중 이 정보를 이용할 수 있었던 2,458명의 과학자 가운데 3위를 차지했다.[44]

형제 대비 효과가 중간 정도의 연령 격차에서 그토록 뚜렷하게 드러나는 이유는 무엇인가? 직관으로는 다른 결과, 즉, 터울이 작은 형제들이 생존을 가장 크게 위협하므로 중간 정도의 터울이 아니라 작은 터울

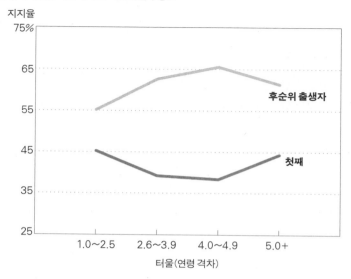

**출생 순서와 연령 격차에 따른 과학 혁신 수용도**

지지율

- 75%
- 65
- 55
- 45
- 35
- 25

후순위 출생자

첫째

1.0~2.5  2.6~3.9  4.0~4.9  5.0+

터울(연령 격차)

**그림 5.2** 형제들의 출생 순서와 연령 격차에 따른 과학 혁신 수용도. 두 개의 변수는 상호 작용한다. 출생 순서에 따른 차이는 기타의 연령 격차에서보다 중간 정도의 연령 격차에서 훨씬 더 크게 나타난다. 여기서 외자식들은 그들과 비슷한 연령 격차가 큰 '첫째들'로 간주했다.

이 가장 커다란 형제 차이를 야기해야 할 것 같은데 말이다. 성격 발달과 관련해 내가 제시한 증거는 이 문제에 대한 다윈주의적 접근에 반하는 것 같다.

아직은 확실하지 않으며 따라서 추가 검증이 필요하지만 이에 대한 한 가지 답변은 인간 발달에 대한 다윈주의적 접근을 인도하는 가정들을 설명해 준다. 해밀턴의 포괄 적응도 이론에 따르면 형제가 생기는 데 따르는 손해는 혈연관계에 의해 발생하는 이익으로 조정되어야만 한다. 더 나이 든 형제의 경우 이익은 더 어린 형제의 생존 가능성에 비례한다. 이렇게 조정된 이익 역시 더 나이 든 형제의 생존 전망과 비교해 평가되어야만 한다. 작용 요인은 생존 가능성의 상대적 차이다. 형제들의 터울이 작으면 작을수록 이 전망은 더욱 동등해진다. 이런 경우에 형제들은 이타주의의 이익을 무시하려고 하지 않는다. 쌍둥이 — 이란성 쌍둥이 일지라도 — 는 서로에게 이타적으로 행동해야 할 이유가 충분하다. 다 원주의적 관점에서 볼 때 그들은 한 배를 타고 있기 때문이다.[45] 훨씬 더 나이 든 형제들의 경우 새로 태어난 아기(형제)에게 투자하는 데 따르는 비용(손해)은 매우 낮아서 일반적으로 이익이 이러한 손해를 넘어선다. 심지어 새로 태어난 아기가 언제 번식을 할 수 있을지 모른다는 불확실 성으로 인해 이익이 감소될 때조차도 말이다. 중간 정도의 연령 격차에 서는 더 어린 형제가 생김으로써 보정된 비용이 이익보다 높았다.[46]

이 가설은 검증 가능한 추론으로 이어진다. 부모들은 그들의 모든 자 식과 똑같이 유전적으로 연관되어 있다. 자식들도 서로에게 똑같이 연 관되어 있다. 그러나 그들은 형제들보다 스스로와 두 배 더 연관되어 있 다. 그렇기 때문에 자식들은 형제의 생존 전망을 부모보다 더 많이 무시 하는 경향이 있다. 부모와 자식이 다른 자식의 생존 가능성을 도외시하 는 방식에서 보이는 차이의 정도는 두 자식의 나이 차의 함수로써 변할 것이다. 부모와 자식이 보이는 이런 평가 차이는 곡선 형태를 따른다. 특 히 서너 살 터울의 동생이 있는 첫째들은 다른 연령 격차의 첫째들보다 더 커다란 부모-자식 갈등을 경험해야 한다. 반면 같은 쌍의 더 어린 형 제는 부모와의 갈등을 더 적게 경험해야 한다. 왜냐하면 그 또는 그녀의 이해관계가 흔히 나이 많은 형제의 과도한 공격을 보상해 줄 것으로 기 대되는 부모에 의해 보호받을 것이기 때문이다. 나는 연구를 통해 이 사 실을 확인했다.[47]

이 증거는 훨씬 더 일반적인 결론을 암시해 준다. 아이들 사이의 출생 간격이 그들의 다원주의적 이해관계에 미치는 영향은 부모의 이해관계 에 미치는 영향과 다르다. 따라서 자식들의 이해관계는 출생 순서에 따라 달라진다. 포괄 적응도에 비대칭이 유입됨으로 인해 출생 순서와 연령 격차가 서로 상이한 가족 환경의 중요한 원천이 되는 것이다.

다원주의의 논리는 또 다른 검증 가능한 개념을 제안한다. 형제의 차이는 쌍둥이가 아닌 형제보다 나이가 같은 이란성 쌍둥이 사이에서 더 적어야 한다. 두 경우 모두 대략 절반 정도의 유전자를 공유하고 있음에도 불구하고 말이다. 몇 건의 개별 연구에서 나온 성격 특성의 합성 함수에 기초해 보았더니 이란성 쌍둥이의 평균적인 상관관계는 0.25로, 쌍둥이가 아닌 형제(0.11)의 두 배였다.[48] 이란성 쌍둥이의 유사성이 더 큰 것은 더 많은 경험을 공유했기 때문이지 나이가 같고 (나아가 포괄 적응도가 유사하기) 때문이 아니라고 주장하는 사람이 있을 수도 있겠다. 동일한 환경이 성격 발달에 행사하는 역할이 그저 그런 수준임을 감안할 때 이러한 대안적 설명이, 비록 완전히 배제할 수는 없지만 그렇다고 특별히 강력한 것은 아니다.[49]

## 부모의 사망

형제들은 하나의 목표를 놓고 경쟁한다. 부모의 투자를 더 많이 확보하는 것이 바로 그 목표이다. 이 결론은 내가 개진하는 주장들의 또 다른 검증으로 이어진다. 부모의 투자가 출생 순서 효과를 추동한다면 투자의 결핍은 그 결과를 조정할 것이다. 극단적인 예를 들어 보자. 고아원에서 자란 형제들은 전형적인 첫째와 후순위 출생자들처럼 행동해서는 안 된다.

정말이지 출생 순서 효과는 부모의 사망에 의해 조정된다. 사회 계급이 이 관계에서 중요한 역할을 수행한다. 상층 계급 및 중간 계급 가족의

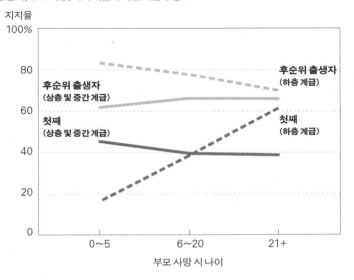

**출생 순서, 부모 사망, 사회 계급에 따른 혁신 수용도**

지지율

100%

80  후순위 출생자
(상층 및 중간 계급)

후순위 출생자
(하층 계급)

60  첫째
(상층 및 중간 계급)

첫째
(하층 계급)

40

20

0

0~5        6~20        21+

부모 사망 시 나이

**그림 5.3** 출생 순서, 사회 계급, 부모 사망에 따른 과학 혁신에 대한 개방성. 그래프는 3원적 상호 작용 효과를 보여 준다.

출생 순서가 혁신에 대한 개방성에 영향을 미친다. 그러나 사회 계급과 부모 사망은 (적어도 직접적인 방식으로는) 영향을 미치지 않는다. 그러나 뒤의 두 변수는 출생 순서와 상호 작용한다. 상층 및 중간 계급에서 부모가 조기 사망할 경우 출생 순서 효과가 감소한다. 하층 계급에서 부모가 조기 사망할 경우는 정반대의 결과가 발생한다. 출생 순서에 따른 차이가 확대되는 것이다. 이 3원적 상호 작용 효과는, 본문에서 설명한 것처럼, 가족 내 지위의 변화를 반영한다.

경우 부모의 조기 사망은 급진주의적 태도에서 형제들이 드러내는 전형적인 차이를 줄여 버린다. 하층 계급 가족에서 부모의 사망은 정반대의 효과를 발휘한다. 부모의 조기 사망은 첫째들을 충실한 보수주의자로 탈바꿈시킨다. 이런 가족들에서는 첫째들이 명확하게 드러내는 보수주의로 인해 그들의 더 어린 형제들이 그 어느 경우보다 더 심각한 반항적 성향을 갖게 된다(그림 5.3).[50]

이렇게 엇갈리는 결과는, 부모의 사망이 가족 내 역할과 지위에 미치는 영향을 통해 간접적인 방식으로 성격에 영향력을 행사함을 암시한다. 형제들은 부모의 사망에 직면하여 이 사실을 슬퍼하면서도 더욱 더 서로를 지원하게 되는 것이 보통이다. 특히 부모의 사망이 가족 구조의 변화로 이어지지 않을 때 이런 친밀함이 종종 유지된다.[51] 알렉산더 폰 훔볼트와 빌헬름 폰 훔볼트는 각각 여덟 살과 열 살 때 아버지를 여의었다. 이후로 형제는 "떨어질 수 없는 동료 관계"를 계속 유지했다.[52] 이런 친밀함은 빌헬름이 가장이 되지 않았다는 사실에 주로 기인할 것이다. 쿤트라는 이름의 충직한 개인 교사가 부모 역할을 하면서 그들에게 다양한 과목들을 가르쳤고, 그들의 모든 여행에 동행했다. 한 전기 작가는 이렇게 말한다. "아버지가 사망했다고 해서 그들의 삶의 방식에 변화가 생기지는 않았다."[53] 형제가 대학 교육을 마친 이후에도 쿤트는 계속해서 훔볼트 가문의 일원으로 남았다. 이렇게 충직했던 쿤트는 죽어서 훔볼트 가문의 지하 납골당 인근에 묻혔다.

노벨 물리학상 수상자 막스 보른은 어머니의 사망으로 자신이 여동생과 더 친해졌다고 설명했다. 두 자녀 가운데 오빠였던 보른은 어머니가 돌아가셨을 때 불과 네 살이었다.

> 아이들인 우리가 슬픔과 기쁨을 함께할 안식처가 전혀 없었다. 다른 아이들은 엄마와 그렇게 했지만 말이다. 이런 상황 속에서 우리는 서로 긴밀해졌다. 우리는 같이 놀았고, 모든 것을 왜곡해서 표현하는 일종의 사적인 언어를 만들었다. 우리는 어른들이 전혀 이해하지 못하는 언어로 이야기를 나눌 수 있었다.[54]

보른이 여동생에게 권위를 행사했다면 그가 여동생과 겪은 "결합" 경험은 일어나지 않았을 것이다. 오히려 그들의 할머니가 "압도적 지배력을 행사했고," 항시 대기하는 시종이 "그녀의 부관 역할을 했다."(보른

1920년대의 **막스 보른**은 새로운 양자 역학의 권위자였다. 수줍음이 많았던 보른은 후에 자서전에서 이러한 성격에 관해 다음과 같이 말했다. "(어린 시절에) 비밀을 털어놓을 수 있는, 나의 자신감을 북돋워 주는 어머니가 없었다. 그래서 난 다소 외로운 아이가 되었다. 나 자신은 이 사실을 몰랐다. 그러나 결혼하고 처음으로 또 다른 인간과 친밀해지고 나서야 나에게 무엇이 문제였는지를 아내에게서 배울 수 있었다."(Born 1975:9)

이 직접 한 말)[55] 이 두 명의 군인 같은 어머니가 부모의 역할을 대신하면서 보른과 여동생은 "전우"가 되었다.[56]

중간 계급과 하층 계급 가정에서는 가정부나 개인 교사 같은 다른 성인들이 더 어린 형제들을 돌보는 책무를 떠맡을 가능성이 없다. 그래서 첫째들이 대리 부모가 되는 경향이 있다.[57] 19세기의 유명한 외과의 테오도르 빌로트가 좋은 예이다. 그는 다섯 살 때 아버지를 여의었고, 결핵을 앓았던 어머니가 병상에서 가계를 돌봤다. 한 전기 작가는 이렇게 적고 있다. "테오도르에게는 책임을 받아들이고 동생들의 조언자가 되는 것 외에 다른 선택의 여지가 없었다."[58] 더 어린 형제들은 첫째가 대리 부모가 되어 강화된 권위를 행사하는 것을 대체로 시기하며 정상적인 환경에서보다 훨씬 더 격렬하게 반항을 꿈꾼다. 이 점은 객관적 관찰이 입증하는 바이기도 하다.[59] 부모를 더 이른 시기에 잃을수록 하층 계급 출신의 형제들은 더 크게 양극화한다.

부모의 사망은 급진주의만큼이나 부모-자식 갈등 상황에도 많은 영향을 미친다. 부모 중 하나가 조기에 사망하면 자식들과 생존한 나머지 부모 사이에서 갈등이 커진다. 후순위 출생자들이 이 효과에 압도적으로 노출된다. 이런 환경에서 첫째들은 생존한 부모와 갈등을 덜 빚는다. 대리 부모가 되면서 일정한 특권을 갖게 되기 때문이다. 권력 구조가 다른 상층 계급 가족에서는 부모가 사망해도 부모와의 갈등 수준이 바뀌지 않는다.[60] 간단히 말해서 가족 내 역할이 바뀌면 부모-자식 갈등의 양상도 바뀐다. 형제 갈등은 그 선례를 따른다. 유명한 역사적 사실을 통해 이 점을 확인해 보자.

## 다윈 어머니의 사망

정신 분석학자 존 볼비는 다윈의 전기를 어머니의 사망을 중심으로 구성했다. 다윈의 어머니는 그가 여덟 살 때 돌아가셨다.[61] 볼비는, 다윈의 경험에서 슬퍼할 기회가 없었다는 사실을 특별한 요소로 보았다. 다윈의 아버지와 누이들은 어머니의 죽음에 관해 얘기하거나 그녀의 이름조차 입 밖에 내지 않았다. 이런 "침묵의 벽"으로 인해 다윈은 시간이 지나서도 어머니에 대해 기억하는 게 별로 없게 된다. 그는 어머니의 인상착의조차 기억하지 못했다! 그러나 다윈은, 『자서전』이 상세하게 입증하는 바, 기타의 유년 시절 경험은 아주 또렷하게 기억했다.

다윈이 어머니에 대한 기억을 "억눌렀다"는 결론은 다음의 놀라운 이야기를 통해서도 확인할 수 있다.[62] 다윈의 가족은 낱말 놀이를 하고는 했다. 다른 놀이 참가자한테서 단어를 가져다가 철자를 추가해 새로운 낱말을 만드는 것이었다. 누군가가 OTHER라는 단어 앞에 M을 집어넣었다. 다윈은 그 단어를 물끄러미 쳐다보다가 이의를 제기했다. "MOE — THER. MOE-THER란 단어는 없잖아요."[63]

다윈의 어머니가 사망하면서 가족 역학이 바뀌었다. 볼비에 따르면 이런 상황으로 인해 다윈의 자부심이 상처를 입었다. 다윈의 아버지는 아내가 사망하자 낙담했고, "냉소적이고 사나워졌다." 나중에 다윈의 아내가 된 사촌 에마는 어린 시절부터 시아버지를 알고 지냈다. "그는 성격이 까다로운 사람"이었다고 그녀는 말한다. "소년의 고함과 어수선한 태도를 그는 참아 내지 못했다."[64]

로버트 다윈의 성급함과 우울증이 얼마간 꼬여 버린 아들과의 관계에 더해졌다. 그는 아들이 "아주 평범한 아이"라고 생각했다. 다윈은 『자서전』에서 아버지가 자신의 박물학에 대한 열정을 대수롭지 않게 여겼다고 회고했다. "한번은 아버지가 내게 이렇게 말씀하셨는데 무척이나 굴욕적이었다. '너는 사냥, 개, 쥐잡기 말고는 도무지 신경 쓰는 게 없구나. 그렇게 사는 것은 너 자신은 물론이고 가족들에게도 불명예가 될 뿐이야.'"[65] 다윈의 딸 헨리에타는 그가 이렇게 말했음을 기억한다. "어렸을 때는 아버지가 내게 다소 부당하게 대했다는 생각이 든다. 그러나 이후로 나를 가장 좋아해 주셨음을 알게 된 지금은 감사하고 있다."[66] 다윈의 온화한 태도와 관대한 기질을 고려할 때 이 발언은 아마도 그가 느꼈던 분노를 최소화해 표현한 것일 듯하다.

수재너 다윈의 죽음으로 또 다른 중요한 결과가 야기되었다. 다윈이 두 명의 손위 누이, 특히 아홉 살 위였던 캐럴린과 맺었던 관계가 바뀐

**왼쪽** 다윈의 아버지 **로버트 워링 다윈**(1766~1848년). 그는 거구였다. 마지막으로 몸무게를 쟀을 때 288파운드(약 103킬로그램)였다. 아들이 전하는 바에 따르면 그 후로도 그는 "몸무게가 계속 늘었다." **오른쪽** 다윈의 어머니 **수재너 웨지우드 다윈**(1765~1817년). 그녀는 다윈이 여덟 살 때 죽었다(복부암이었을 것으로 추정된다.). 다윈은 그녀에 관해서 거의 아무것도 기억하지 못했지만 다른 사람들은 그녀가 "상냥하고 인정 많은 성품"이었다고 묘사했다. 한 출처에 따르면, "그녀는 남편의 모든 관심 분야에 열성적으로 개입했다. 남편이 시아버지 에라스무스 다윈처럼 식물학과 동물학에 커다란 흥미를 가졌기 때문에 그들의 정원은 가장 훌륭한 관목과 꽃들로 유명해졌다. 그들은 새와 동물도 키웠다. '산비둘기'의 아름다움과 다양성과 유순함이 마을은 물론이고 인근 지역에까지도 널리 알려졌다."(Bowlby 1990:46)

것이다. 캐럴린은 그의 두 번째 엄마가 되려고 노력했지만 자신의 노력에만 지나치게 헌신하고 말았다. 다윈은 『자서전』에서 자신의 감정을 부지불식간에 드러냈다. 그는 캐럴린이 있는 방에 들어갈 때마다 이렇게 중얼거리곤 했다. "'누나가 오늘은 또 뭘 가지고 날 야단칠까?' 나는 그녀가 하는 말에 구애받지 않으려고 마음을 독하게 먹었다."[67] 다윈은 누나들과의 이런 주종적 관계에서 결코 벗어나지 못했다. 그는 비글 호 항해 마지막 해에 그녀들에게 이런 내용의 편지를 썼다. "(내가 돌아가면) 옛날처럼 잔소리를 통해 나를 교화하겠다고 덤벼들겠지."[68] 다윈의 유년 시절

**다윈의 여섯 형제 중 네 사람. 왼쪽 위** 찰스보다 네 살이 많았던 에라스무스. **오른쪽 위** 찰스보다 아홉 살 위로, 어머니 수재너 사후 두 번째 엄마 노릇을 하려고 했던 캐럴린. **아래** 찰스와 여동생 캐서린은 가족의 가장 어린 구성원이었다. 이 초상화는 어머니가 돌아가시기 1년 전인 1816년에 그려졌다. 당시 찰스는 일곱 살, 캐서린은 여섯 살이었다. 다윈이 식물을 들고 있는 모습에서 어머니가 꽃과 원예에 관심이 많았음을 짐작할 수 있다.

에 확실히 부족했던 것은 누군가에게 안정된 애착을 느끼는 것이었다.

볼비에 따르면 다윈은 어머니의 죽음에 관해 상의할 기회가 없었고, 유년기에 아버지와 어려운 관계를 맺었으며, 지나치게 열심인 누나들에게 양면적인 감정을 느꼈다. 이런 것들이 원인이 되어 그는 결국 근심과 우울증, '과호흡 증후군'의 여러 증상을 드러내게 되었다. 최근의 유행병 연구들은 진정 부모의 조기 사망이 이런 장애의 가능성을 증대시킨다는 것을 보여 주었다.[69]

비글 호 항해에서 **귀환한**(항해 중에 그는 대체로 원기 왕성한 체력과 지칠 줄 모르는 에너지를 과시했다.) 다윈은 사람들과 대화를 하게 되었다는 흥분으로 "격심한 오한과 구토 증세"를 보였다. 그는 여생 동안 자주 현기증, 구토, 히스테리성 고함 증상을 보였다. 1841년 서른둘의 나이에 그는 사촌에게 자신이 "조용히 살아야만 하고, 그 누구도 만날 수 없으며 가장 가까운 친척과도 오랜 시간 이야기할 수 없다."는 내용의 편지를 썼다.[70] 그는 애처롭게 고백한 것처럼 "산 채로 무덤에 유폐되었다."[71]

다윈의 증상은 과호흡 증후군 진단과 놀랍도록 일치한다. 이 장애를 겪는 사람들은 자율 신경계의 과도한 흥분을 경험하고, 그리하여 무의식중에 호흡이 증가한다. 이때 왕성한 활동이 일어나지 않을 경우 환자의 이산화탄소 수치가 떨어진다. 그러면서 증상이 촉진되는 것이다. 여기에는 실신이나 욕지기처럼 대체로 다윈이 경험한 증상들이 포함된다. 환자가 몇 분 동안 종이 주머니에 대고 호흡을 하도록 하는 것이 치료책이다. 이렇게 하면 이산화탄소 수치가 정상 수준으로 회복된다.

볼비는 과호흡 증후군이 비판에 대한 다윈의 민감성을 알려 주는 생리적 지표였다고 주장한다. 그의 연구 행태도 이런 경향을 알려 주는 또 다른 지표였다. 그는 자신이 예상할 수 있는 결점으로부터 스스로를 방어하기 위해 노력하는 과정에서 일 중독자가 되었다. 다윈은 친구 조지프 후커에게 이렇게 속내를 털어놨다. "휴일이란 말은 나에게는 사어(死語)일 뿐이야. 그 사실이 몹시 가슴 아프기도 하네."[72] 다윈은『자서전』에서 시와 음악에 대한 취미가 점점 사라져 가고 있다고 기술했다. 그는 이렇게 탄식했다. "나의 마음이 각종의 사실들에서 일반 법칙을 도출해 내는 일종의 기계가 되어 버린 것 같다."[73] 그는 구토 증상이 심각해질 때까지 자신을 몰아치곤 했다. 그러면 아내 에마가 그를 건강관리 클럽에 보내 '안정 요법'을 취하도록 강권했다. 이런 쇠약과 고통의 끔찍한 주기가 계속해서 반복되었다. 볼비의 말을 더 들어 보자.

다윈이 사망한 1882년 다운하우스에 있던 **다윈의 서재**. 다윈은 아들 레너드에게 이렇게 고백하기도 했다. 자신이 "철저하게 저술에 몰두할 때를 제외하면 결코 편안했던 적이 없다."고.(Bowlby 1990:12)

다윈의 과학 활동은 …… 그를 괴롭히던 곤경에서 탈출하기 위한 필수 불가결한 도피처이기도 했다. 그가 과로했다는 게 별로 이상한 일도 아니다. 그는 일주일에 7일을 매일의 계획에 따라 연구를 수행한 일 중독자였다. 이런 과정이 그가 더 이상 버틸 수 없을 때까지 매주 계속되었다.[74]

다윈의 취약한 자부심이 그의 '과학 방법'에 독특한 특징들도 빚어냈다. 그 특징은 상습적인 자기 회의였다. 특히 다윈은 자신의 판단에 끊임없이 질문을 던짐으로써 가설 검증의 귀재가 되었다. 물론 있을 수 있는 오류에 대해 이렇게 과도하게 집착함으로써 감정적 손실이 지속적으로 발생했다는 점은 불행한 일이다.

다윈의 자기 회의 성향이 그의 연구 활동에서 위력적인 자산이 될 수 있었던 이유는, 그것이 그가 구비했던 또 다른 독특한 성격 특징에 의해 보완되었기 때문이다. 다윈은 반대 의견에 직면했을 때 놀라울 정도로 악착같은 면을 보였다.[75] 그가 소년 시절에 누나 캐럴린의 질책에 아랑곳하지 않기 위해 '완고한' 태도를 견지했었다는 것을 상기해 보라. 엄마에게 그런 꾸중을 들었다면 사정이 달라졌을지도 모른다. 그러나 누나의 비난은 다윈을 반항적으로 만들었다.

적절히 지도되기만 하면 끈기는 유용한 특질이다. 다윈의 경우에는 끈기가 평생에 걸친 그의 진화 연구에서 매우 중요하게 작용했다. 다윈 자신도 이 자질이 천재성을 발휘할 수 있게 된 개인적 근거라며 특별히 높이 평가했다.[76] 그는 다음과 같은 표현을 아주 좋아했다. "지성이면 감천이다."[77] 프랜시스 다윈은 아버지의 이 말에 대해 다음과 같이 논평했다. "인내보다는 끈기라는 말이 그의 사고방식을 더 잘 드러내 준다. 인내라는 말은 진리를 밝혀내겠다는 그의 맹렬한 욕망을 거의 드러내 주지 못하는 것 같다."[78] 다윈은 과학자로서 당대의 가장 논쟁적인 문제들을 다루었다. 그는 그 옛날 누나의 질책에 직면했던 때와 똑같이 냉정한 태도로 이 문제들에 임했다. 다윈이 천재성(비범함)에 관해 생각했다면 그것은 그에게서 가장 특징적이었던 형제 전략 가운데 하나와 동의어였다. 다윈의 비범함에는 기성의 권위에 도전하는 완고한 고집 말고도 다른 많은 것들이 존재했다. 그러나 끈기가 없었더라면 오늘날 그의 이름을 품고 있는 혁명을 완수하는 데서 그의 지적 탁월성도 별다른 역할을 하지 못했을 것이다.

다윈의 삶과 혁명적 업적은 부모의 사망과 관련해 중요한 결론을 보강해 준다. 형제 관계의 변화 — 사망 그 자체가 아니라 — 가 뒤이은 성격의 변화를 지시한다. 부모가 사망하면 사회 계급이 중요해지는데, 이것은 사회 계급이 대체 양육의 가능성을 알려 주는 훌륭한 예보자이기 때문이다. 부적절한 양육처럼 부적절한 대체 양육도 반항적 성향을 증대시킨다.

## 결론

다윈이 과학계의 성공을 추구하는 과정에서 발견한 것처럼 우리가 사는 세상은 가능한 모든 세계의 최선이 아니다. 볼테르의 캉디드처럼 그도 처음에는 완벽한 세계라고 가르침 받은 것을 믿었다. (유명한 영국의 팡글로시안) 윌리엄 페일리는 하나님께서 자연의 섭리에 따라 모든 피조물을 의도한 곳에 지혜롭게 두셨다고 말했다. 다윈은『종의 기원』이 발간되기 불과 이틀 전에도 이렇게 말했다. "페일리의『자연 신학(*Natural Theology*)』보다 더 탄복한 책이 내게는 없었다. 과거에는 거의 진심으로 그렇게 말했다."[79]

설계론이 아니라 자연선택에 의한 진화가 왜 생물이 그들의 환경에 적응하는지를 설명한다. 또한 진화는 생물이 주변 세계에 결코 완벽하게 적응하지 못하는 이유도 설명해 준다. 아픔과 고통은 불완전한 세계의 두드러진 두 가지 결과물이다. 『종의 기원』에서 다윈은 이렇게 주장했다. "젖형제를 쫓아내는 뻐꾸기 새끼, 노예를 만드는 개미들, 털벌레의 살아 있는 몸체 안에서 먹이를 취하는 맵시벌의 애벌레와 같은 예들을 특별히 부여받거나 창조된 본능이 아니라 하나의 보편 법칙의 작은 결과들로 바라보는 것이 내게는 훨씬 더 만족스럽다."[80] 한 세기가 흐른 지금 자연선택에 의한 진화는 생명 과학에서 단 하나의 가장 위대한 통합 원리로 남아 있다. 미국의 유전학자 테오도시우스 도브잔스키가 말한 것처럼, "진화의 조명을 비추지 않고는 생물학의 그 어떤 것도 의미를 획득하지 못한다."[81]

인간의 발달도 다윈의 기본 원리들과 부합한다. 물론 대부분의 세부 항목들이 학습을 통해 성취되기는 하지만 말이다. 이 과정에는 뜻하지 않은 장애들이 발생한다. 다윈도 그 가운데 일부를 직접 경험했다. 그의 개인적 곤경으로는 대가족 내의 하위 출생 순위, 자신과 손위 형제 사이의 4년 터울, 아버지와의 수고스러웠던 관계, 여덟 살 때 돌아가신 어머니, 그에게 너무나 열성적으로 어머니 노릇을 했던 누나가 있었다. 다윈은 이런 유년기의 경험 속에서 각종의 발달 장애를 경험했고, 그러한 상황들은 나아가 그의 급진적 성향을 고무했다. 인간 개인의 발달을 규정하는 직접적 원인과 궁극적 원인 사이의 관계를 설명하는 포괄적 체계를 제공해 주는 다윈의 이론은, 이런 전기적 결과를 종합적으로 알려 준다.

부모 사망은 발달 장애를 포함한 각종의 가족 경험이 가족 구성원들에게 강한 영향을 미치는 방식을 예증해 준다. 부모 사망은 형제들에게 동일한 영향을 주지 않는다. 가족 구조 내에서 그들이 차지하고 있는 지위가 서로 다르기 때문이다. 심지어 사회 계급도 각각의 형제들에게 미치는 영향이 서로 다르기 때문에 개개인의 성격에서 아주 커다란 역할을 한다. 부모가 사망하면 사회 계급이 가족 내 지위의 변화를 추동한다. 하층 계급 가족에서는 맏이가 대리 부모가 되는 경우가 많다. 더 어린 형제들이 부모의 역할을 떠맡도록 내몰리는 경우는 거의 없다. 상층 계급 가족에서는 부모의 사망이 다른 결과를 가져온다. 상층 계급 가족에서는 지위가 다르게 구조화된다.

이런 증거는 계급 갈등이 역사의 원동력이라는 마르크스의 주장과 충돌한다. 혁명가들의 급진주의는 부족한 가족 자원을 놓고 벌어지는 경쟁 — 과 그런 경쟁을 규정하는 가족 내 지위 — 때문이지 계급의식 때문이 아니다.[82] 마찬가지로 프로이트의 오이디푸스 콤플렉스 개념도 다윈주의의 세계에서는 말이 안 된다. 자식들은 한 부모를 독차지하기 위해 다른 부모를 죽이려고 하지 않는다. 유년기의 아이들은 부모의 투자를 극대화하는 데 관심이 있지 그 투자를 반 토막 내려고 하지 않는다. 프로이트는 다윈주의의 원리들을 경시했고, 인간 발달에 관한 그의 주장은 처음부터 실패가 예정되어 있었다. 정신 분석학의 실패 — 이론과 치료 모두 — 는 가족 경험의 이러한 근본적 오해에 대한 각주이다.

형제 전략은 돌에 새겨진 것이 아니다. 또한 유전학에 따라 단순한 방식으로 미리 결정되지도 않는다. 발달 과정에서 조우하게 되는 장애들 때문에 진화는 우리 모두가 융통성 있는 전략가가 될 수 있도록 채비를 해 놓았다. 가족 내 지위에 문제가 발생하면 가끔씩 첫째들 가운데서도 명예로운 후순위 출생자들이 나온다. 다윈주의의 세계에서는 성격 발달이 가족 내 지위와 발달 장애라는 지워지지 않는 흔적을 반영한다.

# 6장

●

## 성(性)

 

성격에 있어서의 성차(性差)의 본질과 정도는 오랫동안 논쟁거리였다. 기록된 대부분의 역사에서 여성은 남성보다 열등하며, 따라서 종속적 사회 지위를 부여받는 "취약한 성(性)"의 운명을 타고났다고 여겨졌다. 여성은 남성과 비교할 때 뇌가 더 작다. 이 사실이 여성의 열등성을 입증하는 증거로 오랫동안 받아들여졌다. 과학자들은 마침내 뇌의 크기가 체격과 상관관계를 맺고 있다는 사실을 밝혀냈다. 결국 그들은 남성과 여성의 뇌가 비례적으로 동일한 부피임을 깨달았다.[1] 보다 신뢰할 수 있는 심리 검사가 도입되면서 상상만 해 오던 다수의 성차를 실재와 구분할 수 있게 되었다. 물론 그렇다고 할지라도 성차에 관한 문헌들은, 겉으로 볼 때, 계속해서 모순적인 결과들을 보여 주었다. 예를 들어, 어떤 연구는 여성들이 남성들보다 더 순응적이라고 보고한다. 정반대의 결과를 알리는 연구들도 있다.[2] 무엇을 믿어야 하는 것일까?

다수의 심리적 특성에서 성별에 따른 차이는 대수롭지 않거나 존재하지 않는다는 사실이 입증되었다. 실제로 성별 그 자체는 성 역할만큼 그렇게 유의미한 요소가 아니다. 한 전문가의 결론처럼, "지적·정신 사회적 과제에서 성별에 따라 드러나는 차이는, 영향력 있고, 수입이 많으며, 만족스럽고, 안정된 직업에 종사하는 남녀의 비율이 보여 주는 현격한 차이와 비교할 때 상대적으로 작다."[3]

성별에 따른 일부 심리적 특징은 반복된 조사 과정에서도 살아남았다. 이것들 가운데 가장 중요한 것으로 공격성, 적극성, 순응성, 나약함이 있다.[4] 성별에 따른 또 다른 차이는 배우자에게서 가장 바라는 가치들이다. 남성은 여성보다 배우자의 젊음과 매력을 더 높이 평가한다. 여성은 남성보다 배우자의 경제적 성공을 더 많이 본다. 정직성과 친절함 같은 특성들에는 두 성별 모두 비슷한 가치를 부여했다.[5]

많은 성차가 상황과 과제에 특징적이다.[6] 물리 과학의 지식 내용이 포함되어 있는 검정 과목에서는 남성이 대체로 여성을 능가한다. 건강 관리에 관한 정보에서는 여성이 남성을 능가한다.[7] 순응 행동도 과제에 따라 유사하게 상호 작용한다는 사실을 알 수 있었다. 성인이 포함된 경험적 연구들에서 여성은 일반적으로 남성보다 더 순응적이었다. 대개는 실험의 요구 사항들이 결과의 변동에 결정적 구실을 한다. (여성의 패션처럼) 화제와 관련해 여성이 사정에 밝을 경우 남성은 여성보다 더 순응적이었다.[8] 개인과 상황, 과제 사이의 이런 상호 작용은 흔한 일이다. 상호 작용 효과를 인식하면서도 그 결과를 '모순적'이라고 해석해 성별의 진정한 영향력을 과소평가하는 경향이 존재한다는 것은 정말로 문제다.

이런 상호 작용의 대부분은 가족 구조 내부에서 사전에 준비된다. 형제들은 각자의 상이한 가족 내 지위 속에서 상이한 행동적 맥락에 직면한다. 역설적이게도 우리는 성별을 통해 자매들이 왜 그렇게 다른지를 이해할 수 있다. 여성이라는 것이 후순위 출생자에게 제공하는 것과 똑같은 경험을 첫째에게 제공하지 않는다. 동일한 결론이 남자 형제들에게도 적용된다. 형제들의 성격은 가족 내 지위가 부과하는 명령에 따라 달라진다. 성별이 관련된 특성을 포함해 성격의 발달에서는 가족 내 지위가 흔히 생물학적 사실(성별)보다 우위에 선다. 가족 내 지위는 문화도 초월한다. 순응성에 관한 연구를 통해 이 사실을 예증해 보자.

## 출생 순서와 순응성

출생 순서에 따른 기댓값의 견지에서 봤을 때 성별은 순응 행동에서 파격적인 예외를 낳는다. '자매 둘'의 집단에서 일부 첫째들은 뚜렷하게 불순응적이었던 반면 일부 후순위 출생자들은 의심할 나위 없이 순응적이었다.[9] 이 결과는 두 명으로 구성되는 형제 관계의 자매 쌍에 한정되었다. 더 큰 규모의 형제 관계에서는 첫째로 태어난 여성들이 순응적이었고, 후순위로 태어난 여성들이 반항을 꿈꾸었다. 형제 관계에서 남자 형제들이 존재할 때에도 사정은 마찬가지였다. 이 결과는 성별과 관련해 상호 작용적 관점이 필요함을 밝히 드러내 준다. 특히 가족 내 지위에 따른 역할을 수반하는 성별과 관련해서였다(그림 6.1).[10]

　일부 심리학자들은 역할 이론을 도입해 순응성과 관련된 이런 결과들을 설명하려고 했다.[11] 그들에 따르면 형제들은 서로에게서 성별에 적합한 행동을 배운다. 그것은 귀감이 되는 성별에게 영향을 받는 과정이기도 하다.[12] 두 자매 가운데 더 어린 동생은 여성적 행동을 예시하는 모

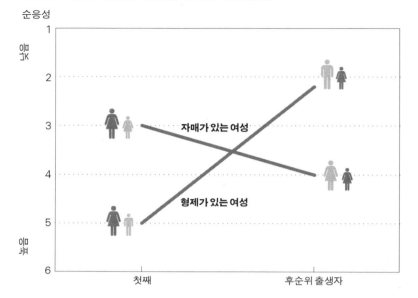

**두 명으로 구성된 형제 관계에서 출생 순서에 따른 여성의 순응성**

**그림 6.1** 두 명으로 구성된 형제 관계에서 여성들이 출생 순서에 따라 보이는 순응성의 정도. 세로 눈금자는 네 명으로 구성된 형제 관계의 평균 순응성 계수를 표시한다. (여기서 보이지는 않지만) 남성 네 명으로 구성된 유사한 형제 관계의 순응성 계수도 함께 채점했다.

두 자매일 경우에는 후순위 출생자들이 첫째들보다 순응적일 확률이 더 높다. 형제가 있는 자매들의 경우 일반적인 출생 순서 관계가 압도적이다. 첫째들은 순응하고, 후순위 출생자들은 순응하지 않는다. 네 명의 형제 가운데서 가장 불순응적인 형제의 지위는 오빠들이 있는 후순위 출생의 자매들이다. 여성들의 경우, 출생 순서도 형제의 성별도 순응성의 유의미한 예보자가 못 되었다. 그러나 출생 순서와 형제의 성별 사이의 상호 작용은 중요했다.

범과 함께 자란다. 결과적으로 그녀는 집단의 의지에 순응하고 협력하는 등의 자매적 가치들을 모방하게 된다.[13]

'지위 분할' 개념은 자매 양자 관계의 행동을 설명하는 데 요긴하다. 남자 형제가 없는 상황에서 자매들은 스스로에게 동기가 있는(남성적) 지위와 자기 표출적(여성적) 지위를 할당하는 것 같다. 언니는 자신이 어머니의 유일한 관심 대상이 아님을 깨닫고 주된 귀속화를 아버지한테로

옮긴다. 이것은 포상을 조건으로 하는(동기가 있는) 특성의 발달을 조장하는 과정이기도 하다.[14] 형제 대비 효과가 이런 귀속화 차이를 강화해 주는 것 같다. 지위 분할을 야기하는 정확한 심리적 메커니즘이 아직 충분히 해명되지는 않았지만 그런 일들이 발생한다는 증거는 상당히 많다. 그 증거들은 출생 순서, 성별, 형제들의 성별 사이의 상호 작용 효과로 드러나는 것이 일반적이다.[15]

　방금 검토한 연구들은 두 자녀로 구성된 가족에 기초하고 있다. 더 큰 규모의 형제 관계에서는 상황이 다른데, 그것은 지위 분할이 다소 다른 규칙을 따르기 때문인 것 같다. 큰 규모의 형제 관계는 첫째의 대리 부모 역할을 강화한다. 양육 책임으로 인해 장녀들의 어머니에 대한 귀속화가 이루어지고, 그리하여 부모의 권위에 순응할 가능성이 커지는 것이다. 가족의 규모가 커지면 자매들이 남자 형제들과 함께 자랄 통계적 확률도 아울러서 커진다. 남자 형제의 존재가 자매들이 전통적인 성 역할을 채택할 가능성을 증대시킨다. 형제들이 전통적인 성 역할을 떠맡게 되면 출생 순서가 순응성에 정상적인 영향력을 행사한다.[16]

　성별과 관련해 가장 주목할 만한 특징 가운데 하나는 그것이 형제들이 보이는 기타의 차이들과 맺고 있는 복잡한 연계이다. 대부분의 성격 특성에서 성별에 따른 차이는 형제가 보이는 차이와 비교할 때 대수롭지 않은 수준이다. 성별이 관계된 특성은 일반적으로 개인 대 개인의 기초 위에서 가족 내 지위를 규정하는 변수들의 상호 작용 효과로서 나타난다.[17] 역사적 자료를 통해 이런 결론들을 보강할 수 있다. 정말이지 역사적 자료가 그 결론들을 지지하는 최고의 증거들을 제공해 준다.

## 여성 개혁가들

여성들이 보이는 급진주의의 원인을 이해해 보려고 노력하는 과정에서 나는 미국 역사에 등장하는 유명한 개혁가 504명을 취합해 데이터베이스를 만들었다.[18] 자신이 보수주의자임을 자처한 미국인 110명도 따로 대조군으로 획정했다. 이 통합 표본의 35퍼센트를 여성이 차지했다.[19]

나의 조사는 61가지 상이한 개혁 유형을 포괄했다. 여기에는 보건, 식량, 의복, 주택, 정치, 인종 평등, 여성의 권리 같은 쟁점들이 포함되었다. 단순화를 위해 나는 이 61개의 운동을 5개의 범주로 분류했다. (1)종교 및 정치 개혁, (2)인종 평등을 쟁취하기 위한 투쟁, (3)여성의 권리, (4)보건 관련 쟁점들, (5)기타의 사회 개혁(주택, 교육, 금주 등등).[20] 이런 구별이 중요한 까닭은, 신봉자들이 '개인 대 상황'의 상호 작용 효과에 기초해서 개혁 운동에 참여하기 때문이다. 그 '개인 대 상황'의 상호 작용 효과는 형제의 차이에 좌우된다.

개혁가들은 개혁적 관심사의 유형이 다를 뿐만 아니라 급진성에서도 뚜렷한 차이를 보인다. 한 학자가 말한 것처럼, "일부 개혁가들은 얌전한 합리성을 바탕으로 그들의 주장을 개진하면서 사회 제도의 온건한 변화만을 추구했지만 다른 개혁가들은 때때로 강력한 언어로 근본적인 구조 변화를 요구했다."[21] 내가 "온건파 개혁가들"이라고 부르는 존재는 일반적으로 체제 전복보다는 개량을 추구했다. 그들은 생활수준, 보건, 교육을 향상시키는 데 그들의 노력을 집중했다. "급진파 개혁가들"은 문화적으로 민감한 주제들, 특히 정치, 종교, 인종 관계에 자신들의 노력을 경주했다. 사회주의자, 공산주의자, 노예 제도 반대 운동가, 무정부주의자들이 급진파 개혁가들의 예이다. 서구 역사에서 사람들은 계속해서 이런 대의에 목숨을 바쳤다. 그리고 그들의 노력과 활동 속에서 평등주의적 이상이 전 세계로 확산되었다.

더 급진적인 신념을 가진 사람들은 온건파 개혁가들과 비교할 때 인종적 소수 집단이나 하층 계급 출신인 경우가 많았다. 후순위 출생자들 역시 시종일관 급진적 개혁을 옹호했다. 이런 경향은 두 성별 모두에서 유효하다. 성별 그 자체는 사회적 급진주의와 유의적 상관관계가 없다.[22] 그럼에도 불구하고 성별은 간접적인 방식으로 개혁 성향에 영향을 미친다. 이 이야기에는 성별이 출생 순서, 형제들의 성별, 가족 구조의 기타 측면들과 복잡다단하게 상호 작용하는 과정이 개입한다. 출생 순서의 역할부터 시작해 보자.

사회적 패배자들을 끌어들인다는 기준을 바탕으로 할 때 미국 역사에서 가장 급진적인 개혁 운동은 노예 제도 폐지론이었다.[23] 국민을 분열시키고 결국 무장 투쟁에 이르게 했던 이 주장은 내전의 보편적 원리를 예증한다. 내전은 흔히 같은 가족의 형제들을 분열시킨다. 노예 제도 폐지론은, 나의 조사 대상에 포함된 그 어떤 개혁 운동보다 후순위 출생자들을 더 많이 끌어들였다. 남녀를 불문하고 저명한 노예 폐지론자들은 대개 더 어린 형제들이었다.[24] 『톰 아저씨의 오두막집(*Uncle Tom's Cabin*)』(1852년)을 쓴 해리엇 비처 스토가 좋은 예이다. 그녀는 열세 자녀 가운데 일곱째였다. 노예 제도와 그 끔찍한 잔인성을 세상에 알린 그녀의 신랄한 이야기는 발간 첫해에 30만 부 이상 팔려 나갔고, 55개 언어로 번역되었다. 에이브러햄 링컨은 1863년 스토를 만났을 때 이렇게 말했다. "이 분이 엄청난 전쟁을 만들어 낸 바로 그 작은 숙녀이십니다."[25]

두드러지게 용감했던 몇몇 흑인 여성들이 후순위로 태어난 노예 폐지론자들의 대열을 튼튼하게 받쳐 주었다. 그 가운데 한 명이 해리엇 터브먼이다. 자녀가 열한 명이었던 가족의 끄트머리에서 태어난(그녀의 정확한 출생 순위는 알 수가 없다.) 터브먼은 노예였고, 잔인한 처우를 경험했다.[26]

그녀가 아직 아이였을 때 더 나이 든 형제 두 명이 팔려 갔다. 터브먼은 1849년 도망자 신세가 되었다. 서른 살 무렵이었다. 그녀는 메릴랜드에서 필라델피아까지 야밤에 혼자 이동했다. 북극성을 지표로 삼아 걸어갔던 것이다. 그녀와 함께 탈출을 시도했던 남자 형제 몇 명은 두려움을 못 이기고 돌아갔다. 이후로 10년이 넘는 세월 동안 터브먼은 남부 지방을 열아홉 차례 드나들었다. 그녀는 이 과정에서 약 300명의 노예를 북쪽으로 탈출시켜 자유를 누리게 해 주었다. 그녀는 연로한 부모를 포함해 형제 일곱 명을 구출했다. 메릴랜드의 노예 소유주들은 터브먼의 습격을 막기 위해 헛된 노력을 펼쳤다. 그들은 그녀의 목에 막대한 현상금을 걸었다. 한 전기 작가는 이렇게 언급하고 있다. "그녀는 매번의 여행을 군사 작전으로 이해하고, 엄격한 규율을 강제했다. 심지어 필요하다고 판단할 경우, '동행자'들이 돌아가겠다고 하면 죽여 버리겠다고 협박했다. 10년에 걸친 구출 작업 과정에서 그녀가 생포나 자수로 잃은 탈출 노예는 단 한 명도 없었다."[27] 한 동시대인은, 터브먼에게는 "개인적 공포가 전혀 없는 것처럼 보였다."고 말했다.[28] 한번은 그녀와 몇몇 도망 노예들이 붙잡힐 위험에 처했다. 바로 그때 그녀는 남부행 기차에 탑승하는 대담한 행동을 취했다. 어느 누구도 남부로 여행하는 한 무리의 흑인들을 의심하지는 못하리라고 판단했던 것이다. 하퍼스페리 무기고 습격을 이끌었던 존 브라운은 존경하는 터브먼에게 "장군"이라는 호칭을 붙여 주었다.[29] 남북 전쟁 기간에 그녀는 남부에서 북군의 스파이로 활약했다.

후순위로 태어난 여성들과 비교할 때 첫째로 태어난 여성들은 현 상태를 방어하는 경향이 있었다.[30] 미인 대회 우승자 출신인 애니타 브라이언트가 좋은 예이다. 그녀는 1960년대에 노골적인 동성애 비판자로 활약했다. 이런 입장으로 인해 그녀는 결국 플로리다 오렌지 산업 협회

**해리엇 터브먼**(1820년경~1913년). 그녀는 아버지에게 정찰과 추적 활동을 배웠다. 그녀는 1849년 남부에서 탈출한 후 필라델피아에서 하인, 요리사, 노동자로 일했다. 다른 노예들을 해방하는 여행의 경비를 조달하기 위해서였다. 투사 존 브라운처럼 터브먼도 행동보다는 말로 싸우는 다른 노예 폐지론자들을 경멸했다. 그녀가 1859년 10월 실패로 끝난 하퍼스페리 무기고 습격 사건에서 브라운과 함께하지 못한 것은 오직 병 때문이었다. 터브먼은 비상한 용기와 결단력으로 흔히 "그녀가 이끄는 사람들의 모세"라고 불리었다.(Wrench 1985b)

의 대변인 직을 그만두어야 했다. 나중에 브라이언트는 신앙을 새롭게 무장한 기독교도로 개종했고, 덕분에 동성애 혐오증에서 벗어날 수 있었다. 필리스 슐라플라이는 첫째로 태어난 보수주의자의 또 다른 사례이다. 1964년 골드워터(Barry Morris Goldwater, 20세기 중후반에 활동한 미국 정치가로 보수정당인 공화당 내에서도 극우 보수파 지도자로 널리 알려졌다. 1964년에 대통령 출마를 선언하여 공화당 대통령 후보로 지명되기도 했다. — 옮긴이)를 열렬히 지지했던 슐라플라이는 평등권 수정 조항에 반대하는 캠페인을 왕성하게 전개했다. 그녀는 "여성의 권리에 반대하는 자신의 투쟁을 종교적인 문제로 보았다."[31] 내 표본에 들어 있는 또 다른 첫째 아인 랜드는 자신의 객관주의 철학을 동원해 "이타주의, 협력, 인간애, 자비심 등등의 정체"를 폭로했다.[32] 랜드는 행복의 열쇠가 자아와 자부심을 만족시키는 것이라고 주장했다. 랜드의 개인적 세계관은 다섯 가지 성격 특질 가운데 하나인 친화성/적대성에서 극단적인 적대성을 담고 있다. 출생 순서는 이 특질에서 드러나는 차이를 알려 주는 뛰어난 예보자이다.

첫째로 태어난 여성들은 사회 개혁을 지지할 때조차도 통상 그들의 활동을 보건이나 사회사업 같은 분야로 제한한다. 첫째들은 현 상태에 대한 반란이 아니라 높은 수준의 도덕적 양심에 따라 개혁 행동에 나선다. 이런 개혁 스타일의 좋은 예가 캐서린 에스더 비처다. 그녀는 해리엇 비처 스토의 첫째 형제였다. 개혁과 목사였던 아버지 리먼 비처의 영향을 받은 캐서린은 여성 교육 분야를 개척했다. 그러나 그녀의 개혁 성향에는 한계가 있었다. 노예 폐지론의 대의에 여성들을 끌어들이려 했던 앤절리나 그림케 — 막내이다. — 의 노력과 활동에 대한 응답으로 캐서린 비처는 이렇게 주장했다. "여성들은 사회관계에서 …… 또, 정치에 관여하는 데서 선천적으로 남자보다 열등하다."[33] 그녀는 여성 참정권에 반대했다. 캐서린 비처의 더 어린 형제 두 명 이사벨라 비처와 헨리 워드 비처는 같은 주장을 강력하게 지지했다. 상이한 가족 내 지위로 인해 개혁의 스타일도 달라졌던 것이다!

비처 형제들이 보여 준 다양한 대비는 나의 표본 전체에서도 그대로 드러난다. 후순위로 태어난 여성들은 성별과 맞지 않는 행동을 할 가능성이 첫째들보다 훨씬 더 많았다.[34] 19세기 내내 '정치 참여'는 여성에게 어울리지 않는 것으로 간주되었다. 여성들이 혼성 청중 앞에서 연설하는 것이 흔히 법으로 금지되었다. 그렇다고 이런 환경이 후순위로 태어난 여성들이 성 역할의 경계선을 뛰어넘어 각종의 정치 개혁에 참여하는 것을 중단시키지는 못했다.

또한 후순위로 출생한 여성들은 지역적 충성심에 도전하는 경향도 있었다. 새라 그림케와 앤절리나 그림케 자매는 남부 출신으로는 사상 최초로 노예 제도 폐지 운동에 참여한 두 여성이었다. 새라는 찰스턴의 귀족 집안에서 여섯째로 태어났다. 그녀의 여동생 앤절리나는 열넷째이자 막내였다. 노예들의 비참한 상태에 번민하던 그림케 자매는 1820년대 남부를 떠나 필라델피아에 정착했다. 그녀들은 곧이어 급진적 노예 폐지론자 윌리엄 로이드 개리슨과 접촉하고 노예제 반대 운동에 적극적으로 나섰다. 그림케 자매는 노예제의 부당성을 널리 알렸다. 가끔은 혼성 청중 앞에 서기도 했다. 다수의 북부인들은 그녀들이 성별에 따른 예의범절을 위반했다면서 비난했다. 자매들의 고향 사우스캐롤라이나는 더 단호했다. 귀향하면 투옥해 버리겠다고 협박했던 것이다! 1838년 앤절리나 그림케는 여성으로서는 사상 최초로 미국 입법부에서 연설을 하게 된다. 매사추세츠 주 의회에 선 그녀는 여성의 청원권을 옹호했다. 언니 새라보다 더 급진적이었던 앤절리나는 그때 이렇게 말했다. "노예 제도 폐지를 주장하는 우리 여성들이 세상을 갈아엎고 있습니다."[35]

후순위로 태어난 여성들은 첫째들보다 하층 계급과 관계있는 개혁을 지지할 확률이 더 높았다. 피임과 무정부주의는 하층 계급의 지지를 강력하게 끌어 모았던 개혁의 사례들이다. 상층 계급의 첫째들은 이 두 운동에서 멀리 떨어져 있었다. 그러나 상층 계급의 후순위 출생자들은 이 운동들을 지지했다. 아동 복지와 절주(節酒)는, 첫째로 태어난 여성들의 마음을 사로잡은 상층 계급적 관심사의 좋은 사례들이다.[36]

## 조정 변수, 인종과 성별

미국 출신 개혁가들에 대한 나의 연구는 인종과 성별 등의 변수가 중요하다는 사실을 뒷받침한다. 이런 변수들이 출생 순서와 상호 작용하면서 개혁 성향을 조정하는 것이다. 종교적·인종적 소수 집단에 속한 사람들의 행동을 생각해 보자. 소수자의 지위는 급진적 개혁에 대한 지지를 증대시키는 경향이 있다. 이런 경향을 통제했더니 소수 집단 출신의 첫째와 후순위 출생자들은 공히 백인 신교도 다수파 출신의 첫째 및 후순위 출생자들보다 급진적 개혁을 도모하는 투쟁에 공감할 가능성이 더 많았다. 이런 상호 작용 효과는 두 성별 모두에서 그대로 유지된다.[37] 이런 상호 작용 효과가 발생하는 주된 이유는 소수자의 지위가 첫째들에게도 영향을 미치기 때문이다. 후순위 출생자들은 인종에 상관없이 반항을 꿈꾼다. 그러나 인종적 억압 상황 속에서는 첫째들도 후순위 출생자들처럼 행동한다. 특히 노예 제도는 형제들을 진정한 형제들로 결속해 주는 경향이 있었다.

내 연구에 등장하는 여성들 가운데서 소저너 트루스는 급진적 개혁가가 된 첫째의 좋은 보기이다. 소저너는 뉴욕 주의 네덜란드어를 하는 부모 밑에서 노예로 태어났다. 출생 순서는 대가족의 아래서 두 번째였다. 형제들은 남동생 한 명을 제외하고는 그녀가 태어나기도 전에 전부 팔려 나갔다. 그녀는 기능적 첫째로 자랐다. 아홉 살이었던 1806년 소저너도 경매 시장에서 팔렸다. 1828년 주 법에 의해 해방된 그녀는 노예 폐지 운동에 합류했다. 그녀는 곧 뛰어난 강연자로 부상하면서 많은 이목을 끌었다. "그녀가 노예제 치하의 삶을 차분한 어조로 호소력 넘치게 설명하면 떠들썩하게 의심하던 청중도 마법에 걸린 것처럼 관심을 기울였다."[38] 1851년 그녀는 여성 참정권 문제로 오하이오 주에서 열린 전국 대회에 참석했다. 남성 연사 몇 명이 여성을 보호하고 받들어 줘야 한다고 주장했다. 화가 난 소저너는 "(그렇다면) 나는 여성이 아닌가?"라는 유명한 연설을 했다.

저기 있는 저 남자는 여성들이 도움을 받아 마차에 올라야 한다고 말한다. 더러운 도랑도 그렇게 건너게 해 주어야 하고, 어디에서나 가장 좋은 자리를 일순위로 배려해 주어야 한다고 말한다. 내가 마차에 오르는 것을 도와준 사람은 지금까지 단 한 명도 없었다. 그것은 물웅덩이를 건널 때도 마찬가지였고, 나는 한번도 가장 좋은 자리를 제공받아 본 적이 없다. 그렇다면 나는 여자가 아닌가? 나를 보라! 내 팔을 보라! 나는 땅을 갈았고, 씨를 뿌렸고, 수확을 했다. 그리고 어떤 남자도 나에게 이래라저래라 할 수 없었다. 그렇다면 나는 여자가 아닌가? 나는 남자만큼 일할 수 있었고, (그럴 수 있을 때는) 남자만큼 먹었다. 똑같이 채찍도 견뎌 냈다. 그렇다고 내가 여자가 아닌가?[39]

소저너 트루스 같은 첫째들이 급진적 개혁을 지지할 때 그들의 급진주의에는 흔히 발달 장애가 개입되어 있다. 노예제로 인해 흑인들의 삶은 발달 장애로 점철되어 있었다.

역시 첫째로 노예 폐지론자였던 샤를로트 포튼 그림케는, 인종이 출생 순서와 때때로 상호 작용하는 또 다른 방식을 예증한다. 샤를로트는 노예 폐지 운동의 역사에서 3대에 걸쳐 두각을 나타냈던 흑인 가문 출신이었다. 그녀는 노예 폐지를 주장하는 일가친척들 속에서 성장했다. 아버지와 몇몇 친척 아주머니들이 노예 폐지론자였다. 첫째들은 부모와 자신을 동일시하며 부모의 사회적 가치를 흡수 동화하는 경향이 있다. 샤를로트의 경우는 그렇게 하는 것이 곧 현 상태에 대한 반항을 지지하는 것이었다. 대부분의 맏이들은 반항을 꿈꾸지 않지만 급진적인 역할

모델의 자극을 받아 그렇게 되는 경우도 있다.[40]

　여성의 권리를 쟁취하기 위한 투쟁에서는 첫째로 태어난 여성들이 압도적으로 많았다.[41] 이 결과는 표면적으로 볼 때 나의 명제를 반박하는 것처럼 보인다. 그러나 이런 모순은 또 다른 상호 작용 효과로 설명할 수 있다. 여성들이 선거권을 박탈당한 상태였고, 그리하여 첫째들이 이 쟁점과 관련해 반항을 꿈꾸기가 더 쉬웠다. 노예 제도로 인해 첫째로 태어난 흑인들이 자유를 얻기 위한 투쟁에 나서기가 더 쉬웠던 것과 꼭 마찬가지로 말이다. 여성의 권리에 대한 지지는 특히 상층 계급의 첫째들 사이에서 우세했다. 높은 사회적 지위 속에서 고등 교육을 받은 그녀들은 가정에 속박당하는 상태를 참을 수 없었다.[42] 첫째들은 후순위 출생자들보다 더 성취 지향적이다. 따라서 그녀들도 자신들이 처한 곤경에 항의하고 나섰던 것이다.

　나의 연구에 등장한 각각의 여성들이 지지한 개혁의 범위와 한계를 고찰하면서 다음의 마지막 상호 작용 효과를 추가로 검토해 보자. 일부 여성 참정권론자들은 자신들의 개혁 노력을 여성의 권리로 한정했다. 반면 다른 운동가들은 각종의 급진적 개혁에 적극 가담했다. 인종 문제 개혁을 포함해 다른 쟁점들과 관련한 운동에도 참여한 여성 참정권론자들 가운데서는 후순위로 태어난 여성들이 압도적으로 많았다.[43] 간단히 말해서, 급진적인 여성 참정권론자들은 대다수가 후순위 출생자들이었다. 그녀들은 여성의 권리라는 쟁점을 그 자체로 목표로 삼은 것이 아니라 훨씬 더 인습 타파적인 개혁의 도약대로 활용했다.

　나의 연구 결과를 정리해 보면, 후순위로 태어난 여성들은 개혁 행동에 나설 때 성별, 계급, 지역적 성향, 인종에 기초한 사회적 관습을 초월했다. 첫째로 태어난 여성들은 품위 있는 개혁을 선호했다. 그녀들의 사회적 출신 배경과 어울린다고 생각되는 활동을 했던 것이다. 개혁에 직접적인 이해관계가 걸려 있는 개인들의 경우에는 일반적으로 지지 가능성이 증가하고, 동시에 출생 순서의 역할이 감소한다. 후순위로 태어난 개혁가들과 그들의 더 나이 든 형제들을 구분해 주는 것은 직접적인 이해관계와 무관한 급진적 변화를 지지하려는 의지이다. 그들은 높은 도덕적 양심이나 성취 욕구가 아니라 공감을 바탕으로 개혁의 길에 뛰어든다.

## 과학계의 여성

과학 진보와 관련한 나의 연구에서는 36명의 여성이 자유주의적 과학 혁신에 적극 가담했다.[44] 이 숫자는 전체 표본에서 작은 비율에 불과하지만 그녀들의 뚜렷하게 급진적인 입장은 주목할 만하다. 36명 가운데 한 명을 제외하고는 전부(97퍼센트)가 혁신적 대안을 지지했다! 이 표본에서 남성은 57퍼센트만이 새로운 사상을 지지했다. 이것은 엄청난 차이이다.[45] 성별에 따른 이런 차이는 과학계에 존재하는 영입 효과(recruitment effect)가 개입되어 있는 더 큰 이야기의 일부이다. 영입 효과 때문에 급진적 여성들이 이 분야로 치고 들어왔다. 이런 여성들이 직면한 가장 커다란 개혁은 '아카데미'에 들어가는 것이었다. 그런 인습 타파주의자들에게 과학 혁명은, 이미 받아들일 준비가 되어 있는 반복 공연에 불과했다.

성별이 급진적 사고방식과 밀접하게 결부되어 있지만 이 경우에는 상관관계가 인과 관계를 의미하지 않는다. 성별 말고도 가족 내 지위의 다른 측면들이, 여성들이 급진적 과학자가 되는 주된 원인이다. 내 연구에 등장한 여성들은 최소 한 명 이상의 오빠가 있었을 뿐만 아니라 다수가 후순위 출생자였다.[46] 이런 결과는 남자들의 상황과 대비된다. 남자들의 경우는 첫째라는 사실이 과학계의 성공 추구에서 강력한 자극이 되었다.[47] 첫째들은 확실성을 강조하고 커다란 성취 가능성을 제공하는 지식 분야에 이끌린다. 과학이 여성들에게 더욱 더 개방되면서 이 분야에서도 첫째로 태어난 여성들이 점점 더 많아졌다.[48] 첫째들은 혁명이 끝난 후에야 대규모로 출현하는 경향이 있다.

후순위 출생자라는 사실은 과학계에 투신한 초기의 여성 개척자들을 구분해 주는 몇 가지 특징 가운데 하나일 뿐이다. 이런 개척자들은 자유주의적인 가정에서 성장했고, 자유주의적인 사회적 입장을 지지했다.[49] 게다가 그녀들은 남성들보다 부모와 갈등을 경험할 확률이 훨씬 더 높았다.[50] 더 자세히 분석해 보았더니 어머니와의 갈등이 아주 많았음을 알 수 있었다.[51] 어머니와의 불화는 아버지와의 더 강력한 동일시를 조장하는 경향이 있다. 요컨대 이들 여성이 경험한 가족 역학은 표현적이기보다는 기계적인 성향을 선호했다. 이는 그녀들이 보이는 성별과 맞지 않는 행동을 설명하는 데 도움을 준다.

보수적인 사상은 남녀를 불문하고 보수적인 사람들을 끌어들인다. 나의 연구에서 보수적인 과학 혁신과 관련해 논쟁에 참여했던 여성들 가운데서는 첫째가 압도적으로 많았다.[52] 죽은 자와의 소통을 믿는 것은 다윈의 진화 이론을 믿는 것과 이데올로기적으로 달랐다. 첫 번째 입장은 하나님의 존재를 재확인해 주었(고 첫째들에게 호소력을 발휘했)다. 두 번째 입장은 창조에서 신이 담당한 역할을 부인했(고 후순위 출생자들에게 호소력을 발휘했)다. 이런 이데올로기적 차이는 전기적 사례들을 통해 가장 잘 파악할 수 있다.

## 마거릿 미드와 사모아

내 표본에서 자유주의적 과학 혁명에 반대한 여성 한 명이 바로 마거릿 미드이다. 첫째였던 그녀는 1920년대 후반 정신 분석학에 적대적이었다.[53] 정신 분석학이 보다 유행하게 되자 미드는 태도를 바꾸어 프로이트의 여러 개념을 수용했다. 여성주의 혁명이 시작되고, 여성들이 정신 분석학을 공격하기 시작하자 미드는 "프로이트를 비난하는 이구동성의 합창 대열에 끼려고 하지 않았다."[54] 그녀는 가장 중요한 프로이트 비평가 중의 한 명인 캐런 호니를 몹시 비난했다. 호니가 "정신 분석학 진영 내부에서 분열을 조장하기보다는 막았어야 했는데 그렇게 하지 않았다."고 생각했던 것이다.[55]

일탈 행위에 대한 미드의 태도는 그녀가 자신의 가정에서 담당한 독재적 역할과도 부합했다. 그녀는 이른 나이에 더 어린 형제들의 대리 엄마가 되었다. 누이동생 두 명과 남동생 한 명이 그 대상이었다. 미드는 자서전에서 이렇게 단언한다. "나는 아기들을 내 자식이라고 생각했다. 그 속에서 그들을 관찰하고, 가르치고, 교화할 수 있었다."[56] 또 다른 전기는 이렇게 적고 있다. "여덟 살 때 …… 첫째였던 마거릿은 어린 가족 구성원들에 관한 기록을 남겼다. 거만하게 보호하겠다는 의지가 확고했다. 그녀는 형제들의 미래를 계획했다. …… 마거릿은 평생 동안 독재적 후견인을 자임하는 누나이자 언니로 남았다."[57] 이런 성격 특질이 그녀의 과학 활동으로 이어졌다. 전 세계 언론의 관심을 사로잡은 대논쟁이 벌어진 것이다.

혁명가의 정반대는 예상되는 관점에서 세상을 인식하는 사람이다. 이런 사람들은 대개 부모와 스승이 제공하는 기성의 인지 틀에 증거를 융합시킨다. 미드의 인류학 경력과 활동은 스승이었던 '아버지' 프란츠 보애스의 환경주의 패러다임의 확장에 바쳐졌다. 1925년 보애스는 미드를 미국령 사모아로 보냈다. 당시 그녀는 불과 스물세 살이었다. 그녀의 임무는 이 목가적인 남양 제도의 인간 행동을 규정하는 것이 생물학이 아니라 문화임을 입증하는 것이었다. 미드는 G. 스탠리 홀의 생물학 기반 이론을 반박하기 위해 청소년들을 조사하기로 했다. 보애스는 그녀가 떠나기 직전 겨우 30분 동안 현지 조사 방법을 가르쳤다.[58]

미드는 사모아에 도착했고, 중앙 섬 투투일라의 파고파고 항에서 6주를 보냈다. 그러고 나서 그녀는 더 작은 섬 타우로 옮겨 갔다. 여기서 그녀는 한 해군 약제사 가족과 7개월을 함께 생활했다. 언어에 대한 재능은 "미드의 강력한 자산 가운데 하나가 결코 아니었다."고 나중에 한 동료가 증언했다. 그녀는 체류 기간 동안 사모아어를 조금 배운 정도에 지나지 않았다.[59] 미드는 사모아인들에 관한 정보를 얻기 위해 주로 소녀들에게 의존했다. 그녀는 이 아이들의 보고를 바탕으로 사모아가 "두세 달이면" 기본적인 구조를 완전히 파악할 수 있는 "아주 단순한 사회"라고 결론지었다.[60]

미드는 그녀의 베스트셀러 『사모아에서 나이를 먹는다는 것(*Coming of Age in Samoa*)』(1928년)에서 사모아인들의 삶을 목가적이고, 평화로우며, 경쟁이 없고, "갈등이 발생해도 전부 손쉽게 해결되는" 것으로 묘사했다.[61] 그녀는 성적 행동이 "놀이"로 간주되며, 청소년들이 결혼하기 전에도 자유롭게 각자의 성적 열망에 탐닉한다고 주장했다. 그녀는 보고하기를, 이런 난교 사회에서는 "간밤에 육체관계를 겨우 한 번만 할 수 있다는 것은 노쇠로 간주된다."고 했다.[62] 그녀는 이런 난교가 어쩌면 사모아의 젊은이들이 임신하는 것을 막아 주는 것인지도 모른다고 추론했다. 이런 놀라운 주장에 대해 아무런 증거도 제시하지 않으면서 말이다. 미드는, 사모아인들은 성적 질투심이 전혀 없다고도 주장했다. 아이들이 부모와 맺는 유대 관계가 약해서 오이디푸스 콤플렉스적 갈등이 없기 때문이라는 것이다.[63] 그녀는 사모아가 경쟁이 없는 사회라고 결론지었다. 삶을 심각하게 받아들이지 않기 때문이라는 것이다. 이런 뜻밖의

1971년 기자 회견 석상의 **마거릿 미드**(70세). 전형적 첫째였던 미드를 대학 시절의 한 동거인은 이렇게 묘사하기도 했다. "특별한 목표가 없을 때도 목표 지향적이었다." 그녀는 오랫동안 발군의 활동을 펼치는 가운데 39권의 책과 1,397편의 논문, 40여 편의 영화와 녹음 기록을 남겼다. 동료 인류학자 마빈 해리스는 그녀를, "칼뱅 이후 가장 바쁘고, 가장 부지런히 일하는 신교도 윤리의 화신"이라고 말했다. 1978년 이윽고 죽음에 직면한 미드는 간호사에게 자신이 죽어 가고 있다고 말했다. 간호사가 부드러운 어조로 응답했다. "네, 우리 모두는 언젠가 죽습니다." "하지만 이번 경우는 다르지요." 미드는 이렇게 반박했다.(Howard 1984:47, 424, 439)

연구 결과에 그녀의 스승 프란츠 보애스는 크게 기뻐했다. 그리하여 "가장 널리 보급된 20세기 인류학의 신화가 탄생했다."[64]

미드가 사모아를 방문하고 30년이 지난 후 로웰 홈스라는 인류학자가, 그녀가 현지 조사를 수행한 섬에서 후속 연구를 수행했다. 미드는 사모아인들이 경쟁 관계에서 자유롭다고 생각했지만 그녀 자신은 이런 감정에서 결코 자유롭지 못했다. 홈스는 자기를 소개하는 편지를 써 보냈다가, "아주 냉소적이며 비협조적인" 답장을 받았다. 홈스는 이렇게 말한다. "그녀는 내가 누군지 모르겠고, 떠나기 전에 예의를 갖춰서 나의 연구를 그녀에게 승인받았어야 했다고 답장을 써 보냈다."[65]

홈스는 깜짝 놀랐다. 미드의 고상한 설명과 어긋나는 사실들을 다수 발견했던 것이다. 사모아인들은 경쟁심이 치열하고, 공격적이며, 지위에 연연하고, 범죄를 엄히 다스리고, 금욕적인 성 생활을 하는 것처럼 보였다! 미드가 "사모아인들의 마음에는 아주 낯선" 것이라고 여겼던 폭력적인 강간이 만연해 있었다.[66] 정부가 작성한 1953년 통계에 따르면 강간이 다섯 번째로 흔한 범죄였다. 사모아 문화에서는 처녀성이 아주 중요했다. 그리하여 남성들은 자고 있는 여자를 범하기 위하여 한밤에 소녀들의 오두막에 몰래 침입하고는 했다. 순결을 빼앗긴 여성은 흠이 생겨서 높은 신분의 남성과 결혼하기에는 부적절하다고 여겨졌다. 모에토톨로(moetotolo, 잠든 여자를 욕보이는 행위)라고 하는 이런 행위를 통해서 강간을 저지른 남성들은 흔히 그 희생자를 자신의 아내로 취할 수 있었다.[67] 젊은 학자 홈스는 자신의 연구 결과와 세계적 명성의 미드가 수행한 연구 사이에서 드러난 불일치를 최소화하기 위해 최선을 다했다.

첫째들은 그들의 과오를 인정하는 것을 아주 힘겨워 한다. 마거릿 미드도 사모아에 관한 홈스의 1958년 저술을 대단히 불쾌해 하며 비판적인 서평을 썼다. 나중에 그녀는 전미 인류학 학회 회합장에서 홈스와 우연히 만났다. 그녀는 이 젊은 학자에게 자신의 분노를 폭발시켰다. 홈스는 이렇게 회상한다.

(그녀가) 나를 구석으로 몰더니 사정없이 공격하기 시작했다. 그녀는 내가 부정직하며 형편없는 연구를 수행했다고 말했다. 막 학위를 취득한 햇병아

리 박사였으니 내가 그 일을 감당하기는 벅찼다. …… 분명히 말하지만 나는 그녀의 경쟁 상대가 못 되었다.[68]

미드의 인류학 연구 내용에 의문을 제기한 사람은 홈스만이 아니었다. 미드의 말년쯤에 이르러서는 상당한 증거가 쌓이면서 그녀가 그려낸 목가적인 사모아 사회라는 그림이 의심을 받기에 이르렀다. 미드는 다른 연구자들의 이의 제기를 못 들은 척하면서 『사모아에서 나이를 먹는다는 것』의 내용을 수정하기를 거부했다.

마거릿 미드는 1978년 사망했다. 5년 후 뉴질랜드 출신의 한 인류학자가 전 세계 언론의 헤드라인을 장식하게 되는 사모아 관련 서적을 한권 출판했다. 저자 데릭 프리먼은 1940년부터 사모아 제도에서 생활했고, 사모아어에 능통했다. 한 부족장이 그를 입양했고, 그는 결국 족장지위에까지 오른다. 그렇게 해서 그는 부족 회의에 참석할 수 있었고, 외부인들에게는 비밀에 부쳐졌던 사모아 사회의 많은 세부 사실들을 확인하게 되었다. 미드가 방문하고 오랜 세월이 흐르는 동안 많은 사모아인들이 영어를 읽을 수 있게 되었다. 그들 가운데 일부가 미드의 책을 접했고, 그 내용에 크게 당황했다. 그들은 이구동성으로 사모아인들의 삶에 대한 그녀의 묘사가 자신들의 사회에 대해 "상상력을 발휘해서 쓴" 왜곡이라고 말했다.[69] 프리먼은 이런 사모아 원주민들한테서 그 기록을 정정해 줄 것을 거듭해서 요청받았다. 수십 년의 조사 활동에 기초한 그의 저술은 미드가 저지른 실수를 낱낱이 폭로하고, 그녀가 왜 그렇게 했는지를 흥미롭게 해명한다.

정보원이었던 청소년들이 의도적으로 미드를 오도했던 것 같다. 섹스는 사모아인들 사이에서 터부이다. 당연히 청소년들은 이 문제에 대해 입을 굳게 다문다. 여성이 혼인 시에 처녀가 아니라는 사실이 밝혀지면

이면의 진실                     개리 라선 작

**"인류학자들이 온다! 인류학자들이 와!"**

자신은 물론이고 가족에게도 수치였다. 상류 계급의 여식들은, 미드가 믿었던 것처럼, 회피할 수 없는 특별한 의식을 통해 순결성을 검증받았다. 미드는 더 자세히 알려 달라고 정보원들을 밀어붙였고 청소년들은 결국 "그녀를 골려 주기 위해" 거짓말을 했다.[70] 속이기는 "사모아인들이 권위주의적 사회의 엄숙성에서 탈출하기 위한 휴식으로서 아주 좋아하던" 일종의 오락거리라는 것이 밝혀졌다.[71]

미드는 이후의 인류학 조사 활동에서 대체로 다른 연구자들과 협력했다. 이런 이력 때문에 그녀는 자신이 최초로 수행한 현지 연구를 오점 투성이로 만들어 버린 각종의 오해들로부터 스스로를 변호할 수 있었다.[72] 과학자라면 누구나 실수를 한다. 따라서 미드가 젊은 날에 저지른 실수도 이해할 수 있는 일이다. 이 사례에서 취해야 할 교훈은 미드가 저지른 실수의 본질이다. 첫째들이 저지르는 실수는 대개가 그들이 모시는 스승의 실수이다. 미드의 경우는 '아버지' 프란츠 보애스였다. 반면 후순위 출생자들의 실수는 대개 반항의 열정이 지나친 데서 비롯한다.

## 과학계의 급진적 여성

내 표본에서 많은 수의 여성이 볼테르, 다윈, 프로이트 등의 혁명적 인물들과 긴밀한 관계를 맺고 있었다. 이런 여성들 가운데 일부는 혁명적 사상의 전파자나 해설자로 봉사했고, 다른 여성들은 자신들이 열렬하게 지지하던 혁명적 사상가들의 업적을 뛰어넘는 과학적 기여를 하기도 했다. 몇몇 전기적 사례를 통해 이런 여성들이 급진적 사상에 보탠 다양한 기여를 예증해 보고자 한다.

에밀리 뒤 샤틀레 에밀리 뒤 샤틀레 부인은 나의 표본에서 가장 인습 타파적인 여성 가운데 한 명이다. 그녀는 다섯 자녀의 넷째였다. 그녀의 지적 재능을 간파한 아버지가 직접 그녀를 가르치면서 격려해 주었다. 그녀는 집에서 영어, 라틴어, 이탈리아어, 수학과 여러 과학 내용을 배웠다. 뒤 샤틀레는 20대 후반에 모페르튀이(Pierre Louis Moreau de Maupertuis, 프랑스의 수학자이자 천문학자로 뉴턴의 만유인력의 법칙을 프랑스에 제일 처음 소개했다. —옮긴이)와 함께 수학을 연구했다. 그녀는 곧 알렉시스 클로드 클레로와 레온하르트 오일러 등 당대의 다른 저명한 수학자들과도 서신을 교환하게 된다. 열렬한 페미니스트였던 그녀는 이렇게 말하기도 했다. "만약 내가 왕이라면 …… 인류의 절반을 억누르는 악폐를 일소할 것이다. 나라면 여성들이 인간의 모든 권리, 특히 지적 활동에 참여할 수 있도록 하겠다."[73]

1740년 뒤 샤틀레 부인은 『물리학 체계(*Institution de physique*)』를 출판해

**에밀리 뒤 샤틀레 부인**은 프랑스의 초기 뉴턴주의자였다.

뉴턴의 학설을 옹호하며 정설로 취급받던 데카르트 물리학에 도전했다. 나중에 그녀는 뉴턴의 『프린키피아(*Principia*)』를 프랑스어로 번역했고, 클레로가 이 작품에 광범위한 해제를 달았다. 한 전기 작가는 이렇게 말한다.

> 뒤 샤틀레 부인의 유명한 대저택 시레이 성은, 뉴턴 진영이 낡은 데카르트적 질서에 맞서 전투를 벌이는 기지가 되어 주었다. 연구소가 설립되었고, 파리와 외국에서 과학자들이 초빙되었으며, 모두가 '뉴턴주의자가 되었다.'[74]

여전히 데카르트주의자였던 프랑스의 물리학자 샤를 뒤페에게 뒤 샤틀레 부인은 데카르트가 주창한 와동(渦動, vortex, 소용돌이)설과 관련해 편지를 써 보냈다. "그것은 무너져 폐허가 돼 가는, 사방이 덧대어진 집과 같습니다. 나는 그 집에서 빠져나오는 게 현명한 일이라고 생각합니다." 한 과학 역사가도 이 구절을 인용하면서 이런 말을 보탰다. "그러나 흔들리던 건물에 살고 있던 입주자들은 한사코 빠져나오기를 거부했다."[75] 뒤 샤틀레 부인 — 클레로, 모페르튀이, 볼테르도 함께 — 의 지속적인 노력으로 프랑스에서도 마침내 데카르트 물리학의 시대가 종언을 고했다.

뒤 샤틀레 부인은 뉴턴주의 혁명에서 그녀가 담당한 역할 이외의 다른 급진적 의제에서도 치열하게 싸웠다. 그녀는 1735년 버나드 맨더빌의 『꿀벌의 우화: 사익과 공익(Fable of the Bees: or, Private Vices, Publick Benefits)』(1723년)을 번역했다. 맨더빌이 쓴 이 논쟁적인 저작의 메시지는 탐욕이 번영을 촉진하고, 매춘이 남편들을 행복하게 해 주며, 도덕적 타락이야말로 사회 번영의 지표라는 것이었다. 뒤 샤틀레 부인은 "기성의 관념을 물구나무 세운" 이 책이 마음에 들었다.[76] 그러나 프랑스 정부는 그렇지 않았던 모양이다. 집행관이 그녀의 번역서를 공공장소에서 소각했다.

1737년 뒤 샤틀레 부인은, 프랑스 과학 학술원이 불의 본질에 관한 최고 에세이에 주겠다고 공언한 상에 몰래 응모했다. 그녀는 한 집에 살면서 동시에 공모전에 나선 볼테르를 깜짝 놀라게 하려고 밤에 몰래 이 에세이를 썼다. 그녀는 한 달 동안 매일 밤 한 시간씩만 자는 강행군을 했다. 상은 오일러에게 돌아갔다. 그는 첫째로, 데카르트 반대파의 선봉이었다. 프랑스 과학 학술원은 뒤 샤틀레 부인과 볼테르의 에세이에도 깊은 인상을 받았고, 당선작과 함께 묶어서 출판했다. 역사가 아이라 웨이드는 뒤 샤틀레 부인과 볼테르의 에세이를 비교한 후 이렇게 결론지었다. "당대의 과학에 대해 더 넓은 안목을 가지고, 다른 비(非)뉴턴파 과학자들에게도 더 개방적이었으며, 탐구 과정이 더 독창적이고, 상상력이 더 풍부한 에세이는 뒤 샤틀레 부인의 것이다."[77] 마흔세 살로 늦게 한 임신이 산욕열을 불러와 그녀는 사망했다. 볼테르는 절망했다. 그는 고인에 대한 송덕문에서 이렇게 말했다. "우리는 두 개의 기적을 목격했다. 뉴턴이 이 저작(『프린키피아』)을 쓴 게 그 하나고, 한 여성이 그 저작을 번역하고 설명한 것이 나머지 하나다."[78]

해리엇 마티노 여덟 자녀의 여섯째였던 해리엇 마티노는 최면술, 골상학, 다원주의를 지지했다. 그녀는 사회 비평가로서도 놀라운 성공적 삶을 구가했다. 마티노는 다윈의 형 에라스무스와 절친한 친구 사이였다. 에라스무스는 런던에 있는 마티노의 집에 무시로 초대받던 손님으로, 그들이 연인 관계라는 소문이 나돌 정도였다고 한다. 1838년 다윈은 마티노에 대해 다음과 같이 언급했다. "그녀는 멋진 여자다. 한번은 라이엘이 그녀를 초청했는데, 로저스와 제프리스 경, 엠슨(이들은 모두《에든버러 리뷰(Edinburgh Review)》의 저명한 필자들이다.)이 모두 그녀를 초청하고 있었다는 것을 알았다. 이렇듯 온갖 천재들이 주위에 몰려드니 그녀는 얼마나 대단한 사람인가!"[79] 마티노도 자신의 『자서전』에서 이에 화답했다. 그녀는 "겸손했던 저명인사들"을 추억하면서 찰스 다윈을 "꾸밈없고, 천진난만하며, 근면하고, 유능하다."고 술회했다. "그는 현재 자신을 생존한 영국 박물학자들의 태두로 확립했다."[80]

마티노의 삶은 급진적 여성들이 부모, 특히 어머니와 힘겨운 관계를 경험하는 경향을 예증한다. 마티노는 『자서전』에서 "어린 시절에 경험한 속박"을 쓰디쓴 어조로 이야기했다.[81] 특히 그녀는 자신이 아이였을 때 복종해야만 했던 어머니의 냉혹한 권위를 "마음에 가해진 횡포"라고 규정했다. 그녀는 이런 경험이 "내면에서 반항의 정서"를 만들어 냈다고 말했다. 한 전기 작가는 이렇게 논평한다. "그녀의 부모는 좋은 의도였겠

1834년경의 **해리엇 마티노**(30대 초반). 그녀는 인구 증가에 대한 관심 속에서 1834년 만난 토머스 맬서스의 급진적 저술들을 연구하기에 이른다. 2년 후 그녀는 비글 호 항해에서 막 귀환한 찰스 다윈과도 친해졌다.

지만 엄격한 규율을 강제했다. 위로 형제들도 인정머리 없이 사나웠다. 성정에 상처를 입은 그녀는 우울하고, 병적이며, 투기적으로 변했다." 마티노는 열일곱 살 때 아주머니에게 보내졌다. "여기서 그녀는 처음으로 …… '두려움을 느끼지 않아도 되는 사람'을 만났다."[82]

1830년대 초반에 마티노는 토머스 맬서스가 인구 증가와 관련해 개진한 논쟁적 이론에 흥미를 느꼈다. 볼테르의 『캉디드(*Candide*)』에 심취했던 맬서스는 『인구의 원리에 관한 에세이』(1798년)를 집필해 이 세계를 무한정 완벽하게 만들 수는 없다는 것을 증명하고자 했다. 그의 의도는 유토피아적 몽상가들을 투쟁과 빈곤과 죽음이 항상 존재하는 현실에 눈뜨게 하는 것이었다.[83] 마티노의 동시대인들 다수는 여성이 성적인 번식 문제에 관해 글을 쓰는 것이 점잖지 못한 짓이라고 생각했다. 그리하여 그녀는 맬서스의 "우울한" 견해를 지지했다는 이유로 "두려움을 느껴야 했다." 그녀는 이 경험을 통해 다음과 같은 결론을 내렸다. "개인적이든 사회적이든 도덕의 개혁가들은 지속적인 부패에 물들어 있는 사람들의 사악한 비방을 피할 도리가 없다."[84]

마티노가 다윈이 맬서스의 생각을 접하고 자연선택 이론으로 나아가도록 만든 원인 제공자였을지도 모를 일이다. 맬서스 자신은 일곱 자녀 가운데 아래서 두 번째였다. 이렇게 해서 우리는 팡글로스의 믿음에 저항하는 후순위 출생자들의 반항의 그물망과 대면하게 된다. 이 연계망은 토머스 맬서스에서 해리엇 마티노로, 마티노에서 에라스무스 다윈으로(여섯 자녀 가운데 넷째), 에라스무스에서 동생 찰스 다윈으로 이어진다. 다윈은 맬서스의 『인구의 원리에 관한 에세이』를 1838년 9월 형 에라스무스한테서 빌려 읽었다. 그리고 그 결과는 혁명이었다.[85]

## 여성과 정신 분석학

정신 분석학에도 많은 수의 급진적 여성들이 모여들었다. 캐런 호니(두 자녀 가운데 둘째), 헬레네 도이치와 멜라니 클라인(둘 다 네 자녀 가운데 막내), 프로이트의 딸 안나(여섯 자녀 가운데 막내)가 이런 정신 분석학의 개척자들이었다. 이 네 명의 여성 가운데서 프로이트의 딸이 가장 보수적이었다.

돌로미티 산록에서 함께 산책 중인 1917년의 **지그문트와 안나 프로이트**. 그해 프로이트는 61세, 안나는 21세였다.

프로이트가 자신의 이론에 대한 '반대'를 최소화하는 효과적인 방법으로 그의 딸을 분석했다는 것은 이제 널리 알려진 사실이다.[86) 어머니와의 관계가 원만하지 못했던 안나는 비서로 활약하며 아버지의 견해를 충성스럽게 변호했다. 프로이트가 구강암에 걸리자 안나는 간호사를 자처했다. 수줍음이 많았던 그녀는 반항의 기질이 없었다.

캐런 호니는 수줍음을 극복하고 '온순한 반항아'가 되었다.[87] 1920년 대에 정신 분석학계에서는 두 가지 쟁점이 부상해 논란이 분분했고, 심 각한 분열이 야기되었다. 오이디푸스 콤플렉스가 첫 번째 쟁점이었다. 프로이트는 오이디푸스적 갈등이 모든 신경증 가운데서도 "가장 중요 한" 콤플렉스라고 여겼다. 그러나 추종자 가운데 일부는 그렇게 생각하 지 않았다. 두 번째 쟁점은 여성의 성적 발달에 관한 것이었다. 프로이트 는 여성의 성적 발달이 남성적 발달이 정지당한 형태라고 설명했다. 프 로이트에 따르면 여성은 "상처 입은" 남성이었다. 남근이 없기 때문에 "페니스를 선망"하며 어머니를 부인한다는 것이다(이런 결함의 책임을 어머니 에게 돌린다.).[88]

호니는 여성의 섹슈얼리티(sexuality)에 관한 프로이트의 남성 중심적 견해는 물론이고 오이디푸스 콤플렉스의 중심적 지위도 거부했다.[89] 그 녀는 페니스 선망이 여성에게서 중요한 것이 아니라고 주장했다. 그녀는 소녀들이 질(膣)에 대한 인식을 결여하고 있다는 프로이트의 주장도 기 각했다. 그녀는 여성성이 소녀들에게는 자연스러운 것이며, 결코 남성성 에서 패주한 결과가 아니라고 주장했다. 한 정신 분석학 역사가는 이렇 게 말한다. "그녀의 여성은, 프로이트가 …… '정상적인' 여성이라고 생 각한 수동적이고 복종하는 유형이 아니라 반항아이다."[90] 1932년 호니 는 미국으로 이주했다. 10년 후 미국 정신 분석학 학회는, 그녀가 계속해 서 이단적 학설을 내놓자 지원자들을 교육할 수 있는 권리를 박탈해 버 렸다. 호니는 협회를 탈퇴해 정신 분석학 진보 협회라는 새로운 조직을 설립했다.[91] 프로이트에 대한 그녀의 반란은 성공했고, 미국에서는 대인 관계 정신 의학 학파가 탄생했다.

이들 정신 분석학 개혁가들 중에서도 아마 가장 급진적인 인물은 멜 라니 클라인일 것이다. 많은 사람들이 그녀를 "이단적"이라고 생각했다.[92] 버지니아 울프는 그녀가 "유력한 여성이자, 인격자"라고 묘사했다. 다른 사람들은 그녀의 "귀부인 같은 자질"과 투쟁적 성격에 주목했다.[93] 클라인은 자신만의 독자적인 개념에 몰두했다. 동료 정신 분석학자 도널드 위니콧이 그녀를 "새된 소리로 날카롭게 유레카를 외쳐 대는 사람"이라고 짓궂게 부를 정도였다.[94] 그녀는 아동 심리 분석학을 개척했고, 정신 분석 이론을 오이디푸스 전(前) 단계로 확장했다. 프로이트의 개념들을, "프로이트조차 물러섰던 심층적 사변"으로 밀어붙였던 것이다. "이것은 그녀의 공세였다. 그녀는 자신만의 독자적인 탐구 영역을 과감히 개척한 대가로 이단으로 낙인 찍혔고, 중상을 당했으며, 무시당했다."[95]

호니처럼 클라인도 프로이트의 오이디푸스 콤플렉스 개념을 무시했다. 그녀는 여성의 섹슈얼리티에 관한 프로이트의 생각에도 동의하지 않았다. 클라인은 특히 어머니의 역할에 관심이 많았다. 프로이트는 오이디푸스적 갈등이라는 부자 경쟁에 치중한 나머지 어머니의 역할을 최소화하려고 했다. 클라인은 대담하게도 신경증의 기원을 삶이 시작되는 처음 몇 달 시기까지 추적 소급해 들어갔다. 그녀는 정신 병리학의 근원을 젖떼기 같은 트라우마와 좋은 가슴과 나쁜 가슴에 대한 소아의 정신 분열증적 착상에서 비롯한다고 주장했다.[96] 이런 이단적 생각에 대한 프로이트의 반응은 충분히 예상할 수 있는 것이었다. 그는 "멜라니 클라인이 선택한 방향을 질색했다."[97]

클라인의 "대상관계" 이론은 계승되어 영국에서 지배적인 정신 분석학의 패러다임으로 자리를 잡았다. 그녀의 견해는 오늘날에도 여전히 큰 영향력을 행사하고 있다. 애착 이론을 개발한 존 볼비는 멜라니 클라인의 지도를 받았다. 볼비는, 멜라니 클라인이 인습 타파적인 태도에 비해 "과학적 방법에 철저히 무지했다."는 사실을 깨달을 만큼 지혜로웠다.[98] 볼비가 애착 문제를 과학적으로 연구하기로 마음먹은 덕분에 클라인의 사변적 견해 일부가 과학적 심리학에서 한 자리를 차지할 수 있었다.[99]

## 결론

다수의 성격 특성에서 성별이 발휘하는 영향력은 놀라울 정도로 간접적이며, 성적 고정관념과 일치하지 않았다. 여성이라는 것 때문에 일부 여성이 더 상냥하고, 더 공감하고, 더 관대한 것은 사실이다. 그러나 가족 내에서 차지하는 지위 때문에 여성이라는 사실이 다른 여성들에게는 정반대의 효과를 발휘한다. 특히 두 성별 모두에서 첫째들은 '우두머리 수컷'이 되는 경향이 있다. 이런 이유 때문에 성별이라는 주제는 개인 대 개인의 기초 위에서 가장 잘 파악할 수 있다.

일부 여성들이 왜 반항을 꿈꾸는지를 이해하려면 먼저 "자매들이 왜 그렇게 다른가?" 하는 물음에 답해야 한다. 그에 대한 답은, 가족 내 지위가 위험 감수와 경험에 대한 개방성에서 형제간 차이를 촉진하는 다양한 방식들을 포함하고 있다. 이런 성격 특질들과 관련해서는 성별에 따른 차이가 미미하다. 반면 이런 특성들에서 형제들이 드러내는 차이는 상당하다. 그런 성격 특성들을 벼리는 가족 내 지위의 상이함이 고스란히 드러나는 셈이다. 후순위 출생자들은 첫째들보다 현 상태에 도전하는 일에 더 적극적이기 때문에 흔히 이단적 개혁을 옹호했다. 미국 역사에서 가장 급진적인 여성 개혁가들은 더 어린 형제들이었다. 정치와 종교, 인종 관계에서 이렇게 후순위로 태어난 여성들은 대개가 성별과 계급의 장벽을 뛰어넘어 평등주의적 대의를 진척시키려고 노력했다. 첫째로 태어난 여성들은 급진적 개혁을 거부하는 경향을 보였고, 대체로 자신들의 개혁 노력을 체제 전복보다는 체제 개선으로 한정했다. 형제의 차이라는 위력적인 배역 속에서 출생 순서는 개혁 성향과 관련해 성별이나 계급보다 훨씬 더 좋은 예보자가 되어 준다.

지난 세기들에 과학계에 몸담은 여성들은 손에 꼽을 수 있을 정도로 소수였다. 따라서 그녀들이 이 분야에 진입하기 위해서는 급진적 성향이 필요조건이었다. 이런 상황은, 나의 연구에서 여성 과학자들이 과학의 변화에 남성들보다 시종일관 더 개방적이었던 이유를 설명해 준다. 이 급진적 여성들은 가족 내 지위와 결부된 개인적 경험들 속에서 타고난 반항아가 되었다. 가족 내 지위의 속성들을 통제했더니 성별이 그 자체로는 과학적 급진주의의 전조가 아니었다.[100] 급진주의에서 성별이 담당하는 역할은 간접적이다. 가족 구조 내에서 '성별과 지위'가 상호 작용한 결과인 것이다.

(급진적인 여성을 포함해) 급진주의자들은 통상 경험에 개방적이기 때문에 파격적인 증거에 훨씬 더 민감하게 반응하며, 개념적 다원주의의 필요성도 더 많이 느낀다. 일부 페미니스트 학자들은 "성별에서 자유로운" 과학이라면 이런 특성들을 목표로 삼아야 한다고 주장한다.[101] 성별에 따른 차이가 형제 차이와 긴밀하게 얽혀 있기 때문에 성별에서 자유로운 과학의 목표들은 대부분 출생 순서 및 가족 내 지위의 다른 측면들에 대한 처방문이 된다. 과학을 독단적이고, 비인격적이며, 경쟁적으로 만드는 것은 남자들만이 아니다. 과학과 문학은 전통적인 배움의 방식에서 두각을 나타내는 첫째들이 항상 장악했다. 성별과 가족 내 지위의 수많은 상호 작용으로 인해 과학이 남성을 축출하는 데 성공한다고 해도 결코 성별에서 자유롭지 못할 것이다. 이런 역설과 화해하고, 가족 내 지위가 그 역설의 해결에서 수행하는 역할을 매듭지을 때에만 비로소

우리는 남녀를 불문하고 일부 사람들이 반항에 나서는 이유를 온전하게 이해할 수 있을 것이다.

# 7장

●

# 기질

대부분의 성격 특징은 얼마간 유전된다.[1] 다수의 행동이 부분적으로 유전자의 통제를 받고 있다고 해서 그런 행동들이 미리 정해져 있다는 뜻은 아니다. 육체적·심리적 특징이 보여 줄 수 있는 잠재적 변이의 정상적 범위 내에서 환경이 해당 특성이 발현되는 방식에 영향을 미친다. 정말이지 생물학적 소질이 그 한계를 규정한다. 예를 들어, 키가 150센티미터에 불과하도록 유전적으로 운명 지워진 사람이 프로 농구 스타가 되기는 어렵다. 마찬가지로 심폐 기능이 떨어지는 사람이 세계 수준의 마라토너가 되는 것도 불가능하다. 성격의 특정 측면들도 사회적 행동과 관련해 유사한 한계를 갖는다.

초기에 발현하고, 감정과 관계를 맺고 있는 성격 특징들을 "기질"이라고 한다. 정서와 활발함의 정도에서 드러나는 개인차는 신생아에게서도 확인할 수 있다.[2] 한 살 난 아이에게서도 수줍어하는 성향을 분명히 볼 수 있다. 반면 다수의 성격 특성들, 예를 들어 성실성은 이후의 발달 단계에야 부상한다. 기질은 대부분 유전되는 것 같다. 그 기질을 다음의 세 가지 구성 요소로 나누어 볼 수 있을 것이다. 활발함의 정도(활동도), 사교성, 정서 감응성.[3]

기질의 문제는 형제들이 왜 그렇게 다른가의 맥락에서 특히 중요하다. 가족 내 지위에 따라 개인들의 기질이 달라진다. 그리고 이를 바탕으로 나머지 성격도 크게 달라진다. 생물학적 사실에서 원인을 찾을 수 있는 개별적 차이가 흔히 환경에 의해 확대된다. 이 결론은 특히 반항적 성향을 잘 설명해 준다. 예를 들어, 가족 내 지위에 좌우되는 수줍음은 혁명적 성격을 장려하거나 억제한다. 이렇게 반대되는 결과가 나오는 이유는, 대부분의 성격 특성들이 유전적 소인과 환경적 경험이 복잡하게 상호 작용한 결과이기 때문이다. 가족 구조 내에서 비롯하는 환경적 경험의 다수는 공유되지 않으며 따라서 동일하지 않다.


## 수줍음과 내향성

수줍음은 다섯 가지 성격 특질 가운데 하나인 내향성/외향성과 긴밀한 관계를 맺고 있다. 그러나 수줍음과 내향성은 동의어가 아니다. 수줍음에는 신경증(neuroticism, 정서 안정성)과 결부되는 특성인 사회적 불안감도 담겨 있다.[4] 그러므로 수줍음은 두 가지 중요한 성격 특질에 걸쳐 있는 셈이다. 수줍음은 일종의 '불안한 내향성'으로 유별할 수 있고, 따라서 내향성을 정의하는 데 도움이 된다.

영국의 심리학자 한스 이젠크는 이렇게 말한다.

　일반적으로 외향적인 사람은 붙임성이 있고, 모임을 좋아하며, 친구가 많고, 이야기 상대가 필요하고, 혼자 책을 읽거나 공부하는 것을 싫어한다. 외향적인 사람은 자극이 필요하고, 모험에 나서며, 자주 위험한 지경을 자초하고, 일시적 기분에 따라 행동하는 흔히 충동적인 개인이다. …… (외향적인 사람은) 공격적인 경향이 있으며, 화를 잘 낸다.

　일반적으로 내향적인 사람은 조용하고, 칩거하는 종류이다. 그는 자기관찰적이고, 사람보다는 책을 좋아한다. 그는 친밀한 친구 이외에는 말수가 적고, 거리를 둔다. 내향적인 사람은 사전에 계획하는 경향이 있고, '돌다리도 두드려 보고 건너며,' 일시적 기분을 신용하지 않는다. 그는 흥분 상태를 좋아하지 않고, 특유의 진지함을 바탕으로 일상사를 대하며, 질서 정연한 삶의 방식을 좋아한다.[5]

모든 심리학자들이 내향성/외향성에 관한 이런 시시콜콜한 정의에 동의하지는 않을 것이다. 그러나 대다수가 이젠크의 기본적 주장에는 동의할 것이다. 외향적인 사람들은 내향적인 사람의 삼가고 조용한 태도와 대비되는 활발한 사교성을 특징으로 한다. 수줍어하는 사람들은 근심스럽게 내향적이다. 그리고 그것은 그들이 낯선 사람들의 존재에 불안함을 느끼기 때문이다.[6] 수줍어하는 아이들은 성장 과정에서 사회적 소심함 때문에 작지만 재발성의 발달 장애를 경험한다. 이런 행동 장애로 인해 자녀들이 형제들과의 경쟁에서 손쉽게 채택할 수도 있는 각종의 전략들이 제약을 받는다. 특히 수줍어하는 첫째들은 다른 형제들에 대한 사회적 우월성을 확립하는 과정에서 더 많은 어려움을 겪는다. 형제들은 이런저런 기질의 편차 속에서 각자의 경쟁 전략을 정비해야만

한다.

## 수줍음의 생물학

수줍음은 유전이 가장 많이 되는 성격 특성 가운데 하나이다. 행동 유
전학 연구에 따르면 수줍음은 그 변이가 무려 50퍼센트까지 유전된다
고 한다. 다른 대부분의 성격 특성이 30~40퍼센트인 것과 비교되는 대
목이다.[7] 기본적인 성격 특징의 대부분이 유전됨에도 불구하고 이것들
의 생리적 토대를 밝혀 주는 직접적인 증거는 아직 얼마 되지 않는다. 수
줍음의 경우에는 생리적 토대가 상세하게 보고되었다.

심리학자 제롬 케이건이 이 주제에 관한 생리학적 연구 결과들을 다
수 발표했다. 그와 동료 연구자들은, 특별히 수줍어하거나 외향적인 성
격을 기초로 두 살 때 선별된 아이들을 추적했다. 케이건이 연구에서 채
택한 수줍음의 행동적 지표들은 엄마에게 매달리기, 분명한 말로 감정
을 표현하는 능력의 부족, 낯선 대상이나 경험의 기피였다.[8] 수줍어하
는 아이들은 그렇지 않은 아이들보다 악몽과 공포증도 더 많다.

수줍음은 다섯 가지 생리적 지표와 분명한 관계를 맺고 있다. 억제되
지 않은 아이들과 비교할 때 수줍어하는 아이들은 지속적으로 높은 심
박수를 보인다. 지속적으로 높은 심박수는 각성 상태의 척도이다. 수줍
어하는 아이들은 주변 환경을 더 두려워하고, 그래서 다른 아이들보다
더 면밀하게 상황을 점검한다. 수줍어하는 아이들이 태어나기 전에도
평균 이상의 심박수를 보인다는 사실은 매우 놀랍다.

수줍음의 다른 생리적 표지들은 다음과 같다. 지각 과정에서 보이는
더 큰 동공 확장, 더 높은 혈압, 성대 근육의 더 큰 긴장(음성 분석으로 측정
함), 증가된 타액 코르티솔 농도(부신에서 분비되는 코르티솔은 스트레스 반응 물질
이다.). 이런 생리적 지표들을 측정한 종합적 결과는 수줍음과 강한 상관

관계를 맺고 있다. 이런 생리적 지표들 가운데 몇 가지가 내향성과의 연계 속에서 연구되었다. 그랬더니 이 지표들이 내향성과도 아주 커다란 상관관계를 맺고 있었다. 결국 생리적 증거가 수줍음과 내향성 사이의 긴밀한 관계를 보강해 주는 셈이다.[9]

본성과 양육(기질과 환경)이 협력해 수줍어하는 사람과 그렇지 않은 사람을 결정한다. 케이건의 연구에서 수줍어하는 아이들의 3분의 2는 후순위 출생자였다. 반면 외향적 아이들의 3분의 2는 첫째였다. 케이건은, 공격적 행동으로 더 어린 형제들을 가끔씩 위협하는 더 나이 든 형제들이 타고난 기질적 성향을 후에 수줍음으로 인식되는 성격 특성으로 바꿀지도 모른다는 가설을 세웠다.[10]

## 전기적 사례

나는 내 표본에 들어 있는 과학자들의 성격 정보를, 특히 사회적 염려와 내향성/외향성이라는 특성과 연계해 체계적으로 수집했다.[11] 내가 마주쳤던 몇몇 수줍음의 사례를 통해 나의 접근법을 설명할 수 있을 것이다.

찰스 다윈 다윈이 좋은 사례인 이유는, 우리들 대부분처럼 그도 수줍음에서 중간 정도의 지위를 차지하고 있기 때문이다. 아들 프랜시스는 그에 관해 이렇게 말했다.

그의 태도는 정직한 덕성과 담백한 성격으로 생기 있는 매력을 발산했고, 그와 접촉하는 아주 많은 사람들이 큰 감동을 받았다. 사람들 앞에서 그는 쾌활했고, 재치가 있었다. 허식이나 자만을 완전히 배제한 데서 나오는 자연스러움와 조용한 여유가 그와 함께했다. 느끼는 바를 온화하고 솔직하게 표현하는 것이 타고난 그의 성향이었다. 잔혹 행위처럼 의분을 자극하는 문제에 대해서는 그도 쉽게 화를 냈다. 그는 대화를 아주 좋아했고, 즐겼다. 남의

말을 잘 들어 주는 상냥한 그의 자질도 아주 인상적이었다.[12]

이런 전기적 묘사를 읽고 있노라면 다윈이 외향적인 사람처럼 보인다. 그러나 다윈은 냉담한 성격도 보여 주었다. 프랜시스 다윈은 "낯선 사람들에 대한 아버지의 태도가 의례적 공손함이었다."고 말했다. "(그것은) 아마도 다운하우스로 은퇴하면서 강화된 경향이었을 것이다." 다른 관찰자들은 다윈이 잘 모르는 사람들에게 신중한 겸양의 태도를 보였다고 말했다.[13]

다윈이 런던에서 남쪽으로 16마일(약 26킬로미터) 떨어진 다운하우스에서 은둔한 것을 보면 그가 사생활을 무척 중요하게 여겼음을 알 수 있다. 농촌의 이 작은 마을에서 그는 고독을 즐겼고, 연구에 몰두할 수 있었다. 그는 『자서전』에서 이렇게 밝히고 있다. "우리보다 더 한 은둔 생활을 한 사람은 거의 없을 것이다."[14] 그의 일상 업무 계획은 시계 장치처럼 돌아갔고, 그는 사전 예고 없이 방해받는 걸 싫어했다. 그는 이런 일이 일어나는 것을 막기 위해 서재 창문 바깥으로 작은 거울을 설치했다. 진입로로 들어오는 사람들을 확인하기 위해서였다.[15] 그럼에도 불구하고 다윈은 주말이면 다운하우스로 손님들을 자주 초대했다. 그들은 보통 금요일 오후에 도착해서 일요일에 떠났다. 다윈은 자기만의 방식대로 외향적인 사람이었다.

다윈의 경우는 외향성 같은 특성을 평가하는 데서 겪게 되는 흔한 문제를 예증해 준다. 어떤 상황에서 우리는 매우 외향적이다. 다윈 자신도 이 점을 분명하게 인식했다. 그는 『인간과 동물의 감정 표현』에서 이렇게 말했다. "굉장히 수줍어하는 사람일지라도 아주 낯이 익거나, 공감하면서 좋게 생각한다는 게 확실한 사람들 앞에서는 거의 수줍어하지 않는다."[16] 정말로 외향적인 사람들은 시종일관 외향적이다. 다윈은 두 가지

(뒤쪽에서 본) **다운하우스**. 다윈은 이곳에서 40년 동안 살면서 연구했다. 다운하우스의 집에 은거한 다윈은 런던과 사교계의 분주한 혼란에서 충분히 멀어졌다고 느꼈다. 그러나 그는 여전히 손님들을 환대할 수 있었고, 기차로 런던까지 당일치기 여행을 하기도 했다.

성격을 혼합해서 보여 주었다. 내가 의뢰한 평가자들도 7점 눈금의 외향성 척도에서 다윈에게 평균 4.5점을 부여함으로써 중간을 약간 상회하는 것으로 판정했다.

　루이 아가시 루이 아가시는 다윈과 대비된다. 그는 시종일관 외향적이었다. 그보다 더 사교적이고, 자신감이 넘쳤던 과학자를 나는 알지 못한다. 뛰어난 강연자였던 아가시는 자연스러운 매력으로 청중의 마음을 사로잡았다. 그는 '쉽고 빠르게' 친구를 사귀었다. 그는 타고난 지도자였다.[17] 학생 시절의 한 동료는 그에 관해 이렇게 말하기도 했다. "그는 어떤 주제에 대해서도 항상 말하고 설명할 준비가 되어 있었다. 익숙하지 않은 주제라면 공부를 해서 재빨리 숙달한다. 그리하여 다음번에 만났을 때 유창한 달변과 심오한 박학을 뽐내는 것이다. 그는 우리에게 항상 경이로운 존재였다."[18]

　아가시는 공부하기 좋아하는 천성에도 불구하고 열심히 쾌락을 추구해서 친구들을 놀라게 했다. 파티에서 "그는 항상 가장 먼저 와서 맨

1844년의 **루이 아가시**(35세). 스위스 뇌샤텔 인근의 빙하 지대를 배경으로 서 있는 모습이다. 그는 빙하 지질학에 관한 개척자적 연구의 상당 부분을 이곳에서 수행했다. 이때에도 아가시는 여전히 펜싱 선수로 활약했다. 16년 후 미국으로 이주해 하버드 대학교의 교수가 된 후에도 아가시는 미국의 다윈 지지자들과의 지적 펜싱 경기에 참가했다. 결국 이것이 그가 지고 마는 단 한번의 시합이 되고 말았다. 그러나 대중은 그의 창조론적 견해를 강력하게 지지했다.

마지막에 떠나는 사람이었다. 음식과 술에 대한 열정에서 그를 따라갈 수 있는 사람은 아무도 없었다." 학생 시절 그가 채택한 좌우명은 "공부도 1등, 놀기도 1등"이었다. 그는 '평생 동안 계속해서' 이 좌우명을 찬미하며 따랐다.[19]

뛰어난 펜싱 선수였던 아가시는 학생 시절 펜싱 클럽의 회장을 역임했다. 그가 속해 있던 스위스 클럽이 한 독일 클럽에 모욕을 당하는 일이 발생했다. 아가시는 도전장을 보냈고, 대표로서 클럽의 명예를 지키는 일에 나섰다. 상대 클럽도 최고의 검객을 내보냈다. 그러나 아가시는 이런 대결 구도를 받아들이지 않을 태세였다. 그는 이렇게 말했다. "한 명하고만 싸우지 않겠다. 차례로 다 덤벼라." 아가시는 얼굴에 상처를 입히며 차례로 네 명을 거꾸러뜨렸다. 나머지도 요절을 내 버릴 태세였다. 최고의 검객이 다 쓰러진 독일 클럽은 상황이 극단으로 치닫고 있음을 감지했다. 그들은 무모하게 허세를 부리던 아가시에게 명예가 회복되었음을 인정해 주었다. 아가시는 "명예를 위해" 결투를 자주 했고, "항상 승리를 거두었다."[20] 독립적인 판정관들은 아가시에게 나의 척도에서 가능한 최고 평점을 주었다(7.0).

퍼시 윌리엄스 브리지먼 우리는 아주 사교적이었으며 뻔뻔스럽기까지 했던 아가시를 퍼시 브리지먼과 대비해 볼 수 있다. 미국의 물리학자이자 철학자였던 브리지먼은 조작적 분석법을 창안했다. '조작주의(operationalism)'라는 철학적 견해에 따르면 과학 용어의 의미는 전적으로 측정에 좌우된다. 한 전기 작가는 브리지먼의 수줍음이 그의 사회적 활동을 제약했다고 설명했다.

그는 경쟁심이 강했음에도 불구하고 삼가는 성격으로 혼자 있기를 좋아했다. 수줍음을 모르는 사람들은 이런 장애를 극복하는 데 요구되는 심리적 에너지를 올바르게 인식하지 못한다. …… 브리지먼은 수줍음 때문에 대중 앞에서 발언해야 하는 상황에서 극도로 불안해 했다. 실제로 그는 강연을 단순히 싫어하는 정도가 아니라 매우 서툴렀다.[21]

브리지먼이 약관의 과학자였던 시절 한 회의석상에서 연구 내용을 발표해 달라는 요청을 받았다. 그는 앞서 진행된 발표들을 지켜보다가 겁이 나서 자리를 빠져나와 버렸다. 교수 시절에 브리지먼은 언제나 학생들에게 도움을 주는 존재였다. 그러나 학생들을 뒤로 하고 혼자 있을 때가 그는 가장 행복했다. 브리지먼은 첫째들이 과학 혁명을 거부한다는 규칙의 예외이다. 그는 이 가운데 두 가지, 곧 양자 가설과 상대성 이론을 지지했다. 독립적인 판정관들은 나의 외향성 척도에서 브리지먼에게 1.5점을 주었다. 이것은 표본 가운데서 가장 낮은 평점이었다.

## 수줍음과 혁명적 성격

수줍음과 혁명적 성격 사이에 직접적인 관계는 전혀 없다. 수줍어하는 과학자들이 혁신을 지지할 확률은 외향적 과학자들과 비슷하다. 그러나 이 연구 결과 이면에는 흥미로운 관계가 도사리고 있다. 여기에 출생 순서가 개입하고 있는 것이다.

외향적 개인들은 출생 순서와 일치하여 새로운 사상에 반응하는 경향이 있다(그림 7.1).[22] 루이 아가시처럼 외향적인 첫째들은 일반적으로 급진적인 혁신을 거부한다. 그것도 아주 열심히 말이다. 아가시는 진심으로 다윈의 진화론이 틀렸다고 믿었다. 외향적 후순위 출생자들은 외향적 첫째들과 뚜렷하게 대비된다. 그들은 외향적 첫째들만큼이나 확고한 신념을 갖고 급진적 혁신을 옹호한다. 수줍어하는 혁명가들이 결여한 자신감을 바탕으로 이단적 교설을 방어하는 것이다. 아주 외향적인 개인들의 급진적 사고방식을 예측하는 데서 출생 순서가 발휘하는 효과는 무척이나 인상적이다. 과학자 10명 가운데 무려 9명을 정확하게 분류해 내었다. 혁명가들과 그들의 가장 강력한 반대자들이 소심한 사람들

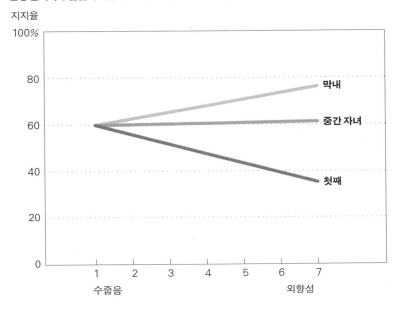

**출생 순서와 수줍음에 따른 과학 혁신 수용도**

지지율

**그림 7.1** 출생 순서와 수줍음에 따른 과학 혁신 수용도. 수줍어하는 성격의 개인들은 그렇지 않을 경우 출생 순서에 따라 표출할 수도 있는 성향을 표출하지 못한다. 수줍어하는 후순위 출생자는 급진적 의견을 확고하게 지지하기가 어렵다. 수줍어하는 첫째들이 그다지 수줍어하지 않는 첫째들보다 새로운 이론을 받아들일 가능성이 더 높다는 사실은 이와 대비된다.
이 조사 결과를 통해 중요한 상호 작용 효과가 있음을 알 수 있다. 출생 순위와 수줍음은 **비(非)부가적인** 영향을 미친다. 출생 순서가 과학적 입장에 아주 커다란 중심적 효과를 발휘함에도 불구하고 수줍음은 출생 순서와 관련해서만 영향력을 행사한다.

인 경우는 거의 없다. 수줍음을 많이 타는 과학자들 속에서는 출생 순서가 표본의 56퍼센트만을 성공적으로 분류해 냈다. 수줍어하는 사람들은 강경한 견해를 멀리함으로써 신중을 기하는 경향이 있다.[23] 출생 순서와 수줍음에 관한 이런 연구 결과는 전형적인 상호 작용 효과 가운데 하나이다.

수줍음이 출생 순서와 상호 작용하는 이유는 무엇인가? 수줍음은 형제 전략의 정상적 표출을 방해하는 미묘한 형태의 발달 장애이다. 수줍어하는 첫째는 스스로에게 이렇게 물을 가능성이 많다. "알베르트 아인슈타인(이나 찰스 다윈)이 과학적으로 커다란 실수를 했다고 과연 내가 대놓고 말할 수 있는 종류의 사람인가?" 반면 수줍어하는 후순위 출생자는 진정한 혁명가가 되는 데 꼭 필요한 자신감이 없는 경우가 많다. 몇 가지 전기적 사례를 통해 이런 경향을 예증해 보자.

### 외향적 급진주의자들

토머스 헨리 헉슬리 수줍음은 급진적 주장을 거리낌 없이 옹호하는 사람과, 개인적으로야 포용력이 있지만 논쟁에 가담하는 것은 주저하는 사람으로 분화하는 원인이 될 수 있다. 만일 그 악명 높았던 기지가 없었거나 대중 연설을 두려워했다면 막내 토머스 헨리 헉슬리가 과연 1860년 그때 그 모습으로 있을 수 있었을까? 다윈의 이론을 놓고 옥스퍼드에서 벌어진 일련의 그 유명한 논쟁에서 "아첨꾼" 주교 샘 윌버포스에 대항하여 반기를 든 사람이 바로 헉슬리였다. 윌버포스는 진화라는 개념을 조롱하는 연설을 마무리하면서 헉슬리가 자신을 원숭이의 자손이라고 주장하는데 그렇다면 그 원숭이가 할머니 쪽인지 아니면 할아버지 쪽인지를 경멸적으로 따져 물었다. 헉슬리는 옆에 앉은 사람에게 불쑥 이렇게 말했다. "저 양반이 드디어 내 손아귀에 들어 왔군." 그러고는 연단에 올라가 그 가엾은 주교를 박살내 버렸다. 그는 주교가 사실들을 전혀 모르고 있다고 설명하면서 과학의 전 역사에서 가장 인상적인 반박 가운데 하나를 펼쳤다.

나는 이런 질문을 받았다. "가련하고 보잘것없는 원숭이를 조상으로 삼겠는가? 아니면 자연이 부여한 엄청난 재능에 막강한 감화력까지 가졌지만

『종의 기원』이 발표되기 불과 2년 전인 1857년의 **토머스 헨리 헉슬리**(당시 32세). 그는 『종의 기원』 증정본을 받자마자 다윈에게 다음과 같은 내용의 감사 편지를 보냈다. "염려 마세요. 사려 깊은 사람이라면 모두가 당신에게 영원히 감사할 겁니다. 앞으로 짖어 대고 깽깽거릴 똥개들과 관련해서는 마음을 진정시키고 용기를 내야 합니다. 아무튼 당신 친구들 가운데 일부는 (당신이 올바르게도 자주 꾸짖었지만) 당신에게 큰 도움이 될 수 있는 전투성으로 무장했습니다. 저 역시 준비 태세를 가다듬으며 발톱과 부리를 예리하게 갈고 있습니다."(Darwin 1985~, 7:391; 1859년 11월 23일 자 편지)

엄숙한 과학 토론을 순전히 조롱하겠다는 목적으로만 그 능력과 설득력을 발휘하는 인간을 조상으로 삼겠는가?" 주저 없이 말하겠다. 나는 원숭이가 더 좋다.[24]

청중석의 한 숙녀는 졸도해서 실려 나갔다. 다운하우스에 은거 중이던 온후한 성격의 다윈은 헉슬리에게 기뻐하면서도 책망하는 편지를 써 보냈다. "하지만 어떻게 감히 살아 있는 주교를 그렇게 공격할 수 있습니까? 정말이지 저는 당신이 부끄럽습니다! 당신에게는 존경심 같은 것은 전혀 없단 말입니까? 맹세코, 당신은 그 일을 잘 해냈을 것 같군요!" 다윈은 자신의 진화 이론을 공개적으로 논쟁한 적이 결코 없었다. 그는 조지프 후커에게 이렇게 고백했다. "그런 모임에서 주교에게 답변하느니 차라리 죽는 길을 택했을 것이다."[25] 싸움닭 헉슬리는 공개석상에서 지속적으로 다윈의 사상을 방어했고, "다윈의 불독"이라는 별명까지 얻었다.

프랑수아-마리 아루에(볼테르) 타의 추종을 불허하는 볼테르는 나의 표본에서 가장 외향적인 개인 가운데 한 명이다. 막내였던 그는 18세기를 대표하는 토머스 헨리 헉슬리이다. 정말이지 볼테르의 빛나는 문학 이력은, 단호한 자신감을 막내의 지위와 결합하는 사람들에게서 볼 수 있는 투쟁적 급진주의의 전형이다. 첫째였던 박물학자 샤를 보네는 동시대의 다른 대다수 보수주의자들을 대변해 "신께서 지진과 홍수와 이단과 볼테르를 묵인하셨다."고 단언했다.[26]

볼테르는 "이 세기의 가장 활기 넘치는 지성 가운데 하나"라고 불렸다. 그가 풍자의 대가라는 데에는 이론의 여지가 없었다.[27] 파리에서 활약하던 젊은 문학가 시절 "프랑수아는 초대받는 모든 접견실에서 명사로 통했다."[28] 또 다른 전기 작가는 이렇게 언급한다. "그가 참여하는 대화는 지성의 명민함으로 인해 언제나 재미있었다. 그는 재치 있게 응답하는 능력이 탁월했다."[29] 이런 재능이 너무나 비범했던지 격분한 희생자 몇 명이 그를 물리적으로 폭행하는 일까지 발생했다. 한 전기 작가는 이렇게 말한다. "이렇게 예민하고 생기발랄한 정신이 당대의 군주들과

바스티유에서 첫 번째 징역을 살고 나온 직후인 1718년의 **볼테르**(당시 24세). 불과 2~3년 전에 그는 이렇게 묘사되었다. "나이에 비해 키가 크다. 잘 생긴 용모는 아니지만 한 군데만큼은 분명 매력적이라고 할 수 있다. 날카롭게 빛나는 두 눈이 그것이다. 처음 만나는 사람들은 항상 그의 눈에 주목했다."(Parton 1881, 1:50)

계급 제도 속에서 살았다. 그는 뻔뻔하고 겁이 없었다. 그는 권력의 압도적인 공격을 만났고 피해 갔다. 그는 지배자들이 닿을 수 없는 멀리 떨어진 안전한 피난처에서 불손하게 대답했다."[30]

성마른 아버지가 연루되어 있는 다음 이야기를 통해 볼테르의 재치 문답 능력을 확인할 수 있다. 볼테르가 당시의 상황을 자세히 설명한다. "하루는 아버지께서 아무 이유도 없이 정원사를 지독하게 꾸짖었다. 정원사는 거의 매질을 당할 뻔했다. 아버지는 그에게 이렇게 말했다. '꺼져,

이 천한 악당 같으니라고! 네 놈은 나처럼 인내심 많은 주인을 찾아야 할 거다.'" 이렇게 터무니없는 욕지거리를 듣고 있던 볼테르는 며칠 전에 본 연극의 등장인물이 생각났다. 그는 아버지를 모시고 가서 그 연극을 보시게 했다. 볼테르가 암암리에 배우를 찾아가 아버지가 정원사에게 했던 말을 그대로 대사에 넣어 연기를 해 달라고 요구해 놓았음은 물론 이다! 볼테르는 이 에피소드와 관련해 다음과 같이 적어 두었다. "선량한 아버지께서는 행실을 조금 고치셨다."[31]

거리낌 없는 기지와 급진적 견해에 대한 열광이 결합하면서 볼테르는 힘든 인생을 살았다. 그는 청년 시절에 귀족들을 풍자했다는 이유로 바스티유에 두 번 투옥당했다. 분개한 한 귀족이 심복 부하를 시켜 공개적인 장소에서 그를 구타하기도 했다. 볼테르는 복수를 다짐하고 펜싱을 배워 이 귀족에게 결투를 신청했다.[32] 결투가 예정되어 있던 날 새벽에 볼테르는 바스티유로 끌려갔다. 그는 곧 공적 불법 방해자로 지목되어 프랑스에서 추방되었다.

볼테르는 3년간의 망명 생활을 끝내고 1729년 파리로 돌아왔다. 그는 다양한 급진적 견해를 표명했다는 이유로 이내 다시 곤경에 처했다. 그의 남은 인생은 추방과 망명 내지 체포 명령을 교묘히 회피하는 활동으로 점철되었다. 그는 만년에 자신이 행한 대부분의 활동이 "불명예스러운 것을 분쇄하기" 위한 것이었다고 정리했다.[33] 모든 것 가운데서도 볼테르에게 가장 "불명예스러운 것"은 형의 얀센주의를 포함해 종교적 광신자들의 해로운 영향력이었다.

## 주저했던 혁명가들

수줍어하는 사람들이 가끔씩 급진적인 발견을 해내기도 한다. 물론 그들은 그렇게 할 의도가 없었거나 파급 효과를 충분히 숙고하지 못했지만 말이다. 그 결과가 바로 주저했던 혁명가이다. 수줍어하는 사람들은 급진적일 때조차도 그들의 소심성으로 인해 자신들의 메시지를 효과적으로 전달하지 못하는 경우가 잦다. 수줍어하는 혁명가의 고전적인 사례로 그레고어 멘델이 있다. 유전의 법칙을 발견한 이 오스트리아의 수도사는 세 자녀 가운데 둘째이자 외아들이었다.

꼼꼼한 성격의 멘델은 10년의 세월 동안 거의 3만 개의 완두를 교배하면서 그 씨앗을 조사했고, 유전 형질의 전승을 탐색했다. 예를 들어, 어떤 완두는 표면이 매끄러운데 다른 것들은 쭈글쭈글 주름이 졌다는 식이다. 그런데 이러한 차이는 단일 유전자에 의해 통제되었다. 멘델은 1866년에 그의 유전 법칙을 발표했다. 불행하게도 그의 논문은 브르노 자연 과학 학회의 회보라는 비교적 덜 알려진 저널에 실렸다. 그리하여 무려 34년 동안 아무도 멘델의 중요한 발견을 알아보지 못했다. 1900년에 세 명의 생물학자들이 개별적으로 멘델의 법칙을 재발견했다. 마침내 이 주제에 관한 멘델의 논문이 승인되기에 이른 것이다.[34] 학자들은 이 터무니없는 무시 행위에 대해 오랫동안 난감해 했다.

멘델은 지적으로는 혁명가였다. 그러나 그는 혁명가의 역할을 수행하기에 걸맞은 성격을 결여했다. 대학교에 재학 중이던 당시 그는 시험에 대한 걱정으로 두 번이나 신경 쇠약에 걸렸다. 한번은 1년 동안이나 집으로 돌아가 요양을 하지 않을 수 없었다. 그는 "극도로 예민했고, 두려움과 수줍음에 압도당했던 것"으로 묘사된다. 그는 이런 특성들 때문에 가끔씩 쇠약 상태에 빠져 몸이 아플 지경이었다.[35] 멘델은 현실 세계와 맞서 싸우는 것이 두려웠다. 이 온후한 남자가 결국 수도사가 된 것도 그 때문이다.[36]

멘델은 완두콩에 관한 유명한 논문을 출판하고도 자신의 생각을 널리 알리려는 노력을 거의 하지 않았다. 그는 다윈의 이론을 수용했다. 그

갖가지 완두를 살펴보고 있는 **그레고어 멘델**. 멘델은 유전의 법칙을 소개한 자신의 유명한 논문이 출판되고 나서 2년 후인 1868년 몸담고 있던 수도원의 우두머리로 선출되었다. 당시 그의 나이 46세였다. 그는 새로운 직책을 수행하느라 더 이상의 과학적 조사 활동을 벌이지 못했다.

러나 다윈이나 다윈주의를 옹호하는 성전에서 지도적 역할을 수행하던 다른 사람들에게 편지를 써 보내지는 않은 것 같다. 더 중요한 사실은 멘델이 자신의 연구 결과를 책의 형태로 제시하지 않았다는 점이다. 최근까지는 논문이 아니라 책이 과학 혁명을 창시하는 필수적 수단이었다. 1858년에 자연선택 이론을 공표했던 유명한 다윈-월리스 논문은 거의 아무런 영향도 끼치지 못했다. 『종의 기원』(1859년)이 출간되고 나서야 비로소 다윈주의 혁명이 일어났던 것이다.

수줍음으로 인해 그 효과가 반감되었던 과학 혁명가들의 다른 사례에도 대체로 후순위 출생자들이 연루되어 있다. 세 자녀 가운데 막내였던 니콜라우스 코페르니쿠스는 말 수가 적고 수줍음이 많았다. 한 전기 작가는 그를 "내성적인 수사"라고 불렀다.[37] 또 다른 학자는 이렇게 말한다. 코페르니쿠스는 "오랫동안 그의 걸작 『천구의 회전에 관하여(On the Revolutions of the Heavenly Spheres)』를 출판하려고 하지 않았다. …… 그로 인해 논쟁에 휘말려 들 수도 있다고 판단했던 것이다."[38] 코페르니쿠스가 자신의 비정통적 이론을 설명한, 『주해서(Commentariolus)』라고 하는 원고를 개인적으로 회람시키기는 했다. 1533년 교황 클레멘스 7세의 비서 요한 알브레히트 비트만슈테터는 교황에게 코페르니쿠스의 이론을 해설해 주었다. "설명에 감복한 클레멘스 7세가 비트만슈테터에게 귀중한 그리스어 사본을 하나 선물했는데, 그것이 오늘날까지 전해 온다."[39] 클레멘스 7세는 다음 해에 죽었고, 바오로 3세가 교황 직을 승계했다. 비트만슈테터는 신임 교황이 가장 신뢰하던 추기경 가운데 한 명인 니콜라우스 쇤베르크를 모시게 되었다. 쇤베르크는 새 이론을 해설한 비트만슈테터의 보고서에 큰 감명을 받았고, 1536년 코페르니쿠스에게 직접 편지를 보내 자신의 생각을 발표하라고 격려했다. 그럼에도 불구하고 코페르니쿠스는 말을 듣지 않았다![40] 코페르니쿠스가 가톨릭교회의 박해가 두려워서 이단적 이론의 발표를 보류하지는 않은 것 같다. 그가 정말로 피하고 싶었던 사태는 믿지 않는 동료들의 조롱이었다.[41]

급진적 사상은 외향적 후순위 출생자들을 끌어당기는 경향이 있다. 그리고 이런 성향이 코페르니쿠스를 과학계의 은둔 상태에서 끌어냈다. 코페르니쿠스는 사망하기 불과 3년 전인 1540년 마침내 설득되었다. 약관의 대담한 막내였던 게오르크 요아힘 레티쿠스가 그에게 자신의 우주 이론을 출판하도록 권유했던 것이다. 레티쿠스는 이 과제를 수행하기 위해 나타난 지식 사회의 '불독'이었다. 루터파였던 그는 위험을 각오하고 가톨릭 세력이 장악하고 있던 폴란드의 프롬보르크를 직접 방문

**니콜라우스 코페르니쿠스.** 마르틴 루터는 코페르니쿠스를 "새로운 점성가", "천문학 지식의 전체 내용을 뒤집어엎으려는 바보"라고 명명했다.(Stimson 1917:39)

했다. 새로운 우주론의 대가한테서 직접 배우기 위해서였다. 이때는 루터파에 대한 사회의 태도가 매우 적대적이었고, 프롬보르크의 지역 주교 역시 최근에 감독 관구에서 루터파 동조자들을 전부 파문해 버린 상태였다. 주교는 "루터교라는 이단으로 오염된 지역"에서 대학에 다니던 귀족 자제들을 전부 소환하는 명령서까지 발부했다.[42] 레티쿠스 자신이 이런 지역 가운데 하나, 그것도 루터의 본거지 비텐베르크에서 교수를 하던 사람이었다! 조심성이 많았던 코페르니쿠스와 달리 레티쿠스는

"열정"이 충만했고, 나아가 "엄청나게 열심"이었다.[43] 그는 곧 코페르니쿠스의 이론을 프롬보르크 출신의 이 소심한 수사가 한 것보다 더 멀리까지 밀어붙였다.

프롬보르크에 도착한 레티쿠스는 코페르니쿠스의 따뜻한 환대를 받았다. 두 천문학자 모두 각자의 종파적 차이, 다시 말해 코페르니쿠스가 가톨릭교회의 수사라는 사실에 개의치 않았던 것 같다. 코페르니쿠스는 레티쿠스가 자신의 미발표 원고를 전부 살펴볼 수 있도록 허락했고, 레티쿠스는 이내 새로운 우주론을 완벽하게 깨우쳤다. 레티쿠스는 1540년 이런 내용을 소개하는 『첫 번째 보고서(First Report)』를 출간했다. 그리고 다음 3년 동안 코페르니쿠스의 대표작 출판을 지휘 감독했다. 코페르니쿠스는 죽는 날 그 책을 받았다. "마지막 눈을 감기 직전이었다."[44] 이로써 가까스로 혁명이 촉발되기에 이르렀다.

거의 40년이 흐른 후에 헝가리로 이주해 살고 있던 레티쿠스는 코페르니쿠스의 저작을 토론하기 위해 비텐베르크에서 불원천리 달려온 한 방문객을 맞이했다. 그는 손님을 따뜻하게 맞이한 다음 이렇게 말했다. "당신은, 내가 코페르니쿠스를 찾아간 것과 같은 나이에 나를 만나러 오셨군요. 만약 내가 그를 방문하지 않았더라면 그의 저작은 단 하나도 햇빛을 보지 못했을 겁니다."[45] 레티쿠스와, 그가 코페르니쿠스와 맺은 관계는 과학계의 성공 추구 전략과 관련해 실제로 응용할 수 있는 사례이다. 만약 당신이 수줍어하는 개인이고, 동시에 급진적 열망이 있다면 외향적 막내와 협력하는 것을 진지하게 고려해 보라.

또 다른 소심한 혁명가였던 막스 플랑크는 현대 물리학에서 가장 급진적인 견해 가운데 하나를 개진했다. 플랑크의 "작용 양자(作用量子, quantum of action)"는 고전 물리학을 지배했던 연속성의 원리에 종말을 가져왔다. 모든 혁신가가 다 혁명을 촉발하려고 하거나 혁명에 중추적으로 가담하기를 바라는 것은 아니다. 플랑크는 1931년 자신이 급진적인 양자 개념에 어떻게 도달했는지를 한 미국 물리학자에게 설명했다.

간단히 요약하면, 내가 한 일은 그저 필사적 행위였다고 설명할 수 있을 것이다. 나는 체질적으로 조용한 성품인데다 불확실한 모험은 전부 멀리한다. 그러나 그때(1900년을 말함) 나는 복사 에너지와 물질의 평형 문제를 …… 무려 6년간 고심하고 있었다. …… 그래서 어떤 희생을 치르더라도 기필코 이론적 설명 방법을 찾아내야만 했다. 이 문제와 관련해 고전 물리학이 아무런 해결책도 제시해 줄 수 없다는 것을 나는 분명히 알고 있었다.[46]

그 자신의 설명에 따르면 플랑크는, 토머스 쿤이 과학의 "위기"라고 명명한 사태에 반응하는 과정에서 급진적 제안을 하도록 내몰린 것이었다.[47] 비록 그렇다 하더라도 플랑크는 이 이단적 행보에서 편안함을 느끼지 못했다. 나중에 그는 자신의 급진적 가설과 고전 역학을 중재하려고 애썼다. 한 역사가는 낡은 물리학 체계를 구출하려던 플랑크의 노력을 이렇게 논평했다. "1910년에 그는 골칫거리로 전락했으며 나아가 패배하고 있던 이론을 변호했다. …… 항상 성미에 맞았던 보수주의가 바로 그때 플랑크의 본분이 되어 버렸던 것이다. 그는 자신이 고안한 보편적 법칙을 거부했다. 과학자들은 나이를 먹고 권위가 쌓이면 '새로운 진로로 나아가는 데서 더 조심하고 과묵해져야 한다.'고 그는 말했다."[48]

## 수줍음의 원인

수줍음의 환경적 원인은 표지로서 기능하는 생리적 특성만큼 잘 파악되지는 않는다. 출생 순서가 수줍음과 관련이 있었지만 발표된 연구 결과들은 서로 상충했다.[49] 이렇게 모순적인 결과가 발생하는 이유는 출생 순서가 가족 체계의 다른 특징들(특히 상이한 지위)과 상호 작용하기 때문이다. 나의 연구에 포함된 과학자들 가운데서는 출생 순서와 형제의 수가 수줍음에 영향을 미쳤다. 둘의 연합 효과는 부가적 결합과 대조적으로 상호 작용했다. 형제의 수가 적을 경우 수줍음은 출생 순서와 관련을 맺지 않았다. 형제의 수가 늘어나면 첫째들은 더욱 더 외향적이었고, 후순위 출생자들은 더욱 더 수줍어했다(그림 7.2).[50]

이런 결과를 심리적으로 설명하는 데에는 세 가지 고려 사항이 개입한다. (1)출생 순서가 성격에 미치는 영향, (2)형제의 사회화 효과, (3)지배 위계의 동기를 드러내 주는, 출생 순서와 형제 수 사이의 상호 작용. 수줍음의 환경적 원인을 평가하면서 우리는 외자식을 대조군으로 삼을 수 있다. 외동 자녀들은 다른 첫째들보다 조금 덜 외향적이다. 형제의 존재가 자식들에게 더 많은 사회화 훈련을 제공함으로써 외향성을 촉진하는 것 같다.[51]

출생 순서는 수줍음의 중요한 예보자이다. 그러나 그 결과는 나이에 따라 바뀌고, 연령 차 및 형제 수에도 좌우된다. 연구 결과를 보면 어린 아이들의 경우 후순위 출생자들이 더 나이 든 형제들보다 더 수줍어한다는 것을 알 수 있다.[52] 두 살짜리는 네 살짜리에게 쉽게 협박당한다. 그러나 10대들 사이의 동일한 연령 차이는 그만큼 위협적이지 않다. 연령 격차가 이런 발달 경향을 조정하고, 첫째들과는 다른 방식으로 후순위 출생자들에게 영향을 미친다. 가장 외향적인 첫째들은 그들과 가장 가까운 형제보다 서너 살 더 많다.[53] 출생 순서에 따라 발생하는 다른 대부분의 성격 차이를 극대화하는 연령 격차도 서너 살이다. 더 어린 형제들은 연령 격차가 더 작을 때(1~2년) 최고로 수줍어한다. 일반적으로 더

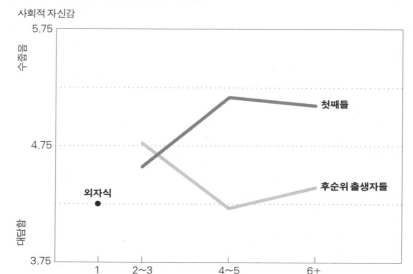

**출생 순서 및 형제 수와 관련된 대담함 대 수줍음**

사회적 자신감

**그림 7.2** 출생 순서, 형제 수, 수줍음 사이의 관계. 형제의 수가 적을 때 출생 순서는 수줍음의 유의미한 예보자가 못 되었다. 형제의 수가 많을 때 후순위 출생자들은 첫째들보다 더 수줍어한다. 전체적으로 볼 때 출생 순서는 수줍음에 중요한 주된 효과를 발휘하지만 형제의 수는 그렇지 못하다. 그러나 출생 순서와 형제 수 사이의 상호작용은 중요한 역할을 수행했다.

어린 형제들의 반항을 촉진하는 나이 차이가 외향성 정도도 조성하는 것 같다.

후순위 출생자들은 종종 성장하면서 초기의 수줍음을 벗어던지기도 한다. 특히 그들이 더 나이 든 형제들을 다루는 효과적인 전략을 깨우칠 때 그렇다. 시간도 후순위 출생자들을 도와준다. 어린 시절 그들을 불리한 처지에 놓이게 했던 육체 조건의 불평등이 점차로 시정되는 것이다. 마지막으로 형제의 수가 후순위 출생자들이 수줍음을 극복하는 정도에 영향을 미친다. 형제의 수가 적으면 후순위 출생자들이 나이가

**연재만화 「피너츠」.** 라이너스는 담요에 대한 애착이 강한 것으로 설정되어 있고, 이것은 그가 불안해 한다는 것을 알려 준다. 지지 않으려는 성격의 루시 누나와 맺는 이런 관계는 더 어린 형제들 가운데 일부가 왜 반항을 어렵게 생각하는지를 알려 주는 좋은 예다.

많은 형제들과 정신적·육체적으로 동질화될 기회가 더 많아진다. 그러므로 대가족에서는 출생 순서가 수줍음의 차이를 더 크게 벼리는 경향이 있다. 후순위 출생자들이 재편성 과정에서 길을 잃고 방황할 가능성이 더 많은 것이다.

유년기에 수줍어하던 기질이 종종 부모의 조기 사망으로 강화되는 경우도 있다. 가족 내 지위가 이런 경험이 형제들에게 영향을 끼치는 방식을 규정한다. 중간 계급에서 그리고 특히 상층 계급에서 부모의 조기 사망이 외향성 저하와 결합된다. 아버지가 아니라 어머니의 조기 사망이 이런 결과를 초래한다.[54] 볼비와 다른 심리학자들이 증명한 것처럼 특히 어머니에 대한 애착 행동이 좌절되면 아이들은 불안해 하는 경향이 있다.[55] 그러나 항상 그런 것은 또 아니다. 하층 계급 가정에서는 부모의 조기 사망이 외향성 증대로 이어진다! 직관에 반하는 이런 결과는 아마도 대리 부모 행위 때문일 것이다. 그 효과가 첫째들 사이에서 가장 현저하게 확인된다.[56] 하층 계급의 첫째들은 부모가 사망하면 부모의 책임을 더 많이 떠맡음으로써 대인 관계 권력을 획득하는 경향이 있다. 이런 아이들은 불안해 하지 않고 자신감을 키운다. 내 연구 결과에 기초해서 볼 때 다윈의 지병이 부모의 조기 사망 때문이라는 볼비의 설명은 다윈 같은 후순위 출생자들에게나 적용된다.[57] 볼비식의 설명법이 첫째, 특히 하층 계급 출신의 첫째들에게 항상 유효한 것은 아니다. 이런 불일치가 발생하는 원인은 본질적으로 가족 내 지위 때문이다. 가족 내 지위가 상이하면 발달 장애로 인해 유발되는 결과도 달라진다.

내 연구에 등장하는 몇 가지 일화적 사례들을 통해 방금 제시한 일반화를 예증해 보자. 초창기 프로이트주의자였던 게오르크 그로데크는 정통파의 정신 분석법에서 이탈한 자신을 "유쾌한 이단적 정신 분석가"라고 칭했다. 그는 다섯 자녀 가운데 막내였다. 전기 작가들에 따르면 그의 수줍음은 형제들과 맺었던 관계와 긴밀히 연결되어 있었다.[58]

막내였던 그는 형제들의 농담을 견뎌 내야 했다. 그는 그들이 제일 좋아하는 조롱거리였다. 그는 단어를 틀리게 발음하는 갓난아이였고, 말을 잘못 전달하고, 이해가 서툴고, 온갖 종류의 엉뚱한 실수를 저지르는 못난이였다. 그가 저지른 바보 같은 행위가 식사 시간에 자세히 언급되었고, 우둔함이 거론되었으며, 무지가 야유를 당했다. 물론 그는 이 모든 것에 맞서서 자신을 방어했다. 그는 신중하고 조용한 성품을 지니게 되었다.[59]

작가 해리엇 마티노도 자신의 수줍음과 관련해 비슷한 설명을 했다. "나는 대가족의 막내나 다름없었다. 그래서 지켜야 할 온갖 혹독한 규칙은 물론이고 언니와 오빠들의 사납고 오만한 처우에도 복종해야 했다. 물론 그들이 나를 해칠 생각은 전혀 없었지만 나는 돌이킬 수 없는 상처를 입었다." 마티노는 어린 시절 음울하고 의기소침한 아이였다. 어머니는 그녀를 "자신이 아는 가장 소심한 아이"라고 말하기도 했다.[60] 마티노는 성장하면서 수줍음을 상당히 극복했고, 런던에 있는 자신의 집에서 활기 넘치는 파티를 자주 열었다.

수줍음을 극복하는 일은 개인 차원에서 이루어지는 '혁명'이라고 할 수 있다. 이런 종류의 개인적 변화는, 더 나이 든 형제들의 지배에 맞서 일어서는 데 성공한 후순위 출생자들 사이에서 발생할 가능성이 가장 많다. 이런 반항적 후순위 출생자들은 많은 경우 경험에 대한 개방성을 체계적으로 계발함으로써 수줍음을 극복한다. 이런 성격 변화의 좋은 사례로 진화 생물학자 에른스트 마이어를 들 수 있다. 마이어를 만난 사람 중에 그를 조용하고 내성적이라고 기억하는 사람은 단 한 명도 없다. 그러나 그는 아이였을 때 그런 성격의 소유자였다. 세 아들 가운데 둘째였던 마이어는 형의 거만한 태도에 분노했다. 그는 유년기 내내 유명한 탐험가가 되길 꿈꿨다. 마침내 1928년에 그 꿈이 실현되었다. 뉴기니 동물 탐사대의 일원으로 모험에 나설 수 있게 되었던 것이다. 그는 나중에 자신이 여러 여행들에서 강한 영향을 받았다고 썼다. "미지의 곤란과 매일 투쟁하고, 독창성을 발휘해야 하며, 원시 부족의 낯선 심리 상태와 조우하고, 이런 탐험 여행에서 발생하는 기타 온갖 잡무들을 처리하는 과정에서 문명사회의 일상에서는 성취할 수 없는 성격이 발달한다."[61]

마이어는 1930년 독일로 돌아왔고, 유년 시절에 자기를 돌봐 줬던 보모를 우연해 만나 곧 뉴욕에 있는 미국 자연사 박물관에서 일하게 될 것이라고 말했다. 보모는 그 말을 듣고 깜짝 놀라서 이렇게 대답했다. "넌 아주 조용하고 몽상을 즐기는 아이였는데!"[62] 마이어는 '후순위 출생자적' 삶의 방식 속에서 경험에 대한 개방성을 보람으로 여겼고, 내성적인 소년에서 서서히 외향적인 성인으로 바뀌었다. 야만인과 독사가 가득한 정글을 여행하면서 말레이시아어 같은 언어로 다른 사람들과 의사소통을 해야 한다면 독자 여러분도 그렇게 될 것이다. 지리적인 것이든 다른 무엇이든 탐험은 사람을 변화시킨다.

1928년 뉴기니의 **에른스트 마이어**(오른쪽)와 그의 말레이시아인 자문 겸 안내자. 마이어는 당시 스물세 살이었다. 그는 2년 동안 4,500종 이상의 조류 박제를 수집했다. 수집가로서 그가 이렇게 큰 성공을 거둔 것은 자신의 조수로 활약하며 희귀한 표본을 획득하는 데 많은 도움을 주었던 현지의 원주민들과 협력할 수 있었기 때문이다. 한번은 마이어가 『아서 왕과 코네티컷의 양키(*A Conneticut Yankee in King Arthur's Court*)』에서 마크 트웨인이 사용한 수법을 동원해 원주민 협력자들에게 깊은 인상을 심어 주기도 했다. 마이어는 책력을 통해 월식이 일어나리라는 것을 알고 있었다. 그는 원주민들에게 곧 보름달이 거의 완전히 사라져 어두워질 것이라고 예언했다. 나이 지긋한 족장은 이렇게 대답했다. "걱정하지 말게, 친구여, 곧 다시 밝아질 테니."(Mayr 1995)

# 결론

수줍음은 동일한 선천적인 행동 성향이 가족 내 지위에 따라 개인의 성격에 아주 상이한 영향을 미칠 수 있음을 예증한다. 수줍음은 첫째들이 경험에 더욱 더 개방적이도록 만든다. 후순위 출생자들은 수줍음으로 인해 정반대 효과를 경험한다. 이렇게 상반된 결과가 야기되는 이유는 기질이 그 자체로 행동의 끝이 아니기 때문이다. 기질은 가족 체계라는 맥락 안에서 형제 전략의 부문들로 발탁된다. 형제 전략들은 가족 내의 지배 위계 관계와 그 관계의 특성을 규정하는 지위들을 중심으로 순환한다. 선천적인 성향이 아니라 이런 지위들이 성격의 최종 형태를 결정한다. 기질의 형태로 시작되는 어떤 성질을 가정환경이 전략적으로 비틀어 완성하는 것이다. 그리고 그 전략적 비틀림은, 이를 불러일으키는 가족 내 지위만큼이나 다채롭다.

가족 내 지위 이론의 견지에서 볼 때 수줍음은 원인이자 결과이다. 형제들이 취하는 전략들과 가족사의 우발적 사건들이 부단히 상호 작용하는 집중점인 것이다. 가족 구조의 일정한 특징들이 수줍음을 강화한다. 형제가 많은 후순위 출생자들과 유년기에 부모를 잃은 사람들 사이에서 수줍음이 가장 흔하게 확인된다. 유전적 자질과 환경의 상호 작용 속에서 후순위 출생자는 상반된 성격 특성을 가질 수 있다. 어떤 사람들은 반항을 꿈꾸면서 동시에 소심한 것이다! 코페르니쿠스, 다윈, 멘델 같은 급진적 걱정꾼들을 이렇게 설명할 수 있다. 그런 개인들은 혁명적인 과학 발견과 심각한 자신감 상실 사이에서 아슬아슬하게 줄타기를 하려고 했다. 플랑크처럼 일부 조심스러운 후순위 출생자들은 평생에 걸쳐 자신들의 급진적 통찰력에 저항했다. 멘델 같은 다른 온건한 반항아들은 살아생전에 자신들의 견해를 승인받기 위해 각자의 혁신을 정력적으로 주장하지 않았다. 코페르니쿠스는 아주 운이 좋았다. 자신보다 더 외향적인 한 후순위 출생자가 무명의 은둔 상태에 빠질 수도 있었던 그를 구출해 주었던 것이다. 가족 내 지위와 기질 사이에서 발생하는 지속적인 발달 상호 작용이 없다면 과학 발견에서 흥미로운 전기적 일화도 그렇게 많지 않을 것이다.

# 8장

●

# 예외들

## 가족이 발휘하는 영향력: 종합

형제들은 부모로부터 귀중한 자원을 얻어 내기 위해 노력하는 과정에서 가족 구조 내에서 스스로 적응적 지위를 개척한다. 더 나이 든 형제들은 가장 손쉽게 이용 가능한 지위를 선점하는 경향이 있다. 예를 들어 학업 성취나 어른스러운 책임과 결부된 지위 말이다. 그 결과로 더 어린 형제들은 관습에 얽매이지 않는 선택이 가능하게 되고 결국 더 급진적인 경로로 이끌린다. 가족 외부에 존재하는 다양한 영향력도 급진주의를 규정한다. 가족 역학만으로 개인의 행동을 설명할 수는 없다. 가족 역학이 이 과제를 수행하는 데서 상당한 비중을 차지하기는 하지만 말이다.

나는 앞의 장들에서 혁명적 성격을 발달시키는 여러 가지 선행 지표를 자세히 논의했다. 이런 변수들이 결합해 발휘하는 영향력을 파악하는 일은 만만찮은 과제이다. 예를 들어, 하층 계급 출신의 수줍어하는 후순위 출생 소년이 일곱 살 때 부모를 여의었다면 그가 얼마나 급진적일지를 우리가 예상할 수 있을까? 이 소년의 수줍어하는 기질이 출생 순서에서 비롯하는 전형적인 급진화 경향을 말소해 버릴까? 더 나이 든 형제들의 대리 부모 행위를 낳아 하층 계급의 후순위 출생자들을 급진화시키는 경향이 있는 부모 사망이 수줍어하는 후순위 출생자들 사이에서도 그렇게 강력하게 작용할까? 만약 그렇다면 더 나이 든 형제들의 대리 부모 행위와 결부된 급진적 태도의 전형적인 증가는 수줍음으로 인한 급진주의의 전형적인 감소를 상쇄하는가? 이런저런 전기적 시나리오를 고려할 때 급진적 행동을 예측하는 것은 쉬운 일이 아니다.

다행스럽게도 약식의 모형화 기술로 다수의 전기적 변수들을 취합해 개개인을 예측할 수 있다. 각각의 변수는 모형의 포괄적인 예측 능력에 부분적으로만 기여한다. 그러나 여러 개의 예보자들이 결합하여 발휘하는 능력은 인상적일 수 있다. 직관에 반하게도 때때로 통계적 모형은 개인의 행동을 이해하는 데 없어서는 안 되는 것이다. 이런 모형을 바탕으로 이루어진 예측을, 우리는 0에서 100퍼센트에 이르는 '확률적 예측'이라고 말할 수 있다. 우리는 어떤 개인들의 행동을 예측함에 있어서 그 결과를 90퍼센트, 나아가 95퍼센트까지 정확하게 맞출 수 있다. 이런 통계치는 어떤 의미를 가지는가? 특정한 전기적 측면을 모두 공유하는 개인이 100명 있다고 가정할 때 그 가운데 95명이 모집단의 나머지를 대등하게 분할하는 쟁점들에서 급진적 견해를 지지할 것이라고 합리적으로 자신할 수 있다는 얘기다. 우리는 다른 종류의 전기적 측면을 갖는 어떤 사람들이 급진적 혁신에 반대할 것이라는 것도 95퍼센트 확신할 수 있다. 이런 식의 통계적 일반화가 모두에게 적용되는 것은 아니지만 역사상의 위인들과 관련해서는 많은 경우에 이런 일반화가 들어맞는다. 역사에 족적을 남기는 사람들은, 특히 경험에 대한 개방성 같은 특성들에서 극단적인 경향이 있다.[1]

이 장은 중요한 두 가지 목표하에 집필되었다. 첫 번째 목표는, 가족 역학 및 혁명적 성격과 관련해 내가 이미 상술한 중요한 경향들을 전부 통합해 단일한 예측 모형을 만드는 것이다. 나의 두 번째 목표는, 생각해 낼 수 있는 모든 수단을 동원해 이 모형을 공박하는 것이다. 하여 나 스스로가 이 모형의 단점들을 지적하면서 혹독한 비판자가 되려고 한다. 우리는 이 모형의 부족한 점 ─ 특히 그 예측을 완전히 무위로 돌려 버리는 개인들 ─ 에 관심을 집중함으로써 가족 역학 모형의 한계를 올바르게 인식하고, 또 이 모형이 포괄하지 않는 영향력들을 명백히 드러낼 수 있다. 우리의 이해를 심화시키는 데 유용한 통찰력을 제공하는 것은 이 모형의 성공담이 아니라 오류이다.

나는 급진적 행동을 설명해 주는 가족 역학 모형에 여덟 가지 예보자를 채택했다. 이 예보자들 가운데 출생 순서와 부모-자식 갈등이 가장 중요하다. 일곱 가지 중요한 상호 작용 효과도 이 모형에 정보를 제공한다. 이런 상호 작용 효과는 추가로 여섯 개의 예보자를 수반한다. 형제의 수, 성별, 형제들의 연령 격차, 부모 사망 시의 나이, 사회 계급, 기질. 예를 들어, 부모-자식 갈등은 후순위 출생자들보다 첫째들의 급진주의를 더 잘 설명해 준다. 이 모형은, 수줌음과 부모 사망이 첫째인지 후순위 출생자인지에 따라 성격 발달에 확산적 결과를 가져온다는 사실도 인정한다. 세 가지 주요 효과와 함께 이런저런 상호 작용 효과들을 표 5에 설명해 놓았다.

## 표 5

### 급진적 행동을 설명해 주는 가족 역학 모형

| 예보자 | 행동의 결과 |
|---|---|

**주요 효과**

**1. 출생 순서**  후순위 출생자들은 첫째들과 비교할 때 더 반항적이고, 경험에 더 개방적이다. 조작 변수는 (첫째에서 막내까지) **상관적 출생 순위**이다.

**2. 부모-자식 갈등**  갈등이 크면 반항적 성향이 증대한다. 갈등은 출생 순서와 상호 작용한다(첫째들이 후순위 출생자들보다 훨씬 더 큰 영향을 받는다.).

**3. 형제의 수**  형제 수가 많은 가정은 형제 수가 적은 가정보다 덜 급진적이다. 형제 수는 출생 순위와도 상호 작용한다.

**상호 작용 효과**

**4. 성별**  성별은 출생 순서 및 부모-자식 갈등과 상호 작용한다.

**5. 연령 격차**  중간 정도의 연령 격차는, 출생 순서와의 상호 작용 속에서 형제들을 양극화한다.

**6. 부모 사망 시의 나이**  부모 사망은 더 나이 든 형제의 대리 부모 행위를 야기하고, 이 속에서 출생 순서 및 사회 계급과 상호 작용한다. 부모 사망은 애착 행동을 좌절시킴으로써 성격에도 영향을 미친다(특히 수줍음).

**7. 사회 계급**  사회 계급은 출생 순서 및, 이용 가능한 가족 내 지위와 생존한 부모의 양육 투자에 영향을 미치는 부모 사망 시의 나이와 상호 작용한다.

**8. 기질**  수줍음은 출생 순서와 상호 작용한다. 수줍음은 그 자체로 부모 사망은 물론이고 출생 순서, 형제 수, 대리 부모 행위의 영향을 받는다.

---

이 모형에 포함된 중요한 효과들을 요약해 보자. 주요 효과는 세 가지이다(**출생 순서, 부모-자식 갈등, 형제 수**). 이 모형은 여섯 개의 2원적 상호 작용 효과(**형제 수에 대한 출생 순서, 연령 격차에 대한 출생 순서, 부모와의 갈등에 대한 출생 순서, 기질에 대한 출생 순서, 성별에 대한 출생 순서, 성별에 대한 부모와의 갈등**)와 한 개의 3원적 상호 작용 효과(**부모 사망에 대한 출생 순서에 대한 사회 계급**)도 포괄한다. 이러한 10개 변수의 모형을 위해 R=0.33(df=10/1, 152(조화 평균), F=15.49, p<0.0001)으로 조정했다. 다른 모형들도 가능하다. 가장 설득력 있는 대안적 모형들은 사회적 태도(9장)와 사회적 환경과 지적 배경(14장)을 아우르는 변수들을 포괄한다.

이 모형은 남성, 후순위로 태어난 남성, 수줍어하는 후순위 출생의 남성, 수줍어하고 형제의 수가 많은 후순위 출생의 남성 등 구체적인 하위 집단을 예측한다. 공통의 전기적 경험을 바탕으로 나의 표본에서 500개 이상의 부분 모집단이 구별되었다. 이 모형은 각각의 부분 모집단별로 상이한 예측을 내놓는다. 예를 들어, 어떤 하위 집단은 첫째이고, 외향적이며, 둘째보다 2~4살이 더 많고, 2~4명의 자녀들로 구성된 형제 출신인 하층 계급 남성으로 구성되는 식이다. 이런 하위 집단에 속한 개인들을, 여덟 살 이전에 부모를 잃었고 생존한 부모와 아주 우호적인 관계를 맺었느냐의 여부에 따라 추가로 상세하게 구별할 수 있다. 첫째들의 경우는 대리 부모 행위가 우두머리 수컷의 행동을 강화하는 경향이 있다. 그것은 외향성도 마찬가지이다. 그러므로 내가 제시한 여덟 가지 변수 공식은 사회적 보수주의를 알아낼 수 있는 효과적인 방법이다.

이렇게 아주 보수적인 부분 모집단의 대표적 구성원이 휴 밀러이다. 19세기에 활약한 스코틀랜드 출신의 이 박물학자는 진화 이론을 열정적으로 공박했다. 그는 1847년 『창조주의 발자국(*Footprints of the Creator*)』을 출판해 후순위로 태어난 로버트 체임버스의 『창조의 박물학적 흔적들』(1844년)을 반박했다. 자연에 대한 밀러의 경건한 견해는, "각각이 새롭고 더 고등한 조직화 형태를 창시하고, 인간에서 절정에 이르는 별개의 창조적 단계들"을 필요로 했다.[2] 『창조주의 발자국』은 무려 22판을 찍을 정도로 베스트셀러가 되었다(마지막 판이 1883년에 출간되었다.). 밀러는 내가 목록화한 여덟 가지 전기적 특성 전부를 공유한 12명 가운데 한 사람이다. 12명 가운데 10명, 다시 말해 83퍼센트가 자유주의적 혁신에 반대했다. 이 모형은 그들 가운데 71퍼센트가 그렇게 했어야 한다고 예측한다.[3]

휴 밀러 같은 반동주의자의 정반대 쪽에는 극단적 급진주의자들이

30대 후반의 **휴 밀러**. 원래 석수였던 밀러는 조각하던 돌에서 화석들이 나오자 지질학과 고생물학에 관심을 가지게 되었다. 그는 만년에 석수들의 직업병을 앓았고, 결국 그 합병증으로 미치고 말았다. 『종의 기원』이 출간되기 3년 전인 1856년에 밀러는 자살했다. 그의 나이 불과 54세 때였다.

존재한다. 이런 혁명 광신자들을 보면 코페르니쿠스나 다윈 같은 온후한 태도의 혁신가들이 중용을 지키는 것처럼 보일 정도다. 과학 분야에서는 외향적 막내들이 혁명적 극단주의자들이기 쉽다. 급진적 변화에 열광하는 이런 사람들은 휴 밀러와 유사한 가족 배경에서 나오는 경향이 있다. 그들이 후순위 출생자라는 단 한 가지 사실을 제외하고 말이다.

내 연구에서는 13명이 휴 밀러의 전기적 개요와 유사한 환경에서 성장했다. 이 가운데 11명, 다시 말해 85퍼센트가 자유주의적 혁신을 지지했다. 가족 역학 모형도 이 가운데 83퍼센트가 그렇게 할 것으로 예측함으로써 크게 벗어나지 않았다. 휴 밀러와 같은 첫째들을 극보수주의자로 만든 가족 환경은 동일한 가족 배경의 더 어린 형제들을 시종일관한 급진주의자들로 만들었다.

휴 밀러와 같은 가족 환경 출신의 더 어린 형제들 가운데서 이런 급진주의 성향을 가장 잘 보여 주는 사례가 토머스 홉스이다. 몰락한 교구 목사였던 홉스의 아버지는 아들이 일곱 살이었을 때 동료 목사를 폭행했고, 도망자 신세가 되었다. 홉스는 이후로 다시는 아버지를 만나지 못했다. 세 자녀 가정의 둘째 아들이었던 홉스는 당대의 가장 급진적인 사상가 가운데 한 명이 되었다.[4] 그는, 정치 철학 저서인 『리바이어던(*Leviathan*)』(1651년)으로 가장 잘 알려져 있다. 여기서 그는 신학자들이 믿는 것처럼 도덕적 선(善)이 인간 본유의 것이 아니고, 따라서 강력한 정부가 인간의 이기심과 사욕을 제어해야 한다고 주장했다. 홉스가 보기에 자연의 법칙은 신의 가르침을 따르기는커녕 완전히 세속적이었다.[5] 동시대인들이 홉스의 『리바이어던』에 보인 반응을 보면 이 책의 급진적 성격을 알 수 있다. 그는 "영국의 그 어떤 사상가들보다 …… 더 신랄한" 논쟁에 휩싸였다. "이런 일은 그 전에도 없었고, 앞으로도 없을 것이다."[6] 하원에서는 도덕의 본질에 관한 그의 충격적인 견해가 "1666년에 발생한 런던 대화재의 원인일 가능성이 아주 많다."고 언급되었다. 거의 동시에 상원의 주교 위원회는 그의 저작이 이단이므로 불태워야 한다고 주장했다.[7] 가족 역학 모형에 기초해 보았더니 홉스가 급진적 대의를 지지할 확률이 77퍼센트로 예측되었다(그림 8.1).[8]

후순위 출생자들이 극단적 급진주의로 흐르는 또 다른 유력한 경로

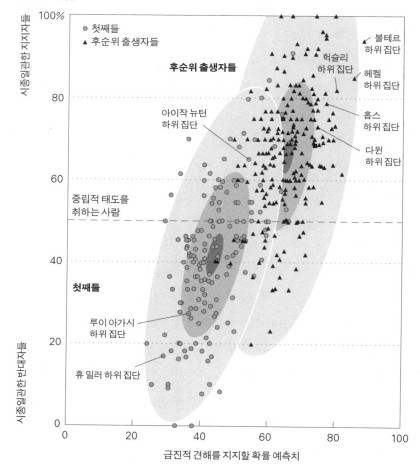

**과학 혁신 수용도와 다변수 예측치 비교**

관찰된 지지율

**그림 8.1** 과학 급진주의와 관련해 8변수 "가족 역학" 모형이 제시한 예측치. 이 모형은 28가지 과학 논쟁에 참여한 3,111명의 개인 자료를 바탕으로 구축되었다. 예측치는, 10명 이상이 참가한 하위 집단의 관찰 결과에 대응해 기입했다. 바깥 타원은 주요 하위 집단 두 개(첫째들과 후순위 출생자들)의 95퍼센트 신뢰성 한계를 지시한다. 가장 안쪽의 타원은 두 부분 모집단 중심군에 99.9퍼센트의 신뢰성 한계를 부여한다. 이 모형은 중립적 태도를 취하는 사람을 파악하는 데 상당히 효과적이고, 극단적 견해를 지지할 가능성이 많은 사람을 파악하는 데는 훨씬 더 뛰어나다.

로 부모와의 갈등을 꼽을 수 있다. 이런 전기적 시나리오를 대변해 주는 좋은 사례가 계몽주의 시대의 무서운 아이 볼테르이다. 일곱 살 때 어머니를 여의었고, 아버지는 물론 얀센주의자였던 형과도 심각하게 불화했던 외향적 막내 볼테르는 진정으로 타고난 반항아였다. 가족 배경과 기질을 고려할 때 그가 급진적 대의를 지지할 확률은 88퍼센트였다.

나의 연구에 등장하는 다른 외향적 막내들로는 토머스 헨리 헉슬리와 다윈의 독일인 지지자 에른스트 헤켈이 있다.[9] 헉슬리가 "다윈의 불독"이라면 헤켈은 "다윈의 독일 셰퍼드"라고 불릴 만하다. 다윈은 이 두 명의 추종자가 자신의 성미에 안 맞게 너무 전투적이라고 판단했고, 거듭해서 그들의 열광적 활동을 진정시키려고 애썼다. 헤켈이 1866년 다운하우스로 다윈을 찾아왔다. 그의 명랑하고 떠들썩한 태도를 다윈과 아내는 가까스로 참았다.[10] 다윈은 다음 해에 분노를 자극하는 버릇을 지적하며 헤켈을 타일렀다. "분노는 모든 사람을 맹목적으로 만듭니다. 상황이 이렇게 되면 이미 우리의 견해에 반대하는 사람들에게 영향을 미칠 수 있는 기회를 전혀 갖지 못하게 될 것입니다."[11] 같은 독일인인 에른스트 크라우제는 후에 이렇게 말했다. 헤켈은 다윈의 사상에 대한 "그 모든 증오와 신랄함"을 자신에게 집중시켜 버렸다. "독일에서는 헤켈을 욕하는 게 단시간에 최신 유행으로 자리를 잡았다. 반면 다윈은 신중하고 온건한 인물의 전형으로 간주되었다."[12] 급진적 사상가들이 보이는 이런 차이를 통해 혁명적 성격이 극단적인 형태를 띠면 도가 지나쳐서 귀찮아질 수 있음을 알 수 있다. 다윈은 호전적인 공격성보다는 인내와 중용으로 성공을 거둔 인물의 으뜸가는 사례이다. 가족 역학 모형은 다윈의 급진주의 성향을 73퍼센트로 예측했다. 이것은 모집단 평균보다 한참 높은 수치이지만 더 투쟁적인 과학자들이 기록한 점수에는 한참 못 미친다. 예를 들어, 이 모형은 헤켈을 85퍼센트로 예측했고, 이 점수는 그가 온후한 태도의 다윈보다는 볼테르(88퍼센트)나 헉슬리(80퍼센트)와 더 유사하다는 것을 알려 준다.[13]

전체적으로 가족 역학에 기초한 8변수 모형은 내 연구에 등장한 과학자들의 3분의 2를 정확하게 분류했다. 이 모형은 극단적 견해를 강력하게 표명한 사람들을 파악하는 데서 특히 유용했다. 예측된 급진주의 확률이 80퍼센트를 넘을 때 이 모형은 83퍼센트 정확했다. 예측 확률이 85퍼센트를 넘으면 모형은 89퍼센트 정확했다. 이런 급진적인 개인들은 개념의 변화를 지지하는 데서 호전적인 입장을 취했을 가능성이 아주 많았다.

급진적 행동을 추정하는 가족 역학 모형의 분명한 장점 한 가지는 단일 변수들에 비해 예측 능력이 탁월하다는 것이다. 급진주의의 다른 예보자들처럼 출생 순서도 믿을 수 없는 지표이다. 가족 역학 모형의 제일 미덕은 내가 확인할 수 있었던 다른 어떤 예보자보다 오류가 더 적다는 데 있다. 출생 순서가 보이는 예측 능력 결함의 상당 부분이 다변수 모형에 의해 제거된다. 예를 들어 케플러와 뉴턴으로 대표되는 첫째의 급진주의는 부모와의 갈등이 가장 전형적인 경로이다. 수줍음은 첫째가 급진주의로 경도되는 또 다른 경로이다. 물론 이런 특정한 영향력이 덜 눈에 띄기는 하지만 말이다. 첫째들 개인의 전기적 차이점 때문에 급진주의와 관련한 그들의 확률 예측치는 16~67퍼센트로 분포했다. 이것은 4배 이상의 차이이다! 과학 분야에서는 '첫째형 경향'이 존재하기는 하지만 확실히 첫째 유형은 결코 존재하지 않는다.

후순위 출생자들 가운데서는 예상할 수 있는 예외 집단으로 몹시 수줍어하는 사람들이 있다. 형제의 수가 많은 가운데서 출생 순위가 빠른 사람들이 그 두 번째 집단이다. 세 번째 집단은 손위 형제와 나이 터울이 아주 작은 후순위 출생자들이다. 다윈의 동료 조지프 후커는 이 세

가지 전기적 영향력에 전부 노출되었다. 과학자로서 그가 보여 준 기질은 그 영향력의 결과와 상당히 부합했다. 그는 무려 15년 동안이나 다윈의 진화적 사고 전반에 은밀히 관여하면서도 오랫동안 그 이단적 견해에 저항했고, 『종의 기원』의 원고를 읽고 나서야 비로소 진화론으로 개종했다. 형세 관망자 후커는 너무나 신중해서 반항아가 될 수 없었다. 그가 급진적 혁신을 지지할 확률 예측치는 62퍼센트에 불과했다. 이것은 일부 첫째들보다 더 낮은 수치이다. 과학에서 중립적 태도를 취하며 형세를 관망하는 사람들은 여론과 증거의 조합을 바탕으로 태도를 결정하는 경향이 있다. 그들은 신중한 합리주의자이지 과학의 정복자가 아니다.

급진주의 가족 역학 모형은 대체로 정확함에도 불구하고 틀리기도 한다. 이 모형을 개선하는 가장 좋은 방법은 개인 대 개인의 기초 위에서 모형의 오류를 검토하는 것이다. 어떤 한 개인이 잘못 분류되면 그 오류가 모형의 크나큰 취약점을 정확하게 드러내 버리고 만다.


## 틀린 예측


가족 역학 모형은 두 가지 주된 이유로 잘못된 예측을 한다. 첫 번째는 틀린 자료이다. 전기적 출처들이 때로 부정확한 사실들을 제공한다. 출생 순서, 형제의 수, 부모의 사회적 지위 등등에 관한 정보가 여기에 해당한다. 내가 이런 오류들을 종종 간파하고 바로잡았음에도 불구하고 다른 실수들이 남아 있으리라는 데에는 의문의 여지가 없다. 부정확한 정보는 가족 역학 모형에서 자료를 그릇되게 분류하는 주된 원인은 아니다. 실제로 이런 부정확한 사실들은 전체 오류 발생률에서 5퍼센트 정

도만을 담당할 뿐이다.[14)

모형화 과정에서 오류가 발생하는 두 번째이자 더 중요한 원인은 불충분한 전기적 정보이다. 예를 들어 나이, 대인 관계의 우정, 사회적 태도는 가족 역학 모형에서 취급되지 않는 유력한 영향력들이다. 학문적 충실성은 물론이고 민족적·종교적 정체성도 과학 논쟁의 결과에 영향을 미칠 수 있다. 과학적 증거의 문제도 존재한다! 새로운 연구 결과와, 과학자 개인들이 그 결과에 친숙한 정도가 효과를 발휘해 차이를 가져오는 경우가 많다. 이 책의 후반부에서 나는 이런저런 영향력들이 어떻게 급진주의에 대한 충성을 조장하는지를 설명할 것이다. 그 영향력들이 이런 저런 급진주의적 대의와 지속적으로 상호 작용하는 방식에는 각별히 중요한 형제의 차이가 도사리고 있다. 가족 내외적으로 동일한 영향력이 작용한다고 가정할 경우 형제들은 많은 경우 아주 상이하게 반응한다.

가족 역학 모형의 유별나게 눈에 띄는 오류로 갈릴레오의 예를 들 수 있다. 네 자녀 가운데 첫째였던 갈릴레오가 급진적 대의를 지지할 확률 예측치는 30퍼센트에 불과했다. 그러나 그는 권위에 기초한 학문적 진실에 정력적으로 반대했다. 로마 교황의 종교 재판소가 그를 재판에 회부해 이단 혐의로 유죄를 선고했을 정도로 말이다. 3,111명의 예측치 가운데 가족 역학 모형이 가장 크게 틀린 경우가 바로 갈릴레오였다.

유명한 갈릴레오 연구자 스틸먼 드레이크는 이 인물의 급진주의와 관련해 꽤 그럴듯한 설명을 내놓았다.[15)] 갈릴레오가 아버지 빈첸치오와 맺었던 관계가 중요했다는 것이다. 빈첸치오 갈릴레이는 숙련된 음악가로 음악 이론의 역사에서 중요한 위치를 차지하는 인물이다. 당시 널리 유행하던 화성 이론은 협화음과 불협화음을, 신성을 가진 것으로 여겨지던 피타고라스의 비율로 설명했다. 예를 들어 2:1, 3:2, 4:3 따위의 비율이 8도 음정, 5도 음정, 4도 음정을 대표한다고 생각했던 것이다. 이 이론의 심각한 문제점은, 음조가 연속적인데 반해 음률이 불연속적이라는 것이었다. 게다가 들어서 좋은 가락이 때때로 피타고라스의 비율을 위반했다. 음률과 실제 음조가 이렇게 충돌하면서 완전히 새로운 화성학 지식이 부상했다. 갈릴레오의 아버지가 이 과정에 개척자로 참여했다.

빈첸치오는 "직접 연구할 수 있는 문제들에서 권위를 수용하는 태도에 거리낌 없이 반대한" 것 같다.[16] 그는 스승들에게 사사받은 내용과, 고도로 훈련된 음악적 귀로 직접 들을 수 있었던 화음 사이의 모순에 점점 더 불만을 느꼈다. 빈첸치오는 다양한 길이와 인장 강도로 조율된 현들에 기초한 화성의 특성을 평가함으로써 화성이 피타고라스의 규칙을 위반한다는 것을 단호하게 증명해 보였다. 갈릴레오가 열일곱 살이던 1581년 빈첸치오는 이 실험 결과를 『고대 음악과 현대 음악에 관한 토론(Dialogue on Ancient and Modern Music)』이라는 책으로 발표했다. 원고 증거에 기초해 볼 때 갈릴레오가 아버지의 실험에 관여했던 것으로 보인다. 재능 있는 아마추어 음악가였던 갈릴레오는 아버지한테서 음악의 이론과 실제도 배웠다. 과학 역사가들은, 현대 과학에 대한 갈릴레오의 가장 혁명적인 공헌으로 그가 물리학에서 수학적 법칙을 실험으로 증명할 것을 일관되게 강조한 점을 꼽는다.[17] 드레이크는 빈첸치오의 음악 연구가 이런 이단적 기여를 "직접 고무했다."고 주장한다.[18]

스틸먼 드레이크의 전기적 탐색 작업은 갈릴레오가 왜 그렇게 급진적이었는지를 설득력 있게 설명해 준다. 그는 급진주의자의 아들이었다. 아버지는 그에게 권위를 의심하라고, 나아가 실험적 수단을 동원해 권위에 도전하라고 가르쳤다. "그 아버지에 그 아들." 부전자전은 특히 첫째들에 꼭 들어맞음이 실험으로 입증된 가설이다.[19]

갈릴레오의 사례는 가족 역학 모형의 또 다른 단점을 정확하게 지적해 준다. 갈릴레오는 손아래 누이보다 아홉 살이 더 많았다. 따라서 그

이단 혐의로 재판을 받던(1633년) 60대 후반의 **갈릴레오**. 전기 작가들은, 그가 가톨릭교회와 마찰을 빚는 데서 중요한 역할을 담당한 매우 논쟁적인 성향의 소유자였다고 말한다. 그는 이단 혐의가 유죄 판결을 받으면서 인생의 마지막 10년을 가택 연금 상태로 지냈다.

는 기능적으로 볼 때 외자식으로 자랐다. 외자식들은 나의 가족 역학 모형에서 예측하기가 가장 힘든 하위 집단이다. 그들에게는 형제가 전혀 없기 때문이다! 외자식들은 형제의 부재 상태 속에서, 내가 구축해 놓은 현재의 가족 역학 모형이 포괄하지 못하는 영향력들에 더욱 더 민감하게 반응한다. 부모가 채택하는 사회적 가치의 역할 따위가 그런 영향력에 포함된다. 더 어린 형제들이 '가족 내 급진주의자'라는 지위를 차지하지 못하기 때문에 외자식들은 더 자유롭게 급진주의자가 된다.[20]

나는 갈릴레오처럼 자신들의 급진주의가 부모의 영향을 받은 듯한 개인들의 전기적 사례를 수없이 열거할 수 있다. 가족 구성원들 사이에서 성격은 유사점이 거의 없지만 사회적 태도는 상당히 겹친다. 이 주장은 다음 장에서 검토하기로 하고 여기서는 추가 연구가 필요한 가설로만 제기하겠다.

부모의 사회적 태도와 그들이 자식들에게 미치는 영향력에 관한 나의 논지를 입증하기 위해서는 전기적 사례를 몇 개만 더 들어도 충분할 것이다. 막내였던 로버트 피츠로이 함장은 진화 이론을 줄기차게 반대했다. 비글 호에서 찰스 다윈과 무려 5년 동안이나 선실을 함께 썼던 사람이 어떻게 나중에 다윈의 이론에 반대할 수 있었을까? 가족 역학 모형에 따르면 피츠로이는 정말이지 다윈주의를 받아들여야만 했다(그의 확률 예측치는 66퍼센트이다.). 피츠로이는 젊었을 때 골상학을 수용하기도 했다. 골상학은 나의 연구에서 다섯 개의 급진적 이데올로기 혁명 가운데 하나로, 가족 역학 모형은 적어도 다른 하나의 과학 논쟁에서만큼은 그를 정확하게 분류했다. 이와 관련해 다윈은 다음과 같이 말했다. 피츠로이는 "자신이 외형적 특징으로 사람의 성격을 파악할 수 있다고 확신했다. 그는 코가 나처럼 생긴 사람이 (비글 호) 항해를 감당할 수 있을 만큼 정력과 결의가 확고할지에 대해 의심했다. 그러나 내 코가 그릇된 얘기를 하고 있었다는 사실을 깨닫고 나중에는 아주 만족해 했던 것 같다."[21]

피츠로이는 찰스 2세의 5세손으로 상층 귀족 계급 출신이었다. 비글 호 항해 과정에서 토리당을 대변하던 그의 정치적 견해는 휘그당원이었던 다윈에게 무척이나 거슬렸다. 탐험 여행을 마친 피츠로이는 신앙심이

1863년 부제독으로 진급한 후의 **로버트 피츠로이**(58세). 1860년대에 피츠로이의 마음은 병들기 시작했다. 그는 자신의 폭풍 경보 체계가 거듭해서 비판을 받자 상심했고, 1865년 어느 일요일 아침 화장실에서 면도칼로 자신의 목을 그었다.

아주 깊은 여성과 결혼했고, 개종까지 했다. 비글 호 항해 시절 신학적으로 온건파였던 그가 노아의 대홍수가 실재했음을 굽히지 않고 방어하는 성서 직해 주의자가 되어 버렸던 것이다.[22] 몇 년 후 피츠로이는 종교적 지반 위에서 다윈의 진화 이론을 격렬하게 반대했다. 1860년에는 헉슬리가 윌버포스 주교와 다퉜던 옥스퍼드 회합에도 모습을 나타냈다.[23] 다윈의 이론을 놓고 설전이 오가는 가운데 피츠로이는 머리 위로 성경을 들고 강연장을 왔다 갔다 했다. 그는 이렇게 외쳤다. "기도서를 따르라, 기도서를 따르라."[24] 그가 보여 준 종교적 광신주의는 자신의 보수적 정견과 조응하는 것으로, 다원주의에 대한 반대에서도 분명한 원인으로 작용했다.[25] 종교와 무관한 과학 문제와 관련해서는 피츠로이도 비교적 개방적이었다. 1850년대에 그는 신설된 기상청의 수장으로 취임해, 자신이 대중화시킨 용어인 일기 예보 체계를 개척했다. 그는 날씨가 과학으로 환원될 수 없다고 생각하는 비판자들의 혹독한 비난을 견뎌 내야 했다.

피츠로이가 다윈을 지지했어야 하느냐는 문제는 교황이 갈릴레오를 지지했어야 하느냐는 문제와 유사하다. 마페오 바르베리니(우르반 8세)는 갈릴레오의 이단 심문을 명령했다는 오명을 뒤집어쓰고 있다. 우르반 8세는 여섯 자녀 가운데 다섯째였고, 가족 역학 모형은 코페르니쿠스 혁명의 논쟁 과정에서 그를 잘못 분류했다. 비록 그렇다 할지라도 일련의 복잡 미묘한 사태를 고려할 때 우르반 8세의 행동은 예상 가능한 것이었다.

우르반 8세도 다른 교황들처럼 꽤 개방적이었다. 20년이 넘는 세월 동안 그는 갈릴레오 이론의 숭배자였고, 개인적으로도 그의 친구라고 생각했다. 갈릴레오의 재판이 열리기 3년 전인 1630년 토마소 캄파넬라는 우르반 8세에게 일부 독일인이 가톨릭으로 개종하고 있다고 보고했다. 그 독일인들은, 코페르니쿠스의 이론을 공식적으로 금지한 신교의 1616년 칙령에 자신들이 분노하고 있다고 선언했다. 우르반 8세는 그 보고를 듣고 이렇게 말했다. "그런 사태는 우리가 의도한 게 결코 아니다. 실제로 그런 일이 내게 닥쳤다고 해도 나 같으면 그런 법령을 포고하지 않았을 것이다."[26] 같은 해에 우르반 8세는 갈릴레오가 코페르니쿠스의 학설을 논구하는 책을 써도 좋다고 친히 허락했다. 그 이론을 "가설"로 취급해야 한다는 요구 조건을 달기는 했지만 말이다.

그런데 뭐가 잘못 되었던 것일까? 갈릴레오는 자신의 야망에 무릎을 꿇고 말았다. 실제로 그는 교황의 지시 사항을 공공연히 무시해 버렸다. 발표 당시 갈릴레오의 『두 개의 주요 우주 체계에 관한 대화(*Dialogue on the Two Chief World Systems*)』(1632년)가 중립적인 토론이 아니라는 것은 누가 보더라도 명백했다. 갈릴레오가 교황을 모욕하면서 사태가 더욱 악화되었다. 우르반 8세는 비정통적인 저서를 발표하도록 허락하면서 갈릴레오에게 프톨레마이오스의 이론을 결정판으로 제시하라고 명령했다. 갈릴레오는 이 맺음말을 바보 같은 아리스토텔레스주의자로 설정된 가공의 등장인물 "심플리치오"의 입을 빌려서 했다. 설상가상으로 갈릴레오는 심플리치오로 하여금 이 주제와 관련해 교황이 제일 좋아하는 주장 가운데 하나를 하도록 했다. 갈릴레오의 이탈리아 독자들에게는 심플리치오와 교황 사이에 아무런 차이점이 없었다. 격노한 교황은 그 유명한 역사적 복수를 실행에 옮겼다.[27] 갈릴레오의 재판은 단순한 이단 심리가 아니었다. 그것은 후순위 출생자의 관용을 짓밟은 첫째의 야망에 관한 사건이기도 했다.

종교적 교의만이 가족 역학 모형에 곤란을 야기하는 중대한 원인인 것은 아니다. 저명한 곤충학자이자 인류학자인 존 러벅은 이 모형에서 빠져 있는 다른 두 가지 결함을 예증한다. 열렬한 다윈주의자였던 러벅은 그의 가족 내 지위에 기초해서 볼 때 있을 수 없는 전향자였다. 그는 준남작 가문의 열한 자녀 가운데 첫째였다. 게다가 그는 부모와도 사이가 좋았다. 어느 쪽 부모도 아들에게 혁명적인 선례를 보여 주지 않았다. 가족 역학 모형에 기초해 보았더니 러벅이 급진적 혁신을 수용할 확률 예측치는 겨우 41퍼센트였다. 다윈주의의 충성스러운 옹호자치고는 누가 보더라도 너무 낮은 확률이었다.

러벅과 관련해 내 모형이 파악하지 못한 것은, 그가 다운에서 자란 찰스 다윈의 이웃이었다는 사실이다. 다윈이 이 마을에 정착한 1841년에 러벅은 일곱 살이었다. 소년은 박물학에 관심이 많았고, 다윈은 "거의 두 번째 아버지"가 되었다.[28] 다윈은 러벅이 현미경을 처음 사는 것을 도와주었고, 러벅이 최초로 발표한 과학 논문들은 다윈이 비글 호 항해 과정에서 수집한 표본을 분석하는 내용이었다. 러벅은 이미 10대 때 다윈이 작성한 삿갓조개 관련 논문에 실을 삽화를 그렸다. 삿갓조개는 진화 이론에 중요한 증거를 제공하는 자료였다. 다윈은 결정적인 방식으로 러벅의 이후 생애에 영향을 미쳤다. 1856년 그는 영국 왕립 학회에 제출된 러벅의 논문을 지지했다. 이에 힘입어 러벅은 특별 회원으로 피선되었다. 이렇게 드문 영광이 찾아왔을 때 그는 겨우 스물네 살이었다. 곧 그는 다윈이 『종의 기원』을 집필하는 과정에서 중요한 통계 관련 조언을 해 줌으로써 호의에 보답했다. 러벅은 이 책이 출간되기 전에 이미 다윈의 이단적 사상을 열렬히 지지하고 있었다.

러벅의 경우 나의 모형은 세 가지 결정적인 전기적 사실을 놓치고 있다. (1)그가 찰스 다윈과 맺었던 친밀한 대인 관계, (2)그가 1859년에 비교적 젊은 나이였다는 사실(그는 25세였다.), (3)그의 자유주의적인 사회적 태도(그는 나중에 자유당 후보로 나서 하원의원으로 선출되었다.). 이런 추가 예보자들을 포괄하는 가족 역학 모형을 적용해 보았더니 러벅이 자연선택 이론을 수용할 확률은 80퍼센트였다.[29]

존 러벅은 급진적 사유와 관련해 또 다른 골치 아픈 특징을 명백히 드러낸다. 그는 충성스러운 다윈주의자였음에도 불구하고 자신의 자유주의적인 다윈주의 견해와 관련해 상대적으로 표현을 삼가는 절도 있는 태도를 유지했다. 한 전기 작가는 이렇게 말한다. "다윈주의의 옹호자로서 그는 헉슬리만큼이나 적극적이었다. 호전성을 뺀다면 말이다."[30] 이 전기 작가는 문화의 발달을 주제로 한 러벅의 저서들이 널리 읽히면서 "한 세대가 넘는 세월 동안 새 판으로 거듭해서 재발행되었다."고 언급

**존 러벅**(에이브베리 경)과 그의 현미경. 책상 위에 그가 연구 중인 식물이 놓여 있다. 박학했던 러벅은 식물학, 곤충학, 지질학, 인류학 분야에서 중요한 연구를 수행했다.

했다. 그는, "이 저서들의 아주 단순한 진화론이 구식으로 전락했는데도 러벅은 처음 내린 결론들을 결코 수정하지 않았다."고 논평했다.[31] 그의 개인사를 알고 나니 그가 그렇게 하리라고 기대할 수 없었다. 첫째들은 자유주의적일 때조차도 여전히 첫째이다. 자유주의적인 가족 배경 속에서 첫째들이 진보적인 사회적 태도를 가질 수도 있다. 그러나 이런 영향력이 그들로 하여금 반항을 꿈꾸게 하거나 경험에 지나치게 개방적인 태도를 가지도록 만들지는 않는다. 가장 완고한 급진주의자들은 대개 부모에 의해 급진화된 첫째들이다.

정상에서 벗어난 개인들에 관해 더 얘기할 수도 있다. 이를 통해서 가족 역학 모형이 그들을 잘못 분류한 어쩔 수 없는 이유들을 생각해 볼 수 있다. 그러나 아무리 어쩔 수 없다고 해도 이런 이야기들은 자체로 특별할 뿐 과학적 증거는 되지 못한다. 일화적인 증거가 가설을 제기해 주는 것은 사실이다. 그러나 이런 가설들의 정당성을 입증하려면 나의 데이터 속에 있는 모든 이들에게 각각의 가설을 적용해 조사해 보아야만 한다. 뿐만 아니라 편향된 결과를 낳을 수도 있는 다른 예보자들을 이 조사 과정에서 반드시 밝혀야 한다. 이런 조사 연구 절차를 예를 들어 설명해 보자.

나의 예증은 다음과 같은 변형 질문을 필요로 한다. "교황이 가톨릭교도인가?" 우르반 8세가 신교도였다고 가정해 보자. 이런 요소가 갈릴레오를 이단 재판에 회부한 그의 결정에 어떤 차이를 낳았을까? 이 질문에 답하는 간단한 방법은 가톨릭교도들이 전체로서 신교도들보다 코페르니쿠스의 이론에 더 적대적이었는지의 여부를 확정하는 것이다. 나는 종파를 기준으로 이 논쟁에 참가한 사람들을 분류 정리했다. 가톨릭교도라는 사실은 결과에 중요한 영향력을 행사하지 않았다.[32]

교황이 신학자였다는 사실은 어떤가? 이런 직업적 요인이 그가 코페르니쿠스의 이론에 반대하는 행위에 영향을 미쳤을까? 이 질문에 답하기 위해 나는 신학 교육을 기준으로 코페르니쿠스 논쟁에 가담한 모든 참가자들을 분류 정리했다. 종파에서처럼 이 요소도 아무런 영향력을 발휘하지 못한다는 것이 입증되었다.[33] 그러나 관련 직업이라는 변수는 중요하다. 과학자라는 신분 말이다. 과학 지식의 생산에 관여하는 사람들은 그렇지 않은 사람들보다 코페르니쿠스의 이론에 더 개방적이었다.[34] (과학자라는 신분은 이 이론을 지지하는 천문학상의 증거에 정통한 정도를 알려 주는 훌륭한 선행 지표이다.) 코페르니쿠스주의에 대한 지지 여부를 알려 주는 또 다른 좋은 예보자로 나이가 있다. 더 나이 든 개인들은 더 어린 개인들보다 이 이론을 채택할 확률이 훨씬 더 낮았다.[35]

우르반 8세의 나이와 직업을 통해 우리는 코페르니쿠스의 이론에 대한 그의 반응을 더 세련되게 예측할 수 있다. 갈릴레오의『두 개의 주요 우주 체계에 관한 대화』가 출판된 1632년에 우르반 8세는 64세였다. 과학자가 아닌데다 장년이었던 그가 코페르니쿠스의 이론을 지지할 확률은 통계 오차의 허용 범위 내에서 대략 29퍼센트로 상당히 낮았다. 이런 지지율 기대치를 고려할 때 가족 역학 모형은 우리에게 이 교황의 급진주의 성향이 다른 64세의 비과학자들과 비교해 얼마나 더 높아야 했는지 혹은 더 낮아야 했는지를 가르쳐 준다. 우르반 8세가 코페르니쿠스의 이론을 지지할 확률은 대략 적당해 보이는 값인 45퍼센트였다. 역사에서 모욕이 담당하는 역할을 체계적으로 분석해 보지는 않았다. 그러나 갈릴레오가 심플리치오와 교황을 부당하게 비교했고, 그로 인해 관망적 태도를 유지해 오던 교황이 갈릴레오 반대로 돌아섰다는 것을 알기 위해 컴퓨터 모형이 필요한 것은 아니다. 그때조차도 우르반 8세는 자신의 친구를 이단 재판소에 넘겨주는 것을 주저했다. 스틸먼 드레이크가 언급한 것처럼 우르반 8세는 특별 위원회 구성을 지시했다. "갈릴레오가 자신을 취급했던 방식보다 더 잘 대우해 주도록 하기" 위해서였다.[36]

우르반 8세의 사례는 급진주의를 예보해 주는 가족 역학 모형이 갖는 한계를 명확하게 보여 준다. 이 모형은 어떤 사람이 기타의 관련 정보에 기초해 파악할 수 있는 최선의 예측과 관련해서만 급진적 이론을 지지할 확률을 알려 줄 뿐이다. 형제의 차이는 기타 많은 전기적 영향력들과 결합해 사람들을 급진주의의 눈금자 위에 두루 산포시킨다. 나는 가족 역학 모형의 오류들을 자세히 조사했고, 이런 예외들을 해명해 줄지도 모를 여러 요인을 찾아냈다. 이런 가설적 영향력 가운데 가장 중요한 것들로 나이, 사회적 태도, 대인 관계 영향력, 민족적 차이가 있다. 편의를 위해 이 가설들을 표 6에 목록화해 놓았다. 이 표를 통해 내가 어떤 가설

이단 심문소에서 **재판을 받는 갈릴레오**(1633년). 명백한 이단의 증거가 모호했음에도 불구하고 갈릴레오는 재판 절차 밖에서 "허영심에서 비롯한 야망, 무지, 과실"의 유죄를 인정하도록 강요당했다. 충실한 가톨릭교도였던 그는 추기경들과 다른 참고인들 앞에서 무릎을 꿇고 자신의 코페르니쿠스적 견해를 부인했다.(Drake 1972:245; 1978:350)

들을 조사했는지도 알 수 있다.

개별적 예외들을 설명하기 위해 모형에 새로운 변수들을 추가하면 반박 가능성 문제가 제기된다. 이런 모형들은 논파될 수 있는가? 그렇다. 우선 첫째로, 기존의 모형에 이미 포함되어 있는 변수들을 통제한 상황에서 새로운 변수가 유의미한 개선 가능성을 제공하지 않을 경우 어떤 변수도 그 모형에 추가할 수 없다.[37] 이것은 통과하기가 점점 더 어려워지는 시험이다. 새로운 변수들이 이 시험에 통과할 때조차도 어떤 개인들은 계속해서 그 모형의 예측을 허용하지 않고, 그럼으로써 모형의 포괄성 주장을 "논파해 버린다."

가족의 영향력에 관한 나의 가설들은 또 다른 이유로 반박하기가 쉽다. 나는 이 주장들을 아주 구체적으로 제기했다. 예를 들어 첫째들이 부

## 표 6
### 가족 역학 모형에서 분류 오류가 제기하는 급진주의 관련 가설들

| 변수 | 가설 | 검증? | 확인? |
|---|---|---|---|
| 사회적 태도 | 형제의 차이를 통제했을 때, 사회적으로 자유주의적인 사람들은 급진적 변화에 더 개방적이다. | 예 | 예[a] |
| 부모의 사회적 태도 | 형제의 차이를 통제했을 때, 부모가 자유주의적인 사람들은 자유주의적이고 그리하여 급진적 변화를 지지하는 경향이 있다. | 예 | 예[a] |
| 부모의 출생 순서 | 형제의 차이를 통제했을 때, 부모가 후순위 출생자인 사람들은 급진적 변화를 지지할 가능성이 더 많다. | 예 | 예[b] |
| 나이 | 젊은이들이 급진적 변화를 더 많이 수용한다. | 예 | 예[c] |
| 대인 관계 영향력 | 조언과 우정은 급진적 사상의 수용에 영향을 미친다. | 예 | 예[d] |
| 민족 | 지리적 차이는 물론이고 민족적 차이도 혁명적 논쟁의 결과에 영향을 미친다. | 예 | 예[e] |
| 사회 계급 | 하층 계급 개인들은 상층 계급 개인들보다 급진적 변화를 더 많이 지지한다. | 예 | 거절[c] |
| 경쟁 관계 | 이론적 혁신을 제안한 과학자들은 해당 주제와 관련해 경쟁적인 내용의 혁신을 거부하는 경향이 있다. | 아니오 | — |
| 과학적 증거 | 과학자들은 새롭고 압도적인 증거는 물론 학문적 충실성에 반응해 급진적 혁신을 채택한다. | 예 | 예[f] |

a. 9장  
b. 9장, 11장  
c. 2장, 10~14장  
d. 10~11장, 14장  
e. 10~14장  
f. 2장, 14장

모와 심각한 갈등을 빚을 때마다 언제나 보수적인 학설과 제휴한다는 증거가 나오면 나의 가족 역학 모형은 중대한 도전에 직면할 것이다. 마찬가지로 수줍어하는 사람들은 출생 순서에 따라 상당히 다른 반면 외향적인 사람들은 그렇지 않다는 증거가 나오면 이 문제에 관한 나의 주장도 반박될 것이다. 급진적 행동을 예측하는 가족 역학 모형을 논파할 수 있는 방법은 여러 가지이다.

나의 연구 방법이 가지는 또 다른 한 가지 특징으로 인해 인간 행동에 관한 나의 주장들은 반박하기가 매우 쉽다. 나는 이 책 전체에서 역사적 맥락의 역할을 인정하는 방식으로 나의 주장을 정식화했다. 예를 들어 과학 혁신을 취급하면서 나는 이데올로기적 함의의 견지에서 의견들을 평가하려고 노력했다. 형제의 차이와 무관한 기준을 활용한 것이다. 따라서 형제의 차이에 관한 나의 주장들을 몇 가지 심화된 방식으로 반박할 수 있다. 예를 들어 우생학이나 생기론 같은 '보수적' 혁신을 후순위 출생자들은 옹호했고, 첫째들은 반대했다는 증거 자료가 제출되면 나의 주장이 그릇되었음이 증명될 것이다. 마찬가지로 정반대의 역사적 시나리오도 나의 주장을 심각하게 반박할 것이다. 첫째들은 일반적으로 급진적 혁명을 지지하지 않는다. 따라서 그들이 그렇게 한다는 체계적인 증거가 나오면 나의 주장은 논박당할 것이다. 이런 주장들은 형제의 차이가 결과와 무관한 것으로 판명되었음에도 불구하고 혁신이 이데올로기적 함의에 주목했다는 증거 자료에 의해서도 반박될 것이다. 나는 연구자들에게 그런 사례들을 찾아 달라고 요청한다. 어쩌면 그런 사례가 수천 개는 존재할 것이다. 그러나 가족 역학이 성격 발달 과정에서 행사하는 영향력에 관한 나의 의견들이 옳다면 이런 잠재적 반증례들은 거의 나오지 않을 것이다. 개별적인 예외는 언제나 존재할 것이다. 그러나 이 책에서 자세히 논의되는 설명 원리들은 일반 법칙으로서 유효할 것이다.[38]

## 결론

이 책의 2부에서 나는 가족 내 지위의 차이가 어떻게 가족 경험의 차이를 낳는지 보여 주려고 했다. 이 과정은 많은 개별적 굴곡과 변형을 수반하지만 오래된 다윈주의의 시나리오에서 결코 벗어나지 않는다. 형제들은 부모의 투자를 극대화하는 전략을 채택하는 것이다.

가족 경험에 관한 상세한 지식을 얻었으니 우리가 혁명적 성격을 해명하는 데 필요한 모든 것을 알았다고 생각한다면 오산이다. 지금까지 우리는 급진적 사유를 초래하는 영향력 가운데 일부만을 고찰했다. 나는 사회적 태도, 경험적·인식론적 동기, 역사적 배경에 대해서는 거의 얘기하지 않았다. 이 책의 나머지 부분에서 다룰 주제가 바로 이런 것들이다. 우연도 중요한 역할을 수행한다. 그러나 이런 부가적 요인들이 가족 역학에 의해 버려진 개별적 성향과 긴밀하게 상호 작용한다는 사실을 염두에 두지 않으면 어느 것도 제대로 파악할 수 없다. 급진적 사고에 직접적인 영향력을 전혀 행사하지 못하는 사회 계급처럼 급진적 사유를 야기하는 다수의 '사회적' 원인들도 형제의 차이를 매개로 해서 간접적으로만 발현된다. 합리적인 행동에 관해서도 동일한 추론을 할 수 있다. 배심원들이 같은 증거를 접하고도 많은 경우 다른 결론을 내리는 이유는 바로 이 때문이다. 형제들은 주변 세계에 각기 다르게 반응한다. 가족 배경과 역사적 상황이 동일해도 어떤 형제들은 현 상태에 순응하는 반면 다른 형제들은 반항을 결행하는 것이다.

# 3부

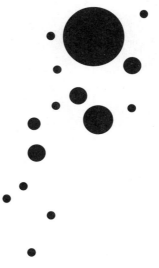

# 사회사상 및 정치사상

# 9장

●

## 사회적 태도

3부의 다섯 개 장은 정치적·종교적 태도와 혁명적 주장에 대한 지지 사이의 관계를 탐구한다. 국적, 민족성, 전문가 네트워크 등 내가 조사한 수많은 사회적 영향력 가운데서 정치적·종교적 신념을 특별히 주목해야 하는 이유는 이것들이 일반적으로 더 중요하기 때문이다. 사회 혁명들을 보면 이런 신념과 혁명적 사고방식 사이에 밀접한 관계가 존재했다는 증거를 무시로 발견할 수 있다. 사회적 보수파는 혁명적 변화에 저항하는 경향이 있는 반면 사회적 자유파는 혁명적 변화를 지지하는 경향이 있다. 이것은 일반적으로 널리 알려진 사실이다.[1] 역사가들이나 심리학자들이 그간 충분히 평가하지 않은 것이라면 자유주의가 사회 변화에 대한 개방성과 어떻게 다른가 하는 점이다. 정치적·종교적 태도는 사상과 신념을 포함하는 태도이다. 변화에 대한 개방성은, 구체적인 종류와 무관하게 사전에 자리 잡은 신념을 변경할 수 있는 유연성을 나타내는 성격 특성이다. 놀랍게도 일부 자유주의자들은 옹졸한 반면 어떤 보수주의자들은 새로운 사고방식에 개방적이다.

우리가 사회적 태도를 다룬다 함은 일부는 사회적이고 일부는 심리적인 혼합물을 다룬다는 얘기이다. 형제들이 생각하고 행동하는 방식을 이해하려면 반드시 신념의 이런 원천들을 구분해 그 기원을 가족 내부로 소급 추적해야 한다. 먼저, 정치적·종교적 신념은 부모들한테서 습득되고, 형제들에 의해 공유된다. 많은 사회적 급진주의자들이 부모가 전해 준 급진적 세계관의 상속자들이다.

형제들은 신념의 핵심을 공유할 때조차도 종종 사회적 사상의 스타일 면에서 서로 다르다. 후순위 출생자들은 경험에 더 개방적이기 때문에 부모한테서 배운 것을 수정하는 것에 개의치 않는다. 종교 문제에서 찰스 다윈은 불가지론자로 양육되지 않았다. 그의 아버지는 다윈이 성직자가 되는 과정을 지켜보면서 행복해 했다. 그의 누나들도 비글 호를 타고 세계 일주 여행을 하던 다윈의 종교적 열정을 부추기기 위해 최선을 다했다. 다윈이 비글 호 항해를 하지 않았다면 아마도 성직을 받아들여 목사가 되었을 것이다. 그는 경험에 아주 개방적이었기 때문에 인생을 살아가면서 자신의 종교적 신념을 거듭해서 재검토했다. 그리하여 60대에 이르렀을 때에는 종교적 신념이 거의 남아 있지 않았다. 그는 1870년에 조지프 후커에게 이렇게 말했다. "나의 신학은 정말 지리멸렬해져 버렸다." 젊은 시절 페일리의 『자연 신학』에 탄복했던 다윈은 이제 더 이상 "(이 세상에서) 유익한 설계, 다시 말해 정말이지 세부 항목에서 온갖 종류의 설계 증거"를 전혀 찾을 수 없었다.[2]

자식들의 사회적 태도처럼 부모의 사회적 태도도 가족 환경과 가족

집단 토론
오후 7시

"시작해 봅시다."

랠프

동성애자
공화당원

흑인
보수주의자

프로이트를
지지하는
페미니스트

채식주의를
지향하는
흡혈귀

《세인트피터스버그 타임스》

사회적 태도에서의 형제간 차이는 부모의 사회적 태도라는 더 광범위한 맥락 안에서 파악되어야 한다. 이 만화에 등장하는 환자 네 명과 관련해 출생 순서 예측은 다음을 따른다. 공공연한 동성애자 공화당원은 공화당 가족의 후순위 출생자이거나 민주당 가족의 첫째일 것이다(그러나 거꾸로는 아니다.). 흑인 보수주의자는 첫째일 것이다. 프로이트를 지지하는 페미니스트는, 특히 정신 분석학자의 딸이라면 첫째일 것이다. 채식주의를 지향하는 흡혈귀는, 특히 구래의 흡혈귀 종족 출신이라면 후순위 출생자일 것이다.

내 지위라는 다양한 영향력에 그 뿌리를 두고 있다. 전기 작가들이 어떤 개인의 사회적 태도를 파악하기 위해 몇 세대 이전의 가계까지 분석해야 하는 경우가 많다. 체계적인 방법으로 조사를 수행하면 놀라운 결론이 나온다. 사회 경제적 계급 같은 요인들이 급진적 사상과 관련해 거의 아무것도 설명해 주지 못하는 것이다. 사회적 태도의 영역에서 발생하는 대부분의 개인차는 과거에도, 현재에도 형제간의 차이이다. 9장은 이 명제를 검토한다.

## 방법론적 고려 사항들

많은 역사적 인물들의 사회적 신념은 꽤 잘 알려져 있다. 그들의 사회적 태도를 자세히 보고하는 과정에서 다양한 자료를 활용할 수 있다. 나는 세 종류의 상이한 정보를 채택했다. 첫째, 나는 본인이 기록한 자료(편지, 자서전, 기타 문서들)를 수집했다. 둘째, 나는 가족, 친구, 동료 등 당대의 관찰 기록을 이용했다. 예를 들어 다윈의 아내와 자녀들은 그의 정치적·종교적 견해에 관해 말했고, 다윈도 절친한 친구들에 관해 비슷한 논평을 가했다. 셋째, 나는 역사 전문가들의 평가를 입수했다. 나는 이 세 종류의 정보를 결합해 과학자 2,766명의 사회적 태도와 관련해 꽤 신뢰할 만한 평가를 손에 넣을 수 있었다.

### 전문가 평가단

사회적 태도에 관한 내 정보의 대부분은 역사 전문가들한테서 나온 것이다. 그들이 이 연구에서 1만 9000번 이상 개별적인 평가를 해 주었다.[3] 나는 표본에 들어 있는 과학자들의 사회적 태도를 확인하기 위해 94명의 역사학자들에게 5점 눈금자를 사용해 평가를 해 주도록 요청했다. 1.0은 "극보수", 3.0은 "자유주의", 5.0은 "매우 급진적"으로 정의했다. 평가자들은 눈금자에서 0.5점을 매김으로써 9등급 범주까지 사용할 수 있었다. 판정관들은 각자의 전문 분야에 포함되는 역사적 인물들만을 평가해 주도록 요청받았다. 나는 모든 인터뷰를 직접 했다.

이 평가 과정의 목표는 동시대인들과의 관계 속에서 개인들을 보수주의-급진주의 스펙트럼 위에 배치하는 것이었다. 판정관들은 평가 작업을 시작하기에 앞서 각자가 전공하는 역사적·국가적 시대에 부합하는 마음가짐으로 평가 기준을 '최적화'해 줄 것을 요청받았다. 예를 들어

1640년대의 영국에서는 정치적 보수주의자가 "왕당파"로 규정될 것이다. 2세기 후에는 유사한 정치적 견해를 고수하는 사람이 "토리당원"이라고 불릴 것이다. 그 꼬리표가 서로 다름에도 불구하고 두 유형의 보수주의자들은 5점 눈금자에서 대체로 1.0과 2.0 사이에 포진했다.

사람들의 사회적 견해는 시간이 흐르면서 변하기 때문에 나도 전문가 평가단에게 과학자들이 논쟁적인 혁신과 관련해 구체적인 입장을 취한 해를 기준으로 평가를 해 주도록 요청했다. 예를 들어 찰스 다윈은, 자신의 종교적 신념이 "광교회파(Broad Church, 영국 국교회 가운데 자유주의적인 신학 경향을 가진 교파 ― 옮긴이)"(2.75)에서 "불가지론자"(4.5)로 서서히 바뀌어 갔던 20세에서 69세 사이의 상이한 열 가지 연령 단계에서 평가를 받았다. 같은 기간에 다윈의 정치적 견해는 "자유주의" 범위 내에서(3.25에서 3.5로) 아주 조금만 바뀌었다.

처음에 '역사적 사회 측정법'을 동원해 이 실험을 시작했을 때는 과연 사회적 태도가 이 방법에 의해 통계적으로 신뢰할 수 있을 만큼 평가될 수 있는지가 궁금했다. 다행스럽게도 자신이 기록한 정보에서 도출된 평점과 동시대인의 묘사에서 얻은 평점, 역사 전문가들의 회고적 평가에서 끌어낸 평점이 높은 수준으로 일치했다. 이 세 가지 방법에 의한 유효 신뢰도는 0.92이다.[4]


## 사회적 태도와 과학의 변화

정치적·종교적 태도는 개인들이 과학의 변화에 대응하는 방식에서 중요한 역할을 수행한다. 이 명제의 유효 정도는 혁신의 종류에 좌우된다. 사회적으로 자유로운 신념을 간직한 과학자들은 대다수의 과학 혁신, 특히 이데올로기적으로 급진적 함의를 수반하는 과학 혁신들에 사회적 보수주의자들보다 더 호의적이었다. 진화 같은 유물론적 이론에 직면했을 때 다윈은 토리당원이자 종교적 광신자였던 옛 친구 피츠로이보다 그 이단적 관점을 지지할 가능성이 6배 더 많았다. 사회주의자 알프레드 러셀 월리스는 같은 이론을 수용할 확률이 피츠로이보다 11배 더 높았다 (그림 9.1).[5]

보수주의적 과학 혁신은 시종일관 사회적 보수주의자들에게 호소력을 발휘했다. 프랑스의 수학자 오귀스탱-루이 코시는 이런 편애 현상을 예증해 주는 아주 좋은 사례이다. 1830년 7월 혁명으로 샤를 10세가 폐위되자 코시는 왕을 쫓아 망명길에 올랐다. 코시의 한 전기 작가는 이렇게 말한다. "정치 분야에서 부르봉 왕조에 대한 그의 충성심은 좋든 나쁘든 절대적이고 단호한 것이었다."[6] 수학계의 한 동료도 코시의 이런 모습을 확인해 주었다. 그는 코시가 "지독한 가톨릭교도로, 고집불통의 성격"이라고 묘사했다. 스탕달은 그가 "짧은 성직자복을 입은, 틀림없는 예수회 수사"라고 공공연히 비난했다.[7] 코시는 자신의 보수적 세계관에 걸맞게 생리학과 의학 분야에서 생기론 학설을 강경하게 지지했다. 1820년대에 그가 프란츠 요제프 갈의 골상학 이론을 공격한 이유는 그것이 "사회의 평화와 안녕"을 위태롭게 한다고 생각했기 때문이다.[8] 1826년에 스탕달은 프랑스 과학 학술원에서 벌어진 다음의 사건을 전하고 있다.

한 박물학자의 강연이 끝나자 코시가 자리에서 일어나 청중의 갈채를 제지했다. 그는 이렇게 말했다. "이런 것들이 내가 생각하는 만큼 사실일지라도 그것들은 틀렸다. 우리가 경험하고 있는 엉터리 혁명이 여론을 극악무도한 상태로 바꿔 버린 현실을 감안할 때 대중에게 그것들을 공개하는 것은

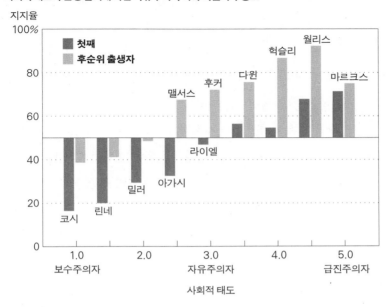

**사회적 태도와 출생 순서에 따른 자유주의적 과학 혁신의 수용도**

**그림 9.1** 23가지 자유주의적 과학 이론에 대한 지지의 평균값을 사회적 태도와 출생 순서에 따라 분류했다. 중요한 과학자들은 전기적으로 그들이 속한 부분군 옆에 표시했다.

극단적인 사회적 급진파(눈금자에서 >4.5, N=60)는 극단적인 사회적 보수파 과학자들(눈금자에서 <1.5, N=35)보다 자유주의적 혁신을 지지할 확률이 12.5배 더 높았다. 개별적으로 고찰했을 때, 사회적 태도와 지지 사이의 강력한 관계는 첫째와 후순위 출생자들 모두에서 유효했다. 사회적 태도를 통제했더니 후순위 출생자들이 새 이론을 지지할 확률이 상당히 더 높았다.

좋지 않을 것이다. 그런 이야기는 우리의 신성한 종교에 해를 입힐 뿐이다." 사람들은 코시의 이 발언에 폭소를 터뜨렸다. 그는 경멸에 맞서 순교자가 되려고 하는 것 같다.[9]

코시의 과학 분야 이외의 저술 두 권은 그가 개탄하던, 예수회 수사들에 대한 박해 사건을 다루었다. 그는 이 박해가 불신자들이 "예수회의 덕성"에 직면해서 느끼는 증오심 때문이었다고 주장했다.[10]

사회적 보수주의자들은 우생학에 기초한 인종 개량 운동을 특히 지지했다.[11] 주류파 우생학자들은 범죄자들에게 강제로 불임 수술을 시켜 범죄를 줄일 수 있다고 믿었다. "나쁜" 유전자가 미래 세대로 유전되는 것을 차단할 수 있다는 논리였다. 일부 우생학자들은 지진아들에게 불임 시술을 하는 것도 좋은 방안이라고 생각했다.[12] 인종주의와 계급적 속물근성에 의해 부채질된 이런 사회적 권고는 1917년의 엄격한 이민법 제정으로 이어졌다. 미국의 이 이민법은 모든 이민자들에게 읽기와 쓰기 능력 검사를 받도록 의무화했다. 20년 후 독일의 인종주의 정책은 나치즘의 공포로 절정을 이루었다(그림 9.2).[13]

출생 순서는 위력적인 방식으로 사회적 태도의 영향력을 조성한다. 코시는 첫째였다. 때문에 그가 새롭고 자유주의적인 이론들을 지지할 가능성은 피츠로이보다 훨씬 더 낮았다. 피츠로이가 코시의 보수적인 사회적 신념을 공유했음에도 불구하고 말이다. 피츠로이가 후순위 출생자라는 사실을 고려할 때 그가 골상학 같은 이론을 지지할 확률은 코시보다 3.3배 더 높았다. 피츠로이는 진화 이론을 강경하게 반대했음에도 불구하고 코시가 질색한 골상학을 지지했다.

다윈의 출생 순서와 자유주의적인 사회적 견해를 고려할 때 그가 유물론적 학설을 지지할 가능성은 피츠로이보다 4.4배, 코시보다 15배 더 많았다. 다윈이 자연선택을 발견하기 네 달 전에 작성한 노트에 적혀 있던 유명한 구절을 상기해 보자. "생각(더 정확히 말해 욕구)은 유전된다. 그것이 뇌의 구조가 아닌 다른 어떤 것(이라고) 상상하기는 어렵다. …… 신을 사랑하는 것은 조직화의 결과(다). 오, 이런 유물론자 같으니라고!"[14]

이제 코시를 월리스처럼 후순위로 태어난 사회주의자와 대조해 보자. 월리스가 자유주의적 혁신을 지지할 확률은 코시보다 58배 더 높았다! 예상대로 월리스는 자신의 도전적인 생애를, 코시가 격노했던 각종

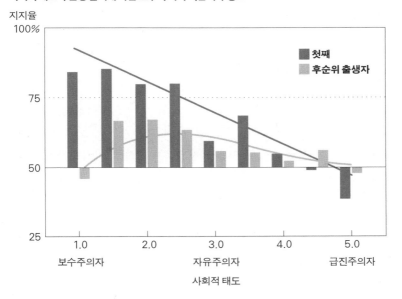

**사회적 태도와 출생 순서에 따른 보수적 과학 이론의 수용도**

지지율

- 첫째
- 후순위 출생자

사회적 태도

보수주의자      자유주의자      급진주의자

**그림 9.2** 다섯 가지 보수주의적 과학 이론에 대한 지지의 평균값을 사회적 태도와 출생 순서에 따라 분류했다. 그 다섯 가지 이론은 생기론, 이상주의적 분류 체계들, 배종설, 현대적 관념론, 우생학이다. 사회적 보수주의자들(눈금자에서 <1.5, N=16)은 사회적 급진주의자들(눈금자에서 >4.5, N=31)보다 이런 종류의 혁신을 지지할 확률이 2.5배 더 높았다. 개별적으로 고찰했을 때, 사회적 태도와 지지 사이의 관계는 첫째와 후순위 출생자들 모두에서 유효했다. 사회적 태도를 통제했더니 첫째들이 보수적 혁신을 지지할 확률이 상당히 더 높았다.

보수적인 과학 혁신의 수용을 중개함에 있어 출생 순서가 사회적 태도와 상호 작용한다. 첫째로 태어난 보수주의자들은 후순위로 태어난 보수주의자들보다 이런 이론들이 내포하는 반동적 이데올로기에 더 관심을 가졌다.

의 급진적 주장들에 바쳤다. 한 전기 작가는 월리스를 "분란을 일으키는" 종류의 사람이라고 묘사했다. "다른 사람들은 도전과 모험을 회피했지만 월리스는 기꺼이 싸움에 뛰어들었다."[15] 그는 토지 국유화, 여성의 권리, 사회주의, 자연선택에 의한 진화 등 각종의 인습 타파적인 주장을 지지했다. 월리스가 20대에 골상학을 열심히 연구하면서 지지했던 것도 이미 정해진 결론이나 다름없었다.


## 사회적 태도의 기원

사람들은 각자의 사회적 태도를 어떻게 획득하는가? 다수의 역사가들은 이런 태도가 사회 계급에 의해 결정된다는 견해를 지지해 왔다. 물론이 주장은 좀처럼 검증되지 않았다.[16] 사람이라면 누구나 자식들이 어느 정도까지 부모와 사회적 태도를 공유하는지 알고 싶어 할 것이다. 나아가서 우리는 형제들의 사회적 태도가 다른지, 또 다르다면 얼마나 다른지도 묻는다. 마지막으로, 사회적 태도가 인종이나 성별과 같은 사회적 범주와 관계가 있는지를 알아보는 것도 가치 있는 일이다.

내 연구에 등장하는 과학자들의 부모들 가운데서 수백 명 정도를 그들의 사회적 신념에 따라 평가했다. 이 평가의 많은 부분은 역사 전문가들이 해 주었고, 나머지는 전기에서 찾은 정보를 바탕으로 수행했다.[17] 부모와 자식의 사회적 태도 사이의 상관관계는 0.47로, 이 값은 이 책에 수록된 것 가운데서 가장 강력한 관계이다.[18] 그럼에도 불구하고 개인차의 대부분이 가족들 사이가 아니라 가족 내부에 존재했다. 이 변이량(편차)의 대부분을 형제의 차이로 설명할 수 있다.[19]

형제들이 각자의 사회적 태도를 분화시키는 방법을 통찰할 수 있는 좋은 수단은, 출생 순위에 따라 이 과정을 추적하는 것이다. 내 연구에 등장하는 과학자들 가운데서는 첫째들이 가장 보수적인 형제였다. 그들은 외자식들보다 훨씬 더 보수적이었다.[20] 첫째들은 더 어린 형제들의 존재에 대응해 사회적으로 더 보수화되는 것 같다. 중간 자녀들은 사회적 태도의 가족 스펙트럼에서 중간적 지위를 차지하고, 막내들은 대체

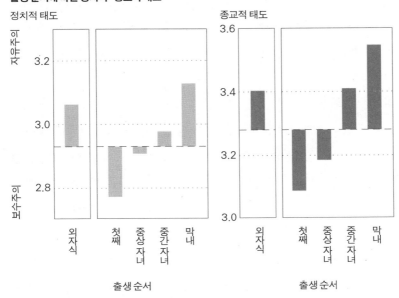

**출생 순서에 따른 정치적·종교적 태도**

**그림 9.3과 9.4** 출생 순서에 따른 사회적 태도. 더 어린 형제들이 출현하면 첫째들은 보수화된다. 후순위 출생자들의 경우 사회적 급진주의는 상대적 출생 순위와 비례한다. 가장 급진적인 형제는 막내이다. 외자식들의 사회적 태도는 형제가 있는 개인들과 비교할 때 중간 정도를 차지한다. 각 표본의 평점 평균은 수평선으로 표시했다.

출생 순위에 따라 분석해 보았더니 사회적 태도는 보통 수준의 지그재그 패턴을 보여 주었다. 자유주의가 출생 순위에 따라 전형적으로 증가하는 현상은 짝수 자식들에게서 가장 현저하게 확인되었다. 이것은 사회적 태도에서 지위 분할이 일어난다는 강력한 증거이다.

로 가장 자유주의적인 가족 구성원이 된다(그림 9.3과 그림 9.4).[21]

사회적 태도에서 이렇게 형제들이 보이는 차이는 도대체 얼마나 광범위한 것일까? 내 표본의 전형적인 첫째는 사회적 태도에서 평균 2.95점을 기록했다. 이 점수는 표본의 43퍼센트에 해당하는 값으로, 중앙값보다 약간 낮은 수치이다. 전형적인 막내가 기록한 3.35점은 68퍼센트(다시 말해 25퍼센트가 더 높다.)에 해당한다. 정치 행위로 치르는 선거가 이런 차이로 승부가 정해진다면 압도적인 대승리라고 할 수 있다.

출생 순서가 사회적 태도에 미치는 영향을 평가하는 또 다른 방법은 수십 년에 걸쳐 이런 태도가 변화하는 양상을 고찰하는 것이다. 17세기의 과학 혁명과, 특히 18세기의 계몽 운동 시대에 지식인들은 더 자유주의적인 사회적 태도를 채택했다. 자연 철학자들은 우주가 기적의 개입 없이 스스로 운행한다는 사실을 점점 더 인정했다. 내 연구에 등장하는 전형적인 막내는 1690년에 3.0의 평점(다시 말해 "자유주의")을 기록했다. 전형적인 첫째는 무려 170년이 지난 1860년까지도 같은 평점에 도달하지 못했다! "사회적 계몽"의 견지에서 볼 때 막내들은 첫째들보다 거의 2세기를 앞서 나갔다.

형제들이 각자의 사회적 태도를 상이하게 발달시키는 방법을 일러주는 또 다른 강력한 증거로 출생 순서와 대비되는 부모-자식 상관관계가 있다. 첫째들의 경우는 부모-자식 상관관계가 후순위 출생자들보다 거의 두 배 정도 더 크다.[22] 이 사실을 통해 첫째들이 부모의 사회적 가치를 후순위 출생자들보다 더 많이 공유함을 알 수 있다. 몇 가지 전기적 사례를 통해 이런 형제 차별화 과정을 살펴보자.

역사가 프랭크 터너는 빅토리아 시대에 각자의 종교적 신념을 포기한 개인들을 연구했다. 그는 신앙심이 상실되면 "필연적으로 가족이 붕괴했다."고 말한다. 가족을 화나게 하겠다는 생각은 종교적 변화에 착수하려는 "내면의 심리적 동기 가운데 하나"인 경우가 많았다.[23] 터너는 소설가 조지 엘리엇으로 유명해진 메리 앤 에번스와 자유주의적 저널리스트 프랜시스 파워 콥의 사례를 언급한다. 모두 후순위 출생자들인 이 두 여성은 복음주의파 가정에서 자랐다. 두 사람은 10대 후반에 종교적 신념을 잃었다. 메리 앤 에번스가 20대 초반에 교회 예배 참석을 거부하자 아버지와 더 나이 든 형제들은 그녀를 가차 없이 배척했다. 터너는 그

1865년 당시 45세의 **조지 엘리엇(메리 앤 에번스)**. 다섯 자녀의 막내였던 그녀는 자유사상가로 전향하고, 이어서 결혼한 남자(철학자 조지 헨리 루이스로. 그는 아내와 헤어진 상태였다.)의 집에 주거를 정함으로써 가족들의 체면을 잃게 했다.

소설가 엘리엇은 비평가들이 "가공할 리얼리즘"이라고 부른 것을 통해 이 장르를 혁명적으로 변화시켰다. 그녀의 『미들마치(*Middlemarch*)』(1872년)는 19세기의 가장 위대한 소설 작품 가운데 하나로 간주된다. 『미들마치』의 도덕은 주인공 도로시어의 누이 셀리어가 대변한다. 그녀는 평생에 걸쳐 도리에 어긋나는 일은 해 본 적이 없는 "본분을 지키는" 젊은 여성으로 그려진다. 셀리어는 엘리엇의 언니 크리스티애너를 모범 삼아 구축되었다. 소설에서 도로시어는 인습에서 벗어난 결혼을 감행하고, 그로 인해 고통 받는다.

녀가 "가족들에게 엄청난 고통과 박해와 모욕을 당했다."고 썼다. "그녀의 비참한 곤경을 동네 사람들도 다 알았다."[24] 프랜시스 파워 콥도 비슷한 경험을 했다. 콥이 스물다섯 살 때 어머니가 돌아가셨다. 그녀는 마침내 자신이 종교적으로 회의하고 있다는 사실을 아버지에게 알렸다. 그녀는 거의 1년 동안이나 집에서 쫓겨나 생활했다.

부모와 자식의 출생 순서가 다를 때 부모의 사회적 가치에서 가장 크게 이탈하는 일이 발생한다.[25] 극적인 사례로 벤저민 프랭클린의 맏이였던 윌리엄이 있다. 1763년 윌리엄 프랭클린은 뉴저지 주 최후의 왕당파 총독이 되었다. 미국 독립 혁명기에 그는 영국당원 편에 가담했다! 이런 정치적 입장으로 인해 70세라는 고령에도 적극적으로 독립 선언을 지지하던 급진적 아버지는 그를 전혀 사랑하지 않았다. 영국당의 옹호자였던 윌리엄은 국외로 쫓겨났고, 재산마저 몰수당했다. 그는 여생을 영국에서 살았다. 이런 정치적 의견 차이로 인해 아버지와 아들은 "철저하게 불화했다."[26]

출생 순서는 형제들이 각자의 사회적 태도를 상이하게 발달시키도록 하는 여러 요인들 가운데 하나일 뿐이다. 형제들 사이의 연령 격차, 부모-자식 갈등, 성별, 부모 사망 등 여러 예보자들을 활용하면 사회적 태도를 훨씬 더 정확하게 예측할 수 있다. 실제로 내가 앞 장에서 채택한 다변수 모형들은 사회적 태도를 뛰어나게 예측했다. 가족 역학에 기초한 8변수 모형은 출생 순서 그 자체보다 9.8배 더 위력적이다. 이론이 뭐라고 하던 간에 실제에 있어 형제들의 사회적 급진주의가 상이한 이유는 과학 분야에서 형제들을 분열시키는 원인들과 동일하다. 이 가족 역학 모형이 채택하고 있는 여덟 개의 예보자는 (2)형제들의 연령 격차, (3)형제의 수, (4)수줍음, (5)부모-자식 갈등, (6)부모 사망과 상호 작용하는 (1)상대적 출생 순위이다. 상대적 출생 순위는 3원적 효과의 일부로서 (7)사회 경제적 계급 및 부모 사망과도 상호 작용한다. 마지막 변수 (8)성별은 모형에서 주요 효과를 담당할 뿐만 아니라 부모-자식 갈등과도 상호 작용한다. 이 가족 역학 모형은 사회적 태도에 관한 예측력이 사회 계급보다 138배 더 효과적이다. 개인들이 보이는 사회적 태도의 차이 대부분은 가족 내부에서 발생한다.[27]

**찰스 다윈과 그의 맏이 윌리엄의 은판 사진**(1842년). 윌리엄은 다윈이 함께 사진을 찍은 유일한 자식이다. 윌리엄은 사우샘프턴의 은행가로 꽤 안정된 삶을 살았다. 한 친구는 그가 "건전한 삶의 모범을 보였다."고 말하기도 했다. 형의 사망 공고에서 프랭크 다윈은 윌리엄이 윗사람들에게 "겸손하고 존중하는 태도"를 보였다고 강조했다.(F. Darwin 1914:19)

한번은 윌리엄이 아버지와 삼촌과 함께 있을 때 노예 제도 반대 위원회를 비난했다. 이 위원회는 자메이카 흑인 400명이 학살당한 사건에 항의하기 위해 갓 조직된 상황이었다. 윌리엄은 위원회의 성원들이 자신들의 저녁식사 비용을 기부금에서 빼돌리고 있다고 비아냥거렸다. 다윈은 아들의 발언에 격노했다. 그는 윌리엄이 "사우샘프턴으로 돌아가는 게 좋겠다."고 퉁명스럽게 말했다. 한숨도 자지 못한 다윈은 다음 날 아침 자신이 무뚝뚝하게 냉대했다면서 사과했다.(Darwin 1887, 3:53) 윌리엄은 자신을 권위와 동일시했고, 따라서 아버지와는 달리 사회적 패배자들의 곤경에 공감하지 못했다. 그는 온후한 태도의 아버지를 크게 분노케 한 유일한 자식으로 알려져 있다.

## 분당성 선택

정치적·종교적 태도는 가족들 사이에서도 매우 다르게 나타난다. 이런 가족들 사이의 차이는 세대가 거듭되면서 축적된 형제 차이의 결과로 볼 수 있다. 자녀의 사회적 태도를 형성하는 데서 아주 많은 일을 하는 부모들 자신이 과거 한때에는 형제들이었다. 동류 결혼의 결과 형제들의 사회적 차이는 가족의 세계관으로 영속화되는 경향이 있다.

형제들의 차이가 세월이 흐르면서 축적되는 과정에는 "분당성 선택 (disruptive selection)"이라고 하는 유명한 진화 원리가 개입한다. 이 현상은 다윈의 가장 위대한 발견인 자연선택의 한 변형이다.[28] 표준에서 벗어난 개체들을 집단에서 제거해 버리는 안정화 선택(stabilizing selection)과 달리 분당성 선택은 개인차를 장려하고 보존한다. 형제들이 각자의 개별적인 가족 내 지위를 개척할 때 그들은 사회적 태도를 분화시키고 있는 것이다. 성인기에 이르면 이런 상이한 세계관들이 배우자 선택에서 중요해진다. 전체적으로 볼 때 배우자들의 성격 특성이 항상 일치하는 것은 아니다. 그러나 정말이지 그들은 IQ, 사회적 태도, 사회 경제적 지위가 비슷하다.[29] 배우자들이 마음속의 이데올로기적 기준을 가지고 짝을 선택하는 과정에서 자식들이 그들의 사회적 가치를 공유할 가능성이 증대한다.

최근의 증거는 다수의 성격 특징처럼 사회적 태도도 얼마가 유전된다는 것을 알려 주고 있다. 쌍둥이에 관한 연구들을 살펴보면 사회적 태도와 관련된 특정 질문들에 대한 답변의 변이량 절반 정도가 유전되는 것 같다.[30] 확실히 해 두자. 영국의 토리당원이나 독일 녹색당원이 되는 유전자 따위는 없다. 그러나 수줍어하는 기질이 유전되는 것과 꼭 마찬가지로 권위를 수용하거나 거부하는 성향도 유전된다.[31] 쌍둥이 연구는 사회적 신념 일부가 대개의 경우 전혀 유전되지 않는다는 사실도 증명했다. 다음 질문에 대한 답들은 거의 전적으로 비공유 환경 탓으로 돌릴 수 있다. "소위 사회의 패배자들은 다른 사람들의 동정이나 도움을 받을 자격이 없다."[32] 이런 연구들에서 유전 가능성이 가장 낮은 종류의 태도들은 바로 나이와 지위의 차이에 기초해 형제들을 분할할 것으로 기대되는 태도들이다. 인종 차별, 자유 경쟁의 우수성, 가족 충절의 중요성, 강력한 군사력의 용인 가능성이 이런 태도들에 포함된다.[33]

이런 것들의 출발이 유전적 자질인지 아니면 환경적 영향력인지와는 무관하게 사회적 태도의 차이는 많은 경우 동류 결혼을 통해 세대를 거듭하면서 영속화된다. 사회적 태도에 유전적 요소와 환경적 요소가 다 있다는 점에서 형제들은 자식들이 그들의 세계관과 일치할 가능성을 증대시키는 배우자를 선택한다. 이 과정이 세대를 거듭하면서 반복되기 때문에 형제들의 차이가 가족들 간의 차이로 확립된다. 이것이 분당성 선택의 요체이다. 분당성 선택은 개인차에 반하는 선택이 아니라 개인차를 영속화하는 과정이다.

벤저민 프랭클린이 보인 급진주의는, 부분적으로 배우자 선택 과정이 여러 세대 동안 시행된 결과라고 할 수 있다. 이신론(理神論)자이자 정치적 급진파인 프랭클린은 막내아들이었다.[34] 사람들이 그에게 독립 선언서 초안 작성을 위임하지 않은 까닭은 다만 "그가 그 속에서 은근히 농담을 할지도 모른다는 두려움 때문"이었다고 이야기된다.[35] 프랭클린이 종교 개혁기로까지 거슬러 올라가는 무려 다섯 세대 동안 막내아들의 막내아들의 막내아들이기도 했다는 사실은 비교적 덜 알려져 있다.[36] 그는 『자서전』에서 이런 족보를 언급했고, 자신의 가족이 "이의를 제기하는" 사회적 신념의 전통이 강했다고 말했다.

미천한 우리 집안은 비교적 이른 시기부터 종교 개혁을 지지했고, 메리

미국 독립 혁명 당시의 **벤저민 프랭클린**. 프랭클린은 열두 살 때 인쇄업자였던 형 제임스 밑에 도제로 들어갔다. 두 사람은 많이 다투었다. 프랭클린은 후에 이렇게 회고했다. "형은 성미가 급했고, 자주 나를 때렸다. 나는 몹시 기분이 상했다."(Franklin 1916:36) 프랭클린은 열일곱 살 때 도제 관계를 청산하고 필라델피아로 갔다. 그는 그곳에서 계속 분발해 인쇄업자, 출판업자, 과학자, 정치가로 출세 가도를 달렸다.

여왕 치세기에도 계속해서 신교도로 남았다. 조상들은 가톨릭교회를 열심히 반대했기 때문에 가끔씩 곤경에 처하기도 했다고 한다. 그들은 (불법이었던) 영어 성경을 갖고 있었는데, 그것을 안전하게 숨기기 위해 조립식 의자의 덮개 아래 안쪽에 납작한 끈으로 동여매 놓았다. 나의 고조할아버지께서는 그 조립식 의자를 뒤집어 무릎 위에 올려놓고 가족들에게 성경 구절을 읽어 주셨다고 한다. ······ 자녀 중에 한 명은 문간에 서서 망을 보았다. 종교 재판소의 관리가 순회하는 것을 사전에 알리기 위해서였다. 요주의 인물이 방문하면 의자는 바로 뒤집어졌고, 그러면 문제의 성경은 예전처럼 의자 밑으로 안전하게 숨겨졌다.[37]

종교 개혁은 서구 사상의 역사에서 가장 급진적인 혁명 가운데 하나이다. 수만 명이 가톨릭교회와 국가의 권위에 도전하다 죽어 갔다. 종교 개혁의 물결이 영국을 휩쓸자 메리 1세는 아주 열심히 신교도들을 박해했다.[38] 영국이 온건한 신교도주의로 돌아섰을 때에도 프랭클린의 후순위 출생 조상들은 국교에 반대하는 그들의 종교 예배를 비밀리에 수행하지 않을 수 없었다. 1680년 이런 사적인 예배 행위가 법으로 금지되었다. 2년 후 프랭클린의 부모는 "그들의 종교를 자유롭게 향유하기 위해" 뉴잉글랜드로 이주했다.[39] 영국 정부는 프랭클린의 조상이 미국으로 떠날 수 있도록 허용함으로써 결국 식민지를 잃게 될 혁명을 배태하고 있었다. 벤저민 프랭클린 같은 막내아들이 4대에 걸친 막내아들들의 후손이라면 그는 대개 반항아이다.

벤저민 프랭클린과는 정반대라고 할 수 있는 동전의 뒷면에 해당하는 이야기는 귀족 사회에서 확인할 수 있다. 세습 귀족 제도는 첫째의 지위가 갖는 심리적 효과를 심화시키는 위력적인 구조이다. 각 세대의 장남들은 전 세대의 장남보다 더 보수적인 경향이 있다. 대다수의 군주가 보수적인 까닭은 귀족주의 때문이 아니라 장자 상속권 때문이다. 볼테르 시대의 국왕인 루이 15세가 좋은 사례이다. 종교적 보수주의자였던 그는 자신의 가톨릭 신앙을 아주 진지하게 받아들였다. (자매였던) 정부 두 명이 연루된 삼각관계로 양심의 가책을 느꼈을 때 루이는 한동안 성체 성사를 받지 않았다. 그는 죄를 짓고도 성찬용 빵을 먹은 다음 죽었다는 사람들의 얘기를 듣고 깜짝 놀랐다.[40] 루이는 볼테르의 거듭되는 가톨릭교회 공격에 분노했고, 결국 이 철학자를 프랑스에서 추방해 버렸다. 다섯 세대를 거슬러 올라가면 루이는 맏이의 맏이였다. 이게 다가 아니다. 카페 왕조를 다시 열다섯 세대 추적해 올라가면 루이의 조상 대다수가 첫째거나 장남이었다.[41]

형제의 차이가 세대를 거듭하면서 쌓인다는 가설을 제시하는 또 다른 사례는 토지 귀족이다. 찰스 다윈은 슈루즈베리에서, 나중에 조류학자가 되는 유년기의 친구 토머스 캠벨 이튼과 함께 자랐다.[42] 10대 시절에 다윈과 이튼은 함께 자주 새 사냥에 나섰다. 첫째였던 이튼은 다윈이 갈라파고스에서 수집해 온 새의 일부를 분류했고, 그 유명한 갈라파고스핀치의 기준 표본을 네 종이나 보유하게 되었다.[43] 다윈의 가장 오래된 친구 가운데 한 명이었고, 진화를 옹호하는 가장 명백한 증거의 일부를 가지고 있었음에도 불구하고 이튼은 "다윈의 이론을 확고하게 반대했다." 정말이지 그는 다윈이 자신의 비둘기 관찰 결과를 동원해 자연 선택 이론을 강화하자 "크게 분노했다."[44]

충실한 토리당원이었던 이튼은 어떻게 그토록 보수적일 수 있었을까? 대답은 아주 간단하다. 그는 이전 23세대 가운데 무려 22세대 동안 이튼 가문 영지의 직계 상속자였다.[45] 반면 다윈은 4세대 동안 막내아들의 막내아들이었다. 동류 결혼으로 27세대 동안 출생 순서에 따른 차이가 강화되었고, 결국 이튼은 친구의 급진적 견해를 받아들일 수 없었다 (그림 9.5).[46] 다윈의 출생 순서와 사회적 태도를 감안할 때 그가 진화 이론을 지지할 확률은 이튼보다 30배 더 높았다![47] 19세기의 친구들과 동료들에 둘러싸여 있었음에도 불구하고 다윈은 시대를 앞서 나갔다. 그의 세계관은 20세기 자유주의자의 세계관이었다. 반면 토머스 이튼의

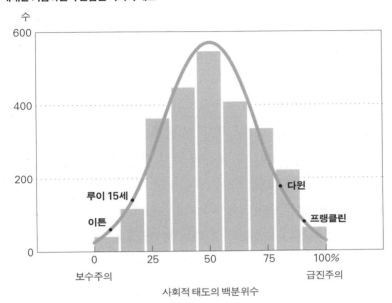

**세대를 거듭하면서 혼합된 사회적 태도**

수

(세로축: 0, 200, 400, 600)

루이 15세

이튼

다윈

프랭클린

0  25  50  75  100%

보수주의  급진주의

사회적 태도의 백분위수

**그림 9.5** 세대를 거듭하면서 혼합된 사회적 태도의 차이. 어떤 모집단을 보더라도 일부 개인은 현저하게 보수적이거나 급진적인 가계의 자손일 것이다. 이 그래프는 아주 다른 가계 출신의 개인 4명을 보여 주는 바, 그들이 출생 순서의 세대 누적적 효과에 기초해 각자의 사회적 태도에서 어떤 입장을 취했을지를 알려 준다. 네 명의 경우 관찰 결과와 기대치 사이의 평균 편차는 3퍼센트로 무시해도 좋은 수준이었다. 예를 들어, 다윈은 80퍼센트를 차지할 것으로 예측되었다. 실제로 그는 84퍼센트였다. 이튼은 9퍼센트일 것으로 예측되었다. 실제 그는 8퍼센트였다. 프랭클린은 88퍼센트일 것으로 예측되었고, 실제로는 90퍼센트였다. 마지막으로 루이 15세는 17퍼센트일 것으로 예측되었고, 실제로는 21퍼센트였다.

세계관은 그 자신이 19세기에 살았음에도 불구하고 이단자와 마녀를 불태워 죽이던 16세기에 머물러 있었다. 유년기에 함께 어울렸던 이 두 명의 친구는 결혼마저 각자가 경험한 상이한 가족적 유산과 일치했다. 각각의 경향이 개별적으로 지속되었던 것이다. 다윈은 자유주의자 사촌으로 막내였던 웨지우드와 결혼해 정착했고, 토머스 이튼은 첫째와 결혼했다.[48]

인간 집단에서 확인되는 사회적 태도의 분당성 선택은, 만약 그렇지 않았을 경우 대단한 수수께끼가 되었을 문제를 해명해 준다. 사회적 태도는 사회 계급과 거의 아무런 상관관계가 없다.[49] 게다가 사회 계급은 과학 혁신의 수용에도 별다른 영향력을 행사하지 않는다. 나 자신의 연구를 보더라도 출생 순서의 과학적 입장에 대한 예측 능력은 사회 계급보다 680배 더 위력적이었다. 전체적으로 형제의 차이가 예측 능력에서 최소 1,000배 더 뛰어났다.[50] 형제들의 전형적인 차이는 성별, 인종적·종교적 소수 집단의 성원 여부 등 급진적 태도에서 드러나는 다른 집단적 차이도 대수롭지 않아 보이게 한다.[51] 역사가 첫 번째 전기이고, 사회학은 부차적일 뿐이다. 우리가 형제의 차이와 그것이 수세기에 걸쳐 켜켜이 쌓이면서 발휘하는 복합적 영향력을 파악하지 못한다면 사회에 존재하는 광범위한 스펙트럼의 사회적 태도를 설명하기도 아주 힘들 것이다.[52]

찰스 다윈이나 토머스 이튼처럼, 첫째나 후순위 출생자 부모들이 오랫동안 배타적인 가계를 유지해 온 경우는 극소수이다. 첫째나 후순위 출생의 조상들이 뒤섞여 태어난 아이들은 사회적으로 중도파이기 쉽다. 실제로 대다수의 사람들이 그러하다. 그러므로 혁명의 지도자들은 아주 희귀한 존재다. 일반적으로 리더십을 가지려면 몇 세대에 걸쳐 일련의 적절한 요인들이 혼합되어 출생 순서에 따른 차이가 더욱 강화되어야 한다. 급진적 사고방식과 관련해 족보적 관점을 채택하면 이런 비범한 사례들이 현저하게 드러난다.

형제의 차이와 관련해 동류 결혼이 가져올 결과를 하나만 더 얘기하자면, 가장 평등주의적인 사회에서조차 잡다한 세계관이 끊임없이 갱신될 것이라는 점이다. 형제의 차이 때문에 사회적 보수파들은 세습적 지위, 계급 분류, 사회적 신분을 알려 주는 기타 표지들을 언제나 열망할 것이다. 이런 이데올로기적 차이를 줄이는 한 가지 방법은 중국처럼 두 명 이상의 자녀를 금지하는 것이다. 물론 이런 정책도 의도한 목표를 달성하지는 못할 것이다. 당연한 얘기지만 모든 아이가 생물학적으로 독특하기 때문이다. 게다가 외동 자녀들은 형제들이 있는 개인들보다 더 가변적이다. 외동 자녀들은 다양한 가족 내 지위를 더 자유롭게 차지하기 때문에 형제가 더 많은 가정에서 일어나는 지위 분할과 결부된 개별적 변이의 상당 부분을 구현한다.

## 결론

형제들은 체계적으로 서로 다르기 때문에 가족 구성원들의 사회적 태도를 예측하는 일이 가능하다. 출생 순서, 형제들 사이의 연령 격차, 부모-자식 갈등, 기질, 가족 내 지위의 기타 특성 전부를 바탕으로 사회적 태도가 형성된다. 어떤 개인의 부모 및 조부모와 관련해 이와 동일한 전기적 정보를 이용할 수 있게 되면 사회적 태도의 예측 가능성이 극적으로 증대한다. 사람들은 비슷한 사회적 태도를 가진 배우자를 선택하는 성향이 있고, 따라서 형제의 차이도 세월이 흐르면서 심화되는 경향이 있다. 이런 세대 누적적 경향이 주변 세계에서 확인할 수 있는 다양한 사회적 태도의 상당 부분을 설명해 준다.

급진적 태도의 선조들이 4세대 동안 동류 결혼을 했고, 다윈은 이를 바탕으로 혁명적 발견을 할 수 있었다. 그는 급진적 세계관을 잘 받아들이는 계승자였다. 다윈은 맬서스의 『인구의 원리에 관한 에세이』를 읽으면서 빠져들었고, 인구 과잉 때문에 발생하는 냉혹한 생존 투쟁을 숙고하게 되었다. 이 투쟁은 가족 내부에서 시작되고 ─종종 끝나기도 한다. — 대개는 형제 경쟁의 형태로 수행된다. 맬서스처럼 다윈도 사태의 진정한 의미를 파악했다. 하나님은 이 세상을 특별히 행복한 곳으로 설계하지 않으셨다. 사실을 말해 보자. 하나님은 이 세상을 전혀 설계하지 않으셨다. 다윈은, 그 설계의 겉모습이 부족한 자원을 놓고 적수들이 벌이는 지속적인 경쟁의 결과라는 것을 깨달았다. 그는 이 과정을 자연선택이라고 불렀다.

토머스 로버트 맬서스 역시 설계 이론에 대한 자신의 혁신적인 공격을 마찬가지로 자유주의적이었던 가족 이력에 빚지고 있었다. 그는 중간 자식과 막내 자식의 막내아들이었고, 두 부모는 맬서스의 자유주의 성향을 북돋아 주었다. 맬서스의 아버지 대니얼은 루소의 친구이자 숭배자였고, 자녀들을 대상으로 루소의 자유주의 교육 철학을 채택했다. 루소는 교육의 목표가 아이들에게 스스로 생각하는 법을 가르치는 것이라고 주장했다. 대니얼 맬서스는 그의 막내아들을 잘 가르쳤다. 토머스 로버트가 열 살이 되자 아버지는 그에게 급진적 성향이 가득한 개인 교사들을 붙여 주었다.[53] 그가 "아버지와의 토론 속에서 『인구의 원리에 관한 에세이』를 착상했다고 전해진다."[54] 참말이지 형제의 차이는 세대를 거듭하면서 심화되고, 급진적 변화를 향해 가차 없이 고조된다.

# 10장

●

# 사회사로서의 다윈주의 혁명

## 사회 역사를 다시 생각한다

광범위한 연구가 다윈주의 혁명을 마르크스주의적으로 해석하려고 시도해 왔다. 진화가 "반란을 꿈꾸는 노동 계급의 흥미를 끌면서 노동자 계급의" 과학과 긴밀히 제휴하게 되었다는 주장이다.[1] 영국의 과학 역사가 애드리언 데스먼드보다 더 열심히 이 주제에 천착한 학자도 없다.[2] 데스먼드는 과학 기구들의 "변두리에 존재하던" 급진적 하층 부문이 진화 개념을 계발했다고 말한다.[3] 이런 부문의 학자들이 옥스브리지 성공회 파의 소중한 교의였던 자연 신학을 공격하는 일에 여념이 없었다는 것이다. 데스먼드는 상을 받은 저서 『진화의 정치학(*Politics of Evolution*)』에서,

의료 개혁가들이 그들의 상층 계급 경쟁자들이 누리던 특권에 맞서 투쟁하는 과정에서 자연 발생과 진화 등의 유물론적 이론들에 자연스럽게 이끌린 경위를 생생하게 묘사하고 있다.[4]

마르크스주의의 관점에서 보면 다윈 자신의 급진주의는 상당한 수수께끼이다. 토지 귀족 가문 출신의 상층 계급 신사였던 다윈은 케임브리지에서 교육을 받았다. 케임브리지는 데스먼드의 하층 계급 급진주의자들이 무너뜨리는 데 여념이 없었던 경건한 자연 신학의 본거지였다. 스티븐 제이 굴드는 데스먼드와 무어가 공동으로 저술한 다윈 전기를 읽고 나서 이렇게 말했다.

하지만 무엇이 다윈을 그렇게 행동하게 했는가? 왜 그인가? 데스먼드와 무어가 나를 이해시키기 위해 시도한 그 모든 설명에도 불구하고 그들의 사회적 접근법은 나를 엄청난 혼란 상태로 몰아넣었다. 다윈이 그 일을 하기에는 절대적으로 부적당한 사람이었다는 사실을 알아 버렸기 때문이다. 그는 헉슬리가 일소해 버리기를 열망했던, 정확히 그런 종류의 사람이었다. 상속 재산을 물려받은 상층 계급의 아마추어 박물학자였던 다윈은 딱정벌레를 수집하고, 목사가 되기를 원했던 옥스브리지인이었다.[5]

다윈 같은 신사 과학자의 급진주의가 창조한 외관상의 역설은 사실 역설이 아니다. 진화 이론에 대한 논쟁이 치열하게 벌어지는 과정에서 사회 계급에 따른 의견 차이는 작았고, 무의미했다. 하층 계급 출신의 과학자들이 특권 계급 출신의 과학자들보다 진화를 지지할 가능성이 더 높은 게 결코 아니었다. 오히려 진화의 수용에서 계급 내부의 차이가 엄청났다. 계급 내 차이의 대부분은 출생 순서와 가족 내 지위의 다른 측면들 때문이다. 결과적으로 진화 이론을 놓고 벌어진 전투의 중심은

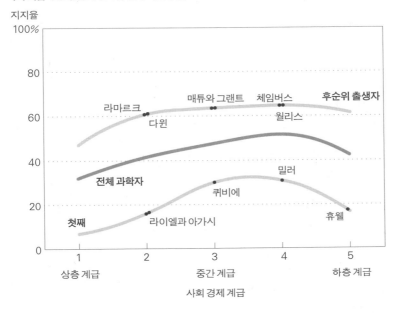

사회 계급과 출생 순서에 따른 진화 이론 수용도

**그림 10.1** 사회 계급과 출생 순서에 따라 분류한 진화 이론 지지의 평균값. 선형 기울기로 계산한 사회 계급과 진화에 대한 지지 사이의 상관관계는 거의 0이었다. 출생 순서와 진화에 대한 지지 사이의 상관관계는 상당한 수준으로, 사회 계급에 따른 수용도와 결부된 통계적 편차보다 1,000배 더 큰 설명력을 갖는다.

사회 계급과 진화에 대한 지지는 작은 **곡선** 관계를 맺고 있다. 그러나 이런 비직선형 기울기는 통계적으로 의미가 없다.


가족들 사이가 아니라 가족 내부에 있었다(그림 10.1).[6]

수상까지 한 역사가들이 사실과 다른데도 사회 계급이 진화 사상에 대한 충성을 이끌어 냈다고 믿게 된 경위는 무엇인가? 온갖 역사 자료에 잠복해 있는 강력한 편견 때문에 이렇게 그럴싸하지만 그릇된 결론이 쉽게 도출되었다. 첫째들은 후순위 출생자들보다 학계에서 더 많이 출세하는 경향이 있다. 다윈주의 혁명에 관여한 나의 표본을 살펴보면 첫째들은 주요 학회에 선출되고, 권위 있는 상을 받을 가능성이 더 많았다.[7] 게다가 첫째들은 그들의 더 어린 형제들보다 더 보수적인 경향이 있다. 다윈 혁명 이전 시기에 사회적 보수주의는 사회적 보상 체계에 참여하는 정도를 알려 주는 중요한 예보자였다.[8] 특히 20세기 이전에 급진주의자들은 기사 작위를 받거나 귀족으로 책봉된 사례가 거의 전무했다.[9] 급진주의자들이 주요 과학 단체들에서 유력한 지위에 임명된 적도 거의 없었다. 다윈은 명성에도 불구하고 어떤 과학 학회의 회장으로도 피선된 바가 없다. 1859년에 그에게 기사 작위를 수여해야 한다는 얘기가 나왔던 건 사실이다. 그러나 『종의 기원』이 출간되면서 그의 명성이 짜부라져 버렸다.[10] 20년 후 다윈은 프랑스 학사원의 동물학 분과에 입후보했다. 커다란 논쟁이 일어났고, 그는 최후의 방편으로 겨우 식물학 분과장에 뽑혔다. 다윈은 이 일을 "한 편의 희극"으로 받아들였다.[11]

상층 계급 출신의 성공한 개인들을 하층 계급 출신의 덜 저명한 급진주의자들과 비교하면 아무래도 계급과 출생 순서에 따른 차이를 혼동하게 된다. 형제들 사이의 이런 차이가, 실제로는 출생 순서가 인과 관계의 변수인데도 사회 계급이 급진적 사고방식의 이면에 존재한다는 인상을 강화하는 것이다. 첫째들은 출세했지만 보수적인 '체제 내 분자'인 경향이 있고, 후순위 출생자들은 급진적인 '국외자'인 경향이 있다.

애드리언 데스먼드가 자신의 주장을 입증하기 위해 선택한 사례들은 출생 순서에 따른 차이와 계급적 차이를 대거 섞어 버렸다. 급진적 진화론자 가운데서도 데스먼드가 최고로 치는 영웅은 로버트 에드먼드 그랜트이다. 그의 중간 계급 아버지는 스코틀랜드 왕실을 지지하는 작가였다.[12] 그랜트는 아버지의 일곱째 아들이었고, 이 요소가 그의 급진주의를 가능케 한 변수였다. 데스먼드가 제일 좋아하는 노동 계급 선동가는 찰스 사우스웰로, 그는 《이성의 계시(Oracle of Reason)》(1841~1843년)를 창간하고 편집했다. 사우스웰은 이 시사 주간지를 활용해 진화와 무신론의

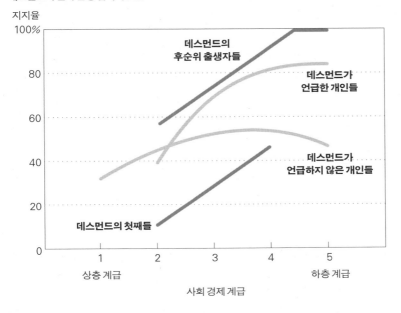

데스먼드의 진화 논쟁 참가자 표본

그래프 축 레이블:
지지율
100%
80
60
40
20
0

데스먼드의
후순위 출생자들

데스먼드가
언급한 개인들

데스먼드가
언급하지 않은 개인들

데스먼드의 첫째들

X축: 1 2 3 4 5
상층 계급 ~ 하층 계급
사회 경제 계급

**그림 10.2** 진화 및 동시대의 기타 급진적 쟁점들을 놓고 벌어진 논쟁에 참가한 사람들을 사회 계급과 출생 순서에 따라 분류한 애드리언 데스먼드의 표본.

여기서 대조군으로 제시된 더 큰 모집단과 비교해 볼 때 데스먼드의 표본에는 후순위 출생자이면서 동시에 사회적 급진파인 과학자들이 훨씬 더 많이 포진하고 있다. 데스먼드는 진화가 "노동 계급"의 이론이라는 자신의 주장을 입증하기 위해 하층 계급 출신의 이런 급진적 후순위 출생자들에 특히 크게 의존했다. 반면 데스먼드의 상층 계급 보수파들은 첫째들이 대부분이었다. 이렇게 한쪽으로 치우친 표본 추출을 교정하면 사회 계급이 급진적 사상에 대한 지지와 아무 관련이 없다는 것을 알 수 있다.

대의를 널리 알렸다.[13) 사우스웰과 동료 편집자들에 대해 데스먼드는 그들이 "순교자의 지위를 추구했다."고 말한다. "그들은 신성 모독 혐의로 차례로 투옥당했다."[14) 사우스웰은 나의 표본에서 가장 막내라는 절대적 출생 순위 기록을 갖고 있다.[15) 그는 서른세 자녀 가운데 막내였다.

데스먼드의 전기적 조사 내용을 재분석해 보면 사회 계급의 역할이라면서 그가 제시한 증거들이 그의 작업가설을 확인해 주는 편향된 표본 추출의 결과라는 사실을 알 수 있다. 그는 동일한 가정에서 양육된 형제들 사이에 존재하는 엄청난 차이를 부주의하게 활용했다. 상층 계급이 보수적이라는 주장을 펴기 위해 데스먼드는 찰스 라이엘과 피터 마크 로젯(이제는 『영어 단어·숙어 동의어 사전(*Thesaurus of English Words and Phrases*)』으로 더 유명한 내과의사) 같은 기성의 주류파 첫째들을 이용했다. 반면 데스먼드가 활용한 중간 계급 및 하층 계급 급진주의자들은 더 어린 아들들이 압도적으로 많았다(그림 10.2).[16] 급진적 쟁점에서 첫째들은 필연적으로 후순위 출생자들과 의견을 달리할 것이다. 계급은 이런 경향과 아무런 관련이 없다. 사회 계급이 다윈주의 혁명과 관련해 중요한 무언가를 설명해 준다는 생각은 환상이다.

편향된 표본 추출의 문제점이 우리의 관심을 끄는 이유는, 그것이 역사 연구에서 보편적인 문제이기 때문이다. 가족 내부의 구조적인 차이가, 사회 계급과 기타의 집단적 차이가 역사 변화의 주요 동력이라고 가정하는 경솔한 역사학자들에게 함정으로 작용하는 것이다. 통합적 역사 서술은 이런 해석상의 함정을 이해하지 못함으로써 계속해서 훼손되고 있다.

데스먼드와 무어는 그들이 갖고 있던 마르크스주의적 역사 개념의 한계 때문에 다윈의 과학 이력을 돈키호테식으로 재구조화하지 않을 수 없었다. 마르크스주의적 예상에 따르면 다윈은 진화를 혐오했어야 했다. 데스먼드와 무어는 다윈이 진화를 지지했다는 부정할 수 없는 사실에 직면해 그가 자신의 급진적 사상에 틀림없이 "고통을 받았을" 것이라고 결론짓는다.[17] 그들은 다윈이 "걱정으로 병이 날 지경"이었고 "자신의 체통 때문에 겁을 집어먹었다."고 주장한다.[18] 결국 그는 주위 사람들한테 자신의 이단적 견해를 숨기는 "은밀한 진화론자"가 되었다는 것이다.[19] 이 두 명의 역사학자는 다윈이 1842년 런던에서 남쪽으로

18마일(약 29킬로미터) 떨어진 다운으로 은거한 게 1840년대에 벌어진 차티스트 운동(Chartism)의 봉기를 피하기 위해서였다고 주장한다.[20] 차티스트 운동은 1838년부터 1850년경까지 영국에서 융성했던 급진적 정치 운동으로 남성의 보편적 참정권과 국회의원 피선 자격으로 강제되었던 재산권 조항의 폐지를 요구한 6개 항의 문서인 인민 헌장(People's Charter)에서 그 이름이 유래했다.[21] 다윈이 차티스트 운동의 목표들에 반대했다는 증거는 어디서도 찾을 수 없다. 반면 그가 이 목표들에 공감했다는 증거는 많다.

1848년 봄에 유럽에서 혁명이 발발했다. 파리에서는 새로운 국민 의회가 수립되었다. 런던에서 발행되던 주요 일간지 《글로브(Globe)》는 유럽 각지의 혁명가들이 내세운 목표들을 점점 더 냉소했다. 이 신문은 광범위하게 확산된 차티스트 운동의 시위 기간 동안 영국 정부가 한 달 전에 폭도를 진압하는 데 성공한 것을 국민 의회는 실패했다며 비난했다. 다윈은 임종하는 아버지를 찾아 슈루즈베리를 방문 중일 때 아내 에마에게 써 보낸 편지에서 《글로브》의 관점이 "정말로 가증스럽다."고 적었다. 그는 이 신문의 반동적 견해에 크게 분개했고, 아내에게 자신이 떠나 있는 동안 문제의 신문을 보내 주는 일을 중단하라고 말했다.[22]

데스먼드와 무어는 다윈이 자신의 "영국 국교회 친구들"을 불쾌하게 만들고, "자신이 속한 특권 계급을 배반하는 일"에 대한 두려움 때문에 지적으로 고뇌했다고 주장한다.[23] 다윈의 친구들 가운데서 이런 명제에 부합하는 몇몇 개인을 찾아내는 일은 비교적 쉽다. 그러나 데스먼드와 무어의 주장은 무언가 더 중요한 것을 전제로 삼고 있다. 다시 말해 다윈의 친구들 대부분이 사회적 보수파라고 필요조건으로서 인정해 버리는 것이다.

나는 이 명제를 검증하기 위해 1826년부터 1859년 사이에 다윈이 주고받았던 편지의 수 같은 지표들을 활용해 그가 맺었던 개인적 교제 관계를 파악했다. 다윈의 동년배들에 대한 이 표본을 바탕으로 친구와 동료 300명 이상의 사회적 태도를 확인할 수 있었다. 과학자 사회의 나머지와 비교할 때 다윈과 절친했던 친구들은 명백하게 자유주의적이었다.[24] 후에 다윈은 『자서전』에서 자신이 알았던 더 보수적인 지인들이 사회적 지위와 정통성에 보이던 "한심한" 걱정을 비난했다.[25]

### 다윈의 공동 발견자들

찰스 다윈의 사회적 견해가 사회 경제적 해석과 일치하지 않는 것처럼 그의 가장 독창적인 과학적 통찰인 자연선택을 예견했던 다른 두 명의 개인이 이룩한 업적도 그 점에서는 마찬가지였다. 1831년 이 이론의 간략한 개요를 출판한 패트릭 매튜는 열렬한 차티스트 운동가였다. 조림 (造林) 사업을 하던 중간 계급 가문 출신의 후순위 출생자였던 매튜는 귀족 제도에 반대하는 신랄한 소책자를 여러 권 집필했다. 그는 1839년 스코틀랜드 대표 자격으로 런던에서 열린 차티스트 운동 전국 대회에 참가했다. 물리적 폭력을 사용하자고 요구했던 퍼거스 오코너가 "중간 계급 첩자"라고 비난하자 그는 사임했다.[26] 차티스트 운동의 스펙트럼에서 이런 정치적 불일치는 결연한 급진주의자와 노골적인 무정부주의자 간의 차이를 변별했다. 매튜가 퍼스로 돌아오자 선거구민들은 그의 사임을 지지해 주었다. 얼마 후 오코너는 투옥되었고, 절망하여 미쳐 버렸다.[27]

알프레드 러셀 월리스는 1839년 불과 열여섯 살의 나이에 이미 사회주의자였다. 웨일스의 개혁가 로버트 오웬의 정치사상이 그를 고무했다. 월리스는 나중에 이렇게 회고했다. 오웬은 "당시 내가 깨닫고 있던 것보다 더 많은" 영향을 미쳤다. "그의 저작을 거의 다 읽고, 그의 삶을 폭넓

게 이해하게 된 지금 나는 그가 가장 위대한 사회 개혁가이자 현대 사회
주의의 진정한 창건자라는 사실을 전적으로 확신하고 있다."[28]

공히 자연선택 이론을 발견한 이 세 사람은 상이한 계급에서 양육되
었음에도 불구하고 유사한 사회적 태도를 공유했다.[29] 매튜, 다윈, 월리
스는 재능을 희생시키는 특권에 반대하는 활동에서 특히 일치했다. 이
쟁점은 사회 경제적 관심사인 것만큼이나 형제들 사이에서도 아주 중
요한 사안이다. 특히 장자 상속권은 공정 경쟁을 통한 신분 상승을 항시
방해해 왔다. 매튜는 자연선택 이론을 예견한 저서 『조선용 목재(Naval
Timber)』에서 장자 상속권이 "이 자연의 법칙(자연선택)에 대한 유린"으로
"어머니 자연께서 그냥 내버려 두지 않을 것"이라고 썼다.[30] 다윈도 장자
상속권의 "사악한 영향력"과 관련해 결코 덜 분개하지 않았다. 그는 『인
간의 유래』에서 이 문제를 자세히 논의했다.[31] 그는 이 책에서 "보잘것
없는 장남들"이 많은 경우 "보다 나은" 능력을 지닌 더 어린 아들들에게
폐를 끼치면서 결혼하는 현실을 한탄했다.[32] 다윈의 아들 프랜시스는
나중에 이에 대해 다음과 같이 언급했다. "아버지는 장자 상속권의 불의
와 관련해 강한 반감을 가지셨고, 비슷한 기조 속에서 때때로 접하는 부
당한 유언에 자주 화를 내셨다."[33]

다윈의 진화 이론은 자유로운 경쟁에서 비롯하는 끝없는 생물학적
성취를 찬양한다. 세 명의 창시자가 볼 때 자연선택 이론은 근본적인 과
학의 차원에서 장자 상속권 폐지의 당위성을 증명했다. 후순위 출생자
들이 이런 다윈주의적 관념에 열렬히 호응했고, 첫째들은 사회 계급에
관계없이 일반적으로 여기에서 꽁무니를 뺐다는 사실은 정말이지 경이
롭다.

## 종합 모형

다원주의 혁명에 관한 포괄적인 컴퓨터 모형은 국적과 계급 같은 사회적 영향력과 비교할 때 가족 내 차이가 갖는 중요성을 두드러지게 보여 준다. 이 모형은 출생 순서, 부모-자식 갈등, 부모 사망, 1859년 당시의 나이와 저명성, 다윈과의 개인적 유대, 사회적 태도, 부모의 사회적 태도, 국적의 차이, 사회 계급에 관한 정보를 짜 넣고 있다. 이 모형은 다원주의 혁명 참가자 84퍼센트를 진화론자 내지 반진화론자로 정확하게 분류했다. 형제들을 분화시키는 종류의 영향력들이 이 모형의 설명력 절반 이상을 책임졌다. 나이, 국적, 사회적 태도처럼 과학적 지지 여부를 알려 주는 다른 중요한 예보자들도 이 모형이 성공하는 데 커다란 기여를 했다. 반면 사회 경제적 지위는 사실상 아무것도 설명하지 못했고, 모형의 성공에 기여하지 못했다. 다원주의에 대한 지지 여부를 예측하는 데서 출생 순서에 따른 차이는 사회 경제적 차이보다 1,000배 더 위력적이었다. 모형 구축에 참가하는 국적과 비교할 때 출생 순서에 따른 차이는 10배 더 위력적인 예측 능력을 보여 주었다. 전체로서 형제의 차이는 국적보다 예측 능력이 37배 더 뛰어났다. 이 모형에서 다른 변수 하나만이 형제의 차이가 갖는 예측력에 도전장을 던졌는데, 사회적 태도가 바로 그것이다. 그럼에도 불구하고 여전히 형제의 차이가 사회적 태도보다 더 중요했는데, 대개는 형제의 차이가 사회적 태도의 개별적 차이를 해명해 주기 때문이다.[34] 우리는 다시 한번 급진주의가 가족들 사이가 아니라 주로 가족 내부에서 발생한다는 결론에 이르게 된다(그림 10.3).[35]

### 지도자와 추종자
나는 진화 이론의 개척자로서 담당한 역할에 기초해 내 표본의 과학자

**사회적 태도와 출생 순서에 따라 진화 이론을 지지할 확률 예측치**

진화론자가 될 확률

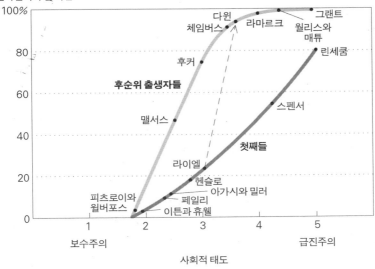

**그림 10. 3** 사회적 태도와 출생 순서에 따라 분류한, 진화 이론을 지지할 확률 예측치(N=407). 확률 예측치가 50퍼센트 이상으로 표시된 개인은 전부 진화를 지지했다. 확률이 50퍼센트 미만으로 표시된 개인들은 이 이론에 반대했다.

출생 순서와 사회적 태도는 진화에 대한 반응을 알려 주는 가장 우수한 두 개의 예보자이다. 실제로 이 두 가지 변수 항으로 정보를 기입했다. 진화를 지지할 확률 예측치가 가장 높은 부류는 사회적 자유주의자들이었다. 라마르크, 그랜트, 다윈, 윌리스 같은 후순위로 태어난 자유주의자들이 특히 그랬다. 첫째들은 허버트 스펜서나 기드온 린세쿰 같은 사회적 급진파가 아닌 경우 진화를 지지할 가능성이 없었다.

다윈주의 혁명기에 첫째들과 후순위 출생자들 사이에 존재했던 상징적인 차이는 점선으로 표시된 화살표로 알 수 있다. 그 차이는 찰스 다윈과 친구 찰스 라이엘을 분리한 것과 동일한 차이이다. 71퍼센트가 불일치했다. (사회적 태도를 매개로 하는) 직간접적인 효과로 인해 출생 순서는 사회적 태도보다 과학적 입장을 알려 주는 더 뛰어난 예보자이다.

들 가운데 15명을 다윈주의 혁명의 "지도자"로 분류했다.[36] 라마르크, 체임버스, 다윈, 윌리스 같은 개인들은 진화를 옹호하는 가장 중요한 주장들을 개진한 선구적인 사상가들이다. 이들 진화 이론 개척자 15명이

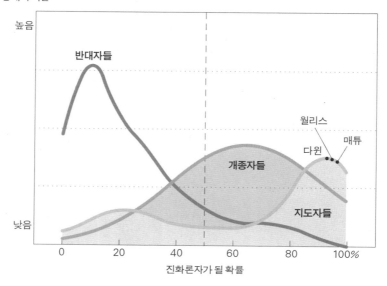

**진화를 지지할 확률 예측치**

상대적 비율

높음

반대자들

월리스

다윈    매튜

개종자들

지도자들

낮음

0    20    40    60    80    100%

진화론자가 될 확률

**그림 10.4** 10변수 모형에 기초한, 진화를 지지할 확률 예측치(N=644). 10변수 모형은 이 논쟁 (다윈주의 논쟁) 내부에 포진했던 다양한 분파들을 썩 잘 분류했다.

반대자 및 개종자들의 확률 예측치뿐만 아니라 다윈주의 혁명을 주도한 주요 지도자 15명의 확률 도 표시했다. 진화로 개종한 사람들과 비교할 때 이 15명의 지도자들은 이러한 급진적 혁신을 지 지할 가능성이 훨씬 더 많았다.

진화 이론의 지도자 15명 가운데 3명의 후순위 출생자는 독립적으로 자연선택 이론을 발견했다. 다윈, 월리스, 매튜 이 세 사람은 다른 12명의 지도자보다 진화를 지지할 확률이 훨씬 더 높았다.

진화를 수용할 확률 예측치의 평균은 83퍼센트였다. 이 확률은 기타 진화 개종자들의 확률보다 훨씬 더 높은 수치이다. 이 지적 지도자들은 기타의 진화론자들과 비교할 때 자유주의적인 막내들이자, 부모와 갈등을 겪었고, 지구상의 오지 여행 가능성이 더 컸던 점으로도 손쉽게 구별할 수 있었다. 전부가 가족 내 차이인 이런 전기적 특성들은 경험에 대한 개방성과도 강하게 결부되어 있다(그림 10.4).[37]

우리는 이 15명의 진화 이론 개척자들 가운데서 다윈, 월리스, 매튜를 한 묶음으로 하는 특별히 중요한 하위 집단을 유별할 수 있다. 이 세 과학자는 독립적으로 자연선택 이론을 발견했다. 다변수 모형에 기초했더니 다윈이 진화를 지지할 확률 예측치는 94퍼센트였다.[38] 월리스의 경우는 훨씬 더 높아 96퍼센트였다. 다윈과 월리스 모두를 앞질렀던 패트릭 매튜의 확률 예측치는 97퍼센트였다. 간단히 말해서, 자연선택 이론을 발견한 이 세 과학자는 해당 과학 혁명의 다른 지도자들보다 창조론를 거부하고 진화를 수용할 가능성이 훨씬 더 높았던 셈이다.[39]

## 다윈의 천재성

다윈, 월리스, 매튜가 동일하게 자연선택이라는 근본적인 과학적 통찰에 도달했다는 사실은 중요한 문제를 드러내 보인다. 다윈만이 과학자로서 특별한 성공을 거둔 이유를 우리는 어떻게 설명할 수 있을까? 아무리 명석하고 뛰어나다고 할지라도 개념 하나만으로는 천재가 될 수 없다. 다윈주의 혁명에 관한 컴퓨터 모형은 다윈의 진화 이론 수용도를 설명해 줄 수 있다. 그러나 이 컴퓨터 모형도 그가 이 개념을 애써서 성취한 과정을 설명해 주지는 못한다. 다윈이 과학 활동을 수행했던 특정한 방식들이 이 쟁점과 관계를 맺고 있다.

다윈의 전기 작가들이라면 모두가 인정하는 것처럼 그는 걱정이 많은 사람이었다. 걱정이 많은 사람과, 가족과 친구들을 배신했다는 불안감으로 괴로워하는 사람 사이에는 중요한 차이가 있다. 다윈이 비호하려 했던 제일의 관심사는 사회 경제적인 것이 아니라 평판이었다. 프레더릭 버크하트는, 다윈이 자신의 논쟁적인 견해를 옹호하거나 반박하는 증거들을 청했던 방대한 양의 편지들에 대한 정통함을 바탕으로 그가 "신중한 전략가"였다고 결론 내린다. 버크하트는 그가 "때때로 확고부동"했지만 그만큼 자주 "자신의 작업에 대해 불안해 했고, 그의 변이 이론이 불러일으키게 될 반응의 양상을 항상 파악하려고 시도했다."고 부연한다.[40] 데스먼드와 무어의 주장처럼 "벽장 진화론자"가 결코 아니었던 다윈은 절친한 친구 여러 명에게 자신의 진화 이론을 소개했다. 그가 20년 "늦게" 자신의 자연선택 이론을 발표한 것은 사실 지연이 아니었다. 다윈은 이 시간을 유익하게 활용해 진화를 옹호하는 자신의 주장을 보강했고, 특히 진화 이론의 가장 취약한 고리 일부를 해결했다.

패트릭 매튜는 30년 동안 무시당했던 자신의 지적 발견과, 같은 이론을 훨씬 더 성공적으로 제출한 다윈의 성취 사이에 상당한 차이가 존재한다는 사실을 인정했다. 매튜는 1860년 저술에서 이렇게 시인했다.

내게는 이 자연 법칙에 관한 생각이 자명한 사실로서 직관적으로 떠올랐다. 사고를 집중하는 노력 따위는 거의 없었다. 이와 관련해 다윈 씨는 그 발견에서 나보다 더 우수한 것 같다. 내게는 그 과정이 발견처럼 여겨지지 않았다. 그는 천천히 신중하게 귀납적 추론을 통해 사태를 해결한 것 같다.[41]

마찬가지로 알프레드 러셀 월리스도 자연선택에 관한 자신의 개념들이 "순간적인 깨달음을 스케치한 것"이었다고 인정했다. 월리스는, 다윈과 비교하자면 자신은 "허둥지둥 급히 서두르는 청년"이라고 말했다. 혁명적 개념을 마구잡이로 서둘러서 발표하면 좀처럼 커다란 영향력을 행사하지 못한다. 1858년에 발표된 다윈-월리스 논문도 예외가 아니었다. 1864년 월리스는 다윈에게 이렇게 말했다. "자연선택 이론 그 자체에 관해 말하자면 나는 언제나 그것이 당신의 것이라고, 당신만의 것이라고

1869년의 **알프레드 러셀 월리스**(46세). 기질적으로 볼 때 그는 다윈만큼 신중하지도, 악착같지도 않았으며 그저 급진주의자였을 뿐이다. 그가 한번은 다윈에게 이렇게 고백하기도 했다. "나의 최대 결점은 서두른다는 점입니다. 불현듯 생각이 떠오릅니다. 나는 2~3일 동안 그 문제를 거듭 궁리하지요. 그런 다음 머리에 떠오르는 삽화들을 가지고 글을 써 버립니다." 월리스는 자연선택 이론에 대한 그들의 기여를 회고하면서 문제에 대한 각자의 접근법을 대조한 후 겸손하게 다음과 같이 결론 내렸다. "이 발견에서 나 자신이 담당한 몫은, 다윈이 20년이라면 나는 일주일에 불과하다."(Marchant 1916:92~93, 129)

주장할 것입니다. …… 내 논문은 아무도 설득하지 못했고, 독창적인 견해 이상으로 주목받지도 못했습니다. 반면 당신의 책은 자연사 연구에 대변혁을 일으켰고, 당대 최고 지성들의 마음을 사로잡았습니다."[42]

다윈은 이전의 진화론자들이 할 수 없었던 일을 신중한 악착스러움으로 성취했다. 그는 끈기를 고집스레 믿었다.[43] 이런 개인적 특성들은 사회 계급 같은 대다수의 집단적 차이를 초월한다. 다윈의 경우 굳은 신념으로 무장한 결의가 형제 전략이었다는 것은 분명한 사실이다. 이 점은 그 자신도 『자서전』에서 밝히고 있는 바다. 어머니가 돌아가신 후 다윈에게 대리 엄마 행세를 하려고 했던 누나 캐럴린의 지나치게 열성적인 노력에 직면해서 그는 그녀의 권위를 완강하게 무시했다.[44] 물론 (토머스 에디슨이 노력이라고 언급한 것과 유사한) 끈기보다는 천재성이 더 중요하다. 그러나 끈기를 급진적 견해와 결합해 보았더니 다윈의 혁명적 업적을 해명하는 데서 크게 도움이 되었다.


## 골상학 운동


골상학 수용 양상은, 형제의 차이가 제대로 된 역사 기술을 방해하기도 하는 미묘한 방식을 다윈주의 혁명보다 훨씬 더 분명하게 예증한다. 이 이론은 1790년대 후반 빈에 거주하던 독일 태생의 내과의사 프란츠 요제프 갈에 의해 개발되었다. 그는, 자수성가해 마을의 읍장까지 된 겸손한 상인의 열 자녀 가운데 여섯째였다. 갈의 부모는 둘 다 "독실한 로마 가톨릭교도"였다. 그러나 갈 자신은 기껏해야 "명목상의 신자"일 뿐이었다. 전형적인 19세기의 이신론자였던 셈이다.[45] 숙련된 해부학자였던 갈은 뇌의 기능이 배치되어 있다고 올바르게 추론했다. 그러나 그릇되게도 갈은 두개골의 모양이 뇌 활동의 개별적 차이를 초래한다고 믿었다. 그는, 두개골의 "융기"를 뇌의 외형적 표현으로 분석함으로써 뇌의 내부를, 나아가 성격을 "읽을" 수 있다고 주장했다.[46] 갈의 현란한 골상학 강

**프란츠 요제프 갈.** 그는 논란이 분분했던 자신의 골상학 이론을 통해 심리학과 생물학 사이의 간극을 메워 보고자 했다. 두개골의 모양을 통해 뇌의 기능을 판단할 수 있다는 그의 대담한 주장은 틀린 것으로 판명되었다. 그러나 정신 작용을 뇌에서 배치할 수 있다는 관련된 믿음은 풍부하게 확인되었다. 발자크, 비스마르크, 브론테 자매, 조지 엘리엇, 헤겔, 제임스 가필드 대통령, 빅토리아 여왕이 그의 추종자들이었다.

의는, 오스트리아 황제 프란츠 1세가 지나치게 유물론적이라는 이유로 금지한 1801년까지 많은 관심을 받았다.

1807년 갈은 빈을 떠나 파리로 갔다. 그는 여기서 여생을 보냈다. 나폴레옹 보나파르트는 그의 영향력을 감소시키기 위해 즉각 조치를 취했다. 나중에 세인트헬레나 섬으로 유배된 나폴레옹은 이렇게 자랑했다.

"내가 갈의 몰락에 커다란 기여를 했다."[47] 그는 1808년 조르주 퀴비에 같은 반유물론자들이 참여한 위원회를 임명함으로써 이 공작을 주도했다. 첫째들이 지배한 이 위원회는 갈의 골상학 주장들을 일축했다.[48] 이런 공식적 배척의 결과로 갈은 항상 과학계의 국외자로 남아 있었다. 1821년 그는 프랑스 과학 학술원 회원 자격을 거부당했다. 갈은 "학계의 지위를 차지해 본 적이 없었다. 그가 당국 및 정통 신앙과 맺은 관계는 거의 한결같이 나빴다."[49]

골상학은 일반적으로 후순위 출생자들이 지지했고, 첫째들은 반대했기 때문에 진화 논쟁과 상당히 유사한 방식으로 과학계가 분열했다. 로버트 체임버스 및 알프레드 러셀 월리스처럼 가장 강경하게 골상학을 지지한 사람들 다수는 진화도 헌신적으로 지지했다. 내 표본의 거의 90퍼센트가 두 이론 모두를 수용하거나 거부했다.[50] 그러나 골상학 논쟁은 다윈주의 혁명의 반복이 아니다. 정말이지 골상학의 수용 과정은 명확히 다른 경로를 따랐다.

갈의 이론을 널리 확산시킨 사람은 그의 첫 번째 제자 요한 슈푸르츠하임이었다. 그도 갈처럼 후순위 출생자였다. 슈푸르츠하임은 1810~1820년대에 인기 만점의 강연을 통해 영국과 미국에서 골상학의 개념을 소개했다. 이 두 나라에서는 골상학이 '대중적 과학'으로 자리를 잡았다. 영국에서 골상학을 적극적으로 전도한 사람은 조지 콤이었다. 그의 저서 『인간의 구조(Constitution of Man)』(1828년)는 이후 30년 동안 10만 부가 넘게 팔렸다.[51] 콤의 『인간의 구조』는 19세기 초 영국의 대다수 가정에서 발견할 수 있었던 도서 세 종 가운데 한 권이라는 말이 있을 정도다. 다른 두 종은 『성경』과 버니언의 『천로역정(Pilgrim's Progress)』이었다.[52] 맥주 양조업자의 중간 아들이었던 콤을 도운 것은 동생 앤드류였다. 앤드류는 콤의 열세 형제 가운데서 열두째였다.[53]

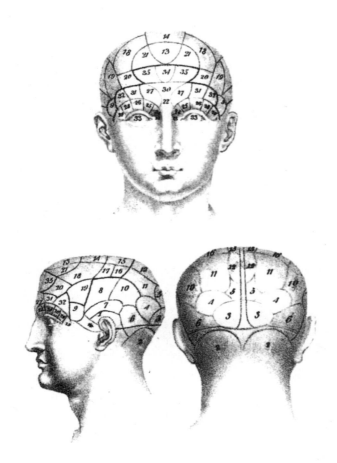

**골상학 체계가 제시한 머리 지도.** 각종 기능이 배치되어 있다고 가정한 부위들을 소개하고 있다.

다수의 골상학자들은 교육 개혁 활동가들로서 특권이 아니라 재능을 사회 진보의 주요 기준으로 만들고자 했다.[54] 그들은 이른 시기에 두 개골을 골상학적으로 판독함으로써 잠재 능력을 개발하고, 장애를 극복할 수 있다고 믿었다. 갈의 사상은 최초의 '앞선 출발' 프로그램 가운데 하나를 고무했다! 사회주의 성향의 과학 역사가들은 대개 이 논쟁을 계급적인 것으로 보았다. 에든버러의 골상학 수용 양상을 연구한 스티븐 섀핀은 이렇게 결론짓고 있다.

> 에든버러 지역의 (골상학) 논쟁 속에서 …… 불만을 품은 인습 타파적 부
> 르주아 집단은 전통적 엘리트 및 그들의 지적 대변인들과 반목했다. 그러므
> 로 사회 계급이라는 거시 사회학의 범주로 에든버러 지역의 골상학 논쟁을
> 관찰할 수 있다는 얘기는 전혀 과장이 아니다.[55]

그러나 이런 주장을 뒷받침하는 증거를 접할 때 우리는 신중해야 한
다. 예를 들어 로저 쿠터는 "골상학자들의 사회 경제적 지위와 지적 위
신이 낮았음"을 확인했다. 그는 "런던과 에든버러의 왕립 학회 회원들이
누가 있었느냐."고 말했다.[56] 명성의 차이는 계급적 차이와 동일하지 않
다. 게다가 명성은 대개 첫째라는 지위와 상관관계를 맺고 있다! 100년
도 더 전에 다윈의 사촌 프랜시스 골턴은 왕립 학회 회원들 가운데 첫째
들이 지나치게 많음을 보여 주었다.[57] 지위의 이런 차이는 계급적 차이
만큼이나 형제들의 차이에도 많은 증거를 제공한다. 따라서 우리는 경험
적 조사 활동을 통해서야 비로소 어떤 가설이 올바른지 파악할 수 있다.

골상학 논쟁에 참여한 나의 표본 177명은 골상학에 대한 지지와 하
층 계급 출신이라는 점 사이에 다소 설득력 있는 연관 관계가 있음을 보
여 주었다.[58] 외견상으로 보면 이 연구 결과는 쿠터와 섀핀이 사실에 바
탕을 두고 한 주장들을 확증해 준다. 이런 '사회 경제적' 효과의 상당 부
분은 출생 순서에 따른 차이를 계급적 차이와 혼합했기 때문이다. 후
순위로 출생한 개혁가들은 하층 계급에서 영입(충원)되는 경향이 있었
다.[59] 만일 출생 순서의 주요 효과와, 골상학자들이 대개 과학자가 아니
었다는 점을 염두에 둔다면 사회 계급이 발휘한다는 주요 효과는 무시
할 수 있을 것이다(그림 10.5).[60]

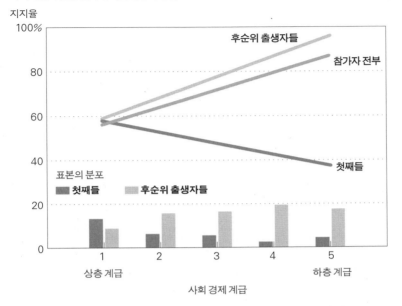

**사회 계급과 출생 순서에 따른 골상학 수용도**

지지율

그림에서: 후순위 출생자들, 참가자 전부, 첫째들

표본의 분포
■ 첫째들  ■ 후순위 출생자들

사회 경제 계급

상층 계급 ← 1  2  3  4  5 → 하층 계급

**그림 10.5** 사회 계급과 출생 순서에 따라 분류한 골상학 수용도. 출생 순서의 영향력은 상당하다. 겉으로 보기에 인상적인 사회 계급의 영향력은 대개 이것이 출생 순서와 교차해서 맺고 있는 상관관계 때문이다.

그래프 하단에는 각 계급 내부에서 합이 100퍼센트가 되는 상대적 비율을 활용해 출생 순서와 사회 계급에 따른 참가율을 표시했다. 중간 계급 및 하층 계급 출신의 참가자들 사이에서 후순위 출생자들의 비율이 꾸준히 증가하는 양상에 주목하라. 골상학은 후순위 출생자들의 운동, 특히 하층 계급 후순위 출생자들의 운동이었다.

출생 순서에 따른 충원(영입) 경향으로 인해 사회 계급은 골상학 수용에 별다른 영향력을 행사하지 않았다. 대개의 경우 급진주의와 사회 계급 사이의 연관은 급진적 골상학자들이 후순위 출생자들이라는 대세에 빚지고 있다.

제대로 이해되었다면, 사회 경제적 이유가 골상학 수용에서 일정한 역할을 수행한다고 볼 수 있다. 그러나 일반적으로 상정되는 방식에 의해서는 아니다. 골상학을 반대하는 주장의 상당 부분은 첫째든 후순위 출생자든 과학자들에게서 나왔다. 예를 들어 다윈은 과학적 입장에서 이 이론을 거부했다. 골상학의 가르침이 그의 상층 계급적 기호에 맞지 않게 너무나 급진적이었기 때문이 아니었다.[61] 상층 계급 출신의 또 다른 후순위 출생자도 같은 이유에서 골상학을 거부했다. 휴잇 코트렐 왓슨은 다윈 시기 이전의 진화론자로 다윈의 진화 사상을 단호하게 지지했다. 그는 3년 동안 《골상학 저널(*Phrenological Journal*)》을 편집했다. 마침내 그는 1840년 골상학이 중요한 과학이 될 수 없다고 결론 내리고 식물학 연구로 돌아갔다.[62]

과학자들은 비과학자들과 다른 증거 기준을 갖고 있다. 이런 이유로 가장 헌신적인 골상학자들은 대개 후순위 출생의 비과학자들이었다. 과학계 밖에서 영입된 교육 개혁가들과 순회 강연자들이 갈의 사상을 활용하는 일에 흥미를 보였다. 인간 행동을 과학적으로 규명하는 것이 아닌, 급진적 사회 개혁을 성취하는 것이 그들의 목표였다. 이런 과학계 밖 인사들은 출신 계급에서 내 표본의 과학자들과 크게 다르지 않았음에도 불구하고 왕립 학회의 회원이 될 가능성이 없었다. 계급은, 과학적 명성(첫째의 경향)과 혼동되기 시작하는 바로 그 순간부터 골상학 수용에서 중요한 행위자가 되는 것 같다. 이 관계는 혼란스러운 요소들을 통제하지 못한 데서 온 의사(擬似) 효과이다. 이런 원인 요소들을 정확하게 바로잡았더니 출생 순서와 사회적 태도의 개별적 차이가 골상학에 대한 지지를 설명하는 데서 사회 계급의 대수롭지 않은 영향력보다 24배 더 위력적이었다.[63]

## 결론

인간 행동은 개별적 차이가 천차만별이고, 따라서 인간 행동이 역사에서 드러나는 방식을 포함해 그것을 해명하는 데서 개별적 차이가 담당하는 역할도 천차만별이다. 그러한 현상에 대한 설명이 바로 이 책이 담고 있는 이야기이다. 광범위한 개별적 차이는 다윈주의적 진화에 의해 사전에 프로그램되어 있고, 가족 경험에 의해 끊임없이 증대된다. 수백만 년 동안 생물학적 진화가 이루어진 결과 형제들은 서로서로 아주 달라졌다. 가족 구성원들이 동일하게 생각하지 않을 때면 똑같은 급진적 격변을 통과하는 더 큰 사회 집단의 성원들도 필연적으로 동일하게 생각하지 않는다.[64]

역사가들은 급진적 사고방식을 설명하려고 할 때 자주 사회 계급에 의존한다. 그렇게 하는 대다수의 학자들은 이미 인과 관계를 상정하고 있고, 따라서 수고스럽게 자신들의 주장을 검증하지 않는다.[65] 이런 신념을 지지해 주는 마르크스주의 사상의 도덕적 절박함 속에서 그들은 "이런 불승인 사태를 정서적으로 거부한다."[66] 문제는 보편적이다. 주장은 정서적으로 강렬하면 강렬할수록 비판적 조사를 받을 가능성이 더 적어진다. 바로 이런 종류의 주장들을 검증해야 한다.

사회 계급은 과학계에 참여하는 것과 관계를 맺고 있다. 농민들이 과학자가 되는 일은 드물다. 그러나 지적 급진주의의 원인은, 다윈주의 혁명과 골상학 운동이 예증하는 것처럼 완전히 다른 별개의 문제이다. 내가 검토한 28가지 과학 논쟁 가운데 수용도에서 사회 계급이 가장 커다란 영향을 미친 것은 골상학이었다. 이 관계의 대부분은 과학자와 비과학자 사이는 물론 첫째와 후순위 출생자 사이의 영입(충원) 차이에서 유래하는 의사 효과이다. 일반적으로 첫째들은 후순위 출생자들보다 교육을 더 잘 받으므로 과학자가 될 가능성도 더 많다. 첫째들은 특히 기성 과학계의 구성원 다수를 차지한다. 지식 사회의 장자 상속 풍조로 인해 경솔한 역사가들은 충분한 가설 검증 없이 급진적 사상에 대해 마르크스주의적 설명 방법을 채택해 버리는 함정에 빠진다.

　개별적 차이가 발휘하는 엄청난 역할에 관심을 가지면 급진적 성향의 기원에 관한 증거는 다른 결론을 가리킨다. 동일한 가정에서 양육된 형제들의 다양성 말이다. 마르크스의 계급투쟁 이론은 급진적 사상에 대한 개방성을 포함해 성격의 개인차를 전혀 해명해 주지 못한다. 형제 경쟁은 다윈의 분화의 원리와 결합해 우리가 알아야 하는 것을 대부분 알려 준다.

# 11장

●

# 종교 개혁

"대중의 머리와 가슴에 거대한 투쟁"을 불러일으킨 종교 개혁보다 더 파괴적이었던 사회 운동도 거의 없다.[1] 1517년부터 16세기가 끝날 때까지 대량 학살과 박해 및 신교도의 반란으로 시작된 종교 전쟁 속에서 거의 100만 명이 죽었다.[2] 종교 개혁은 이탈리아 르네상스와 함께 통상 "근대 세계를 창조한 가장 위대한 혁명"으로 간주된다.[3] 고전기 학문에 대한 관심이 부활했던 르네상스는 여러 면에서 보수적인 혁명이었다. 종교 개혁은 급진적인 사건이었다. 유럽 전역에서 기성의 권위에 대한 과감한 도전이 단행되면서 과거와 크나큰 단절이 이루어졌다. 실제로 이 분립 사건은 종교 사상의 "코페르니쿠스 혁명"이라고 불렸다. 널리 인정되던 신학상의 믿음을 "물구나무" 세워 버린 사건이었던 것이다.[4]

**면죄부 판매**. 위 16세기 목판화에서 면죄부 판매에 열심인 사람(왼쪽)을 볼 수 있다. 많은 돈이 탁자 아래 있는 판매상의 돈궤 속으로 들어가고 있으며 중앙의 남자는 현장에서 새 동전을 만들고 있다. 당대의 시구가 이 교회 사업의 내용을 요약적으로 알려 준다. "동전이 돈궤에 떨어져 소리가 나는 순간/영혼이 연옥에서 벗어난다지."

신교도 종교 개혁의 탄생은 마르틴 루터(1483~1546년)라고 하는 한 아우구스티누스파 수도사의 신학 사상과 긴밀하게 연결되어 있다. 1517년 10월 31일 루터가 그 유명한 95개조 반박문을 북독일의 대학 도시 비텐베르크 성 교회 문짝에 붙였다. 루터는 「95개조 반박문, 면죄부의 법적 권한과 효능을 논함(*Ninety-Five Thesis or Disputation on the Power and Efficacy of Indulgences*)」이라는 제목의 격문에서 해묵은 성직 남용을 겨냥했다. 가톨릭교회는 헌금을 충당하기 위해 죄인들에게 공식 발행된 "면죄부"을 구매하라고 권했다. 죄인들이 면죄부를 사면 죄를 사면받을 수 있다는 것이었다. 이런 면죄부는 헌금의 액수에 상응해서 정죄의 기간을 줄여 준다고 약속했다. 루터의 『95개조 반박문』은 이 악폐에 반대하는 갖가지 주장을 개진했다.[5] 그는 교황에게 정죄의 형벌을 줄여 줄 수 있는 실질적 권한이 전혀 없다고 역설했다. 그것은 교황이 아니라 하나님께서 부과하는 것이었다. 루터는 이렇게 물었다. 만약 교황들에게 정말로 그런 권한이 있다면 도대체 그들은 왜 그리스도의 측은지심을 바탕으로 그 은혜로운 권한을 행사하지 않는 것일까? 놀랍게도 그들은 성직자들의 이익을 위해 그 권한을 사용하고 있지 않은가! 훨씬 더 중요한 점은 면죄부 판매로 사람들의 영혼이 위험에 빠졌다는 사실이었다. 죄인들은 면죄부를 구매함으로써 자신들이 용서받았다는 잘못된 생각을 품게 되었다. 이와 함께 진정한 회개의 가능성이 사라져 버렸다. 루터는 진정으로 회개해야만 하나님의 용서를 받을 수 있다고 주장했다.

면죄부는 교회의 재정 남용이라는 엄청난 빙산의 일각일 뿐이었다. 예를 들어 성직이 가장 자격 있는 후보자에게 주어지는 게 아니라 가장 많은 돈을 지불하겠다고 입찰한 자들에게 일상적으로 팔렸다. 재임자의 은퇴나 사망으로 공석이 되기 전에도 "예약료"를 지불하면 돈벌이가 되는 그 교회 직책을 구매하는 게 가능했다. 1521년 보름스 의회에서 독일의 군주들은 "로마 교황청이 독일 제국을 상대로 부과하고 저지른 가혹한 부담과 폐해"의 목록 102가지를 제출했다.[6] 루터의 항의는, 2세기 이상 지속되어 온 교회의 학정에 대해 점증하던 불만이 마침내 절정을 이루던 시기에 터져 나왔다.

루터의 95개조 반박문은 그가 미처 예상하지 못했던 광범위한 반향을 불러일으켰다. 라틴어에서 독일어로 번역된 이 반박문의 내용이 독일 영토 전역으로 신속하게 전파되었다. 루터의 주장이 두 주가 채 안 돼 국민적인 것으로 화했다. 루터는 깜짝 놀랐고, 자신이 민중 반란의 우두머리가 되었음을 감지했다. 이후 3년 동안 그가 집필한 각종 저술과 소책자가 약 30만 부 판매되었다. 16세기라는 역사적 상황을 감안하면 참으

1545년의 **마르틴 루터**(61세). 루터는 솔직한 유머로 유명했다. 그가 한번은 이렇게 푸념하기도 했다. "나의 적들은 내가 하는 일은 뭐든지 감시한다. 내가 비텐베르크에서 방귀를 뀌면 로마에서 냄새를 맡는 식이다."(Smith 1911:355)

로 경이적인 일이었다.[7] 1521년 교황의 한 독일 대리인은 독일 주민의 10분의 9가 루터를 지지하고 있다고 푸념했다. 페르디난트는 2년 후 신성로마 제국 황제인 형 카를 5세에게 편지를 써 보내 이렇게 단언했다. "루터의 가르침은 제국에 너무나도 확고하게 착근되어 버렸습니다. 1,000명 가운데 전혀 영향을 받지 않은 사람이 단 한 명도 없을 지경입니다. 상황이 이보다 더 나쁠 수는 없습니다."[8]

루터가 95개조 반박문을 붙이자 교황 레오 10세는 그에게 면죄부에 대한 견해를 철회하라고 명령했다. 루터는 자신이 성경에 기초했을 때 잘못했다는 것을 입증할 수 없다면 그렇게 하지 않겠다고 선언했다. 1518년 8월 교황은 이단 재판을 하겠다며 루터를 로마로 소환했다. 이 과정 전체에서 루터를 강력하게 후원했던 작센의 프리드리히 현공(賢公)은 독일 땅에서 자신의 견해를 변호할 수 있도록 허락해 달라는 루터의 요구를 받아들였다. 충실한 가톨릭교도였던 프리드리히는 루터의 일부 진보적 견해 때문에 아마도 곤란했을 것이다. 그러나 그는 또한 관대한 통치자였으며, 비텐베르크 대학교에서 가장 유명한 이 교수를 몹시 존경했다.

1518년부터 1521년 사이에 루터는 일련의 공식적인 논쟁에 참여했다. 여기서 그는 점차로 교황의 권위 문제와 타협하게 된다.[9] 이 과정에서 그는 "신교도"의 초기 입장을 명확히 규정하는 다수의 중요한 신학적 견해들에 도달했다.* 루터가 주창한 해방 신학의 핵심은 "이신칭의(以信稱義, Justification by faith, 예수 그리스도를 믿는 자에게 의롭다고 하신다.)" 개념이었

---

* "신교도(항의자)"라는 용어는 1529년에 시작되었다. 그해에 슈파이어 의회가 열렸는데 이 자리에 모인 가지각색의 루터파 군주들이 가톨릭 다수파의 결의에 항의했고, 결국 그들이 "항의하는 계급"으로 알려지게 된 것이다.

다. 그는 "선행"으로 구원을 얻을 수 있는 게 아니라고 주장했다. 교회에 헌금을 한다고 해도 구원받을 수는 없다는 것이다. 구원은 그리스도와 죄를 용서하는 그 분의 권능에 대한 믿음에서 나오는 것이었다. 그리스도의 선물인 구원은 판매할 수 있는 게 아니었다. 루터는 면죄부가 교리상으로 광범위한 개혁이 요구되는 타락한 교회가 주관하는 "지독한 속임수"라고 주장했다.[10]

루터의 이신칭의 개념은 급진적 신학 혁명의 씨앗을 품고 있었다. 구원이 그리스도에 대한 믿음을 통해서만 가능하다면 교회가 용서를 베푸는 유력한 주교와 사제들에게 평신도를 종속시킬 이유가 전혀 없었다.[11] 용서는 죄인과 하나님 사이의 개인적인 문제였다. 각종 성찬식을 포함해 가톨릭교회의 상부 구조 대다수가 '선행'을 평가하고 용서를 베푸는 두 가지 원리를 중심으로 구축되었다. 반면에 루터의 신학은 복음서의 단순 소박함으로 돌아갈 것을 주창했다.[12] 그의 가르침은 "인간이 만든 종규"보다 "내면적 헌신"을 찬양했고, "모든 신자가 성직자"라고 인정했다.[13]

결국 신교도 종교 개혁은 보수화된 교회의 권위에 반대하는 급진적 반란으로 바뀌었다. 루터의 교설은 확연하게 구분되는 두 개의 권위, 곧 교황과 복음서를 통해 만인에게 계시되는 그리스도 사이에서 영적인 선택을 제공했다. 이 시기에 활약한 한 역사가는 이렇게 논평한다. "마침내 개혁가들은 복종하기를 거부했다. 최후 일격의 순간이 다가왔고, 그들은 교회에 오류가 있을 수 없다는 관념을 거부했다."[14]

신교도 반란이 교회 당국의 활동에 '부당함'을 느끼던 개인들을 끌어당겼다는 사실은 놀라운 일이 아니다.[15] 게다가 루터의 메시지는 '과감한 모험가들'의 흥미를 끌었다. 실제로 그의 초기 추종자들 사이에서 '자유에 대한 열광'이 분출했다.[16] 루터 신학의 이런 특성들은, 전 역사를 통해 일반적으로 후순위 출생자들의 마음을 사로잡은 속성들이다.


## 종교 개혁의 확산

개혁 신앙이 수용될 수 있었던 것은 한 가지 원인 때문만은 아니었다. 종교 개혁을 연구하는 한 학자가 단호히 주장한 것처럼,

> 루터 지지자가 되느냐 (마느냐) 하는 문제가 뚜렷하게 인식할 수 있는 유형을 따랐다면 그것은 더할 나위 없이 근사한 일일 것이다. 실제로는 도시(와 농촌), 북쪽(과 남쪽)의 모든 주민이 교육 수준과 빈부 격차에 관계없이 루터주의자가 되었다. 유형은 전혀 존재하지 않았다. 존재했다 해도 모호하기 짝이 없다.[17]

그럼에도 불구하고 종교 개혁을 연구하는 학자들은 신교도 신앙의 확산 사태를 규정하는 다양한 동향들을 탐구해 왔다.

우리는 신교도 신앙의 보급을 설명함에 있어서 가톨릭교회 내부의 학정처럼 결국 종교 개혁을 불러일으킨 장기간의 역사적 힘과, 일부는 아니지만 다른 일부가 신교 사상을 채택하도록 유인한 이유들을 구분해야만 한다. 학자에 따라서는 이 두 가지 역사적 문제를 각각 거시 역사와 미시 역사라는 용어로 규정할지도 모르겠다. 거시 역사에서는 비교적 긴 시기에 걸쳐 역사적 제력(諸力)이 상호 작용하게 된다. 반면 미시 역사는 개인사를 탐구 대상으로 한다. 전기 작가들의 최고 관심사가 미시 역사이다. 역사의 '거시' 과정과 '미시' 과정에 대한 이런 구별을 통해 우리는 역사의 전개라는 연구 대상을 좀 더 다루기 쉬운 하위 문제들로 분해

할 수 있다. 예를 들어 거시 역사적 맥락은 많은 경우 일상생활의 (미시 역사적) 행동의 예보자로 사용될 수 있다. 이러한 역사적 추론을 하기 위해 거시 역사와 연결된 더 큰 문제를 해결할 필요는 없다. 형제의 성격 차이라는 형태로 표현되는 가족 역학의 역할은 거시 역사보다는 미시 역사의 의문들을 해명해 준다.

종교 개혁의 확산은 대체로 미시 역사의 문제이다. 학자들은 이 문제를 분석하면서 촉진자 역할을 수행한 것으로 여겨지는 최소 여덟 가지 요인들에 관심을 기울여 왔다.[18] 이런 영향력 대부분은 사회적 지위의 개인차를 반영한다. 보잘것없는 권력과 지위를 보유한 사람들은 일반적으로 루터의 개혁 메시지에 가장 동조적이었다. 종교 개혁을 연구하는 학자들이 확인한 여덟 개의 수용 상관자를 여기에 간략히 정리해 놓았다.

1. 나이: 젊은이들은 종교 개혁을 지지했다.

2. 사회적 지위: 하급 성직자들(수도사와 교구 목사)은 종교 개혁에 가장 헌신한 '보병' 부대였다. 반면 고위 성직자들은 변화에 적대적이었다.[19] 대학 교수들도 루터의 교설에 반발했다.

3. 군주들: 정치적 지배자들, 심지어는 개혁 신앙을 지지한 통치자들도 처음에는 자신들의 영토에 종교 개혁 사상을 도입하는 것을 허용하는 데서 신중한 태도를 보였다.

4. 도시화: 특허장을 구매한 유럽의 65개 자유 도시 가운데 대부분이 종교 개혁을 수용했다. 이런 긍정적인 태도는, "지배자가 모든 결정을 내리는" 공국 내에서 마주친 신교도 종교 개혁에 대한 저항과 뚜렷하게 대비된다.[20]

5. 지방의 정치권력과 지위: 자유 도시들 내에서도 통치 위원회(와 통치 위원회를 운영하던 귀족 및 시장들)이 종교 개혁을 도입하는 추동 세력인 경우는 거의 없었다. 그런 통치 위원회는 통상 주민들의 압력을 받고 변화를

수용했다.

6. 인문주의적 교육: 적어도 처음에는 에라스무스파 인문주의자들이 종교 개혁에 동조했다. 에라스무스는 루터가 등장하기 이전부터 교회 개혁의 필요성을 전적으로 지지했다. 그의 저서 『우신 예찬(*The Praise of Folly*)』(1511년)은 수도사, 추기경, 심지어 교황까지도 신랄하게 풍자했다. "에라스무스는 루터가 부화시킨 알을 낳았다."는 유명한 속담이 있다.[21]

7. 사회 계급: 하층 계급은 상층 계급보다 종교 개혁에 더 개방적이었다.

8. 지역적 차이: 독일의 공국들과 스위스의 연방 주들처럼 권력이 분산된 정치 영역들은 권력이 중앙 집권화된 지역보다 개혁 신앙에 더 우호적이었다. (프랑스, 에스파냐, 영국 등) 중앙 집권화된 국가들에서는 교회의 학정이 더 빈틈없이 이루어졌고, 이들 국가는 더 성공적으로 교회 재원을 마련했다.

종교 개혁에 대한 개인들의 태도를 형성했을 상당수의 요인들은 중대한 방법론적 문제를 제기한다. 특히 각종의 영향력들이 개인들의 삶에서 많은 경우 중첩되었다는 사실을 감안할 때 우리가 어떻게 다수의 상이한 영향력들이 갖는 상대적 중요성을 평가할 수 있을까? 특허장을 구매한 자유 도시들에서 실제로는 시 의회가 일반 대중보다 더 늦게 종교 개혁을 수용했을 수도 있다. 그러나 이런 통치 기구의 성원들은 평균적으로 볼 때 나머지 주민보다 나이가 더 많았을 것이고, 경제적으로도 더 부유했을 것이다. 세 가지 상이한 가설이 이 행동 관계에 잠재적으로 개입하고 있다. 나이와 계급을 통제하면 시 의회 의원들이 정말로 동시대의 도시민들보다 신교를 더 기피했을까? 그럴 수도 있고, 아닐 수도 있다.

나는 이런 종류의 해석적 문제들을 극복하기 위해 종교 개혁에서 두드러진 역할을 수행한 718명의 개인을 전형적 표본으로 추출했다.[22] 나의 조사 연구 표본은 왕족에서 농민에 이르기까지 16세기 사회의 모든 사회 계급을 아우르며, 16개국 출신의 개인들로 구성되어 있다. 이들 참가자는 종교 개혁을 연구하는 학자들이 지정한 호칭에 따라 가톨릭, 루터파, 칼뱅파 등등으로 분류했다. 표본은 직업적 지위에 따라 세 개의 중요한 하위 집단으로 분류했다. 통상 백성의 종교를 결정했던 유럽의 왕족이 144명, 개혁 신앙에 찬성하거나 반대하면서 싸운 저명한 신학자가 322명, 시장·인문주의자·대학 교수 등의 자격으로 종교 개혁에 적극 가담한 평신도가 252명이었다. 전체 표본에서 22퍼센트가 종교적 신념을 고수하다가 처형당했고, 10퍼센트는 박해를 피해 도주하거나 투옥되었다.

## 종교 개혁에 대한 충성도를 모형화하기

우리는 다변수 모형을 동원해 기타 변수들의 영향력을 통제하면서 종교 개혁에 대한 충성도를 알려 주는 각각의 잠재적 예보자가 발휘하는 영향력을 평가할 수 있다(이런 모형들에 관한 기술적 세부 사항들은 부록 7에 밝혀 놓았다.). 출생 순서는 우리가 채택한 통계적 접근법과 상관없이 종파 선택을 알려 주는 가장 뛰어난 예보자였다. 첫째들은 대체로 가톨릭 신앙을 방어했다. 후순위 출생자들은 통상 신교를 지지했다.[23]

이런 결과는 출생 순서에 따른 차이, 다시 말해 동일한 가정에서 함께 자란 형제들이 보이는 차이를 엄밀하게 조사함으로써 확인되었다. 특히 내 표본에서 유럽의 왕족들은 상당 비율이 서로 형제였다. 이들 103명의 형제들 가운데 4분의 3이 신교도 혁명에 반응한 양상과 관련해 정확히 출생 순서에 의해 분류되었다.[24]

출생 순서의 설명력에 거의 필적하는 다른 예보자는 나이 단 하나 뿐이었다. 젊은이들은 개혁 신앙을 지지할 가능성이 특히 많았다.[25] 나이의 영향력을 출생 순서의 영향력과 비교하면 많은 것을 알 수 있다. 1520년에 전형적인 70세의 후순위 출생자는 40년 차이가 나는 30세의 전형적인 맏이만큼이나 개혁 신앙에 개방적이었다. 40세가 넘어서 종교 개혁에 참가한 사람들 가운데 후순위 출생자들은 새로운 신앙을 지지할 확률이 첫째들보다 17배 더 높았다.[26]

출생 순서의 예측력을 종파 선택에 미치는 또 다른 영향력, 곧 사회 계급과 비교해 볼 수 있다. 종교 개혁을 연구하는 학자들이 오래전부터 주장해 온 것처럼 하층 계급 개인들은 상층 계급 개인들보다 종교 개혁에 훨씬 더 개방적이었다. 그러나 이 관계는, 하층 계급 대중이 유명한 귀족 계급 성원들보다 후순위 출생자일 가능성이 더 많았다는 사실에 의해 부풀려졌다. 하층 계급의 지위는 성직자라는 신분, 특히 교회 개혁을 적극 지지했던 하층 성직 계급의 성원이라는 사정과도 어느 정도 상관관계를 맺고 있다. 나아가 하층 계급의 지위와 성직이 이번에는 후순위 출생자라는 사정과 어느 정도 상관관계를 맺는다. 그러므로 계급과 종교적 입장 사이의 인과 관계는 결코 간단치 않다. 이런 영입(충원) 경향을 통제했더니 출생 순서에 따른 의견의 분열이 사회 계급에 따른 분열보다 15배 더 강력하다는 사실이 밝혀졌다(그림 11.1).[27]

종교 개혁의 확산은 지리적 조건이 역사에서 수행하는 위력적인 역할을 분명한 형태로 확인해 준다. 일반적으로 북부 유럽은 신교 신앙을 받아들였다. 반면 남부 유럽은 종교 개혁을 거부했다. 만일 지리적 조건이 최종 결과에서 이처럼 결정적인 역할을 수행했다면 어떻게 해서 형제간 차이는 내가 주장한 바대로 중요하게 작용할 수 있었을까?

지리적 조건이 교회 개혁의 확산 사태에서 부인할 수 없는 역할을 담

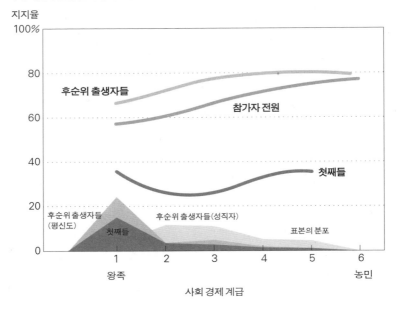

**사회 계급과 출생 순서에 따른 신교도 종교 개혁에 대한 지지**

지지율

- 후순위 출생자들
- 참가자 전원
- 첫째들
- 후순위 출생자들 (평신도)
- 첫째들
- 후순위 출생자들(성직자)
- 표본의 분포

사회 경제 계급

왕족 — 농민

**그림 11.1** 사회 계급과 출생 순서에 따라 분류한, 신교도 종교 개혁의 채택. 출생 순서의 영향력은 상당했고, 모든 사회 계급 내에서 시종일관되었다. 게다가 하층 계급 출신 개인들이 상층 계급 출신 개인들보다 종교 개혁을 더 많이 지지했다는 것도 어느 정도 사실이다. 이런 사회 경제 동향의 많은 부분은 출생 순서에 따른 차이 때문이다. 지배자와 기타 귀족 구성원들은, 표 하단에 표시된 표본 분포에서 확인할 수 있는 것처럼 첫째이기 십상이다. 이런 엘리트들과 비교할 때 하층 계급 대중은 후순위 출생자일 가능성이 더 많았다. 특히 하층 성직자 계급 사이에서 후순위 출생자들의 참여가 많았다. 그들은 교회 개혁 호소를 강력하게 지지했다.

당한 것은 사실이다. 그러나 지리적 조건이 많은 경우 형제의 정치권력 차이와 상관관계를 맺고 있었다는 사실은 간과되어 왔다. 이 관계의 핵심은 '분할' 상속 제도이다. 이것은 지배자들이 국가를 분할할 때마다 발생하는 영토 상속의 형태로, 모든 아들이 한 조각씩 정치적 영역을 차지하게 된다.

　　이런 상속 형태는 장자 상속권과 대비된다. 장자 상속권은 분할되지 않는 형태로 영토를 보존한다.[28] 종교 개혁의 초기 연간에는 분할 상속이 가톨릭 군주들보다 신교도 군주들 사이에서 보다 흔했다. 종교 개혁이 이런 정치적 차이를 야기하지는 않았지만 튼튼하게 보강한 것은 사실이다. 루터와 다른 개혁가들의 교설은 형제 평등의 구현으로 특히 분할 상속을 옹호했다.[29] 반면 주요 가톨릭 왕조들은 장자 상속권을 강력하게 고수했다. 신교파는, 구교파가 첫째들의 이익을 방어하는 데 앞장선 것처럼 분할 상속을 지지함으로써 후순위로 태어난 지지자들의 이익을 방어했다.

1555년 아우크스부르크 화의(和議)에서 신교 및 구교 지배자들은 제후의 영토 내에서는 제후의 신앙을 따른다는 원칙에 공식 합의했다. 모든 지배자가 백성을 대신해서 무엇을 공식 종교로 삼을지 결정했다(그림 11.2). 합스부르크 제국처럼 통치 가문의 영토가 분할되지 않았을 경우 필연적으로 첫째나 장남의 지배를 받고 있을 가능성이 상당히 많았다. 프랑스, 스페인, 포르투갈처럼 중앙 집권화된 국가들은 계속해서 로마 교회에 충성했다. 헨리 8세의 형 아서가 15세에 죽지 않았다면(또 헨리가 후계자로 살아남는 데 실패하면서 뒤이어 벌어진 복잡한 분란이 없었다면) 영국도 아일랜드처럼 가톨릭을 고수했을지 모른다. 독일은, 다수의 공국과 이들이 빈번하게 분할 상속을 실시함으로써 신교가 승리할 수 있는 이상적인 무대가 되었다. 간단히 말해 보자. 영토 상속 관행의 지역적 불일치로 인해 형제의 차이가 종교 개혁의 지리적 확산 과정에서 결정적 동인으로 작용했다. 공국들이 더욱 더 세분되어 후순위 출생자들의 정치적 통제가 용이할수록 이 영토들이 신교의 주장을 채택할 가능성이 더 많았다. 그 결과 유럽이 오늘날 보여 주고 있는 종교 지도는 지배자들의 출생 순서가 발휘한 심리적 영향력을 4세기 전보다 훨씬 더 뚜렷하게 반영하고 있다.

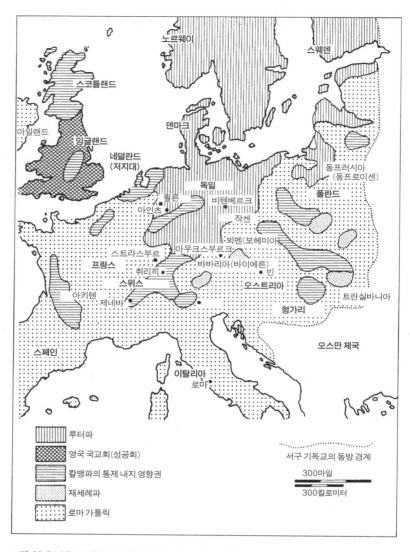

**그림 11.2** 아우크스부르크 화의 당시(1555년) 유럽의 종교 지도. 이 평화 협정으로 각국의 지배자들은 자기 영토의 종교를 결정할 수 있게 되었다. 신교파의 영역 분포가 주로 지리적 조건에 의해 결정된 것처럼 보이지만(특히 로마와의 거리) 다수의 지역적 불일치는 지배 군주들의 출생 순서 차이에서 비롯했다.

## 종교 개혁 신학자

유럽의 후순위 출생자 군주들처럼 후순위로 태어난 신학자들도 신교의 주장에 강력하게 이끌렸다.[30] 첫째였던 마르틴 루터는 이런 전반적 경향의 두드러진 예외이다. 루터의 절친한 친구였으며 가장 중요한 문하생이었던 필리프 멜란히톤도 마찬가지이다. 그럼에도 불구하고 종교 개혁의 기타 주요 지도자 대다수는 후순위 출생자들이었다. 울리히 츠빙글리, 장 칼뱅, 기욤 파렐, 존 녹스, 하인리히 불링거, 윌리엄 틴들이 그들이다.

멜란히톤과 같은 사례들은, 나의 종교 개혁 모형이 이런 법칙의 예외들을 해명해 줄 수도 있는 한 개 내지 그 이상의 예보자들을 결여하고 있음을 암시한다. 모형에서 빠져 있는 한 가지 분명한 예보자는 종교 개혁 지도자와의 긴밀한 사적 제휴 관계이다. 이 변수를 모형에 추가했더니 모형의 예측 능력이 대폭 신장되었고, 루터파의 주장에 대한 멜란히톤의 지지도 예측할 수 있었다. 사람들은 논쟁적 주장의 시비곡직을 판단할 때 자주 개인적 유대 관계에 좌우된다.[31]

## 종교 개혁 순교자

출생 순서의 역할은 군주들이나 신학자들보다 순교자들 사이에서 훨씬 더 인상적으로 드러난다. 종교적 신념에 따라 초개와 같이 목숨을 버린 사람들은 통상 극단주의자들이었다. 신교 신앙 때문에 처형당한 내 표본 속의 사람들을 살펴보면 24명 가운데 23명(96퍼센트)이 후순위 출생자였다. 이것은 우연적 기댓값보다 훨씬 더 큰 비율이다.

가톨릭 순교자들은 다른 이야기를 들려준다. 첫째들은 전통을 더 열렬히 고수했기 때문에 일반적으로 신교의 흐름에 편승하는 것을 어려워했다. 신교 신앙을 채택한 국가들에서 첫째들은 종종 자신들의 종교적 신념을 포기하기보다는 순교자의 길을 선택했다. 영국에서는 아라곤

루터의 네덜란드인 추종자였던 쥐트펜의 헨리가 1524년 **순교당하는 모습**. 왼쪽 상단에서 말에 탄 채 처형 과정을 관리 감독하는 사람은 브라운슈바이크–볼펜뷔텔의 공작이자 브레멘의 대주교 인 크리스토퍼이다. 여덟 자녀 가운데 맏이(이자 충실한 가톨릭 신자)였던 크리스토퍼 공작이 헨리 의 처형을 명령했다. 희생자의 출생 순서는 알려지지 않고 있다. 크리스토퍼 공작은 1558년에 사 망했다. 그 후 동생 게오르크가 브레멘의 대주교가 되었다. 셋째 아들이었던 게오르크는 개혁 신 앙을 받아들였다.

의 캐서린과 이혼하겠다는 헨리 8세의 고집으로 다수의 상류 계급 첫째 들이 곤란한 지경에 처했다. 종교적 불복종 문제 말고도 교황 제도와 결 별하겠다는 헨리의 시도에 대한 반대는 대역죄가 되었다. 대법관으로서 국왕의 이혼을 전폭적으로 지지하기를 거부한 토머스 울시 추기경 같은 첫째들은 그 대가를 치렀다. 1530년 대역죄로 기소되어 체포된 울시는 처형당하기 전에 죽었다.

유럽 전역에서 대부분의 가톨릭 순교자들은 첫째였다. 이것은 신교도들 사이에서 관찰되는 경향과는 정반대 현상이다. 후순위 출생자들이 신교 신앙을 위해 순교자의 길을 걸을 가능성은 첫째들보다 46배 더 많았다! 이런 결과는 역사적 맥락이 결정적으로 중요하다는 사실을 밝히 드러낸다. 지역의 종교적 맥락을 고려했더니 출생 순서는 순교자들의 86퍼센트가 목숨을 바친 종교적 대의를 정확하게 예측했다. 후순위 출생자들은 종교적 급진주의 때문에 순교당한 반면 첫째들은 구래의 신앙을 계속 고수하다가 순교했다.[32]

## 마르틴 루터와 다른 '예외적' 개인들

첫째였던 마르틴 루터를 통해 우리는 집합적 일반화에는 항상 개별적 예외들이 존재한다는 사실을 다시 한번 상기하게 된다. 그럼에도 불구하고 우리는 어떤 요인들로 이런 예외들을 설명할 수 있느냐고 물을 수 있다. 루터의 경우는 후보자가 전혀 없다. 그가 보인 변화에 대한 개방성은 부분적으로 하층 성직 계급의 일원이었다는 점과 대체로 종교 개혁에 우호적이었던 지역에 그가 거주했다는 점 등으로 설명할 수 있다. 이런저런 영향력을 고려할 때 루터는 개혁가가 되지 않기보다는 개혁가가 될 가능성이 더 많았다.

루터는 개혁가가 될 것으로 정확하게 예측되었을 뿐만 아니라 교회 개혁을 주장하는 온건 분파와 결연될 것으로도 예측되었다.[33] 종교 개혁을 연구하는 역사가들은 다양한 신교 분파를 두 개의 주요 하위 집단으로 나누었다.[34] "권위적 종교 개혁"은 루터, 츠빙글리, 칼뱅 같은 온건파 개혁가들과 결부된다. 이런 역사적 꼬리표는 지역의 권력자들과 주요 개혁가들 사이에 형성되었던 실용적 동맹에서 유래했다. 권위적 종교 개혁의 지지자들이 지역의 군주들로 하여금 성직 개혁에 나서도록 강제했는지도 모른다. 하지만 그들은 세속 권력에는 거의 도전하지 않았다. 반면 "급진적 종교 개혁"은 가지각색의 종교적 극단주의자들, 곧 재세례파, 성령주의자들, 합리주의자들이 주도했다. 이들 분파의 성원들은 시종일관 지역의 정치권력에 도전했고, 루터와 기타 권위적 종교 개혁가들이 결코 의도하지 않았던 방향으로 신학 개혁의 과정을 확장했다.

종파 선택과 관련해 부록 7의 종교 개혁 모형에 포함된 여러 예보자들의 견지에서 평가할 때 루터, 츠빙글리, 칼뱅, 녹스는 전부 권위적 종교 개혁의 지지자들로 정확하게 분류되었다. 이들 종교 지도자들 가운데서도 루터는 통상 "사회적으로 가장 덜 진보적인" 인사로 간주되었다.[35] 나의 다변수 모형도 일치했다. 후순위로 태어난 세 명의 개혁가들(츠빙글리, 칼뱅, 녹스)이 급진적 사회 변화를 지지할 확률이 훨씬 더 높다고 예측했던 것이다. 세속적 문제들에 대한 루터 자신의 보수주의는 1520년대 중반의 농민 반란기에 그가 취한 행동을 통해 알 수 있다. 그는 독일 군주들에게 이 운동과 결탁한 온갖 "미친개들"을 "공격하고, 죽이고, 불태우라."고 촉구했다. 루터는 급진적 종교 개혁의 저명한 지도자들인 안드레아스 카를슈타트와 토마스 뮌처를 "위험한 광신자들"이라고 규정하기도 했다.[36] 대표적인 권위적 종교 개혁가들과 비교할 때 급진적 종교 개혁의 옹호자들은 젊고, 후순위 출생자이며, 하층 계급 출신이고, 직업적 신분이 낮을 가능성이 더 많았다. 그들은 종교적 신념 때문에 처형될 가능성이 더 많기도 했다(그림 11.3).[37]

마르틴 루터처럼 대다수의 종교 개혁 활동가들도 종파 선택을 지시하는 한 개 내지 그 이상의 주요 예보자들에서 예외를 보인다. 그러나 모형 내에서 온갖 관련 예보자를 숙고하면 사태가 달라진다. 다변수 모형을 활용했더니 종교 개혁 표본의 85퍼센트를 정확하게 분류할 수 있었다. 잘못 분류된 개인들은 추가적인 예보자들이 필요함을 알려 준다.

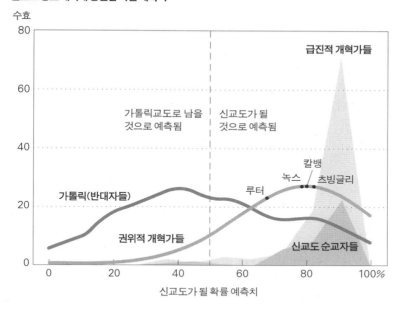

**신교도 종교 개혁에 충실할 확률 예측치**

신교도가 될 확률 예측치

**그림 11.3** 신교도 종교 개혁에 충실할 확률 예측치(7변수 모형, N=718). 출생 순서는 신교도 반란의 지지 여부를 알려 주는 가장 뛰어난 예보자이다.

7변수 모형은 권위적 종교 개혁을 지지한 온건파 개혁가들과 가톨릭교도들을 썩 잘 구별해 냈다. 이 모형은 권위적 개혁가들 가운데서 루터를 츠빙글리, 칼뱅, 녹스와 구별해 주었다. 루터는 네 명의 주요 개혁가들 가운데서 가장 덜 진보적인 인물이다. 이 모형은 재세례파 같은 급진적 개혁가들이 신교도의 주장을 지지할 확률이 가장 높은 것으로 예측했다. 이 모형은 그 대부분이 급진적 개혁가들인 신교도 순교자들과 자연사한 신교도들도 구별해 냈다.

종파 선택을 지시하는 그런 가능한 예보자 하나를 정신 분석학자 에릭 에릭슨이 탐구했다. 그는 『청년 루터(*Young Man Luther*)』에서 루터의 "오이디푸스 콤플렉스"를 지목했다. "그에게서 오이디푸스 콤플렉스는 사소한 문제가 아니었다."[38] 종교 개혁을 연구하는 대다수의 학자들은 루터의 억압적인 유년기와 관련해 에릭슨이 제기한 주장을 무시했다. 증거가 불충분하기는 하다. 그럼에도 불구하고 부모와의 갈등은 일반적으로 급진주의를 알려 주는 좋은 예보자이다. 이 정보가 체계적 기초를 바탕으로 처리된다면 모형의 완성도에 크게 이바지할 것이다.[39]

없거나 부정확한 전기적 정보는 그릇된 예측을 낳는 그 밖의 원인들이다. 오도케 하는 전기적 정보의 좋은 사례로 오스트리아의 대공 페르디난트 1세가 있다. 신성 로마 제국 황제의 동생 페르디난트는 열광적인 가톨릭교도로, "루터파와의 타협을 거부했다."[40] 오스트리아를 지배하던 그는 "재세례파 박해에 집중함으로써" 자신의 "에너지를 헌신적으로" 쏟아 부었다.[41] 뜻밖의 역사적 상황이 없었다면 페르디난트도 형제의 차이와 관련한 나의 주장에서 예외로 자리했을 것이다. 여섯 자녀의 넷째였음에도 불구하고 페르디난트는 먼저 태어난 형제 세 명과 함께 브뤼셀의 합스부르크 궁정에서 자라지 않았다. 여동생 캐서린과 함께 스페인에서 성장했던 것이다. 그는 열네 살이 될 때까지 더 나이 든 형제들을 만나지 못했다. 기능적으로 볼 때 그는 후순위 출생자가 아니라 첫째로 양육된 것이다. 페르디난트의 출생 순서를 기능적 순위에 따라 전산화했더니 나의 다변수 모형은 그가 이단을 무자비하게 다룰 것으로 정확하게 예측했다. 그가 가톨릭교도로 남을 가능성은 76퍼센트로 예측되었고, 급진적 종교 개혁가가 될 확률은 1퍼센트에 불과했다. 페르디난트는 규칙이 있다는 것을 입증해 주는 하나의 예외이다.


## 가족 갈등


신교도 종교 개혁에 관한 다변수 모형은 가족 내부의 갈등이 종교 개혁기에 광범위했다는 사실을 증명한다. 이게 다가 아니다. 가족 갈등은 사회 경제적 지위, 도시화, 국적과 결부된 차이들보다 훨씬 더 중요했다. 가

오스트리아 대공이자 카를 5세의 동생인 **페르디난트 1세**. 페르디난트의 다섯 형제들 가운데서 한 사람은 루터파가 되었고, 또 다른 한 명은 루터파 동조자라는 혐의를 강하게 받았다. 기능적 첫째였던 페르디난트는 자신의 형제들의 종교적 태도를 끊임없이 감시했다. 페르디난트의 여동생 캐서린과 루터파이자 작센의 왕세자인 요한 프리드리히의 결혼 계획도 1524년 결국 취소되었다. 페르디난트는 여동생이 루터파의 영토에 발을 들여놓도록 내버려 두느니 차라리 물에 빠져 죽는 걸 보겠다고 말했다.(Ozment 1975:145)

족은 급진주의의 개인차를 발생시키는 가장 중요한 원인이다. 가족 역학이 사회의 가장 깊은 분열을 반영하는 이유가 바로 여기에 있다. 왜 그렇게 많은 사람들이 '각자의 경제적·사회적 최고 이해관계에 반하여' 신교도가 되었는지를 해명해 주는 열쇠가 바로 이 위력적인 심리적 특질인 것이다.[42] 종교 개혁을 연구하는 대다수의 학자들이 주장하는 것처럼 마르크스주의의 접근법은 종교 개혁기의 종교적 충성과 관련해 거의 아무것도 해명해 주지 못한다.

역사가들은 종교 개혁기의 가족들이 특히 세대에 따라 종종 분열했 다는 사실을 오래전부터 인정해 왔다. 한 학자는 종교 개혁 사태로 "아 들과 딸들이 대규모로 등을 돌렸다."고 말한다.[43] 또 다른 역사가는 종 교 갈등으로 "이웃과 이웃, 아버지와 아들이 반목했다."고 지적한다.[44] 정말이지 종교 개혁은 개인들 간의 고통스러운 갈등을 노정했다. 부모 가 자식을 고발하고, 자식은 부모를 배반했다.[45] 종교 개혁을 연구하는 학자들은 이런 전기적 사실들을 자주 언급하면서도 그 이유를 설명해 주는 가족 내부의 역학을 눈여겨보는 데 실패했다. 예를 들어 이런 불충 한 행동은 세대에 따른 오이디푸스적 반란에 한정된 것이 결코 아니었 다.[46]

배우자의 종교적 충성이 자주 갈등으로 폭발했다. 대개는 출생 순서 의 노선을 따랐다.[47] 부모와 자식 간에도 출생 순서에 따라 날카로운 대 립과 분열이 발생했다.[48] 첫째로 태어난 부모들은 후순위로 태어난 자식 들이 그들의 종교적 권위에 도전한다고 느꼈다. 반면 후순위로 태어난 부모들은 첫째로 태어난 자식(과 계승권을 가진 상속자)이 그들의 개혁 성향 에 저항한다고 생각했다. 두 형태의 갈등은 많은 경우 한 가문 내에서 발 생했다. 북부 독일에서는 브란덴부르크의 호헨촐레른 가(家)가 좋은 보 기가 되어 준다. 1502년 덴마크 존 왕의 세 자녀 가운데 둘째였던 엘리 자베스 선제후는 브란덴부르크의 선제후 요아힘 1세와 결혼했다. 첫째 였던 요아힘은 당연하게도 자신의 영토에서 면죄부를 판매할 수 있도록 허락했다. 루터가 1517년 역사적 항의에 나섰던 것은 바로 이 요아힘의 승인 정책 때문이었다.

1527년 브란덴부르크의 엘리자베스는 한 루터파 성직자로부터 비밀리에 성찬식을 받았다. 그녀는 분노한 남편의 투옥형을 피해 이웃 루터파 영토로 야반도주했다. 엘리자베스는 종교 개혁파 신학자들의 저술에 아주 정통했다. 그녀가 "다수의 박식한 학자들을 무색케 했다."는 이야기도 전해 온다.[49] 엘리자베스는 루터와 빈번하게 서신 교환을 했고, 개혁 신앙의 확산 과정에서 중요한 역할을 수행했다.

엘리자베스의 맏이였던 요아힘 2세는 아버지처럼 개혁에 의혹의 눈초리를 보냈다. 그는 가톨릭 전례의 화려한 의식을 아주 좋아했다. 요아힘 2세의 여동생 엘리자베스는 1538년 루터파로 개종했다. 그들의 더 어린 남동생 요한 2세도 루터파가 되었다. 그러나 요아힘은 주변 사람들을 장악해 가던 종교적 변화에 계속 저항했다. 1535년 마침내 아버지가 사망하자 요아힘 2세는 어머니에게 베를린의 브란덴부르크 궁정으로 돌아와 줄 것을 간청했다. 그녀는 보수적인 종교 정책을 거론하며 계속해서 그의 호소를 외면했다. 어머니와 더 어린 형제들의 종교적 주장에 따른 거듭된 스트레스와 자신이 다스리는 영토 내에서 루터주의가 지속적으로 성장하는 사태에 좌절한 요아힘 2세는 마침내 성찬식을 루터파의 제의 형식에 따라 받는 데 동의했다. 비록 그렇게 했다고는 하지만 그가 후속 조처로 단행한 교회 개혁은 전 독일에서 "로마 가톨릭의 입장과 가장 가까운 것"이었다.[50]

1545년 요아힘 2세는 마침내 어머니를 브란덴부르크 궁정으로 모실 수 있었다. 그녀는 인생의 마지막 10년을 아들의 종교 정책을 보다 계몽적인 방향으로 인도하는 데 바쳤다. 이 사례를 통해 중요한 역사의 원리를 깨달을 수 있다. 출생 순서에 따른 차이로 인해 많은 경우 부모들이 자녀들보다 혁명에 더 개방적이다.

종교 개혁기에 발생한 가족 간 다툼과 관련해서는 극적인 이야기가 많다. 이런 이야기들에서 이치에 맞게 인간 행동을 설명할 수 있는 방법은 하나뿐이다. 형제 경쟁과 형제 대비 효과의 역할이 바로 그것이다. 일부의 사람들이 기꺼이 자신의 형제들을 사지로 몰아넣은 이유를 포함해 가까운 친척들이 서로를 적대시하고 공격한 이유를 거듭 해명해 준 것은 출생 순서가 맞지 않는 결혼이었다. 파괴적이었던 형제 불화의 예로 스페인의 디아스 형제를 들 수 있다. 후안 디아스는 1540년대 중반 제네바에 머물다가 칼뱅파로 개종했다. 로마 교황청의 법률학자였던 형 알폰소는 큰 충격을 받았다. 그는 즉시 제네바로 달려갔고, 동생을 가톨릭 신도로 돌려놓으려고 했다. 두 형제 가운데 경제 사정이 더 좋았던 알폰소는 후안에게 신교 신앙을 단념하면 교황청에서 상당한 연금을 줄 것이라고 제안했다. 후안은 그 제안을 거절했다. 후안이 스페인의 가족들에게 돌이킬 수 없는 치욕을 안겨 줄 것이 두려웠던 알폰소는 암살자를 고용했고, 자객은 후안의 머리를 도끼로 박살내 버렸다. 카를 5세는 법률 절차를 밟아 그런 살인자들을 기소하기를 거부했고, 신교도 국가들에서는 분노가 들끓었다.[51]

형제 살해 행동의 또 다른 사례로 헨리 8세의 세 번째 아내 제인 시무어의 남자 형제 가운데 두 사람을 들 수 있다. 1547년 헨리 8세가 사망한 후 에드워드 시무어가 제인의 아들 에드워드 6세를 대신해 섭정하였다. 왕의 사망으로 시무어 가문 같은 신교도들에게는 황금 같은 기회가 찾아왔다. 그들은 대부분이 가톨릭교도였으며 구세대인 귀족 계급한테서 정치권력을 서서히 쟁취해 가고 있었다. 에드워드의 동생 토머스가 권력을 차지하기 위해 음모를 꾸미자 에드워드는 동생의 체포와 재판, 처형을 방관했다.[52] 토머스 시무어의 처형으로 형에 대한 "대중의 반감이 격증"했고, 그의 권위는 "치명적인 타격"을 입었다.[53]

그러나 형제 갈등의 또 다른 사례는 영국에서 가장 유력한 가톨릭 가문에서 확인할 수 있다. 오만한 백작(그러나 재능 있는 시인이기도 했다.) 헨리 하워드는 노퍽 제3대공의 맏이였다. 하워드 가문, 특히 헨리는 영국의 왕위를 차지하겠다는 생각을 오랫동안 품어 왔다. 헨리는 자신의 주장을 확실히 드러내기 위해 문장(紋章)이 든 덧옷을 바꾸기까지 했다. 이 약관의 백작은 국왕에 대한 가문의 영향력을 강화하기 위해 리치먼드 공작이었던 여동생 메리를 설득해 헨리 8세와 결혼시키기도 했다. 가톨릭교도였던 오빠와 달리 메리는 열성파 신교도로, 영국인 순교자들의 열전을 집필한 존 폭스를 보호해 주었다. 메리는 오빠의 야비한 계획을 단호하게 거부했다. 오빠에 대한 그녀의 "형제 살해적 증오심"으로 인해 헨리는 대역죄로 체포되어 재판을 받게 된다.[54] 헨리 하워드는 1547년 1월 참수되었다.

디아스 형제, 시무어 형제, 하워드 가문 같은 사례들은 종교 개혁기의 극렬했던 일부 대립이 형제 살해라는 결말로 치달았음을 알려 준다. 다원주의의 관점에서 볼 때 형제 살해가 최후의 방편인 까닭은, 그것이 집단에서 살인자의 유전자를 상당 부분 제거하기 때문이다. 그럼에도 불구하고 중대한 이해관계가 개입되어 있는 갈등의 시기, 특히 자원이 모자랄 때 발생하는 형제 살해는 이 책의 주장에 기반할 때 진정으로 곤란한 문제를 전혀 제기하지 않는다. 종교 개혁기에 발생한 형제 살해는 사회적 갈등의 가장 보편적 원인인 형제 투쟁의 극단적인 표현이었을 뿐이다.

## 헨리 8세의 아내들

형제 살해 행동을 통상의 다원주의적 경향이 극단적으로 표출된 것이라고 이해할 수 있는 것처럼 종교 개혁기를 살았던 가족 구성원들 간의 다른 많은 파괴적인 갈등도 그렇게 이해해 볼 수 있다. 이런 불화 가운데서도 아마 가장 유명한 사례는 헨리 8세와 그의 여섯 아내에 관한 이야

**헨리 8세**(1491~1547년). 차남이자 중간 자식이었던 헨리는 처음에 루터파 종교 개혁에 반대했다. 그는 혁혁한 성과를 바탕으로 교황으로부터 신앙의 수호자라는 서품까지 받았다. 그러던 그가 이혼 문제에 봉착했고, 결국 그는 종교 개혁의 이익에 눈을 뜨게 된다. 헨리의 변덕스러운 신학적 태도와 관련해서는 스카리스브릭이 단연코 최고의 안내자 역할을 해 준다. "수시로 바뀌어 사람들을 깜짝 놀라게 했던 급진주의가 완고한 보수주의와 함께했다."(1968:409)

기일 것이다. 많은 사람들의 막연한 생각과 달리 헨리의 아내들이 결혼 생활을 다 불행하게 여기지는 않았다. 실제로 헨리의 아내 몇 명은 남편과 상당히 잘 지냈고, 두 명은 그보다 더 오래 살기까지 했다. 결혼 성공 여부에서 확인할 수 있는 이런 다양한 변이 정도야말로 형제의 차이와 결혼 생활의 불화에 관한 내 주장의 시금석이 되어 준다.

헨리의 아내들은 속사정을 드러내는 방식이 서로 달랐다. 종교 개혁에 대한 각자의 태도, 사회적 성향과 성적 취향, 남편이자 국왕에 대한 순종 등에서 말이다. 결혼 생활의 특정 시점에서 헨리의 아내들은 모두 남편의 권위에 도전할지 말지와 관련해 중대한 선택의 기로에 직면했다. 그녀들의 딜레마는 성(性)에 의해 강화되었다. 당시에 여성들은 "무조건 부모님에 순종하도록" 양육되었다.[55] 또 결혼하고 나서는 남편에게 절대적으로 복종해야만 했다. 그런데 만약 남편이 영국의 국왕이라면 그에게 도전해야겠다는 결단은 치명적인 결과를 야기할 수 있을지도 몰랐다.

헨리 8세가 영위한 가장 덜 성공적이었던 결혼 세 건은 후순위 출생자들과의 결혼 생활이었다. 이들 모두가 각자의 형제들 가운데서 중간 이후 출신이었다. 이 세 명의 배우자 가운데서 특별히 수줍어하는 성격의 아내는 한 명도 없었다. 결국 그녀들은 전형적인 후순위 출생자들처럼 행동했고, 위험천만한 방식으로 헨리의 권위에 저항했던 것이다. 이들 세 명 가운데 두 명은 형장의 이슬로 사라졌고, 세 번째 아내(아라곤의 캐서린)도 신성 로마 제국 황제의 백모라는 행운이 없었다면 마찬가지 신세로 전락했을지 모른다.

아라곤의 캐서린 헨리 8세의 첫 번째 아내인 아라곤의 캐서린은 아내들 가운데서 유일하게 막내였다. 다섯 자녀 가운데 다섯째였던 그녀는 1501년 열여섯의 나이에 헨리의 형 아서와 첫 번째 결혼을 하지만 열다섯 살의 남편은 5개월 후 사망해 버렸다. 신방에 들기도 전이었다. 영국에서 6년 동안 산 에라스무스는 캐서린이 새로운 르네상스 학문을 "옹호하는 보기 드문 멋진 통치자"라고 칭송했다.[56] 헨리가 가끔씩 보이는 무신앙에 관대했던 캐서린도 왕비의 지위에 관해서만큼은 강경했다. 그녀는 헨리와의 사이에서 아이를 낳는 것을 그만둔 후 그의 이혼 요구를 단호히 거부했다. 딸 메리의 왕위 계승권도 이 때문에 물 건너가고 말았다. 이런 완강한 거부 태도에 헨리도 마침내 폭발해 버렸다. 종교적으로 보수파였던 헨리가 영국에서 종교 개혁을 단행해 버린 것이다. 헨리는 영국 교회의 최고 우두머리를 자처함으로써 교황의 권위를 교묘하게 회피했고, 캔터베리 대주교에게 이혼을 승인하도록 강제할 수 있었다.

용감하고 의지가 굳은 여성이었던 캐서린은 헨리의 적법한 아내라는 자신의 지위를 유지하기 위해 이를 악물고 싸웠다. 생의 마지막 몇 년 동안 그녀는 거듭해서 목숨이 위험에 처했다. 대법관 토머스 크롬웰은 이렇게 말했다. "그녀를 남자로 태어나지 않게 했다는 점에서 조물주는 왕비께 부당한 대우를 한 셈이다. 여성만 아니었다면 그녀는 역사상의 모든 영웅들을 압도했을 것이다."[57] 헨리는 변함없는 사랑을 고백한 캐서린의 마지막 편지를 읽으면서 눈물을 흘렸다. 그녀는 심장의 악성 종양으로 51세에 사망했다.[58]

앤 볼린 헨리의 두 번째 아내 앤 볼린은 세 자녀 가운데 둘째였고, 왕족의 후손이었다.[59] 헨리는 아라곤의 캐서린과 여전히 결혼 상태를 유지하고 있던 1526년 앤과 불같은 사랑에 빠져들었다. 그는 이후로 6년 동안 앤의 사랑을 얻으려고 애쓰면서 캐서린과 이혼하려고 했다. 4년의 간절한 구애 끝에 앤이 마침내 헨리의 아내가 되었다. 그런데 1533년 봄 그녀가 먼저 덜컥 임신을 해 버리자 아들의 적통을 확실히 하기 위해 결혼을 비밀로 유지해야 했다. 몇 달 후 헨리가 마침내 아라곤의 캐서린과 이

1530년 당시 **아라곤의 캐서린**(45세). 헨리 8세의 첫 번째이자 가장 용감한 아내였던 그녀는 친절함으로 명성이 자자했고, 영국민들의 큰 사랑을 받았다. 헨리에게 이혼당한 캐서린은 자신을 "태후"로 호칭하도록 강요받았다. 그녀는 이 칭호를 받아들이기를 거부했다. 두 사람 사이에서 태어난 딸 메리가 사생아가 아님을 주장한 것이다. 이에 대한 보복으로 캐서린은 각처를 전전해야 했고, 딸의 면회를 금지당했다. 캐서린이 거느리던 식솔과 하인들이 하나둘씩 떠났고, 마침내 그녀는 방 한 칸에서 먹고 기도하고 잠자며 생활했다. 그녀는 독살당하는 걸 예방하기 위해 모든 식사를 면전에서 준비토록 했다.

혼을 완료하고 나서야 비로소 앤과의 결혼이 공식화되었다.

이 두 번째 결혼 직후 헨리 8세와 앤의 관계가 시들해지기 시작했다. 그녀는 이것저것 요구가 지나쳤고, 까다로웠다. 왕비라는 지위도 그녀의 뻔뻔스러운 대담함을 강화해 주었다. 당대의 한 관찰자는 그녀를 이렇게 논평했다. "그녀가 원하는 것이 있을라치면 아무도 감히 그녀를 말릴 수 없다. 국왕까지도 말이다."[60] 한 역사가는 앤이 "끔찍한 모험"을 감행했다고 말한다. 그녀는 "도발적이었고 극도로 무모했다."[61] 그녀는 루터파에 대한 자신의 단호한 공감을 수고스럽게 감추려고 하지 않았다. 남편은 이런 호감을 공유하지 않았다. 그런데도 그녀는 자신의 영향력을 동원해 화형주에 선 이단자를 구하려고 시도했다.[62]

앤 볼린은 (미래에 엘리자베스 1세 여왕이 되는) 딸을 낳은 후 몇 차례 유산을 했다. 유산이 거듭되면서 그녀의 운명이 정해지고 말았다. 토머스 크롬웰이 헨리를 이 불행한 결혼 생활에서 구해 내는 더러운 임무를 떠맡게 되었다. 간음죄가 날조되었다. 재판은 일사천리로 진행되었고, 앤은 유죄로 판명되어 1536년 5월 참수되었다.

캐서린 하워드 생존한 다섯 자녀 가운데 넷째였던 캐서린 하워드는 헨리 8세의 다섯 번째 아내였다.[63] 역사가들은 그녀를 "활기가 넘쳤"으나 "무모했다."고 묘사했다.[64] 사촌 앤 볼린처럼 그녀도 사형대의 이슬로 사라졌다. 캐서린은 헨리와 결혼하기 전에 이미 한 남자와 비밀리에 약혼한 상태였다. 그녀는 결혼 후에도 이 남자와 성 관계를 가졌다. 영국의 법체계하에서 약혼은 결혼과 같은 것이었고, 따라서 한 번 더 결혼하는 것은 중혼에 간통이었다. 설상가상으로 캐서린은 헨리와의 결혼 후에 또 다른 구애자와 사랑에 빠지고 말았다. 진정으로 위험을 감수하는 사람이었던 캐서린은 이 연인과 비밀리에 성 관계를 맺었다. 그녀의 위험천만한 행각이 마침내 들통 났다. 그녀는 재판에 회부되었고, 1542년 2

왕비이던 시절의 **앤 볼린**. 앤은 자유로운 종교적 태도 때문에 이단이라는 의심을 많이 받았다. 이런 정황이 그녀가 국왕을 호렸다는 믿음으로 이어졌다.

월 참수당했다. 캐서린의 연인 두 명도 사형에 처해졌다. 귀족이었던 한 명은 자비롭게도 참수당했다. 그러나 평민이었던 다른 한 명은 고문을 당했고, 목이 매달렸으며, 배를 가르고 내장을 꺼내는 고통에 거세형까지 당했고, 참수 후 최종적으로 사지가 찢겼다.

헨리가 영위한 나머지 세 번의 결혼 생활은 꽤 잘 풀렸다. 심지어 이 가운데 두 명은 성공 사례로 간주할 수도 있다. 한 번의 결혼은 첫째와 한 것이었다. 나머지 두 차례 결혼은 후순위 출생자들과 이루어졌다. 그 두 여성 모두 각자의 형제 가운데서 중간 이전으로 태어났다. 더욱 더 중요한 점은, 이 두 명의 후순위 출생자들이 유별나게 수줍어했다는 사실이다. 수줍어하는 기질로 인해 그녀들의 출생 순서 효과가 조정되었고, 처형을 통해 이혼당할 가능성도 줄어들었던 것이다.

제인 시무어 헨리의 세 번째 아내 제인 시무어는 생존한 아홉 명의 자녀 가운데 넷째이자 장녀였다.[65] 각종의 기록을 보건대 그녀는 헨리가 가장 총애한 아내였다. 헨리 자신도 그녀가 "친절하고 상냥하다."고 말했다.[66] 다른 사람들은 제인을 "소심하"고 "조용한" 성격이라고 묘사했다.[67] 그녀는 결혼 후 "순종하고 섬기는 것"을 자신의 처세훈으로 삼았다.[69] 제인은 현명하게도 남편 헨리에게 정치적 영향력을 휘두르려고 하지 않았다.[69] 그녀의 결혼 생활은 1년 반 동안 행복하게 유지되었다. 그녀는 에드워드 6세를 낳은 후 1537년 10월에 죽었다.

클리브스의 앤 헨리의 네 번째 아내인 클리브스의 앤은 제인 시무어와 대조적으로 성공적인 결혼 생활을 영위하지 못했다. 그러나 앤은 살아남았고 저간의 사정을 폭로할 수 있었다. 헨리는 네 자녀 가운데 둘째였던 앤을 만나 보지도 않은 채 결혼하기로 작정했다. 처음 만난 자리에서 그는 그녀가 못생겼고, 품위가 없으며, 영어를 거의 한마디도 하지 못한다는 사실을 깨달았다. 그는 그녀가 육체적으로도 매력이 없다고 생각했다. 그러나 돌이키기에는 너무 늦은 상태였다. 헨리는 이 "상당히 아둔하고, 수줍어하는 여성"과 6개월을 산 후 결혼이 완성되지 않았음을 빌미로 혼인 무효를 요구했다.[70] "순둥이" 앤이 헨리의 혼인 무효 요구를 선선히 들어 주자 모두가 깜짝 놀랐다.[71] 그녀는 선물로 상당한 양의 토지를 하사받았고, "왕의 누이" 자격으로 영국에서 여생을 보냈다. 앤은 영어 실력이 향상되면서 헨리의 다음 아내 캐서린 파와 무도회에서 즐겁게 춤을 출 정도로 궁정의 인기인이 되었다. 한 역사가는 클리브스의 앤이야말로 "헨리 8세의 아내들 가운데서 가장 현명했다."고 말한다.[72]

캐서린 파 "자애로운" 캐서린 파는 헨리의 아내들 가운데 유일하게 첫째였다.[73] 헨리가 최후에 가서야 첫째와 결혼했다는 사실은 무척이나 유감스러운 일이다. 이 선택이야말로 그가 가장 잘한 일 가운데 하나이기 때문이다. "근실하고 경건한 배우자"였던 캐서린은 다른 어떤 아내보다 남편과 아이들을 더 잘 돌보았다.[74] 국왕의 권위와 관련된 문제들에서 그녀는 아주 조심스러웠다. 다음의 예화를 통해 그 사실을 확인할 수 있다. 한번은 캐서린과 헨리가 신학상의 쟁점을 놓고 의견을 달리했다. 변덕스러운 헨리는 불같이 화를 냈다. 나중에 그는 가디너 주교에게 무심코 이렇게 말했다. "(내가) 아내에게 가르침을 받는다면 그것도 좋은 일이지!"[75] 이 논쟁 후 헨리는 캐서린을 이단 혐의로 기소하는 문서에 서명해 버렸다. 그러나 그는 체포가 실행되기 전에 일부러 이 문서가 그녀의 수중에 들어가도록 조치했다.

캐서린은 이 체포 명령서를 보자마자 흥분 상태에 빠지더니 곧이어 몸져누웠다. 헨리는 주치의를 그녀에게 보냈고, 직접 나서서 그녀를 위로하기까지 했다. 캐서린이 마침내 평정을 되찾자 헨리가 화제를 종교로 돌렸다. 캐서린은 즉시 그의 말을 끊고 이렇게 단언했다. "아녀자가 국왕의 지혜에 반대해 자기 의견을 피력하는 것은 몹시 부적절합니다." 자신은 다만 한가한 담소로 시간을 즐겁게 보내려고 했을 뿐이라는 얘기도 덧붙였다. "그렇겠지, 여보?" 국왕이 대답했다. "그렇다면 우린 완벽한 친구인 게지."[76] 첫째였던 캐서린 파에게 종교 개혁의 문제들은, 변덕스러운 남편이자 국왕에게 자신이 바쳐야 했던 사려 깊은 복종과 비교할 때 분명 부차적인 문제였다. 그녀는 남편보다 더 오래 살았다.

요약해 보자. 헨리 8세가 한 여섯 차례 결혼의 다채로운 결과들은 각각의 아내가 그의 권위에 보여야 했던 복종과 직접적인 관계가 있다. 권위에 대한 복종은 출생 순서에 따른 형제 차이와 기질, 특히 수줍음에

헨리 8세의 여섯 번째이자 마지막 아내인 **캐서린 파**. 한 왕실 예배당 목사는 그녀를 두고 이렇게 말했다. "그녀는 훌륭한 덕성을 바탕으로 모든 날을 주일로 만들었다. 지금까지는 왕궁에서 불편한 잡음이 단 한마디도 들려오지 않는다."(Fraser 1992:377)

크게 영향을 받는다. 그리고 이 점은 헨리의 아내들도 마찬가지였다. 수줍음의 정도 차이를 통제했더니 출생 순서가 여섯 아내의 운명을 알려주는 유의미한 예보자로 드러났다.[77] 최고의 결혼들은 출생 순위가 빠르거나, 그게 아니라면 수줍어하거나 조심성이 많은 후순위 출생의 배우자들과 한 결혼이었다. 목숨을 잃은 아내들은 출생 순위가 늦거나 자신의 의견을 거리낌 없이 말하는 사람들이었다.

헨리 8세가 처음에 막내와의 결혼으로 시작해 이후로 상대적 출생 순위가 더 빠른 여성들과 결혼하다가 마침내 첫째와 결혼했다는 사실은 주목할 만하다.[78] 헨리는 여러 차례의 결혼 경험에서 교훈을 얻은 것 같다. 자기주장을 고집하는 완고한 왕들에 관해 말하자면 그들은 후순위 출생자들과 구애하고 사귀는 것이 재미있었을 것이다. 그러나 그들은 아내들에게 반항을 꿈꾸도록 만드는 경향이 있다.[79]

## 결론

신교도 종교 개혁은 권위에 저항한 고전적인 반란이다. 이런 혁명들은 계급에 따른 차이는 물론이고 지리적·국가적 하위 분할을 대체로 초월한다. 동일한 가정에서 양육된 형제들이 혈연이 아닌 개인들만큼 상이하기 때문에 혁명은 일반적으로 가족 구성원들을 분열시킨다. 이런 심리적 고찰을 통해 종교 개혁이 '사회의 모든 단위에서' 그 모습을 드러낸 이유를 설명할 수 있다.[80]

형제의 차이가 수행하는 근본적인 역할은, 종교 개혁과 같은 사건들에서 달리 무엇이 역설로 남아야만 하는지를 명확히 밝혀 준다. '그 어떤 변화에서도 분명한 정치적 이익을 얻을 수 없을 것 같은' 사람들이 거듭해서 신교의 주장을 채택했다.[81] 종파 선택의 가장 중요한 동기는 개인적인 것이었다. 다시 말해 '혁명적 성격'이 표출된 것이었던 셈이다. 사회 경제적 이익의 문제는 부차적이었을 뿐이다. 이런 연구 결과는 종교 개혁을 연구하는 학자들이 서서히 점점 더 많이 채택하고 있는 견해, 곧

이 갈등의 핵심이 정신적인 것이었다는 주장을 지지해 준다. 종교 개혁이 "초창기의 부르주아 혁명"이라는 마르크스주의의 주장은 이 사건을 이해하는 데서 별다른 기여를 하지 못한다.[82] 한 역사가는 이렇게 결론 짓고 있다. "종교 개혁의 역사를 경제 및 사회사의 그림자에 불과한 것으로 치부할 수는 없다."[83]

감연히 순교를 받아들인 이단자든, 시대와 함께 변화하기를 거부한 보수주의자든, 형장의 이슬로 사라진 반항아 아내든 종교 개혁의 시대에 사람들의 운명에서 가장 결정적이었던 요소는 형제들 간의 차이였다. 종교 개혁 시대를 살았던 형제들은 가끔씩 서로를 처형하는 수단이 되었다. 그들이 그런 도구로 전락하지 않았을 때조차도 형제들에게는 그들을 대신해서 기꺼이 그 일을 하겠다는 열광적인 동맹자가 부족했던 적이 결코 없었다. 진정한 그리스도교의 신앙을 확정하겠다는 간고한 투쟁의 무대에서 형제애는 포기되었고 형제 살해적 반목만이 불을 뿜었다. 종교 개혁을 연구하는 한 역사가는 충돌했던 각종의 기독교 분파들과 관련해 이렇게 말했다. "싸움은 가족 내에서 벌어졌다."[84]

종교 개혁의 역사에 관한 최종 논평은 형제의 차이라는 논제와 관계를 맺고 있다. 종교 개혁은 세계관의 급진적인 변화를 가져왔다. 신교도 이데올로기는 오랫동안 집단주의 규범의 지배를 받아 온 사회에서 개인주의의 가치를 장려했다. 집단주의 문화는 가족, 공동체에 기반한 가치, 전통적인 역할 관계를 강조한다.[85] 이런 문화는 신분과 출생의 특권에 기반을 둔 불공정한 사태를 승인하기 마련이다. 반면 개인주의 문화는 평등한 기회와 개인의 자유에 더 커다란 가치를 부여한다.

신교의 문화는 개인주의를 지지했고, 그로 인해 당시 서구 세계가 직면하고 있던 다수의 새로운 발전상에 가톨릭 구교보다 더 개방적이었다. 자유 기업, 근대 과학, 평등주의가 더욱 더 강화된 각종의 광범위한 개혁들이 이런 새로운 발전상들의 예다.[86] 17세기 내내 신교도 과학자들은 가톨릭교도 과학자들보다 논쟁적 혁신들에 훨씬 더 개방적이었다.[87] 심지어는 신교도 첫째들조차 이런 문화적 경향을 드러냈다. 지난 5세기 동안 첫째 출신의 혁명가가 가장 높은 비율로 등장한 시기는 신교도 종교 개혁 직후였다.[88] 요하네스 케플러, 윌리엄 하비, 아이작 뉴턴 같은 창조적인 과학자들을 상기해 보라. 이런 문화적 경향은 상당 정도가 이전 세기에 확립된 형제 차이의 유산이었다.

중세의 권위에 대한 후순위 출생자들의 도전은 일단 비옥한 토양을 발견하자 곧 뿌리를 내렸고, 각각의 새로운 세대가 동류 결혼에 따른 형제의 차이를 통해 이전 세대의 급진적 성과들을 강화하면서 그 뿌리가 더욱 더 깊게 뻗어 나갔다. 종교적 박해를 피하기 위한 집단 이주로도 표출된 형제들 사이의 차이는 서서히 유럽의 문화적 면모를 바꿔 놓았다. 1600년경에는 형제의 차이가 비로소 국가들 사이의 이데올로기적 불일치라는 완전한 꼴을 갖추게 된다. 근대 사회의 탄생과 함께 수많은 곳에서 지방 특유의 문화가 형성되었다. 이들 문화의 해방적 사회 가치와, 개인주의를 중시하는 규범은 반란을 성공시킨 종교 개혁기의 후순위 출생자들 덕분이다.

# 12장

●

# 정치적 태도

일반적으로 후순위 출생자들은 첫째들보다 정치적으로 더 자유주의적이다. 그러나 첫째들과 후순위 출생자들이 동일한 정치적 목표를 공유할 때조차도 그들은 목표를 달성하는 방법과 관련해 종종 서로 다르다. 정치 분야에서는 전술의 차이가 형제 전략의 차이를 반영하는 경향이 있다. 가족 내 지위는 이데올로기적 차이를 낳을 뿐만 아니라 '정치 스타일'의 차이도 조장한다. 첫째로 태어난 급진주의자들은 후순위로 태어난 급진주의자들보다 더 투쟁적이고 도덕적으로도 융통성이 더 없다. 그들의 급진주의는 사회적 패배자에 대한 동정보다는 이상주의에 의해 추동되는 것이 보통이다.

영국의 심리학자 한스 이젠크는 정치사상의 2차원 모형을 주창했다.

그는 보수주의/자유주의 차원 말고도 정치적 태도를 평가하는 수단으로 박약/완고 차원을 제안했다.[1] 이젠크의 모형은 정치적 목표와 전술 사이의 구분을 강조한다. 완고한 개인들은 단호한 정치적 행동을 선호한다. 완고한 개인들이 보수주의 정치를 신봉할 경우 그들은 통상 법과 질서, 강력한 군대, 사형 제도의 필요성을 지지한다. 완고한 자유주의자들은 이런 보수주의 정치를 기피한다. 그들은 여성의 낙태 권리 같은 쟁점들을 지지한다. 완고한 개인들이 헌신적인 혁명가가 될 경우 그들은 테러 행위를 포함한 폭력을 용인할 수도 있다. 보수주의든 자유주의든 완고한 개인들은 "목표가 수단을 정당화한다."는 명제에 동의하는 경향이 있다.[2]

성격 검사를 해 보면 완고함이 다섯 가지 성격 특질 가운데 두 가지와 상관관계를 맺고 있음을 알 수 있다. 외향성과, 훨씬 더 강력한 것으로 친화성/적대성이 있다.[3] 완고한 개인들은 추종자보다는 지도자가 되고, 유순하기보다는 고집이 세며, 감정에 따르기보다는 도덕주의적이다. 이런 사람들은 자신만의 길을 가는 것에 익숙하다. 남자들이 여자들보다 더 완고하다는 사실도 놀라운 일은 아니다.[4]

완고함은 남성적 특성일 뿐만 아니라 첫째의 특성이기도 하다. 맏이들은 원하는 것을 얻기 위하여 공격적인 행동을 채택하는 경향이 있다. 헬렌 코치는 출생 순서에 관한 자신의 개척자적 연구에서 선생님들이 분노, 다툼, 잔인성, 타인 비방, 흠잡기, 권리에 대한 주장 등에서 첫째들에게 더 높은 점수를 준다는 사실을 발견했다.[5] 이런 심리적 차이점은 여성보다 남성에게서 더 뚜렷하게 나타났다. 더 어린 남동생들보다는 첫째로 태어난 남성들이 '테러리스트'로 성장하는 것 같다.[6] 가족 배경의 경우, 이러한 테러리스트적 성향은 그리 큰 영향력을 행사하지 않았다 (더 어린 형제들을 제외할 때). 급진적 혁명 과정에서 첫째들이 강경한 정치를 선호할 경우 대규모 공포 통치가 야기될 수도 있다.


## 네 가지 정치 스타일

이젠크의 모형은 적어도 네 가지 스타일의 정치적 태도가 존재한다고 상정한다. 세계 역사를 살펴보면 대다수의 정치 운동이 이 네 가지 스타일 가운데 하나와 별 무리 없이 부합함을 알 수 있다. 그리고 이 네 가지 정치 스타일은 서로 다른 네 가지 성격 개요를 반영한다. 이런 차이를 올바르게 인식하면 특정한 정치적 격변을 '급진주의'라고 규정하게 만드는 요소와 관련해 많은 혼란을 피할 수 있다.

　1. 현 상태에 대한 완고한 지지. 절대 군주제야말로 완고한 보수주의의 좋은 예다. 이런 형태의 정부는 압제와 폭정을 일삼는다. 대다수 정치 혁명가들의 목표는 이런 정권을 전복하는 것이었다.

　대다수의 역사에서 절대 군주제는 첫째와 장남들의 타고난 권리였다. 현 상태가 완고하게 지지되는 세계에서 사회적 지위는 흔히 출생 순서에 따른 특권에 기초했다. 장자 상속권이 실행되면서 그들의 사회 경제적 이익이 강화되었고, 그들은 더욱 더 보수적인 세계관을 수용하게 되었다. 중세 유럽에서는 토지를 갖지 못한 남동생들이 정치적 안정에 커다란 위협 요소로 작용했다. 대개 첫째이거나 장남이었던 완고한 지배자들은 반란이 일어나는 것을 막기 위해 더 어린 남동생들을 외국으로 보내 전쟁을 수행토록 했다.[7]

　보다 최근에 와서는 완고한 스타일의 보수주의 사상이 다양한 형태의 우익 운동으로 그 모습을 드러냈다. 신(新)나치 조직, 파시즘, 근본주의 종파 등이 이런 운동의 예다. 완고한 보수주의자들은 자신과 다른 사

## 출생 순서에 따른 정치적 태도

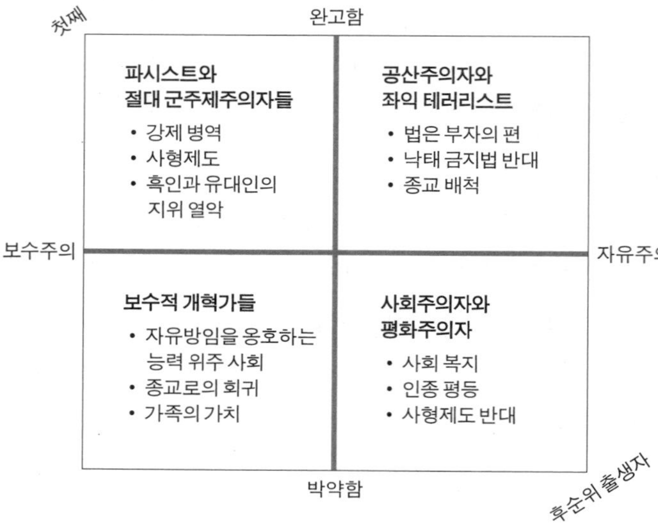

**그림 12.1** (이젠크와 윌슨 1978에 따라 작성한) 정치적 태도에 대한 2차원 개요도. 이 그림은 확연히 구분되는 네 가지 심리적 특성과 결부된 네 가지 정치적 스타일을 열거하고 있다. 출생 순서의 견지에서 볼 때 첫째들은 대개 보수주의 이데올로기에 매력을 느낀다. 보수주의자들 가운데서는 첫째들이 파시즘 같은 완고한 이데올로기에 끌린다. 자유주의자들 가운데서는 후순위 출생자들이 사회주의나 평화주의 같은 이상주의적(박약한) 이데올로기에 끌린다. 첫째와 후순위 출생자 모두 서로 다른 두 개의 정치 철학, 곧 자유 지상주의와 공산주의에 끌릴 수 있다. 그러나 그 이유는 서로 다르다. 후순위 출생자가 공산주의자가 되는 가장 커다란 이유는 그들의 비상한 완고함 때문이다. 첫째들이 공산주의자가 되는 가장 커다란 이유는 급진주의적 가정에서 양육된 결과이다.

람들을 깎아내리는 경향이 있다. 그들은 첫째들처럼 특히나 인종주의에 경도된다(그림 12.1).[8]

2. 현 상태에 대한 박약한 지지. 보수주의자라고 해서 자신의 정치적 신념과 관련해 모두가 다 투쟁적인 것은 아니다. 모든 보수주의자가 타인에게 자신의 신념을 강요하는 것도 아니다. 자유 지상주의와 자유방임의 정치 철학은 둘 다 박약한 형태의 관념론적 보수주의 사유 체계의

사례들이다. 실제로 이 두 번째 정치 범주는 개선된 사회 복지 체계와 같은 제한적 개혁을 용인한다.

양육과 유전 등의 이유로 몇몇 어린 형제들이 보수주의적인 사회 가치를 지지한다.[9] 후순위 출생자들은 자신들의 정치적 견해가 아무리 보수적이어도 여전히 그들보다 더 불행한 사람들을 동정하는 경향이 있다. 그리고 바로 이런 이유 때문에 그들은 온건한 개혁에 대체로 개방적이다. 이런 정치 철학의 좋은 예가 계몽 전제 정치이다. 18세기의 개혁 지향적 군주 대다수를 가리켰던 바로 그 용어 말이다. 계몽 전제 군주들은 자애로운 통치자로서 신민들의 복지와 개인적 자유를 증진시키려고 했다. 그들은 과거의 보수적인 사회 질서를 온건한 방식으로 개혁했다. 고문이 폐지되었고, 사형이 제한되었으며, 유대 인에 대한 관용이 확대되었다.[10] 이런 개혁 군주들 가운데서 가장 유명한 인물들로 러시아의 예카테리나 여제, 스페인의 찰스 3세, 프러시아의 프리드리히 대제, 오스트리아의 요제프 2세(와 그의 남동생인 토스카나의 레오폴드 2세), 폴란드의 스타니슬라프 2세, 나폴레옹 보나파르트가 있다.[11] 이 일곱 명의 통치자 가운데 여섯 명이 후순위 출생자들이었고, — 더 비상한 것으로 — 이 가운데 네 명이 차남 이하였다.[12] 첫째였던 예카테리나 여제는 일반적인 경향을 거스른다. 그러나 평균적으로 볼 때 여성들은 남성들보다 더 박약하다.

3. 자유주의적 사회 변화에 대한 박약한 지지. 이 세 번째 정치 범주에서는 사회 개혁을 지지하는 성향이 앞의 두 범주에서보다 훨씬 더 두드러진다. 이젠크는 이 세 번째 정치 철학을 "개혁적 양심"이라고 명백하게 언명했다.[13] 자유주의적 개혁가들의 대표적 사례들로 노예 제도 반대자들, 자유사상가들, 사회주의자들, 유토피아적 몽상가들을 지목할 수 있다. 나는 앞의 여러 장들에서 이런 자유주의적 개혁 운동의 다양한 사

례들을 살펴보았고, 일반적으로 후순위 출생자들은 이런 운동을 시종일관 지지한 반면 첫째들은 반대했음을 밝혔다. 대표적인 후순위 출생의 개혁가들로는 볼테르, 루소, 제퍼슨, 마르크스가 있다. 가장 유명한 여성 개혁가들도 후순위 출생자들이었다. 메리 울스턴크래프트, 조지 엘리엇, 플로렌스 나이팅게일, 수전 B. 앤서니, 엘리자베스 케이디 스탠턴, 마거릿 생어, 버지니아 울프가 그런 여성들이다.

평화주의를 옹호하는 개혁 운동들은 가장 두드러진 형태의 박약한 자유주의이다. 16세기의 재세례파는 이런 사회 철학의 대표적인 사례였다. 한 세기 후에 출현한 퀘이커교도들처럼 이 교파의 성원들은 모든 형태의 공격 행위를 부인했다. 유럽의 군주들은 전투 행위 거부를 치안 방해 행위로 간주했고, 신교도와 가톨릭 정권 모두가 재세례파를 무자비하게 박해했다. 초기의 신교 종파 가운데서도 재세례파에는 후순위 출생의 개종자들이 특별히 높은 비율로 가담했다.[14] 마하트마 간디와 마틴 루서 킹 목사는 소극적 저항의 철학을 성공적으로 활성화시킨 박약한 자유주의자들의 최근 사례이다. 킹은 세 자녀 가운데 둘째였다. 킹에게 큰 영향을 미친 간디는 네 자녀 가운데 막내였다. 간디는 어린 시절에 수줍음이 아주 많았다.[15]

4. 급진적 변화에 대한 완고한 지지. 정치 운동의 네 번째이자 이 마지막 범주에는 공산주의와, 사회의 급진적인 변화를 추구하는 테러 단체가 포함된다. 사회적 급진파는 대개 후순위 출생자들이다. 그러나 출생 순서가 완고함에서 급진주의자들을 다시 한번 하위 분할한다. 첫째들은 공격 행동을 좋아하는데다 특유의 강직함으로 인해 투쟁적인 경향을 보인다.

완고한 급진주의를 길러 내는 전기적 환경은 꽤 제한적이다. 완고한 급진주의자들은, 부모가 자유주의적 성향의 소유자이거나 혁명이 현 상태로서 확고하게 자리한 정치 체제 안에서 성장했을 가능성이 높다. 에르네스토 '체' 게바라가 좋은 예다. 그는 쿠바 혁명기에 카스트로와 함께 투쟁했고, 이후로도 볼리비아 혁명을 위해 목숨을 바쳤다. 한 전기 작가는 이렇게 말한다. "체 게바라가 미래에 상층 계급을 증오하고, 부르주아지를 혐오하고, 현존하는 사회·경제·정치 제도 일반을 부정하게 된 것은 결코 우연이 아니다. 그는 그렇게 하도록 자랐던 것이다. 어머니가 유년 시절부터 압도적인 영향력을 행사하면서 그렇게 가르쳤다." 이 전기 작가의 결론은 다음과 같다. 체 게바라는 "기본적으로 어머니의 창조물"이었다.[16]

혁명의 지도자로서 체 게바라가 보여 준 완고한 첫째 스타일은 바로 확인할 수 있다. 그는 자신의 정치 생애 전반에 걸쳐 "통렬한 증오심과 함께 폭력을 크게 중시하는 태도 — 심지어 애착까지도 —"를 드러냈다.[17] 그는 1959년 바티스타 지지자 수천 명을 제거하는 일을 직접 지휘했다. 이런 약식 재판과 처형은 "쿠바판 공포 정치"였다. "이와 함께 체 게바라의 이름도 공포 정치와 동의어가 되었다."[18]

공산주의 정권들은 권좌에 오른 후 권력을 유지하기 위해 많은 경우 첫째로 태어난 지도자들에게 의존한다. 구(舊)소련에서 블라디미르 레닌과 레온 트로츠키 — 둘 다 차남 이하였다. — 가 이룩한 혁명의 성과는 두 명의 기능적 첫째들의 독재 권력에 자리를 내주고 말았다. 스탈린과 흐루시초프가 그들이다.[19] 또 다른 완고한 첫째 마오쩌둥(毛澤東)은 중국에서 평생 동안 급진적 혁명 캠페인을 전개했다.

맞지 않는 예외들을 간단히 처리해 버리려고 완고함을 임시변통의 구성물로 활용하는 것과, 이 개념을 합리적인 과학의 가설로 사용하는 것 사이에는 중요한 차이가 있다. 그 차이는 가설 검증의 절차에 달려 있다. 완고함이라는 구성 개념이 설명력을 얻으려면 행동이 가설과 부합하지 않는 개인들만이 아니라 모두에게 적용되어야 한다. 내가 개설한 2차원 모형은 쉽게 검증할 수 있다는 미덕을 지닌다. 예를 들어, 파시스트들 가운데 후순위 출생자가 압도적으로 많다는 사실을 보여 주는 증거는 이 모형을 확실하게 반박할 것이다. 평화주의자들은 대개가 첫째들이라는 증거처럼 말이다. 이 모형은 정치적 사건들을 확연히 구분되는 네 부류로 나누기 때문에 적어도 네 가지 상이한 방식으로 논박할 수 있다.

### 호전적인 좌익 투사들

아주 완고했던 급진주의자 세 명의 정치 이력은 많은 것을 시사한다. 그들은 한 명의 형제를 호전적인 좌익 투사로 키워 낸 동일한 가정환경이 다른 형제들에게는 비슷한 결과를 낳지 않았음을 증명한다. 이 세 가정에서 자란 열한 명의 형제는 모두 자유주의적인 사회 정치적 신념을 공유했다. 그러나 그들은 이런 신념을 완고하게 실행하는 성향에서 대체로 달랐다.

　　**카를로스 자칼** 카를로스 자칼로 더 유명한 일리치 라미레스 산체스는 호전적 좌익 투사의 좋은 예다. 국제 사회를 무대로 오랫동안 테러 활동을 수행하다가 마침내 1994년 체포된 카를로스는 자신이 83명을 죽였다고 자랑했다.[20] 베네수엘라의 유명한 변호사였던 그의 아버지는 광신적인 마르크스주의자였다. 러시아의 유명한 혁명가 블라디미르 일리치 레닌을 좇아 세 명의 아들 각각에게 일리치와 레닌과 블라디미르라는 이름을 지어 줄 정도였다. 라미레스 형제 세 명 가운데 맏이였던 일리치는 아버지의 마르크스주의 가르침에 열렬하게 동화되었고, 후에는 카를로스라는 암호명을 쓰면서 이를 실행에 옮겼다. 동일한 가르침에 노출되었던 그의 두 동생은 평범한 삶 속에서 각각 엔지니어와 사업가가 되었다. 그들이 가족 내에서의 기성적 견해에 반항을 한 것이라고 말할 수도

**카를로스**. 1960년대 후반 런던 주재 베네수엘라 대사관의 칵테일 파티에서 어머니 및 미지의 여성과 함께한 모습이다. 카를로스는 어머니가 제일 사랑한 아들이었다. 그녀의 말마따나 그는 "그녀와 동일한 기질의 소유자"였다. "외향적인 쾌락주의자로 삶의 기쁨을 마음껏 향유하고자 했던 것이다. 그러나 그녀는 아들의 이런 겉모습 이면에서 아버지의 완고함을 어렴풋이 보는 일이 잦았다. 불안하게 동요하는 그의 음습한 내면 세계 등을 말이다. 그녀는 그것을 강렬한 힘이라고 불렀다. 다른 사람들이라면 사악함이 더 적절한 표현이라고 생각했을지도 모를 일이다."(Smith 1976:85) 카를로스는 이 시기에 항상 우아한 복장을 하고 다니면서 여성들의 인기를 한 몸에 받았다. 런던 시절의 한 친구는 이렇게 회상했다. "이런 식으로 그는 우리들보다 처지가 더 좋고, 조금쯤은 더 상류 계급이라는 분위기를 자아냈다."(Demaris 1977:43)


있겠다.

　삼형제가 각각 열일곱, 열다섯, 일곱 살이던 1966년 아버지는 그들을 영국으로 보냈다. 영어를 익히고, 구(舊)세계에 관해 더 많은 것을 배우도록 하기 위함이었다. 런던에서 아주 친하게 지냈던 한 친구는 일리치에 대해 이렇게 말했다. "그는 여러 가지 점에서 압도적이었다. …… 그와 나누는 모든 대화는 이내 논쟁으로 돌변하곤 했다. 그는 바라는 것을 고집 세게 추구했다."[21] 런던에서 위로 두 형제는 한 망명 수녀에게서 러시아어를 배웠다. 그녀는, "러시아어를 배우는 게 인생에서 가장 중요한 일이라도 되는 것처럼", 일리치가 레닌보다 더 열성적이었다고 회상했다.[22] 이즈음에 일리치는 "목표를 관철시킬 수 있는 유일한 실재는 탄환뿐."이라고 즐겨 말했다.[23]

일리치는 1970년대에 카를로스로 변신했고, 유럽에서 일련의 폭탄 테러와 암살을 자행했다. 테러리스트로서 그가 보인 가장 커다란 약점은 자만심이었다. 한 전기 작가는 이렇게 말한다. "그는 자신의 자유, 어쩌면 목숨이 위험에 처할 때조차도 도대체가 비밀을 엄수할 수가 없었다."[24] 파리의 오를리 공항을 로켓포로 공격하고 몇 주가 채 안 된 시점에서 카를로스는 한 영국인 친구와 공항 보안 문제를 놓고 논쟁을 벌였다. 그는 이렇게 주장했다. "제대로 된 타격 부대만 있다면 오를리의 보안 경비를 뚫고 항공기에 탑승하는 것은 식은 죽 먹기다."[25] 그의 테러 활동을 모르고 있던 친구는 이에 동의하지 않았다. 그러자 카를로스는 오를리 공항의 보안 체계 무력화 방법을 더 자세히 설명해 주었다. 그 친구는 이렇게 회상한다. "그는 그 문제를 가설적 상황으로 얘기하지 않았다. 그는 이렇게 말했다. '거기를 수차례 답사했고, 어떻게 해야 하는지 안다.'"[26] 카를로스의 친구는 이 대화 후에 그를 의심하게 되었다. 다음 날 그는 카를로스가 보관해 달라며 그의 아파트에 두고 간 여행 가방을 열어 보았다. 안에는 권총 세 정, 소음기 하나, M26 수류탄 세 발, 젤리그나이트 폭약 2파운드, 위조 여권 대여섯 개가 들어 있었다! 카를로스에게는 다행스럽게도 그 친구는 주저하다가 경찰에 신고를 했다. 카를로스는 체포를 피해 달아났다.

카를로스의 가장 커다란 위업은 1975년 빈 사건이었다. 그가 네 명의 패거리와 함께 OPEC(Organization of Petroleum Exporting Countries, 석유 수출국 기구) 각료 수십 명을 납치했던 것이다. 이 테러 행위는 이란과 사우디 아라비아의 대이스라엘 유화 정책을 응징하기 위한 것이었다. 납치 사건 과정에서 세 명이 죽었다. 이 가운데 한 명은 카를로스 자신이 직접 살해했다. 카를로스는 희생자의 몸뚱이에 직접 다섯 발의 탄환을 발사했다. 아버지는 OPEC 각료 납치 사건 소식을 전해 듣고 자랑스럽게 외쳤다. "내 아들이 드디어 장군이 되었구나."[27]

카를로스는 협상을 통해 오스트리아 정부로부터 항공기를 한 대 빼앗았고, 다섯 명의 테러리스트는 인질과 함께 알제로 날아갔다. 베네수엘라의 석유 장관은 카를로스가 비행 중에 "영화배우처럼 행동했다."고 회상한다. "그는 자신의 행위를 자랑스러워 했고, 자필 사인을 나눠 줬으며, 우리에게 OPEC 공격은 팔레스타인 국가의 존속을 보장하기 위해 자신이 직접 안출한 완전히 새로운 작전이라고 떠벌였다."[28] 결국 석유 장관들은 몸값을 치르고 자국 정부로 돌아갔다. 그 대가가 5000만 달러였을 것이라는 소문도 있다.[29]

세 명의 아들을 급진주의로 교양하려던 아버지의 노력에도 불구하고 카를로스만 테러리스트가 되었다. 둘째 아들 레닌도 KGB(구소련의 국가 안보 위원회 ─옮긴이)의 스파이 학교에 입학했다. 그러나 그는 일리치만큼 호전적이지 않았고, 스파이 활동을 훨씬 더 학구적으로 받아들였다. 결국 레닌은 카라카스로 돌아왔고, 엔지니어로 조용하게 살았다. 그는 자신을 '좌익'이라고 규정하지만 정치에 적극적으로 나서지는 않고 있다.

막내 블라디미르는 1976년 《런던 옵서버》가 파견한 한 기자와 인터뷰를 했다. 그는 힘주어 이렇게 말했다. "당연히 나는 형의 편이다. 우리 가족은 일심동체다. 그러나 나에 관해 말하자면, 나는 당신이 짐작할 수

**카를로스와 다른 네 명의 테러리스트**가 OPEC 각료 인질들과 함께 DC-9 항공기에 탑승하고 있다. 그들은 빈에서 알제리로 날아갔다. 흰색 트렌치코트와 바스크 베레모를 착용한 카를로스가 왼쪽에 버스 가까이에 서 있다. 알제로 날아가는 중에 비행기 조종사가 카를로스에게 왜 테러리스트가 되었느냐고 물었다. 카를로스는 이렇게 대답했다. "폭력은 서구 민주주의 국가들이 알아들을 수 있는 언어 가운데 하나이기 때문이다."(Smith 1976:276)

있듯 정치적으로 중립에 가깝다. 나는 한때 런던에서 자유당에 매력을 느끼기도 했다. 당신도 이보다 더 중립적일 수는 없지 않은가?"[30] 이즈음 옛 학교 친구 한 명은 그에게 이런 내용의 편지를 써 보냈다. "내 친구 블라드에게. MI5(영국 군사 정보국 — 옮긴이)가 너를 감시했다면 아주 따분해서 죽을 지경이었을 거야. 네가 했던 일이라곤 축구하고, 윈저암스에서 맥주 마시고, 여자 친구와 데이트하는 것뿐이었으니."[31] 맏형과 달리 블라디미르는 유대 인을 미워할 수 없었다. 그는 런던에서 함께 축구를 하던 유대 인 친구들 사이에서 인기가 아주 많았다. 그들이 그를 아이작이라는 별명으로 부를 정도로 친근했던 것이다.

무솔리니 이탈리아 파시스트 운동의 창설자 베니토 무솔리니의 생애는 좌익의 호전성을 입증하는 또 다른 유익한 사례다. 제철공이었던 무솔리니의 아버지는 아들이 카를 마르크스를 숭배하도록 키웠다.[32] 카를 로스 자칼처럼 무솔리니도 아버지의 정치 성향에 따라 이름이 지어졌다. 무솔리니의 이름 세 개, 곧 베니토, 아밀카레, 안드레아는 세 명의 좌익 혁명가 후아레스, 치프리아니, 코스타를 기리기 위해서 따온 것들이었다.

무솔리니는 젊은 시절 이탈리아 사회당에 가입했고, 서서히 당의 요직을 차지해 갔다. 제1차 세계 대전이 발발하자 무솔리니는 개입을 지지했다. 그러나 대다수의 사회주의자들은 이 정책에 강하게 반발했다. 폭력적 정념의 소유자였던 무솔리니는 동료 사회주의자들의 반전 정서를 비난했고, 당 내부에서 민족주의와 제국주의를 조장하려고 했다. 무솔리니는 거듭해서 정치 폭력을 요구하다가 마침내 1914년 사회당에서 축출되었다. 그는 그 즉시 이탈리아 파시스트 정당을 창건했다. 자유분방한 마르크스주의 조직으로 출범한 이 단체는 '총통' 치하에서 서서히 아돌프 히틀러와 군사적 동맹을 추구했다. 오늘날 파시즘이 '자유주의'보다 '보수주의' 운동으로 치부되는 까닭은 대체로 이런 역사적 정황 때문이다. 이 운동이 시종일관했던 점은 그 완고함이다.[33]

무솔리니의 동생 아르날도는 베니토를 존경했고, 그의 전기까지 썼다. 그러나 아르날도는 형의 "통탄스러운 범죄 성향"을 솔직히 비판하기도 했다. 그는 형의 정치 활동 일부가 "범죄"의 경계선에 있다고 생각했다.[34] 과도한 폭력과 잔혹 취향은 첫째들의 특성이다. 무솔리니를 숭배했던 동생조차 이런 첫째의 특성이 동료 사회주의자로서 마음에 안 든다고 생각했다.

마오쩌둥 첫째들이 호전적 급진주의에 이르는 또 다른 길은 부모와의 갈등이다.[35] 네 자녀 가운데 맏이였던 마오쩌둥이 그 좋은 예다. 아버지는 가혹한 공사장 감독관이었다. 마오는 1930년대에 자신을 찾아온 한 미국인 방문자에게 이렇게 말했다. "그는 성격이 불같았습니다. 나와 동생들을 자주 때렸죠. 돈이라고는 한 푼도 구경을 못 했어요. 제공되는 식사도 형편없었죠."[36) 마오는 자신을 아버지 밑에서 혹사당하는 일꾼들과 동일시했다. 노동자들은 한 달에 한 번 쌀과 달걀을 받았다. 그러나 고기를 배급받은 적은 한번도 없었다. 가정 내에서 정치적 긴장이 고조되었고, 당파가 만들어졌다. 나중에 마오는 자신을 찾아온 미국인 방문자에게 이렇게 해서 형성된 가족 내 분파에 대해 설명해 주었다.

가족 내부에 두 개의 '정당'이 존재했습니다. 하나는 아버지로, 그는 지배 권력이었죠. 나와 어머니, 동생, 그리고 가끔은 집안 일꾼이 야당 세력을 구성했습니다. 그러나 피억압자들의 '통일 전선'에는 의견 차이가 있었습니다. 어머니는 에두른 공격 방식을 선호했죠. 그녀는 나의 노골적인 감정 표현과 지배 권력에 대한 공공연한 반란 시도를 비판했습니다. 그녀는 그런 태도가 중국적인 방법이 아니라고 말했습니다.[37)

결국에 가서는 마오의 완고한 태도가 승리를 거두었다. 그는 이렇게 단언했다. "나는 그를 증오했고, 우리는 그에 맞서는 진정한 통일 전선을 구축했습니다."[38)

## 모형의 검증

### 연방 대법원 투표

정치사상의 보수주의/자유주의 차원과 관련해서는 형제의 차이가 존재함을 알려 주는 상당한 양의 경험적 증거들이 이미 존재한다. 특히 출생 순서의 견지에서 말이다.[39] 미국 연방 대법관 지명과 이 기관 소속 판사들의 투표 기록을 검토해 보면 이 증거를 확증할 수 있다.

1789년 설립된 연방 대법원에는 108명의 판사가 재직했다. 이 자료를 분석해 보면 몇 가지 중요한 경향이 확인된다. 먼저 지명자들을 살펴보면 형제 수에 기초해 볼 때 첫째들이 예상보다 꽤 많다는 사실을 알 수 있다.[40] 이 결과는 첫째들이 학문적 성취에서 빼어난 능력을 발휘한다는 입증된 경향을 밝히 드러낸다.

출생 순서와 사법 판단 스타일 사이에 훨씬 더 강력한 상관관계가 존재한다는 사실은 더욱 흥미롭다. 이 관계가 인상적으로 표출되는 한 가지 사례가 바로 미국 대통령들의 지명 선택이다. 지난 2세기 동안 민주당 출신 대통령들은 후순위 출생자들을 대법관으로 지명하는 시종일관된 경향을 보여 주었다. 공화당 출신 대통령들은 정반대 경향을 드러냈다.[41] 존 F. 케네디와 린든 존슨은 모두 네 차례 대법관을 지명했다. 그네 명은 전부 후순위 출생자였다. 그리하여 결국 워런 법정(Warren Court, 얼 워런 대법원장이 주도하던 1953년부터 1969년까지의 시기로 진보주의적 결정을 많이 한 것으로 평가된다. ─ 옮긴이)은 대법관 아홉 명이 전부 후순위 출생자로 구성되면서 첫째가 한 명도 없게 된다. 1968년 리처드 닉슨이 대통령에 피선되면서 공화당은 향후 14년 동안 대법관 지명 권한을 장악하게 되었다(지미 카터에게는 공석을 채울 기회가 전혀 없었다.). 닉슨, 포드, 레이건, 부시가 전부 워런 법정의 자유주의적 성향을 뒤집으려고 했다는 사실은 전혀 비밀이 아니다. 이 네 명의 공화당 출신 대통령들은 10번의 지명 기회를 통해 전부 여섯 명의 첫째를 연방 대법원에 투입했다.[42]

이렇게 확고한 상관관계가 형성된 이유는, 재판관들이 실제로 어떻게 투표했는지를 살펴보면 분명해진다. 1946년 이후 대법관들의 투표 기록을 다양한 법률 전문가들이 보수주의/자유주의 차원에서 평가했

"제길! 똑똑한 당신들 모두가 동의하면 나는 누구한테 이의를 제기하지?"

**형제의 차이**는 소수 의견 제출을 알려 주는 좋은 선행 지표이다. 미국 연방 대법원에서 후순위로 태어난 대법관들은 그들의 첫째 출신 동료들보다 소수 의견을 훨씬 더 많이 제출했다. 호레이스 그레이라는 한 첫째 출신 대법관은 자신이 20년의 재판관 생활 동안 소수 의견을 제출한 게 딱 한 번뿐이었다고 자랑삼아 말했다!

다. 후순위 출생의 대법관들은 첫째로 태어난 대법관들보다 자유주의 성향의 투표를 할 가능성이 훨씬 더 많았다.[43] 가장 보수적인 것을 0으로, 가장 자유주의적인 것을 100으로 평가했을 때 첫째 출신의 대법관 12명은 평균 33점을 받았다. 중간 자식 출신의 대법관 11명이 43점을 받은 것과 대비된다. 막내 출신 대법관 9명은 가장 높은 평균인 61점을 받았다. 요약해 보자. 정의에 대한 개념에서도 가족 내 지위가 분명하게 드러난다. 미국 연방 대법원에 존재하는 형제의 차이가 이 나라의 법률을 결정하는 것이다.

미국 대통령들이 대법관 임명에서 출생 순서와 자유주의 사이의 관계를 구조적으로 내비쳤지만 이 관계가 지명 과정에서 노골적으로 드러났던 적은 없다. 임명권자인 대통령의 관점에서는 사실상 그래야만 하는 충분한 이유가 있다. 만약 대통령이 연방 대법원을 보수적인 방향으로든 자유주의적인 방향으로든 몰기를 원한다면 그는 피지명자의 과거 사법 판단에 전적으로 의존해 결정을 내려야만 한다. 그런데 가족 내 지위는 경험에 대한 개방성을 예보한다. 특히 출생 순서는 미래에 일어날 사회 변화에 대한 개방성의 신뢰할 만한 예보자이다. 공화당 출신 대통령이 보수적인 막내를 대법관으로 지명했다고 상정해 보자. 이 대통령은 자기가 지명한 대법관이 연방 대법원 판사가 된 후 자유주의적으로 돌변할지도 모르는 위험을 감수해야 한다. 아이젠하워 대통령에게 정확히 이런 일이 일어났다. 그는 1953년 두 자녀 가운데 막내였던 얼 워런을 연방 대법원 판사로 임명했다. 공화당 출신으로 캘리포니아 주지사를 지낸 워런은 확실한 선택으로 비쳤다. 그러나 워런은 대법관에 취임한 후 사법 판단에 임하는 태도를 바꿔 버렸다. 후에 대법원장 직에 오른 그는 광범위한 사회 개혁을 지지한 연방 대법원 심리를 열여섯 차례나 주재했다. 한 역사가는 워런 법정을 "재판관들이 수행한 혁명"이라고 묘사했다.[44] 부아가 치민 보수주의자들은 1960년대에 "얼 워런을 탄핵하라!"고 적힌 범퍼 스티커를 자동차에 붙이고 다녔다. 아이젠하워는 워런을 선택한 것이 "자기 인생 최대의 실수"였다고 나중에 인정했다.[45]

## 세계의 혁명 지도자들

모스타파 레자이와 케이 필립스(각각 정치학자와 사회학자이다.)는 "혁명적 엘리트들"의 가장 중요한 특질이 무엇인지 확인해 보고자 했다. 그들은 31개의 반란 사례에 나오는 정치 지도자 135명의 삶을 상세히 조사 기록했다.[46] 그들의 역사 연구는 1640년대의 영국 내전에서부터 1970년대 과테말라, 이스라엘, 북아일랜드, 남아프리카 공화국, 남베트남 등 각국에서 발생한 정치 혼란까지를 아우른다.

레자이와 필립스는 가족 배경에 관한 기타 정보와 함께 출생 순서를 연구했다. 그들은 형제들이 보이는 급진주의의 정도 차이가 미약하다는 사실을 확인하고, 혁명적 성격의 발달에서 형성기가 "별로 중요하지 않다."고 결론지었다.[47] 이 두 학자는 오히려 상황적 요인이 중요하다고 강조했다. 개발도상국에서 성장한다든지, 정치적 격변 상황과 맞닥뜨린다든지 하는 요소들이 중요하다는 것이었다.

레자이와 필리스의 정치 지도자 표본 135명은 그들 자신의 연구 자료에 기초할 때 손쉽게 세 개의 하위 집단으로 나누어 볼 수 있다. 보수파, 온건파, 급진파 혁명가들로 말이다. 보수주의적 혁명가들은 그 수가 적은 바, 이들의 목표는 과거의 생활 방식을 복권하는 것이었다. 이런 부류의 사건들에서는 흔히 종교가 중요한 역할을 수행했다. 영국 지배에 맞선 북아일랜드의 가톨릭 반대파가 이런 종류의 정치적 저항의 좋은 사례이다. 그리고 이 점은 대다수의 반식민주의 운동도 마찬가지이다. 레자이와 필립스는 이런 보수주의적 지도자들을 "신앙의 옹호자들"이라고 불렀다.[48]

정치적 스펙트럼의 다른 쪽 끝에는 급진주의 혁명가들이 존재한다. 일반적으로 덜 전제적이고 새로운 정부를 지지하면서 기성의 정권을 전복하는 활동에 종사하는지의 여부를 기준으로 이런 개인들을 쉽게 파악할 수 있다. 레자이와 필립스는 이런 부류의 정치 지도자들을 "선동가" 내지 "직업 혁명가"들로 규정했다. 그들은 이 범주가 "혁명가에 대한 대중의 고정관념"과도 흡사하다고 인정했다.[49] 레닌, 마오쩌둥, 호치민(胡志明), 저우언라이(周恩來)처럼 평생에 걸쳐 헌신적으로 활동한 반항아들이 급진주의 혁명가들의 유명한 사례들이다.

레자이와 필립스의 연구에 등장하는 수많은 온건파는 이 두 개의 정치적 양 극단 사이에 존재한다. 두 연구자는 계속해서 이 중간 집단을 "창시자," "도덕가," "학자," "처지가 좋은 주류파 구성원"과 같은 하위 집단으로 나눈다.[50] 조지 워싱턴, 토머스 제퍼슨, 가브리엘 미라보, 아베 에마뉘엘-조제프 시에예스가 온건파 혁명가들이다. 아베 시에예스는 프랑스 대혁명 초기에 진보적 개혁을 지지했던 인물이다. 그러나 그는 1799년 쿠데타를 모의했고, 이 과정에서 나폴레옹이 권좌에 오르게 된다. 온건파 혁명가들은 18세기에 미국과 프랑스에서 발생한 사건들 같은 민중 혁명과 결부되어 왔다. 반면 직업 혁명가들은 민중이 변화를 전폭적으로 받아들일 준비가 안 되어 있는 상태에서 체제를 바꾸려고 시도했다. 쿠바 혁명을 볼리비아로 수출하려다가 사망한 체 게바라는 '급진주의' 혁명가였다.

이런 단계적 척도에 따라 급진주의를 평가하면 정치 행동은 출생 순서와 밀접한 상관관계를 맺는다. 신앙의 옹호자들과 비교해 보면 직업 혁명가들은 첫째이기보다는 후순위 출생자일 가능성이 18배 더 많다! 온건파 혁명가들은 이 두 정치 집단 사이에 고르게 분포했다.[51] 조지 워싱턴과 존 애덤스는 전형적인 첫째 출신 혁명가들로, 급진파이기보다는 온건파에 부합하는 "창시자들"이었다.[52] 조르주-자크 당통, 레온 트로츠키, 피델 카스트로, 야세르 아라파트는 모두 급진파(이자 후순위로 태어난) 혁명가의 사례들이다.

## 상황적 고려 사항: 위기와 전쟁

혁명적 리더십의 또 다른 중요한 예보자는 혁명적 상황의 성격이다. 첫째가 포함된 온건파 혁명가들은 대부분 정치적·경제적 '위기'로 촉발되는 반란을 이끌었다.[53] 위기는 소수의 항의 행동을 다수 대중의 운동으로 바꾸어 놓는다. 이렇게 해서 압도 다수의 국민이 혁명적 변화를 받아들이게 되는 것이다. 레닌이 언급한 것처럼, "이미 혁명이 발발해 도정에 오른 다음 혁명가가 되는 것은 어려운 일이 아니다."[54] 위기는 변화의 필요성을 인정함으로써 첫째 출신의 지도자에게 문호를 개방한다. 나아가 위기는 일반적으로 상황을 해결할 수 있는 단호한 조치를 요구한다.

후순위 출생자들이야말로 진짜 "직업 혁명가"들로, 그들은 온갖 고난을 무릅쓰면서 정치적 변화를 추구하는 경향이 있다. 러시아의 블라디미르 레닌, 중국의 류샤오치(劉少奇), 남아프리카 공화국 경찰의 구타로 1977년 숨진 인권 운동가 스티브 비코가 이런 인물군에 속한다. 이런 양상은, 내가 과학 혁명 과정을 분석하면서 이미 진술한 모형과 일치한다. 결국에 가서는 첫째들도 새로운 사고방식을 수용한다. 그러나 그들은 개념이 위기에 빠진 상황이나 혁명 과정의 후기에 그렇게 할 가능성이 가장 높다. 후순위 출생자들 가운데 이렇게 오래 기다렸다가 반란에 참여하는 사람은 거의 없다.[55] 상황적 요인이 혁명적 리더십에서 정말이지 중요한 역할을 수행함에도 불구하고 설명된 변이의 대부분은 형제의 차이로 소급할 수 있다.[56]

전시 상황 역시 정치적 리더십에 위기만큼이나 커다란 영향력을 행사한다. 전시에는 강경한 리더십의 매력이 커진다. 이와 함께 첫째들이 권좌에 오를 가능성도 증대한다. 전시에 선출된 미국 대통령들 가운데는 첫째들이 압도적으로 많았다. 지난 2세기 동안 선출된 영국 수상들과 관련해서도 이 사실은 동일하게 적용된다.[57] 첫째들보다 더 유연한 후순위 출생의 정치 지도자들은 자신들의 조국이 전쟁에 휘말리지 않도록 하는 데서 더 뛰어난 업적을 남겼다.[58]

제2차 세계 대전 기에 활약한 주요 국가의 정치 지도자 대다수는 첫째이거나 외자식이었다. 루스벨트와 처칠과 무솔리니와 스탈린이 그랬다. 히틀러는 예외이지만, 사실 그것도 불완전한 예외일 뿐이다. 그는 어머니의 살아남은 첫 번째 자식이었다. 당연히 그녀는 남편의 전처소생으로 나이가 더 많았던 두 명의 의붓자식보다 그를 편애했다.[59] 히틀러와 터울이 가장 작은 의붓형제는 6년 연상으로, 이것은 평균보다 더 큰 연령 격차였다. 형이 독립을 했을 때 히틀러는 일곱 살이었고, 이때부터 그는 장남의 지위를 차지했다. 히틀러에게는 더 어린 형제가 세 명 있었다. 그리고 그 가운데 두 명이 유년기를 살아 냈다. 히틀러는 아이였을 때도 성격이 포악했고, 무엇이든 마음대로 했다.

## 출생 순서와 호전성

미국의 노예 제도 폐지 운동은 출생 순서와 완고함 사이의 관계를 입증하는 또 다른 시금석이다. 남북 전쟁이 발발하기 이전 수십 년 동안 노예제 폐지론자들은 투쟁 운동으로 노예제를 폐지할지 아니면 비폭력적 방법으로 폐지할지를 놓고 양분되어 있었다.[60] 세 자녀 가운데 중간 자식이었던 윌리엄 로이드 개리슨은 정치 행동 일체를 회피하는 소극적 저항을 지지했다. 그는 도덕 논쟁만으로 노예제에 반대해야 한다고 주장했다.

미국 역사에서 내가 조사한 61건의 개혁 운동 가운데 노예 제도 폐지 운동은 가장 많은 비율의 후순위 출생자들을 끌어들였다. 그러나 호전적인 노예 폐지론자 가운데서는 예외적으로 첫째들이 많았다. 미국에서 가장 유명한 노예 반란을 이끈 사람은 첫째 출신의 냇 터너였다. 터너와 그의 추종자들은 1831년 백인 60명 이상을 "잔인하게 도륙하고 시체마저 훼손했다." 여기에는 아이들도 포함되어 있었다. "냇은 추종자들에게 희생자의 피를 뿌렸다."[61] 이 폭력적인 봉기 과정에서 200명 이상의 노예도 함께 죽었다.[62]

터너는 부모의 양육 과정에서 자신이 "위대한 목적을 위해 예비되었다.”고 믿게 되었다. 불같은 설교자였던 그는 자신이 거룩한 열정으로 충만해 있다고 생각했다. 그는 재판 과정에서 변호사에게 이렇게 말했다. “틀림없이 그렇게 보일 텐데 나는 이내 (나 자신이) 위대하다는 것을 깨달았고, 그래서 사회의 다른 사람들과 섞이지 않으려고 열심히 노력했다. 그렇게 해서 나는 비밀과 신비에 휩싸였다.”[63] 완고함이라는 성격 특질처럼 메시아적 신념도 첫째의 특성이다.[64] 메시아적 지도자들은 추종자들과의 타협이 아니라 절대 복종을 기대한다.

터너처럼 노예 폐지 운동의 지도자 헨리 하일랜드 가넷도 노예로 태어났다. 아버지 조지프는 “음침한 분노의 투사”였다. 그는 만디고 족 왕의 직계 후손인 맏아들에게 깊은 영향을 끼쳤다.[65] 아버지는 헨리에게 만디고 족은 위대한 전사들로 결코 오랫동안 노예 상태에 머물러 있을 수 없다고 가르쳤다. 조지프는 1824년 가족과 함께 북부로 달아났다. 그때 헨리는 아홉 살이었고, 더 어린 여동생도 있었다.

아버지의 실례에 고무된 헨리 가넷은 노예제 폐지 운동의 지도적 인사로 부상했다. 그는 1843년 전국 흑인 대회에서 호전적인 연설을 한다. 노예들이 “피를 빨아먹는” 노예 소유자들에 맞서 전국적인 봉기를 일으켜야 한다고 호소했던 것이다. 그는 동료 흑인들에게 이렇게 주장했다. “노예로 사느니 지금 당장 죽어 버리는 게 훨씬 더 나을 것이다.”[66] 가넷의 연설에 “전국이 깜짝 놀랐다.”[67] 다수의 동료 노예 폐지론자들은 가넷의 봉기 요구에 기겁을 했다. 그는 곧 “북부에서 가장 위험한 흑인”으로 알려지게 되었다.[68] 그럼에도 불구하고 전투적 행동에 대한 가넷의 요구가 추종자들을 끌어 모으기 시작했다. 그의 견해는 1850년 의회를 통과한 도망 노예법(Fugitive Slave Act, 도망친 노예를 소유주에게 되돌려 주기 위해 연방에 사법권을 부여한 법령 ─옮긴이)에 대한 저항도 강화했다. 또 다른 확고한 투사 존 브라운이 가넷의 1843년 연설을 자비로 인쇄해 배포했다. 그리하여 1840년대 후반경에는 더 이른 시기에 흑인 반란에 반대했던 막내 출신의 프레더릭 더글러스조차 가넷의 관점 주위로 수렴하기에 이르렀다. 흑인 국가를 수립하는 일에 헌신했던 가넷은 마커스 가비 및 맬컴 X 같은 20세기 흑인 민족주의자들의 선구자였다.[69]

출생 순위가 호전적 개혁과 관계있다는 가설을 검증하기 위해 나는 네 명의 독립적 판정관에게 폭력 행동의 다섯 단계 척도에 따라 노예제 폐지론자들을 분류해 달라고 요청했다.[70] 호전적 노예 폐지론자들 속에는 첫째들이 상당히 많았다. 막내들도 그 수가 꽤 되었다. 가장 비폭력적인 집단은 윌리엄 로이드 개리슨 같은 중간 자식들로 이루어졌다.[71]

흑인 권리 회복 운동에 가담한 활동가들 속에서도 출생 순위와 호전성 사이의 상관관계가 마찬가지로 확인되었다. 다시 한번 중간 자식들이 비폭력 수단을 채택하는 경향이 가장 강했다.[72] 인종 문제 개선 의제에서 드러난 투쟁 성향의 원인이었던 출생 순서가 성별이나 인종보다 예보 능력이 두 배 더 뛰어났다.[73] 출생 순서와, 인종적 평등에 대한 호전적 옹호 사이의 상관관계는 그림 12.2에서 확인할 수 있다.[74]

1960년대에 막내들은 대체로 급진적 첫째들과 함께 전투적인 행동을 지지했다. 흑표범당은 1966년 바비 실에 의해 설립되었다. 그는 세 자녀 가운데 첫째였다. 공동 설립자이자 국방부 장관이었던 휴이 뉴턴은 일곱 자녀 가운데 막내였다. 뉴턴과 바로 위 형 멜빈은, 흔히 중간 자식과 막내를 구분해 주는 차이를 예증하는 사례이다. 중간 자식들은 덜 호전적이라는 의미에서 대체로 덜 '급진적'이다. '막내 휴이'는 부모님의 응석받이였고, 멜빈은 관심권 밖이었다. 한 전기 작가는 이렇게 말한다.

4년의 세월이 휴이와 멜빈을 갈라놓았다. 멜빈은 항상 다음 순서를 기다려야 했다. 4년의 세월과 커다란 성격 차이. 그들은 같은 세계를 아주 다른

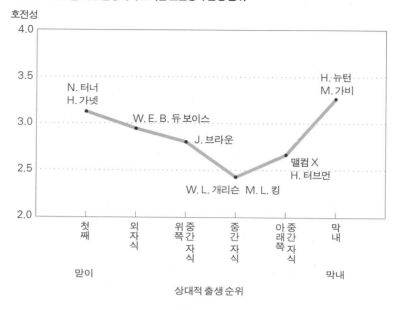

**인종 문제 개선을 위한 활동에서 보이는 호전성과 출생 순위**

호전성

**그림 12.2** 인종 문제 개선을 위한 노력에서 상대적 출생 순위의 함수로 표현한 호전성(N=94). 가장 호전적인 개혁가들은 (냇 터너와 헨리 하일랜드 가넷 같은) 첫째들과 (휴이 뉴턴과, 저명한 흑인 민족주의자 마커스 가비 같은) 막내들이었다. 인종 문제 개선과 관련해 비폭력적 방식을 지지한 개인들은 중간 자식들이었다. 예를 들어, 윌리엄 로이드 개리슨과 마틴 루서 킹은 둘 다 세 자녀 가운데 둘째였다. 세 자녀의 또 다른 중간 자식이었던 부커 T. 워싱턴은 백인 사회에 대한 자신의 "타협적 태도"로 자주 비난을 받았다. 상대적 출생 순위와 호전성 사이의 이런 U자 곡선형 관계는 통계적으로 유의미하다. 직선 관계는 본래부터 존재하지 않는다.

시각으로 보았다. 그들은 아주 다른 감수성으로 같은 세계에 대응했다.[75]

멜빈은 고독한 사람이었다. 그는 신중하고 세심했지만, 다른 아이들은 그를 "고지식하다."며 놀렸다. 얌전했던 멜빈과 달리 휴이는 싸움에 대한 이른 시기의 두려움을 극복했다. 휴이와 멜빈은 나이를 먹어 갈수록 점점 더 상이한 길을 걸어갔다. 같은 전기 작가는 이렇게 적고 있다.

(휴이는) 싸우는 법, 난폭하게 행동하는 법을 배웠다. 그는 흑인처럼 걷고 말하는 법을 익혔다. 당신이 그렇게 걷는다면 외국인들은 당신 다리에 뭔가 문제가 있다고 생각할 것이다. 실제로 다리에는 아무 이상이 없는데도 말이다. 당신이 그렇게 걷는다면 당신이 나쁜 놈, 호로 자식이기 때문이다.[76)]

휴이는 결국 캘리포니아의 오클랜드를 무대로 활약하는 건달이 되었다. 장전한 엽총을 휴대하고 경찰을 위협하기도 했다. 멜빈은 유년기의 꿈을 공부에 집중시켰다. 그는 사회 복지학 석사 학위를 취득했고, 현재 교편을 잡고 있다. 휴이가 흑표범당의 "10개 조 강령"을 발표했을 때 멜빈은 그 문서의 문법적 실수를 고쳐 주었다. 휴이는 경관 한 명을 살해한 것이 마침내 유죄 판결을 받아 투옥되고 말았다.

세 자녀 가운데 둘째였던 마틴 루서 킹은 비폭력적 정치 항의 행동을 선호한다는 중간 자식들의 성향을 예증하는 아주 좋은 사례이다. 킹은 어렸을 때도 "몸보다는 말로 하는 자위 방식을 선호했다."[77)] 킹의 동생 아서는 누나를 괴롭혀 울리기 일쑤였다. 그럴 때면 마틴이 자주 그녀를 편들어 주었다. 아서는 공격에 직면해 마틴이 말로 하는 방어 행동을 "노골적으로 경멸했다." 그는 다른 아이들의 공격을 받으면 주저하지 않고 직접 보복에 나섰다.[78)]

## 중간 자식들

나는 여러 해 동안 중간 자식들이 조금 덜 자유주의적이라는 사실을 제외하면 막내들과 별로 다를 바가 없다고 생각했다. 그러던 내가 방금 언급한 전기적 사실들 속에서 생각을 고쳐먹었다. 가족 내 지위의 미세 변동이 성격의 적응 반응을 유도한다. 여기에는 공격 성향도 포함된다. 가장 완고한 개인은 첫째들이다. 막내들도 투쟁적이지만 그 이유는 다르

워싱턴 행진 당시 링컨 기념관의 계단에서 연설 중인 **마틴 루서 킹**(1963년 8월 28일). 그는 25만에 육박하는 시위대 앞에서 이렇게 연설했다. "나에게는 꿈이 있습니다. 언젠가 조지아 주의 붉은 언덕에서 과거에 노예였던 사람들의 아들과 노예 소유주였던 사람들의 아들이 형제애 속에서 자리를 함께할 수 있으리라는 꿈이 있습니다."(Davis 1969:263) 3년 6개월 후 이 헌신적인 비폭력의 전도사는 테네시 주 멤피스에서 한 괴한의 총탄에 쓰러졌다. 당시 킹은 불과 38세였다.

다. 그들의 호전성은 (첫째들의 특성인) 가혹하거나 지배적인 성격 때문이 아니라 무모하고 열광적이며 자유주의적인 특성에서 비롯하는 것이다. 중간 자식들은 다른 형제들보다 더 유연하고 타협하기를 좋아한다. 그들이 반항에 나서는 것도 증오나 이데올로기적 광신주의 때문이 아니라 대개는 좌절감이나 타인에 대한 동정심이 그 원인으로 작용한다. 중간 자식들은 가장 '낭만적인' 혁명가들이기도 하다.[79]

중간 자식들이 보이는 심리 상태의 열쇠는 그들이 처한 독특한 가족 내 지위이다. 중간 자식이라는 사실이 타협의 의지를 상당히 강화하는 것 같다. 분명 이런 지위 속에서 개인의 권력이 가장 적기 때문일 것이다. 중간 자식들은 더 나이 든 형제들과 달리 난폭한 힘을 행사할 수 있는 최선의 처지에 있지 못하다. 특히 혼자서 행동할 때 그렇다. 게다가 중간 자식들은, 흔히 가족의 '귀염둥이'로 보호받는 막내 형제에 대한 공격 행동 표출도 억제당하기 일쑤이다. 막내들은, 부모는 물론이고 가끔씩은 다른 형제들까지 편을 들어 주기 때문에 형제와의 다툼에서 자신의 입장을 더 쉽게 고수할 수 있다. 중간 자식들은 이런 전술적 제약 때문에 외교 기술을 개발하고 다른 형제들과 제휴한다. 한 연구자는 중간 자식들이 타인과 함께 있을 때 "권력에 대한 공포"라는 측정 기준에서 가장 낮은 점수를 기록했다고 보고했다.[80] 달리 표현하면 중간 자식들은 다른 사람들과 권력을 공유하려는 경향이 더 강하다.

유명한 한 정치 혁명가의 가족은 중간 자식들이 주동한 형제 제휴의 유효성을 예증한다. 에르네스토 '체' 게바라에게는 동생이 네 명 있었다. 체 게바라가 천식을 앓기도 했기 때문에 어머니는 "극도의 관심과 애정으로 소년 체를 돌보았다." 다른 자식들보다 맏아들을 더 사랑했던 것이다.[81] 동생들은 체 게바라가 독차지하는 특별한 배려에 골을 내면서 가끔씩 복수를 했다.

그들은 그를 못살게 굴었고, 물리적으로 공격하는 일도 있었다. 그러나 에르네스토는 그런 대우를 순순히 받아들이는 사람이 아니었다. 하루는 화가 치민 그가 한꺼번에 남동생과 누이 두 명에게 달려들었다. 넷은 한데 뒤엉켜 죽을 둥 살 둥 싸웠다. 그러나 셋은 한 명보다 더 강한 법. 동생들은 에르네스토를 눌러 버렸다. 그들은 승리를 완성하는 의식으로 얼음물 속에 에르네스토의 머리를 처박았다. 그러고는 에르네스토가 거칠게 천식 발작을 일으키는 모습을 즐겁게 지켜보았다.[82]

체 게바라의 형제들 가운데서 정치 활동에 참여한 사람은 아무도 없다. 세 명은 다른 사람들과의 공동 작업이 요구되는 예술 쪽 직업(건축과 디자인)을 선택했다. 바로 아래 남동생은 변호사가 되었다. 체 게바라가 쿠바에서 권력으로부터 낙마한 사건은 타협할 줄 모르는 그의 성격 탓이었을 가능성이 크다. 중간 자식이었던 피델 카스트로는 체 게바라가 "너무 독단적이고, 오만하며, 건방지다."고 생각했다.[83] 카스트로는 체 게바라의 비타협적 마르크스주의에 특히 짜증이 났고, 결국 그를 산업부 장관으로 좌천시켰다. 가족 내 지위가 달랐고, 그래서 정치 스타일도 달랐던 것이다.

특히 형제의 수가 적은 경우 형제들 사이의 성격 차이는 형제 대비 효과에 의해 강화된다. 두 번째 자녀가 첫째와 달라지려고 애쓰는 것처럼 세 번째 자녀는 둘째와 달라지려고 한다. 그 결과 '건너뛴 쌍'은 이웃한 쌍보다 더 비슷해지는 경향이 있다.[84] 막내들은 가족 위계 내에서 대개 첫째들과 이웃하지 않기 때문에 완고함 따위의 첫째형 특성을 더 자유롭게 모방한다.

진화 심리학은 이런 형제의 차이 일부를 해명해 준다. 부모가 중간 자식들보다 첫째와 막내를 더 사랑하는 경향이 있다는 것은 분명한 사실이다. 일반적으로 부모들은 추가 자녀에 대한 투자의 상대적 장점에 기초해 아이들을 양육한다. 첫째들은 자신의 형제들보다 나이가 더 많고, 따라서 생존과 번식의 가능성이 더 높기 때문에 부모의 투자를 호소하는 데서 우위를 차지한다. 부모들은 추가로 자녀를 갖는 게 더 이상 가능하지 않을 때면 죽음이나 질병에 가장 취약한 자녀들에게 투자를 집중하는 게 현명한 전략이 된다.[85] 이런 다원주의의 대차 대조표상에서 패배자들은 흔히 중간 자식이다.[86] 막내들이 더 편한 생활을 하는 이유는, 그들이 더 어린 경쟁자의 요구로 희석되지 않는 부모의 투자를 받을 수 있는 유일한 가족 구성원이기 때문이다.

1960년 8월 농민 민병대의 행진을 사열하고 있는 **피델 카스트로와 체 게바라**(오른쪽). 카스트로는 체 게바라의 정통 마르크스주의와 점점 더 멀어졌고, 체 게바라는 카스트로의 구소련 후원자들을 비판했다. 카스트로는 마침내 1965년 체 게바라를 정부에서 축출한다. 체 게바라는 콩고로 갔다. 거기서 그는 백인 용병들에 맞서 싸웠고, 다시 볼리비아로 갔다. 농민 혁명을 촉발하기 위한 활동이었다. 1967년 10월 8일 볼리비아 정부군에 포위당한 체 게바라는 포로로 잡혔고, 곧 처형당했다.

## 결론

정치적 태도에는 두 가지 심리적 차원이 개입한다. 이 두 가지 차원은 형제의 차이라는 주제와 긴밀한 관계를 맺고 있다. 후순위 출생자들은 첫째들보다 더 자유주의적이다. 그러나 첫째들은 더 어린 형제들보다 더 완고한 경향이 있다. 정치 스타일에 대한 2차원 모형을 통해 우리는 '급진적' 행동이 꼭 '극단적 자유주의자들'의 행위 결과만은 아니라는 사실을 깨닫게 된다. 정치 혁명의 심리학에서 개인의 행동을 이해하는 열쇠는 급진주의의 이런 이종(異種) 양태를 해체해 각각의 근본적인 가족 내 기원을 파악하는 것이다.

2차원 정치 행동 모형으로 무장한 우리는 이제 서구 정치사에서 가장 폭력적인 혁명 가운데 하나를 이해할 준비를 마친 셈이다. 프랑스 대혁명, 특히 공포 정치로 절정에 이르렀던 시대는 크게 보아 형제 투쟁의 이야기이다. 이 형제 분열 역시 마찬가지로 두 가지 파괴적인 차원에서 이루어졌다. 상충하는 이데올로기적 목표와, 그 목표를 달성하는 방법을 놓고 치열하게 벌어진 다툼이 바로 그 두 차원이다.

# 13장

●

# 프랑스 대혁명

1789년 봄 루이 16세는 국가 파산 상태에 직면해 175년 만에 처음으로 삼부회를 소집했다. (제3신분인) 부르주아지는 근본적인 변화를 열망했고, 이 의회 기구 내에서는 곧 정치적 난국이 창출되었다. 동시에 작황이 좋지 않아 기근이 발생했고, 좌절감이 만연했다. 지역에서 폭동이 수없이 발생했다. 프랑스 전역에서 신속하게 애국주의 단체들이 결성되었다. 이렇게 해서 파리에 소재한 자코뱅당의 지휘를 받는 혁명 선동 네트워크가 '그물망'처럼 조직되었다.[1]

7월 12일 파리 시민들은 국왕이 평민을 대표하는 제3신분의 투표권 박탈 공작을 추진 중임을 알았다. 왕의 군대가 국왕의 입장을 강제 집행하기 위해 무슨 일을 할지 모른다며 두려워하던 파리 시민들은 스스로 무장하기로 결의했다. 1789년 7월 14일 오전에 한 무리의 군중이 앵발리드에서 3만 2000정의 총을 탈취했다. 그들은 더 많은 무기와 화약을 찾아서 바스티유로 진격했다. 기겁을 한 책임자 베르나르 드 로네이는 수비대원들에게 발포하라고 명령했고, 이 과정에서 시민 83명이 사망했다. 몇 시간에 걸친 전투가 종료된 후 요새는 저항을 포기했다. 성난 군중은 사령관은 물론이고 생포한 장교 세 명을 살해했다. 그들의 머리는 창에 꽂혀 효수되었다.[2] 프랑스 혁명이 시작된 것이었다.

바스티유가 함락된 다음 날에도 루이 16세는 이 사건을 "폭동" 정도로 치부했다. 라 로슈푸코-리앙쿠르 공작은 국왕의 사태 인식이 틀렸다고 바로잡아 주었다. "폐하, 이것은 폭동이 아닙니다. 혁명입니다."[3] 프랑스 혁명의 폭력이 기세를 더해 감에 따라 결국에 가서는 수만 명의 목숨이 "국민의 면도날" 아래서 사라지게 될 터였다. 새로 발명된 이 기계는 나중에 기요틴이라고 불렸다. 이 무자비한 대학살의 절정은 공포 통치 시대라고 알려지게 되었다. 1793년부터 1794년까지 대략 1년 정도 지속된 이 시기에 4만 명이 처형되었다. 시민들은 점점 더 이웃과 친구들을 공격했다. 약 30만 명이 "수상쩍은 사람"이라며 고발당했다. 이렇게 고발된 거동 수상자의 다수가 투옥되었고, 일부는 복수에 눈이 먼 폭도에게 학살당했다. 상호 의심과 감시가 만연했고, 사람들은 자신들이 하찮은 일로 고발당하고 있다고 생각했다. 한 목격자는 이렇게 적고 있다. "가장 친한 친구들조차 이제는 더 이상 서로에게 흉금을 털어놓고 말하지 못했다. 사람들은 자신의 집에서 전전긍긍했다. 누가 크게 웃었다고 치자. 그는 공화국에 안 좋은 소식을 듣고 기뻐했다는 죄목으로 고발당했다. 누가 울었다면, 그는 공화국의 성공을 애석해 했다는 죄목으로 고발당했다."[4]

1789년 늦여름 삼부회에서 탄생한 제헌 의회(국민 의회)는 1791년 10

**바스티유 함락**(1789년 7월 14일). 바스티유 감옥은 볼테르를 포함해 계몽사상의 가장 유명한 옹호자들을 가두었고, 그래서 부르봉 왕가의 폭정을 오래전부터 상징해 왔다.

월 입법 의회로 대체되었다. 제헌 의회 출신 대표자는 단 한 명도 재선에 나설 수 없다는 막시밀리앙 로베스피에르의 제안이 받아들여졌고, 결국 입법 의회는 전임 기구보다 혁명에 훨씬 더 동조적으로 변모했다. 그럼에도 불구하고 입법 의회는 미덥지 못한 왕과 계속 공조하고 있었다. 왕은 국외 도주 시도가 실패하면서 마지막 남은 신망까지 잃어버린 상태였다. 1792년 4월 입법 의회는 망명한 국왕의 형제들을 지원하던 외국 열강들에게 전쟁을 선포했다. 봄과 여름 내내 궁정과 의회 사이에서 반목이 증대했다. 그럼에도 불구하고 입법 의회는 국왕을 폐위하지 못했다.

1792년 8월 10일 파리의 민중은 국왕을 처형하기로 결정했다. 전날 밤 한 혁명 '코뮌'이 결성되었고, 그들이 기성 정부를 갈아치웠다. 국민군 사령관이 왕을 보호하려고 튀일리 궁 주변에 부대를 배치했다. 왕가가 거기에 머무르고 있었던 것이다. 코뮌과의 회담을 위해 출두를 명받은 사령관은 체포, 처형되었다. 국민군에 발하여진 그의 명령은 철회되었다. 코뮌은 튀일리 궁에 대한 무장 공격을 명령했다. 뒤이은 대학살 과정에서 충성스러운 국왕의 스위스 근위대원 600명이 폭도들에게 총이나 칼에 맞아 죽었다. 로베스피에르는 자랑스럽다는 듯 이 봉기를 "인간성을 명예롭게 하는 가장 아름다운 혁명"이라고 묘사했다.[5] 군주제가 몰락하자 입법 의회는 자진 해산했고, 새로운 선거를 통해 국민 공회가 결성되었다. 국민 공회는 10월에 개최되었다.

그 사이에 파리의 감옥들은 왕당파, 혁명에 반대하는 '반항적' 성직자들, 8월 10일 대학살을 피해 달아났던 스위스 근위대 잔당들로 넘쳐나고 있었다. 이 사람들을 심판하기 위한 조치가 전혀 취해지지 않고 있었다. 이에 코뮌이 이 과제를 자신의 임무로 삼았다. 9월 2일부터 6일 사이에 표랑하던 일단의 자객이 돈을 받고 감옥을 옮겨 다녔다. 1,000명 이상이 약식 재판을 받고 사형에 처해졌다. 말 그대로 감옥 인근의 도랑에서는 피가 넘쳐흘렀다.

국민 공회의 새로 선출된 대표자들은 감옥 대학살 이후 처음으로 등원했다. 국민 공회가 과거의 입법 의회보다 훨씬 더 자유로웠다는 것은 놀라운 일이 아니다. 군주제 몰락에 항의하는 사람은 누구도 선거에 나갈 수 없다고 선포되었다. 왕당파는 감히 출마할 수가 없었다. 마침내 좌익이 상황을 장악했다.*

---

* "좌익"과 "우익"이라는 정치 용어는 프랑스 혁명과 관련한 당대의 정치적 함의에서 유래한다. 입법의회 내에서 이 정반대 두 파벌의 대표자들은 서로 맞은편에 앉았다. 보수파들은 오른쪽 좌석을 차지했다. 새 건물에서 국민공회가 소집되었다. 새 대표자들은 오른쪽에 앉기를 주저했다. 왕당파로 추궁당하고 싶지 않았던 것이다. 그리하여 대표자들은 횡선을 기준으로 자리를 잡고 앉았다. 가장 급진적인 분파는 맨 꼭대기 의석을 차지했다.(Ozouf 1989d:380)

## 테러의 기원

국민 공회 내에서 느슨하게 결성된 두 개의 당이 출현했다. 먼저 권력을 쥔 정당은 "지롱드"라고 불렸다. 지도자들이 지롱드라고 하는 지역의 보르도 출신이었기 때문이다. 지롱드당으로부터 마침내 권력을 탈취한 정당은 "산악당"이라고 불렸다. 국민 공회에서 가장 높은 곳에 자리한 좌석을 차지했기 때문이다. 국민 공회 내에서 마룻바닥 가장 가까이에 있는 자리를 차지했던 "평원당"의 신중하고 온건한 대표자들은 이데올로기적이고 물리적인 측면에서 경쟁하는 이 두 분파 사이에 위치했다. 지롱드당과 산악당의 이데올로기 투쟁이 공포 정치의 기원이다.[6]

지롱드당은 9월의 살인자들을 심판대에 세우려고 했다. 산악당은 코뮌을 방어하기 위해 그 일련의 살해 사건을 눈감아 주고자 했다. 파리의 지역 정부가 그 대학살을 자행했던 것이다. 이 반목과 다툼은, 그들 애국자들이 한때 비교적 단결한 상태로 혁명을 지지했다는 점에서 더욱 더 영문 모를 사태였다. 한 역사가는 이렇게 말한다. "새로 선출된 지역 대표들은 한때 귀족 정치의 폭압에 맞서 단결했던 투사들이 이제는 서로 산산이 분열해 버렸다며 회의적인 시선을 던졌다."[7]

1793년 봄 산악당은 지롱드당과의 권력 투쟁에서 승리를 거두었다. 지롱드당은 혁명의 거듭되는 폭력을 억제하려고 했다. 급진적인 산악당의 주도권 쟁취와 함께 국민군이 1793년 6월 2일 국민 공회를 포위했다. 출구가 봉쇄되었고, 아무도 건물을 빠져나갈 수 없게 되었다. 100문 이상의 대포가 정문을 겨누고 있었다. 8만으로 추정되는 성난 폭도들이 지롱드당의 지도자들을 체포하라고 요구했다. 29명이 국민군에 인계되었다. 5개월 후 이 지롱드당원들은 약식 재판을 받고 형장의 이슬로 사라졌다. 이 불법 체포에 항의하고 나선 또 다른 대표 75명도 체포, 구금

되었고, 그들은 국민 공회에서 더 이상 아무런 역할도 수행하지 못했다.

## 마르크스주의자들의 설명

마르크스주의 이론에 따르면 프랑스 대혁명은 고전적인 부르주아 혁명이다.[8] 20세기 전반에 저술 활동을 했던 알베르 마티에는 프랑스 혁명이 "진정으로, 계급투쟁"이라고 확신했다. 프랑스의 다른 역사가들도 비록 조건부이기는 하나 이런 주장을 되풀이했다.[9] 정량적 특성에 관한 최근의 연구들은 그런 사회 경제적 차이가 비록 모든 수준에서 존재한다고 할지라도 탐지해 내기 어렵다는 것을 증명했다. 두 정치 집단의 구성원들은 대개가 중간 계급이었다. 법률가, 상인, 의사, 성직자들이었던 것이다. 국민 공회에서 불과 1퍼센트만이 노동 계급 대표자들이었다.[10] 다수의 인식과는 정반대로 공포 통치의 주된 희생자는 귀족이 아니었다. 처형당한 사람의 84퍼센트가 부르주아 상인, 장인, 농민들이었다.[11] 파트리스 이고네는 이를 바탕으로 다음과 같은 결론을 내린다.

> (정치) 원칙이나 사회 계급의 관점으로 지롱드당과 산악당을 구분하려는 …… 노력은 이렇다 할 성과를 낳지 못했다. 열심히 연구한 것에 비해 그 소득이 너무나 적다는 현실은 그야말로 충격적이다. …… 좌우는 대체로 한 계급 내부에서 그어졌고, 그들은 동일한 세계관을 공유했다.[12]

간단히 말해 보자. 지롱드당과 산악당을 가르는 기준선이 무엇이었든 간에 그것이 사회 계급이나 기타의 명시적인 사회적 차이는 아니었다. 프랑스 혁명의 일부 참가자들은 이 투쟁이 계급 구분선에 따라 이루어지는 게 아니라는 것을 날카롭게 인식했다. 혁명은 오히려 전염병과 유사했다. 친구와 가족들 사이에 불화가 파종되었던 것이다.[13] 지롱드당

1793년 6월 2일의 **반란**. 그날은 일요일이어서 많은 노동자가 대규모 군중 대열에 자유롭게 합류할 수 있었다. 그들은 국민 공회 주위로 몰려갔다. 가장 중요한 요구 사항은 지롱드당의 지도자들을 체포하라는 것이었다. 지롱드당의 대표 장-드니 랑쥐네(연설대에 있는 사람)가 뭔가 조치를 취해야 한다고 호소하자 다수의 산악당 대표들이 그를 연단에서 끌어내리려 하고 있다. 국민 공회가 열리고 있던 장소까지 들이닥쳤던 군중은 쇠스랑과 창으로 위협을 가했다. 옴짝달싹 못하게 된 국민 공회는 마지못해 지롱드당의 지도자들을 넘겨주었다. 한 대표자의 말을 빌리면 공포가 마침내 "일상의 질서"로 자리를 잡고 말았다.

의 위대한 웅변가 피에르 베르니오는 1793년 봄에 공포 통치의 이런 잠행적 특성에 주목했다. 그는 침울하게 말했다. 혁명은 "그녀의 모든 자식을 연달아서 집어삼키는 크로노스"로 변해 버렸다.[14]

국민 공회의 대표자들이라면 누구라도 이런 가족 내부의 충돌과 관련해 수많은 일화들을 제시할 수 있다. 바레르는 자신의 공화주의로 인해 결혼을 희생해야 했다.[15] 르 봉의 독실한 어머니는 그의 급진주의 강요로 미쳤다고 전해진다.[16] 조제프 라카날은 "왕보다 더 왕당파인" 대가족 출신이었다.[17] 그는 왕당파에 속했던 형 네 명을 포함해 다른 가족 구성원들과 자신을 구분하기 위해 성(姓)의 철자를 'Lacanal'에서 'Lakanal'로 바꾸었다. 국민 공회의 다른 수많은 대표자들도 자신들이 왕당파였던 부모, 자식, 형제들과 맺고 있던 불편한 관계를 해명해야만 했다.[18]

혁명의 공포가 고조되면서 일부 대표자들은 그들의 형제들에 의해 죽어 마땅한 적으로 변모했다. 장 뒤프라는 1791년에 형 루이와 사이가 틀어졌다. 루이는 아비뇽에서 벌어진 왕당파 죄수 대학살 사건에 가담한 반면 지롱드당원이었던 장은 분출하던 폭력을 억제하려고 애썼다. 루이는 그 뒤로 동생의 친구들이 자신을 암살하려 했다고 주장하면서 자코뱅당에 출석해 상처를 보여 주기까지 했다. 장 뒤프라는 국민 공회 회의장에서 자신을 방어해야만 했다. 형제 투쟁의 야비한 일화를 읽을 수 있는 대목이다. 형은 이에 대한 보복으로 1793년 4월 동생의 "온건한 태도"를 문제 삼으며 비난했다. 자코뱅당에서 수행된 이런 공공연한 비난으로 인해 결국 장 뒤프라는 3개월 후 체포되어 지롱드당의 다른 지도자들과 함께 기요틴의 이슬로 사라졌다.[19]

또 다른 대표자 조제프 셰니에는 유명한 시인이자 왕당파였던 형 앙드레와 격렬한 정치 논쟁을 벌였다. 마침내 앙드레가 공포 통치 기간에 체포되었지만 조제프는 아무런 구조 노력을 하지 않았다. 앙드레는 로베스피에르가 몰락하기 불과 이틀 전에 처형당했다. 조제프는 신문은 물론이고 자기 집 문 위에 휘갈겨 쓴 비난 등으로 오랫동안 조롱을 당했다. "카인, 당신은 형제를 위해 무엇을 했던가?" 실상을 알아보면, 조제프는 형을 도울 만한 위치에 있지 못했다. 물론 그가 그럴 수 있을 때는 당국으로부터 형을 보호해 주기도 했었다. 로베스피에르와 공안 위원회의 명령에 따라 막 처형된 당통의 동맹자였던 조제프 자신이 공포 통치에 반대한다는 혐의를 받고 있었던 것이다. 부모가 그에게 형의 구조 활동에 나서라고 촉구했을 때 그는 형이 누군가의 주목을 받기보다는 차라리 감옥에서 "잊히는 게" 낫다고 답변했다. 부모는 이 제안을 진지하게 받아들이지 않고 공안 위원회에 앙드레의 사건을 탄원하는 편지를 써 보냈다. 이 필사적인 구조 노력이 화근이 되어 로베스피에르가 몰락하기 바로 전에 앙드레의 목숨이 날아가 버린 것이다.[20]

역사학자들은 공포 통치에 대한 사회 경제적 해석들로 인해 정상적인 가족 내 대립을 소홀히 취급해 왔다.[21] 그럼에도 불구하고 일부 역사학자들은 이 갈등의 "형제 살해적" 특성을 강조하기 시작했다.[22] 자클린 쇼미에는 공포 정치 시대를 "적으로 돌변해 사상의 두 가계를" 지지하는 "형제들 사이의 불화"라고 설명했다.[23] 파트리스 이고네도 비슷한 이야기를 한다. 그녀는 지롱드당과 산악당 사이의 투쟁이 "무자비한 동족 살해"로 비화한 원인이 바로 그들의 사회적 유사성 때문이었다고 말한다.[24] 프랑스 역사가들 사이에서 "동족 살해"에 대한 이런 언급은 비유법에 불과한 것으로 공포 통치에 대한 무분별한 분노를 반영하고 있다. 그러나 이런 치명적인 다툼은 비유적인 동족 살해가 아니었다. 국민 공회 내부에서 그 반목은 형제들 사이에 존재하는 구조적 차이가 개입된 대표자들 사이의 싸움이었다. 이 구조적 차이 가운데서도 가장 중요한 것들은 그 원인을 출생 순서의 영향력으로 돌릴 수 있는 것들이다.

프랑스 혁명 기간 동안 출생 순서가 발휘한 위력적인 역할을 증명할 수 있는 직접적인 방법은 두 가지다. 첫 번째 방법은 시간을 두고 권력을 잡기 위해 우열을 다투었던 주요 정당들을 분석하는 것이다. 출생 순서에 따른 차이를 확인하는 훨씬 더 확실한 두 번째 방법은 국민 공회 내부의 표결 양상을 분석하는 것이다. 역사의 행운 덕택 ― 국민 공회 내부의 주요 투표 내용은 실명으로 기록되어 남아 있다. ― 에 우리는 이 두 번째 검증 절차를 수행할 수 있다.

**프랑스 혁명 과정에서 명멸한 주요 정당들에서 첫째들이 차지한 비율(1789~1794년)**

권좌에 머물렀던 첫째들의 비율

- 공안 위원회 (1793~1794년)
- 충실한 왕당파 (1789~1794년)
- 공포 통치파 (1793~1794년)
- 삼부회 (1789년)
- 입법 의회 (1791년)
- 산악당 (1793~1794년)
- 지롱드당 (1792~1793년)
- 푀양파 (1791년)
- **공포 통치 개시**
- 평원당 (1792~1794년)

왕당파　　　자유주의자　　　공포 정치가

정치적 태도

**그림 13.1** 프랑스 혁명 기간 동안 각각의 주요 정당에서 첫째들이 차지한 평균 비율(1789~1794년). 이 관계는 명백한 곡선을 이루고 있다. 첫째들이 가장 급진적인 분파뿐만 아니라 가장 보수적인 분파도 지배했음을 알 수 있다.

지롱드당과 산악당의 분열은 1793년 초에 발생했다. 국왕의 재판 결과를 놓고 사이가 틀어지면서 공포 통치라는 억압 정책이 출현했던 것이다. 로베스피에르와 공안 위원회가 주도한 공포 정치는 명확하게 첫째 지향적인 정치 활동이었다.

여기서 확인할 수 있는 곡선 관계는 공포 통치 시절에 '급진주의' 입장이 '자유주의' 입장이 아니었다는 사실에 의해 설명된다. 첫째들은 혁명에 대한 자신들의 충성심을 자유주의에 대한 헌신이 아니라 폭력에 대한 집착으로 입증하려고 했다.


혁명이 점점 더 기세를 더해 가면서 매번 새롭게 선출된 기구는 더 많은 비율의 자유주의자들(과 후순위 출생자들)을 권좌에 앉혔다(그림 13.1).[25] 1789년 이전에 권력을 장악하고 있다가 혁명을 격렬하게 반대한 충실한 왕당파는 대개 첫째들이었다. 1789년 7월 혁명을 촉발하고 그 1단계를 수행한 삼부회의 대표자들 가운데서는 후순위 출생자들이 약간 더 많았다. 이들 대표는 입법 의회 선출 결과 훨씬 더 많은 비율의 후순위 출생자들로 교체되었다. 후순위 출생자들의 이런 참가 증대 경향은 혁명 3년 차에 최고조에 이르렀다. 회합을 가졌던 푀양 수도원에서 그 명칭이 유래한 푀양파는 이 시기에 아주 잠깐 권력을 잡았다.[26] 이 특별한 후순위 출생자 집단은, 1791년 여름 호전적인 자코뱅당과 결별한 "온건파들"로 구성되어 있었다.

푀양파는 외세와의 전쟁을 지지하던 지롱드당에 곧 권력을 내주었다. 지롱드당의 지도자들은 푀양파보다 첫째들의 비율이 약간 더 많았다. 그럼에도 불구하고 왕당파 반대 세력과 비교해 보면 지롱드당은 압도적으로 후순위 출생자들의 집단이었다. 그들은 전쟁을 국가를 단결시키고 시민들의 분출하던 적개심을 혁명을 거부하는 진짜 반동 세력에게 돌리는 수단으로 보았다. 공화주의 사상이 프랑스 국경을 넘어 확산되는 것이 두려웠던 외국 세력들이 혁명을 붕괴시키려고 했던 것이다. 유명한 지롱드당 지도자들로는 자크-피에르 브리소(열일곱 자녀 가운데 열셋째), 장-마리 롤랑(다섯 아들 가운데 막내)이 있다. 지롱드당 출신의 가장 위대한 연설가 피에르 베르니오는 두 자녀 가운데 막내였다.

국민 공회 내에서 평원당의 유순하고 소심한 대의원들은 대다수가 후순위 출생자였다. 이들 온건한 후순위 출생자들은 대개가 중간 자식들이었다. 반면 막내 출신 대의원들은 거의가 극단적인 분파를 지지했다.[27] 평원당은 단호하지 못했고, 국민 공회를 지도할 수 없었다. 그들 다수의 상태는 다른 누군가가 나서서 권력을 잡도록 강제했다. 산악당의 대의원들은 이 조심스러운 인사들을 "늪에 사는 두꺼비"라며 경멸적으로 비난했다. 이 분파의 성원들이 국민 공회 내에서 연설을 하려고 했을 때 산악당원들이 "개구리 우는 소리로 야유했다."고 전해진다. 평원당은 처음에는 지롱드당을 지지했다. 지롱드당이 산악당에 앞서 권력을 잡을

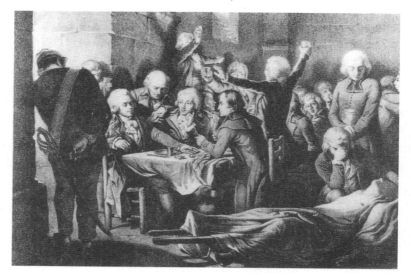

지롱드당원들의 **마지막 밤**(1793년 10월 30일). 지롱드당의 위대한 웅변가 베르니오가 탁자 끝에 앉아 있다(왼팔을 길게 뻗고 정면을 바라보는 인물). 오른쪽 전경으로는 발라제의 시신이 보인다. 혁명 재판소의 사형 선고 소식을 듣고 칼로 자살을 시도했던 것이다. 성직자 한 명과 상심한 동지 한 명이 시신을 내려다보고 있다. 대의원들은 밤이 새도록 노래를 부르고 조용히 대화를 나누었다. 다음날 아침 호송차 다섯 대가 이 21명의 지롱드당원을 형장으로 실어 날랐다. 그들은 호송 중에 「마르세예즈」를 불렀다. 마지막으로 기요틴의 칼날 아래 선 지롱드당원 베르니오는 끝까지 노래를 불렀다. 프랑스의 역사가 쥘 미슐레는 이렇게 썼다. 베르니오의 "거룩한 목소리"가 일순간 침묵 속에 빠져 들었다. "사람들은 공화국과 법이 사망하는 소리를 듣고 있는 것 같았다."(Bowers 1950:496에서 인용)

수 있었던 이유가 바로 여기에 있었다.

산악당의 승리는 첫째형 통치로의 회귀가 시작되었음을 알리는 사건이었다. 로베스피에르의 '혁명적 독재'와 공포 통치로 마침내 그 모습을 드러낸 프랑스는 다시 한번 첫째들의 정치적 지배를 경험하게 된다.[28] 공포 정치하에서 첫째형 통치의 정도는 심지어 왕당파 반대 세력을 능가했다! 피에 굶주린 장-폴 마라 같은 주요 공포 통치자들은 자신들의 생각보다 첫째 출신의 전제 군주 루이 16세와 공통점이 훨씬 더 많았다.[29]

지롱드당과 산악당이 충돌했던 쟁점은 이데올로기가 아니라 전술이었다. 프랑스 혁명은 공포 통치로 나아가면서 더욱 더 자유주의적으로 이행하는 것이 아니라 더 완고하고 호전적으로 돌변함으로써 더 '급진적'으로 변해 갔다. 로베스피에르와 다른 공포 정치가들은 배심 재판을 비웃었고, 공포에 기초한 강력한 독재 체제를 구축했다. 지롱드당 지도자들은 이 과정에 반대하는 불운한 노력을 다하다가 몰락의 길을 걸으며 참수당했다. 이 정치적 분열을 부채질한 것은 형제의 차이였지 계급 갈등이 아니었다.

## 공안 위원회

공안 위원회의 종신 위원 12명이 공포 통치 시대를 주무르고 있었다. 이 12명 가운데 7명이 첫째였다. 혁명 기간에 등장한 그 어떤 주요 정당에서보다 더 높은 비율이다. 이 "12인 위원회"에 관한 집단 전기를 저술한 로버트 R. 파머는 이렇게 말한다. 그들은 "독재적이었고, 질투가 많았으며, 성미가 급했다." 전형적인 첫째의 특성이다.[30] 바레르, 비요-바렌, 콜로 데르부아, 에로 드 세셸, 프리에 드 라 코트 도르, 생-쥐스트, 로베스피에르가 공안 위원회의 첫째들이었다. 바레르는 애초에 평원당의 지도자로 혁명에 절대적으로 순응하는 사람이었다. 파머는 이렇게 쓰고 있다. "정권을 장악하는 데 성공하는 그룹이면 무슨 단체라도 그들의 정견에 동의해 버리는 게 그의 결점이었다. 그는 자신의 우유부단함에서조차 자유주의자였다."[31] 이윽고 바레르는 자신의 목숨을 부지하기 위한 필사적인 시도로 로베스피에르와 다른 공포 통치자들을 공격하기에 이른다. 또 다른 역사가는 이렇게 적고 있다. 바레르는, "언제나처럼 관망하다가 막판에 가서야 비로소 마음을 정했다."[32] 혁명의 결과로 공포 통치자가 된 바레르와 달리 비요-바렌의 성격은 "그 자신, 될 수밖에 없었던 공포 통치자의 싹"을 명확히 보여 주었다.[33] 생-쥐스트는 "혁명의 무서운 아이"를 대표한다.[34] 성급하고, 이기적이며, 자부심이 강했던 그는 열아홉 살 때 파리로 도망쳤다. 그는 어머니의 은 장신구를 훔쳐서 여행 경비를 조달했다. 비요-바렌처럼 그도 천성적으로 타고난 성향을 바탕으로 완벽한 공포 통치자가 되었다. 한 전기 작가는 그를 "냉혹하고 의심이 많은 성격"이라고 묘사했다. "그는 어디에 가더라도 음모단, 배신자, 부패한 관리들을 찾아냈다."[35] 콜로 데르부아야말로 가장 불쾌한 인물이었다. 정치적 광신자였던 그를, 한 친구는 "심보가 비뚤어졌고, 오만하며, 악의에 차 있다."고 묘사했다.[36] 공포 통치 시절에 콜로 데르부아는, 리옹에서 벌어진 지롱드당의 반란이 진압된 후 그곳에서 2,000명 이상의 처형을 직접 주관했다. 그는 하루 만에 200명을 사형에 처했다. 대포에 포도탄을 장전해 대량 살육을 자행했던 것이다. 콜로 데르부아는 리옹에서 선보인 복수에 대한 열정 때문에 호랑이라는 별명을 얻었다.

막시밀리앙 로베스피에르는 비요-바렌, 콜로 데르부아, 생-쥐스트와 비교하면 꽤 온정적인 인물이다. 그는 불운한 가족적 배경과 그에 따른 성격 결함에 압도당한 이상주의자였다. 로베스피에르의 어머니는 그가 여섯 살 때 사망했고, 아버지는 네 자식의 양육을 친척들 손에 맡겨 버렸다. 로베스피에르의 누이는 어머니가 죽고 나서 그에게 닥친 "총체적인 변화"를 증언한다. 그는 근심 걱정이 없는 아이에서 침울한 소년으로 바뀌었다. 로베스피에르는 "말하자면, 자신을 가장으로 여겼다."[37]

로베스피에르의 아버지는 평판이 나빴고, 많은 부채를 남겨 놓았다. 장남은 이 사실을 아주 수치스럽게 여겼다. 로베스피에르는 스물여섯 살 때 아라스 아카데미에 선출되었고, 감동적인 연설을 했다. "악행자들의 추악한 행위를 그 가족과 친척들에까지 연루시키는 편견은 위험하다."는 내용이었다.[38] 로베스피에르는 아버지와 상당한 갈등을 경험한

*les yeux verts le teint pâle habit nankin rayé vert,*
*gilet bleu rayé bleu, cravatte blanche rayée rouge.*
*(croquis d'après nature à une Séance de la Convention)*

국민 공회의 한 회기 중에 소묘된 **막시밀리앙 로베스피에르**. 화가는 이 초상 밑에 다음과 같이 적어 놓았다. "초록색 눈, 창백한 안색, 초록색 줄무늬가 있는 담황색 재킷, 줄무늬가 들어간 파랑색 조끼, 빨강색 줄무늬가 있는 흰색 크러뱃(cravat, 남성이 목에 감는 스카프 모양의 목도리—옮긴이)." 로베스피에르는 자신의 청렴 강직한 삶을 호소하는 데서 천부적인 재능을 발휘한 "웅변가"였다. 그의 연설에서는 "항상 순교와 죽음의 유혹에 대한 고백이 강조되었다."(Schama 1989:579) 어린 시절에 버림을 받은 로베스피에르는 배신행위에 극도로 민감했고, 그런 혐의가 의심되는 사람들에 대해서는 신속하게 가혹한 조치를 취했다.

첫째 출신 급진주의자들의 성향을 예시하는 좋은 본보기이다.

로베스피에르는 불우한 어린 시절 때문에 자유주의적 성향을 갖게 되었지만 이러한 경험이 그를 유약하게 만들지는 못했다. 그는 타협할 줄 몰랐고, 그로 인해 '미스터 청렴결백'이라는 별명을 얻었다.[39] 한 역사가는 그에 대해 이렇게 논평했다. 그는 "쉽게 용서하지 않았다." 그리고 이렇게 덧붙였다. 그는 "무정하고 냉담했"으며 "웃을 줄 몰랐다."[40] 또 다른 역사가도 비슷한 평가를 했다. "그는 심문관의 미덕과 결점을 모두 갖고 있었다. 그는 인류를 사랑했지만 연민의 정을 바탕으로 주변 사람들의 마음속에 들어갈 수는 없었다."[41] 이런 특성은, 그 이유야 무엇이든 정치적 급진주의를 지지하는 첫째들의 전형적인 자질이다.

공포 통치 시절에 첫째들이 정치권력에 극적으로 복귀했다는 사실을 온전히 이해하려면 '자유주의'가 1792년 9월 이후로 더 이상 리더십의 핵심이 되지 못했다는 점을 올바르게 인식해야 한다. 감옥 대학살이 있었고, 특히 그해 말에 국왕이 재판을 받았다. 이와 함께 혁명이 훨씬 더 무자비한 국면으로 이행했다. 이렇게 폭력이 급증하던 단계는 흔히 '급진화'의 시기로 묘사되었다. 그러나 이는 사태를 얼마간 오도하는 용어이다. 공포 통치 시대를 요약하는 단순한 '급진주의'가 아니었던 것이다. 일반적으로 '급진주의'가 '극단적 자유주의'를 의미하는 한 첫째 출신 대표자들은 그들의 후순위 출생자 동료들보다 더 급진적이었던 적이 없다. 자유주의 정치사상을 지지하는 어떠한 대규모 인구 집단을 보더라도 언제나 후순위 출생자들이 압도적으로 많다. 이 경향은 지난 5세기 동안 서유럽 역사에서 항상 진실이었다.[42]

다수의 핵심적인 사회 쟁점과 관련해 지롱드당은 산악당보다 분명히 더 자유주의적이었다.[43] 지롱드당원들은 산악당원들과는 다르게 여성과 그들의 정치 참여에 호의적인 태도를 보였다. 그들은 여성의 권리에 대한 지지와 밀접하게 결부된 사안이었던 장자 상속권을 폐지하는 데서 주도적인 역할도 수행했다.[44] 모나 오주프는 이렇게 결론짓고 있다. "산악당이 지롱드당의 왕정주의를 비난한 것은 사람들의 관심을 딴 데로 돌리려는 술책이었다."[45]

### 형제 대의원들

국민 공회에 선출된 893명의 대의원 가운데 16쌍이 함께 자란 형제였다. 막시밀리앙 로베스피에르와 오귀스탱 로베스피에르도 그 가운데 한 쌍이다. 이 16쌍의 대의원들 사이에 존재했던 정치적 차이를 계급 차이로는 설명할 수 없다. 16쌍 가운데 12쌍이 출생 순서에 따라 정치적으로 동맹했다. 더 어린 형제들은 지롱드당이나 평원당에 가담했고, 더 나이든 형제들은 산악당에 몸담았다. 무엇보다도 인상적인 점은 그 어떤 동생도 형보다 '왼쪽'에 자리하지 않았다는 사실이다. 비록 표본이 작기는 하지만 이 경향은 통계적으로 유의미할 뿐만 아니라 국민 공회 전체의 더 광범위한 경향과도 일치한다.[46]

형제가 자리를 함께한 세 쌍 가운데 두 쌍의 경우도 동생이 더 온건했다. 로베스피에르의 동생 오귀스탱이 좋은 사례이다. 한 전기 작가는 그에 대해 이렇게 말한다. "(그보다) 막시밀리앙과 더 다른 누군가를 찾아내는 일도 어려울 것이다."[47] 주변 사람들에게 엄격했고 관용을 몰랐던 미스터 청렴결백과 달리 오귀스탱은 진정으로 유쾌한 친구였다. 친구들은 그를 봉봉(Bon Bon)이라는 별명으로 친근하게 불렀다. 그는 산악당원이었으면서도 프레롱과 같은 공포 통치자들에게 아주 비판적이었다. 그는 프레롱의 지나친 잔혹함에 재갈을 물리려고 시도했다. 오귀스탱은 산악당 내의 다른 분파들에 대해서도 형 막시밀리앙보다 훨씬 더 관용적인 태도를 보여 주었다. 심지어 그는 국민 공회 회의석상에서 형의 정적 일

부를 방어하기까지 했다. 형은 그를 공개적으로 비난했다.[48)]

## 당내 분파들

출생 순서의 영향력은 정당들 내부의 분열을 야기할 정도로 압도적이다. 혁명이 진전되면서 출생 순서에 따라 계속해서 분파가 난립했다. 1791년 푀양파 가운데 첫째들은 자코뱅파로 변신했다. 자코뱅파에서 지롱드당의 지도부가 나왔고, 그들은 다시 가장 호전적인 동료들에게 버림을 받았다. 이들이 바로 산악당의 첫째들이다. 정치가들이 동일한 당명하에서 공식적으로 연합을 유지하고 있을 때조차 그들은 계속해서 출생 순서가 규정한 입장에 따라 다투었다.[49)] 지롱드당에서 첫째들은 산악당과의 화해를 추구했던 후순위 출생자 동지들보다 대개 더 호전적이었다. 막내 출신으로 상냥한 성격의 지롱드당 웅변가 피에르 베르니오에 대해 한 논평가는 이렇게 말했다. 그는 "뷔조, 귀아데, 바르바루의 야망과 열정과 증오에 희생당했다(세 사람 모두 그와 같은 당 소속이었다.)."[50)] 아주 호전적이었던 다른 지롱드당원들처럼 이 세 사람도 첫째였다.

산악당의 독립파보다 출생 순서의 역할을 더 선명하게 예증해 주는 분파도 없다.[51)] 이 집단에는 국민 공회에서 가장 잔혹한 극단주의자들이 소속되어 있었다. 이 피에 굶주린 집단 내부에서조차 비요-바렌 및 마라처럼 가장 호전적인 성원들과, 공포 통치를 완화하려던 동정적인 "관용파"가 날카롭게 대립했다. 이 온건파 가운데 가장 유명한 인사가 바로 로베스피에르에 의해 1794년 4월 처형된 조르주-자크 당통이다. 지금까지도 그 호방함이 감동을 불러일으키는 혁명의 풍운아 당통은 "마라나 로베스피에르처럼 '분파'와 '음모'를 닥치는 대로 뭉뚱그려 생각할 수 없었던" 유순한 정치인이었다.[52)] 그는 자신과 의견이 다른 사람들에게 복수를 해야 할 필요성도 전혀 느끼지 못했다. 로베스피에르 및 다

등 뒤로 손을 결박당한 채 형장으로 가는 **조르주-자크 당통**. 한 친구가 당통에게 곧 체포될 것이라고 경고하자 그는 이렇게 대답했다. "처형하느니 차라리 처형당하는 게 낫다."(Matrat 1971:247) 당통은 처형 직전 집행관에게 이럴 때를 대비해 지어 놓은 시가를 읊조려도 좋겠느냐고 물었다. 허가가 떨어졌고, 그는 "로베스피에르의 몰락을 노래한 시가를 우렁차게 읊조렸다. 그리고 친구들과 오래된 카페에 자리를 잡고 앉은 것처럼 호탕하게 웃었다." 그가 남긴 마지막 말은 이런 내용이었다. "내 머리를 민중에게 보여 주시오. 내 죽음은 그만 한 가치가 있으니."(Belloc 1928:280)

른 공포 통치자들과 달리 그는 대다수의 사람들은 타고난 반항아가 아니라는 사실을 이해했다. 그가 공포 통치에 반대하면서 정력적으로 주장한 것처럼 대다수의 사람들은 "혁명의 피를 간직한 채 태어나지 않으며," 따라서 호전적인 수단을 기피한다고 해서 "범죄자로 취급되어서도" 안 된다.[53] 산악당의 독립파가 국민 공회 내부에서 가장 첫째형인 분

파였음에도 불구하고 관용파 내에는 후순위 출생자들이 압도적으로 많 았다.[54]


## 국왕 재판: 완고함의 사례

다른 성격 특성처럼 가장 저명한 역사 인물들의 완고함도 측정할 수 있 다. 다행스럽게도 프랑스 혁명을 연구하고 기술해 온 역사가들은 지난 2 세기 동안 이 사건의 중요 행위자들에 관한 전기 정보를 무수히 취합해 훌륭하게 정리해 놓았다. 나는 다양한 지표를 활용해 정치적 완고함을 측정할 수 있었다. 나의 척도에는 호전성, 불관용, 복수심 및 기타의 적 대 행동 등 손쉽게 전거를 확인할 수 있는 19가지 징후가 포함된다.[55] 나 는 국민 공회 대의원들의 공인된 전기 정보를 활용하여 이 방법에 입각 해 893명 전원을 평가할 수 있었다.

완고함은 당파 관계를 통제한 후에도 출생 순서와 일정한 상관관계 를 맺었다. 첫째 출신 대의원들은 후순위 출생의 대의원들보다 더 완고 했다.[56] 가장 박약한 대의원들은 중간 자식들로, 이 결과는 앞 장에서 개진한 나의 주장을 확증해 준다. 출생 순서에 따른 이런 성격 차이를 바탕으로 우리는 이 헌신적인 자유주의자들이 서로에게 등을 돌리며 정치적으로 끊임없이 분열한 정황도 파악할 수 있다.[57]

역사가들은 국민 공회 내부의 분열을 설명하기 위해 주로 사회적 원 인을 연구해 왔다. 이런 기타의 사회적 고려 사항들과 비교할 때 개인 들이 보인 완고함의 심리적 차이는 얼마나 중요했을까? 루이 16세 재판 사건은 이 질문의 답과 관련하여 편리한 토론의 장을 제공한다. 루이는 1792년 12월 국민 공회에서 반역죄로 기소당한다. 총 721명의 대의원이 국왕의 운명을 결정하는 투표에 참여했고, 그들 각각의 찬반 여부가 실명으로 기록되어 남아 있다. 역사가들은 2세기에 걸쳐 공포 통치의 수수께끼를 해명하기 위한 노력의 일환으로 이 표결 양상을 연구했다. 대의원들 자신도 충분히 인식했던 바, 이 투표는 정치 폭력을 배가할 것인지 억제할 것인지 여부를 놓고 벌어진 공식적인 총투표였다.[58]

표결 과정에서 소수의 대의원이 기권하기는 했지만 루이의 유죄를 부인하는 사람은 아무도 없었다. 이어서 진행된 세 차례의 평결은 모두 근소한 차로 갈렸다. 첫 번째 투표는 프랑스 국민에게 사형 선고를 호소할지에 관한 것이었다. 지롱드당이 지지한 이 동의안은 기각되었다. 두 번째 투표에는 처벌의 형태가 포함되었다. 반역 활동을 이유로 국왕이 사형을 당해야 하는가? 이 투표는 가결되었다. 세 번째이자 가장 중요했던 표결은 관용에 관한 것이었다. 지롱드당의 지도자들은 혁명이 과격해지는 것을 억제하기 위해 국왕을 살려 두고자 했다. 자비를 베풀 것인지의 문제가 의안으로 상정되었고, 평결은 사형 찬성 361대 사형 반대 360으로 결판이 났다. 결국 국왕은 단 한 표 차이로 참수당했다![59] 그 한 표가 대의원들을 국왕 살해자와 비국왕 살해자로 영원히 나누었고, 이어서 대숙청이 뒤따랐다.

후순위 출생자 대의원들 — 특히 중간 자식들 — 은 국민에게 호소하는 것을 지지했고, 사형에 반대했으며, 자비를 베풀자고 주장했다.[60] 박약한 대의원들도 출생 순서와 관계없이 국왕의 목숨을 살려 주자는 데 투표했다.[61] 전형적인 후순위 출생자가 국왕 처형에 찬성할 확률은 불과 38퍼센트였다. 첫째 출신의 대의원이 국왕 처형에 찬성할 확률은 73퍼센트로, 거의 두 배나 높았다.

나는 출생 순서와 완고함 말고도 국왕 재판 과정의 투표 양상을 예보해 주는 기타의 선행 지표 여섯 가지를 검토했다. 이전의 역사가들이 폭넓게 언급해 온 나이, 당파 관계, 사회 계급 같은 변수들이 이 추가적 예보자들에 속한다. 국왕 살해자들은 이런 과거의 역사적 주장들과 모순됨 없이 대개가 산악당이었고, 과거에는 혁명 정치에 열중했으며, 비교적 젊었다.[62] 다수의 예보자를 종합적으로 활용해 보았더니 일부 대의원들은 유별나게 국왕에 반대했다. 막시밀리앙 로베스피에르가 국왕 처형에 찬성할 확률은 97퍼센트였고, 장-폴 마라는 98퍼센트였다. 루이 16세의 변호사가 전단적 기피권을 활용해 적대적인 배심원들을 제거할 수 있었다면 첫째 출신의 젊은 대의원들, 특히 산악당에 동조하는 인물들을 쫓아내야 했을 것이다. 721명 가운데 그런 배심원을 두 명만 쫓아낼 수 있었어도 국왕은 목숨을 부지할 수 있었을 것이다.

기타 예보자들을 통제했더니 사회 계급이나 출신지, 도시 연줄 그 어느 것도 투표 양상을 예보케 해 주는 유의미한 변수가 되지 못했다.[63] 프랑스의 역사가들이 이런 가족들 사이의 영향력을 공포 통치의 주된 원인으로 오랫동안 여겨 왔다는 사실을 상기할 때 이 점은 주목할 만한 결과이다. 국민 공회 내부에서 산악당은 지롱드당을 거듭해서 지방 출신 귀족들이라며 비난했고, 이에 맞서 지롱드당은 산악당이 파리 코뮌의 무법자들과 불미스럽게 제휴하고 있다며 응수했다.[64]

사회 계급은 투표 양상에 중요한 영향을 전혀 행사하지 못함에도 불구하고 출생 순서와 상호 작용한다. 첫째들 가운데서 하층 계급 출신 대의원들은 상층 계급 출신 대의원들보다 국왕 처형에 찬성할 확률이 높았다. 첫째들은 마르크스주의의 예상대로 행동했다! 그러나 마르크스주의 이론에게는 애석하게도 후순위 출생자들은 정반대 경향을 보였다(그림 13.2).[65] 첫째들은 계급적 기대에 순응하고 후순위 출생자들은 이런 기대에 반항하는 경향이 있다는 주장이 이 결과를 해석하는 합리적 설명 방법 가운데 하나로 제시되었다. 마르크스주의 이론이 프랑스 혁명

**루이 16세 처형**(1793년 1월 21일). 왕이 단두대에 도착하자 집행관이 그의 손을 등 뒤로 묶고 머리
털을 잘랐다. 루이는 처형 직전에 모여든 구경꾼 2만 명 앞에서 연설을 했다. "나는 기소된 범죄 내
용 전체에 대해 무죄다. 당신들이 흘리고자 하는 피가 프랑스 국가에 요구되지 않기를 바란다." 비
열하게도 드럼 연타가 국왕의 연설을 삼켜 버렸다. 이윽고 루이는 널빤지에 묶여 칼날 아래 놓였
다. 집행관이 처형 직후 피가 뚝뚝 떨어지는 머리를 군중에게 보여 주고 있다. 몇몇 구경꾼은 이 사
건을 기념하기 위해 국왕의 피로 자신들의 손수건을 적셨다.(Schama 1989:669)

을 설명하는 데서 처한 난제는 이 이론이 형제들 사이에 존재하는 다양
성을 인식하지 못했다는 데 있다.

우리는 공포 통치 시대의 정치적 행동을 예보해 주는 관련 지표 전체
를 충분히 심사숙고했고, 이 과정에서 확고한 하나의 결론을 얻었다. 이
사태가 벌어지는 와중에 사람들이 보인 행동과 관련해 우리가 이해하
고 설명할 수 있었던 것의 많은 부분이 형제의 차이와 형제 전략을 정확
하게 반영한다는 사실 말이다. 피상적으로 보면 루이의 재판 과정에서
투표 양상을 예보해 주는 최고의 선행 지표는 당파 관계이다. 그러나 인
과 관계 속에서 당파 관계는 보좌 역을 수행하는 것으로 보아야만 한다.
형제의 차이가 당파 관계를 해명해 주는 것이다. 이렇게 겹치는 영향력
전체를 규명하기 위해 인과 관계 모형을 채택해 보면 형제들 사이의 차

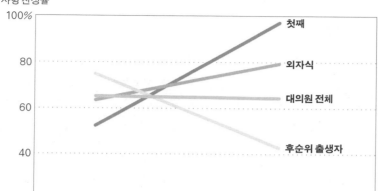

**루이 16세 재판 과정에서 드러난, 사회 계급과 출생 순서에 따른 투표 양상**

사형 찬성률

(그래프 세로축: 100%, 80, 60, 40, 20, 0)

첫째

외자식

대의원 전체

후순위 출생자

상층 계급 · 중간 계급 · 하층 계급

사회 경제 계급

**그림 13.2** 사회 계급과 출생 순서에 따른 루이 16세 재판의 투표 양상. 첫째 출신 대의원들은 자신들이 속한 계급의 기대치에 부응했다. 상층 계급 첫째들은 국왕의 목숨을 부지해 주는 쪽에 투표한 반면 중간 계급과 하층 계급 첫째들은 사형에 찬성했다. 하층 계급 후순위 출생자들은 계급적 기대치를 무시하고 국왕의 목숨을 부지해 주는 쪽에 투표했다. 대의원들의 투표 결과를 보면 갈등과 분열이 주로 가족 내부에서 발생했지 가족들 사이에서 발생한 게 아님을 알 수 있다.
출생 순서는 주요 효과로서 표결 양상에 상당한 영향력을 행사했다. 그러나 사회 계급은 그렇지 못했다. 이 두 가지 주요 효과를 통제했더니 출생 순서와 사회 계급 사이의 상호 작용이 통계적으로 유의미함을 알 수 있었다.

이가 기타의 정치 행동 예보자 전체를 다 합한 것보다 거의 두 배쯤 더 중요하다는 것을 확인할 수 있다. 2세기에 걸친 프랑스 역사가들의 설명은 그 대부분이 형제의 차이가 발휘한 인식되지 못한 위력에 대한 각주이자 보충 설명이다.[66]

## 결론

프랑스 혁명의 사회사는 혁명 자체의 비극을 반영하는 근본적인 한계점을 끌어안고 있다. 급진적인 혁명들은 행동을 예보해 주는 대다수의 사회학적 선행 지표들을 시종일관 초월한다. 혁명 과정에서 함께 자란 사람들이 분열하기 때문이다. 공포 통치의 핵심에는 계급 갈등이 아니라 형제 투쟁이 자리하고 있었다. 결국 프랑스 혁명이 실패한 이유는 이 사실을 꿰뚫어 보지 못한 참가자들의 무능력 때문이었다.

혁명의 초기 연간에 정치권력은 첫째 출신의 보수주의자들에게서 비교적 박약한 단체를 구성했던 후순위 출생의 자유주의자들에게로 넘어갔다. 후순위 출생자들은 혁명의 대의를 열렬히 지지했지만 정치적 목표를 달성하기 위해 폭력을 무차별적으로 행사하는 것을 불편해 했다. 잔혹한 행위에 대한 이런 혐오는 대개가 중간 자식들로 구성되었던 평원당 대의원들 사이에서 특히 두드러졌다. 그들은 다른 두 정당의 호전적인 전술을 삼갔다. 혁명은 점점 더 난폭해졌고 주도적 산악당원들인 완고한 첫째들이 권력을 잡았다. 반면 미슐레의 말에 따르면, 후순위 출생자들은 "더 이상 혁명의 정신을 지니지 못했다."[67] 파리에서 코뮌에 의한 폭력 위협이 점점 증대하자 마라, 로베스피에르, 생-쥐스트 같은 첫째들은 무자비한 테러 기구를 고안함으로써 대응했다. 감히 공포 통치에 저항하며 당대의 진정한 "불순응주의자들"로 나선 개인들은 민중의 적으로 선포되어 형장의 이슬로 사라졌다.[68]

프랑스 혁명은 "자유, 평등, 형제애"라는 공화주의 이상에 따라 사회를 개조하려고 했다. 자유와 평등은 비교적 달성하기가 쉬웠다. 그러나 형제애는 달성하기가 쉽지 않았다. 지롱드당 의원 랑테나는 이 문제의 심각성을 깨닫고 다음과 같이 주장했다. "내게는 형제들이 서로 분열하는 모습만 보인다. 그리고 그들은 가능한 가장 무자비한 방법으로 그렇게 하고 있다. 그것은 그들이 마음으로는 같은 것을 지지하고 있기 때문이다. 가장 완벽한 자유와 공화국의 자유는 불가분의 관계에 있다."[69] 공포 통치는 형제들을 정치적으로 반목하게 만들었고 제1공화정의 설립자들을 삼켜 버렸다. 그리고 자신이 전복하려고 했던 압제를 대신해 새롭고, 똑같이 불운한 전제 정치를 야기했다. 프랑스 혁명의 역사가들을 끊임없이 괴롭혀 온 문제는 사실 이 충돌의 '형제 살해적' 본성이라는 불쾌한 설명이다.

# 4부

# 종합

# 14장

●

## 사회적 환경과 지적 배경

### 역사적 배경

단일한 역사 사건에 대한 연구가 아무리 포괄적일지라도 그 결과는 언제나 인간의 행동을 불완전하게, 또 어쩌면 잘못 안내하기까지 한다. 심지어 수많은 사건들을 상세하게 연구했다 할지라도 행동의 결과가 보이는 다양성은 신뢰할 만한 일반화의 전망을 부인하는 것처럼 보인다.

출생 순서가 혁명적 행동에 미치는 영향력이 이 문제를 예증한다. 일부 혁명에서 출생 순서는 개인적 헌신을 예보해 주는 유력한 선행 지표였다. 후순위 출생자들은 대체로 변화를 위한 성전을 주도했다. 다른 혁명들에서는 출생 순서의 설명력이 전무했다. 또 다른 혁명들에서는 출생 순서의 영향력이 전반적인 경향을 거슬렀다. 첫째들이 변화를 위한 투쟁을 지휘했던 것이다. 이런 상이한 결과에도 불구하고 시종일관된 역사의 양상을 기술해 볼 수 있다. 이 양상의 핵심은 역사적 배경이 발휘하는 역할이다. 내가 말하는 역사적 배경은 해당 문화의 특정 시점에서 우위를 점하는 사회적·정치적·종교적·지적 조건을 뜻한다. 출생 순서 효과는 구체적인 상황 맥락과 밀접하게 결부된다. 이런 식으로 상황적 맥락에 민감하게 반응하는 인간의 행동을 설명하기 위해 각종의 전기적 정보들을 모으는 데 20년 이상이 소요되었다. 나는 역사적 사건들의 본질과 참가자 개인들의 구체적 특성을 동등하게 취급했다. 이 장에서 나는 28가지 과학 혁명에 대한 나의 연구 결과를 개관하려고 한다.

역사적 변화의 시기에 발생하는 행동을 이해하려면 먼저 혁명적 변화의 가장 두드러진 특징들을 파악해야만 한다. 이 문제를 제기하는 또다른 방법은 다음과 같이 묻는 것이다. "혁명을 '혁명적'으로 만드는 것은 무엇인가?" 예를 들어, 일부 과학 혁명들은 논쟁적인 이데올로기적 함의를 지녔다. 비교적 그런 걱정거리가 없는 혁명들도 있었다. 전등의 발명은 '보수적'인 행위도 '급진적'인 행위도 아니었다. 에디슨의 전구는 신의 존재를 부정하지도 않았고 정치적 권위에 대한 존경심을 훼손하지도 않았다. 반면 신뢰할 수 있는 피임 기구의 발명은 사회를 분열시키는 결과를 낳았다. 태아 조직 이식과 체외 수정을 가능케 해 준 생물학 기술의 진보도 마찬가지였다. 이데올로기적 함의로 인해서 체외 수정을 수용하는 것과 에디슨의 전구를 받아들이는 행위는 서로 달랐다.

어떤 과학 발견들은 인지 과정상에서 동요를 일으키기도 했다. 혁신의 인지적 특징 ─ 처음에 얼마나 황당해 보이는가 ─ 을 살펴보면 왜 어떤 발견은 수용되는 데 많은 세월이 필요했었는지를 설명할 수 있다. 물론 별다른 야단법석 없이 채택되는 발견들도 있다.[1] 대륙 이동에 관한

1953년 자신들이 제안한 DNA 모형을 설명하고 있는 **제임스 왓슨과 프랜시스 크릭**(오른쪽). 이 발견은 급진적 혁신이 아니라 창의적 문제 해결의 좋은 사례이다. 비록 왓슨과 크릭의 DNA 연구가 분자 생물학의 혁명을 이끌기는 했지만, 그에 뒤따른 진보는 급진적이라기보다 기술적인 혁명에 상당한다. 첫째들은 급진적인 혁명을 선도하기보다 기술적인 특성을 지니는 과학 혁신을 이룩할 가능성이 훨씬 더 많다. 왓슨과 크릭도 이 경향에 모순됨 없이 둘 다 첫째였다. DNA 구조를 찾아내기 위한 경쟁에서 가장 막강한 경쟁자였던 라이너스 폴링도 첫째였다.

알프레트 베게너의 이론과 DNA 구조 발견의 운명을 비교해 보는 것만으로도 사태를 충분히 짐작할 수 있다. 베게너의 대담한 가설은 인정을 받기까지 반세기가 걸렸다. 1953년에 발표된 왓슨과 크릭의 이중나선 모형은 별다른 논쟁 없이 수용되었다. 이 주제와 관련해 경쟁 이론을 제안했던 라이너스 폴링조차 왓슨과 크릭의 설명을 읽고 설득당하는 데

5분이면 족했다.[2] 크릭은 이렇게 말했다. DNA의 구조를 이해하는 데 필요한 기본적인 개념은 "터무니없을 정도로 간단하다. 양자 역학과 상대성 이론이 그런 것처럼 이것도 상식에 위배되지 않기 때문이다."[3]

## 보수적 혁신에서 급진적 혁명까지

과학에서 출생 순서 효과는 새로운 사상에 내재한 이데올로기적 함의에 의해 작동한다. 사회적으로 급진적인 함의를 갖는 이론들을 후순위 출생자들은 옹호하고, 첫째들은 거부하는 경향이 있다. 사회적으로 보수적인 함의를 갖는 이론들은 정반대 경향을 보여 준다. 첫째들은 보수적인 혁신을 지지하는 경향이 있는 반면 후순위 출생자들은 이런 종류의 사상에 가장 격렬하게 반대한다.

나는 과학자들의 전기 정보를 바탕으로 출생 순서 효과와 그것이 과학 이데올로기와 맺는 관계에 대한 나의 주장을 엄밀히 검증할 수 있었다. 나는 역사 전문가들이 해 준 1만 9000건 이상의 평가를 바탕으로 정치적·종교적 태도가 새로운 이론의 수용에 영향을 미치는 정도를 확인했다. 다윈주의 같은 일부 과학 혁명들에서 종교적·정치적 급진주의자들은 개념의 변화를 열렬히 지지했다. 빙하 이론의 도입 과정 같은 다른 논쟁들에서는 사회적 태도가 과학적 입장과 아무런 관계도 맺고 있지 않았다. 우생학 같은 또 다른 과학 논쟁들에서는 종교적·정치적 보수주의자들이 새로운 관점을 강력하게 옹호했다. 상이한 과학 논쟁들에서 매번 역할을 달리하는 사회적 태도들의 이런 경향을 심사숙고하면서 그 경향들을 출생 순서 효과에서 확인되는 경향들과 비교해 보았더니 깜짝 놀랄 만한 양상이 드러났다. 각각의 논쟁을 사회적 태도를 기준으로 가름해 보았더니 해당 논쟁들의 본질이 출생 순서 효과의 방향을 지시했던 것이다(그림 14.1).[4]

**혁신의 이데올로기적 함의에 따른 과학 분야의 출생 순서 경향**

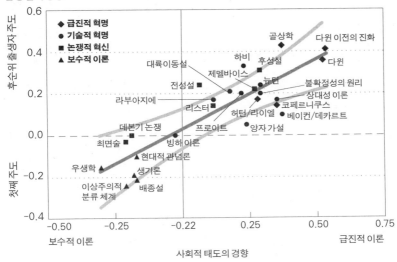

**그림 14.1** 혁신이 가지는 종교적·정치적 함의에 따른 과학 분야의 출생 순서 효과. 세로축은 **출생 순서**가 과학 혁신에 대한 지지와 맺는 상관관계를 알려 준다. 경계선(0.0) 위쪽의 모든 사건을 후 순위 출생자들은 지지했고, 첫째들은 반대했다. 반면 경계선 아래의 모든 사건은 첫째들이 더 많이 지지했다. 가로축은 **사회적 태도**가 각각의 혁신에 대한 지지와 맺는 상관관계를 알려 준다. 경계선(0.0) 왼쪽의 모든 사건을 사회적 보수주의자들은 지지했고, 사회적 자유주의자들은 거부했다. 경계선 오른쪽의 모든 사건을 사회적 자유주의자들은 지지했고, 사회적 보수주의자들은 반대했다. 사회적 태도는 1만 9000건 이상의 평가를 바탕으로 획정했다. 이 평가를 수행한 역사 전문가들은 각 논쟁에 참가한 사람들의 종교적·정치적 태도를 판단했다.

이 분석 결과를 바탕으로 간단한 일반화가 도출된다. **혁신의 내용이 사회적으로 더 급진적이면 급진적일수록 후순위 출생자들은 그 혁신을 더 많이 지지했고, 첫째들은 그 혁신을 더 많이 반대했다.** 과학의 역사에서 가장 급진적인 혁명 두 가지는 초기의 진화 이론과 다윈주의이다. 후순위 출생자들은 둘 모두를 강력하게 지지했다. 내가 조사한 것 가운데 가장 보수적인 혁신은 우생학이었다. 우생학은 첫째들이 선호했다. 과학의 역사에는 두 종류의 사건이 존재하지 않는다. 첫째들이 지지한 급진적 혁명이 없었고, 후순위 출생자들이 지지한 보수적인 이론도 마찬가지로 존재하지 않았다.

　　출생 순서 경향과 이데올로기적 풍조 사이의 관계는 출생 순서에 관한 나의 주장을 입증한다. 실제로 나의 주장은 다양한 방법으로 검증할 수 있다.[5] 예를 들어, 사회적으로 보수적인 혁신을 후순위 출생자들이 옹호한 역사는 어디에서도 찾을 수가 없다. 그런 예가 통계적 유의성을 갖는 수준에서 단 하나라도 발견된다면 나의 주장은 심각한 도전에 직면할 것이다. 마찬가지로 첫째들이 지지하는 급진적 혁명의 사례도 전혀 기대할 수 없다. 첫째들이 역사에서 '반란'을 일으켰다면 그것은 과학에 하나님을 다시 집어넣거나 사회의 현 상태를 재확인하는 것이었을 뿐이다. 첫째들이 우생학을 선호한 이유는 이 개혁 운동이 유전학의 관점에서 사회 경제적 불평등을 합리화해 주는 것 같았기 때문이다(우생학이라는 용어 자체가 "태생이 좋다."는 의미의 그리스어에서 유래했다.). 역사적으로 볼 때 첫째들은, 생물학이 곧 숙명이라는 관념을 지지하는 경향이 있었다. 소수 민족, 여성, 후순위 출생자들은 이런 결정론적 관념에 대체로 반대했다.

　이데올로기적 요인이 혁명적 상황을 규정하는 유일한 수단은 아니다. 더 많은 것들이 있다. 정말이지 엄청나게 많다. 나는 과학 혁신을 규정하는 이 기타의 특징들 가운데 몇 가지를 해명하기 위해 이들 논쟁의 두드러진 특성을 묘사해 주는 30개의 변수를 데이터베이스화했다.[6] 이들 30개의 변수를 종합해 보면 각각의 논쟁에서 독특한 '지문'을 확인할 수 있다. 30개의 변수 가운데 절반 정도는 출생 순서, 부모-자식 갈등, 기질, 부모 사망, 정치적·종교적 태도 등 전기적 특성이다. 나는 앞의 장들에서 이런 전기적 예보자들과 그것들이 급진주의와 맺는 관계를 전부 검토했다.

　나의 데이터베이스에는 과학의 변화와 결부된 다양한 구조적 특성들도 변수로 포함되어 있다. 예를 들어, 어떤 논쟁들은 한 세기가 넘게 지속된 반면 10년 안에 결판이 난 논쟁도 있었다. 어떤 혁신들은 순전히 과학자들만 논쟁에 참여했는가 하면 많은 수의 일반인들이 참여한 과학 논쟁도 있다. 민족적 차이가 개입된 논쟁이 있었는가 하면 그렇지 않은 논쟁도 있었다. 어떤 진보는 물리 과학에서 일어났고, 또 다른 진보는 생명 과학에서 이루어졌다. 30개의 변수 각각과 관련해 동일한 의의를 갖는 과학 혁신은 단 하나도 없다. 각각의 혁신이 보여 주는 양상은 독특하며, 마찬가지로 독특한 역사적 배경을 반영한다. 따라서 우리는 이런 상이한 역사의 지문이 의미가 있는 것인지 아니면 무작위적인 것인지를 판단해야만 한다.

과학에서는 출생 순서 효과의 강도와 방향이 대개 전기적 특성을 알려 주는 다른 변수들에 의해 예보된다. 예를 들어, 세계 여행은 위험 감수와 경험에 대한 개방성을 알려 주는 좋은 지표이다. 이런 이유로 새로운 과학 이론들은 폭넓게 여행한 사람들에게 호소력을 발휘하는 경향이 있다. 같은 이유로 후순위 출생자들도 새로운 이론에 끌린다. 이런 경향은 출생 순서와 세계 여행벽(癖) 사이에 상당한 수준으로 존재하는 교차적 상관관계를 통제한 후에도 확인할 수 있었다. 여행과 출생 순서는 둘 다 동일한 행동 성향, 곧 경험에 대한 개방성을 알려 주는 유력한 지표들이다. 게다가 일반적으로 여행은 사람들로 하여금 세계를 보는 다른 관점들에 더욱 더 개방적인 자세를 갖게 만든다.

마찬가지로 출생 순서 효과는, 가족 역학의 또 다른 주요 국면인 부모-자식 갈등이 결과에 영향을 미칠 때마다 발생하는 경향이 있다. 각각의 변수가 권위에 대한 태도를 형성해 가는 데서 상이한 전기적 시나리오를 제시함에도 불구하고 두 변수 모두 권위에 대한 태도를 예보해 준다. 일반적으로는 출생 순서가 변화에 대한 태도에 영향을 미칠 때면 가족 구조의 역학을 반영하는 다른 변수들도 언제나 영향을 미친다. 형제들 사이의 연령 격차, 부모 사망, 성별, 기질 등이 대체로 이 기타의 변수에 속한다. 출생 순서는, 서로 맞물려 있는 클러스터처럼 인과 관계로 연결된 이 기타의 온갖 행동 예보자들이 개입하는 과정에 일종의 심리

적 리트머스 시험지 역할을 하는 것이다.[7]

출생 순서 효과를 알려 주는 최고의 예보자들을 표 7에 정리해 두었다. 이 예보자들은 뭔가 공통점이 있다. 모두 논쟁 여부를 파악할 수 있게 해 주는 좋은 지표들이라는 점이다. 예를 들어 보자. 참다운 출생 순서 효과는 대개 많은 참가자들이 개입한 논쟁에서 확인된다. 마찬가지로 참다운 출생 순서 효과는 '과학 혁명'이라고 널리 언급되는 논쟁에서 관찰할 수 있다.[8] 실제로 나이나 우정처럼 과학 혁신에 대한 지지 여부를 알려 주는 대다수의 좋은 예보자들은 동일한 논쟁에서 출생 순서 효과를 알려 주는 중요한 예보자이기도 하다. 이 각각의 예보자들이 불확실한 상황에서 의사 결정을 하는 사람들의 개인차를 설명해 준다. 온도계처럼 출생 순서도 이런 기타의 논쟁 지표들을 요약해, 그것들을 '혁명 온도'라는 단일한 측정값으로 표현한다.

실제로 출생 순서 효과를 예측하는 데서 표 7에 정리된 12가지 변수가 얼마나 효과적일까? 그 답은 다중 상관관계 0.90으로 표현할 수 있다. 상관관계처럼 다중 상관관계도 0에서 1.0까지 분포한다. 그러나 다중 상관관계는 두 개 이상의 변수가 가지는 예측 능력을 아우르고 있다는 점이 다르다. 0.90이라는 커다란 상관관계는 통상 생리학이나 물리학 같은 분야에서만 볼 수 있다. 역사나 심리학에서는 드문 일인 것이다. 역사에서 커다란 상관관계의 핵심은 역사적 배경의 중추적 역할을 포함시켜 계산하는 것이다.[9] 출생 순서 효과를 파악하는 과정에서 이런 방법적 절차를 시행하면 단순하면서도 중요한 역사적 결론에 도달하게 된다. 새로운 사상과 결부된 논쟁의 범위와 강도가 크면 클수록 출생 순서 효과도 더 확실하게 관찰할 수 있다. 출생 순서 경향은 경험에 대한 개방성의 개인차를 알려 주는 선행 지표로서 역사 변화의 맥박을 드러낸다.[10]

**표 7**

**28가지 과학 논쟁에 등장하는 출생 순서 효과의 예보자들**

| 후순위 출생자들의 지지를 알려 주는 예보자들 | 후순위 출생자들의 지지와 예보자가 맺는 상관관계 | 후순위 출생자들의 지지가 우연히 이루어질 확률 |
|---|---|---|
| **전기적 예보자** | | |
| 종교적 태도(무신론자들의 지지) | 0.58 | 1,000분의 1 이하 |
| 여행(광범위한) | 0.53 | 100분의 1 이하 |
| 정치적 태도(자유주의자들의 지지) | 0.52 | 100분의 1 이하 |
| 부모와의 갈등(높은) | 0.45 | 100분의 1 이하 |
| 나이(젊은이들의 지지) | 0.39 | 33분의 1 이하 |
| 개인적 교제(친구들의 지지) | 0.39 | 33분의 1 이하 |
| **구조적 예보자** | | |
| 논쟁의 단계(초기) | 0.54 | 100분의 1 이하 |
| 논쟁에 소모된 시간(연) | 0.45 | 100분의 1 이하[a] |
| 민족적 차이(상당한 수준의) | 0.40 | 33분의 1 이하 |
| 참가자들의 수 | 0.38 | 33분의 1 이하 |
| 논쟁성(인기 없는 이론들) | 0.38 | 33분의 1 이하 |
| "혁명"이라고 널리 언급됨 | 0.37 | 20분의 1 이하 |
| **덜 중요한 예보자들** | | |
| 실패한 이론 | 0.29 | 10분의 1 이하 |
| 종파 | 0.12 | 가능성 있음 |
| 사회 계급 | 0.00 | 가능성 아주 많음 |

**분석의 단위는 28가지 과학 논쟁에서 각각의 예보자가 갖는 효과 크기이다.** 표에 나오는 상관관계는 종교적 태도처럼 과학적 입장을 알려 주는 각각의 예보자가 커다란 출생 순서 효과를 보이는 논쟁들 중에 개입하는 정도를 반영한다. 나는 시간적 고려 사항 때문에 28가지 과학 논쟁 가운데 4개를 '초기' 단계와 '후기' 단계로 다시 나누었고, 그리하여 사건은 전부 32개가 되었다. 이 네 가지 논쟁은 코페르니쿠스 이론, 정신 분석, 양자 이론, 우생학이다.

a. 이 상관관계는 출생 순서 효과의 **절댓값**에 기초하고 있다. 다시 말해, 효과의 **방향**과 무관하게 과학 논쟁이 출생 순서에 의해 분극화된 정도에 근거했다는 얘기다. 해결되는 데 여러 해가 걸린 이론들은 형제들을 분열시키는 경향이 있었다.

## 이론의 생활사

과학 논쟁의 단계(초기 대 후기)는 사회적 태도 다음으로 출생 순서의 영향력을 알려 주는 좋은 예보자이다. 출생 순서 효과는 대개 시간이 경과

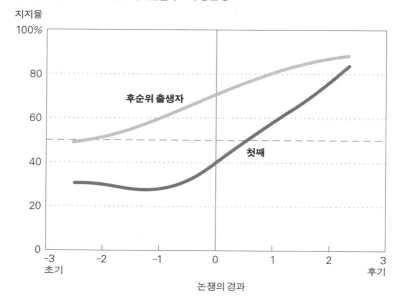

**출생 순서에 따라 과학 이론들이 시간을 두고 수용된 정도**

**그림 14.2** 과학 논쟁들의 '생활사.' 21가지 성공한 이론의 수용 양태를 출생 순서에 따라 기술했다. 출생 순서는 경험에 대한 개방성의 개인차를 반영한다. 가로축은 경과 시간을 가리킨다(*z*-스코어를 사용해 각각의 논쟁을 표준화했다.). 이들 21가지 논쟁의 평균 길이는 75년이었다. 따라서 가로축의 각 단위는 15년이다.

과학자들은 혁신에 대한 개방성에서 출생 순서에 따라 많은 차이를 보인다. 그럼에도 불구하고 문제의 이론들이 경험적 지지를 획득해 가면 이런 차이는 대개 줄어든다.

하면서 사라진다. 이론들의 '생활사'를 반추해 보면 이런 시간 관계가 금방 드러난다. 나는 이런 생활사에 관한 분석을 성공한 21가지 이론으로 제한했다. 이 이론들은 이단이었다가 정통의 반열에 올랐다.

대부분의 과학 혁신 사례에서 첫째들과 후순위 출생자들은 처음에 의견을 달리한다. 그러던 것이 경험적 증거가 축적되고, 새로운 실험이 수행되어 작업가설을 검증하게 되면 출생 순서에 따른 차이가 줄어들기 시작한다. 경험적 주장의 위력 앞에서 주관적 고려 사항들이 약해진다.

결국에 가서는 출생 순서에 따른 차이가 완전히 사라지고, 새로운 사고 방식에 대한 반대도 마찬가지로 종말을 고한다(그림 14.2).[11]

내가 분석한 21개의 성공한 이론들을 보면 출생 순서는 혁신의 수용에서 새로운 증거보다 9배 더 강한 영향력을 행사했다. 수용 경향에서 드러난 변이량의 대부분은 혁신에 대한 태도에서 이미 존재하고 있던 차이와 결부되어 있지, 시간이 경과하면서 전향한 것과는 상관이 없었다. 이 사실을 달리 표현해 보자. 어떤 사람들(젊은 과학자, 사회적 자유주의자, 후순위 출생자)은 이미 변화를 받아들일 준비가 되어 있고, 따라서 일부러 개종할 필요가 없는 것이다.

이 놀라운 연구 결과는, 과학의 진보에서 과학적 합리성이 개인적 고려 사항보다 덜 중요한 것일지도 모른다는 사실을 암시한다. 실제 사태가 그렇게 미리 결정되어 있는 것은 아니다. 출생 순서는 세계를 이해하는 상이한 전략을 조장한다. 다윈의 진화가 다채롭고 예측 불가능한 환경에서 성공적으로 살아갈 수 있도록 대다수의 종에서 폭넓은 다양성을 장려하는 것처럼 인간 가족 내부의 관계도 개체 발생적으로 이 과정을 되풀이한다. 그리하여 사람들은 많은 경우 뚜렷하게 구분되는 방식으로 인생의 문제를 극복할 수 있도록 사전에 적응되어 있다. 과학에서도 상황은 똑같다. 미해결의 과학 문제와 관련해 정답에 이르는 방법이 하나만 있는 것은 아니다.[12]

## 갈릴레오가 승리한 이유

지구가 태양의 주위를 돈다는 코페르니쿠스의 가설은 수세기 동안 통용되어 온 천문학 자료에 근거하고 있었다. 그러나 코페르니쿠스가 활약하던 시절에는 그의 이론을 입증할 수 있는 직접적인 증거가 단 하나도 없었다. 그래서 그의 주장을 진지하게 받아들인 천문학자는 소수에 불과했다.

　코페르니쿠스 사후 50년 동안 천문학에서 일련의 중요한 발견들이 이루어졌고, 그의 대담한 가설을 놓고 논쟁이 벌어졌다.[13] 1572년에 나타난 새로운 별이 이 일련의 발견에서 첫 번째 무대를 장식했다. 하늘은 불변이라는 아리스토텔레스의 이론에 반기를 들고 나섰던 것이다. 1577년부터 1596년 사이에 관측된 여섯 개의 혜성은 천문학자들에게 훨씬 더 골치 아픈 문제를 안겨 주었다. 덴마크의 천문학자 티코 브라헤는 붙박이별을 배경으로 한 시차를 논증함으로써 이들 혜성이 달 위에서 우주 공간을 자유롭게 여행하고 있음을 증명했다.[14] 전통적 우주론자들은 행성들이 부동의 지구 주위를 거대한 투명 구체 위에서 운행한다고 생각했다. 혜성 궤도 연구 결과는 이런 천문 체계를 뒤집어 버렸다.[15] 1600년이 되자 보수적 세계관으로 유명한 교만한 첫째 브라헤조차 지구가 돈다는 것을 제외하고 코페르니쿠스의 모든 혁신을 인정하는 우주론을 채택하지 않을 수 없었다(그림 14.3).[16]

　1610년 3월 갈릴레오의 『천계 통보(Starry Messenger)』가 출판되었다. 새로 발명된 망원경을 통해 발견한 사실들로 구성된 이 책은 폭탄과 같았다. 이 책에 대한 반응은 300년 후 인간이 달 위를 걸었다는 소식하고나 비교할 수 있을 정도다. 망원경으로 본 하늘은 아리스토텔레스의 이론이 오랫동안 주장해 온 완벽과는 거리가 한참 멀었다. 달은 분화구로 얽어 있었고, 태양은 흑점이 산재해 있었다. 목성은 달이 네 개였고, 이 '종잡을 수 없는 별'이 궤도를 따라 움직이자 달들도 함께 움직였다. 이런 뜻밖의 결과가 지구는 움직이지 않는다는 오래된 주장을 격파했다.

　브라헤의 혜성 연구 결과를 놓고 다른 천문학자들은 옥신각신하며 덧없는 논쟁을 벌였다. 반면 망원경을 가지고 갈릴레오가 한 발견은 확고부동한 것이었다. 갈릴레오는 자신의 코페르니쿠스적 견해를 널리 알

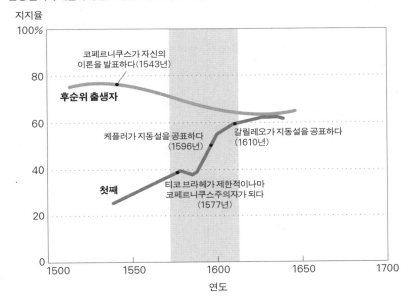

**출생 순서와 세월에 따른 코페르니쿠스 이론 수용도**

지지율

그림 14.3 출생 순서에 따른 코페르니쿠스 이론 수용의 추이. 1572년부터 1610년 사이(그림의 음영 부분)에 이루어진 일련의 중요한 천문학 발견들이 코페르니쿠스의 이론을 지지해 주었다. 이런 사태는 망원경을 이용한 갈릴레오의 발견에서 절정을 이루었다. 1610년 이전에 후순위 출생자들은 첫째들보다 코페르니쿠스의 이론을 수용할 확률이 훨씬 더 컸다. 1609년 이후로는 출생 순서가 수용도를 예측해 주는 유의미한 예보자가 더 이상 되지 못한다.

리기 위해 부지런히 망원경을 제작해 유력한 지위에 있는 사람들에게 보냈다.[17) 가톨릭교회는 1616년 코페르니쿠스의 이론을 금지했는데, 이것은 요점을 놓친 행위였다. 망원경을 금지했어야 했던 것이다.

1572년 이후 새로운 천문학 증거들이 쇄도했다. 이 일련의 사태는, 과학자가 어떤 이론을 지지할지를 미리 알려 주는 다양한 요인들의 시금석이다. 새로운 이론을 지지하는 증거가 미약할 때 사람들은 많은 경우 결단력을 발휘해 이 정보를 본능에 따라 판단한다. 출생 순서는 이런 결정을 알려 주는 좋은 예보자이다. 그러나 마침내 증거가 결정적인 방식으로 특정한 이론을 가리키는 순간 출생 순서는 예측 능력을 상실한다. 갈릴레오의 과학 활동 이력 속에서 정확히 그런 일, 다시 말해 천문학상의 증거와 신빙성이 변동하는 사태가 발생했다. 1572년부터 1610년 사이에 출생 순서의 영향력은 꾸준히 감소한다. 수많은 천문학 증거들이 한 방향을 가리키기 시작했던 것이다. 첫째들은 경험적 증거들에 몰매를 맞으면서 코페르니쿠스 이론에 대한 반대를 누그러뜨렸고, 마침내 과거의 지배적 체계를 완전히 포기했다.

아주 유명한 첫째였던 갈릴레오가 이 경향을 여실히 보여 준다. 그는 1590년대 이래로 개인적으로는 이미 코페르니쿠스주의자였다. 그러나 마침내 망원경을 통해 반박할 수 없는 증거를 확보할 때까지는 코페르니쿠스의 이론을 공개적으로 지지하지 않았다.[18] 갈릴레오는 1609년 가을 처음으로 망원경을 제작했고, 과학계의 다른 경쟁자가 같은 도구를 만들어 자신의 코페르니쿠스적 주장을 새치기할지도 모른다고 걱정하게 되었다. 결국 그가 개인적인 코페르니쿠스주의자에서 이 이론의 가장 저명한 대중적 옹호자로 나선 것은 그 불안 때문이었다.[19]

특히 1609년 이후 새로운 천문학 증거들이 폭발적으로 증가하면서 과거에는 뒤섞인 채 과학적 판단을 구성했던 요소들이 분리되기에 이르렀다. 그 가운데 일부는 이데올로기적이었다. 뿌리 깊은 종교적 믿음의 산물이었던 것이다. 다른 일부는 경험적이었고, 또 다른 일부는 경험에 대한 개방성의 개인차를 반영했다. 출생 순서가 1609년 이후 코페르니쿠스 이론에 대한 태도를 더 이상 예측하지 못하게 되었음에도 불구하고 사회적 태도는 계속해서 이후 50년 동안 과학적 입장과 상관관계를 맺었다. 사회적 태도는 오랫동안 확립된 가치와 신념을 반영한다. 이런 가치와 신념은 대개 어린 시절에 습득된다. 사람들은 정치적·종교적 신

**갈릴레오**는 타고난 반항아가 아니었음에도 불구하고 권위에 도전하는 성향이 강했다. 새로운 과학 이론을 지지하는 거역할 수 없는 증거로 무장했을 때는 특히 더. 망원경을 이용한 수많은 발견은, "그가 20년 후 종교 재판소의 지하 감옥에 갇히게 되는 행로의 첫 걸음"이었다.(Westfall 1985: 28) 1633년 갈릴레오의 이단 행위를 유죄로 확정한 종교 재판소의 판결 직후 그는 "하지만 여전히 지구는 돈다."고 얘기했다고 전해진다.

넘보다 사실 쟁점에 관한 견해를 훨씬 더 쉽게 바꾼다.[20] 코페르니쿠스 혁명기에 사실 관계와 이데올로기 둘 다가 의사 결정에 영향력을 발휘했음에도 불구하고 그 가운데 어느 것도 나머지 하나로 환원될 수는 없었다.

코페르니쿠스 옹호자의 학생이라는 사실은 1609년 이후 이 이론에 대한 지지를 계속해서 설명해 주는 또 다른 변수이다.[21] 특히 과학자들의 경우 개인적인 네트워크가 코페르니쿠스의 이론을 배울 수 있는 결정적인 수단이었다. 이런 '관계망'은 신념이 확산되는 과정에서 드러나는 또 다른 특징들을 설명해 준다. 출생 순서와 기타의 개인차로는 이런 특징을 해명할 도리가 없다. 다수의 광범위한 요인들이 과학에 영향을 미친다는 것은 그리 놀라운 결론이 아니다. 아울러 이런 영향력들이 출생 순서 효과(및 나아가 가족 내부 차이)의 강도에 고스란히 반영된다는 사실을 주목해야 한다.[22]

요약해 보자. 다수의 요인 — 이데올로기적, 사회적, 심리적, 경험적 요인 — 이 코페르니쿠스 이론에 충성하는 태도를 만들어 냈다. 코페르니쿠스의 이론조차 일정한 역할을 수행했다. 천문학자들로 하여금 이 문제 해결과 관련된 새로운 관측 활동에 나서도록 했던 것이다. 새로운 증거 덕택에 주관적인 고려 사항들은 합리적인 사실들에 점차 자리를 내주었다. 새로운 이론을 지지하는 행위의 가치가 합리적 규범에 의해 확정되면 과학자들은 신속하게 그 장점을 이용한다.[23] 또 다른 갈릴레오로 하여금 망원경을 자세히 들여다보도록 허락하라. 그러면 그도 마침내 승리할 것이다.

긴 안목으로 보면 이론을 평가함에 있어 대체로 합리적 기준이 우위를 점하는 과학 분야에서조차 그 합리성이라는 것이 대개는 문턱(임계치) 효과를 따른다. 이 문턱이 짜부라지는 지점은 한 명의 개인에서 또 다른 개인 내지 한 사회 집단에서 또 다른 사회 집단에 이르기까지 다양하다. 코페르니쿠스 논쟁 과정에서 후순위 출생자들은 첫째들보다 더 빨리 변화를 받아들였고, 과학자들은 일반인들보다 더 빨리 태도를 바꾸었다. 그리고 마침내 대다수의 사람들이 변화를 받아들였다. 350년 후에는 가톨릭교회조차 갈릴레오 및 코페르니쿠스 이론 사태와 관련해 자신들이 과오를 범했다고 인정했다.[24]

17세기 천문학에서 빚어진 의사 결정 과정은 같은 시기에 벌어진 격심한 신학 논쟁과 대비된다. 그리스도의 육신이 영성체의 빵과 포도주에 말 그대로 존재하는지의 여부에 관한 논쟁은 오늘날까지도 해결되지 못했다. 이 문제와 관련해 서로 다른 의견을 제시하다가 많은 사람이 처형되었다는 사실은 불행이다. 이단으로 몰려 화형당한 사람들을 우리는 기억해야 한다.

## 별빛을 구부린 남자

첫째였던 알베르트 아인슈타인이 세계적 유명 인사로 부상한 사건은 코페르니쿠스 이론의 수용만큼이나 대단한 일이었다. 아인슈타인은 1915년 11월 프러시아 과학 학술원에서 자신의 일반 상대성 이론을 발표했다. 그는 공간과 시간을 급진적으로 재개념화한 자신의 주장을 옹호하면서 예언을 한다. 별빛이 태양 주위를 지나면서 1.7초 구부러지리라고 예상한 것이다. 이 값은 뉴턴의 이론이 예상하는 양보다 두 배 정도 컸다. 이 예언을 검증할 수 있는 첫 번째 기회가 1919년에 닥쳤다. 남반구에서 일식이 일어났던 것이다. 개기식이 진행되는 짧은 순간 감광판이 희미한 별들의 영상을 기록할 수 있었다. 그렇게 예언된 편차가 확인되었다.

이 천문학 관측 결과가 런던의 왕립 학회에서 발표되었다. 아인슈타인과 그의 이론이 전 세계 신문의 헤드라인을 장식했다. 왕립 학회 회장 J. J. 톰슨은 아인슈타인의 이론을 "인간 사유의 역사에서 가장 위대한 업적"이라고 선언했다.[25] 이것이 모든 것을 말해 주고 있었다. 그전까지 아인슈타인의 이론을 의심했던 첫째가 한 칭찬이었던 것이다. (또 다른 첫째이자) 뉴턴의 에테르를 가장 열성적으로 옹호했던 영국인 올리버 로지 경조차 아인슈타인의 "극적인 승리"를 인정했다. 1920년 이후로 출생 순서는 상대성 이론에 대한 태도를 더 이상 예보하지 못한다(그림 14.4).[26]

출생 순서와 달리 사회적 태도는 1919년 이후로도 아인슈타인 이론에 대한 지지 내지 반대의 태도를 알려 주는 좋은 예보자였다[27]('상대주의'는 자유주의자들의 마음에 쏙 들었다.). 갈릴레오가 망원경으로 확보한 증거처럼 1919년에 발생한 일식의 결과로 경험적 주장은 이데올로기적 주장과 분리되었다. 과학 논쟁 중에 늘 발생하는 이런 종류의 역사적 분리는 과학을 사회적 활동으로 환원하는 설명 방법이 불완전한 것임을 알려 준다. 많은 경우 합리성의 위력은 논쟁이 경과하는 과정에서 변화한다. 그러나 그럼에도 불구하고 합리적 사고는 과학적 토의 과정에서 중요한 역할을 수행한다.

과학이 성공을 거두기 위해서 모든 과학자가 다 합리적으로 행동할 필요는 없다. 다수가 가설 검증의 결과를 따르는 한 과학은 무리 없이 잘 작동한다. 이 방법을 고수해야 한다. 그렇게 하지 않으면 결과를 방어할 수 있는 권리는 물론이고 과학 논쟁 자체가 여타의 사회 논쟁과 똑같아져 버리고 말 것이다.[28]

### 전성설의 출현과 몰락

시간과 변화하는 이데올로기가 상호 작용해 후순위 출생자가 주도한 혁신이 첫째의 독단적 견해로 바뀌어 버리기도 한다. 이런 변화의 좋은 예

베를린 시내를 산책 중인 **알베르트 아인슈타인**. 런던에서 발행되는《타임스(*Times*)》가 1919년의 일식 관측 결과를 보도하면서 아인슈타인은 일약 전 세계의 유명 인사가 되었다. 이 놀라운 발표가 있은 지 정확히 2주 후에《뉴욕타임스(*New York Times*)》는 그를 "갑작스럽게 유명세를 치르고 있는 아인슈타인 박사"라고 소개했다.(Paris 1982:309) 이 스냅 사진은 1932년에 한 행인이 찍은 것이다. 그는 신문지상에서 본 사진을 통해 아인슈타인을 알아봤다고 한다.

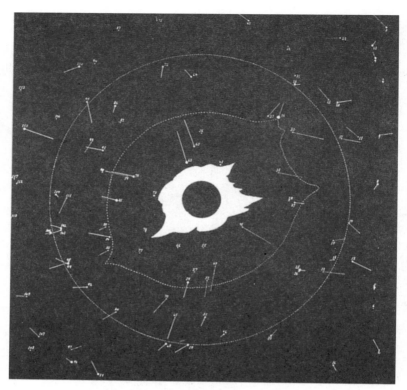

1922년 9월 21일 **개기 일식** 때 아인슈타인의 일반 상대성 이론이 다시 한번 검증되었다. 이번에는 천문학 원정대가 타히티와 오스트레일리아 서부로 파견되었다. 감광판 위에 그려진 이 그림은 태양 주위의 별들이 뚜렷하게 외향적 시운동을 하고 있음을 보여 준다(개기 일식 순간의 기록이다.). 광학상의 시운동이 너무나 압도적이어서 태양 원반 뒤에 가려진 별들은 코로나 바깥에 위치한 것처럼 보인다.

가 발생학에서 전성설이 출현했다가 몰락한 사건이다. 이 학설은 배아가 작은 성체라고 가정했다. 발생은 이 축소물을 풍선처럼 기계적으로 부풀리는 것이라고 생각했던 것이다. 전성설은 과학 혁명기에 융성한 기계론 철학의 일부로서 17세기에 인기를 얻었다. 이 이론은 아리스토텔레스 철학에 반대하는 전반적 대응의 일부이기도 했다. 아리스토텔레스가 기관은 무기물에서 점차로 형성된다(후성설이라고 불리는 과정)고 주장했

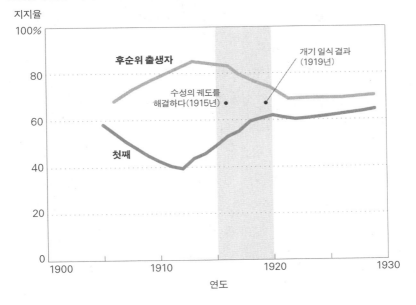

출생 순서와 연도에 따른 상대성 이론 수용도

지지율

**후순위 출생자**

개기 일식 결과
(1919년)

수성의 궤도를
해결하다(1915년) ●

●

**첫째**

연도

**그림 14.4** 연도와 출생 순서에 따른 상대성 이론 수용. 1920년 이전에는 후순위 출생자들이 첫째들보다 공간과 시간에 대한 아인슈타인의 급진적 개념을 지지할 가능성이 더 많았다. 1915년부터 1920년 사이(그림의 음영 부분)에 일반 상대성 이론은 두 번의 중요한 경험적 승리를 거둔다. 1915년 아인슈타인은 반세기 동안 천문학자들을 괴롭혀 온 수성 궤도의 근점 거리를 해명했다. 1919년의 일식 사태에서 그의 견해가 다시 한번 놀라운 방식으로 확인되었다. 1920년 이후 출생 순서는 아인슈타인 이론에 대한 태도를 더 이상 예보하지 못한다.

던 것이다.

1700년 이전에 전성설은 그 인습 타파적 지위에 걸맞게 첫째들보다 후순위 출생자들 사이에서 더 큰 인기를 누렸다. 마침내 첫째들도 이 새로운 접근법에 익숙해졌다. 그들은 이 발생학 교리에서 특별한 만족감을 느꼈다. 전성설주의자들은 배아가 완벽하게 형성된 축소물로 하나님에 의해 창조되었으며 잉태 과정에서 확대된다고 단정했다. 전성설은, 유물론적 함의를 갖고 있던 후성적 발생론에 맞서 설득력 있는 대안을

제시함으로써 종교적 보수주의자들의 충성을 끌어 모았다.[29]

후성설이 18세기 중반 복귀하기 시작했다. 이에 샤를 보네와 라차로 스팔란차니 같은 첫째 출신 박물학자들이 유물론적 훼방꾼들에 대한 공격을 열성적으로 주도했다. 첫째들과 후순위 출생자들은 전성설에 대한 각자의 대비되는 반응 속에서 역사의 밤을 통과하는 배와도 같았다. 후순위 출생자들은 그들의 반아리스토텔레스적 생각이 마침내 정통으로 자리를 잡자 이내 그 이론의 급진적 경쟁자를 다시 기꺼이 받아들였다. 출생 순서 효과는 상황에 민감하게 반응하기 때문에 주된 효과로서 중대한 출생 순서 경향이란 존재하지 않는다. 그러나 후순위 출생자들은 이 두 이론에 관한 논쟁이 펼쳐지는 내내 시종일관되게 행동했다. 그들은 대체로 눈 밖에 난 이론을 선호했던 것이다(그림 14.5).[30]

## 위기는 혁명을 촉진하는가?

위기는 과학 혁명을 어느 정도까지 촉진할까? 과학 혁명에 관한 토머스 쿤의 유력한 분석에서 핵심 주제는 위기가 담당하는 역할이었다.[31] 그는 기성의 패러다임과 충돌하는 예외들이 서서히 축적되다가 마침내 혁명이 일어난다고 주장했다. 과학 혁명의 이런 특징은 출생 순서 효과와 관계를 맺고 있다. 그 관계는 상호적인 것이다. 위기는 출생 순서 효과의 강도를 결정하고, 출생 순서 효과는 위기 국면이 전개될 수 있는지의 여부에 영향을 미친다.

과학에서 급진적인 혁명들은 아주 드문 경우에만 위기가 선행한다.[32] 쿤의 관점에서 볼 때 이것은 중대한 모순이다. 혁명이 급진적일수록 쿤의 공식과 덜 일치하는 것 같다. 문제는 후순위 출생자들이 선량한 쿤주의자들처럼 생각하고 행동하지 않는다는 점이다.[33] 진화와 같은 급진적인 개념의 탐구가 가능해졌을 때 후순위 출생자들은 지배적인 관념

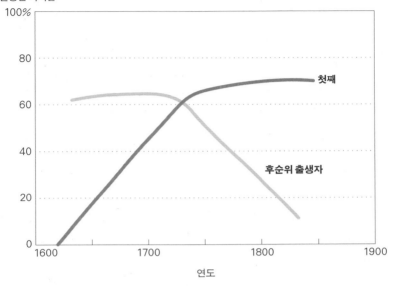

연도와 출생 순서에 따른 전성설과 후성설 수용도

전성설 지지율

그림 **14.5** 출생 순서에 따른 전성설(이후로는 후성설) 수용. 교차 양상 때문에 출생 순서에 따른 전반적 경향이 아주 크지는 않다. 후순위 출생자들이 눈 밖에 난 이론을 채택하는 경향은 뚜렷하게 확인할 수 있다.

을 내던지기 위해 위기를 기다리지 않았다. 28가지 과학 혁신에 관한 나의 조사에서 후순위 출생자들은 대개 첫째들보다 50년 앞서 자발적으로 급진적인 혁신을 지지했다. 다윈이 20년 동안 골몰했던 것처럼 가장 곤란한 기술적 문제들에 직면했을 때만 아주 성실한 일부 후순위 출생자들이 주저하다가 비로소 혁명에 뛰어든다. 그럼에도 불구하고 세심하고 철저한 높은 수준의 증거 때문에 선수를 빼앗길지도 모르는 위험을 기꺼이 감수한 모든 다윈에게도 딱 일주일 생각하고 동일한 주제를 발표하는 모험에 나설 만큼 대담한 월리스와 같은 내면이 존재한다. 그러나 월리스조차 위기감에 따라 움직이지 않았다. 그는 체임버스의 『창조의 박물학적 흔적들』을 읽고 14년 먼저 진화로 개종했다. 체임버스, 다윈, 월리스 이 모두가 전에는 아무도 가 본 적이 없는 위기 국면을 조성했다.[34] 요약해 보자. 가장 급진적인 혁명들은 위기 상황에서 출현하지 않는다. 가장 급진적인 혁명들이 그렇게 급진적인 이유가 바로 이 때문이다.

과학 진보에 대한 쿤의 설명 방식은 여러 면에서 유용함에도 불구하고 다수의 공통점이 없는 변화 유형을 하나의 구조적 공식으로 만들려고 하다가 문제를 발생시켰다. 그의 모형은 존재하지도 않는 위기를 혁명의 필수적 특징으로 만들어 버렸다.[35] 그럼에도 불구하고 일부의 과학 변동 사태에서 위기가 중요한 역할을 수행하기도 한다. 특히 급진적 혁명보다 기술적 혁명에서 위기가 더 흔하게 관찰된다. 가장 기술적인 과학에서는 이론적 와해의 징후가 나타나기 시작하고 한참이 지난 후에도 고려 대상 쟁점들의 난해한 성격으로 인해 성공적인 패러다임 전환이 방해받는 경우가 많다. 과학자들이 사태의 심각성을 파악하는 것과 성공적인 해결책을 고안해 내는 것은 완전히 별개의 문제이다.

기술적 혁명의 과정에서 위기는 출생 순서 효과의 크기를 증대시키는 경향이 있다. 이 관계는 급진적 혁명에서 관찰되는 관계와 정반대이다. 다시 한번 상황의 역할이 문제가 된다. 과학에서 혁명적 사상가들은 충분한 이유가 없으면 대체로 반란을 수행하지 않는다. 급진적 혁명의 초기 단계에서는 자유주의라는 이데올로기적 목표가 이런 동기 부여를 제공한다. 기술적 혁명에서는 비슷한 동기 부여가 기성 이론의 점증하는 와해 징후에서 제공된다. 두 경우 모두에서 맨 먼저 반란에 나서는 사람은 후순위 출생자이다. 그러나 그들은 상이한 역사적 맥락에서 상이한 이유로 그렇게 한다.[36]

역사 변동의 성격에 관한 개인들의 증언은 변화를 일으키는 사람들의 성격에 많은 영향을 받는다. 예를 들어, 급진주의자들은 보수주의자들과 달리 정치적·개념적 위기를 보는 경향이 있다. 급진적 혁신을 맨 먼저 받아들이는 후순위 출생자들은 낡은 이론이 얼마나 문제였는지를 강조하는 경향이 있다. 코페르니쿠스가 프톨레마이오스 체계에 대해 뭐라고 말했는지, 베이컨이 스콜라 철학에 관해 무슨 말을 했는지, 다윈이 창조론에 관해 무슨 말을 했는지 인용함으로써 역사적 위기를 주장하는 것은 어려운 일이 아니다. 급진주의자들이 쏟아내는 이런 증언은 과학자 사회 전반에 어울리지 않는다.

마찬가지로 부진의 늪에 빠진 이론이 양호한 상태라고 주장하는 첫째들의 말을 항상 신뢰할 수 있는 것도 아니다. 양자의 발견으로 낡은 물리학 체계가 혁명적으로 바뀌고 있을 때 앙리 푸앵카레는 자기 책의 독자들에게 뉴턴 시대 이래로 바뀌지 않을 것처럼 보였던 역학의 보편 원리가 "폐기될지 아니면 크게 바뀔지"를 물었다. 1908년에 개진된 그 자신의 대답은 첫째가 했음 직한 답변이었다. 그는 낡은 체계에 의구심을 던지는 실험 결과에 대한 논평을 마무리하면서 이렇게 썼다. "사람들이 이 새로운 현상을 기정사실로 받아들이면서 어제의 우상을 배격하는 데서 어쩌면 너무 서두르는 것 같다. 성급하게 편을 들기보다는 더 설득력 있고 많은 실험 결과를 기다리는 것이 적절한 태도일 것이다."[37] 푸앵카레와, 대개가 첫째이거나 연장자였던 다른 많은 과학자들이 사고방식을 바꾸기 위해서는 더 많은 위기가 필요했다. 알베르트 아인슈타인, 파울 에렌페스트, 막스 라우에, 막스 플랑크는 더 많은 위기가 필요치 않았다.[38] 과학 변동의 특성에 관한 이들 경쟁하는 역사적 주장 가운데 어떤 것을 믿어야 할까?

형제들의 세계관이 보이는 현저한 차이는 과학에 대한 쿤의 또 다른 주장과 관계가 있다. 쿤은 위기 개념과 함께 "비교 불가능성"을 자신이 구축한 과학 혁명 모형의 필수적인 특징으로 삼았다. 그는 프톨레마이

오스의 천문학과 코페르니쿠스의 천문학처럼 상반되는 이론을 주장하는 과학자들은 전혀 다른 개념적 세계에서 산다고 주장했다. 그는 이 과정을 형태 교체(gestalt shift, 게슈탈트 변이)에 비유했다. 쿤은 이론적 분계의 상이한 측면에 거주하는 사람들은 서로 간에 효과적인 의사소통이 불가능하다고 주장했다. 다시 한번 이런 철학적 시각의 가치 판단 문제는 중요하다고 인정되는 사람들의 증언에 주로 좌우된다.

새롭고 급진적인 관점으로의 변화를 주도한 후순위 출생자들은 자신들이 혁명을 계획했기 때문에 두 이론의 관점에서 생각하는 것이 비교적 쉽다고 느낀다. 그들은 많은 경우 낡은 사고방식과 새로운 사고방식 사이를 누비는 데 아주 정통하다. 이런 상황은, 이론 변화의 시기에 후순위 출생자 개인들이 "비교 불가능성"을 별로 경험하지 않는다는 것을 암시한다. 심리학적으로 말해 보면, 비교 불가능성은 완고한 사람들의 문제지 경험에 개방적인 사람들의 문제가 아니다.[39] 1860년에 새롭게 다원주의를 받아들인 사람들에게 다윈의 이론이 창조론과 비교 불가능한 것이냐고 물었다면 그렇다고 대답한 사람은 거의 없었을 것이다. 양립할 수 없는가? "그렇다." 보다 뛰어난가? "그렇다." 비교 불가능한가? "아니오."

다윈 자신도 진화를 창조론과 충분히 비교할 수 있다고 생각했던 것 같다. 그의 『종의 기원』은, 이용 가능한 생물학상의 증거가 창조론과 진화에 의해 얼마나 잘 설명될 수 있는지를 비교하는 "하나의 긴 논증"이었다.[40] 그는 합리적 기준이 일관되게 진화를 지지하고 있음을 일일이 증명하려고 했다. 예를 들어, 육상 척추동물의 배아는 왜 아가미구멍을 보이는가? 이 흔적 기관은 육상 척추동물이 수생 조상에서 진화했음을 알려 준다. 마찬가지로 대양 위의 섬에는 왜 개구리와 기타 양서류가 없는가? 그런 곳들에 파충류가 대량으로 서식함에도 불구하고 말이다. 다

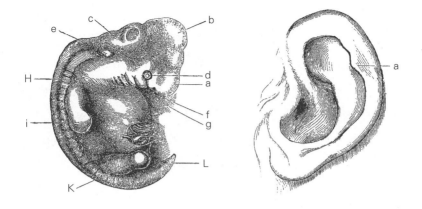

(다윈의 『인간의 유래』(1871년), 1:15, 22에서 가져온) **인간의 흔적 기관들의 예. 왼쪽** 약 7주 된 인간 배아. f와 g가 가리키는 아가미구멍이 눈 바로 아래로 또렷하게 보인다. 꼬리 흔적도 볼 수 있다 (L). **오른쪽** 흔적 말단(a)이 있는 인간의 귀. 영장류의 진화 과정에서 귀의 바깥부분은 안쪽으로 접혔고, 둥그스름해졌으며, 크기가 줄어들었다. 그 끝이 여전히 흔적의 형태로 남아 있다. 이 흥미로운 해부학적 특징은 다윈의 설명 때문에 종종 "다윈의 돌출부"라고 불린다.

윈은 개구리와 녀석의 알들이 소금물에 견디지 못하며, 이런 외래 동물들에게는 해류가 중요한 이동 수단이라고 지적했다. 반면 뱀과 도마뱀은 가끔씩 뗏목 같은 것을 타고 대양을 무사히 건너기도 한다. 창조론은 다윈이 제기한 이런저런 수많은 곤란과 관련해 적절한 설명을 전혀 제공하지 못한다. 창조론은 다만 이렇게 말할 수 있을 뿐이다. "하나님께서는 아주 흡족해 하셨다."[41] 창조론자가 개구리는 대양 위의 섬에서 살기에 적합하지 않다고 주장할지도 모른다. 다윈은 일단 열대의 섬들에 유입된 개구리들이 많은 경우 성가신 존재가 될 정도로 크게 번성했다는 증거를 제시할 수 있을 만큼 사태를 더 잘 파악하고 있었다.[42] 만약 있었다 해도 하나님의 창조 계획은 완벽하지도 않았고, 어떤 명백하게 합리적인 고려 사항들에 기초하지도 않았다.

다윈은 진화와 창조론이 어떻게 비교 가능한지를 아주 성공적으로 보여 주었다. 그는 이를 바탕으로 독자들에게 두 이론 가운데 하나를 직접 선택하도록 했다. 대다수의 합리적인 사람들은 진화가 더 우수한 이론임을 인정하지 않을 수 없었다. 다윈이 창조주의 작품을 세심하게 해체해 버리자 그분이 아주 어리석은 존재로 비치기 시작했다. 현명하게도 많은 창조론자들이 그분을 "제1원인"으로서 생물학적 배경으로 옮겨 놓으려고 시도했다. 멍청한 신보다는 멀리 계시는 신이 더 나았던 것이다. 다윈의 이론을 수긍할 수 없었던 몇 사람은 틀림없이 두 이론이 비교 불가하다고 단언했을 것이다. 주로 첫째들, 사회적 보수주의자들, 노장 과학자들, 무식한 주교들이 쏟아 낸 이런 증언은 대단히 의심스럽다. 토머스 헨리 헉슬리 같은 막내들은 공개 논쟁에서 그들을 분쇄해 버렸다. 그가 다윈의 불독이라는 별명을 얻게 된 것도 이 때문이다.

그러므로 어떤 이론의 인식론적 지위와 관련해 그 대변인이 혁신을 지지할 가능성을 알아보지도 않고 증언을 수용하는 것은 문제가 있다.[43] 과학자 사회가 혁신에 대한 태도에서 100대 1의 차이를 보인다면 그들은 혁신의 정당화에서도 마찬가지로 비슷한 불일치를 보일 것이다. 바로 그렇기 때문에 과학 진보와 관계있는 문제들이 다양한 개인들로 구성된 커다란 모집단에서 연구되어야 하는 것이다. 선택된 개인들은, 손쉽게 변형되어 어떤 특정한 역사적·철학적 주장을 지지하는 어쩌면 '편향되었을' 수도 있는 증거를 언제나 제출한다.

## 결론

이른 시기의 가족 경험에 내재한 행동적 기원을 포함해 인간 행동에 관한 지식은 중요한 역사적 혁명의 시기에 사람들이 어떻게 반응하는지를 충분히 설명해 주지 못한다. 풍부한 사회적·정치적·종교적·지적 지형 전체를 아우르는 상황적 맥락이 성격의 궁극적 표출 방식을 파악하는 데서 핵심이다. 우리의 관심사가 정치 혁명이든, 사회 개혁 운동이든, 과학 논쟁이든 형제들이 전형적으로 지지하는 혁신의 종류는 동일하지 않다. 우리가 이 다양한 사건들을 각각의 역사적 배경 안에 집어넣어야 일관된 양상이 그 모습을 드러낸다.

첫째들은 유행하는 개혁, 대중주의 혁명, 정통 과학을 지도한다. 후순위 출생자들은 아주 다른 종류의 혁신들을 안출한다. 정치 분야에서 그들은 급진적 혁명가가 되는 경향이 있다. 그렇게 행동하는 것이 유행으로 자리 잡기 오래전부터 항의 행동을 벌이는 것이다. 그들은 사회 개혁가들로서 사형 폐지, 사회주의, 무정부주의, 무신론처럼 가장 인기 없는 대의와 주장들을 지지한다. 과학 분야에서 후순위 출생자들은 대체로 당대의 인식론적·사회적 맥락에서 이단인 혁신들을 옹호한다. 그들은 급진적인 변화를 지지하기 위해 위기를 기다리지 않는다. 오히려 그들은 부단한 노력으로 현 상태를 포기해야 할 별다른 이유를 찾지 못하는 더 나이 든 자기만족적 형제들에게 위기를 선사한다.

역사 과정에서 형제들의 갈등은 상이한 세계관과 밀접하게 연관되어 있었다. 중요한 혁명들에서 낡은 질서와 새로운 질서 가운데 하나를 선택하는 일은 거의 언제나 가족 내 지위의 차이로 소급할 수 있다. 이런 형제의 갈등이 부상하는 데 다수의 요인들이 개입한다. 사실 그 다수의 요인들이 갈등의 표출 양상을 완화하기도 한다. 과학 분야에서 가족 내 지위의 영향력은 통상 혁명적 논쟁의 초기 단계에 탐지된다. 새로운 이론을 지지해 주는 경험적 증거가 아직 부족하기 때문이다. 마찬가지로 민족적 충성이 과학자 사회를 분열시킬 때에도 형제의 차이는 새로운 이론에 가장 반대하는 나라들의 결과에 영향을 미칠 가능성이 많다.[44]

대개는 혁신이 이단적일수록 형제들이 그것의 가치를 놓고 의견 차이를
보일 가능성이 많아진다.

# 15장

●

# 결론


## 가족을 바라보는 새로운 관점

심리학자들은 함께 자란 형제들이 인구 일반에서 무작위로 추출된 사람들만큼이나 성격이 서로 다르다고 거듭 보고해 왔다. 형제들은 두 가지 근본적인 이유에서 서로 다르다. 첫째, 그들은 평균적으로 유전자의 절반만을 공유한다. 두 번째는 조금 덜 두드러지는 내용인데, 형제들에게 작용하는 환경 영향(력)의 대부분이 공유되지 않는다는 사실이다. 이 진술은 아이들이 가정 바깥에서 하는 경험은 물론이고 가정 내부에서 발생하는 경험과 관련해서도 사실이다. 가족은 자식들을 하나의 환경 욕조 안에 자동적으로 집어넣는 획일적인 경험을 제공하지 않는다. 심리학자들이 한때 "공유되는 가정환경"이라고 생각했던 것이 사실은 공유되지 않는다. 가족 내 지위와 특권은 물론이고 나이, 체격, 힘 등 아주 중요한 다수의 환경적 요인이 형제들마다 각기 다르다. 가족은 다양한 지위가 포진한 구조라는 게 가장 올바른 시각이다. 상이한 개인들이 그 각각의 지위를 차지하며, 각각의 지위는 삶에 관해 서로 다른 관점을 제시한다. 가족 구성원들은 이런 상이한 관점을 통해 동일한 사건을 다르게 경험한다. 가족은 이해관계와 사회적 가치를 공유한다. 그러나 형제들은 그들의 이해관계와 가치에서조차 서로 다르며, 많은 경우 이러한 차이는 가족 내 지위의 차이에 의해 야기된다.

가족 내 지위의 이질성이 그 지위들이 마구잡이로 아무렇게나 형성되었음을 의미하지는 않는다. 여러 가족들에서 확인되는 지위를 분석해 보면 이 미세 환경이 놀랍게도 형제의 지위와 일치하는 예측 가능한 특성을 공유하고 있음을 알 수 있다. 가족을 관통하는 유사점은 질서 정연한 형제 전략이다. 그리고 이번에는 이 전략이 출생 순서와 성별 및 기타 구조적인 형제의 차이와 연결된다. 우리가 출생 순서에 특별히 관심을 기울이는 이유는, 그것이 나이, 체격, 힘, 특권의 차이를 요약하고 있기 때문이다. 첫째의 전형적인 전략은 가족의 생존에 대한 부모의 관점을 수용하면서 그 또는 그녀의 이해관계를 부모의 이해관계와 제휴하는 것이다. 첫째들은 가정에서 으뜸가는 지위를 차지한다. 그들은 더 어린 형제들의 잠식에 맞서 자신의 지위를 방어함으로써 이 특권을 유지하려고 한다.

후순위로 태어난 자식들은 그와는 다른 발달 과제에 직면한다. 그들에게 가장 절박한 문제는, 부모와 자신을 동일시하는 첫째가 이미 소유권을 주장하고 있는 지위를 건드리지 않으면서 동시에 높이 평가되는 가족 내 지위를 찾아내는 것이다. 그들은 더 나이 든 형제들이 아직 우위를 확보하지 않은 분야에서 두각을 나타내려고 한다. 후순위 출생자들은 일반적으로 경험에 대한 개방성을 발달시킨다. 인생에서 새롭고 성공적인 영역을 발견하고자 하는 사람이라면 누구에게나 유용한 전략 말이다. 후순위 출생자들은 이런 탐구 경향을 바탕으로 더 커다란 위험을 감수한다. 첫째들이 부모의 기대에 대한 순응과 텃세를 통해 얻는 것을 개방성과 변화를 통해 성취하고자 하는 것이다. 각각의 가족 내 지위에 따라 형제들이 취하는 인생행로의 규칙도 달라진다.

물론 가족들 간에는 상당한 사회적 차이점이 존재한다. 사회 경제적 지위, 인종, 국적이 그런 것들이다. 그러나 아이들은 가족들 사이에 존재하는 차이점보다 자기가 속한 가족 내부에 존재하는 차이점에 훨씬 더 민감하게 반응한다. 수천 년 동안 아이들은 주변 사람, 특히 부모들의 돌봄과 배려를 극대화시킬 수 있는 동기 부여 체계를 진화시켰다. 가족은 오랫동안 이 동기 부여 경향에 으뜸가는 행동적 맥락을 제공했다. 진화의 견지에서 볼 때 다양한 성격 특징들은 부모의 투자를 극대화해 유년기를 살아 내려는 상이한 전략을 드러내는 것이다.

마르크스는 가족들 사이에서 역사 변화의 제1엔진을 찾으려 함으로써 오류를 범했다. 프로이트는 가족생활에 존재하는 대인 갈등의 중요성을 인식함으로써 진실에 한 발짝 더 다가섰다. 그러나 그도 성적 충동과 오이디푸스적 갈등에 1차적 중요성을 둠으로써 또다시 중대한 실수를 저질렀다. 부모-자식 갈등은 대체로 파생적이다. 부모의 자원을 놓고 형제들이 벌이는 갈등의 산물인 것이다. 이런 갈등은 프로이트가 주장한 대로 성적 충동에 의해 일어나는 것이 아니며, 따라서 성별과도 관련이 없다. 형제들은 오히려 온갖 전형적인 양상으로 부모의 투자를 확보하기 위해 서로 경쟁한다. 그들은 두 부모에게서 얻는 각종의 이익을 극대화하려고 한다. 이 책에서 내가 살펴본 각종의 혁명들에서 부모-자식 갈등이 부모의 성별과 무관하게 반항적 행동의 중요한 원인이 되는 것은 이 때문이다. 부모의 투자를 놓고 벌어지는 형제 갈등의 중요성은, 출생 순서가 부모와의 갈등과 결부된 급진적 변화에 대한 태도에서 일반적으로 2~3배의 변이량을 설명해 주는 데서도 확인할 수 있다. 프로이트와 마르크스는 그들이 살았던 당대에 다윈이 성취한 심원한 이론적 진보를 무시함으로써 중대한 오류를 범했다.

### 다윈주의의 안내

출생 순서는 성별과 함께 형제들이 보이는 차이의 드라마에서 중심적인 지위를 차지한다. 가정의 다양한 미세 환경을 창조하는 데서 다른 어떤 환경 영향도 이보다 더 중요한 것 같지 않다. 그러나 출생 순서와, 성별조차도 보다 광범위한 가족 드라마에서는 조연일 뿐이다. 부모-자식 갈등, 부모 사망, 기질, 그 외 개인들의 수많은 우연적 경험들이 인간 발달에 관한 이 역동적이고 다윈주의적인 설명에서 모두 일정한 역할을 수행한다.

생물이 그들의 새끼를 양육해 온 장구한 세월 동안 자식들 간의 경쟁은 누가 살아남아 번식에 성공할지에 영향을 미쳤다. 형제들 사이의 경쟁은 여러 면에서 심지어 짝짓기 경쟁보다도 근본적이다. 생물이 번식을 하려면 먼저 유아기와 유년기를 살아 내야 한다. 성격의 개인차는, 우리 모두가 이 목표를 위해 채택하는 다윈주의적 전략을 밝히 드러낸다. 수백만 년 동안 이 경쟁 과정에서 승리를 거둔 자들은 우리 모두가 현재 우리 유전자에 각인된 전술을 활용하도록 운명 지웠다. 그 가운데 일부는 친절하지 않다. 다윈 이전에는 가장 열정적인 자연 신학의 옹호자들조차 새끼 뻐꾸기가 젖형제를 둥지에서 몰아내는 이유를 설명하는 데서 큰 어려움을 겪었다. 어떤 종에서는 형제 살해가 자기 보존을 위한 불가피한 행동이다. 우리의 동물 조상들을 봐도 카인의 흔적은 광범위하며, 명백한 사실이다. 물론 그와 동시에 아벨의 대응 전략도 유력하게 존재한다.

오늘날까지도 이 단순한 다윈주의의 법칙이 계속해서 형제들의 경쟁을 추동하고 있다. 만약 부모들이 조금이라도 편애하는 기미를 보일라치면 당신이 특별히 사랑받고 있는 자식임을 분명하게 선포하라. 형제들이 "엄마는 너를 가장 사랑하셔."라고 고민하면서 오로지 부모의 관심을 얻기 위해 경쟁하는 이유는 바로 이 때문이다. 다윈주의의 법칙은 형제들이 누가 더 많은 먹을거리를 차지할지와 관련해 놀라울 정도로 진지하게 다투는 이유도 설명해 준다! 부모들은 이 유치한 경쟁 관계의 범위와 좀스러움에 종종 깜짝 놀라곤 한다. 그러나 진화의 관점에서 봤을 때 이런 경쟁은 자연스러운 것이다. 이런 경쟁이 고유한 이유는 적응적이기 때문이다. 역설적이지만 형제들이 보이는 이타주의도 마찬가지이다. 형제 살해와 형제를 위해 자신의 목숨을 희생하는 것 사이의 선택은 환경적 우연성에 따르며, 과거에 적응적이라고 알려졌던 일련의 다윈주의 전략들은 부차적인 결정 요소일 뿐이다. 다윈주의와 인간사의 문제라면 유전자 결정론이 아니라 전기 문학과 사회사를 언급해야만 한다. 관련된 제약이 확인될 경우 인간의 행동을 상당한 정도로 예측할 수 있지만 삶에서 예정된 것은 거의 없다.

부모의 투자를 얻기 위한 경쟁은 형제 '대비 효과'를 촉진한다. 이렇게 형제들이 분화하는 가차 없는 과정은 다윈이 제창한 분화 원리의 한 형태이다. 형제들은 비교적 짧은 유년기에 종들이 다윈의 갈라파고스핀치들처럼 수백만 년에 걸쳐 이룩한 변화를 달성한다. 다윈의 핀치들이 보여 주는 다양한 부리들처럼 인간의 마음도 자신의 발달을 규정하는 환경적 지위에 적응한다.[1] 그러나 인간의 마음은 핀치의 부리와 달리 학습을 통해 다양하고 고도로 복잡한 행동적 적응을 할 수 있다. "형질 치환"과 "경쟁적 배제"라는 쌍둥이 과정이 함께 다양한 적응을 촉진시키고 각각의 형제들이 수행하는 이해관계와 활동의 선택을 지시하면서 개개인의 성격에 있어서의 생물학적 성격 차이를 보충한다. 이런 대비 효과는 일반적으로 출생 순서가 연접한 형제들 사이에서 가장 크다.[2]

(형제들 사이의 연령 격차, 성별, 기질 등) 가족 경험의 다른 요소들이 출생 순서 효과를 보완한다. 또한 이런 변수들 다수가 서로는 물론이고 출생 순서와 상호 작용한다. 예를 들어, 첫째로 태어난 딸들은 사회적으로 지배적인 성격을 갖는다. 그러나 그녀들은 첫째로 태어난 아들들과 다른 방식으로 이런 특성을 표출하는 경향이 있다. 아들들이 일반적으로 육체적 공격성을 활용하는 반면 딸들은 말로 그녀들의 우위를 주장하는 경향이 있다. 부모와의 갈등은 성격 발달에서 또 다른 중요한 요소이다. 물론 후순위 출생자들보다는 첫째들이 부모와의 갈등에 더 큰 영향을 받는다. 출생 순서 효과는 부모의 사랑을 차지하기 위한 경쟁에 뿌리박고 있다. 따라서 부모의 사랑을 받지 못할 경우 대부분의 자식들은 '후순위 출생자' 전략을 채택한다.

다윈주의 이론은 인간의 행동을 파악하는 데서 또 다른 중요한 지침을 제공해 준다. 다윈은 "개체군적 사고(population thinking)"라는 것을 도입했다.[3] 이런 사고방식은 개인차를 인정한다는 데 그 우수성과 가치가 있다. 개체군적 사고는, 어떤 실재를 일정하게 확립된 범주에 속하는 것으로 간주하는 "유형학적 사고(typological thinking)"와 대비된다. 창조론이 대표적인 유형학적 사고방식에 속하는 이유는, 종 내부에 존재하는 광범위한 편차를 과소평가하기 때문이다. 다윈의 통찰력이 빛을 발했고, 생물학자들은 마침내 끝없는 변화가 자연의 본성임을 인정하게 되었다. 종은 변동이 아주 많은 개체군인 바, 이 진술은 인류라는 종에도 적용되는 일반 법칙이다. 우리 모두는 서로 다른 존재이다. 당연히 형제들도 서로 다르다. 집단적 차이에 관한 대부분의 사회학적 주장을 혼란에 빠뜨리는 환경은 바로 가족이다. 특히 우리의 마음은 지적 행동을 가능케 하는 능력에서 놀라운 다양성을 보여 준다. 다윈의 핀치들 가운데 그 어떤 단일 개체도 종의 '유형'을 대표한다고 말할 수 없는 것처럼 단순하게 기술할 수 있는 지능의 '유형'이라는 것도 있을 수 없다.[4]

## 역사를 다시 쓰자

### 과학의 진보

지난 5세기 동안 혁명에 대한 충성심을 알려 주는 가장 일관된 예보자는 출생 순서였다. 후순위 출생자들은 첫째들보다 사회적 패배자들에 공감하면서 기성의 질서에 도전할 가능성이 더 많다. 첫째들은 부모 및 권위와 일체감을 느끼기 때문에 현 상태를 방어할 가능성이 더 많다. 출생 순서 효과는 성별, 사회 계급, 인종, 국적을 초월한다. 아울러 출생 순서 효과는 지난 5세기 동안 시간을 초월해 작동했다.

나는 이 예기치 못한 결과를 확고한 경험적 토대 위에 세우려고 과학의 역사와 일반 역사라는 두 개의 커다란 영역에서 조사 연구를 수행했다. 급진적인 과학 혁명의 초기 단계에서 후순위 출생자들이 혁명적인 관점을 채택할 확률은 첫째들보다 17배 더 높았다.[5] 찰스 다윈이 1837년 진화 이론으로 개종했을 때 그가 유행하던 설계 이론을 옹호하기보다 진화론을 수용할 확률이 100배 더 높았던 것도 다 그의 출생 순서 때문이었다.[6] 다윈의 영웅 찰스 라이엘 같은 첫째들이 창조론에서 다윈주의로 전향할 확률은 낮았다. 마침내 라이엘도 1859년 이후 다윈의 사상을 받아들이지 않을 수 없었다. 그는 지속적으로 "옛날 생각들, 낡은 사고방식이 새로운 관념과 충돌한다."고 느꼈다.[7] 다윈 시대에 활약한 다른 첫째 출신 과학자들도 현 상태를 방어하고 싶다는 심리적 태도를 라이엘과 공유했다. 그들은 타고난 반항아가 아니었다.

논란의 여지가 없는 첫째들의 과학적 독창성은 뛰어난 문제 해결 능력, 다시 말해 기성의 이론을 새롭지만 사회적으로 수용 가능한 영역에 확고히 자리 잡게 하는 데 있다.* 소아마비 백신 발명자 조너스 솔크와 대부분의 노벨상 수상자들이 첫째다. 첫째들은 개인적 성취에 대한 압도적 관심을 바탕으로 새롭게 영입되는 모든 사람들의 주장에 맞서 자신들의 과학적 입지도 방어한다. 지난 5세기 동안 첫째들이 과학적 개념의 우선권을 다툴 확률은 후순위 출생자들보다 대체로 3배 더 높았다.[8] 첫째가 자연선택 이론에 관한 명예를 나누어 가진 다윈과 월리스처럼 관대하게 행동하는 경우는 드물다. 그러나 다윈과 월리스는 더 중요한 대의에서 단결했다. 그들은 특권과 지위가 출생의 운명과 긴밀히 연결되는 세계관을 뒤엎었다.

출생 순서에 따른 차이의 강도는 다른 익숙한 용어들로 바뀌어 기술될 때 더 바르게 인식할 수 있다. 첫째들은, 솔직하고 용감한 막내들이 1690년에 기꺼이 수용하고 방어한 것을 170년이 지난 1860년경에야 비

---

* 출생 순서가 성격에 미치는 영향력이 IQ 및 학업 성취에 미치는 영향보다 대체로 5~10배 정도 더 크다는 사실을 다시 얘기해야 할 것 같다(119~120쪽을 보시오.). 게다가 첫째의 지위와 결부된 학업 성취가 유일한 형태의 지적인 성취도 아니다. 첫째들과 후순위 출생자들은 상이한 방식으로 저명해지는 경향이 있다. 그리고 그 상이한 방식들은 다시 성격의 상이한 특징 및 이를 규정하는 상이한 가족 내 지위와 관계를 맺는다(4장, 특히 165~166쪽을 보시오.). 과학 분야에서조차 과학자가 될 만큼 충분히 영리한 사람들 사이의 성공과 IQ의 관계는 미약하다. 예를 들어 한 조사 연구에 따르면 IQ가 130인 과학자가 노벨상을 수상할 확률은 IQ 가 180인 과학자와 동일했다.(Hudson 1966:104))

로소 받아들였다.[9] 과학 분야에서는 변화를 수용하는 데서 나타나는 일시적인 불일치가 확고한 증거의 축적으로 바뀌는 경향이 있다. 그럼에도 불구하고 후순위로 태어난 과학자들은 첫째들보다 대체로 50년 정도 앞서서 이단적 혁신을 지지했다.[10]

나이가 새로운 사상의 수용을 억제하면서 출생 순서의 결과를 보완하는 경향이 있다. 이런 보완적 영향력이 출생 순서 효과를 비교할 수 있는 또 다른 척도를 제공한다. 첫째들의 대다수는 30대 초반에 이미 과학계의 기성 권위와 제휴한다. 이후로 그들은 통상의 박학한 열정으로 이단적 혁신에 반대하는 경향이 있다. 후순위 출생자들의 대다수는 60대 초반까지도 급진적 혁신에 개방적인 태도를 견지한다. 첫째들과 30년 차이가 나는 셈이다.[11] 혁신에 대한 개방성이 이렇게 크다는 말은, 성년기에도 계속해서 과학적 창조성을 유지한다는 얘기이다.[12]

다윈의 성공은, 후순위 출생자들이 과학자로서 더 오랜 생애에 걸쳐 계속 창조적 발견을 해내는 경향을 예증하는 사례이다. 다윈은 20대와 30대 초반에 지질학과 박물학에서 가장 독창적인 작업을 수행했다. 40대에 그는 세계적인 무척추 동물학자로서 삿갓조개에 관한 세 편의 중요한 학술 논문을 집필했다. 마침내 50세에 『종의 기원』을 출간하면서는 식물학에 관심을 가지기 시작했다. 그는 자신이 이 분야에서 "절대 무식자"라고 강조했다.[13] 이후로도 20년 동안 그는 여섯 권의 저작을 발표하면서 난초, 덩굴식물, 식충 식물, 식물의 생식, 식물의 운동이 발휘하는 위력 등을 선구적으로 논했다. 조지프 후커와 아사 그레이 같은 직업 식물학자들은 전문가들이 간과한 중요한 사실들을 발견해 내는 다윈의 능력에 말문이 막힐 지경이었다. 그레이 자신의 말마따나 식물의 운동이 발휘하는 위력에 관한 다윈의 연구는 한 식물학자의 우연한 관찰 결과에서 시작되었다. 그러나 "그의 수중에서는 전혀 흥미가 없었던" 식물

넷째 아들 레너드가 촬영한 1874년경의 **찰스 다윈**. 다윈은 2년 후 『자서전』에서 자신이 과학 사상에 미친 비범한 영향을 설명하면서 어찌할 바를 몰라 한다. "과학자로서 내가 거둔 성공 — 이 성공을 무엇에 비견할 수 있을까. — 은, 내가 판단하기로, 복잡하고 다각적인 지적 자질과 조건에 의해 결정되었다. 이 가운데서 과학을 사랑하는 마음, 어떤 주제를 오랫동안 궁리하는 무한한 인내, 부지런히 사실들을 관찰하고 수집하는 근면성, 당연하게 발휘되는 상식과 창의가 가장 중요했다. 내가 나 자신의 절도 있는 능력을 바탕으로 몇몇 중요한 사안에서 과학 하는 사람들의 생각에 상당한 정도로 영향을 미칠 수 있었다는 사실은 정말이지 놀랍다."(1958(1876):144~45)

관찰 결과가 "다윈의 천재성이 가서 닿자 놀란 만큼 풍부한 이야기로" 변모했다.[14]

다윈은 세계적인 식물학자로서 새로운 명성을 얻었다. 그러나 그는 여기에 연연하지 않고 계속해서 『인간의 유래』와 『인간과 동물의 감정 표현』을 써 나갔다. 이때 그는 60대 초반이었다. 이 두 권의 기념비적 저서와 함께 인간 행동 연구는 진화 이론에서 필수 불가결한 토대를 마련했다. 심리학자들이 그 가치를 온전히 인식하고, 다윈이 이 두 권의 책에서 정교하게 구축해 놓은 개념들의 풍부한 광맥을 본격적으로 조사하기 시작하는 데 한 세기 이상의 세월이 걸렸다.

다윈의 마지막 저술은 1881년 가을에 출판되었다. 73세로 사망하기 6개월 전이었다. 이 책은 지렁이들의 알려지지 않은 생태와 습성을 자세히 적고 있었다. 다윈은 다시 한번 독보적인 발견으로 과학계를 깜짝 놀라게 했다. 그는 지렁이들이 아주 지능적인 생물체임을 보여 주었다. 또, 지렁이들이 부지런히 일하면서 토양에 유익한 효과를 안기는 인간의 친구라는 것도 설명했다. 초라한 지렁이를 소개한 다윈의 이 매력적인 저서는 그가 발표한 다른 어떤 과학 저술보다 더 많이 팔렸다.[14] 지질학에서 동물학, 난초에서 끈끈이주걱, 지렁이에서 인간에 이르는 다윈의 평생 연구 기록은 한 인간의 사유 과정에서 발생한 지속적인 혁명을 보여 주는 좋은 예다. 다윈의 혁혁한 과학 이력 전체에서 가장 지속적이었던 특징은 하위의 덜 중요한 것을 상위의 중요한 것으로 등용하고자 한 그의 성향이었다. 그는 『자서전』에서 이렇게 말했다. "식물을 유기적인 존재로 끌어올려 논하는 일은 언제나 큰 즐거움이었다."[15] 다윈은 자신의 자연선택 이론을 통해 훨씬 더 멀리까지 나아갔다. 시행착오의 맹목적인 과정을 신의 대역으로 삼았던 것이다.

다윈의 급진적 이론처럼 그의 방법론도 그만의 독특한 성격과 혁명적 천재성을 보여 준다. 그는 대답보다 질문을, 확신보다 호기심을, 특권보다 끈기를 더 높이 평가했다. 그는 다른 사람들이 진지하게 받아들일 생각도 못 할 정도로 이상야릇한 개념을 실험을 통해 검증해 보이기를 아주 좋아했다. 그는 이것을 "바보의 실험"이라고 불렀다.[16] 다윈이 언젠가 과학 분야에서의 성공과 관련해 했던 말을 그대로 돌려줄 수 있을 것이다. "지성이면 감천."[17] 같은 명제가 그의 가장 위대한 과학적 통찰인 자연선택의 원리를 요약하고 있다. 수백만 년 동안 무작위적인 변이의 선택이 이루어졌다. 이 불인(不仁)한 생물학적 과정이 지구상에 놀랄 만큼 다양한 생명을 낳았다. 비상한 형태로 표현된 인간의 지능도 여기에 속한다. 다윈은 형제 관계에 대해 결코 쓴 적이 없다. 그러나 그 자신이 형제의 경쟁을 수행하는 전략, 특히 경험에 대한 개방성과 불굴의 노력이 혁명적 천재성을 어떻게 고무하는지를 알려 주는 교과서적 본보기이다.

다윈의 자연선택 메커니즘이 아주 위험하고 충격적인 사상이었던 이유는, 신의 특수한 재능을 시행착오라는 이단적 경향으로 대체해 버렸기 때문이다.[18] 루이 아가시와 찰스 라이엘 같은 첫째들이 가장 두려워했던 것은 생물학적 변화가 가능하다는 것이 아니라 그 생물학적 변화가 지적인 조망에 대한 증거가 전혀 없는 상태에서 이루어진다는 것이었다. 특히 인간의 진화에 대한 다윈의 견해가 도덕적·지적 우위에 대한 그들의 관념과 충돌했다. 라이엘은 1860년대에 작성한 한 노트에서 "사수(四手)류 혈통에" 심한 "반감"을 느낀다고 시인했다. 그는 "인류의 각 인종도 하등 동물들처럼 (고유한) 지위를 갖는다."고까지 생각했다.[19] 다윈주의 혁명은 지구상에 존재하는 생명의 가계도가 맺고 있는 관계를 파헤쳐 놓았다. 이 혁명은 또한, 진화가 사실이라면 그것을 해명할 수 있는 창조적 메커니즘에 관한 것이기도 했다. 다윈 이론의 가장 체제 전복적인 측면은, 그것이 아가시와 라이엘, 그리고 보다 일반적으로는 첫째들이 생명의 특징이라고 믿었던 창조주의 천재성을 철저히 거부했다는 점이다.

다윈의 진화 메커니즘은 그 자신의 보잘것없는 창조성을 구체적으로 드러낸다. 그는 속박에서 벗어난 자유로운 경쟁을 통해 점차 나아졌다.

다윈 자신이 과학에 대해 이런 말을 하기도 했다. 가장 똑똑한 사람들은 가장 중요한 발견을 못 한다고.[20] 다윈이 이런 경험적 관찰 결과에 특히 골머리를 앓았던 이유는, 그도 대다수의 동시대인들처럼 천재를 최고의 지성, 특히 물리 과학의 업적에 전형적인 지적 능력과 동일시하는 경향이 있었기 때문이다. 다윈은 자신에게 이런 종류의 능력이 부족하다는 것을 아주 잘 알고 있었다. 그는 『자서전』에서 이렇게 강조하고 있다. "나에게는, 예를 들어 헉슬리처럼 똑똑한 사람들에게서 볼 수 있는 즉각적인 이해력이나 재치가 전혀 없다. 이것이 내가 형편없는 비평가인 이유이다. 책이나 논문을 처음 읽을 때면 언제나 감탄하고는 한다. 내가 약점을 파악하는 것은 시간을 두고 오래 숙고하고 난 다음이다."[21]

창조적 지성이 그것을 장려하는 가족 내 지위만큼이나 다양하다는 사실이 다윈에게는 행운이었다. 지성은 수학적일 수도, 예술적일 수도, 사회적일 수도 있으며 심지어 초라한 벌레처럼 꾸준히 나아질 수도 있다. 다윈의 창조성과 그가 보인 특별한 천재성의 기초는 고도로 다각화된 관심사, 성격 특성, 능력의 우연한 조합에서 기인했다. 그는, 천재가 취할 수 있는 가장 혁명적 형태인 분화형 천재의 으뜸가는 사례이다.

## 정치 혁명과 종교 혁명

정치적 변동은 과학과 비교할 때 가족 내 지위의 조형적 영향력을 관찰할 수 있는 뚜렷한 기회를 제공한다. 정치사상에서는 경험에 대한 개방성 말고도 완고함이 필수적 구성 요소이다. 완고함은, 보수주의적 견해나 자유주의적 견해가 정치적 실천으로 변환되는 방식을 결정한다. 이 개념이 임시변통이 아니라 과학인 이유는 검증할 수 있기 때문이다. 개방성의 차이를 통제해도 완고함의 차이가 정치적 행동에 크게 관여한다.

현 상태의 보존에 폭력을 사용하겠다는 의지는 뚜렷하게 첫째인 성향 두 가지를 결합한다. 이 때문에 완고한 보수주의자들 중에는 첫째들이 압도적으로 많다. 민주주의가 도래하기 이전에는 장자 상속권을 통해 정치권력을 장악했던 첫째들과 장남들이 앞장서서 현 상태를 옹호했다. 죽음을 무릅쓰고 압제에 도전하던 모든 이단적 후순위 출생자의 사형 집행 영장에 서명을 한 지배자들과 치안 판사들은 대개 첫째들이었다.

후순위 출생자들은, 기성의 사회 질서를 지지하는 첫째 출신의 형제들과 달리 일관되게 자유주의적 개혁을 지지했다. 서구 역사에서 후순위 출생자들이 급진적 정치 혁명을 옹호할 확률은 첫째들보다 18배 더 높았다.[22] 신교도 종교 개혁기에 후순위 출생자들은 첫째들보다 개혁 활동에 나섰다가 순교할 확률이 48배 더 높았다.[23] 후순위 출생자들은 평등주의적 사회 개혁을 촉진하는 활동 속에서 언론의 자유, 종교의 자유, 노예 제도 폐지, 인종과 성별의 평등을 지지하며 싸웠다.

완고함이라는 개념은, 이데올로기적 동맹자가 가끔씩 증오스러운 적으로 바뀌어 버리는 사태와 관련된 정치 전술을 풍부하게 해명해 준다. 가장 도덕적이고 융통성이 없는 정치 지도자들은 첫째이기 십상이다. 외자식과 막내, 중간 자식들이 차례로 그 뒤를 잇는다. 첫째 출신의 급진주의자들(후순위로 태어난 급진주의자들의 자식인 경우가 많다.)은 일반적으로 공격적인 전략을 선호한다. 무솔리니, 스탈린, 체 게바라, 카를로스 자칼이 이런 호전적인 인물군에 속한다. 카를로스는 이들 모두를 대신해 다음과 같이 말했다. "탄환이야말로 말이 통하게 해 주는 유일한 실재이다."[24] 반면에 후순위 출생자들은 목적이 수단을 정당화해 준다는 말을 덜 믿는다. 중간 자식들은 다른 어떤 형제 집단보다 평화적인 개혁을 신봉한다. 간디나 마틴 루서 킹처럼 첫째이면서 비폭력 저항을 옹호한 사람을 역사에서 찾기란 쉬운 일이 아니다.[25] 타협은 중간 자식들 특유의 기예이다. 그들은 자신들의 가족 내 지위 때문에 연립, 의회 절차, 동의

에 의한 지배의 가치를 잘 안다.[26]

　미국에서 노예제에 반대하는 무장 봉기를 지지하느냐 반대하느냐를 놓고 갈린 운동 진영의 분열은 이런 형제의 차이를 알려 주는 좋은 예다. 노예 폐지론자로 나선 첫째들은 폭력 행동을 호소했고, 직접 폭력에 가담하기도 했다. 반면 후순위 출생자들, 특히 중간 자식들은 윤리적 설득을 권고했다. 프랑스 혁명기에도 비슷한 불일치가 지롱드당과 산악당 사이의 비극적인 충돌로 이어졌다. 로베스피에르 및 공포 통치의 기타 기획자들이 포함된 호전적인 첫째들은 그들의 후순위 출생자 동지들인 지롱드당원들을 처형했다. 공포 통치 시대에 이 완고한 급진주의자들은 지롱드당원들이 보인 동정심 ― 후순위 출생자들의 성향 ― 을 왕당파에 대한 충성으로 오인했다. 이런 식의 왕정복고주의 혐의가 타당하지 않았다는 것을 프랑스의 역사가들도 마침내 깨달았다. 그러나 이 갈등의 기저에 놓인 형제 살해적 본성은 아직도 모르는 것 같다. 이런 식의 대규모 동족 살해는 아마도 혁명 정치 특유의 속성일 것이다. 그럼에도 불구하고 이 현상이 쉽게 인지되지 않는 이유는 사람들이 자신의 형제는 좀처럼 죽이지 않기 때문이다. 그러나 형제의 정치적 동맹자는 기꺼이 죽여 버린다. 이렇게 해서 대리인을 통한 동족 살해가 수행되는 것이다.

　가족들 사이의 차이는 성격 발달과 특별한 관계를 맺고 있지 않음에도 불구하고 인간의 행동에서 중요한 역할을 수행하며 역사에 상당한 영향을 끼친다. 그렇다고 해도 실제로 역사를 기술할 때면 어떤 집단적 차이가 진정한 원인이고, 어떤 것은 형제들 사이의 차이로 소급할 수 있는 가짜 효과인지를 파악하기 어려운 경우가 많다. 우리는 통계 수단을 활용해 이런 방법론적 문제들을 해결할 수 있다. 이들 방법은 인간 행동과 관련한 대다수의 사회학적 예보자들보다 출생 순서(와 전체로서의 가족 역학)가 발휘하는 탁월한 설명력을 거듭 확인해 준다.

역사 변화의 원인은 가족의 역사로 소급될 수 있는 것만큼이나 장래의 새로운 가족 형성으로 나아가기도 한다. 사회적 자유주의자들은 다른 자유주의자들과 결혼해 자유주의적 성향의 자식들을 낳는 경향이 있다. 처음에는 가족 내부의 갈등으로 시작되었던 가톨릭교도와 신교도 사이의 분열이 마침내 1600년경의 유럽에서 지역들, 나아가 전체 국가들 사이의 차이로까지 자리를 잡고 말았다. 이런 지리적 하위 분할이 일단 고착화되자 신교도 국가에서 자라나는 아이들은 바로 앞 세대가 성취한 자유화 조치에 더욱 더 많은 영향을 받았다. 종교 개혁의 여파 속에서 과학자가 된 신교도들 ─ 첫째들조차도 ─ 은 경험에 대한 개방성에서 '명예로운 후순위 출생자들'이었다. 그 결과 신교도 과학자들은 가톨릭 과학자들보다 급진적인 과학 변화에 더 우호적이었다. 종교 개혁이 불러일으킨 자유주의적 영향력 속에서 후순위 출생자들의 반란이 연달아 일어났다. 17세기에 근대 과학이 출현한 사태는 다음 세기 계몽주의의 전조였다. 다시 계몽주의는 사상의 자유에 대한 더 커다란 열망으로 이어졌다. 토머스 페인, 장-자크 루소, 볼테르 같은 인물들이 사회 사상의 새로운 혁명을 추진하기에 이르렀던 것이다. 이런 일련의 단계적 혁명들이 누적되는 과정에서 형제들의 급진주의 차이가 세대를 거듭하면서 심화되었다.

가장 사회적인 자유주의자들의 계보는 앞선 세대에 급진적인 전투를 치른 후순위 출생자들로 넘쳐난다. 찰스 다윈이나 벤저민 프랭클린 ─ 막내아들의 막내아들이 4~5세대까지 거슬러 올라간다. ─ 같은 반항 아들은, 형제의 차이가 세월이 지나면서 쌓인 강화 효과를 입증하는 좋은 예다. 다윈이 급진적 혁명가가 된 커다란 이유는, 그가 자유주의적 가정에서 자랐기 때문이다. 막내였던 그의 아버지는 이신론자이자 또 다른 막내였던 할아버지의 무신론자 아들이었다. 다윈의 아버지는 배우자로 할아버지의 가장 급진적인 친구였던 조시아 웨지우드의 딸을 선택했다. 열세 자녀의 막내였던 조시아는 전 영국에서 가장 열렬한 노예 폐지론자 가운데 한 사람이었다. 그는 미국 독립 혁명과 프랑스 혁명을 모두 공개적으로 지지했다. 웨지우드 가문의 식기류를 납품받던 영국 왕가에 공공연히 도전한 행위였던 것이다.[27]

## 예외들

이 책에서 내가 발표한 모든 일반화에는 개별적인 예외들이 존재한다. 인간의 모든 행동은 조건적이며, 다원적으로 결정된다. 주변 세계의 복잡하게 상호 교차하는 수많은 영향력들이 개인의 행동에 대한 우리의 예측 능력을 제한한다. 그럼에도 불구하고 다양한 예보자들 — 단일 예보자보다 훨씬 더 효과적이다. — 이 개인의 행동을 설명할 수 있는 효과적인 수단을 제공한다. 어떤 하나의 통계적 일반화에서 제기되는 예외들은 많은 경우 또 다른 훨씬 더 중요한 일반화에 의해 해명된다. 경쟁 가설들을 정식으로 검증하면 이런 예외들을 과학적으로 취급할 수 있다.

부모의 사회적 태도와 자식의 사회적 태도 사이의 관계를 고려하면 어느 누구도 카를 마르크스나 마오쩌둥 같은 장남이 사회적 보수주의자가 되리라고 예상하지 못할 것이다. 대다수의 자식들은 부모를 좇아 그들의 사회적 태도를 결정한다. 물론 첫째들이 후순위 출생자들보다 더 충실하게 부모를 닮지만 말이다. 첫째였던 마르틴 루터가 신교도가 되었다는 사실도 부분적으로는 그의 독일 태생에서 원인을 찾을 수 있다. 독일에서 가톨릭교회의 폐해가 특히 만연해 있었던 것이다. 루터가 종교 개혁에 보인 개방성은 그가 하위 성직에 몸담았다는 사실도 반영한다. 이 집단은 교회 개혁에서 얻을 게 많았던 것이다. 이런 경향적 요인들은 마르틴 루터뿐만 아니라 종교 개혁기를 살았던 모든 신학자들에게 일률적으로 적용된다.[28] 이 기준이 상기한 설명을 과학으로 만들어 주는 것이다. 개인의 행동에 대한 적절한 설명은 모든 중요한 영향력을 아우르면서 검증하는 것이어야 한다.

다양한 예보자를 활용하면 개인들과 관련해 가끔씩 놀라울 정도로 설득력 있는 주장을 할 수 있다. 예를 들어, 사회적 자유파인 젊은 후순위 출생자들은 진화와 같은 급진적 혁신을 채택할 확률이 약 95퍼센트이다. 다시 말해, 찰스 다윈의 전기적 특성을 보유한 사람 100명 가운데 95명이 그가 그토록 열렬하게 옹호한 이론을 수용했다는 말이다. 수용하지 않은 5명도 경우에 따라 나이, 우정, 과학 훈련 같은 기타 중개 변수의 영향력으로 설명할 수 있다. 반대로 사회적 보수파인 중장년의 첫째들은 동일한 급진적 사상을 채택할 확률이 5퍼센트에 불과하다. 우리는 단 세 개의 변수(출생 순서, 사회적 태도, 나이)를 가지고 급진적 혁신을 수용할 개별적 확률 5퍼센트(20대 1)를 설명할 수 있다. 급진적 변화에 가장 많은 기여를 한 사람들과 가장 줄기차게 반대한 사람들은 이런 극단적 행동을 예증하는 경향이 있다.*

통계적 일반화에서 예외로 등장하는 개인들은 많은 경우 간과된 기

---

* 나는 진화의 수용(1700~1875년)과 관련해 본문에서 통계 검증을 실시했다. 이 검증은, 50세 이상의 사회적 보수파(5점 눈금자에서 2.0 이하의 평가를 받은)인 첫째들과 35세 이하의 사회적 자유파(5점 눈금자에서 3.0 이상의 평가를 받은)인 후순위 출생자들을 비교한다. 과학자 43명으로 구성된 이 표본에서 10명이 첫째였고, 그들은 전부 진화에 반대했다. 반면 35명의 후순위 출생자 가운데 34명(97퍼센트)은 진화를 지지했다($r = 0.94$, (phi), $df = 1/43$, $t = 4.97$, $p < 0.0001$(피셔의 적합 확률 검정)). 부록 11 '여러분 각자의 반항적 성향을 측정하는 방법'은 나이, 사회적 태도, 출생 순서에 따라 분류한 일련의 확률 예측치 목록을 제공한다. 독자들은 이 정보를 활용해 급진적 혁명을 지지할 각자의 확률을 산정해 볼 수 있다.

타의 행동 원인들을 암시해 준다. 제대로 확인할 수만 있다면 통계 오차 야말로 더 나은 설명법을 찾을 수 있는 길이 되어 준다. 통계적 일반화를 거북해 하는 역사가는 역사의 본질을 불편해 하는 셈이다. 인생의 경험 처럼 대부분의 역사적 주장도 본래부터 통계에 근거한 것이다. 이런 주장들은 검증될 수 있고, 검증되어야만 하는 가설들을 포함하고 있다.

## 과학으로서의 역사

### 개인 대 상황

가족 역학에 관한 역사적 주장들은 역사가 인간 행동의 보편적 원리들을 수반하느냐는 골치 아픈 문제를 예시한다. 후순위 출생자들에게 반항적 성향이 있다는 것은 사실이지만 반항적 행동은 구체적 목표를 수반하고, 또 구체적인 사회적·지적 맥락 속에서 발생한다. 적절한 환경만 주어지면 첫째들도 현 상태를 거부한다. 첫째 출신 노예들이 이 증오스러운 제도에 맞서 반란을 일으키고, 그 과정에서 주인들을 도륙했다는 사실은 전혀 놀라운 일이 아니다.

역사 변화에 개인들이 대응하는 방식을 관장하는 가장 중요한 단일 조정자는 변화의 성격이다. 혁신은 보수적일 수도, 기술적일 수도, 완고할 수도, 나약할 수도, 급진적일 수도 있다. 과학 분야에서 첫째들은 기술적이거나 보수적인 개념적 혁신을 발 빠르게 지지한다. 그런 혁신이 기술적인 것이라면 상대적으로 즉각적인 환영을 받는다. 그런 진보가 보수적이라면 용어의 원래 의미에서 "혁명(revolution, '회전,' '순환'이라는 의미도 있다. ─옮긴이)"이 된다. "한 해의 계절처럼 회귀하다, 순환하다."[29] 후순위 출생자들은 새로움과 변화에 대한 강한 기호에도 불구하고 일반적으로 보수적 혁신에 저항했다. 그들의 심장과 영혼은 현 상태에 도전하는 급진적 변화에 가장 철저하게 공명한다.

내가 조사한 100개 이상의 역사적 운동을 가늠해 보면 출생 순서 효과의 방향과 강도는 논쟁의 정도와 체계적인 상관관계를 맺었다. 새로운 이론들이 사회적·개념적·이데올로기적 이유로 논쟁으로 비화될 때면 사람들의 대응 방식에서 어김없이 출생 순서에 따른 차이가 크게 발생했다. 또, 출생 순서에 따른 차이가 크면 어김없이 가족 내 지위의 다른 특성들의 역할이 크게 부각되었다.

## 가설 검증

나는 20년이 넘는 세월 동안 나의 주장을 광범위한 경쟁 가설들과 비교하면서 검증했다. 이런 경쟁 가설들 가운데 일부는 정식 검증 절차를 무난히 견뎌 냈고, 인간의 행동을 해명하는 널리 인정받는 원리로 자리를 잡았다. 예를 들어, 반항적 성향은 사회적 자유주의와 밀접한 관계를 맺으며, 이것은 다시 자유주의적 부모와 조부모의 유무와 결합된다. 기질은 또 다른 유의미한 요인이다. 가장 열성적인 혁명가는 외향적인 후순위 출생자이기 십상이다. 또, 혁명의 옹호자들은 가끔씩 주변의 스승이나 다른 사람들에게 영향을 받기도 한다.

내가 이런 경쟁적 주장들을 검증한 것은, 실수를 피하기 위해서였지 역사가 물리학이나 화학과 비슷하다고 생각했기 때문이 아니다. 그럼에도 불구하고 역사는 변화를 다루는 다른 학문들, 특히 지질학, 고생물학, 진화 생물학과 아주 유사하다. 게다가 역사는 기본적으로 인간의 행동을 과학적으로 이해하는 것에 좌우되는 학문이다. 행동 과학의 방법들을 유효적절하게 활용해 신념으로까지 정착해 버린 역사적 가설들을 검증할 수 있었다. 역사가들은 과학적 방법을 사용하는 일에 저항감을 드러냈다. 그런 방법이 역사를 이해하는 데서 "부적절하다."는 게 일반적인 논지였다.[30] 그러나 모든 시대를 통틀어 가장 위대한 역사가인 찰스 다윈을 한번 생각해 보자. 실제로 그의 방법 다수를 이미 역사가들이 채택했다. 연구 대상에 대한 주의 깊은 설명과 주변 상황에 대한 지속적인 관심이 대표적이다. 그러나 다윈이 과학자로 성공할 수 있었던 것은 이런 기술적(記述的)인 방법이 아니라 가설 검증에 몰두했던 그의 태도 때문이다.

사람의 마음은 받아들일 수 있는 것보다 더 많은 양의 정보를 접하면 의미 양상(meaningful pattern, 대개 보강적인)을 찾는다. 결과적으로 우리는 우리의 기대와 어긋나는 증거를 최소화하는 경향이 있다. 지배적인 세계관이 스스로를 재확인하는 것이다.[31] 다윈은 현 상태를 다시 확인하려는 인간의 이런 선입견을 잘 알고 있었다. 그는 『자서전』에서 자신의 이론과 상충되는 듯한 사실을 자신이 얼마나 빨리 잊어버리는지 실토했다. 그래서 그는 알고도 모르는 체하는 것을 방지하기 위해 이런 정보를 기록해 두는 것을 "철칙"으로 삼았다.[32] 다윈의 철칙처럼 가설 검증도 인간의 마음이 정보를 처리하는 과정에서 드러내는 일정한 한계를 극복한다.

오늘날의 역사 연구처럼 한때는 박물학(자연사)도 다양한 해석을 받아들이라는 압력에 시달렸다. 진화 생물학에서는 다윈주의적 설명 방법과 비다윈주의적 설명 방법이 오랜 시간 동안 논쟁을 벌였다. 종을 환경에 적응시키는 자연선택처럼 가설 검증도 조만간 실패한 이론들을 제거할 것이다. 경험적 성과, 예측 가능성, 단순함, 독자적인 결과 검증이 전부 조사 연구가 신뢰성이 높은 결론에 도달할 기회와 가능성을 증대시킬 것이다.[33] 자연에서 성공을 거둔 종처럼 창조적인 과학자들도 가장 유리한 지위를 차지할 것이다. 그들은 개념적으로 진화하고, 나아가 지

적 멸종을 피하기 위해 가설 검증을 채택할 것이다.[34)]

가설 검증에는 또 다른 뚜렷한 장점이 있다. 가설 검증은, 인문학의 진보를 위한답시고 간과되는 해석학적 유행의 매혹적 함정을 줄여 준다. 최근의 아주 많은 인문학적 연구 방법들이 한때 유행한 "포스트 (post)" 학문으로 불리는 것은 바로 이 때문이다. 포스트물리학, 포스트 생물학, 포스트화학 따위는 없다. 가설 검증은 거듭해서 스스로가 일시적인 유행이 아님을 입증했다. 17세기의 과학 혁명 당시에 이 급진적 방법을 적극적으로 장려한 사람은 프랜시스 베이컨 및 르네 데카르트와 같은 막내들이었다. 더 어린 형제들이 이 방법을 줄기차게 옹호한 까닭은, 그것이 현 상태에 저항하는 강력한 지적 무기였기 때문이다. 과학 혁명기에 검증은 반란이었다. 오늘날에도 이 원리는 여전히 유효하다.[35)]

베이컨과 데카르트는 놀랄 만한 영향을 끼쳤다. 그들이 동료들을 성공적으로 설득해 가설 검증의 급진적 원리들을 수용하고, 이어서 제도화하도록 했다는 데서 이 사실을 확인할 수 있다. 이후로 중세 스콜라 철학의 권위와 교회는 더 이상 자연계의 진실에 관한 최종 결정자가 될 수 없었다. 근대 과학이 탄생하면서 더 민주적인 지식 개념이 표준으로 자리를 잡았다. 지식의 민주적 성격은 계몽 운동을 탄생시켰고, 인간 사유의 후속 혁명들을 위한 토대를 확립했다. 통치 기구 내부의 다각적 견제와 균형을 강조하는 미국 독립 선언서는, 토머스 제퍼슨과 기타 미국 헌법의 제정자들이 뉴턴의 이론을 연구하면서 흡수 동화한 자유주의 원리들을 담고 있다.[36)] 과학 혁명이 거둔 결실은 내가 이 책에서 논의한 후순위 출생자들의 업적 가운데서 가장 위대한 성과이다. 더 어린 형제들은 지식의 규칙을 놓고 벌어진 이 전투에서 승리함으로써 인간의 탐구 활동이라는 창조적 영역을 영구 혁명의 과정으로 바꾸어 놓는 데 성공했다.

인간 지성의 진보를 위해서는 교묘한 방법 이상이 필요하다. 급진적 혁명을 일으키는 개인들에게는 대체로 강한 결단력, 용기, 독립심이 꼭 필요하다. 이 도전적인 사상가들이 그들의 일탈적 사고방식으로 인해 거부당하고, 놀림 받고, 고통 받았다는 사실은 불행한 일이다. 진화에 대한 자신의 믿음을 "살인을 고백하는 일"에 비유한 찰스 다윈처럼 이 단적 개인들은 으레 그들의 혁명적 열망 때문에 고통을 받았다.[37] 비정 통적 사상가들이 전부 성공했던 것은 아니다. 그들이 다 옳았던 것도 아니다. 그러나 그들의 상당수는 깊고 강력한 유대를 공유했다. 많은 경우 그들은 타고난 반항아였다.

부록

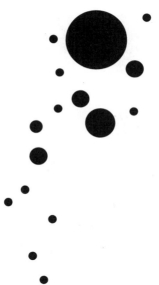

# 부록 1

●

## 간략한 통계 해설(과 상관관계 설명)

상관관계. 통계는, 특히 '상관관계'로 환원하면 무리 없이 이해할 수 있다. 이 특별한 통계치는 관계를 측정한다. 우리는 비정규적인 방법을 사용해 머릿속으로 항상 상관관계를 계산한다. 예를 들어, 우리는 아이의 신장을 바탕으로 아이의 나이를 연상한다. 아이의 성(姓)으로는 이 일을 할 수 없다. (r로 줄여 쓰는) 상관관계는, 수학적 형식을 사용해 계산할 경우 0.0에서 ±1.0 사이에 분포한다. 0.0이라는 상관관계는 두 변수 사이에 아무런 관계가 없다는 뜻이다. 여러분의 주소지 번지수와 전화번호의 첫 숫자처럼 말이다. 1.0이라는 상관관계는 두 변수 사이에 완벽한 선형 관계가 존재한다는 뜻이다. 더미 속의 벽돌 개수와 그것들의 총 중량처럼 말이다. 상관관계를 얻기 위해 데이터가 신장이나 체중처럼 반드시 연속적인 측정값을 가져야 하는 것은 아니다. 심지어 양분된 데이터도 이 방법으로 비교할 수 있다. 상관관계가, 예를 들어 성별처럼, 가능한 두 개의 결과만을 가지는 변수에 기초할 때 그 통계치는 r보다 phi(파이)라고 한다. 예를 들어, 프랑스인인 것과 가톨릭교도인 것(비가톨릭교도인 것과 대립한다는 의미에서) 사이의 상관관계(phi)는 약 0.8이다.

인간의 행동에 작용하는 대다수 영향력의 경우 그 상관관계는 0.0과 0.5 사이에 분포한다. 상관관계가 일반적으로 0.5를 넘는 것은 생리학이나 물리 과학 같은 분야들뿐이다. 다양한 성격 검사에 기초할 때 성별과 적극성 사이의 상관관계는 약 0.25였다.[1] 급진적 과학 혁명기에 출생 순서와 혁신에 대한 지지 사이의 상관관계는 약 0.40이었다. 함께 자란 일란성 쌍둥이의 경우 대다수 성격 특성의 상관관계는 0.5였다.[2] 나는 상관관계의 중요성—다시 말해, 그것들이 실제 생활에서 가지는 내포적 의미—을 조금 더 자세히 알려 주고 싶어서 여기에 동치 관계표를 제시했다. 사람이 적절한 치료를 받을 경우와 그렇지 못할 경우에 특정 질병에서 살아남을 가능성을 예시 비교하였다(표 8).

표 8을 통해 작은 상관관계조차도 의미심장한 효과를 갖는다는 것을 알 수 있다. 예를 들어 0.10의 상관관계는, 유효적절한 치료를 받는다고 가정할 경우, 치명적일 수도 있는 질병에서 살아남을 가능성을 45퍼센트에서 55퍼센트로 끌어올리는 것과 같다. 이 개선은 생존율을 기본 확률에서 22퍼센트 끌어올렸다는 얘기다(55/45=1.22). 치명적일 수도 있는 질병이 여러분의 목숨을 위협한다면 여러분은 이렇게 꽤 큰 효과를 발휘하는 것으로 알려진 약물을 이용할 수 있다는 사실에 감사할 것이

1) Feingold 1994:443.
2) Dunn and Plomin 1990:49.

**표 8**

**실제 세계의 통계적 등치**

| 상관 관계 (r) | 치료를 받지 않았을 때 생존할 가능성(퍼센트) | 치료를 받을 경우 생존할 가능성 (퍼센트) | 초기 확률의 개선 (퍼센트) | r²('설명된 분산') (퍼센트) | 효과에 대한 정성적 설명 |
|---|---|---|---|---|---|
| 0.01 | 49.5 | 50.5 | 1 | 1퍼센트에 한참 못 미침 | 아주 작음 |
| 0.05 | 47.5 | 52.5 | 11 | 1퍼센트 미만 | 작음 |
| 0.10 | 45 | 55 | 22 | 1 | 작음[a] |
| 0.20 | 40 | 60 | 50 | 4 | 중간 정도 |
| 0.30 | 35 | 65 | 86 | 9 | 큼 |
| 0.40 | 30 | 70 | 133 | 16 | 큼 |
| 0.50 | 25 | 75 | 300 | 25 | 아주 큼 |
| 0.80 | 10 | 90 | 900 | 64 | 아주 큼 |

Rosenthal and Rubin 1982에서 가져온 표임.

a. 효과 크기에 정성적 묘사를 할당하는 것은 맥락에 따라 달라진다. 많은 사람들은 치명적일 수도 있는 질병에서 살아남을 가능성이 22퍼센트 상승한 것—0.10의 상관관계—을 두고서도 **작은** 개선이 아니라 **꽤 큰** 혜택이라고 생각할 것이다.

다. 0.30이라는 상관관계를 이와 비교해 보자. 0.30의 상관관계는 여러분의 생존 가능성이 거의 2배 상승한다는 얘기다. 회복 가능성이 35퍼센트에서 65퍼센트로 개선되는 것이므로 말이다. 0.50의 상관관계는 25퍼센트에서 75퍼센트로 회복율의 훨씬 더 극적인 변화를 가져온다. 치료를 받지 못한 집단의 회복율의 3배인 것이다.

표 8은 지시적 상관관계로 설명되는 분산도 제시하고 있다. "설명된 분산(Variance explained)"은 상관관계의 제곱을 뜻하는 기술적 용어다. 이 개념은, 몇몇 통계적 맥락에서 유용함에도 불구하고 대개의 적용 과정에서 오도되는 경향이 있다. 제곱값이 통계에서 이론적 중요성을 갖기

도 하지만 원인과 결과에 관한 통상의 추론 과정에서는 이 방법이 별다른 의미를 갖지 못한다. 1.0 미만의 숫자를 제곱하면 항상 더 작은 수를 얻고, 때때로 훨씬 더 작은 수를 얻게 된다. 가상의 의료 시나리오에서 생존 가능성을 22퍼센트 향상시키는 0.10의 상관관계는 불과 1퍼센트의 설명된 분산으로 고쳐진다. 그러므로 비교적 작은 상관관계도 의외로 커다란 효과를 발휘하고, 따라서 중요하지 않은 것으로 배격해서는 안 된다. '설명된 분산'이 별로 크지 않다고 해도 말이다.

상관관계 대 인과 관계. "상관관계는 인과 관계가 아니"라는 오래된 금언이 있다. 이 말은 분명 사실이지만 특정 조건에서는 상관관계가 인과 관계를 안내해 주는 매우 믿을 만한 예보자임도 사실이다. 예를 들어, 복권 추첨에서 100만 달러에 당첨되는 것과 쓸 수 있는 돈을 더 많이 보유하게 되는 것 사이의 상관관계는 아주 높고, 실제로도 이 두 결과는 인과적으로 명백히 연결되어 있다. 당연히 우리는 상식을 바탕으로 상관관계가 인과 관계를 암시하는지, 또 어느 정도까지인지를 판단해야 한다. 상관관계가 인과 관계의 가정을 보증하지 않을 때조차도 그것은 일반적으로 어떤 다른 변수(상관관계를 맺고 있는 두 변수와 결부된)가 관측 중인 관계에 인과적으로 통합되어 있음을 시사한다. 우리는 변수들을 통계 분석에 추가로 도입하면서 많은 경우 '인과 관계'의 가장 유망한 원인을 가려내 밝힐 수 있다. 예를 들어, 출생 순서는 급진적 사고의 진짜 원인이 아니다. 출생 순서가 급진적 사고방식과 긴밀한 상관관계를 맺고 있음에도 불구하고 말이다. 그러나 출생 순서를 나이, 체격, 힘, 가족 내 지위의 차이를 야기하는 대리 지표로 볼 수는 있다. 그렇다면 우리는 상식을 바탕으로 출생 순서 그 자체가 아니라 이들 상이한 변수들에 인과 관계가 존재할 가능성이 많다고 추론할 수 있는 것이다. 우리는, 급진적 사고와 실제로 가장 긴밀하게 상관관계를 맺는 것이 생물학적 출생 순서가 아니라 기능적 출생 순서라는 것을 보여 줌으로써 이 주장을 검증할 수 있다. 기능적 출생 순서를 통제한 생물학적 출생 순서는 급진적 사고에 대한 지지와 분명한 상관관계를 맺지 않았다.

통계적 유의성. 이 용어는 결과가 그저 '우연히' 발생할 가능성 여부를 나타낸다. 전통적으로는 20번에 1번 미만의 확률($p < 0.05$로 표시되는)로 발생할 때 그 결과에 통계적 유의성을 허용한다. 통계적 유의성은 일정한 결과의 두 가지 상이한 측면을 알려 준다. (1)효과의 강도 ― 항상 상관관계로 표시될 수 있는 소위 효과 크기, (2)표본의 크기. 표본의 크기는 효과의 강도에 대해 우리에게 아무것도 알려 주지 않는다. 그러나 우리는 표본의 크기를 통해 보고된 효과 크기가 진정한 효과 크기를 대변하는지와 관련해 우리가 얼마나 자신할 수 있는지를 알 수 있다. 표본이 크면 아주 작은 효과를 수반하는 통계적으로 유의미한 결과를 얻을 수 있다. 예를 들어, 출생 순서와 지적 저명성 사이의 관계가 상세히 보고되었다. 첫째들은 더 저명해지는 경향이 있다. 그러나 그 효과는 대체로 '작다($r < 0.10$).' 그리고 사회 계급과 형제의 수 같은 복합적 영향력을 통제할 경우 그 효과는 훨씬 더 작아진다.

특히 결과가 통계적으로 유의미하면, 또 많은 경우 유의미하지 않을 때조차도 통계적 유의성 수준보다는 효과 크기에 관심을 집중하는 것이 더 좋다. 이 책에 등장하는 나의 표본들은 대체로 크고, 보다 중요하게는 내가 보고하는 효과의 다수가 중간 정도에서 큰 수준까지 분포하기 때문에 이런 결과들과 결부된 통계적 유의성 수준은 때때로 아주 인상적이다. 2장에서 나는 $p < 1 \times 10^{-20}$(다시 말해 100경분의 1 미만)을 넘는 통계적 유의성 수준을 보고한다. 나는 후속 장들에서 이런 가능성 없는 결과가 발생할 정확한 확률을 제시하는 성가신 과정을 생략했다. 대신 1만 번의 1번 미만의 확률로 발생할 모든 결과를 $p < 0.0001$로 보고했다.

단측 검정 대 양측 검정. 이 책 전체에서 나는 일반적으로 통계적 유의성을 "양측 검정"했다. 물론 가끔씩 단측 검정을 했을 때는 그렇다고 적시해 놓았다. 통계적 유의성에 대한 단측 검정과 양측 검정 사이의 차이와 구별은 검토 대상 가설의 성격과 관계를 맺는다. 연구자들은 예상되는 효과의 방향을 확신할 때 양측 검정이 지시하는 것보다 결과의 통계적 유의성을 합리적으로 증가시킬 수도 있다. 이런 관례의 이면 논리는 간단한 것이다. 연구자들이 두 마리의 코끼리가 한 마리의 코끼리보다 더 무겁다는 것을 강력하게 믿는다면 그들은 두 마리의 코끼리가 한 마리의 코끼리보다 무게가 덜 나갈 가능성에 대비할 필요가 없다. 다수의 관계에서 연구자는 효과의 방향과 관련해 자신감을 가질 수가 없다. 이런 경우에는 보다 엄격한 양측 검정을 채택하는 것이 적절하다. 이 책에서 나는 거의 항상 양측 검정을 사용했다. 그러나 단측 검정이 적절하고, 특히 그 결과가 보고할 만한 가치가 있을 때는 가끔씩 단측 검정을 활용했다. 가설이 무엇이든지 간에 양측 검정을 선호하는 연구자들은 보고된 단측 검정의 p값을 그저 두 배로 하면 된다.

상승효과와 상호 작용 효과. 또 다른 통계 개념인 상승효과는 기본적인 것으로, 나도 이 책에서 자주 언급한다. 여러분이 두 가지 약물을 복용해야 치료되는 질병으로 고통 받고 있다고 한번 상상해 보라. 그런데 그 두 가지 약물은 동시에 투여되어야 한다. 약물 하나가 체내에서 암 세포들의 위치를 파악해, 병든 세포에 확실하게 구별되는 '표식'을 단다. 그러면 일종의 마법의 탄환이라 할 두 번째 약물이 첫 번째 약물이 표시해 놓은 세포들을 전부 파괴해 버리는 것이다. 여러분이 암의 공격에서 살아남을 확률이, 두 가지 약물이 없을 경우 0, 나머지 하나 없이 다른 하나만 투여되었을 때에도 0, 두 약물을 같이 복용했을 경우 95퍼센트라고 가정해 보자. 두 약물의 효과는 가법적이지 않고, 상승적이다. 상승효과에는 '상호 작용 효과'라고 하는 것도 포함된다. 상호 작용 효과는 주요 효과 탓으로 돌릴 수 없는 상승 작용의 요소를 설명해 준다. 두 개념이 기술적으로 다름에도 불구하고 실제에 있어서는 겹치기 때문에 사회 과학자들도 이 용어들을 호환해서 사용하는 경향이 있다.

다중 회귀. 두 개 이상의 변수가 또 다른 변수의 중요한 예보자일 때는 다중 회귀를 활용하는 것이 유용하다. 우리는 이 통계 절차를 바탕으로 다양한 독립 변수들을 활용해 결과 변수(종속 변수)를 예측할 수 있다. 이 방법은 두 가지 커다란 장점을 가진다. 첫째, 독립 변수들은 대체로 서로 간에 상관관계를 맺고 있다. 그로 인해 인과 관계에 혼동이 야기될 수도 있다. 예를 들어, 하층 계급 가정에 후순위 출생자들이 압도적으로 많은 이유는 이들 가족이 상층 계급 가족들보다 규모가 더 크기 때문이다. 결과적으로 사회 계급이 출생 순서와 상관관계를 맺게 된다. 더 이상의 분석을 시도하지 않으면 출생 순서와 사회 계급 중에서 어느 변수가 급진주의와 같은 제3의 변수와 더 근본적인 차원에서 관계를 맺고 있는지 알 수 없는 지경에 빠지고 말 것이다. 다중 회귀를 활용하면 사회 계급이 급진주의와 더는 상관관계를 맺지 않음을 파악할 수 있는 가능성이 생긴다. 회귀 분석에 형제의 수를 포함시키니까 말이다. 다시 말해서, 계급과 출생 순서 사이의 그럴싸한 관계를 일단 통제하고 나면 사회 계급과 맺는 듯 보였던 관련성이 사라지는 것이다.

다중 회귀의 두 번째 장점은 우리가 이를 통해서 예보자들에 상대적 가중치를 부여할 수 있다는 사실이다. 두 개의 약물이 모두 환자가 질병에서 회복할 가능성과 커다란 상관관계를 맺고 있다고 가정해 보자. 이때 두 의약품 가운데 하나가 나머지 하나보다 3배 더 효과적이라는 사실을 알게 된다면 무척이나 유용할 것이다. 함께 복용할 경우 두 약물이 상승 작용을 한다는 것을 아는 것도 유용할 것이다. 이 상승 작용으로 개별적으로 한 개의 의약품만 복용했을 때보다 5배의 치료 효과를 볼 수 있다는 사실을 알게 되면 훨씬 더 유익할 것이다. 다중 회귀 방정식에서 효과 크기는 일반적으로 상관관계와 유사한 베타 가중치(beta weights)로 보고된다. 이런 통계는 해석하기가 어려울 수 있다. 반면 부분 상관관계는 효과 크기를 훨씬 더 직접적인 방식으로 측정해 준다. 부분 상관관계는, 모형에서 다른 모든 독립 변수들을 통제했을 때 개별 독립 변수가 맺는 상관관계이다. 나는 이 책 전체에서 통계 정보로서 베타 가중치가 아니라 부분 상관관계를 제공했다.

메타 분석. 대상과 관련해 이미 수많은 연구가 수행되었을 때, 특히 이 연구 내용의 다수가 상충할 때 연구자들은 자주 메타 분석 기술에 의존한다. 그들은 상이한 연구 결과들을 종합함으로써 통계적 신뢰도와 검정력을 얻고, 결국 효과 크기를 더 정확하게 획정할 수 있다. 메타 분석을 통해 조정 변수들과, 크게 다른 효과 크기의 수준을 탐구하는 것도 가능하다. 3장(표 4)에서 나는 사회 계급과 형제의 수를 통제한 196개의 출생 순서 연구에서 이런 일들이 우연적 결과임을 보고하는 연구가 엄청나게 많다는 것을 보여 주었다. 게다가 성격의 특정 측면들 — 예를 들어 경험에 대한 개방성 — 에서는 집합적 결과가 성격의 다른 측면들 — 예를 들어 외향성 — 에서보다 긍정적일 가능성이 훨씬 더 많았다. 비록 연구의 두 영역이 우연히 기대할 수 있는 것보다 더 긍정적인 연구를 내놓았음에도 불구하고 말이다.

독자가 이 책의 부록과 후주에 담긴 통계 정보를 이해하기 위해 알아야 하는 것은 이 정도다. 나는 가능하다면 모든 결과를 상관관계로 표현하고자 했다. 통계적 방법이 익숙한 연구자들을 위해서는 t, F, p값 등의 통계 수단을 추가로 후주에 밝혀 놓았다. 일반 독자들은 이런 세부 통계를 그냥 무시하고 상관관계의 크기와, 상호 작용 효과가 수반되는지의 여부

에만 집중하면 된다.[3]

3) 통계학 방법에 관한 유익한 안내를 보려면 Rosenthal and Rosnow 1991; Rosenthal 1987을 참조하시오. 통계의 효과 크기와 이것이 무슨 의미인지 보려면 Cohen 1988; Rosenthal and Rubin 1982; Rosenthal 1994를 참조하시오. 메타 분석 방법에 관한 안내를 받으려면 Glass, McGaw, and Smith 1981; Hunter, Schmidt, and Jackson 1982; Light and Pillemer 1984; Hunter and Schmidt 1990; Rosenthal 1991을 보시오.

# 부록 2

●

# 연구에 등장하는 변수들의 코드화 절차

## 개요

이 책에서 나는 121개의 역사 사건을 분석했다. 여기에는 6,566명의 참가자에 관한 전기 자료가 포함된다. 이 121개 사건은 과학 혁명 28개, 미국 역사에 등장하는 개혁 운동 61개, 정치 혁명 31개, 신교도 종교 개혁으로 구성된다. 나는 미국 연방 대법원의 투표 행동 자료도 수집했다. 여기에는 오늘날까지 재임했거나 재임 중인 대법관 108명의 전기 정보가 포함되어 있다.

어떤 경우에는 이 데이터베이스에 변수가 무려 256개까지 들어갔다. 256은 나의 데이터베이스 프로그램이 다룰 수 있는 변수의 최대치였다.

이 256개의 변수 가운데 일부는 더미 코드 정보(dummy-code, 다시 말해 0이나 1로 코드화되는 정보)이다. 과학 논쟁 데이터베이스에서 나는 국적과 관련해 더미 코드 필드를 10개 할당했다. 이들 국적에는 유럽의 주요 국가 8개와 미국이 포함된다. 열 번째 필드는 최초 9개 국가와는 '다른' 나라 출신 참가자들의 정보를 코드화했다. 이런 더미 코드 변수들을 어떻게 세느냐(국적이 하나의 변수인가 아니면 10개의 변수인가?)에 따라 이 122개 데이터베이스의 정보량은 50만에서 100만 개의 전기 자료 항목 사이에 존재하게 된다.

개별적인 경우로 들어가면 이들 전기 정보의 일부가 존재하지 않기도 한다. 나는 숫자 99로 이를 체계적으로 코드화했다.(나의 통계 프로그램은 99를 전부 없는 정보(정보가 없음)로 인식한다.) 모든 데이터베이스에는 각각의 개인에게서 없는 데이터 항목의 숫자 변수도 마련해 두었다. 없는 정보는 그 자체가 정보이고, 많은 경우 기타의 행동 예보자들과 상관관계를 맺는다(부록 5를 보시오.). 어떤 사람이 역사에 상세히 기술되지 않았다는 사실은, 그 또는 그녀가 하층 계급의 대가족 출신으로 중간 자식이었을 가능성을 내포한다.


## 데이터베이스의 변수들

이 부록에서는 내가 구축한 과학 논쟁 데이터베이스를 설명한다. 이 변수들은 다섯 개의 일반 범주로 묶을 수 있다. (1)참가자의 가족 배경, (2)참가자의 사회적 태도, (3)부모의 사회적 태도, (4)참가자의 직업 특성, (5)각각의 과학자가 참가한 구체적 역사 사건에 관한 정보가 그것들이다. 내가 구축한 종교 개혁과 프랑스 대혁명 데이터베이스에 들어 있는 변수들은 부록 7과 8에서 설명해 놓았다.

## 참가자의 가족 배경

1. 이름.

2. 출생 연도.

3. 사망 연도.

4~14. 국적. 이 정보는 특성 필드로 기록하는 것 외에 9개의 가장 흔한 국적과 '기타' 국적 범주로 나누어 더미 코드화하기도 했다.

15. 성별.

16. 아버지의 직업.

17. 아버지의 사회 경제적 지위. 5점 척도로 코드화했다. 귀족, 전문 직업인, 상공인과 중간 계급, 하층 중간 계급, 노동 계급.

18~19. 교파. 신교도, 가톨릭, 유대교로 더미 코드화함.

20. 출생 순서. 첫째와 후순위 출생자 등, 생물학적 조항보다는 기능적 조항으로 더미 코드화했다. 유아기 내지 유년기 초반에 죽은 것으로 보고된 형제들은 출생 순서를 사정하는 데서 계상하지 않았다. 생후 최초 7년 동안 안정적인 출생 순서를 확립하지 못했고, 16세까지 그 출생 순서를 유지하지 못한 소수의 개인들은 통계 분석에서 제외했다(2장을 보시오.). 기능적 출생 순서라는 구성 개념을 대체할 수 있는 또 다른 방법은 3단계 척도를 채택해 출생 순서가 유년기에 크게 바뀐 개인들에게 중간 점수를 할당하는 것이다. 이런 코드화 계획을 적용할 만한 개인들은 거의 없었지만 소규모 표본 분석 과정에서는 가끔씩 채택하기도 했다. 이 두 가지 방법은 어떤 경우에도 이 책에서 보고되는 그 어떤 결과의 통계적 유의성도 바꾸지 못했다. 기능적 출생 순서를 통제했을 경우 생물학적 출생 순서는 급진주의의 유의미한 예보자가 되지 못했다(2장의 후주 81번을 보시오.).

21. 출생 순위. 첫째 아이, 둘째 아이, 셋째 아이 등등의 기능적 조항으로 코드화했다.

22. 아들 순위. 첫째 아들, 둘째 아들, 셋째 아들 등등의 기능적 조항으로 코드화했다. 딸들은, 아들들과 유사하게 코드화하기 위해, 그녀들의 오빠들 수에 따라 코드화했다(+1).

23. 형제의 수. 기능적 조항으로 코드화했다.

24~25. 상대적 출생 순위. 이 변수는 두 가지 방식으로 코드화했다. 첫째로, 나는 상대적 출생 순위를 (출생 순위-1)/(형제의 수-1)로 코드화했다. 이 방법에 따르면 상대적 출생 순위는 0(첫째)에서 1(막내)까지 분포한다. 둘째로, 나는 상대적 출생 순위를 7점 척도로 코드화했다. (1)더 어린 형제가 있는 첫째, (2)외자식, (3)'장남'과 '외아들'(정확한 출생 순서를 모르는 경우), (4)출생 순위가 자신이 속한 형제의 앞쪽 전반부에 속하는 후순위 출생자, (5)출생 순위가 자신이 속한 형제의 뒤쪽 후반부에 속하는, 그러나 끝에서 세 번째는 아닌 후순위 출생자, (6)출생 순위가 자신이 속한 형제의 끝에서 세 번째인, 그러나 막내는 아닌 후순위 출생자, (7)막내. 이 책에서 언급되는 대부분의 통계는 이 두 번째 방법을 채택한 것이다. 두 측정법 사이의 상관관계는 0.97이었다. 이 두 번째 방법은 '장남'을 산입(算入)시키고, 그 덕택에 더 많은 사례를 포괄할 수 있었다(1,823 대 1,451). '장남들'은 과학 혁신에 대한 지지에서 첫째들과 후순위 출생자들 사이에 위치했다.

26. 손아래 형제와의 연령 격차. 달을 이용할 수 있을 때는 달을 기록했고, 그게 아니면 연을 기록했다.

27. 손위 형제와의 연령 격차. 달을 이용할 수 있을 때는 달을 기록했고, 그게 아니면 연을 기록했다.

28. 표본 내에 형제가 존재하는지의 여부 0과 1의 더미 코드를 사용했다.

29. 표본 내에 부모 또는 자식이 존재하는지의 여부. 0과 1의 더미 코드를 사용했다.

30. 수줍음 대 외향성. 전기 자료에서 취합한 원문상의 정보를 메모 필드에 기록했다.

31~33. 수줍음 대 외향성에 관한 독립적 평가. 7점 눈금자로 코드화했다.

34. 수줍음 대 외향성. 독립적 판정관들의 평가 평균.

35. 부모-자식 갈등. 전기 자료에서 취합한 원문상의 정보를 메모 필드에 기록했다.

36~38. 아버지와의 갈등에 관한 독립적 평가. 7점 눈금자로 코드화했다.

39. 아버지와의 갈등. 독립적 판정관들의 평가 평균.

40~42. 어머니와의 갈등에 관한 독립적 평가. 7점 눈금자로 코드화했다.

43. 어머니와의 갈등. 독립적 판정관들의 평가 평균.

44. 부모-자식 갈등. 39번 변수와 43번 변수의 평균 점수.

45. 아버지의 출생 순서. 상대적 출생 순위로 코드화했다.

46. 어머니의 출생 순서. 상대적 출생 순위로 코드화했다.

47. 부모의 출생 순서. 앞의 두 변수의 평균.

48. 참가자 출생 시의 어머니 나이. 출생 순서 자료가 없을 때 이 정보가 유용하다.

49. 참가자 출생 시의 아버지 나이. 출생 순서 자료가 없을 때 이 정보가 유용하다.

50. 참가자가 태어나기 이전, 부모의 결혼 연도. 출생 순서 자료가 없을 때 이 정보가 유용하다.

51. 어머니 사망 시(또는 어머니가 가족을 떠났을 당시) 참가자의 나이.

52. 상기 변수에 관한 정보가 없을 경우 어머니가 여전히 살아 있을 때 참가자의 알려진 최고 나이.

53. 아버지 사망 시(또는 아버지가 가족을 떠났을 당시) 참가자의 나이.

54. 상기 변수에 관한 정보가 없을 경우 아버지가 여전히 살아 있을 때 참가자의 알려진 최고 나이.

55. 이른 시기에 부모가 사망했을 경우 그 당시 참가자의 나이. 51번 변수와 53번 변수보다 더 낮다.

56. 부모를 좇아 작명함. 3점 눈금자로 코드화. 부모를 좇아 이름을 짓지 않았으면 0점, 부모의 처음 두 이름 가운데 하나를 받았으면 1점, 부모의 처음 두 이름 다를 받았으면 2점. 출생 순서 자료가 없을 때 이 정보가 유용했다.

## 참가자의 사회적 태도

57. 사회적 태도. 자서전과 전기 자료에서 취합한 원문상의 정보를 메모 필드에 기록했다.

58. 스스로 밝힌 정치적 태도. 5점 눈금자를 사용해 보수주의에서 자유주의까지 코드화함(9장과 부록 6을 보시오.).

59. 관찰자가 보고한 정치적 태도. 5점 눈금자를 사용해 보수주의에서 자유주의까지 코드화함(9장과 부록 6을 보시오.).

60~89. 참가자의 정치적 태도에 관한 역사 전문가 약 30명의 평가. 5점 눈금자를 사용해 보수주의에서 자유주의까지 코드화함(9장과 부록 6을 보시오.).

90. 각 참가자들의 정치적 견해를 판정한 전문가들의 수.

91. 정치적 태도. 60~89번 변수들의 평균.

92. 스스로 밝힌 종교적 태도. 5점 눈금자를 사용해 보수주의에서 무신론까지 코드화함(9장과 부록 6을 보시오.).

93. 관찰자가 보고한 종교적 태도. 5점 눈금자를 사용해 보수주의에서 무신론까지 코드화함(9장과 부록 6을 보시오.).

94~123. 참가자의 종교적 태도에 관한 역사 전문가 약 30명의 평가. 5점 눈금자를 사용해 보수주의에서 무신론까지 코드화함(9장과 부록 6을 보시오.).

124. 각 참가자들의 종교적 견해를 판정한 전문가들의 수.

125. 종교적 태도. 94~123번 변수들의 평균.

## 부모의 사회적 태도

126. 부모의 사회적 태도. 전기 자료에서 취합한 원문상의 정보를 메모 필드에 기록했다.

127. 아버지의 정치적 태도. 5단계 척도를 활용해 보수주의에서 급진주의까지 코드화함.

128. 아버지의 종교적 태도. 5단계 척도를 활용해 보수주의에서 무신론자까지 코드화함.

129. 아버지의 사회적 태도. 선행 변수 2개의 평균.

130. 어머니의 정치적 태도. 5단계 척도를 활용해 보수주의에서 급진주의까지 코드화함.

131. 어머니의 종교적 태도. 5단계 척도를 활용해 보수주의에서 무신론자까지 코드화함.

132. 어머니의 사회적 태도. 선행 변수 2개의 평균.

133. 부모의 사회적 태도. 127~128번 변수와 130~131번 변수의 평균.


## 참가자의 직업 특성

134. 공식 교육을 받은 햇수.

135. 명예 학위를 제외한 최종 학위.

136. 공식 교육을 마쳤을 당시의 나이.

137~153. 가장 중요한 전문 분야. 문자 데이터 형식으로 기록함. 상이한 연구 분야에 연루되었음도 16개 필드에서 더미 코드화했다. 수학, 물리학, 천문학, 화학, 지질학, 해부학 및 생리학, 의학, 자연사, 행동 과학, 철학, 사회 과학, 인문학, 정치학, 신학, '기타,' 과학 대 비과학.

154. 참가자가 출신 국가 이외에 방문한 지역.

155. 방문 국가의 총 수.

156. 세계 여행. 5점 눈금자로 코드화함(4장을 보시오.).

157. 과학계의 저명성. 이 저작에 나오는 과학자 6,700명 대부분을 18권짜리 『과학 인명사전』의 편집자들이 평가했음. 편집자들은 12점 척도를 활용해 각각의 기여자들에게 할당된 기사의 길이를 결정했다.

158~160. 전반적 저명성. 『인명 및 가계 색인』의 상이한 세 판본(Herbert and McNeil 1981; McNeil 1985, 1990)에서 언급되는 빈도로 결정함.

161. 과학계의 저명성. 각종 인명사전과 백과사전들에서 개인들에게 할당된 행의 수처럼 15개의 상이한 측정 방법에 기초해 사이먼턴(1984c, 개인적 교신)이 결정함. 사이먼턴이 작성한 2,026명의 과학자 목록은 나의 표본에서 3,294명으로 증가했다. 이것은 별로 안 유명하다며 자신의 목록에서 빼 버린, 1850년 이전에 태어난 내 표본상의 과학자들에게 내가 사이먼턴의 가장 낮은 점수(0)를 부여했기 때문이다. 사이먼턴의 합성 척도와 저명성에 관한 나 자신의 네 척도 사이의 상관관계는 0.66(0.56에서 0.74 사이에 분포)이었다. 사이먼턴의 15개 척도는 0.60의 수준에서 서로 상관관계를 맺었는데, 이는 0.94의 알파 계수를 갖는 것이다.

162. 종합적인 저명성. z-스코어의 평균이 결합된 157~161번 변수들의 평균. 이 측정값의 유효 신뢰도는 0.96이다.

163. 1859년의 저명성. 다윈주의 혁명 참가자들에 한함. 명예와 포상의 횟수 및 전반적 위세에 기초함.

164. 1859년 이후 평생에 걸친 저명성 다윈주의 혁명 참가자들에 한함. 명예와 포상의 횟수 및 전반적 위세에 기초함.

165. 없는 자료. 출생 날짜, 부모의 사회 계급, 출생 순서, 부모-자식 갈등, 수줍음, 교파, 사회적 태도 등 참가자의 중요한 전기 항목과 관련해 없는 자료의 수.

166. 전기 자료. 『과학 인명사전』과 각 참가자들의 출신국에서 나온 국가적 기록 등 주요 전기 자료에 참가자들이 포함된 기록.

## 사건 관련 변수들

167. 참가자가 용기 있게 발언한 특정한 과학 논쟁.

168. 논쟁이 시작된 해.

169. 논쟁 끝난 해.

170. 논쟁 기간.

171. 참가자가 처음으로 용기 있게 발언한 연도.

172. 그 또는 그녀의 과학적 입장이 표명될 당시 참가자의 나이.

173. 과학적 입장. 2차 문헌에 나오는 공식 입장에 기초해 2진법으로 코드화함.

174. 과학적 입장에 관한 서지학적 자료(부록 3을 보시오.).

175~184. 과학적 입장. 역사 전문가들이 7점 눈금자를 사용해 사정함. 약 10명의 전문가가 각각의 참가자를 평가했다.

185. 각 참가자들의 과학적 입장을 평가한 전문가들의 수.

186. 과학적 입장. 175~184번 변수들의 평균.

187. 과학적 호전성. 각각의 논쟁에서 개별 과학자들이 평균적 반응에서 벗어나는 정도를 과학적 입장이라는 7점 눈금자로 코드화함.

188. 창시자로서의 지위. 참가자가 자신이 견해를 표명하는 과학 혁신의 주요 "창시자"인지의 여부. 3점 척도로 코드화함.

189. 학계 내부자로서의 지위. 참가자가 혁신이 가장 유의미한 학문 분야의 능동적 성원인가의 여부(더미 코드).

190. 배타적 애국주의와 혁신의 국가적 기원. 참가자가 혁신이 시작된 나라의 시민인지 여부에 따라 더미 코드화함.

191. 국적 차이. 참가자의 출신 국가가 다른 국가들의 태도와 크게 다른 방식으로 혁신에 반응했는지의 여부에 따라 -1, 0, 1로 코드화함.

192. 개인적 영향력. 참가자가 새 이론의 주요한 창시자(들)을 얼마나 잘 알았는지에 관한 정보. 3단계 척도로 코드화함.

193. 『종의 기원』 출판(1859년) 이전에 다윈과 교환한 편지의 통수. 다윈주의 혁명 참가자들에 한해서만 코드화함.

194. 참가자가 다윈의 『종의 기원』에 인용된 횟수. 다윈주의 혁명 참가자들에 한해서만 코드화함.

195. 사건이 과학계의 주요 '혁명'으로 인용되는 빈도. Kuhn(1962), Hacking (1981), Cohen(1985), 『과학 인명사전』에 인용된 총 횟수에 기초함.

196. 논쟁 참가자들의 수. 데이터베이스에 포함된 총 수에 기초함.

197. 혁신에 대한 평판. 데이터베이스에 포함된 참가자들의 평균 지지 정도에 기초함.

198. 혁신의 이데올로기적 함의. 각각의 구체적 논쟁에서 참가자들이 보인 과학적 입장과 사회적 태도(정치 및 신앙) 사이의 상관관계에 기초함. 이 상관관계는 역사 전문가들이 수행한 1만 9000건 이상의 평가에 바탕하고 있다(부록 6을 보시오.).

199. 혁신의 성공 또는 실패. 5단계 척도로 코드화함.

200. 혁신의 최초 공표 이전에 위기가 있었는가. 5점 눈금자로 코드화함.

## 데이터베이스상의 기타 변수들

데이터베이스에 존재하는 나머지 56개 변수 대부분은 앞에 기술한 정보를 기록하고 코드화하는 대체 수단이다. 예를 들어, 첫째들과 막내들이 둘 다 1로 코드화되고, 중간 자식들이 −1로 코드화될 때처럼 데이터베이스 상의 일부 필드는 2차 경향을 서술한다. 그럼에도 불구하고 다른 변수들은 기록을 유지할 목적으로 사용되었다. 예를 들어, 모든 참가자는 데이터베이스상에서 두 번 이상 출현하기 때문에 표지 변수와 사례 번호를 할당받았다.

# 부록 3

●

# 과학 논쟁에 참여한 사람들을 선택한 기준

과학 논쟁 참가자들의 대표 표본을 선택하는 과정에는 편견이 개입할 소지가 있다. 그래서 나는 이 문제점을 최소화하기 위해 상당한 노력을 기울였다. 내가 분석한 28가지 과학 논쟁의 경우 표본은 2단계에 걸쳐 취합되었다. 나는 1단계로 과학 역사가들의 공식 언급에 기초해 참가자들의 목록을 만들었다. 이 부록은 내가 주되게 참고한 도서 목록 정보를 담고 있다. 데이터베이스로 취합된 각 개인들에 대해 나는 2차 문헌에서 이런 산입을 비준해 주는 두 개 이상의 언급을 확인했다. 선택 과정의 2단계에서는 100명 이상의 역사 전문가들로 하여금 나의 선택을 평가해 주도록 요청했다. 이들 가운데 26명에게는 참가자들의 과학적 입장을 평가해 달라고 구체적으로 요구했다. 그 전문가들은 부록 4

에 밝혀 놓았다. 전문가 평가단의 제언을 바탕으로 표본에 수백 명을 추가할 수 있었다. 그러나 나는 그들의 과학적 입장이 출판된 자료에 상세히 기록되어 있을 때에만 그렇게 했다.

내가 참고한 도서 목록은, 이들 논쟁에 주도적으로 참여한 인사들의 자서전 및 전기와 개별 혁신의 수용에 관한 2차 문헌들이다. 나는 이 부록 후반부에 구체적 논쟁의 제목과 함께 내가 참고한 주요 2차 문헌들을 제시했다. 나는 각각의 논쟁이 벌어지던 당대에 살았고, 18권짜리 『과학 인명사전』에 수록될 정도로 주목할 만했던 과학자 6,700명 이상의 약력도 조사해 그 결과를 추가했다. 편견을 차단하기 위한 이런 추가적 예방 조치를 통해 이 연구에 나오는 28가지 과학 논쟁과 관련해 의견을 가진 것으로 확인된 과학자들은 표본에 포함시킨 것이다.

각자의 전문 분야와 상관없이 쟁점에 대해 명확한 입장을 개진한 것으로 파악된 과학자면 누구라도 표본에 집어넣자는 게 나의 방침이었다. 내가 이 방침을 채택한 까닭은, 이러쿵저러쿵 이유를 대면서 참가자들을 임의로 배제하면 표본 추출에 편견이 개입할 수 있다고 생각했기 때문이다. 이렇게 해서 과학자들이 논쟁하던 쟁점을 다룬 사람이면 누구라도, 다시 말해 인류학자, 사회학자, 철학자, 심지어 신학자들까지도 표본에 포함되었다. 내가 이렇게 취합한 참가자들의 12퍼센트는 과학 문제에 상당한 전문 지식을 보유했음에도 불구하고 1차적으로는 과학자가 아니었다. 나는 모든 참가자의 전문 분야를 기록했고, 이렇게 광범위한 참가자 표본 추출이 과학자들 사이에서 벌어지던 논쟁을 전형적으로 대표할 수 있는지 여부를 다룰 수 있었다. 비과학자들이 과학 혁신에서 종종 과학자들과 다르게 반응했음에도 불구하고 이런 차이는 비교적 미미했고, 나의 주요 연구 결과는 하나도 변경되지 않았다.

# 주요 참고 문헌

각각의 과학 논쟁에 참가한 사람들의 예비 목록을 작성하는 데서 활용한 주요 2차 문헌을 아래에 적어 놓았다. 코페르니쿠스 혁명을 필두로한 28가지 논쟁은 연대순으로 개설했다.

1. 코페르니쿠스 혁명: Dreyer(1906), Stimson(1917), Zinner(1943), Koyré(1957, 1973), Kuhn(1957), Dobrzycki(1972), Gingerich(1975), Westman(1975a, 1975b), Rosen(1984), Baumgartner(1986), Gingerich and Westman(1988), Biagioli(1993).

2. 프랜시스 베이컨 및 르네 데카르트와 실험 과학의 새로운 방법들: Mouy(1934), Jones(1936, 1961), Merton(1938, 1970), Cohen(1960, 1985, 1990), Hall(1966), Westfall(1971b), Webster(1976, 1986).

3. 윌리엄 하비와 혈액 순환: Keynes(1966), Pagel(1967), Whitteridge(1971), Frank(1980).

4. 발생학의 전성설: Cole(1930), Roger(1963), Bodemer(1964), Gasking(1967), Hall(1969), Bowler(1971), Roe(1981), Farley(1982).

5. 자연 발생설: Ackerknecht(1948), Roger(1963), Gasking(1967), Geison(1969), Hall(1969), Farley(1977), Roe(1981).

6. 천체 역학의 뉴턴 혁명: Jacob(1976), Heilbron(1979), Cohen(1980), Westfall(1971b, 1980), Guerlac(1981).

7. 발생학의 후성설: Cole(1930), Roger(1963), Bodemer(1964), Gasking(1967), Hall(1969), Bowler(1971), Roe(1981), Farley(1982).

8. 프란츠 안톤 메스머와 최면술: Darnton(1968), Ellenberger(1970).

9. 라부아지에와 화학 혁명: McKie(1935), Ihde(1964), McCann(1978), Hufbauer(1982), Schneider(1992).

10. 프란츠 요제프 갈과 골상학: Gibbon(1878), Tempkin(1947), Young(1970), Parssinen(1970, 1974), Cantor(1975), Shapin(1975, 1979a, b), Cooter(1984, 1989).

11. 제임스 허턴의 지구 이론: Hooykaas(1963, 1970), Davies(1969), Rudwick(1972), Porter(1975), Greene(1982), Laudan(1987).

12. 찰스 라이엘과 지질학의 동일 과정설: Lyell(1881), Cannon(1960), Hooykaas(1963, 1970), Davies(1969), Rudwick(1972), Porter(1975), Greene(1982), Laudan(1987).

13. 데본기 논쟁: Rudwick(1985), Secord(1986).

14. 빙하 이론: Agassiz(1885), Marcou(1896), Carozzi(1966, 1967, 1973, 1984), Rudwick(1970), Imbrie and Imbrie(1986).

15. 이상주의적 분류 체계들: Strickland(1840, 1844), Stresemann(1975), Duffin(1976).

16~17. 다윈 이전의 진화 이론들과 다윈주의: Darwin(1887, 1903, 1985~ ), Glass, Temkin, and Strauss(1959), Millhauser(1959), de Beer(1964), Glick(1972), Rudwick(1972), Hull(1973), Hull, Tessner, and Diamond(1978), Gillespie(1979), Moore(1979), Ruse(1979), Desmond(1982, 1984a, b, 1985, 1987, 1989), Harvey(1983a, b), Bowler(1984, 1988), Corsi(1988), Junker(1989), Ellegaård(1990(1958)), Desmond and Moore(1992).

18. 이그나즈 제멜바이스와 산욕열: Sinclair(1909), Gortvay and Zoltan(1968), Busby and Rodin(1976).

19. 현대적 관념론: Gauld(1968), Turner(1974), Oppenheim(1985).

20. 루이 파스퇴르와 배종설: Richmond(1954a, b), Crellin(1966a, b, 1968), Farley and Geison(1974), Farley(1977).

21. 조지프 리스터와 소독법: Wrench(1913), Godlee(1917), Landis(1932), Ackerknecht(1948), Fisher(1977).

22. 우생학: Haller(1963), Graham(1977), Kevles(1985), Weiss(1987), Proctor(1988), Weingart, Kroll, and Bayertz(1988).

23. 지그문트 프로이트와 정신 분석: Jones(1953~1957), Nunberg and Federn(1962~1975),

Shakow and Rapaport(1964), Alexander et al.(1966), Ellenberger(1970), Hale(1971), Freud and Jung(1974), Roazen(1975), Mühlleitner(1992).

24. 막스 플랑크의 양자 가설: Klein(1965), McCormmach(1967), Hermann(1971), Holton(1973), Feuer(1974), Hund(1974), Kuhn(1978).

25~26. 아인슈타인과 상대성 이론(특수 및 일반): Frank(1947), Goldberg(1968, 1984), Clark(1971), Hoffmann(1972), Feuer(1974), Miller(1981), Pais(1982), Glick(1987).

27. 양자 역학의 불확정성: Feuer(1974), Forman(1971, 1978).

28. 알프레트 베게너와 대륙 이동설(판구조론): Wegener(1929), Hallam(1973), Marvin(1973), Sullivan(1974), Glen(1982), Leviton and Aldrich(1985), Stewart(1986, 1987, 1990), Le Grand(1988).

# 부록 4

●

## 전문가 평가단과 기타 협력자들

다음의 110명 가운데 94명이 내 연구에서 평가단으로 참여해 과학자들의 정치적·종교적 태도를 판정해 주었다. 이들 협력자 가운데 26명은 과학자들이 새로운 이론을 수용하는 정도도 평가해 주었다. 또, 3명은 흑인 민권 운동 참가자들과 노예 제도 폐지론자들의 호전성을 평가해 주었다. 기꺼이 시간을 내어 자신들의 전문 지식을 빌려 준 이 모든 학자들에게 깊이 감사드린다. 그들의 도움이 없었다면 이 연구의 많은 중요한 내용을 완성할 수 없었을 것이다.

## 협력자 명단

Aldrich, Michele L., AAAS, Washington, D.C.

Allen, Garland Edward, Washington University, St. Louis

Appel, Toby A., American Physiological Society, Bethesda, Maryland

Ash, Mitchell G., University of Iowa

Ashworth, William B., Jr., University of Missouri

Barkan, Eleazar, Claremont College

Bensaude-Vincent, Bernadette, Paris

Biagioli, Mario, Harvard University

Bowler, Peter, University of Belfast

Brieger, Gert H., Johns Hopkins University

Burchfield, Joe D., Northern Illinois University

Bylebyl, Jerome J., Johns Hopkins University

Bynum, William F., Wellcome Institute for the History of Medicine, London

Cantor, Geoffrey N., University of Leeds

Carrozi, Albert V., University of Illinois, Urbana

Churchill, Frederick B., Indiana University

Cohen, I. Bernard, Harvard University(명예 교수)

Cook, Harold J., University of Wisconsin

Cooter, Roger J., Wellcome Institute for the History of Medicine, University of Manchester

Corsi, Pietro, University of Cassino, Italy

Debus, Allen G., University of Chicago

DeLacy, Margaret, Portland, Oregon

Desmond, Adrian, University College, London

Dupree, Hunter, Brown University(명예 교수)

Durant, John, London Science Museum Library

Feingold, Mordechai, Virginia Polytechnic Institute

Finkelstein, Jonathan, Cambridge, Massachusetts

Foner, Eric, Columbia University

Forman, Paul, Smithsonian Institution

Forrester, John, Cambridge University

Frank, Robert G., Jr., UCLA Medical School

Frankel, Henry, University of Missouri

Galison, Peter, Harvard University

Gay, Peter, Yale University

Geison, Gerald, Princeton University

Gillispie, Charles Coulston, Princeton University(명예 교수)

Goldberg, Stanley, Smithsonian Institution

Gorelik, Gennady, Institute for the History of Science and Technology, Russian Academy of Science, Moscow

Grandshaw, Lindsay, Wellcome Institute for the History of Medicine, London

Greene, Mott T., University of Puget Sound, Tacoma

Gregory, Frederick, University of Florida, Gainesville

Grosskurth, Phyllis, University of Toronto

Hahn, Roger, University of California at Berkeley

Hale, Nathan G., Oakland, California

Hankins, Thomas L., University of Washington, Seattle

Harvey, Joy, Darwin Correspondence Project, Cambridge, England; and

Cambridge, Massachusetts

Harwood, Jonathan, Wellcome Institute for the History of Medicine, University of Manchester

Hatch, Robert A., University of Florida, Gainesville

Hauser, Renate, Wellcome Institute for the History of Medicine, London

Heilbron, John L., University of California at Berkeley(명예 교수)

Hodge, M.J.S., University of Leeds

Holmes, Frederic Lawrence, Yale University

Hufbauer, Karl, University of California at Irvine

Hull, David L., Northwestern University

Hunter, Michael, Berkbeck College, London

Jacob, James, City University of New York

Jacob, Margaret C., New York School for Social Research

Junker, Thomas, Darwin Correspondence Project, Cambridge University

Kevles, Daniel J., California Institute of Technology

Klein, Martin J., Yale University

Latour, Bruno, Ecole des Mines, Paris; and University of San Diego

Laudan, Rachel, University of Hawaii, Manoa Campus

Lawrence, Christopher, Wellcome Institute for the History of Medicine, London

Leviton, Alan E., California Academy of Sciences, San Francisco

Lindberg, David C., University of Wisconsin

Ludmerer, Kenneth M., Washington University, St. Louis

Lurie, Edward, University of Delaware

Marvin, Ursula, Harvard University

Miller, Arthur I., University College, London

Montgomery, William, North Adams State College, North Adams, Massachusetts

Moore, James, Open University, Milton Keynes, England

Morrell, Jack Bowes, University of Bradford, Bradford, England

Moulin, Anne Marie, Paris

Neve, Michael R., Wellcome Institute for the History of Medicine, London

Newman, Richard, W.E.B. Du Bois Institute for Afro-American Research, Harvard University

Numbers, Ronald L., University of Wisconsin

Pastore, Nicholas(패스토어의 평가(1949))

Pelling, Margaret, University of Oxford

Pickstone, John V., Wellcome Institute for the History of Medicine, University of Manchester

Porter, Roy, Wellcome Institute for the History of Medicine, London

Proctor, Robert, Penn State University

Rainger, Ronald, Texas Tech University

Richards, Robert J., University of Chicago

Roazen, Paul, York University, Toronto

Roe, Shirley A., University of Connecticut

Rose, Lawrence, Princeton University

Rosenkrantz, Barbara, Harvard University(명예 교수)

Rudwick, Martin J.S., University of California at San Diego

Rupke, Nicholaas, Oxford University

Salomon-Bayet, Claire, Paris

Schaffer, Simon, Cambridge University

Schneider, Hans Georg, Oxford University

Schofield, Robert E., Iowa State University

Schorske, Carl, Princeton University

Secord, James, Imperial College, London

Steuwer, Roger H., University of Minnesota

Stocking, George W., Jr., University of Chicago

Swales, Peter, New York

Todes, Daniel, Johns Hopkins University

Turner, Frank M., Yale University

Warner, John Harley, Yale University

Webster, Charles, All Souls College, Oxford

Weindling, Paul, Wellcome Unit for the History of Medicine, Oxford

Weingart, Peter, University of Bielefeld, Germany

Westfall, Richard S., Indiana University(명예 교수)

Westman, Robert S., University of California at San Diego


전문가 평가단으로 참가했으며 이제는 고인이 된 다음의 학자들에게 도 감사의 말을 전하고 싶다.


William Coleman, University of Wisconsin; Betty Joe Teeter Dobbs, University of California at Davis; Jacques Roger, Sorbonne, Paris; Victor E. Thoren, Indiana University.

# 부록 5

●

## 없는 자료를 추정한 방법

### 자료가 없는 상황을 다루기

역사적 자료가 없는 상황은 과거를 이해하는 데서 심각한 장애물로 작용한다. 통계적 방법으로 가설을 검증하고자 하는 역사가들에게 자료가 없는 상황은 훨씬 더 큰 딜레마이다. 나는 이 책의 핵심이라 할 수 있는 가설 검증 때문에 이 문제와 대면하지 않을 수 없었다. 부록 5는 이 목적을 위해 내가 채택한 기술적 절차의 일부와, 없는 자료를 추정하는 것이, 가장 흔하게 쓰이는 방법인 자료를 완벽하게 확인할 수 없는 경우를 배제해 버리는 것보다 더 나은 이유를 설명한다.

　다변량 분석을 할 때면 항상 자료가 없는 상황이 부각되면서 문제가 번거로워진다. 부모-자식 갈등이나 기질처럼 정의하기 어려운 것들을 포함해 동시에 여러 개의 변수를 다룰 때면 적어도 한 개 이상의 변수 정보가 불완전한 개인들의 비율이 점점 더 증가하는 경향이 있다. 대개는 이런 경우들이 분석에서 제외되어야만 할 것이다. 나의 과학 논쟁 데이터베이스에는 3,890명이 들어 있다. 2~8장에서 검토된 여덟 가지 변수(8장 표 5의 가족 역학 모형에 요약되어 있다.)와 관련해 나는 전체 정보의 41퍼센트만을 찾을 수 있었다. 나아가 여덟 개 변수 전부의 완벽한 자료를 갖고 있는 경우는 4퍼센트에 불과했다! 대부분의 다변량 모형화 기술은 다변량 분석을 시도하기 위해서는 내가 취합한 자료의 96퍼센트를 버려야 한다고 강제했다. 분석할 수 있는 남은 전기 정보가 많지 않으리라는 것은 명백했다! 나는 이 문제를 극복하기 위해 최근에 개발된, 없는 자료를 추정하는 기술을 활용했다.[4] 여기에 이와 관련된 사항들을 간략하게 개관해 놓았다.

통계의 관점에서 볼 때 자료가 없는 문제를 해결하기 위해 사례들을 배제한다면 그것은 불만족스런 절차가 되고 말 것이다. 구축한 자료의 상당수를 잃어버릴 뿐만 아니라 결과가 한쪽으로 치우칠(편향) 가능성마저 있다. 예를 들면, 첫째들과 막내들은 나의 표본에서 중간 자식들보다 더 저명해지는 경향이 있었다. 결과적으로 많은 수의 전기 작품들이 첫째와 막내들을 소재로 하고 있다.[5] 심리학적으로 첫째들과 막내들은 중

---

4) Rubin 1978, 1987; Little and Rubin 1987; Rubin 1987; Rubin and Schafer 1990; Schafer 1991을 보시오.

5) 2차 경향으로 코드화한 저명성과 상대적 출생 순위 사이의 관계를 보면 r=0.13(df=1/1,504, t=5.22, p<0.0001)이다. 이 부분 상관관계는 출생 연도와 형제의 수로 통제되었다. 둘은 그 자체로 저명성의 훌륭한 예보자이다(각각의 부분 r=-0.34, df=1/1,504, t=-14.07, p<0.0001; 부분 r=-0.09, df=1/1,504, t=-3.48, p<0.001). 형제의 수, 사회 계급, 출생 순서의 2차 경향을 통

간 자식들과 다르다. 예를 들어, 그들은 더 호전적이다. 이런 비전형적인 부분 모집단에 기초해 전체 집단을 일반화하고 싶지는 않다. 자료가 없다는 이유로 대다수 혁명 역사에 대한 연구가 가장 호전적인 참가자들에게로 편향되었다는 것은 명백한 사실이다.

이런 식으로 표본 추출이 치우치면 관측된 통계적 상관관계와 진짜 상관관계 사이에 불일치가 발생한다. 프랑스 대혁명 당시 국민 공회의 첫째와 막내 출신 대의원들은 중간 자식들보다 공포 통치 수단을 지지할 가능성이 훨씬 더 많았다. 나로서는 평원당의 성원으로 국왕 처형에 반대표를 행사할 가능성이 있었던 중간 자식 출신의 대표자들에 관한 전기 정보가 부족할 가능성이 가장 많았다. 이 정치 집단은 출생 순서 정보의 견지에서 충분히 대표되지 않을 뿐만 아니라 투표 행위에서도 나머지 표본과 확연히 다르기 때문에 프랑스 대혁명에서 전기 자료가 없는 상황이 실제 관측된 자료만큼이나 많은 것 같았다(부록 8). 다행스럽게도 컴퓨터 알고리즘으로 없는 자료를 추정하고 이와 결부된 편향을 교정할 수 있었다. 프랑스 대혁명에서 출생 순서 자료가 없는 상황을 추정했을 때 출생 순서와 투표 행위 사이의 상관관계는 미약하나마 관측

---

제했더니 (첫째에서 막내에 이르는) 상대적 출생 순위도 저명성의 훌륭한 예보자임이 드러났다(부분 r=0.08, df=1/1,504, t=5.22, p<0.005). 막내들이 첫째들보다 더 저명했고, 첫째들은 중간 자식들보다 더 저명했다. 저명성이 상황에 크게 좌우된다는 것을 명심해야 한다(4장을 보시오.). 나 자신의 역사적 표본들이 혁명적 성취 쪽으로 편향되어 있고, 아마도 이런 정황 때문에 표본에서 후순위 출생자들의 저명성이 강화되었을 것이다.

저명성에 관한 나의 측정은 19개의 상이한 역사적 지표로 구성되어 있다. 회고적 평가, 출간된 전기의 종수, 권위 있는 참고 문헌들에서 해당 인물들에 할애된 지면의 양 등이 그것들이다. 이들 다양한 저명성 지표의 평균 상호 상관관계는 0.61이다. 내가 만든 복합 척도의 유효 신뢰도는 0.96이다.

된 데이터에 비례해 증가하는 경향을 보였다. 이 결과는 방법론적으로도 만족스러웠다.

관측 데이터와 추정 데이터 사이의 상관관계 불일치는 대체로 작았다. 나는 내 연구에서 표본 추출의 편향을 최소화하기 위해 이 두 상관관계를 계산했다. 그러나 대개는 관측된 데이터의 상관관계만을 보고했다. 예를 들어, 관측된 데이터에 따르면 공포 통치 시기에 급진적 조치들에 대한 찬성투표와 출생 순서 사이의 상관관계는 −0.29였다. 없는 자료를 추정한 결과는 상관관계가 −0.30이었다. 이런 불일치는 너무나 작아서 심각하게 고려할 바가 못 되었다.

내가 이 책에서 없는 자료를 추정한 주된 이유는 두 개 이상의 변수가 없는 경우에 개인의 행동을 더 쉽게 조회하기 위해서였다. 이 문제와 관련해 주의가 필요하다. 없는 자료를 추정하는 과정에서 알아낼 수 없는 데이터를 추측해 내는 것은 목표가 아니었다. 오히려 우리는 추정 과정을 통해, 우리가 알려진 데이터를 바탕으로 수행하는 예측에 수반되는 오차 정도를 확인할 수 있었다. 여론 조사원들이 그들의 조사가 ±3퍼센트의 오차 범위를 갖는다고 말할 때 그들 역시 비슷한 오차 추정을 하고 있는 셈이다. 내가 이 책에서 적용한 통계 절차는 개별적 사례와 관련해 동일한 정보에 도달하는 훨씬 더 정교한 방법이다.

도널드 루빈은 자료가 없는 상황을 다룰 수 있는 유용한 통계 기법을 개발했다.[6] 루빈의 방법은 '없는' 자료가 완전히 없는 것은 아니라는 인식에서 출발한다. 예를 들어 보자. 막내들은 첫째들보다 인생의 비교적 이른 시기에 부모를 잃을 가능성이 훨씬 더 많다. 막내들이 세상에 태어

---

6) Rubin 1987; Little and Rubin 1987, section 12.4를 보시오.

날 때쯤 그들의 부모는 첫 아이를 가졌을 당시보다 훨씬 더 나이 든 상태이다. 특정 개인이 부모를 잃었을 당시에 그 또는 그녀의 나이가 몇 살인지 모른다고 할지라도 우리가 출생 순서나 출생 순위, 또는 그 개인이 태어났을 때 부모가 몇 살이었는지와 관련해 약간의 단서라도 가지고 있다면 이 정보를 바탕으로 뭔가를 유추해 낼 수 있다. 나는 나의 표본에서 사람들의 이러한 전기 정보를 많이 확보했다. 부모 사망 연도에 관한 정보를 모를지라도 간접적이거나 개연성에 근거한 방식으로 없는 정보를 확보할 수 있었다.[7]

없는 자료의 분포를 추정하려면 먼저 특별한 '추정-극대화(Estimation-Maximization; EM)' 알고리즘을 사용해야 한다. 이 알고리즘은 자료가 '거의 완벽하게 없는' 상황이 아닐 때 결정적인 위력을 발휘한다. EM 알고리즘은 관측된 데이터의 전체 양상을 분석해 그것이 어떤 식으로, 또 얼마나 치우쳤는가를 파악한다. 편향이 클수록 없는 변수에 관한 정보를 고려하는 게 더 중요해진다. 편향이 컸을 때는 없는 정보가 데이터베이스상에서 이미 관측된 다른 정보와 체계적으로 구조적 관계를 맺는 경향이 있었다.

예를 들어, 내가 다윈주의의 열렬한 지지자인 무명의 80세 과학자와 조우했다고 치자. 나는 이 사람의 출생 순서에 관한 정보가 없다. 그러나 실제에 있어 나는 이미 이 사람의 출생 순서에 관해 상당히 많은 것을 알고 있다. 80세의 나이라면 후순위 출생자가 같은 나이의 첫째보다 다

---

7) 나는 내 연구에서 특정 변수들에 관한 정보를, 없는 자료를 대치시키는 기술로 수집했다. 그렇게 해서 특정 개인이 태어났을 때 부모가 몇 살이었는지에 관한 정보를 확보했다. 나는 개인들이 부모를 좇아서 이름을 지었는지 여부에 관한 정보와 부모가 결혼하고 나서 몇 년 후에 표본 대상이 태어났는지에 관한 정보도 수집했다.

원주의를 지지할 확률이 3배 더 높다(2장, 그림 2.2).[8] 또 만약 이 사람이 부모가 결혼하고 나서 10년 후에 태어났다는 정보까지 입수한다면 그 또는 그녀가 후순위 출생자일 확률이 큰 폭으로 상승한다. 이 마지막 변수와 관련해 수집한 데이터를 고려하면 이 사람이 기능적 후순위 출생자일 가능성은 100대 1 이상이다. 물론 이 사람의 출생 순서에 관한 구체적 정보가 없을 경우 나는 이 책에서 그런 사람들이 후순위 출생자라고 언급하지 않았다. 그러나 이런 개인의 나이, 성별, 사회적 태도가 혁명적 성격에 끼친 상대적 기여를 파악하려는 분석에서는 그것들에 관한 정보를 포함시켰다. 다시 말해 이 특별한 경우에 출생 순서가 없다는 이유만으로 내가 이 전기 정보를 내칠 필요는 없었던 것이다.

한 가지 중대한 문제로 인해 없는 자료를 대치하려는 각종 시도가 좌절될 우려가 있다. 소위 EM 알고리즘은, 없는 자료가 이론상 어떻게 될지를 아주 능숙하게 추정해 낸다. 그러나 이 알고리즘이 그 자체로 없는 자료를 산출해 내는 데서 특별히 뛰어난 것은 아니다. 맥스웰의 유명한 도깨비처럼 EM 알고리즘도 관측된 데이터의 통계적 관계에 대한 '답을 알고 있다'는 게 문제다. 이 알고리즘은 혼자만 달랑 남을 경우 '너무 많은' 데이터를 대치시키는 경향이 있다. 주요 통계 패키지 가운데 적어도 하나는, EM 알고리즘을 활용해 실제로 너무 많은 데이터를 대치해 버린다.[9]

---

8) 15장 489쪽도 보시오.

9) 나는 없는 자료를 추정하는 BMDP의 AM 프로그램을 언급하고 있다(Dixon 1992, 2:959~976). 누군가가 완벽하게 채워진 데이터베이스를 가지고서 특정 변수와 관련된 알려진 정보를 무작위로 삭제한 다음 이렇게 없어진 자료를 대치시킨다면 그 결과로서 발생하는 변수들 사이의 상관관계는 관측된 데이터에 기초한 상관관계보다 더 커진다. 그러므로 이런 추정은 너무 많은 것이다. 8D 프로그램과 이 프로그램은 불충분한 데이터를 바탕으로 상관관

도널드 루빈은 다각 대치 방법으로 이 문제를 해결할 수 있었다. 이 독창적인 해결책은, 실제 데이터에 전형적인 오차 분산(무작위 '소음')을 도입하는 방식으로 없는 자료를 대치시킨다. 이 방법을 사용하면 없는 자료를 여러 번 대치해야 하고, 결국 상이한 데이터 세트가 만들어진다. 이 데이터 세트 각각은, 우리가 완벽한 데이터를 얻을 수 있었다면 실재가 통상의 오차 범위에서 어떠했을지를 똑같이 합리적으로 추정할 수 있게 해 준다. 그러고 나서 이 다각 데이터 세트를 개별적으로 분석할 수 있다. 이제 그 개별적 결과는, 흔히 답변을 평균하고 변동을 추가함으로써, 통계적으로 결합되어야만 한다.

하버드 대학교에서 도널드 루빈의 지도를 받으며 이 주제로 박사 학위 논문을 완성한 통계학자 조지프 새퍼가 이 개념을 사용 가능한 컴퓨터 프로그램으로 구현했다.[10] 그는 변수들 사이의 가능한 상호 작용 효과를 고려함으로써 없는 자료를 대치시키는 방법도 크게 개선했다. 새퍼의 프로그램과, 그것이 기초하고 있는 정교한 알고리즘은 다른 곳에서 설명했다.[11] 새퍼의 프로그램이 없었다면 나는 8장, 10~11장, 13장을 이 책과 같은 형태로 쓸 수 없었을 것이다. 나는 이 프로그램을 바탕으로 과학과 사회사상 두 분야의 각종 혁명에서 참가자들이 급진적 변화를 지지할 확률 예측치를 제공할 수 있었다. 개인들의 전기 자료 일부가

---

계 행렬을 꽤 안전하게 산출하는 데 활용할 수 있다. 실제로 없는 자료 항이 대치되어 상관관계 행렬을 만들 필요는 없기 때문이다. BMDP AM 프로그램의 단점은 EM 알고리즘이 아니라 대치 과정에 있다. 없는 변수들과 관련해 평균을 대용해 버리는 절차로 인해 정반대 문제가 발생하고 마는 것이다. 상관관계가 실제보다 더 낮아지는 것이다.

10) Schafer 1991. 나는 맥아더 재단의 특별 연구원으로 받던 봉급의 일부를 나눠 새퍼가 이 프로그램을 개발하는 것을 지원했다.

11) Rubin and Schafer 1990, 그리고 특히 Schafer 1991을 보시오.

없는 경우에도 말이다. 없는 자료에는 대개 부모-자식 갈등, 기질, 형제들 사이의 연령 격차 같은 예보자들이 포함된다. 이런 예보자들은 표본의 모든 인물과 관련해 상세히 적시하기가 아주 어렵다.

예를 들어 봄으로써 내가 이 프로그램을 어떻게 사용했는지 알아보자. 내가 특정 개인과 관련해 거의 완벽에 가까운 전기 정보를 갖고 있다고 가정해 보자. 그는 건전한 가정의 막내라고 한다. 그러나 나에게는 이 개인과, 그 또는 그녀의 바로 위 터울 형제와의 연령 격차에 관한 데이터가 없다. 정보가 없는 상황이 이 개인을 예측하는 컴퓨터 모형의 능력에 겨우 작은 변화만을 줄 뿐인데도 추가 분석에서 이 사례를 누락시켜야 한다면 안타까운 일일 터이다. 이 사람이 새로운 사상을 수용할 확률 예측치가, 예를 들어 80퍼센트지만 솔직히 정보가 없어서 오차 범위는 통상의 오차 범위보다 크다 — 어쩌면 ±15퍼센트 — 는 식으로 컴퓨터 모형으로 하여금 알려 주도록 하는 것이 훨씬 더 유용할 것이다. 이런 오차 범위에서 우리는 이 개인이 혁명을 지지할 진짜 확률 예측치가 65퍼센트보다 결코 더 낮지 않고, 95퍼센트보다 결코 더 높지 않다는 것을 95퍼센트 자신할 수 있다. 모형에 완벽한 정보가 없다고 할지라도 개인이 그 또는 그녀가 참가한 혁명을 지지하지 않았다면 개연성에 근거한 예측은 틀림없이 반박당하고 말 것이다. 간단히 말해, 자료가 없다고 해서 우리가 개인의 행동을 예측하지 못하는 것은 아니다. 오히려 없는 자료는 우리가 각각의 예측에서 구축해야만 하는 오차 범위를 증대시킨다. 역사적 자료를 가공해야 하는 연구자들에게 이런 접근법은 가설 검증에서 엄청난 자산으로 작용한다. 자료가 없는 상황을 다루기 위해 미국 인구 조사국도 동일한 원리를 채택해 적용하고 있다.[12]

12) 다각 대치의 다른 많은 적용례들을 논의하고 있는 최신의 논평은 Rubin 1996이다.

우리는 모형이 내놓는 각각의 예측에서 알맞은 오차 범위가 얼마인지를 쉽게 알 수 있다. 그렇게 하려면 알려진 자료를 바탕으로 이런 경우에 가능한 다양한 결과들을 대치시켜야만 한다. 다각 대치를 활용하면 각각의 개별적 전기 사례가 얼마나 많은 전기 정보가 없는가에 따라 독자적인 오차 범위를 갖게 된다. 마지막으로, 데이터가 충분히 관측되었을 때는 추정 과정이 필요 없기 때문에 갈릴레오, 뉴턴, 다윈 같은 저명한 개인들에 대한 예측이 악영향을 받지는 않을 것이다. 실제로 수천 명의 개인들 각각에 대해 개별 오차 항을 계산하는 일은 꽤 복잡해 보인다. 그러나 이런 종류의 통계 실습은 컴퓨터가 능숙하게 처리해 준다.

과학자 3,890명의 데이터베이스에서 확률 예측치의 95퍼센트 신뢰 한계는 다음과 같다(관측 데이터에 기초했을 때 지정 확률이 약 50퍼센트라고 가정하면). 데이터가 완비된 경우 오차 항에 대한 95퍼센트 신뢰 한계는 대치된 확률 예측치의 표준편차보다 1.96배 더 크다(다시 말해, 1.96×4.8퍼센트=±9.4퍼센트인 것이다.). 변수가 하나 없는 경우 95퍼센트 신뢰 한계는 ±22퍼센트가 된다. 변수가 두 개 없는 경우 신뢰 한계는 ±30퍼센트이다. 실제로 이 신뢰 한계는 관측된 변수가 생성하는 구체적 확률 예측치와 실제로 없는 변수에 좌우된다. 예를 들어, 변수가 두 개 없다고 했을 때 관측된 변수에 기초한 10퍼센트 지지 확률 예측치의 오류율은 겨우 ±8퍼센트이다. 확률 예측치가 아주 낮다는 사실은 출생 순서, 나이, 사회적 태도가 거의 틀림없이 관측되었다는 애기이다. 없는 정보가 사회 계급, 형제들 사이의 연령 격차라면 모형에서 그 존재는 결과에 최소의 영향만을 끼칠 뿐이다. 이 정보를 안다면 좋을 것이다. 그러나 내 연구에 등장하는 대다수 개인들을 예측하기 위해 그것을 반드시 알아야 하는 것은 아니다.

# 부록 6

●

# 사회적 태도에 대한 자료와 전문가 평가

## 사회적 태도를 규명하기

나는 역사 전문가들의 평가를 입수하기 위해 사용한 방법을 9장에서 설명했다. 94명의 역사 전문가가 내 연구에 등장하는 과학자들의 사회적 태도를 평가해 주었다. 이 부록에서는 그 평가 절차를 조금이나마 더 자세히 설명하고, 자기 보고 및 관찰자 자료 항목에서 내가 개인들을 어떻게 평가했는지도 부연한다.

자기 보고 및 관찰자 자료
역사 인물들이 각자의 사회적 태도를 직접 진술하는 경우가 종종 있다.

예를 들어, 찰스 다윈은 프랜시스 골턴이 만든 질문지에 답하기도 했다. 여기서 그는 자신의 사회적 태도는 물론이고 아버지의 사회적 태도까지 언급했다. 그는 아버지가 정치적으로 "자유주의적"이고, 자신은 "자유주의 내지 급진파"라고 묘사했다.[13] 로버트 피츠로이와 존 러벅 같은 내 표본의 다른 구성원들은 관리가 되고자 했고, 결과적으로 공식 정당의 당원으로 남았다. 피츠로이는 보수당원으로 하원의원이 되었고, 러벅은 자유당 출신 국회의원으로 선출되었다. 나는 이 모든 정치적 태도를 5점 눈금자 위에 코드화했다. 이 눈금자에서 1.0은 극보수, 2.0은 온건파, 3.0은 자유주의, 4.0은 진보(더 나아간 자유주의), 4.5는 사회주의, 5.0은 매우 급진적에 해당한다. 신앙과 관련해서 이 눈금자의 코드화 절차를 재정의하면, 1.0은 종교적 광신자, 2.0은 종교적 온건파(영국에서는 고(高)교회파), 3.0은 자유주의자(영국에서는 광(廣)교회파), 3.5는 유니테리언파 같은 이단적 교파 지지자, 4.0은 이신론자, 4.5는 불가지론자, 5.0은 무신론자이다. 이것들은 어림 감정일 뿐이지만 다른 이용 가능한 정보의 맥락(그가 살았던 구체적 역사 시기 등)에서 채택 적용되었다. 서술적 묘사에는 0.5점을 부여했다. 예를 들어, "열렬한 이신론자"는 4.0보다는 3.5로 평가했고, "보수적인 휘그당원"은 2.5로 평가했다. 이런 서술적 묘사가 사람들의 사회적 태도를 설명하는 문장에서 아주 흔하게 발견된다.

자기 보고 및 관찰자 자료에 기초해 평가를 할 때 나는 나의 평점 부과 방식이 오차를 발생시킬 것을 염려해 0.5점 범위를 허용했다. 있을 수 있는 오차를 1점 미만 수준으로 떨어뜨릴 수 없다면 개인에 대한 평가를 하지 않았다. 예를 들어 보자. 휴 밀러는 성경을 받들던 근본주의자

13) Darwin 1887, 3:178.

였다. 그의 베스트셀러 『창조주의 발자국』(1847년)은 다윈 이전 시기에 창조론을 주도적으로 옹호했다. 그가 1.0보다 더 낮을 수 없고 2.0(종교적 온건파)보다 더 높을 수 없다고 가정한다면 종교적 신념을 바탕으로 그에게 1.5를 주는 게 합당할 것이다. 16명의 전문가 평가단이 이런 판단에 동의하면서 밀러에게 종교적 태도 분야에서 평균 1.35를 부여했다. 밀러는 정치적으로 좀 더 자유주의적이었다. 그는 한 자전적 저작에서 노예제 폐지와 개혁 법안 등 몇몇 자유주의적 주장들을 지지했다. 그러나 그는 동시에 자신이 "철저한 주류파"로, 정치적 변화의 필요성을 고심한 일이 단 "한 순간"도 없다고 밝혔다.[14] 이런 발언들에 기초할 때 밀러를 1.0이나 1.5로 평가할 수는 없었다. 그가 자유주의자(3.0)가 아니라는 점도 분명했다. 결국 그는 2.0과 3.0 사이의 어느 지점에 위치했다. 나는 절충해서 그에게 2.5를 부여했다. 내가 저지를 수 있는 오차가 어느 쪽으로도 0.5에 불과하다는 것을 알았던 것이다. 9명의 전문가 평가단은 밀러에게 정치 평점으로 평균 2.4를 부여했다. 자기 보고 정보에 기초해 내가 수행한 평가와 크게 다르지 않은 점수이다.

사회적 태도에 관한 나의 두 번째 측정은 관찰자 자료를 바탕으로 했다. 동시대인들의 보고에는 친구, 배우자, 아이들, 전기 작가들이 포함된다. 스스로를 "자유주의 내지 급진적"이라고 한 다윈의 묘사는 꽤 정확하다. 그러나 그 정보는 여전히 모호하고, 3.0에서 5.0 사이의 어느 지점으로도 코드화될 수 있다. 아들 윌리엄은 그를 "열렬한 자유주의자"라고 설명했고, 다른 대부분의 동시대 관찰자들도 다윈을 "자유주의"와 "더 나아간 자유주의"(다시 말해, 눈금자 상의 3.0과 4.0) 사이의 어디쯤에 위치

14) Miller 1871(1854):521, 523.

시켰다.[15] 다윈이 할아버지 에라스무스 다윈 같은 정치적 급진주의자가 아니었다는 것은 분명한 사실이다. 나는 관찰자 자료에 기초해 다윈을 3.5로 평가했다. 21명의 역사 전문가들은 다윈을 3.3과 3.45 사이에 위치시켰다. 이 평점은 그가 평가받은 해에 따라 변동했다. 다윈의 평균 평점은 3.4였다.

자기 보고와 관찰자 자료를 활용해 사회적 태도를 획정하는 문제는 구체적인 어구의 채택에 크게 좌우된다. '극보수,' '왕당파,' '열렬한 토리 당원,' '온건파,' '자유주의자,' '급진파' 등등이 그런 어휘들이다. 이런 이유로 전문가 평가단한테서 얻을 수 있었던 것보다 이 두 기록에서 획득할 수 있는 데이터가 훨씬 더 적었다. 전체적으로 나는 자기 보고에 의한 평가 670개와 동시대의 관찰자들의 평가 1,214개를 얻는 데 그쳤다.

## 회고적 평가

나는 과학 역사가 94명에게 내 표본에 들어 있는 과학자 3,890명 모두의 종교적·정치적 신념을 평가해 달라고 요구했다. 최소 6명(최대 27명의) 역사가가 개별 과학 논쟁에 참가한 사람들을 평가했고, 무려 1만 9000번 이상의 평가가 수행되었다. 다 합해 2,587명의 개인이 역사 전문가들의 평가를 받았다.

개별 과학 논쟁을 전공한 역사 전문가들은 5단계 척도에서 ±0.5점 이내로 자신 있게 위치시킬 수 있을 만큼 각자가 잘 아는 개인들만을 평가하도록 요청받았다. 평가자들이 대상과 관련해 어떤 식으로든 의혹을 품는 듯하면 나는 그들에게 평가를 하지 말고 건너뛰라고 얘기했다. 나

---

15) E. Darwin 1915, 2:169.

는 그들이 추측하는 것을 막기 위해 자주 평가의 근거를 대 보라고 요구했고, 그들의 발언 내용을 기록했다. 각각의 역사가는 신앙 척도에서 평균 81명의 과학자를, 정치 척도에서 평균 51명의 과학자를 평가했다. 전체적으로 신앙 척도에서는 2,488명의 과학자가 적어도 한 번 이상 평가를 받았고, 정치 척도에서는 2,426명의 과학자가 적어도 한 번 이상 평가를 받았다. 평균 평가 횟수는 정치가 3.4회, 종교가 4.4회였다.

나는 이 박학한 동료들이 내게 제공해 준 도움에 정말로 감사한다. 소수의 개인(100명 넘는 사람들 가운데 3명)은 이 과정에서 내게 도움을 제공하기를 거부했다. 게다가 도움을 주기로 한 학자들 가운데 몇 명은 이런 식의 평가 요구에 불만을 제기했다. 그들은 이런 평가가 역사를 연구하는 각자의 방식에 매우 이질적이라고 여겼던 것이다.(재미있는 사실은, 이렇게 '주저하며 마지못해 응했던 평가자들'의 평가가 다른 평가자들의 평가만큼이나 신뢰할 만했다는 것이다.) 회의적이었던 평가자들은 형편없는 평가자들이 아니라 일반화를 주저한 조심스러운 사람들이었던 셈이다. 그들을 보면 확실히 모든 규칙에는 예외가 존재하는 것 같다.

전문가 평가는 상이한 두 가지 방식, 곧 '가설이나 조건을 숨기고 실행하는' 방법과 '부분적으로만 숨기고 실행하는' 방법을 사용해 수집했다. 부분적으로만 숨기고 실행된 평가 방법 속에서 전문가들은 선택된 광범위한 개인들이 어느 지점에 위치하고 있는지를 이전의 평가에 기초해 파악할 수 있었다. 이 방법은 엄격하게 독립적인 평가를 수반하지 않았고, 구체적 개인들과 관련해 눈금자를 고정시키는 강점을 보였다. 후속 평가자들이 유사하게 평가된 참가자 집단 주위로 각자의 평가를 미세 조정할 수 있었던 것이다. 대다수 평가자들은 과학자들을 두고 눈금자 위에서 구체적인 값을 부여하는 것보다 정치적으로는 "다윈보다 더 급진적"이고, "카를 마르크스보다는 덜 급진적"이라고 판정하는 식을 훨씬 더 편하게 여겼다. 이렇게 부분적으로만 숨기고 실행된 방법 속에서 평가자들은 "찰스 라이엘의 부류다," "다윈의 부류다," "토머스 헨리 헉슬리의 부류다"라고 말하는 경우가 많았다. 심지어 부분적으로만 숨기고 실행된 방법 속에서는 많은 평가가 이전 평가와 관계없이 이루어지기도 했다. 준거 집단이 평가받는 개인들의 수보다 훨씬 더 적은 한에서 말이다.

가설이나 조건을 숨기고 실행한 평가 방법 속에서 전문가들은 각자의 척도를 수립할 수 있었다. 그들은 주요 인물들을 기준점으로 삼아 그렇게 했다. 그러나 다른 역사가들이 참가자들을 이전에 어떻게 평가했는지를 그들은 볼 수 없었다. 전문가 평가단이 부분적으로만 숨기고 실행된 평가 절차를 더 편하게 느꼈다는 것은 분명한 사실이다. 그러나 나는, 전문가들이 이전 평가자들의 안내 없이도 그 과제를 수행할 수 있다는 사실을 깨닫고 결국 이 방법을 택했다. 73명의 전문가들이 부분적으로만 숨기고 실행된 방법을 통해 평가를 했고, 또 다른 21명의 전문가는 가설이나 조건을 숨기고 실행하는 방법으로 각자의 평가를 수행했다. 사회적 태도에 관한 모든 평가는, 출생 순서와 내 연구에 나오는 기타의 전기적 변수와 관련해 수집된 정보를 전혀 모르는 상태에서 수행되었다.

### 평정자 간 신뢰도

사람들의 사회적 태도에 관한 개별적 형태의 세 가지 정보(자기 보고, 동시대 '관찰자'의 평가, 역사가들의 회고적 평가)를 바탕으로 우리는 이 세 가지 방법의 신뢰도를 평가할 수 있게 되었다. 그 결과는 고무적인 것이었다. 자기 보고 자료와 관찰자 자료 사이의 상관관계는 정치가 0.89, 종교가 0.93이었다. 자기 보고 자료와 전문가 평가 사이의 상관관계는 종교적 태도가 0.90, 정치적 태도가 0.93이었다. 동시대의 관찰자 자료와 전문가 평가 사이의 상관관계는 종교적 태도가 0.91, 정치적 태도가 0.90이었다. 다양한 전문가들이 수행한 평가들 사이의 평균 상관관계는 가설이나 조건을 완전히 숨기고 실행한 평가에서 0.76, 부분적으로 숨기고 실행한 평가의 경우 0.85였다. 전문가 평가단 사이의 일치 정도는 상이한 두 시점에서 동일한 평가자가 보인 일치 수준만큼 높았다(0.81).[16] 이 세 종류의 평가를 결합했더니 평가의 유효 신뢰도가 정치는 0.91, 신앙은 0.93이었다.

사회적 태도를 평가하는 이 세 가지 방법 가운데 어느 하나가 나머지 것들보다 더 신뢰할 만하다고 믿어야 할 이유는 전혀 없다. 각각의 방법은 독자적 가치를 갖는다. 실제로 결합된 정보는 아마도 개별적 척도보다 더 정확할 것이다. 그리하여 나는 사회적 태도 측정자의 모든 정보를 평균해 모형화를 단행했다.[17] 세 가지 방법 중 적어도 하나 이상으로 평가받은 개인들의 총수는 2,768명(표본의 71퍼센트)이었다. 그들이 자기 보고 자료, 관찰자 자료, 혹은 전문가 평가에 기초하고 있는지의 여부를 이 책에 제시된 결과만으로는 구별할 수 없다.

## 완고함

한스 이젠크는 사회적 태도에 적어도 두 가지 독립적 차원이 존재함을 보여 주었다.[18] 첫 번째는 보수주의-급진주의 차원이다. 나는 정치와 종교라는 두 가지 척도를 가지고 이 차원을 포착하려고 했다. 두 번째 차

---

16) 이탈리아 카시노 대학교의 피에트로 코르시에게 감사드린다. 그가 이 특별한 검정을 기꺼이 수행해 주었다.

17) 정치적·종교적 태도에 관한 나의 점수는 우수리를 쳐낸 평균을 바탕으로 했다. 최고 평가와 최저 평가는 제외했고, 나머지만 가지고 평균을 냈다.

18) Eysenck 1954; Eysenck and Wilson 1978.

원은 '완고함-박약함' 내지 '권위적-민주적'이라는 술어로 요약된다. 이젠크의 보수주의-급진주의 척도는 그의 완고함-박약함 척도보다 정치적 태도의 분산을 2배 정도 더 해명해 준다.[19]

현대적 관념론이나 우생학 등 과학계의 특정 논쟁에서는 이젠크의 두 번째 척도가 개인의 지지 이유와 관련해 중요한 통찰력을 제공해 주었다. '완고한' 개인들은 소위 부정적인 우생학과 결부된 강제 불임 시술이라는 과격한 조치를 지지했다. 반대로 현대적 관념론은 박약한 교리였고, 사후 세계에 대한 믿음 역시 박약함이라는 태도를 규정해 주는 특징이다.[20]

나는 노예제 폐지와 흑인 민권 운동(12장), 프랑스 대혁명(13장)을 분석하면서 참가자들의 완고함-박약함 차원을 평가해 보려고 시도했다. 이런 구체적인 역사적 맥락들에서 완고함은 혁명적 변화에 대한 태도는 물론이고 형제의 차이를 알려 주는 훌륭한 예보자였다. 완고함에 대한 나의 잣대는 12장 후주 70번과 부록 8에 설명해 놓았다.

19) Robinson, Rusk, and Head 1972:113.
20) 현대적 관념론에 대한 태도와 완고함에 관한 이런 주장을 검증한 사례를 보려면 12장 후주 74번을 참조하시오.

# 부록 7

●

# 종교 개혁 모형

## 종교 개혁 변수들

11장에서 나는 역사가들이 종교 개혁의 확산을 설명하기 위해 개진한 여덟 가지 가설을 소개했다. 여기서는 그 여덟 가지 가설을 검증하기 위해 내가 어떻게 자료를 수집했고, 그에 따른 정보를 또 어떻게 코드화했는지 밝혀 놓았다.

1. 종교 개혁기의 종교적 입장(종속 변수). 나는 상이한 두 가지 방식으로 종교적 충성을 코드화했다. 첫째로, 나는 권위 있는 2차 문헌에서 제공하는 정보에 기초해 나의 종교 개혁 표본에 들어 있는 718명의 개인 모

두와 관련해 신교도나 가톨릭으로서의 신앙 고백을 기록했다.[21] 두 가지 이상의 종교적 입장을 지지한 개인들 — 예를 들어, 다시 가톨릭으로 개종하는 식으로 — 은 데이터베이스에 겹쳐서 기입했다. 나의 표본은 대다수의 주요 정치 지배자, 종교 지도자, 시장, 인문주의자, 순교자들을 아우른다. 참가는 1570년까지 적극적으로 활동했던 사람들로 제한했다.

종교적 충성을 코드화한 두 번째 방법은 권위적 종교 개혁과 급진적 종교 개혁에 대한 지지를 고려하는 것이었다. 루터파, 츠빙글리파, 칼뱅파, 위그노파, 성공회파는 권위적 종교 개혁을 대변한다. 재세례파, 영성주의파, 반삼위일체파, 이성주의파는 급진적 종교 개혁 흐름에 속한다. 나는 조지 헌스턴 윌리엄스의『급진적 종교 개혁(The Radical Reformation)』 (1962년)을 가장 중요한 지침서로 삼아 급진적 종교 개혁가들을 확인했다. 권위적 종교 개혁가들과 급진적 종교 개혁가들 사이의 구별은 종교적 충성도의 3단계 척도를 활용했다. 가톨릭은 가장 낮은 점수를, 급진적 종교 개혁가들은 가장 높은 점수를 받았다. 종교 개혁에 관한 나의 다변수 모형은 이 3단계 척도를 종속 변수로 사용했다. 나는 가끔씩 2단계 척도를 채택해 가톨릭교도와 신교도 사이에 존재하는 기타의 차이를 통계적으로 비교했다. 예를 들어, 승산비는 이항 결과에 기초해 계산했다.

2. 나이. 나의 나이 변수는 출생 날짜를 근거로 한다. 출생 날짜가 몇 년 이내의 범위에서 대략적으로만 알려졌을 때는 추정의 방법을 채택했다(권위 있는 전기를 보면 개략적인 출생 날짜가 날짜 앞에 "경"이라고 해서 표시된다. 이런

---

21) 이들 2차 문헌으로는 Durant 1957; Williams 1962; Elton 1963; Léonard 1965; Hillerbrand 1971, 1973; Moeller 1972; Ozment 1975, 1980, 1992; Spitz 1985; Dickens 1989; 국가별 각종 전기가 있다. 이들 2차 문헌은 11장에서 설명한 대로 나의 종교 개혁 표본의 출전이기도 하다.

출생 날짜는 통상 대학 입학 연령에 기초해서 추정된 것이다. 그 나이가 2~3년 내외의 오차로 정확하기 때문이다.).

3. 성직과 대학 내부의 지위. 나는 이 척도에서 교회 조직상의 지위가 대주교 이상인 개인들을 2로 평가했다. 보통의 성직자와 수도승은 1로 평가했다. 교회 내에서 아무런 지위가 없는 개인들은 0으로 평가했다. 나는 교육 기관 내부의 지위와 관련해서도 유사한 평가 방식을 채택했다. 대학교의 우두머리에게는 2점을, 평교수들에게는 1점을, 교수가 아닌 사람에게는 0점을 주었다.

4. 왕가의 지위(군주). 0과 1로 더미 코드화했다.

5. 도시 거주. 0과 1로 더미 코드화했다.[22]

6. 정부 관리나 시장으로서의 지위. 0과 1로 더미 코드화했다.

7. 인문주의적 공감. 나는 3점 눈금자를 활용해 이 변수를 평가했다. 어떠한 인문주의적 공감도 표하지 않은 개인들은 눈금자에서 0으로 평가했다. 인문주의 교육을 받은 걸로 보고되었거나 인문학 연구의 후원자였던 개인들은 1로 평가했다. 인문주의적 사유와 학문에 지대한 공헌을 한 에라스무스 같은 개인들에게는 평점 2를 주었다. 나는 이 시기에 활발하게 활동한 저명한 인문주의자들을 소개하고 있는 세 권짜리 인명사전 『에라스무스와 동시대인들(Contemporaries of Erasmus)』에 기초해서 이 세 범주를 코드화했다.[23]

8. 사회 계급. 나는 아버지의 직업을 바탕으로 1(왕족)부터 6(농민)까지의 선형 척도에서 이 변수를 코드화했다. 아버지의 직업을 모를 경우에

---

22) 자유 도시들에 관한 정보를 얻으려면 Moeller(1972:41)와 그가 인용하는 다양한 출전을 보시오.

23) Bietenholz 1985~1987.

는 참가자의 직업에 기초해 사회 계급을 코드화했다. 아버지들의 사회 경제적 지위와 자식들의 사회 경제적 지위 사이에 별반 차이는 없었다. 그러나 아버지들의 지위는 더 커다란 분산을 보이며, 종교적 입장의 예보자로서 근소한 차로 더 뛰어났다.

    9. 지역적 차이. 나는 오스트리아, 체코슬로바키아, 잉글랜드, 프랑스, 독일, 이탈리아, 네덜란드, 폴란드, 스칸디나비아, 스코틀랜드, 스페인, 스위스, '기타 모든' 나라를 개별 변수로 채택해 지역적 차이를 더미 코드화했다. 이 더미 코딩을 통해 국가적 차이에 대한 표지 변수를 쉽게 만들 수 있었다. (오스트리아, 이탈리아, 스페인처럼) 종교 개혁에 격렬하게 반대한 국가들에서 살았던 개인들은 이 표지 변수에서 –1을 받았다. (독일, 스위스, 네덜란드, 체코슬로바키아처럼) 종교 개혁을 적극적으로 지지한 국가 출신의 개인들은 +1을 받았다. 그 외의 다른 모든 개인들은 이 변수에서 0을 받았다.


## 종교 개혁 모형들


나의 종교 개혁 모형은 BMDP의 8D(없는 자료와의 상관관계)와 9R(가능한 모든 부분 집합 회귀) 프로그램을 바탕으로 했다.[24] BMDP의 8D 프로그램은 추정 최대화 알고리즘을 사용해 없는 정보의 양상에 고유한 편향을 교정하는 상관 행렬을 만들어 낸다.[25] 예를 들어, 나의 종교 개혁 표본에서

---

24) Bietenholz 1985~1987.
25) BMDP의 AM 프로그램과 달리 8D는 데이터가 없어서 발생하는 편향을 교정한 상관 행렬을 생성하는 데 비교적 무난하게 사용할 수 있다. 없는 자료를 추정하는 원리들에 관한 추

무명의 사람들은 저명한 사람들보다 급진적 개혁가일 가능성이 더 많았다. 무명의 사람들은 하층 계급 출신일 가능성도 더 많았다. 개인의 사회 계급 정보가 없을 때면(대개는 그 또는 그녀가 무명이기 때문이다.) 추정 최대화 알고리즘을 통해 전기적 무명성과 사회 계급 사이에 존재한다고 알려진 상관관계와 부합하는 예측을 했다.

나는 이 추정 과정에 힘을 보태기 위해 데이터베이스상의 없는 정보와 관련된 표지 변수를 포함시켰다. 이 표지 변수는 각각의 개인들에서 없는 전기적 자료 항목의 수효를 요약한다. 이 척도는 종교적 입장의 다른 예보자들은 물론이고, 종교 개혁에 대한 지지와도 크게 관련되어 있다. 이런 이유로 전기 정보의 부재 자체가 유용한 '정보'가 되어 주었다.[26]

없는 정보가 종교 개혁에 대한 지지를 알려 주는 최고의 예보자 가운데 하나인 것은 사실이었지만 '없음'이라는 표지 변수가 포괄적인 컴퓨터 모형에 들어가지는 않았다. 그것이 교파 선택과 맺은 관계는 다른 예보자들에 의해 충분히 반영되었다. 특히 추정 최대화 알고리즘을 사용해 정보 편향을 교정하면 더욱 더 그렇게 되었다. 개인들이 종교 개혁을 지지할 확률 예측치는 BMDP의 9R 프로그램이 선택한 것과 유사한 모형을 사용하는 로지스틱 회귀에 기초했다. 자료가 없는 경우 그 자료는 가장 가능성이 높은 확률 예측치(와 그 오차 항)를 얻기 위해 다각 대치되

---

가 논의를 보려면 부록 5를 참조하시오.

26) 무명성과 종교 개혁에 대한 지지 사이의 상관관계는 각각의 개인에서 없는 자료 항의 수에 기초할 때 0.26이었다(df=1/716, t=7.06, p<0.0001). 각각의 개인에서 없는 자료 항의 수와 사회 계급 사이의 상관관계는 0.22였다(df=1/587, t=5.35, p<0.0001). 데이터가 없는 상황은 제외하고 말이다. 관측된 데이터와 관련을 크게 맺고 있는 다른 변수들로는 정부 관리(0.32), 인문주의자(0.31), 왕가의 일원(0.29), 첫째냐 막내냐(0.18), 교회와 대학에서의 고위직 차지 여부(0.11)가 있었다.

었다.

## 다른 대안적 종교 개혁 모형

11장에서 나는 신교도 종교 개혁의 7변수 모형을 제시했다. 여덟 번째 예보자를 포함하는 훨씬 더 나은 모형이 있다. (루터, 칼뱅, 츠빙글리, 녹스, 기타 중요한 재세례파 지도자들 등) 종교 개혁 지도자와의 개인적 접촉은 종교 개혁 지지와 관련해 아주 뛰어난 예보자이다. 전기 작가들은 신교로의 개종에서 개인적 접촉이 수행한 역할을 무시로 언급한다. 이런 정보가 언급될 때마다 나는 3단계 척도를 활용해 그 내용을 기록했다. 종교 개혁과 관련해 이런 종류의 정보를 평가하는 게 쉽지 않다는 걸 인정해야 한다. 상이한 아주 많은 사람들이 열렬하게 개혁 신앙을 전도했기 때문이다. 이런 이유로 개인적 접촉에 관한 나의 변수들은 그 실제 영향력을 과소평가했을 것이다. 그럼에도 불구하고 나는 과학 혁명의 지도자들과 맺었던 개인적 접촉을 평가했던 것과 동일한 방식으로 이 예보자를 평가함으로써 개인적 접촉이 발휘한 비교적 낮은 구속력을 확정하려고 시도했다. 이 방식으로 측정된 개인적 접촉의 영향력은 0보다는 훨씬 컸다. 신교도 종교 개혁기에 발휘된 개인적 접촉의 영향력은 과학 혁명기 때 발휘된 개인적 접촉의 영향력보다도 훨씬 더 컸다.[27]

27) 종교 개혁 지도자와의 개인적 접촉과 신교에 대한 지지 사이의 상관관계는 0.31(df=1/365, t=6.18, p<0.0001)이었다. 과학 혁명의 경우 관련된 과학 혁신자와의 개인적 접촉과 새로운 이론에 대한 지지 사이의 상관관계는 0.18(df=1/3,806, t=11.30, p<0.0001)이었다. 종교 개혁기의 개인적 접촉과 관련된 상관관계(0.31)와 과학 분야에서의 상관관계(0.18) 사이의 차이는 아주 컸다(z=2.53, p<0.01). 종교 개혁의 8변수 모형에서 개인적 접촉과 지지 사이의 부분 상관관계는 0.22(df=1/509, t=5.09, p<0.0001)였다.

## 인문주의가 수행한 역할

인문주의적 공감이 종교 개혁에 대한 지지와 소극적으로 관계를 맺은 듯하다는 사실에 대해서도 언급해야 할 것이다. 베른트 뮐러도 다른 사람들처럼 정반대 결론에 도달했다. 그는 "인문주의가 없었다면 종교 개혁도 없었다."고 주장한다.[28] "인문주의자들은 종교 개혁 운동의 실질적 선구자들이자 궁극에 있어 진정한 지지자들이었다."[29]

종교 개혁, 특히 급진적 종교 개혁에 대한 지지는 평민, 하위 성직 계급, 독일인과 스위스 인, 자유 도시 거주와 적극적으로 상관관계를 맺었다. 이 네 가지 변수 각각은 다시 인문주의자 여부와 상관관계를 맺었다.[30] 결과적으로 인문주의자들은 종교 개혁에 열광했어야 했다. 정말이지 그들은 내 표본의 비인문주의자들보다 종교 개혁에 훨씬 더 열광했어야 했다. 인문주의자인 것과 종교 개혁에 대한 충성도를 알려 주는 다른 중요한 예보자들과의 커다란 교차 상관을 고려한다면 말이다. 그러나 에라스무스를 포함해 인문주의자들은 많은 경우 종교 개혁과 관련해 양면적인 태도를 취했으며, 일부는 매우 적대적이기까지 했다. 인문주의자들이 교회의 권력 남용을 오랫동안 비판해 왔다는 것은 사실

28) Moeller 1972:36.

29) Moeller 1972:14.

30) 인문주의자인 것과 본문에 언급된 다른 변수들 사이의 상관관계는 다음과 같다. 평민의 지위(0.11); 자유 도시 거주(0.23); 독일인(0.16); 스위스 인(0.10). 인문주의자인 것은 출생 날짜와도 소극적인 상관관계를 맺었다. 인문주의자들은 대다수의 참가자들보다 평균적으로 나이가 더 많았다(0.33). 이 모든 상관관계는 $p < 0.02$에서 유의미했다. 스콧 헨드릭스는 인문주의자들이 대개 성직자들임에 주목했고, 인문주의가 아니라 성직 위계가 종교 개혁 수용의 주된 원인이라고 주장했다(개인적 교신). 성직자인 것과 인문주의자인 것 사이의 상관관계는 0.09($df=1/636$, $t=2.25$, $p < 0.05$)였다.

이다. 그러나 스피츠가 말하듯이 그들의 전반적인 개혁 프로그램은 "신교도 종교 개혁의 급진적 열정과 비교해 볼 때 피상적"이었다.[31]

인문주의자들로 하여금 더 쉽게 개혁 신앙을 지지하도록 만든 여러 이유들을 통제했더니 그들의 지지 정도는 우리가 예상했던 것보다 훨씬 더 미미했다. 결과적으로 인문주의자임은 나의 종교 개혁 모형에서 신교 지지에 대한 소극적 예보자로 자리했다. 후원자를 잃어버리게 될 위험성은 인문주의자들이 종교 개혁에 대해 신중한 태도를 취한 한 가지 이유였을 것이다. 저명한 인문주의자들은 내 표본의 평균 참가자들보다 나이도 훨씬 더 많았다.

인문주의의 역할에 관한 이 사실들은, 기타 관련 예보자들을 통제한 후에 특정 변수가 새로운 사고방식의 수용에 중요한 영향력을 행사하는지 여부를 인과 관계 검사를 통해 알아내기가 얼마나 어려운지를 보여 준다. 이 문제와 관련해 적절한 판단을 하려면 통계적으로 지속성을 유지하는 다수의 관련 변수들을 잡아내고, 이어서 우리가 평가하고자 하는 영향력을 통계적으로 변경해야 한다. 인과 관계 평가의 이런 복잡성을 고려할 때 역사가들이 인문주의의 영향력과 관련해 상이한 결론에 도달한 것은 놀라운 일이 아니다. 특히 인문주의적 공감의 경우처럼 효과 크기가 작을 때는 정식 통계 기법의 도움을 받아야 영향력 문제를 가장 잘 처리할 수 있다. 학자들이 이런 문제들과 관련해 순전히 서사적인 접근법만을 사용한다면 오도되기 십상이다. 정말이지 그런 사태는 거의 필연이라고 할 수 있다.

31) Spitz 1985:58.

# 부록 8

●

## 프랑스 대혁명 모형

### 표본

나의 프랑스 대혁명 표본은 1,097명의 개인을 아우른다. 이 가운데 893 명은 국민 공회(1792~1795년) 대의원이었다.[32] 이 표본의 또 다른 186명은 혁명을 줄기차게 반대한 자들이거나 혁명의 경과에 따라 버림받은 초기 지지자들이었다. 내가 선택한 반대자들에는 제헌 의회와 입법 의회 내 의 정치적 '우파'를 대변하던 위대한 웅변가들이 전부 포함되어 있다. 나 는 다양한 전거를 바탕으로 이 표본을 수집했다.[33] 표본의 나머지는 18명

---

32) Kuscinski 1917~1919.
33) 이중 가장 중요한 것들로는 Aulard 1882, 1885~86; Beik 1970; Godeschot 1971; Lemay

의 '초급진주의자'로 르네-자크 에베르, 샤를-필립-앙리 롱상, 프랑수아-니콜라 뱅상, 자크 루 등이었다.

프랑스 대혁명 참가자들에 대한 연구는 수천 명의 개인을 아우를 수도 있다. 그러나 나의 의도는 그렇게 하는 것이 아니었다. 나는 13장에서 국민 공회 내부에서 벌어진 지롱드당과 산악당의 불화를 분석했고, 더 광범위한 행동적 맥락 안에 이 충돌 사태를 배치하기 위해 반혁명분자들과 초급진주의자들의 전기 정보를 취합했던 것이다(13장, 그림 13.1).


## 연구에 포괄된 변수들

국민 공회와 관련된 나의 데이터베이스에는 100개 이상의 변수가 있다. 대의원이 선출된 관구, 1789년 당시 이 관구의 인구수, 대의원들의 각종 당파, 부모들의 전기적 세부 사항, 모형화 과정에서 내가 채택하지 않은 다른 많은 사실들[34]과 같은 정보들이 여기에 속한다. 나는 이 변수들

---

1991, 2:996~97이 있다. 나는 이 네 개의 출처에서 혁명에 대한 각자의 반대가 분명한 형태로 제시된 모든 개인을 포함시켰다. 나는 1789년부터 1792년까지 중요한 역할을 수행한 참가자들을 추가하기 위해 Lefebvre 1962~1964와 Furet and Richet 1970도 참고했다. 나는 1792년까지 진행된 혁명의 전반적 정치 스펙트럼을 이해하는 데서 Challamel 1895가 유용하다는 사실을 깨달았다. 혁명 반대자들의 경우 전기 정보(특히 출생 순서)를 이용할 수 있게 될 가능성이 아주 많았다. 그 때문에 국민 공회 대의원 약 600명의 전기 정보가 불충분했음에도 불구하고 이 표본이 통계적 유의성을 가질 수 있었다.

34) 프랑스 대혁명 데이터베이스에서 나는 대의원의 부모가 해당 대의원이 태어나기까지 결혼 생활을 유지해 온 햇수 정보를 기록했다. 대의원이 태어났을 당시 부모의 나이에 관한 정보도 수집했다. 많은 경우에 이것은 대의원의 가족 사항과 관련해 내가 확보할 수 있는 유일한 정보였다. 이런 정보를 실제로 활용하지는 않았다. 그러나 이 정보를 더 많이 확보할 수 있

의 일부를 다른 '표지' 변수들로 간략하게 처리했다. 예를 들어, 나는 모든 대의원을 당파 관계에 따라 분류했다. 이 중요한 정보는 이전의 역사가들이 해 놓은 분류 내용을 기록하고 있는 여섯 개의 변수에서 도출했다.[35] 나는 반혁명분자에서 초급진주의자에 이르는 10단계 척도를 사용해 이 당파 관계를 코드화했다. 이 척도를 사용해 그림 13.1의 통계 결과를 얻을 수 있었다.[36] 나는 각각의 정치 집단과 관련해 당파 관계를 0과 1로 더미 코드화하기도 했다. 이 방식의 코드화는 대의원이 '보수적/급진적' 차원에서 어디에 위치하는지를 특정하는 문제를 회피한다. 내가 13장에서 논의한 것처럼 정치적 급진주의는 프랑스 대혁명 동안 융통성 있는 코드화 방법을 요구한 다차원적 구성 개념이다. 나의 데이터베이스가 이렇게 커진 한 가지 이유는 대상의 복잡성을 해결하기 위해 여러 변수를 다른 방식으로 코드화해야만 했기 때문이다.

나는 다중 회귀 모형과 로지스틱 회귀 모형 둘 다를 사용해 국왕 재판 시의 투표 양상을 분석했다. 이 모형들은 8변수 모형이다. 나의 데이터베이스에서 이것들이 가장 중요한 변수이기 때문에 여기에 설명해 놓도록 한다.

---

없다면 없는 자료를 추정하는 과정에서 아주 유용했을 것이다. 예를 들어 대의원의 상대적 출생 순위와, 부모의 결혼 날짜와 대의원의 출생 날짜 사이의 시간 차(햇수) 사이의 상관관계는 놀랍게도 0.65였다($df=1/41$, $t=5.42$, $p<0.0001$).

나는 Aulard(1889, 1:xxxiii~xxvi)와 Challamel(1895:286~323)에 실린 목록을 바탕으로 자코뱅파와 푀양파의 성원들을 확인했다.

35) 나는 Kuscinski 1917~1919; Sydenham 1961; Patrick 1972; Jordan 1979; Chaumié 1980; Brunel 1980; Pertué 1981a, b; Higonnet 1985를 바탕으로 대의원들의 당파 관계를 분류했다.

36) 그 10단계란 다음과 같다. (1)충실한 왕당파와 반혁명분자, (2)입헌 군주제주의자, (3)푀양파, (4)지롱드당, (5)지롱드당 동조자들, (6)평원당, (7)산악당 동조자들, (8)산악당, (9)극좌파(이고네의 표현(1985)을 빌리자면 "기타 좌파"), (10)초급진주의자.

1. 국왕 재판 시의 투표(종속 변수). 이 분석에서 나는 적어도 한 번 이상 투표한 대의원은 모두 포함시켰다(N=732).[37] '급진적' 투표는 민의를 묻는 것 반대, 사형 찬성, 사면 반대로 규정했다. 대의원들은 시종일관된 투표 양태를 보였다. 334명은 보수적으로 투표했고, 398명은 급진적으로 투표했다. 정치적 충성도에 대한 두 번째이자 훨씬 더 광범위한 측정은 친 지롱드당 성향의 12인 위원회의 복권에 대한 투표, 마라 탄핵에 관한 투표, 대의원이 계속해서 지롱드당 지도자들의 체포에 항의했는지의 여부 등으로 파악할 수 있었다.

2. 상대적 출생 순위. 나는 7점 눈금자 위에서 이 정보를 코드화했다. 그러나 실제로는 여덟 개의 범주를 채택했는데 다음과 같다. (1.0) 더 어린 형제들이 있는 첫째들; (2.0) 외자식들; (3.0) '장남들'; (4.0) 상대적 출생 순위가 0.51 미만인 후순위 출생자들(출생 순위와 형제의 수 사이의 비율로 결정되는); (5.0) 상대적 출생 순위가 0.51과 0.69 사이에 존재하는 후순위 출생자들; (5.5) 정확한 출생 순위와 형제의 수를 모르는 후순위 출생자들(차남 이하가 지배적임);[38] (6.0) 상대적 출생 순위가 0.70과 0.99 사이에 존재

---

37) 나는 Jordan(1979)과 Lewis-Beck, Hildreth, and Spitzer(1988)에 제시된 정보를 바탕으로 Patrick(1972)의 투표 양상 보고에 등장하는 약간의 실수를 바로잡았다. 나는, 재판 당시 파견 임무로 인해 사전에 편지로 의견을 개진한 대의원 7명의 '투표'도 포함시켰다(Kuscinski 1917~1919:309, 327). 또 다른 대의원 4명이 사형 쟁점은 아니었지만 적어도 한 번 이상 투표했다. 그러므로 총 투표자 732명은 공식 총원 721+임무 수행 중이었던 비공식 투표자 7+국왕의 사형 문제 이외의 사안에 대한 투표자 4였다. 나는 Patrick(1972:95, 103~104)을 좇아 멜(Mailhe)의 모호한 수정 조항에 대한 찬성표 전부를, 그가 이어서 사면을 지지했다는 측면에서 국왕 처형에 대한 반대표로 계산했다.

38) 이 범주에 속한 47명 가운데 최소 41명(87퍼센트)이 한 명 이상의 형(또는 오빠)이 있었다. 출생 순위와 형제의 수를 아는 후순위 출생자들의 상대적 출생 순위의 평균은 0.73이었다(7점 눈금자에서 5.6에 해당함).

하는 후순위 출생자들; (7.0) 막내 자식들. 이 선형 분류의 논리는 이 책의 전반적 연구 결과에 내재해 있다.[39] 가장 효과적인 다중 회귀 모형들은 중간 자식들(5.0에서 6.0 사이의 범주에 있는 사람들)을 다른 모든 개인들과 대조하여 뚜렷이 보이게 한다. 이 대조는 데이터 내부에서 유의미한 선형 및 곡선 동향을 보여 준다.[40]

3. 완고함. 이 변수는 (1)외향성과 (2)적대성을 측정하는 합성 함수이다. 나는 이 부록의 뒷부분에서 이 두 측정자에 대해 보다 자세히 설명해 두었다. 적대성이 투표 행위를 알려 주는 더 나은 예보자였기 때문에 완고함에 대한 나의 측정은 가중 평균이 되었다.[41] 가중 평균 활용의 대안은 외향성과 적대성을 회귀 모형에 끼워 넣는 것이다. 나는 모형을 단순화하기 위해 두 변수를 결합했다. 로지스틱 회귀 모형은 표본을 균등하게 분할하는 완고함의 세 범주를 채택했다.

4. 프랑스의 지역. 이 변수는 대의원이 공직에 선출된 지방을 나타낸다. 나는 프랑스의 82개 관구를 두 종류의 동등한 집단으로 분류한 앨

---

39) 상대적 출생 순위와 경험에 대한 개방성 사이의 선형 관계를 보려면 4장, 특히 그림 4.1을 참조하시오.

40) 통계 분석의 집중적 대조 비교 사용법에 관해서는 Rosenthal and Rosnow 1985를 보시오.

41) 외향성의 가중치는 0.3, 적대성의 가중치는 0.5이다. 각각의 가중치는 국왕 재판 시 사형 찬성투표와 관련해 이 두 변수가 보여 준 상관관계와 조응한다. 일부 심리학자들은 "완고함"이라는 용어를 다섯 가지 성격 특질 상의 친화성/적대성 항목으로 제한하고 싶어 할지도 모르겠다(Feingold 1994). 이젠크(1954:178)는 처음부터 완고함이 외향성과 강력한 상관을 맺고 있다고 생각했다. 그는 여전히 이 결합이 구성적 개념 체계의 중요한 일부라고 본다. 과거보다 덜 그렇기는 하지만(Eysenck and Wilson 1978:309). "무자비함/인정 많음" 같은 형용사 쌍이 다섯 가지 성격 특질 가운데 두 가지와 상관관계를 맺고 있다는 증거를 제시하는 McCrae and Costa(1987:85)도 참조해 보시오. 완고한 정치적 행동은 수줍어하는 사람들의 활동이 아니다.

리슨 패트릭을 참고해 이진수 형태로 이 정보를 코드화했다.[42] 지리적 하위 분할을 너무 많이 하면 우연적 차이가 폭증하게 되고, 따라서 그렇게 하지 않는 것이 중요했다. 패트릭의 두 범주는 북동 및 중앙 프랑스를 나머지 지역과 나누는 방식이었다. 이렇게 코드화한 '지역'은 파리와의 거리를 알려 주는 꽤 좋은 대행자였다. '지역'은 전쟁으로 피폐해진 프랑스 북동부 변경과의 지리적 근접성을 알려 주는 좋은 지표이기도 했다. 남프랑스의 대부분 지역을 따로 분리하는 3등분법은 패트릭의 2등분법보다 더 나은 점이 별로 없었다.

5. 나이. 나는 다중 회귀 모형들에서 출생 날짜에 기초해 간격 측정을 시도했다. 로지스틱 회귀 모형들에는 표본을 균등하게 분할하는 세 개의 범주가 포함되었다.

6. 입법 의회 내의 과거 정치 경험. 0과 1로 더미 코드화했다. 앨리슨 패트릭의 연구는, 가장 중요한 것으로 보고된 이 예보자의 타당성을 증명했다.[43]

7. 도시 대 시골. 이 변수는 1789년 당시의 거주 장소와 출생 장소에 관한 정보를 통합하고 있다.[44] 나는 연속 척도 위에 이 데이터를 기록했고, 로지스틱 회귀 모형들에서 사용하기 위해 범주화했다. 나의 분류 코드는 4단계였다. 나는 (52만 4000명의 인구가 살았던) 파리에서 태어났거나 1789년에 거기 살았던 대의원들에게 가장 높은 점수를 주었다. 인구수 1만 5000명 이상의 도시에서 태어났거나 1789년경 그런 도시들에서 살았던 대의원들이 다음 범주를 구성했다. 세 번째 범주는 인구수가 4,000에서

42) Patrick 1972:189.
43) Patrick 1972:297~298.
44) 나는 이고네(1985)의 방법과 주요 전거를 좇아 도시 거주 대 시골 거주를 코드화했다.

1만 5000 사이인 도시에서 태어났거나 1789년에 그러한 곳들에서 살았던 대의원들이다. 나머지 대의원 전부는 네 번째 범주로 묶었다. 1789년 당시의 거주 장소와 출생 장소를 통합한 변수는 각각의 개별 변수보다 투표 성향의 예보자로서 근소한 우위를 보였다.

8. 사회 경제적 지위. 나는 (고급 귀족에서부터 노동자 계급에 이르는) 6점 척도에서 이 변수를 코드화했다. 눈금자의 처음 두 단계는 상층 및 하층 귀족 성원들이다. 나머지 네 단계는 내가 과학자들과 관련해 채택한 척도(부록 2)와 일치한다. 나의 분류는 쇼미에에 의해 출간된 사회 경제적 정보와 순서 척도를 따랐다.[45] 나는 아버지와 대의원의 사회 경제적 지위를 개별적으로 평가했고, 두 측정값의 평균을 채택했다. 로지스틱 회귀를 사용한 모형들에서는 사회 경제적 지위상의 세 가지 하위 분할만을 포함시켰다. (1)귀족과 상층 부르주아지; (2)중간 부르주아지(예를 들어, 의사들과 법률가들); (3)하층 부르주아지(상인들)와 그 이하. 더 이상의 하위 분할은 별로 도움이 되지 않았다.

투표 양상의 여덟 가지 예보자 대다수가 연속 변수나 구간 변수임에도 불구하고 각 변수의 2~3차례 하위 분할만으로도 상당한 설명력을 확보할 수 있었다. 세 가지 이상의 범주를 허용하는 것이 대다수의 로지스틱 회귀 모형들에서 별다른 도움이 안 되었고, 결과를 해석하기도 훨씬 더 어려웠다. 로지스틱 회귀의 주된 목표는 동일한 개인들의 하위 집단을 추적해 그들이 양분된 결과 변수에 소속될 확률 예측치를 정하는 것이었다. 이런 모형들은 역사가들의 요구에 부합했다. 예를 들어, 나는

---

45) Chaumié 1980. 나는 Patrick(1972)이 발표한 사회 경제적 정보도 활용했다.

어떤 대의원이 젊고, 도시인이며, 프랑스 북부 출신에다 완고한 장남일 경우 그가 국왕의 처형에 찬성표를 던질 가능성을 알고 싶었다. 막시밀리앙 로베스피에르가 이 집단에 속한다. 그리고 이 집단이 사형에 찬성할 확률 예측치는 97퍼센트였다. 이 집단에는 10명의 대의원이 있었고, 열 사람 모두 처형에 찬성표를 던졌다. 이보다 훨씬 더 미세하게 내 표본을 하위 분할하는 것은 역사적으로 그리 유용하지 않을 것이다.

## 성격 측정의 신뢰도와 타당성

주관적 척도

나는 외향성과 친화성/적대성을 상이한 두 가지 방식으로 평가했다. 첫 번째 척도는 내용 분석에 기초했고, 따라서 어느 정도는 주관적이다. 이 척도는, 투표 양상을 모형화하는 과정에서 내가 실제로 채택한 두 가지 객관적 척도의 타당성을 결정해 주었다. 두 개의 주관적 척도를 먼저 설명한다.

외향성 평가. 주관적 외향성 측정은, 오귀스트 쿠진스키가 『국민 공회 의원 사전(*Dictionnaire des conventionnels*)』에서 제시한 대의원들의 인물 기재 사항에 기초해 7점 척도를 사용해서 내가 직접 평가했다.[46] 혁명 활동이 빌미가 되어 추방당한 폴란드의 역사학자 쿠진스키는 프랑스에 재정착했고, 이후 50년 동안 국민 공회 대의원 893명의 삶을 상세히 조사 연구했다. 쿠진스키는 우리에게 893명의 대의원 가운데 누가 위대한 웅변가였

46) Kuscinski 1917~1919.

고, 누가 어떤 정치적 대의를 지지하며 싸웠고, 대의원들이 국민 공회 내에서 어떻게 제휴했는지를 알려 준다. 우리는 어떤 대의원들이 임무 수행 중에 잔학 행위를 저질렀고, 누가 동료를 비방했으며, 누가 국왕의 사형에 찬성표를 던졌고 등등의 다른 수많은 세부 사항들도 알 수 있다. 쿠진스키는 다른 대의원들의 회고를 자주 언급함으로써 대의원들의 성격에 관해서도 상당한 정보를 제공해 준다.

쿠진스키의 인물 기재 사항은 외향성 척도의 두 극단에 속한 사람들과 관련해 거의 정확한 정보를 제공해 준다. 예를 들어, 그는 공안 위원회 성원 장-마리 콜로 데르부아를 동료 당원들에게 자주 "장광설을 늘어놓던 성급한 성격의" 자코뱅파라고 묘사했다. 쿠진스키에 따르면 콜로 데르부아는 "충동적이고," "오만 불손하며," "성미가 급하"기도 했다.[47] 다른 대의원들은 "매력적이고," "사람을 감동시키는 힘이 있으며," "상냥하고"(바레르), "불타는 듯 열렬하고"(바지르), "성급하고," "능변이며," "과단성 있고," "비판적"(귀아데)이라고 했다. 콜로 데르부아, 바레르, 바지르, 귀아데 같은 대의원들은 외향성 척도의 긍정적 극단을 대변한다. 반면 쿠진스키는 다른 대의원들이 "소심했고," 심지어 국민 공회의 토론장에서 자신의 주장을 또렷하게 밝히는 것조차 두려워했다고 묘사한다. 예를 들어, 자크-앙투안 보댕은 직접 연설을 하기보다는 연설의 내용을 인쇄해 발표했다. 그는 위원회 활동 속에 자기 자신을 숨겼다고도 전해진다. 다른 대의원들은 주변에서 벌어지는 폭력 사태에 "겁을 집어먹었고"(클로드 베르나르), 연단에 모습을 보인 적이 없으며(샤를-로베르 에케), 대표자 회의에 드물게만 참석했고(장-자크 피케), 무서워서 직책을 사임했

47) Kuscinski 1917~1919:57, 146~149.

다(자크-밥티스트-오귀스탱-프로스페르 메네송)고 묘사되었다.

　나는 일련의 공식적 규칙들을 좇아 내용을 체계적으로 분석하면서 외향성 평가를 수행했다. 어떤 대의원이 "외향적"이라거나 "용감하다"고 묘사되었으면 그에게 외향성 척도에서 +1점을 주었다. 만약 어떤 대의원이 "상냥하고, 외향적이며, 열렬하다"고 묘사되었으면 그에게 같은 척도에서 +3점(최댓값)을 주었다. 마찬가지로 어떤 대의원이 "소심하다"고 묘사되었으면 그에게 -1점을, "수줍어하고 내향적"이라고 묘사되었으면 -2점 등등, 같은 방법으로 최대 -3점까지 주었다. 이런 식으로 나의 외향성 척도는 쿠진스키가 형용사와 부사를 사용해 묘사한 성격과 밀접하게 결부되어 있다. 나는 이런 설명과 묘사에 기초해서 대의원 669명의 외향성을 평가할 수 있었다.

　적대성/친화성 평가. 쿠진스키는 외향성 표지처럼 대의원들이 가졌던 기질의 이 측면도 자주 언급했다. 예를 들어, 그는 대의원 앙투안-루이의 동생 장-루이 알비트를 "정치 선동에는 전혀 적합하지 않은 인물"로 묘사했다. "평온 무사한 성격의 그는 대표자 회의에 거의 모습을 드러내지 않았다."[48] 이렇게 점잖은 대의원을 프레롱이나 마라와 혼동하는 사람은 아무도 없을 것이다. 쿠진스키는 프레롱이 "성격이 흉포하고, 기질이 폭력적이며, 성향이 파괴적"이라고 보고했다. 쿠진스키에 따르면 마라는 "화를 잘 내고, 고집불통이며, 완고하고, 잔인하고, 피에 굶주렸다."[49] 나는 이런 설명과 묘사에 기초해서 대의원 470명의 적대성을 평가할 수 있었다.

　외향성에 대한 나의 주관적 평가처럼 적대성에 대한 나의 주관적 평

48) Kuscinski 1917~1919:4.
49) Kuscinski 1917~1919:274, 430~431.

가도 쿠진스키가 공식적으로 사용한 형용사와 부사를 바탕으로 했다. 이렇게 해서 "폭력적"이라고 묘사된 대의원에게는 적대성 척도에서 +1점을 주었다. "폭력적"이고 "무모한" 것으로 성격이 묘사된 대의원에게는 적대성 척도에서 +2점을 주었다.[50] 마찬가지로 "다정하고 친절하"지만 동시에 "오만하다"고 묘사된 대의원에게는 최종적으로 -1점의 적대성을 부여했다. 외향성 척도처럼 적대성 척도 역시 -3에서 +3까지이다.

### 객관적 척도

외향성 평가. 나의 두 번째 척도는 객관적 지표들로 구성된다. 나는 쿠진스키의 사전을 읽으면서 판정을 이끌어 주는 정보들을 체계적으로 기록했다. 그 다음 수순으로 나는 이 지표들의 척도를 구축했고, 각각의 대의원과 관련해 순전히 기계적인 방식으로 그 정보를 코드화했다. 여기서는 앞에 기술한 주관적 표지처럼 외향성과 높은 상관관계를 맺는 측정자들을 그 중요도에 따라 밝혀 둔다. 이 표지 변수 각각은 데이터베이스상에서 객관적 출전을 갖는다. 외향적 대의원들은, (1)국민 공회 토론장에서 빈번하게 자신의 주장을 펼쳤고,[51] (2)유명한 "웅변가들"로 알

---

50) 나는 대의원들의 다양한 행동에 대한 묘사(예를 들어, "친절함"이나 "관대함" 따위)를 형용사 상당 어구(다시 말해, "친절한"이나 "관대한" 행동)로 취급했다. 이 조사 방법은 Buss and Craik(1980, 1983a)의 "행동 심리학"적 접근법을 적용한 것이다.

51) 나는 일일 회기 의사록을 요약 정리한 세 권짜리 색인에서 각각의 대의원들이 발언한 내용을 기록한 행수를 세서 이 표지를 코드화했다(Lefebvre, Reinhard, and Bouloiseau 1959~1963). 대의원들은 적게는 두 줄에서 많게는 161줄까지(마라) 발언했다. 마라 항목에서 논의의 상당 부분이 그의 사망과 그에 따른 명예를 기리자는 각종의 청원이었음에도 불구하고 마라는 암살 당시 이 측정에서 다른 모든 대의원을 앞섰다.

려졌고,[52] (3)능동적 정치 이력을 가졌고(쿠진스키의 사전에 나오는 기사의 길이로 측정함), (4)나의 데이터베이스에 상세히 기록되었고(다시 말해, 없는 자료가 거의 없었고), (5)파리 바깥으로 한 차례 이상 임무 수행을 다녀왔고, (6)혁명 과정에서 폭력적 죽음을 맞이했고, (7)공포 통치 시기에 두 개의 집행 위원회 가운데 하나에서 활동했고, (8)국왕 재판과 관련해 당대에 발행된 소책자로 견해를 표명했고, (9)"공포 정치가"라 불렸고,[53] (10)공포 통치기에 국민 공회에서 추방당했고,[54] (11)이전의 공직을 유지했고, (12)정치 "선동가"로 분류되었고, (13)투표에서 기권하는 일이 거의 없었다. 반면 소심한 대의원들은 (14)공포 통치 시기에 "숨어 있었고," (15)위원회 활동의 익명성 속에 안주했다. 이 마지막 두 가지 특성을 일람표로 작성한 것은 패트릭인 바, 나는 그의 체계적 조사 연구를 통해 이것들과 다른 몇 가지 측정값의 표지 변수들을 구성할 수 있었다.[55] "공포 통치가"라는 꼬리표처럼 이런 표지 변수들 가운데 일부는 적대성 척도와도 높은 상관관계를 맺었다.

---

52) Aulard 1882, 1885~1886; Lemay 1991, 2:995~997. 나는 3단계 척도로 이 변수를 코드화했다. "아주 빈번한" 연설자, "빈번한" 연설자, 기타.

53) 나는 Kuscinski(1917~1919), Lefebvre(1962~1964), Furet and Richet(1970), Furet and Ozouf(1989) 및 기타 자료를 바탕으로 공포 통치가 목록(N=39)을 작성했다. 두 개의 측정자에서 겹치는 변수 일곱 개를 통제한 후에도 적대성과 외향성은 꽤 큰 상관관계를 보이는 성격 특질로 남았다(r=0.44). 공포 통치가들 중에는 수줍어하는 사람이 거의 없었다.

54) 국민 공회 '추방'을 기록한 변수는, 추방당한 대의원들이 국민 공회 공식 의사록의 색인에서 더 적은 발언 기회를 가질 수밖에 없었다는 사실을 교정해 준다(Lefebvre, Reinhard, and Bouloiseau 1959~1963). 그럼에도 불구하고 체포된 대의원들은 자신들의 체포, 재판, 처형과 관련된 이런저런 사실들이 언급되었다. 이런 정황으로 인해 해당 대의원들은 자신들의 축출 때문에 감수해야 했던 더 적은 행수가 벌충되는 경향이 있었다.

55) Patrick 1972.

외향성에 대한 이런 간접 측정값과 나의 주관적 평가 사이의 상관관계는 높게는 0.53(국민 공회의 공식 의사록에 기록된 활동의 정도)에서 임무 수행 중일 경우 0.35로, 낮게는 (투표에서 기권하지 않는 경우) 0.13까지 분포했다. 평균 상관관계는 상당한 수준으로 0.31이었다. 이 첫 번째 객관적 측정값(다시 말해, 국민 공회 공식 의사록에 적힌 각 대의원의 활동 기록)은 그 자체로 외향성과 높은 상관관계를 맺었고, 보다 자세한 측정값을 사용해 얻은 것과 거의 동일한 결과를 갖는 나의 컴퓨터 모형들에 채택될 수 있었다.

나는 이 15개의 측정자를 통합해서 다양한 정치 영역에 걸쳐 외향성을 상세히 기술하고자 했다. 당연히 신뢰도를 높이기 위한 조치였다. 이 15개 표지 변수들의 유효 신뢰도는 0.86이었다.[56] 외향성에 관한 이 객관적 측정값은 내용 분석에 기초한 주관적 표지와 0.74의 상관관계를 맺었다.

적대성 평가. 나는 데이터베이스에 '적대성'을 알려 주는 대리 지표가 더 적기 때문에 이 행동을 객관적으로 측정하기가 더 어려울 것이라고 생각했다. 그럼에도 불구하고 적대성에 대한 나의 주관적 측정값은 11개의 객관적 예보자와 0.58이라는 꽤 높은 수준의 다중 상관관계를 맺었다. 이 객관적 적대성 지표를 중요한 순서대로 소개하면 다음과 같다. (1)"공포 정치가"라고 묘사됨, (2)극좌의 성원, (3)국민 공회에서 빈번하게 연설함, (4)적극적으로 정치에 뛰어듦, (5)마라 탄핵에 반대함,[57] (6)12인 위원회에 반대 투표함(12인 위원회가 지롱드당 지도자들을 암살하려던 코뮌의 음

---

56) Rosenthal 1987:10.

57) 마라 탄핵 건에 대한 투표와, 나의 기타 적대성 지표 두 개도 국민 공회 내부의 투표 양상과 관련해 내가 포괄적으로 구축한 6개 쟁점 측정자에 포함되어 있기 때문에 이 종합적 정치 행동 측정값을 완고함과 관련시키지는 않았다.

모를 조사할 예정이었다.), (7)지롱드당 지도자들의 체포에 항의하지 않음, (8) 정치 "선동가"라는 꼬리표가 붙음, (9)공포 통치기에 두 개의 집행 위원회 가운데 하나에서 활동함, (10)하나 이상의 임무를 수행함, (11)공포 통치기에 "숨죽여 지내지" 않음. 이 기계적 지표의 유효 신뢰도는 0.77이었다. 나는 외향성과 적대성 측정값을 완고함이라는 단일 척도로 결합했고, 하여 이 두 개의 지표를 구별하는 일에 별로 신경 쓰지 않았다. 실제로 26개의 척도 가운데 7개가 겹친다.

완고함. 나는 국왕 재판 시의 투표 양태에 관한 모형에서 11개의 적대성 지표를 15개의 외향성 지표와 결합했다. 이 가운데 7개가 두 측정자에 공통으로 존재했기 때문에 나의 완고함 변수는 26개가 아니라 19개 측정자의 합성 함수라 할 수 있다. 이 19개 측정자는 1만 6000개 이상의 개별적 성격 특성과 공식 기록된 정치 행동을 반영한다.

### 신뢰도

이 지표들 각각은 따로 떼어 놓고 보았을 때 완고함을 조금밖에 예보해 주지 못했다. 그러나 19개 측정값 전부의 유효 신뢰도는 0.89였다. 이 정도면 과제를 수행하기에 충분한 수준 이상이다.[58]

---

58) 이 유효 신뢰도 획정은 두 척도 사이에서 7개의 예보자가 겹치고, 그에 따라 신뢰도가 증가하지 않는다는 사실을 참작한 것이다. 나는 한 가지 실제적인 이유로 역사 전문가들을 완고함에 대한 독립적 판정관으로 중용하지 않았다. 내가 893명의 대의원 전원의 완고함에 대한 전기 정보를 취합하는 데만도 여러 달이 걸렸다. 따라서 역사 전문가들이라 해도 여러 주 동안 집중적으로 작업하지 않으면 이런 유의 자세한 평가를 제공할 수 없었을 것이다. 내가 채택한 표지 변수들이 많았기 때문에 5명의 역사 전문가들이 제공한 독립적 평가가 불과 0.05밖에 신뢰도를 높여 주지 못했다(0.94로). 이들 5명의 전문가들은 최소 0.60이라는 평정자 간 신뢰도를 보여 주었다고 가정했다.

## 타당성

측정 척도는 믿을 만하고 타당해야 한다. 척도가 자신이 측정하겠다고 하는 대상을 측정하면 타당한 것이다. 외향성과 적대성에 관한 나의 주관적 측정값은, "외향적"이고 "사나운"처럼, 이 두 측정자를 규정하는 쿠진스키의 형용사 용례에 기초하고 있기 때문에 타당성을 꽤 합리적으로 설명해 준다.[59] 내용 분석에서 유도된 나의 두 가지 성격 척도와 다른 객관적 측정자 사이의 상관관계가 거칠게나마 예상대로임을 확인한 것은 기분 좋은 일이었다. 예를 들어, 외향성에 관한 나의 주관적 측정값과 "빈번한 연설자"나 유명한 혁명 정치의 "웅변가"라고 언급되는 것 사이의 상관관계는 0.45였다.[60] 그 성원들이 대개 "소심하다"고 묘사된 평원당의 대의원이 되는 것은 외향성과 0.51로 소극적인 상관관계를 맺었다. "공포 정치가"라는 꼬리표와 내용 분석에 기초한 나의 주관적 적대성 측정값 사이의 상관관계는 0.44였다. 이 상관관계 값들은 충분히 예상할 수 있는 것들이었다. 성격 심리학의 요소들 가운데 다른 어떤 것과 0.5를 초과하는 수준에서 상관관계를 맺는 것은 거의 없었다(다중 측정값을 종합하지 않는다면).[61]

출생 순서와 외향성의 상관관계는 -0.17이다(첫째들이 더 외향적이다.).[62] 적대성과 출생 순서 사이의 상관관계는 -0.26이다(첫째들이 더 적대적이

---

59) McCrae and Costa 1987.

60) Aulard 1882, 1885~1886; Lemay 1991, 2:996~997.

61) Cohen 1977:78.

62) 국민 공회 대의원들 사이에서 상대적 출생 순위와 외향성 사이의 상관관계는 -0.17 (df=1/199, t=-2.40, p<0.02)이었다. 이 상관관계는 객관적 측정값에 기초한 것이다. 쿠진스키(1917~1919)의 인명 기재 사항을 내용 분석한 주관적 측정값에 기초한 상관관계는 -0.14(df=1/94, t=-1.93, p<0.06)였다.

다.).[63] 헬런 코치의 6세 아동 조사 연구에서도 출생 순서와 외향성 및 적대성에 관한 각종 측정값 사이의 상관관계는 동일한 수준을 보였다.[64]

### 없는 자료

교차 상관을 통제하는 경로 분석 방법을 사용할 때 출생 순서는 국왕 재판 시의 투표 성향을 알려 주는 가장 중요한 예보자였다. 그것은 나의 연구에서 가장 덜 관측된 예보자이기도 했다. 역사 연구에서는 애석하게도 정보의 중요성과 그것을 이용할 수 없는 상태 사이에 강력한 관계가 존재하는 것 같다. 결국 역사는 "자료가 없는" 거대한 문제인 셈이다. 사실 그런 난맥상이 내가 이 쟁점에 관심을 갖는 이유이기도 하다.[65]

나는, 프랑스의 역사학자 알퐁스 올라르의 개인 장서를 포함해 광범위한 전기 자료를 조사했지만 국민 공회 대의원 가운데 겨우 206명의 출생 순서만을 파악할 수 있었다.[66] 수 년 간의 조사 활동으로 얻은 이 전체 결과는 국민 공회 대의원의 23퍼센트에 불과했다. 반대자들의 표본(N=186)에서는 사정이 더 나았다. 나는 120명(65퍼센트)의 출생 순서를 확인했다. 야당 인물들의 삶이 대의원들의 삶보다 훨씬 더 상세하게 기록

---

63) 국민 공회 대의원들 사이에서 상대적 출생 순위와 적대성 사이의 상관관계는 -0.26 (df=1/199, t=-3.79, p<0.001)이었다. 이 상관관계는 객관적 측정값에 기초한 것이다. 내용을 분석한 주관적 측정값에 기초한 상관관계는 -0.19(df=1/183, t=-2.60, p<0.01)였다.

64) Koch 1955a.

65) 없는 자료의 문제와 이를 해결하는 기법을 보려면 부록 5를 참조하시오.

66) 올라르의 장서는 1923년 그의 사후 하버드 대학교가 취득해 관리하고 있다. 나는 출생 순서에 관한 정보를 탐색하는 과정에서 수백 권의 전기를 읽었고, 프랑스 혁명의 역사를 다루는 주요 저널들을 일일이 점검했으며, 먼지를 뒤집어쓴 수많은 족보를 뒤지며 개별 대의원들을 추적했다. 나는 Lemay 1991, 2:1014~1019에 일람된 인명 기재 사항도 대부분 참고했다.

보존되어 있었던 것이다. 그도 그럴 것이 국민 공회 대의원들은 많은 경우 1792년에 무명에서 부상했고, 국민 공회가 해산되면서 다시 무명 상태로 전락했기 때문이다.

통계 검정 수행의 핵심은, 한정된 표본 내에서 발견된 어떤 경향이 더 큰 표본으로 작업할 때 사라져버리는 우연 효과가 아님을 분명히 하는 데 있다. 출생 순서가 국왕 재판에서 아무런 역할을 수행하지 못했을 확률은 아주 작다(1만분의 1 미만). 그럼에도 불구하고 출생 순서는 내가 알려진 전기 자료를 바탕으로 상세히 적시할 수 있었던 것보다 얼마간 더 중요하거나 혹은 덜 중요할 수도 있었을 것이다. 나는 나의 연구 결과에 내재한 오차도를 평가하기 위해 출생 순서와 상관관계를 맺는 정보의 광범위한 데이터베이스를 구축했다. 예를 들어, 첫째들은 아버지를 좇아 명명될 가능성이 더 많다. 장남들이 그렇다. 마찬가지로 첫째들과 장남들은 아버지의 직업을 물려받을 가능성이 더 많고, 아버지가 매수했을지도 모르는 공직을 물려받을 가능성도 매우 많다. 첫째들은 저명해질 가능성도 더 많다. 이런 이유로 각각의 대의원과 관련해 없는 자료 항의 단순한 산술적 총계는 첫째인 것과 상당한(결국 소극적인) 상관관계를 맺는다.[67] 이상해 보일지도 모르지만 정보가 없다는 것 자체가 유용한 정보이다. 대체로 후순위 출생자들이었던 무명의 대의원들은 국왕 재판 시에 왕의 목숨을 살려주자는 데 투표할 가능성도 훨씬 더 많았다.[68] 이 두

---

67) 상대적 출생 순위와 없는 전기 정보 사이의 상관관계는 $r=0.21$($df=1/199$, $t=3.04$, $p<0.01$). 상대적 출생 순위가 통제된 출생 순서의 2차 경향(첫째 및 막내들과 중간 자식들을 비교 대조하는)도 상당히 컸다(부분 $r=0.19$, $df=1/198$, $t=2.67$, $p<0.01$). 중간 자식들은 전기 정보가 없을 가능성이 가장 많았다.

68) 국왕 재판 시에 전기 정보가 없는 것과 사형 찬성투표 사이의 상관관계는 $-0.18$($df=1/730$, $t=-4.95$, $p<0.0001$)이었다.

상관관계에 기초해 볼 때 국민 공회 대의원들의 출생 순서 데이터가 없는 상황이 실제로 관측된 데이터만큼이나 중요했다. 부록 5에서 설명한 EM 알고리즘도 이와 합치한다. 국왕 재판 시에 출생 순서와 "급진적" 방향으로 투표하는 것 사이의 상관관계는 충분히 관측된 데이터에 기초할 때 0.29, 추정 데이터에 근거할 때 0.30이었다.[69]

국민 공회 대의원들의 출생 순서 정보를 추가적으로 제공해 줄지도 모를 출생 기록은 프랑스에 있다. 쿠진스키는 거의 모든 대의원의 세례 증명서를 찾아냈다. 그러나 그는 형제 정보는 찾아보지 않았다. 나는 프랑스의 역사학자들이 앞으로 이런 종류의 연구를 수행해, 미래의 역사학자들이 이용할 수 있도록 데이터베이스를 구축해 주기를 희망한다. 체계적 기초 위에서 수집된 이런 데이터야말로 다수의 흥미로운 역사적 문제를 해명해가는 긴 여정의 첫 단계인 셈이다. 예를 들어보자. 카르노, 푸세, 장봉 생-앙드레 같은 일부 대의원은 보나파르트 치하에서 봉직했다. 다른 대의원들은 그와 전혀 협력하지 않았다. 내가 13장에서 제시한 정치 행동 분석이 아마 이 문제에서도 유의미할 것이다. 이른 출생 순위를 가진 완고한 개인들은 나폴레옹 같은 압제자에 친밀감을 느꼈을 것이다. 결국 그들은 압제를 통해 "혁명을 보호하는" 전략을 개발해냈다.

출생 순서 데이터가 추가로 발굴 정리되면 상호 작용 효과를 탐지해 낼 수 있는 능력도 크게 향상될 것이다. 그렇게 할 수 있으려면 꽤 많은 표본이 필요하다. "상호 작용"은 "주요" 효과가 발휘되고 난 다음에 남는 것이기 때문이다. 사회 계급(13장 그림 13.2)과 꼭 마찬가지로, 국왕 재판 시의 투표 양태 예보자들 다수가 출생 순서와 높은 수준으로 상호 작용할

---

69) 이 두 출생 순서 상관관계에는 상당한 곡선 요소가 포함된다.

가능성이 있다. 역사학자들이 이 주제와 관련된 전기 정보를 상세하게 대량으로 확보할 수만 있다면 형제의 차이가 역사 변동에서 가족 간 차이와 어떻게 상호 작용하는지를 훨씬 더 잘 알게 될 것이다.

1789년부터 1830년 7월 혁명에 이르는 프랑스의 역사는 격동의 시기에 변화하는 정치 행동에 대한 수많은 가설을 검증할 수 있는 비상한 기회를 제공한다. 이 40년 동안의 '이력(履歷, career paths)' 연구는 체계적 기초 위에서 수행해 볼 만한 가치가 충분하다(부록 10의 11절을 보시오.).

### 결론

정치적 급진주의의 역사는 형제의 차이 및 그것들이 다섯 가지 성격 특질과 맺는 관계와 얽혀 있다. 그러므로 우리에게는 역사에서 가족 내 차이를 측정할 수 있는 방법이 필요하다. 지역적 차이, 사회 계급, 교파 같은 가족 간 예보자들과 비교해 이런 영향력들이 발휘하는 힘을 검증할 수 있다면 말이다. 전기 정보에 관한 내용 분석은 표지 변수를 활용할 수 있게 해 준다. 그리고 이것은 문제를 해결할 수 있는 한 가지 유용한 접근법이다.[70] 이 책의 다른 역사적 맥락에서 내가 자주 의존한 독립적 판정관들의 활용은 가설을 검증할 수 있는 또 다른 유익한 수단이다. 정치적 변화를 연구하는 학문과 활동의 미래는 개인들의 차이와, 그것들이 가족 역학 및 더 넓은 사회적 맥락과 맺는 관계를 측정하는 이런저런 기술들에 큰 영향을 받으며 진보할 것이다.

---

70) 미국 연방 대법원 투표에 관한 접근법도 마찬가지이다. 이 연구는 보수주의/자유주의 스펙트럼 상에 위치한 피지명자와 관련해 신문 사설의 내용 분석을 바탕으로 하고 있다. Segal and Spaeth 1993:226~228을 보시오.

# 부록 9

●

## 기타의 기술적 논의들

　기술적 논의 1(2장, 후주 8번): 출생 계절과 혁명적 기질. 에든버러 대학교에 재직 중인 영국 심리학자 마이클 홈스에 따르면 혁명적 과학 사상에 경도되는 태도는 출생 계절과 관계를 맺는다.[71] 권위 있는 저널《네이처》에 발표된 홈스의 연구 논문은 여러 가지 방법적 결함이 보인다. 이로 인해 그는 비논리적인 결론을 지지했다.

　홈스는 다윈 이전 시기의 진화 논쟁 참가자 28명과 아인슈타인의 상대성 이론에 대해 용기 있게 발언한 또 다른 19명의 출생 월력(月曆) 정보

71) Holmes 1995.

를 수집했다. 홈스는 자신이 역사적 표본을 선택한 방법에 관해 설명하지 않았고, 독립적 판정관들에게 자신의 분류를 조회해 달라고 요청하지도 않았다. 두 표본 모두에서 홈스는 혁명가들이 이 이론들의 반대자들과 비교할 때 겨울(10월부터 4월까지)에 태어났을 가능성이 훨씬 더 높다는 사실을 발견했다. 그는 겨울에 태어난 유아들이 처음에는 강보에 싸여 있다가 여름이 되면서 더 많은 자유를 누렸다는 사실에서 그 원인을 찾았다. 그들이 여름에 세계를 탐험할 준비가 되어 있었다는 것이다.

나는 내가 구축한 데이터베이스에서 이 두 가지 과학 논쟁에 참여한 것으로 파악된 636명의 개인들과 관련해 홈스의 분석 결과를 적용해 보았다.[72] 출생 계절은 두 개의 변수를 갖는 상관관계로서 정말이지 혁명적 사상에 대한 지지와 커다란 관계를 맺었다. 그러나 그 상관관계는 작았고, 홈스가 보고한 내용과도 정반대였다.[73] 이 별로 크지 않은 상관관계를 더 자세히 분석하고, 방법론적 편향을 바로잡았더니 더 이상의 통계적 유의성이 사라지고 말았던 것이다.

몇 가지 방법론적 결함들이 홈스가 보고한 일시적인 관련성과 혼동된 것이다. 첫째, 하위 분할이 2분법에 기초해 이루어졌다면 출생 계절로 표본을 하위 분할하는 방법에 관한 결정이 자의적일 수 있다. 만약 4월에 출생한 과학자들의 출생 양상이 우연히도 가설에 우호적이라면 4월은 쉽게 '겨울의' 달로 간주될 것이다. 만약 4월의 데이터가 우연히도

---

72) 출생 계절에 관한 이 분석에서 나는 다윈 이전 시기의 진화 논쟁 참가자들 외에 다윈주의 논쟁 참가자들까지 포함시켰다.

73) 겨울 출생과 혁명적 이론에 대한 지지 사이의 상관관계는 $r=-0.08$($df=1/553$, $t=-1.92$, $p<0.06$)이다. 출생 순서를 아는 (그리고 나머지 표본보다 더 저명한) 개인들의 경우 그 상관관계는 통계적으로 유의미했다($r=-0.12$, $df=1/405$, $t=-2.52$, $p<0.02$).

다른 결과를 보여 준다면 4월은 마찬가지로 편리하게 '여름의' 달이 될 수도 있는 것이다. 10월 데이터도 동일한 방식으로 조작할 수 있다. 계절의 영향력을 정확하게 분석하려면 홈스가 한 것보다 더 엄밀한 통계적 접근법이 필요하다. 이상적이라면 한 해의 모든 달을 기온 같은 객관적 기준에 따른 계절로 순위를 매겨야 한다. 이런 조치를 취했더니 내가 보고한 계절과 혁명적 기질 사이의 상관관계가 통계적으로 유의미하지 않게 되었다.[74] 그러므로 내가 예비 단계에서 임시로 수행한 통계 결과는 한 해를 두 개의 범주로 멋대로 하위 분할했는데도 얻은 요행수였다.

홈스는 문제에 접근하는 방식에서 통계적으로 그다지 운이 좋았다고 (혹은 재수가 없었다고도) 할 수가 없다. 이런 비논리적인 결과는 그가 채택한 방법들을 고려할 때 우연을 훨씬 더 뛰어넘는 빈도로 발생한다.[75] 우선 첫째로, 홈스는 참가자를 47명으로 제한해 버렸다. 이런 종류의 연구 치고는 매우 작은 규모의 표본인 셈이다. 이 두 과학 논쟁 참가자들과 관련해 우리가 이용할 수 있는 데이터는 홈스가 발표한 표본보다 10배 이상

---

74) 나는 이 검정을 위해 출생 계절을 12단계 척도로 코드화했다. 1월에는 6점을 할당했고, 7월에는 -6점을 부여했다. 그에 따른 출생 계절과 과학적 입장 사이의 상관관계는 $r=-0.06$($df=1/553$, $t=-1.42$, $p<0.16$)이었다. 일시적인 채점 방식을 어느 방향으로든 한 달씩 이동시켜도 결과는 별다른 차이를 보이지 않았다.

75) 출생 계절과 혁명적 기질의 진정한 효과 크기가 0이라면 (혹은 0에 근접한다면) 홈스의 연구 결과는 엄청나게 운이 좋은 경우로 1,000번에 불과 한 번 정도 발생할 것이다. 홈스의 연구 결과와 관련해 특히 놀라운 점은 효과 크기($r(phi)=0.59$, $x^2=16.13$, $p<0.001$)이다. 이 사실은 국적에 따른 과학 혁신 수용도와 결부된 분산을 9배, 우정과 결부된 분산을 19배, 전문 분야와 결부된 분산을 35배 더 설명해 준다. 이 모든 것은 그 자체로 과학적 입장을 알려 주는 중요한 예보자들이다. 간단히 말해서, 홈스가 발표한 효과 크기는 이런 종류의 영향력과 관련해 누구라도 쉽게 예상할 수 있는 그 어떤 것과도 전혀 균형이 안 맞는다.

크다.[76] 연구자가 쉽게 활용할 수 있는 훨씬 더 큰 표본에서 작은 표본을 취합할 때면 불가피하게도 항상, 작업가설이 통계적 유의성을 확보하는 순간 참가자 계상을 중단해 버리고 싶은 유혹에 빠진다. 사전에 정하지 않는다면 그 시기를 결정하는 판단으로 인해 검증 절차에서 편견이 발생하게 된다. 검증 절차가 통계적 확률의 일반 법칙들을 따르지 않게 되는 것이다. 홈스가 역사 전문가들을 초빙해 과학적 입장에 대한 자신의 평가들을 점검해 달라고 요청했다면 그 전문가들은 분명히 그에게 표본에서 빠진 다수의 저명한 과학자들에 관해 물었을 것이다. 홈스가 표본에 이들 과학자를 추가했으면 그의 처음 연구 결과도 유의미성이 없는 것으로 나타났을 것이다.

출생 계절은 홈스가 고려하지 않은 다른 복잡한 변수들과 관계를 맺고 있다. 이 가운데 가장 중요한 변수는 결혼의 계절성이다. 결혼 계절에 관한 문헌은 꽤 많다. 지난 5세기 동안 유럽 각국에서는 이러한 결혼 세태가 상세히 보고되었다.[77] 나아가 결혼 계절은 출생 순서에 따른 출생의 계절적 차이와도 관계를 맺는다. 역사적으로 볼 때, 출산은 2월에 정점에 이르렀다가 7월에 저점을 치는 경향이 있었다.[78] 첫째로 태어나는 아이들의 양상은 이런 일반적인 추세에서 벗어나는 경향이 있다. 능히 짐작할 수 있듯이 그 양상이 결혼 계절과 직접 연관되어 있기 때문이다. 결혼은 3월에 가장 덜했다. 이것은 고대의 교회가 사순절에 결혼하는 것을 금했기 때문이다. 이런 세태는 가톨릭 국가들에서 더 현저하게 드러난다. 사순절에 성관계를 갖지 않는 사람들은 자식이 겨울에 태어

---

76) 특히 Glick 1972, 1987을 보시오.

77) 예를 들어, Wrigley and Schofield 1981:298~299를 보시오.

78) Wrigley and Schofield 1981:288.

나지 않는다.[79] 과학에 민족적 차이가 존재한다는 점에서 교파와의 교차 상관관계에 따른 출생 계절의 효과를 도입할 수도 있다. 홈스는 이런 변수들이 발휘하는 복잡한 효과를 알고 있었음에도 자신의 분석에서 그런 문제를 다루지 않았다.[80] 교파와 국적의 공변량이 나의 표본에 들어 있기 때문에 출생 계절과 혁명적 이론에 대한 지지 사이의 상관관계는 점점 더 0에 접근했다.[81]

홈스의 명제를 검증할 수 있는 또 다른 방법으로 기후의 역할을 들 수 있다. 생후 6개월이 되어 더 이상 강보에 꽁꽁 싸이지 않는 유아들이 혁명가가 된다면 전 세계의 적도 지역에서 자란 아이들은 온대 기후에서 자란 아이들보다 훨씬 더 반항적이어야 한다. 이것이 사실일 리는 없다. 나의 표본에서 출신국의 평균 위도와 급진적 사상에 대한 지지 사이의 상관관계는 정확히 0이다.[82]

---

79) (12단계 척도로 코드화한) 출생 계절과 신교도임 사이의 상관관계는 r=0.11(df=1/535, t=2.49, p<0.02)이었다. 가톨릭교도들은 신교도들보다 여름의 달들에 더 많이 태어나는 경향이 있었다. 프랑스인임과 여름 달들에 태어나는 것 사이의 r=0.09(df=1/553, t=2.21, p<0.03; 12단계 계절 측정자에 기초함)였다. 프랑스인들은 유럽의 다른 어떤 민족 집단보다 다윈의 진화론에 반대할 가능성이 많았기 때문에 출생 계절과 다윈주의에 대한 태도 사이에서 비논리적인 교차 상관관계가 발생한다.

80) 나는 1974년 에든버러 대학교에서 출생 순서와 과학 혁명 수용도를 주제로 강연을 했다. 홈스도 이 발표 현장에 있었다. 출생 계절에 관한 그의 연구가 이 시기에 수행되었고, 나 자신의 미발표 연구 내용도 어느 정도 영향을 주었을 것이다.

81) 출생 계절과 혁명적 이론에 대한 지지 사이의 상관관계는 교파와 국적을 통제했을 때 r= -0.05(df=1/534, t=-1.27, p<0.20)였다.

82) 출생 국가의 평균 위도와 혁명에 대한 지지 사이의 r=0.00(df=1/634, t=0.06, p<0.96). 남반구에서 태어난 과학자들을 북반구에서 태어난 과학자들과 비교 대조해 보는 것이 훨씬 더 나은 검정 방법이 되어 줄 것이다. 불행하게도 나의 데이터베이스에는 남반구 출신 과학자들이 별로 많지 않았고, 검증을 시도해 볼 수 없었다.

행동 과학에서는 출생 계절과 그것이 성격에 미치는 영향 같은 변수들과 관련해 응당 그러하리라고 예상되는 효과 크기가 작을 경우 올바른 결합 검증을 위해 더 많은 표본을 필요로 한다. 게다가 이 표본들은 비논리적 결론을 유도할 수도 있는 명백한 공변량을 통제해야만 한다. 홈스는 이 두 가지 기본적인 준수 사항 가운데 어느 것 하나도 지키지 않았다. 그에게는 그렇게 할 수 있는 시간도 많았음에도 불구하고 말이다. 1974년에 처음 수행된 그의 연구는 무려 20년 동안이나 서랍에서 잠자고 있다가 《네이처》에 발표되었다. 홈스의 연구 결과 발표와 관련해 특히 주목할 사실은 《네이처》의 동료 비평이 그의 방법에 전혀 이의를 제기하지 않았다는 점이다.

기술적 논의 2(2장, 후주 78번): 급진적 사고방식과 장자 상속. 장자 상속권이 더 어린 형제들의 급진적 사고에 박차를 가하는 역할을 했다는 사실을 검증하는 것이 가능하다. 장자 상속권은 1700년까지도 여전히 유럽 전역에서 광범위하게 실시되었다.[83] 18세기 말이 되면서 상황이 바뀌었다. 프랑스 혁명의 여파로 다수 국가에서 장자 상속이 불법화되었다.[84] 장자 상속 관행이 출생 순서 효과의 원인이라면 그 축소 역시 시간을 두고 출생 순서 효과의 감소로 나타나야 한다.

이런 가능성을 검증하기 위해 1517년부터 1967년까지 450년 동안 출생 순서가 급진적 사고의 예보자로서 갖는 유효성을 비교 분석했다. 출생 순서 효과가 혁명들의 이데올로기적 급진주의와 강력한 상관관계를 맺기 때문에 나는 이 변수를 검증의 공변량으로 집어넣었다.[85] 이제 우리

---

83) Stone 1979:412; Mitterauer and Sieder 1983:68.

84) Lefebvre 1962~1964, 1:148; Mitterauer and Sieder 1983:99.

85) 출생 순서 효과 크기와 과학 혁신의 이데올로기적 함의 사이의 관계를 보려면 14장, 특히

는 출생 순서 효과가 이데올로기적 급진주의와 맺고 있는 기존의 알려진 관계를 통제했을 때 그 효과가 시간의 경과에 따라 점점 더 작아졌는지의 여부를 알아내야 했다.

이 검증에는 분산 분석이 수반된다. 여기서는 급진적 혁명들에 대한 지지가 종속 변수가 되고, (1)출생 순서, (2)참가 연도, (3)논쟁의 이데올로기적 급진주의가 공변량으로 모형에 들어갔다.[86] 우리가 찾고자 한 것은 출생 순서와 참가 연도, 이데올로기적 맥락이 개입된 모형이, 출생 순서와 참가 연도 간의 유의미한 2원적 상호 작용을 수용하는지 여부였다.

1517년 이후 출생 순서가 발휘한 영향력의 부분 상관은 0.22였다.[87] 두 가지 주요 효과를 통제한 출생 순서와 참가 연도 사이의 2원적 상호 작용의 부분 상관은 0.03으로, 이것은 통계적으로 유의미하지 않은 작은 값이다. 이데올로기적 맥락이라는 변수를 생략해도 통계 결과는 달라지지 않았다. 그럼에도 불구하고 불필요한 통제 변수로 입증된 것을 생략하기보다는 포함시키는 것이 선호되었다. 이런 0 결과는 또 다른 사실에 의해 확인된다. 상속 관행이 많은 경우 상층 계급과 하층 계급 사이에서 큰 편차를 보였지만 모든 사회 계급의 출생 순서 효과는 지난 450년 동안 거의 동일했다.[88]

---

그림 14.1을 참조하시오.

86) 이 통계 검정에서 논쟁들의 이데올로기적 급진주의는 논쟁의 결과를 예측하는 데서 정치적·종교적 요소들이 발휘하는 사건 특정의 구체적 효과 크기로 지시된다. 14장, 그림 14.1을 보시오.

87) 참가 연도와 이데올로기적 맥락을 통제한 출생 순서와 과학적 입장 사이의 상관관계 $r=0.22$($df=1/2,083$, $t=10.41$, $p<0.0001$). 출생 순서와 참가 연도 사이의 상호 작용을 통제한 $r=0.03$($df=2,083$, $t=1.21$, $p<0.28$).

88) Wedgwood 1929:148; Mitterauer and Sieder 1983:34, 68; Hrdy and Judge 1993.

여기서 수행된 검정은 양육 방식의 변화가 발휘하는 영향력을 간접적으로 검증한 것이기도 하다. 양육 방식은 사회 제도로서의 가족과 더불어 세월을 거듭하면서 커다란 변화를 겪었다.[89] 그럼에도 불구하고 이런 변화가 새로운 사상에 대한 개방성에 미친 영향은 탐지해 해 수 없을 만큼 작다. 과학적 급진주의를 해명하는 데서 이웃한 형제들 간의 연령 격차 차이가 4세기 동안 변화해 온 양육 방식보다 훨씬 더 중요하다는 사실을 언급해야 할 것이다.[90] 양육 방식의 변화가 인간 행동의 어떤 측면들에 영향을 미치는 것은 당연하다. 그러나 그 변화가 경험에 대한 개방성에는 아무런 영향력도 행사하지 못한 것 같다.

그러한 결과는 이 책의 전반적 주장에 비추어 볼 때 상당히 일리가 있다. 형제들은 양육 방식과 무관하게 서로 강력하고도 지속적인 경쟁을 경험한다. 형제들은 그들의 전형적 상이함에 도달하기 위해 부모의 사회 경제적 차별을 필요로 하지 않는다. 형제들이 부모의 투자를 차지하기 위해 경쟁하는 다윈주의의 세계에서 그들의 차이는 자동적으로 발생한다. 부모들이 모든 자식을 공정하게 대우하기 위해 최선을 다할 때조차도 말이다.

기술적 논의 3(5장, 후주 5번): '부모 관계' 증거의 타당성. 일부 독자들은 부모-자식 갈등 같은 복잡한 쟁점을 역사적 자료를 바탕으로 평가할 수 있는지에 회의적일 것이다. 하여 몇몇 전기적 사례를 통해 이 정보를 어떻게 수집하고 코드화했는지 보여 주고자 한다. 세 명의 독립적 판정관이 동원되었고, 그들은 7점 척도를 사용해 다음의 전기 정보를 평가했

---

89) Ariès 1962.
90) 5장, 그림 5.2를 보시오.

다.[91]

　루이 아가시. 다윈의 적대자 루이 아가시는 부모와 안정된 관계를 유지했다. 그는 아버지 로돌프를 깊이 사랑했다. 아버지는 그의 마음속에 가르치는 일에 대한 애정을 심어 주었다. 그는 스물한 살 때 아버지에게 보낸 편지에서 이렇게 썼다. "루이 아가시가 당대 최고의 박물학자이자 훌륭한 시민이며 착한 아들로 칭송되었으면 좋겠습니다."[92] 굳은 의지의 신교도 성직자였던 아버지는 아들이 사업가가 되기를 원했다. 실제로 그는 처음에 아들이 대학에 진학하는 것을 반대했다. 그의 외가 쪽 삼촌이 아가시의 교육비를 부담하겠다고 나서고서야 아버지는 비로소 물러섰다.

　로돌프는 루이가 자연 과학자로서 생계를 유지할 수 없을지도 모른다는 사실이 걱정스러웠다. 그래서 그는 아들에게 먼저 의사 자격증을 취득하라고 권했다. 루이가 의학 공부는 팽개치고 브라질 어류에 관한 책을 쓰고 있다는 사실을 알고 그는 몹시 화를 냈다. 그러나 그 책이 출판되어 높은 평가를 받자 이내 기뻐했다. 루이는 아버지를 다소 이상화된 이미지로 파악했다. 두 사람 사이의 갈등이 그의 자식으로서의 존경심을 조금도 훼손하지 않은 것 같다. 로돌프가 죽자 "아가시는 매우 슬퍼했다."[93] 7.0이 친밀하고 조화로운 관계를 가리키는 7점 척도를 사용했더니 세 명의 독립적 평가자들이 아가시에게 5.8점을 주었다. 이것은 표본의 평균(5.1)보다 꽤 높은 점수이다.

91) 부모-자식 갈등 평가의 평정자 간 신뢰도는 0.78이었다. 평가자 세 명의 유효 신뢰도는 0.90이다.

92) Marcou 1896, 1:30; Lurie 1960:31.

93) Lurie 1960:92.

루이와 어머니의 관계는 훨씬 더 친밀했다.[94] 한 전기 작가에 따르면 루이는 "분명 엄마가 제일 사랑하는 아이였고, 그녀가 가장 커다란 희망과 염원을 투사한 대상"이었다.[95] 로즈 아가시는 그에게 "어머니로서 극진한 사랑"을 베풀었고, "그의 온갖 곤경을 덜어 주었으며, 따뜻한 조언과 격려를 아끼지 않았다."[96] 때때로 그가 학업에서 "변덕을 보인" 것에 대해 부모의 기대와 소망을 "저버리는" 행위라며 아들을 나무라는 경우도 있었다.[97] 루이가 세계적 명성을 얻게 된 후로 그녀는 아들의 과학 저술을 애지중지하면서 수집했다. 심지어 자신이 읽을 수 없는 영어 저작까지도 말이다. 그녀의 사망은 "루이 아가시의 인생에서 가장 슬픈 순간이었다."[98] 독립적 평가자들은 이 호의적인 관계에 6.5점을 부여했다. 이로써 아가시는 92퍼센트 지위에 자리했다.

찰스 다윈. 찰스 다윈이 부모와 맺은 관계는 아가시와 비교할 때 꽤 다른 양상을 보여 준다. 어머니의 조기 사망으로 사태가 훨씬 복잡한 것이다. 다윈은 『자서전』에서 상당한 지면을 존경하는 아버지 로버트에게 할애했다. 그는 아버지를 "여러 면에서 비범한 인물"로, "내가 아는 가장 친절한 사람"으로 묘사했다.[99] 그는 계속해서 다윈 박사가 환자들의 신뢰를 얻는 데서 보여 준 유감없는 능력을 바탕으로 성공한 의사가 되었다고 언급한다. 로버트는 사람들의 진정한 동기를 감지해 내는 신기한 능력이 있었고, 때때로 환자들의 마음을 읽는 것 같았다. 다윈은 자녀들에

---

94) Lurie 1960:5; Marcou 1896, 1:26.

95) Lurie 1960:5.

96) Marcou 1896, 2:161.

97) E. Agassiz 1885, 1:61.

98) Marcou 1896, 2:161.

99) Darwin 1958(1876):28.

게 아버지 이야기를 끊임없이 들려주었다. 다윈이 즐겨 쓰던 문구 가운데 하나가 바로 "아버지께서는 다음과 같이 말씀하셨단다."였다. 다윈의 아들 프랜시스는 다윈의 아버지에 대한 경외감을 "가없는 것이었으며, 매우 감동적이었다."고 회상했다.[100]

다윈이 아버지를 따뜻한 마음으로 존경했음에도 불구하고 유년기의 관계는 다소 문제가 있었다. 다윈 자신도 아버지가 "어렸을 때는 내게 약간 불공정했다."고 생각했다. "그러나 고맙게도 이후로는 아버지가 나를 제일 좋아해 주셨다."[101] 평생 동안 애착 행동을 연구한 존 볼비는, "나쁜 것과는 거리가 멀었음에도 불구하고 유년기와 청소년기에" 다윈이 "아버지와 겪었던 어려운 관계"에 대해 언급했다.[102] 세 명의 독립적 판정관들도 볼비의 견해에 동의했다. 다윈이 아버지와 맺었던 관계는 4.5점으로, 이것은 평균보다 약간 낮은 값이다. 다윈이 맺었던 관계를 유년기와 성인기로 나누어 따로 평가한다면 유년기는 3.5점, 성인기는 6.5점이다. 전체적으로 4.5점의 평점은 적당한 것 같다.

새뮤얼 버틀러. 다윈을 정확히 어떻게 평가하느냐와 관련해서는 상이한 평가자들 간에 말들이 많을 수도 있을 것이다. 그러나 새뮤얼 버틀러에 대해 의혹을 가지는 판정관은 거의 없을 것이다. 그는 『에레혼 (Erewhon)』(1872년)이라는 베스트셀러를 써서 유명해진 작가로, 이 작품은 전도된 세계를 묘사한 풍자 문학이다. 에레혼이라는 이상한 나라에서는 질병이 처벌 대상으로 질병에 걸린 자는 투옥되거나 사형에 처해지며, 범죄자들은 병원에 보내져서 치료를 받는다. 네 자녀 가운데 둘째였

100) Darwin 1887, 1:10~11.
101) Darwin 1887, 1:11.
102) Bowlby 1990:13.

던 새뮤얼 버틀러는 아버지에 대해 이렇게 썼다.

> 그는 나를 좋아하지 않았고, 나도 그가 좋았던 적이 없다. 어린 시절을 떠올려 보면 그가 두렵지 않거나 싫지 않았던 적이 단 한번도 없었다는 생각뿐이다.……여러 해 동안 단 하루도 빼먹지 않고 이런 생각을 했다. 그가 틀림없이 나를 미워하며, 내가 한 말이나 행동의 좋은 면보다는 나쁜 면을 보는 사람이라는 생각. 그는 (어렸을 때) 자신의 보모에게 이렇게 말하곤 했다고 한다.……"나는 너를 계속 붙들어 둘 거야. 너는 떠나지 못해. 계속 곁에 두면서 너를 괴롭힐 거야."
>
> 실제로 나는, 그가 언제나 나를 아무런 제재 없이 괴롭힐 수 있는 대상쯤으로 여겨 왔다고 느꼈다. 아마 보모를 괴롭힐 때도 똑같았을 것이다.……정말이지 나의 아버지와 나보다 더 안 어울리는 두 사람을 한데 그러모은 잔인한 운명은 없을 것이다.[103]

버틀러는 누군가가 자신의 전기를 쓰려고 한다면 다음과 같은 문구로 시작해야 할 것이라고 농담까지 했다. "이 전기의 주인공은 부유하고 부정직한 부모 사이에서 태어났다."[104] 판정관들은 버틀러의 부자 관계에 가장 낮은 점수인 1.0점을 부여했다. 고통에서 잔혹함이 도출되는 나라에 관한 버틀러의 풍자 문학이 그가 아버지와 맺었던 관계를 반영한다는 것은 말할 나위도 없다.

지금까지 내가 개관한 종류의 전기 정보를 항상 이렇게 자세히 활용할 수는 없었다. 이런 현실은 중요한 물음을 제기한다. 역사상 가장 상세

103) Jones 1919, 1:20~21.
104) Jones 1919, 1:viii.

하게 보고된 인물 가운데 하나인 찰스 다윈이 성인기에 딱 한 마디 다음과 같은 진술만을 남겼다고 가정해 보자. "나보다 아버지를 더 많이 사랑한 사람은 없다고 생각한다."[105] 판정관들은 필시 부모-자식 갈등과 관련해 그들이 실제로 부여했던 것과는 다른 평점을 다윈에게 주었을 것이다.

이 문제의 결과는 두 가지를 고려하면 가벼워진다. 첫째, 나는 부모-자식 갈등에 관한 자료의 대부분을 평생에 걸쳐 부모에 대한 태도가 알려진 저명한 인사들로부터 얻었다.[106] 보다 중요한 사실로, 부모와의 갈등이 미치는 영향력은 대단해서 있는 그대로의 척도조차도 급진적 사고와의 관계를 상당 부분 포착하는 데 충분하다. 예를 들어, (새뮤얼 버틀러가 경험한 것처럼) 갈등이 아주 많은 관계와 기타의 관계를 구분하는 2단계 척도는 혁명적 성격을 7점 척도만큼이나 훌륭하게 예보해 준다. 이런 사실은 인과 관계에 내재적이다. 부모-자식 갈등의 설명력 대부분을 부모와 커다란 갈등을 경험한 첫째들에게서 확인할 수 있다(5장, 그림 5.1). 이런 사례들은 회고적 증거를 통해서도 쉽게 확인된다.

부모-자식 관계를 평가하려는 시도에는 불가피하게 어느 정도 오차가 발생하게 마련이다. 그러나 중요한 점은, 어느 누구도 아가시를 버틀러와 혼동하지는 않으리라는 것이다. 이런 두 개인들 각각은 부모와 아주 다른 관계를 경험했다. 사소한 차이가 아니라 이런 현저한 대비가 급진적 사고를 조장한다.

기술적 논의 4(10장, 후주 7번과 8번): 출생 순서와 보수주의, 그리고 다윈주

---

105) Darwin 1887, 3:39

106) 내 표본에서 저명하다는 것과 부모-자식 갈등에 관한 정보 이용 가능성 사이의 상관관계는 r=0.39(df=1/3,790, t=25.82, p<0.0001)였다.

의 혁명기 동안의 저명성. 첫째들과 사회적 보수주의자들이 후순위 출생
자들과 사회적 자유주의자들보다 더 저명하다는 주장을 입증하기 위해
나는 다윈의 『종의 기원』이 출간된 해인 1859년 당시의 저명성 지표를
만들었다. 이 토론은 애드리언 데스먼드의 전기적 표본과, 그가 『진화의
정치학』에서 이를 바탕으로 도출한 결론을 해명하는 데 도움을 준다.[107]

나의 저명성 지표는 수상, 서훈, 권위 있는 학회의 성원 여부, 그런 학
회의 선출직 여부를 숫자로 표시하는 방법에 기초하고 있다. 다윈주의
혁명의 표본에서 저명성과 첫째인 것 사이의 상관관계는 통계적으로 유
의미했다. 형제의 수를 통제했더니 첫째들은 저명성 분포에서 상위 절
반에 포진할 가능성이 후순위 출생자들보다 1.7배 더 높았다.[108]

나의 다윈주의 혁명 표본에서는 사회적 태도와 저명성 사이의 상관
관계도 통계적으로 유의미했다. 저명한 개인들은 사회적으로 보수파인
경향을 보여 주었다.[109] 1859년의 저명성을 예측하는 다중 회귀 모형은 사
회적 태도와 출생 순서를 중요한 예보자로 채택했다. 이 두 가지 경향
을 결합했더니 사회적으로 보수적인 첫째들이 저명성 분포에서 상위 절
반에 포진할 가능성이 사회적으로 자유주의적인 후순위 출생자들보다
4.0배 더 높았다.[110] 애드리언 데스먼드가 그의 하층 계급 출신 급진주의

107) Desmond 1989.

108) 1859년 당시 과학자들의 출생 순서와 저명성 사이의 부분 상관은 −0.14(df=1/309,
t=−2.48, p<0.02; 형제의 수와 사회 계급을 통제했음)였다. 두 개의 공변량이 그 자체로 저명
성을 알려 주는 중요한 예보자였다. 가장 저명한 과학자들은 상층 계급의 핵가족 출신이었다.
형제의 수와의 부분 상관은 −0.18(df=1/309, t=−3.29, p<0.001); 사회 계급과의 부분 상관은
−0.15(df=1/309, t=−2.58, p<0.02).

109) 저명성과 사회적 보수주의 사이의 r=−0.27(df=1/375, t=−4.80, p<0.0001).

110) 1859년 당시의 저명성과 관련해 보수적 첫째들과 자유주의적 후순위 출생자들을 집중

자들과 비교하기 위해 기성 과학자들의 목록을 취합했을 때 그는 보수적 첫째들이 압도적으로 많은 모집단에서 이를 가려 뽑았다.[111] 그렇게 해서 데스먼드는, 계급이 아니라 형제의 차이로 소급되는 급진주의의 '계급적' 차이를 발견해 냈던 것이다.

1859년 이후로는 과학적 저명성의 기준이 다윈 이론의 승리와 함께 크게 바뀌었다. 다윈주의 혁명을 지지한 과학자들이 국제적 수상이나 외국의 유명한 과학 학회들의 회원 자격 같은 명예를 획득할 가능성이 높아졌던 것이다. 1859년에 저명성을 획득하기 위해 다윈주의 혁명에 참가한 사람들과 인생의 만년에 저명성을 획득하기 위해 다윈주의 혁명에 참가한 사람들을 비교해 보면 후순위 출생자들이 첫째들보다 위업을 달성할 가능성이 훨씬 더 많았다.[112]

기술적 논의 5(10장, 후주 16번): 애드리언 데스먼드의 (1989년) 표본. 애드리언 데스먼드는 『진화의 정치학(*Politics of Evolution*)』(1989년) 부록 B에 자신의 분석과 관련된 75명의 개인을 목록화해 놓았다. 이들 75명이 전부 네 가지 급진적 이론(진화, 골상학, 자연 발생설, 이상주의적 분류 체계에 대한 반대)과 관련해 용기 있게 발언한 것은 아니다. 이 네 가지 이론은 내가 데스먼드의 주장을 검증하는 기초이다. 데스먼드의 부록에 포함된 일부 개인들은 그의 전반적 서술에서 배경적 인물들일 뿐이다. 데스먼드의 표본 가운데 36명은 내가 조사 연구한 이 네 가지 이론 가운데 한 개 이상에서

---

비교하면 r=−0.33(df=1/248, t=−5.56, p<0.0001). 두 예보자와의 다중 상관 R=0.31(df=2/374, F=20.00, p<0.0001).

111) 10장, 그림 10.2를 보시오.

112) 1859년 이후 출생 순서에 따른 저명성의 상대적 변화에서 r=0.16(df=1/174, t=2.15, p<0.05; 후순위 출생자들을 선호하는 관계).

용기 있게 발언했다. 총괄해 보면 이들 개인은 75개의 '입장'을 취한 셈이다. 그림 10.2에 포함된 개인들이 그들이다.

기술적 논의 6(10장, 후주 24번): 사회 계급, 우정, 다원주의에 대한 지지. 데스먼드와 무어는 다원에 관한 그들의 전기에서 상층 계급 개인들 사이의 우정이 이들 과학자의 진화에 대한 열정을 억제했을지도 모른다고 주장한다.[113] 진화 이론 논쟁기(1700~1875년)에 지도적 진화론자들과의 개인적 접촉과 이 이론에 대한 지지 사이의 상관관계는 사실상 0으로, 이 주장은 거짓이다.[114]

이런 경험적 사실은 두 가지 관련 결과에 의해 보강된다. 『종의 기원』이 출간된 1859년 11월 24일 이전에 개인이 다원과 교환한 편지의 통수와 그 개인이 이후 진화에 보인 반응 사이의 상관관계는 0이었다.[115] 또, 다윈 이론들에 대한 지지와 어떤 과학자가 『종의 기원』에서 인용되는 횟수 사이의 상관관계도 사실상 0이었다.[116]

나는 다원과의 개인적 교제 사실을 밝혀 주는 이 세 가지 동일한 측정값(다시 말해 다원과의 개인적 접촉, 그와 교환된 편지들, 『종의 기원』에서 인용된 빈도)

---

113) Desmond and Moore 1992:295~296, 317, 353, 354.

114) 개인적 영향력과 다원주의 진화 수용 사이의 $r=0.00$(df=1/348, t=-0.08, p<0.94). 다원 이전 시기의 상관관계는 0.07(df=1/294, t=1.12, p<0.27)이었다. 사회 계급과는 이렇다 할 상호 작용이 전혀 없었다. 개인적 영향력에 관한 나의 변수는 "친밀한 친구," "아는 사이," "낯선 사람"의 3단계를 채택했다. 다원주의 혁명 표본의 경우 나는 이 정보를 1859년을 전후해 다원과 교환된 편지의 통수로 보충했다. 이 두 척도 사이의 상관관계는 0.67(df=1/333, t=16.50, p<0.0001)이었다.

115) 1859년경 다원과 주고받은 편지와 다원의 이론들에 대한 후속 지지 사이의 $r=0.00$(df=1/359, t=-0.02, p<0.99).

116) 다윈이 『종의 기원』에서 언급하는 것과 이후 그의 이론을 수용하는 것 사이의 $r=-0.03$(df=1/360, t=-0.49, p<0.63).

과 당대인들의 사회적 견해 사이의 다중 상관을 계산했다. 이 결합 역시 통계적으로 아무 의미가 없었다.[117] 다윈이 자신과 비슷한 상층 계급 개인들과 교분을 나누었고, 그들과 서신 왕래를 했다는 사실도 거의 의미가 없었다.[118] 다윈은 그 자신 상층 계급 신사였지만 개인적으로 접촉하거나 서신 왕래를 하는 데서 특별히 이런 사람들을 좋아하진 않았다. 이것은 별로 놀라운 일이 아니다. 과학자들은 서로 의견을 교환하기 때문이다.

나는 다윈이 1859년 이전까지 쌓아 온 우정이 압도적으로 그와 사회적 가치를 공유하는 사람들로 이루어졌을 가능성도 검증했다. 나는 다윈의 동시대인들을 네 집단(보수주의자, 온건파, 자유주의자, 급진파)으로 나누었다. 그리고 (다윈 같은) 사회적 자유주의자들을 나머지 세 집단과 집중적으로 비교 대조했다.[119] 이 검증을 통해 다윈의 가장 절친한 친구들은 그와 같은 자유주의자들이었다는 사실이 밝혀졌다. 다윈은 보수파이거나 급진파인 친구들을 두기보다 사회적 자유주의자인 친구를 둘 가능성이 1.8배 더 많았다.[120] 만일 다윈이 자신의 진화 사상으로 친구들을 소외시키지나 않을까 걱정했다면 그는 그럴 필요가 전혀 없었다. 이 친구들은 1859년 이후 대체로 그의 이론을 지지한 사회적 자유주의자들이

---

117) 다윈주의 이론 수용과, (1)다윈이 『종의 기원』에서 인용한 횟수, (2)1859년까지 그와 교환된 편지의 통수, (3)다윈과의 개인적 접촉의 정도 사이의 R=0.06(df=3/268, F=0.37, p<0.78).

118) 다윈과의 개인적 접촉과 사회 계급 사이의 r=-0.10(df=1/297, t=-1.73, p<0.09). 1859년경 다윈과 서신 왕래를 한 사람들의 사회 계급과 그와 교환된 편지들 사이의 r=-0.11(df=1/285, t=-1.89, p<0.06).

119) 이 집중적 비교 대조의 '구분 결절 점(cutpoint)'은 사회적 태도에 관한 나의 두 가지 5점 척도에서 2.0, 3.0, 4.0이었다.

120) 다윈이 다른 과학자들과 맺은 우정과 그들의 사회적 태도 사이의 r=0.11(df=1/166, t=1.47, p<0.15). 이 검증은 자신의 사회적 태도가 다윈과 유사했던 과학자들(곧, 5점 척도에서 3.0과 4.0 사이의 평가를 받은 과학자들)과 기타 모든 과학자들을 비교 대조했다.

대부분이었다.

기술적 논의 7(10장, 후주 35번과 38번): 다윈주의 혁명의 다변수 모형들. 다윈주의 혁명의 가족 역학 모형에는 네 개의 중요한 예보자들이 포함된다. (1)출생 순서, (2)부모 사망(이것은 출생 순서와 상호 작용한다.), (3)부모-자식 갈등(이것은 출생 순서와 상호 작용한다.), (4)여행의 개별적인 차이. 이 모형과 진화 수용 사이의 다중 상관은 0.47이었다. 이 가족 역학 모형의 설명력 가운데 상당 부분은 출생 순서에서 비롯한다.[121]

다윈주의 혁명에 대한 보다 포괄적인 모형은 나의 가족 역학 모형에 있는 네 변수 외에도 6가지 추가 예보자를 포함한다. 나이, 1859년 당시의 저명성, 사회적 태도, 부모의 사회적 태도, 국적, 1859년경에 이루어진 다윈과의 개인적 접촉. 모형은 이 과학 논쟁에서 참가자들의 84퍼센트를 정확히 분류했다. 표 9는 포괄 모형에서 다른 9개의 예보자를 통제했을 때 각 예보자의 부분 상관을 알려 준다. 가장 유력한 예보자는 출생 순서였고, 사회적 태도, 1859년 당시의 저명성, 부모-자식 갈등 순으로 그 뒤를 이었다. 나이는, 1859년 당시 저명성과 높은 상관관계를 맺지 않았다면 예보자로서 통계적으로 유의미했을 것이다. 더 나이 든 과학자들로 하여금 다윈주의 반대에 나서도록 했던 것은 많은 나이 그 자체가 아니라 나이와 함께하는 더 커다란 지위였다.

다윈주의 혁명에 관한 기타의 다변수 모형들도 가능하다. 예를 들어,

---

121) 4변수 가족 역학 모형과 진화 수용 사이의 R=0.47((조정 R=0.46), df=4/373(조화 평균), F=25.89, p<0.0001). 모형에서 가장 뛰어난 예보자인 출생 순서와의 부분 상관은 0.38(df=1/373, t=8.05, p<0.0001). 사회적 태도도 가족 역학의 영향력을 반영한다(9장). 사회적 태도가 이 4변수 모형에 더해지면 다중 상관은 0.47에서 0.63((조정 R=0.63), df=5/392, F=52.51, p<0.0001)으로 증가한다.

**표 9**

**다원주의 지지의 예보자들(1859~1875년)**

| 변수 | 부분 상관 | T-값 | 자유도 | 경향이 우연히 발생할 확률 |
|---|---|---|---|---|
| **중요한 예보자들** | | | | |
| 출생 순서<br>(후순위 출생자임) | 0.37 | 7.57 | 1/363 | 10억분의 1 미만 |
| 사회적 태도<br>(자유주의자임) | 0.36 | 7.29 | 1/363 | 10억분의 1 미만 |
| 1859년 당시의<br>저명성(저명한가) | -0.22 | -4.38 | 1/363 | 1만분의 1 미만[a] |
| 부모와의 갈등<br>(상당한가) | 0.15 | 2.87 | 1/363 | 200분의 1 미만[b] |
| 부모 사망 시의 나이<br>(더 나이 들었는가) | 0.15 | 2.87 | 1/363 | 200분의 1 미만[b] |
| 여행(광범위한 지역을<br>여행했는가) | 0.12 | 2.25 | 1/363 | 33분의 1 미만 |
| 국적 | 0.12 | 2.22 | 1/363 | 33분의 1 미만 |
| 부모의 사회적 태도<br>(자유주의자임) | 0.11 | 2.03 | 1/363 | 20분의 1 미만 |
| **통계적으로 의미가 없는 예보자들** | | | | |
| 1860년 이전 시기<br>다윈과의 개인적 접촉 | 0.10 | 1.82 | 1/363 | 15분의 1 미만 |
| 1859년 당시의 나이 | -0.08 | -1.50 | 1/363 | 7분의 1 미만[a] |

이 10변수 모형은 BMDP의 프로그램 9R(가능한 모든 부분 집합 회귀)과 맬로스의 Cp를 선택 기준으로 삼아 다양한 모형들 가운데서 선별한 것이다. 10변수 모형의 R=0.68((조정 R=0.66), df=10/363(조화 평균), F=30.49, p<10억분의 1). 맬로스의 Cp를 안내자로 삼은 두 번째로 좋은 모형은 나이를 생략한다. 세 번째로 좋은 모형은 다윈과의 개인적 접촉을 생략한다. 두 모형의 경우 조정된 R=0.66.

a. 1859년의 저명성이 모형에서 생략되면 나이의 부분 상관은 -0.15(df=1/364, t=-2.78, p<0.01)가 된다.

b. 변수는 출생 순서와 상호 작용하고, 후순위 출생자들보다 첫째들에게 더 큰 영향을 미친다.

출생 순서는 5장에서 논의된 것처럼(그림 5.3을 보시오.) 사회 계급 및 부모 사망과의 3원적 상호 작용 효과의 일부로서 모형에 들어간다. 나는 변수들 사이의 다중 공선성을 최소화하기 위해 표 9에 개설된 모형에서 2원적 상호 작용 효과만을 예보자로 삼았다.

표 9의 10변수 모형에 사회 계급을 추가하면 다중 상관이 0.6668에서 0.6674로 상승한다. 이 값은 아주 작아서 통계적으로 의미가 없는 차이이다. 사회 경제적 지위처럼 전문 분야도 모형에 거의 아무런 변화를 주지 못했다.

기술적 논의 8(12장, 후주 43번): 연방 최고 법원 투표. 나는 연방 최고 법원 판사들의 투표 기록을 얻기 위해 프리드먼과 이스라엘(1969), 슈베르트(1974, 1983), 라이언과 테이트(1980), 테이트(1981), 울머(1986), 엡스타인 외(1994)를 참조했다. 1991년 이후 임명된 판사 두 명의 데이터는 《월스트리트 저널》의 자료철에서 입수한 보수주의/자유주의 순위 매김으로 보충했다.[122]

슈베르트(1974, 1983)는 최근 재판관 59명의 자유주의를 2단계 척도에 기초해 평가했다. 이 데이터를 다른 학자들이 발표한 더 정교한 측정값과 종합해 재판관 66명의 투표 기록을 분석할 수 있었다. 출생 순서와 자유주의 성향 투표 사이의 관계는 이 표본에서 통계적으로 유의미했다.[123]

---

122) 나는 이 정보를 제공해 준 데이비드 스팁에게 감사한다.

123) 상대적 출생 순위와 자유주의 성향 투표 사이의 $r=0.35$(df=1/64, t=3.00, p<0.01). 중간 자식 재판관들과 막내 재판관들 사이의 비교 대조값도 통계적으로 유의미했다($r=0.41$, df=1/31, t=2.51, p<0.02). 형제의 수와 사회 계급(둘 중 어느 것도 투표의 유의미한 예보자가 아니었다.)을 통제했더니 상대적 출생 순위와 투표 사이의 부분 상관이 통계적으로 유의미했다($r=0.41$, df=1/47(조화 평균), t=3.07, p<0.005; 형제의 수와 관련해 BMDP의 프로그램 8D

프리드먼과 이스라엘(1969)에서 이용할 수 있었던 초기 재판관들의 법률적 이력과 그들의 삶에 관한 기타 이용 가능한 전기 정보에 대한 분석을 바탕으로 나는 108명의 재판관 전원에게 자유주의 점수를 부여할 수 있었다. 나는 프리드먼과 이스라엘(1969)에 공개된 판결에 기초해 3단계 척도(보수주의, 온건파, 자유주의)를 바탕으로 초기 대법관 26명을 평가했다. 살아 있는 재판관 16명의 경우 사법적 판단이 부족하기 때문에 사회적 태도를 바탕으로 그들을 평가했다. 독립적 평가자 두 명의 사회적 태도에 대한 평정자 간 신뢰도는 이 표본에서 0.85였다.[124] 대법관 108명의 '자유주의'에 관한 모든 점수(다시 말해, 사회적 태도에 대한 평가 및 사법적 견해에 대한 다섯 가지 상이한 측정값)는 z-점수화 후 평균을 냈다.

연방 대법원 전체적으로 6변수 측정값으로 규정된 상대적 출생 순위와 자유주의 사이의 상관관계는 통계적으로 유의미했고, 가장 최근의 대법관 66명과 관련해 관측된 내용과도 유사했다.[125] BMDP의 프로그램 9R(가능한 모든 부분 집합 회귀)과 맬로스의 $C_p$ 선택 기준을 활용해 다음 6개의 목록에서 처음 2개의 변수만을 선별해 포함시켰다. (1)상대적 출생 순위, (2)당파 관계, (3)사회 계급, (4)교파, (5)지명 연도, (6)형제의 수. 경로 분석 모형들에서는 상대적 출생 순위가 설명된 분산의 61퍼센트를

---

를 사용해 일부 없는 자료를 추정했음).

124) 사회적 태도와 사법적 자유주의 사이의 상관관계는 0.60이었다. 자유주의를 평가하는 두 가지 상이한 방법은 0.80의 평균 신뢰도를 산출했다. 두 개의 측정자(사회적·사법적)와 두 명의 독립적 평가자에 기초한 유효 신뢰도는 0.90이었다.

125) 연방 대법원 전체 역사에서 상대적 출생 순위와 자유주의 사이의 상관관계는 0.26 ($df=1/106$, $t=2.73$, $p<0.01$)이었다. 두 가지로 코드화된 출생 순서의 경우 상관관계는 0.23 ($df=1/106$, $t=2.41$, $p<0.02$)이었다.

해명해 주었다. 그것은 이 변수가 당파 관계도 예측해 주기 때문이다.[126)]
간단히 말해서 연방 최고 법원과 관련해서 할 수 있는 발언의 대부분은
가족 내 차이로 소급되는 것 같다.

연방 대법원의 투표 행동에 관한 다른 모형들도 더 적은 수의 재판관
에 대한 평가와 더 많은 수의 변수를 채택해 제출되었다.[127)] 이 더 복잡한
모형들은 '과적합(overfitting)'을 수반하는 경향이 있어서, 맬로스의 Cp 기
준을 바탕으로 하는 BMDP의 프로그램 9R(가능한 모든 부분 집합 회귀)에 의
해 기각되었다. 이 기준은 과적합을 막기 위해 새로운 변수를 추가하는
모형들에 벌칙을 부과한다. 두 명의 학자 시걸과 스페이드는 이것의 방
법론적 문제점을 인식했다. 그들은 예측 모형과 인과 관계 모형의 차이에
관한 값진 논의도 제공한다.[128)] 예를 들어, 민주당원이라는 사실은 대법원
에서의 자유주의 성향 투표를 예측하게 해 준다. 그러나 자유주의와 민
주당원이라는 사실은 둘 다 동일한 인과적 영향의 대리자이다. 이런 인
과적 영향력은 일반적으로 가족 내부에서 발생하며, 동시에 당파 관계
와 투표 성향 모두의 동기가 된다. 예측 모형은 많은 경우 당파 관계 같
은 변수들을 역이용한다. 그런데 이 변수들의 예측력은 모형이 해명하
고자 하는 다른 변수들의 덕택으로 가능한 것이다. 인과 관계 모형들은
이런 중복을 피하고자 한다.

다른 몇몇 연구자들은 출생 순서가 연방 대법원 투표와 맺는 관계와
관련하여 그다지 의미 없는 연구 결과들을 보고했다.[129)] 이런 부정적인

---

126) 상대적 출생 순위와 당파 관계의 r=0.27(df=1/106, t=2.91, p<0.005).

127) 예를 들어, Tate and Handberg 1991; Segal and Spaeth 1993을 보시오.

128) Segal and Spaeth 1993:231~234.

129) Somit et al. 1996 외에 Weber 1984와 Ulmer 1986도 보시오. 울머의 두 가지 결과값 — 주

결과들은 다음의 방법론적 결함들 한두 가지로 쉽게 설명할 수 있다. (1)부정확한 전기적 데이터, (2)기능적 출생 순서가 아니라 생물학적 출생 순서를 코드화함, (3)별로 많지 않은 표본 크기, (4)부적절한 결과 측정, (5)출생 순서에 반하는 상대적 출생 순위의 역할을 검증하는 데 실패함. 예를 들어 보자. 소밋, 아윈, 피터슨은 출생 순서와 대법원에서의 투표 성향 사이에 별 관계가 없다고 보고한다.[130] 그들은 자신들의 분석(N=57)에서 상대적 출생 순위가 아니라 두 개로 코드화된 출생 순서를 채택했다. 이렇게 작은 표본에서 2분법 변수를 사용하면 통계적 위력이 크게 감소하기 마련이다. 소밋 등은 일부 출생 순서를 기능적으로가 아니라 생물학적으로 코드화하기도 했다.[131] 예를 들어, 루스 베이더 긴즈버그는 한 살 때 언니를 뇌막염으로 잃었다. 그래서 긴즈버그는 외자식으로 성장했다. 나는 그녀를 첫째(이자 외자식)로 기록했다. 소밋 등은 그

---

정부 및 지방 정부에 대한 지지와 연방 정부에 대한 지지 ―은 보수주의를 측정하는 그다지 좋은 수단이 아니다. 물론 첫 번째 측정값이 이 변수와 어느 정도 상관관계를 맺고 있기는 하지만 말이다. 다수의 사회적 자유주의자들은 자유주의적 목표를 달성하기 위해 연방 정부가 개입하는 것을 지지했다. 시민권 입법의 역사가 이를 예증한다. 나는 이런 이유로 재판관 108명에 대한 나의 자유주의 척도를 규정하는 6개의 종합된 z-점수 측정값에서 울머의 첫 번째 척도는 채택했지만 두 번째 척도는 기각했다.

130) Somit et al. 1996:46.

131) Somit et al.(1996:50~52)은 대법관 108명 전원의 출생 순서 정보를 표로 제시했다. 그런데 이 출생 순서 정보 가운데 40개가 부정확하다. 내가 이 사실을 저자들에게 알렸더니 그들은 착오는 표에서만 발생했으며 책에 발표된 통계 결과에는 아무 이상이 없다고 회신했다(개인적 교신, 앨런 아윈, 1996년 5월 13일). Somit et al.이 출생 순서를 대체로 생물학적으로 코드화했음에도 불구하고 그들은 이 점에서마저 시종일관하지 못했다. 나는 연방 대법원 판사들에 관한 나의 표본을 구축하는 데서 특별한 노력을 기울였고, Weber(1984)와 Somit et al.(1996)이 보고한 내용과 다른 출생 순서는 전부 다시 확인했다. 나 자신의 전기 정보는 연방 대법원 판사 108명 전원의 기능적 출생 순서를 정확하게 평가한 것이다.

녀를 후순위 출생자로 기록하고 있는데, 이런 처사는 내 책의 심리학적 명제에 기초할 때 전혀 말이 안 된다.[132]

웨버(1984)는 상대적 출생 순위와 판사들의 자유주의 사이에 별다른 연관이 없다고 보고한다. 그의 표본에서 드러나는 통계적 유의성 부족은 제한된 표본 수(N=25)와 그가 채택한 출생 순서 정보의 세 가지 오류로 설명할 수 있다. 그의 '첫째들' 가운데 세 명이 후순위 출생자들이었던 것이다. 펠릭스 프랭크퍼터와 포터 스튜어트는 중간 자식이었고, 얼 워렌은 막내였다. 이 세 가지 오류를 바로잡았더니 웨버의 연구 결과도 통계적으로 유의미했다.

기술적 논의 9(14장, 후주 6번): 쿤주의 과학 혁명. 토머스 쿤의 과학 변동 모형이 나의 28가지 논쟁 각각과 얼마나 잘 들어맞는지에 관한 측정은 쿤의 주장과 관련된 6가지 서로 다른 측정자를 바탕으로 했다.[133] 이 측정자는, (1)쿤이 『과학 혁명의 구조』에서 각각의 사건을 언급한 횟수, (2)물리 과학에서 논쟁이 되었는가, (3)과학 혁명들을 다룬 2차 문헌에서 논쟁이 인용된 빈도, (4)과학자 신분의 참가자들이 차지한 비율, (5)실패한 혁명이기보다는 성공한 혁명인가, (6)선행 위기의 존재이다. 마지막 두 개의 측정은 과학 역사가들의 공식 견해를 활용해 나 자신이 수행한 평가에 기초했다. 쿤주의 모형의 특징을 파악하기 위한 이 6가지 변수 각각은 z-점수로 환산되어 복합 측정값으로 평균을 냈다. 쿤주의적 특성을 갖는 사건과 쿤이 그 사건을 『과학 혁명의 구조』에서 언급하는 것 사이의 상관관계는, 인용 횟수를 종속 변수에서 제거했을 때 0.51이

---

132) 2장 후주 81번도 참조하시오. 새로운 사상에 대한 개방성에서 기능적 출생 순위와 생물학적 출생 순서가 어떤 차이를 보이는지 알 수 있다.

133) Kuhn 1962.

었다. 쿤주의 특성을 가지는 사건과 그것이 물리 과학에 속하느냐 사이의 상관관계는 0.73이었다. 마찬가지로 이때도 물리 과학으로서의 지위는 종속 변수에서 제거되었다.[134]

기술적 논의 10(14장, 후주 30번): 과학적 급진주의의 조정 변수로서의 시간과 국적. 우생학 사태는 출생 순서와 시간의 경과에 따른 수용 양상 사이의 관계에 역전이 일어난 사례이다. 후순위 출생자들은 첫째들과 비교할 때 논쟁이 진행되는 과정에서 우생학 반대로 돌아설 가능성이 더 많았다. 물론 그 경향이 통계적으로 유의미하지는 못했지만 말이다.[135] 우생학자들을 '적극적' 사회 정책과 '소극적' 사회 정책의 지지자들로 더 자세히 하위 분할하면 일시적이나마 출생 순서에 따른 의미 있는 경향을 파악할 수 있을 것이다. 더 큰 표본을 활용해서 결과를 얻을 수 있는 것처럼 말이다. 우생학에 대한 지지와 경과 시간 사이의 상호 작용적 관계는, 우리가 참가자들의 사회적 태도와, 그들이 우생학 지지와 맺는 관계를 고려하면 더 명확해진다. 우생학의 초기 지지자들은 사회적 자유주의자들이었다. 반면 후기 지지자들은 보수주의자들이었다. 이런 차이는 통계적으로 유의미하다.[136]

134) "비교 불가능성"이나 "위기"처럼 쿤이 제창한 특징들을 파악하기 위해 독립적 평가자들을 활용하면 쿤주의적 사건들에 대한 나의 측정에 유용한 보탬이 될 것이다. 쉽게 실행할 수 있는 이 방법을 동원하면 대체로 가공하기 어려운 과학 철학의 흥미로운 여러 쟁점도 검증이 가능할 것이다. 이런 쟁점의 목록을 보려면 Donovan, Laudan, and Laudan 1988을 참조하시오.

135) 우생학 지지와 관련해 출생 순서와 참가 연도의 주요 효과를 통제했더니 상호 작용 효과의 부분 상관은 $-0.11$(df=1/150, t=$-1.30$, p<0.20)이었다.

136) 사회적 태도와 경과 시간이 우생학 지지와 관련해 보여 주는 2원적 상호 작용의 부분 상관은 $-0.23$(df=1/121, t=$-2.64$, p<0.01). 우생학 논쟁과 관련해 이데올로기적 배경이 변화하는 사태를 보려면 Graham 1977; Kevles 1985:76~95; Weiss 1987; Weingart, Kroll, and Bayertz 1988을 참조하시오.

애국주의가 종종 과학 이론의 수용을 조정한다. 뉴턴의 이론이 이런 경향을 예증하는 좋은 예다. 1700년 런던 왕립 학회 회원들에게 수용되었던 이 이론은 베르나르 퐁트넬 같은 프랑스의 데카르트 학파에서는 논쟁이 분분했다. 퐁트넬은 뉴턴의 만유인력 이론을 수용하는 데서 망설이기는 했지만 그렇다고 그가 보수적인 사상가였던 것은 아니다. 후순위 출생자인 퐁트넬은 20대에 급진적인 데카르트주의자가 되었고, 하여 우주 물질 와동에 기초한 물리학에 전념했다. 뉴턴의 『프린키피아』가 1687년 출간되었다. 퐁트넬은 자신의 이단적 세계관을 심각하게 공격하는 영국인과 대면하게 된 셈이었다. 데카르트의 와동이 정말로 존재한다면 와동으로 생성되는 마찰이, 인력 효과를 인정하는 뉴턴의 역제곱 법칙의 편차로서 탐지되어야 했다. 편차가 없다면 와동도 없는 것이었다. 그 프랑스인에게는 슬프게도 편차를 전혀 탐지할 수가 없었다. 버나드 코언은 이렇게 단언한다. "아이작 뉴턴의 새로운 혁명적 과학이 1687년에 시작되었다. 이로써 꼬리를 내리고 패주해야 할 진정한 적은 아리스토텔레스주의자들과 그 학파가 아니라 데카르트주의자들과 와동에 기초한 그들의 우주론임이 명백해졌다."[137]

아이작 뉴턴이 영국인이고, 그의 주적들이 프랑스인이었다는 사실로 인해 영국 내부에서 뉴턴의 이론에 대한 반대가 무뎌지고 말았다. 대륙이 뉴턴의 이론을 수용하는 과정에서 출생 순서 효과가 강력하게 발휘되었음에도 불구하고 영국에서는 출생 순서 효과가 전혀 발휘되지 않았다.[138] 아이작 뉴턴이 프랑스인이었고, 르네 데카르트가 영국인이었다면

---

137) Cohen 1985:12.

138) 출생 순서와 뉴턴 이론 수용 사이의 상관관계는 대륙에서 0.28(df=1/38, t=1.80, p＜0.05(단측 검정))이었다. 영국의 상관관계는 −0.08(df=1/23, t=−0.39, p＜0.70)이었다.

뉴턴 이론 수용 양상은 아마도 출생 순서와 국적에 따라서 크게 달라졌을 것이다. 실제로도 출생 순서의 차이는 데카르트 물리학과 뉴턴 물리학 사이의 국가적 경쟁 관계를 반영했다.

화학 혁명도 국가적 차이와 관련해 비슷한 이야기를 들려준다. 우리는 관련 과학 인구를 두 집단으로 나눌 수 있다. 다수가 라부아지에의 개인적 친구들이었던 프랑스 과학자들과 그 나머지로. 비프랑스인 과학자들은 프랑스 과학자들보다 새로운 화학을 훨씬 더 느리게 받아들였다. 비프랑스인 과학자들 사이에서 후순위 출생자라는 사실은 라부아지에의 개념에 대한 지지를 알려 주는 뛰어난 예보자이다. 프랑스 내에서 출생 순서는 중요한 예보자가 아니었다.[139]

이런 종류의 상호 작용 효과는 출생 순서 효과와 관련해 또 다른 중요한 특징을 알려 준다. 이런 효과들은 세계를 보는 특정한 방식에 대한 집착을 드러내기보다 과학 논쟁의 정도를 훨씬 더 많이 반영한다. 후순위 출생자들이 현실주의, 회의주의, 불연속성과 결부된 특정한 세계관이나 과학적 '주제'를 자동으로 지지하지는 않는다. 17세기의 후순위 출생자들은 그렇게 하는 것이 급진적이었을 때 세계가 불연속적 입자들로 구성되어 있다고 본 원자론을 지지했다. 반면 진화는 인간과 하등 동물 사이의 연속성을 강조했다. 후순위 출생자들은 진화가 급진적 이론이었기 때문에 생물학적 연속성에 대한 강조가 원자론의 불연속성에 대한 강조만큼이나 성미에 맞다고 생각했다.[140]

---

139) 프랑스 바깥에서 출생 순서와 라부아지에 이론 수용 사이의 r=0.42(df=1/60, t=3.54, p<0.01). 프랑스에서 출생 순서와 라부아지에 이론 수용 사이의 r=−0.12(df=1/34, t=−0.70, p<0.49).

140) 출생 순서가 일정한 철학적 선호를 지시한다는 개념은 Harris(1964)가 개진했다.

Sutton-Smith and Rosenberg(1970:9)도 보시오. 과학 분야에서 '주제' 선호라는 관련 개념을 논의한 사람은 Holton(1973)이다. 출생 순서 효과가 상이한 '주제'와 관련해 일정하게 선호를 조정할지도 모른다. 증거에 따르면 첫째들이 세상을 위계적이고, 질서 정연하며, 예측 가능한 것으로 좀 더 바라보는 것 같다(Kagan 1971:148~149; Stein, Stein, and Kagan 1970도 보시오.). 이런 주제적 선호는, 새로운 이론을 논쟁적이거나 그렇지 않게 만드는 상황적 고려 사항과 비교할 때 그 크기가 그렇게 크지 않았다. 바로 이런 이유 때문에 후순위 출생자들은 동일한 '주제'를 열정적으로 지지하다가도 그것이 더 이상 논쟁적이지 않게 되었을 때 이내 등을 돌려 버리는 것이다.

# 부록 10

●

# 향후의 연구를 위한 제언

이 부록은 이 책에 들어 있는 주제들에 관한 향후 연구를 위한 제안들로 이루어져 있다. 일부 주제는 나 자신이 하고 싶은 연구 프로젝트로, 몇몇은 이미 착수했다. 다른 주제들은 답변이 나왔으면 하고 바라는 질문들이다. 나는 이런 연구 주제들을 네 가지 큰 표제로 묶어보았다. (1)성격 발달, (2)배우자 선택, (3)사회적·정치적 행동, (4)지적 성취.

## 성격 발달

1. 형제 애착. 형제들 사이의 애착 정도가 성격 발달에 영향을 미칠까?

형제의 탈귀속화에 관한 연구는 이것이 사실일 것이라고 강력하게 암시한다. 형제들 사이의 연령 격차의 영향력이 그런 것처럼 말이다.[141] 이 가설에 따르면 무슨 이유에서든 서로 강하게 애착된 형제들은 더 많이 협력하고, 형제 대비 효과를 덜 드러낸다. 형제의 협력 전략은 특히 하층 계급 가정에서 나타날 가능성이 많다. 부모의 투자를 폭넓게 기대할 수 없기 때문이다.[142]

2. 구조로서의 가족. 동일한 가정 내에서 함께 자란 형제들에 관한 연구가 더 많이 수행되어야 한다. 출생 순서와 관련된 2,000건 이상의 연구 가운데 서로가 형제인 개인들을 다루고 있는 것은 몇 건 안 된다. 형제 전략이 가정환경을 구성하는 다른 성원들에게 맞춰지기 때문에 가족을 상호 작용하는 구조(체계)로서 연구하는 것이 향후에 결정적인 중요성을 가질 것이다. 이 연구를 통해 형제들이 어떻게 가족 내 지위를 차지하고 방어하는지를 훨씬 더 잘 이해할 수 있게 될 것이다. 예를 들어, 특히 수줍음이 많은 나이 든 형제를 둔 둘째는 형제들에 대한 사회적 지배를 거머쥘 가능성이 더 많다. 이런 사태는 다른 환경에서라면 거의 일어나지 않을 일이다. 능력은 또 다른 관련 요소이다. 더 어린 형제들이 동일한 활동, 예를 들어 스포츠 같은 데서 더 나이 든 형제들보다 뛰어난 능력을 발휘할 경우 그들은 따로 다른 활동을 전문화할 필요가 없게 된다. 요약해 보자. 가족 내 지위는 출생 순서, 성별, 형제의 성별뿐만 아니라 다른 가족 구성원들이 실제로 점유한 지위의 특성에 의해서도 결정

---

141) Schachter et al. 1976; Schachter et al. 1978; Schachter 1982. 형제들 사이의 연령 격차에 관해서는 5장, 특히 그림 5.2를 보시오. 형제의 애착 양상을 파악하려면 Dunn and Kendrick (1982), Dunn(1985, 1993), Segal(1993)을 보시오.

142) 189쪽을 보시오.

된다.

3. 출생 순서와 성별의 상호 작용 효과. 이 책에 포함된 여성의 수가 비교적 적었기(N=324) 때문에 나는 출생 순서와 성별 사이의 상호 작용 효과를 상세히 기술할 수 없었다. 출생 순서에 관한 헬런 코치의 개척자적 연구를 보면 출생 순서와 성별의 상호 작용 효과가 우연히 기대할 수 있는 것보다 훨씬 더 크고 많다는 것을 알 수 있다.[143] 경험에 대한 개방성의 맥락에서 이 주제에 관한 더 많은 연구가 요망된다. 여기에는 형제의 성별이 성격 발달에 영향을 미치는 방식도 포함된다. 다윈주의의 관점에서 볼 때 성별과 출생 순서는 가족 내 지위를 결정하는 가장 중요한 두 가지 요소인 것 같다. 그러므로 형제 전략은 출생 순서와 성별의 영향을 받을 것이다. 이 두 요소는 주요 효과로서만이 아니라 가족 구조의 다른 측면들과 빚어내는 상호 작용 효과로도 작동한다.

4. 급진주의와 트리버스-윌러드 가설. 로버트 트리버스와 댄 윌러드에 따르면, 다윈주의 이론을 참조하면 부모 투자의 성별 편향과 관련해 다음과 같은 예측을 할 수 있다고 한다. 생리학적 상황이 좋은 생물은 배우자를 차지하기 위한 경쟁을 더 성공적으로 수행할 수 있는 수컷 자식을 갖는다.[144] 생리학적 상황이 좋지 않은 생물은, 통상 배우자를 차지하기 위해 경쟁하지 않고도 성공적으로 번식을 수행할 수 있는 암컷 자식을 갖는다. 인간과 동물을 대상으로 한 상당한 양의 연구가 이 가설을 확증해 주었다.[145] 토지가 부족한 농경 사회라는 인류의 생존 환경에서 상층 계급 부모들은 남성 자식을 선호하는 경향을 보인다. 그들이 여성

143) 109쪽을 보시오.

144) Trivers and Willard 1973.

145) 예를 들어, Trivers and Willard 1973; Voland 1984; Boone 1986; Hrdy 1987을 보시오.

한 명이 낳을 수 있는 것보다 더 많은 자식을 낳을 수 있기 때문이다. 하층 계급 부모들은 여성 자식을 선호하는 경향이 있다. 토지가 없는 남성들은 결혼을 할 수 없을지도 모르지만 여성들은 많은 경우 결혼에 성공하고, 신분 상승을 하는 경우도 있다.

트리버스-윌러드 가설을 급진적 사고방식이라는 문제에 적용할 수도 있다. 상층 계급에서는 여성들이 차별 대우를 받고, 하층 계급에서는 여성들이 선호되므로 급진주의가 두 가지 상호 작용 효과를 수반할 것이다. (1)성별과 사회 계급의 2원적 효과, (2)출생 순서와 성별과 사회 계급의 3원적 효과. 여성의 경우 하층 계급의 첫째들이 특별히 보수적인 반면 상층 계급의 후순위 출생자들은 아주 급진적일 것이다.[146]

5. 출생 순서와 육체적 차이. 신장과 체중 같은 육체적 특성이 수줍음처럼(7장) 출생 순서와 크게 상호 작용할 것이다. 체격이 우위에 있으면 첫째들이 사회적으로 지배적인 지위를 차지하기가 훨씬 더 쉽다. 마찬가지로 더 나이 든 형제들의 지배에 대한 저항 역시 더 어린 형제들의 체격이 좋을 경우 선호된다. 수줍음에 관한 연구 결과가 합당한 안내자라면 두 형제가 훌륭한 체격을 가지고 있을 때 형제들 사이에서 가장 커다란

---

146) 나 자신의 데이터를 분석해 보았지만 이 두 개의 가설 가운데 어느 것도 입증되지 않았다. 예를 들어, 하층 계급 여성은 하층 계급 남성보다 더 급진적이었다. 트리버스-윌러드 가설과 모순되는 대목이다(부분 $r=0.05$, $df=1/2,320$, $t=2.28$, $p<0.05$). 성별과 출생 순서의 상호 작용 효과도 존재한다. 성별 차이를 통제했더니 첫째 출신의 여성이 첫째 출신의 남성보다 훨씬 더 급진적이었다(부분 $r=0.05$, $df=1/2,320$, $t=2.41$, $p<0.05$). 이 연구 결과는 28가지 과학 논쟁, 미국사에 등장한 61개의 개혁 운동, 신교도 종교 개혁에 관한 나의 표본을 종합한 것이다. 이 데이터는 90개의 상이한 역사 사건에서 도출되었고, 결과의 효과 크기도 작기 때문에 검토되지 않은 조정 변수들이 결과를 혼란에 빠뜨렸을 가능성이 있다. 예를 들어, 과학 혁신의 수용에서는 성별이 트리버스-윌러드 가설이 예상하는 대로 사회 계급과 상호 작용했다(부분 $r=-0.04$, $df=1/2,759$, $t=-1.79$, $p<0.04$(단측 검정)).

대비 효과가 발생할 것이다.

6. 출생 순서와 호르몬 분비의 차이. 성격 발달에 관해 많이 알면 알수록 이 과정에서 유전적 자질, 근인적 생리 기제, 환경의 영향력 사이에 더욱 더 지속적인 피드백의 고리가 관여하고 있는 것처럼 보인다. 가족 내 지위가 생리 기제의 스위치를 작동시킬 가능성도 있어 보인다. 이런 연관 속에서 누군가는 첫째들과 후순위 출생자들의 호르몬 수치의 차이를 알아보려는 연구를 고려할 것이다. 남성과 여성 모두에게서 테스토스테론, 안드로스테네디온, 에스트라디올 수치는 지위에 따라 다르게 나타나는 것으로 알려져 있다. 또, 테스토스테론 수치가 높은 사람들은 성 상대가 더 많은 경향이 있다.[147] 출생 순서는 사회적 지배와 상관관계를 맺기 때문에 호르몬 수치와도 상관관계를 맺을 수 있다.

이 가설은 사회성 영장류에 관한 연구 결과와도 일치한다. 과학자들이 서열이 낮은 영장류에게 테스토스테론을 주사했더니 이 녀석들이 지배 위계의 정상으로 치고 올라가는 경향을 보인 것이다.[148] 그동안 우두머리 수컷으로 지내 오던 녀석은 쫓겨나면서 테스토스테론 수치가 감소했다. 프로작 같은 항우울제도 비슷한 효과를 발휘한다. 프로작을 복용한 차상위 수컷은 우두머리 수컷으로 부상했다.[149]

7. 유전자-환경 상호 작용 효과. 유전자가 성격 발달에서 일정한 역할을 수행할 때조차도 흔히 환경적 영향력과 상호 작용한다. 나는 7장에서 한 가지 관련 사례를 논의했다. 수줍음이 유전되는 것으로 알려졌고, 대여섯 개의 생리 지표와도 결부되어 있다는 사실을 말이다. 수줍음은

147) Cashdan 1995.
148) Maccoby and Jacklin 1974:243~246.
149) McDonald 1994.

경험에 대한 개방성을 조정하는 과정에서 출생 순서와 상당한 수준으로 상호 작용한다.[150] 결국 가족 내 지위가, 유전적 가능성이 이 성격 특성과의 연관 속에서 발현되는 방식을 결정하는 것이다.

유전자-환경의 상호 작용 효과를 연구하는 것은 쉬운 일이 아니다. 이 효과를 탐지해 내려면 큰 표본이 요구된다는 점도 부분적인 이유이다. 게다가 행동 유전학자들도 비공유 환경을 평가할 수 있는 신뢰할 만한 수단을 확보하지 못하고 있는 상태다. 이 문제를 해결할 수 있는 한 가지 유망한 방법으로 따로 양육되는 일란성 쌍둥이를 관찰하면서 각자의 적응적 가족 내 지위를 통제하며 연구하는 것을 생각해 볼 수 있다. 기능적 첫째와 기능적 후순위 출생자로 따로 양육된 일란성 쌍둥이들은, 동일한 기능적 출생 순서를 가지고 따로 양육된 쌍둥이들과 다른 성격 특성을 보여야 할 것이다. 가족 내 지위의 가장 중요한 측면들(출생 순서, 성별, 형제들의 성별, 부모-자식 갈등의 수준)을 통제하면 유전적 자질과 환경적 영향력 사이의 상호 작용 효과를 검증해 낼 수 있을 것이다.

8. 유년기의 수줍음을 벗어나는 사람들. 유년기의 수줍음을 극복한 사람들에게서 출생 순서와의 상호 작용 효과를 관찰할 수 있을 것으로 기대해 볼 수 있다. 수줍어하는 후순위 출생의 아이들은 수줍어하는 첫째 출신 아이들과 비교할 때 시간이 경과하면서 훨씬 더 외향적으로 바뀌는 경향이 있다. 이렇게 기대할 수 있는 이유는 후순위 출생자들이 첫째들보다 더 사교적이기 때문이다. 그들이 더 이상 나이 든 형제들의 육체적·사회적 지배를 받지 않게 되면서 동료들과의 상호 작용 과정에서 더 자유롭게 사회성을 계발하는 것이다.

150) 7장, 그림 7.1을 보시오.

9. 위험 감수. 후순위 출생자들은 첫째들보다 위험한 스포츠와 기타 모험적인 활동에 뛰어들 가능성이 더 많다.[151] 운동선수들과 그들의 지도자들이 가족 내 지위가 발휘하는 기능으로서 위험성이 많은 행동에 뛰어드는 정도를 연구한다면 재미있을 것이다. 미식축구 같은 스포츠에서는 선수들의 경기 내용이 위험 대비 성과의 비율로 평가되기도 한다. 따라서 후순위 출생의 운동선수들이 첫째들보다 위험한 플레이를 시도할 가능성이 더 많다고 예상할 수 있다. 이런 연구는, 운동 행동의 맥락을 통제해야 한다. 시합 초반에 무모한 전략을 시도하는 것과 결부된 위험은 경기 막판의 위험과 다르다. 그때는 의미 있는 도박이 승패를 좌우하기 때문이다. 연구자들은 위험할 수도 있는 운동 행동을 평가할 때 출생 순서, 시합의 단계, 시즌의 단계, 심지어 운동선수의 이력 사이의 상호작용 효과를 살펴보아야 한다.

## 배우자 선택

10. 형제들의 성선택 전략. 최근의 연구는 낭만적 연애 방식의 개별적 차이가 대개 비공유 환경 때문이라는 것을 보여 주었다.[152] 이 결과가 해당 연구자들에게는 상당히 놀라운 것으로 받아들여졌다. 대부분의 성격 특성은 유전적 요소가 상당히 많은데, 연애 방식은 그렇지 않았던 것이다. 이 결과는 연애 방식이 개인이 양육된 가정환경과 밀접하게 조응한다는 것을 암시한다. 따라서 출생 순서와 기타의 형제 차이가 배우자 선

---

151) 168~174쪽을 보시오.
152) Waller and Shaver 1994.

택 전략에서도 강한 영향력을 행사한다고 추론할 수 있다.

다윈주의의 관점에서 볼 때 짝짓기 결정이 환경의 통제를 상당하게 받으리라는 것은 꽤 일리 있는 말이다. 예를 들어, 조사에 따르면 양육 활동이 변덕스럽거나 아예 거부된 가정에서 자라는 자식들은 안정되고 사랑이 넘치는 가정에서 자란 아이들보다 더 일찍 사춘기에 이르고, 더 일찍 육체관계를 맺으며, 더 많은 성 상대를 갖는 경향이 있다. 불안정한 가정의 아이들은 자신들이 부모의 투자에 의존할 수 없다는 것을 깨닫고 단기적 짝짓기 전략을 선택하는 것 같다.[153]

첫째들과 후순위 출생자들의 성선택 전략이 보이는 차이를 알아보는 연구를 수행하고자 하는 사람도 있을 것이다. 나는 후순위 출생자들이 배우자 침탈이나 간통 같은 위험성이 많은 전략을 채택할 가능성이 더 많을 것으로 예상한다.[154] 역사를 보면 후순위 출생자들은, 적어도 사회적으로 용인된 방식으로는 번식의 가능성이 더 낮았다. 장자 상속권이 실행되던 사회에서 후순위 출생자들은 그들의 나이 든 형제들보다 사생아를 더 많이 낳는 경향을 보였다.[155] 게다가 후순위 출생자들은 성적 실험에 나설 가능성이 더 많다. 이런 태도와 방침이 후순위 출생의 남성들 사이에서 게이(남성 동성애자)가 더 많은 비율로 보고되는 이유를 설명해 줄지도 모른다.[156]

153) Belsky, Steinberg, and Draper 1991; Buss 1994:217도 보시오.

154) 배우자 침탈과 기타의 짝짓기 전략을 보려면 Buss 1994를 참조하시오. 첫째들은 후순위 출생자들보다 더 성실하므로, 그들이 자신의 배우자들에게 더 충실할 것으로 예상해 볼 수 있다. 그럼에도 불구하고 후순위 출생자들은 첫째들보다 더 동정적이다. 따라서 출생 순서가 그 자체로 간통과 관계를 맺기보다는 간통의 이유들과 더 강력한 관계를 맺을 것이다.

155) Boone 1986:870.

156) Blanchard et al. 1995; Blanchard and Bogaert 1996을 보시오.

토먼의 "상보성 가설(complementary hypothesis)"에 따르면 여동생을 둔 첫째 형제는, 오빠와 함께 자란 여동생과 가장 잘 지내야 한다.[157] 토먼의 가설에 대한 경험적 내용은 모순적이고, 통계적 유의성을 가질 때조차도 효과 크기가 작았다.[158] 급진적 사회 혁명기에는 배우자들 사이의 갈등이 출생 순서상의 부적절한 결혼으로 인해 크게 증가한다. 이것은 토먼의 가설과 일치하지 않는 결과이다(11장).

탐구해 볼 만한 또 다른 가설로 형제들이 바로 인접한 형제보다 두 번째로 가까운 형제와 닮은 사람들에게 가장 끌린다는 주장이 있다. 형제들이 직접적인 경쟁 관계에 놓여 있지 않을 때 서로 더 많이 협력한다는 점에서 그들이 두 번째로 가까운 형제에게 애정과 호의를 더 많이 느끼고 표현할 수도 있을 것이다.


## 사회적·정치적 행동

11. 정치 혁명과 급진적 사회 운동. 다양한 종류와 형태의 정치 혁명 및 사회 혁명의 수용은 가족 내부의 차이와 관련해 조사 연구될 내용이 많다. 해당 연구 내용이 아주 유익할 사태들로는 영국 내전, 차티스트 운동, 러시아 혁명, 파시즘이나 나치즘 등의 우익 운동들이다.[159] 대다수의

---

157) Toman 1992를 보시오.

158) Ernst and Angst 1983:177~181을 보시오. Toman and Preiser 1973도 보시오.

159) 영국 내전기(1640~1660년)의 가족 분열상을 보려면 Durston(1989)를 참조하시오. 그는 이 충돌 과정에서 정반대편에 가담해 싸운 가족 구성원들의 사례를 다수 소개하고 있다. 더스턴은 내전이 끝나고 많은 경우 가족들이 화해를 도모했다는 사실을 강조하며, 가족에 대한 충성이 정치적·종교적 차원에서 발생하는 일시적 불화에 우선하는 경향이 있다고 주장한

내전에는 상당한 정도의 출생 순서 효과가 수반된다. 특별히 흥미를 자아내는 연구라면 남북 전쟁 당시 경계 주들(Border States, 노예 제도를 채택한 남부 여러 주 중에서 북부와의 타협에 기울어졌던 주들로 델라웨어, 메릴랜드, 웨스트버지니아, 켄터키, 미주리 등이 있다. — 옮긴이) 출신의 형제들이 선보인 충성 양태일 것이다. 각종 종교 운동이 확산하면서 이단적 교파가 격증하는 양상도 흥미로운 연구 대상이다.

익명 저술은 아마도 가족 내부의 차이를 반영하는 인습 타파 전략이다.[160] 이와 밀접하게 관련된 또 다른 주제로 자신의 저술이 가톨릭의 『금서 목록』에 올라 있는 저자들이 있다. 기성 체제에 저항하는 사실상의 모든 항의 운동이 출생 순서와 결부된 것들을 포함해 가족 내 차이를 드러낼 것이다. 이들 연구 결과가 적절하게 해석되려면 형제의 수, 사회 계급, 이데올로기적 맥락의 역할이 통제되어야 한다(14장, 특히 그림 14.1을 보시오.).

19세기 말에 프랑스 사회를 심각하게 분열시켰던 드레퓌스 사건에 대한 태도를 보자. 아마도 상당한 수준에서 가족 내 차이가 반영되었을 것이다. 한 학자는 이렇게 말했다. "프랑스 역사에 깊이 뿌리박고 있는 보수주의 전통에 충실했던 드레퓌스 반대파는 국가와 국가의 주요 기관, 특히 군대와 사법부의 주장이 정의와 개인의 권리 같은 추상적 이상을

---

다. 그다지 급진적인 혁명이 아니었던 미국 독립 전쟁은 상당한 출생 순서 효과를 적어도 주요 효과로서 발휘할 가능성이 없었다(12장 409~411쪽을 보시오.). 그럼에도 불구하고 대륙에서 태어나 영국을 편들었던 미국인들이 첫째들이고, 본토에서 태어나 미국을 편들었던 영국인들이 후순위 출생자들이었을 것이라고는 능히 예상할 수 있다.

160) 익명 저술은 후순위 출생자들에게서 가장 흔하게 발견된다. 이단이나 난동 교사 혐의로부터 자신을 보호하려고 하기 때문이다. 나아가 이 전략은 수줍어하는 후순위 출생자들이 채택할 가능성이 가장 많다.

명분으로 제기되던 주장들보다 우위에 있다고 단언했다."[161] 이 역사적 평결이 옳다면 그 유명한 갈등에서 형제들의 차이는 사실상 불가피했다.

프랑스 국민 공회 대의원 출신자들이 나폴레옹 제국 치하에서 선보인 정치 이력과 인생은 추적해 볼 만한 가치가 있다. 첫째들이 미숙한 민주 정체를 독재 체제로 대치해 버린 보나파르트와 더 긴밀히 협력했을 것으로 예상해 볼 수도 있을 것이다.

정치 및 사회 혁명에 대한 이상적 접근법은 다수의 상이한 역사 사건에서 대규모 집단을 연구하면서 다수의 가족 내부 및 가족 간 변수를 분석하는 것이다. 연구자들이 상황 변수들까지 그들의 분석에 통합할 수 있다면 그 결과를 바탕으로 문제에 메타 분석적으로 접근할 수도 있을 것이다. 내가 14장에서 설명한 것처럼 가족 내부의 차이는 아주 다양하다. 이렇게 커다란 분산을 보이는 주된 이유는 사태의 상이한 이데올로기적 특성 때문이다.

12. 국가의 수장들. 미국 대통령과 영국 수상을 뽑아 온 선거 결과에 대한 연구는, 첫째들이 '위기' 시에 우선적으로 선출되었음을 알려 준다. 불행하게도 과거의 연구자들은 무엇이 '위기'를 구성하는지와 관련해 제대로 측정하지 못했다.[162] 이 문제에 흥미를 느끼는 역사학자들이라면 전문 판정관을 동원해 이런 상황적 분류의 평정자 간 신뢰도를 얻는 방법을 고려해 볼 수도 있을 것이다. 나아가 보수주의-자유주의 스펙트럼에서 정치 이데올로기가 수행하는 역할이 완고함-나약함의 역할과 함께 평가되어야 한다. 보수주의 후보와 자유주의 후보가 선보이는 상대적 호소력의 차이를 통제하면 위기 시에는 분명 완고한 첫째들이 훨

---

161) Coser 1965:215.
162) Stewart 1977, 1992.

씬 더 많이 공직에 선출될 것이다.

13. 배심원의 선택. 연방 대법원 판사들의 투표 성향(12장)에서처럼 배심원들의 견해도 가족 내 차이의 영향을 받을 가능성이 많다. 첫째들은 과학과 국가의 권위를 받아들이고, 그리하여 검찰 당국이 기소한 내용에 동조할 가능성이 더 많다. 프랑스 혁명기에 완고함이 수행한 역할이 믿을 만한 안내자라면 첫째들은 사형 제도를 지지할 가능성이 더 많다. 첫째들은 후순위 출생자들보다 더 높은 도덕적 양심을 가진다. 동시에 그들은 보복 성향이 더 강하기도 하다. 그러므로 첫째들은 유죄 판결을 받은 범인이라면 엄격하게 처벌받는 게 당연하다는 결론을 더 많이 내린다. 후순위 출생자들은 더 나약하고, 따라서 사형 제도에 반대하며 적절한 처벌 형태를 결정함에 있어 정상을 참착할 가능성이 더 많다.

배심원 컨설턴트(jury consultant, 배심원들의 일거수일투족을 감시하여 재판을 유리한 방향으로 이끌어 나가도록 하는 일종의 로비스트 — 옮긴이)들이 성별과의 연계 속에서 이미 활용 중인 원리들은 출생 순서에 의해 적용할 수 있는 원리들과 흡사할 것이다. 일반으로 피고 측 변호사들은 여성에 후순위 출생자(특히 중간 자식들)인 배심원들을 선호한다. 검사들은 남성에 첫째인 배심원들을 선호한다.

출생 순서에 따른 차이가 정말로 배심원들의 토의 내용에 변화를 가져올까? 루이 16세 재판(1792~1793년)이 좋은 예이다. 국민 공회 대의원들은 361대 360이라는 단 한 표 차로 루이를 처형하기로 결정했다. 더 나이 든 아들들이 더 어린 아들들보다 사형에 찬성할 확률이 1.8배 더 높았다(13장). 왕의 변호사들은 이 재판에서 배심원들에게 이의를 제기하지 못했다. 그들이 그렇게 할 수만 있었다면 국민 공회에서 선출된 배심원들의 구성이 특히 출생 순서에 따라 작은 변화를 일으켰을 것이고, 국왕은 목숨을 부지할 수 있었을 것이다. 지롱드당이 지지한 국민 투표안

이 시행되었어도 그럴 수 있었을 것이다. 프랑스의 인구 구성은 국민 공회의 구성에서보다 중간 자식이 훨씬 더 많았고, 국민 공회 내에서도 중간 자식들은 일관되게 국왕의 목숨을 부지해 주어야 한다는 쪽에 투표했다.

14. 위험 감수와 신분 상승. 대개 전투 승리나 무훈을 치하하기 위해 수여되었던 귀족 작위가 후순위 출생자들에 의해 획득된 후 장자 상속권을 통해 첫째 자손들에게 세습되었을까? 이 가설은 버크의 『작위(Peerage)』(1970) 같은 족보 자료로 손쉽게 확인할 수 있다.

15. 테러 활동. 심리학자들은 테러 활동의 심리학에 대해 아는 게 거의 없다. 나 역시 프랑스 대혁명 연구에 기초해 첫째들이 테러 전술을 채택하는 운동을 후순위 출생자들보다 더 많이 지지할 것으로 예상하는 정도이다. 네오나치, 쿠 클럭스 클랜 같은 백인 우월주의 조직, 호전적인 근본주의 종교 단체 등 폭력을 지지하는 우익 운동 세력에서는 첫째들이 가장 많이 발견되어야 한다.

유나바머라고도 불리는 시어도어 J. 카진스키는 두 자녀 가운데 장남이다. 그는 20년 동안 우편물 폭탄을 보내는 치명적인 테러 활동을 벌였다. 그의 목표는 삶을 기술에서 자유로웠던 과거로 돌려놓는 것이었다. 그는 이런 보수적 이데올로기의 지원을 받으며 3명을 살해하고, 22명 이상에게 상해를 입혔다. 카진스키의 동생 데이비드는 나약한 후순위 출생자의 전형이었다. 그는 채식주의자에다 시인이다. 그는 가출 청소년을 상담하면서 생계를 유지한다. 데이비드 카진스키는 형이 유나바머일지도 모른다는 의심을 하면서부터 사건을 직접 신중하게 조사했고, 마침내 확고부동한 증거를 FBI에 제시했다. 이 특별한 형제 대비 현상은 프랑스 혁명기에 볼 수 있었던 국민 공회 대의원들 사이의 치명적인 반목을 재연하고 있다. 시어도어는 거만하고, 냉담하며, 보복적이었던 로베스피

에르와 비슷하고, 데이비드는 수줍음 많고 유약했던 평원당 출신 대의
원들과 유사하다.

16. 동족 살해. 마틴 데일리와 마고 윌슨은 선구적인 저작『살인
(*Homicide*)』에서 가족 구성원들 사이의 살인 행동 양상이 다윈주의 원리
들과 일치한다는 것을 보여 주었다.[163] 부모들은 친자식보다 의붓자식을
죽일 확률이 70배 더 높다. 부모들이 자신들의 생물학적 자식을 죽일 때
에도 비교적 고통을 덜 주는 방식으로 목숨을 앗아 갈 가능성이 훨씬
더 많다.[164]

동족 살해는, 데일리와 윌슨이 부모와 자식이 연루된 살인에 관한 연
구에서 채택한 체계적 방법으로 연구되어야 한다. 이 두 연구자는 농경
사회에서 발생한 살인의 약 10퍼센트가 동족 살해라고 보고한다.[165] 봉건
사회에서 왕가의 역사는 '끝없는 골육상쟁의 이야기'이다.[166] 16세기 덴
마크에서는 동족 살해형 분쟁이 광범위한 일상사로 자리를 잡았고, 마
침내 형제를 죽인 귀족은 그 누구를 막론하고 재산을 승계할 수 없다는
법령이 통과 포고되었다.[167]

다윈주의의 관점을 적용하면 가장 가능성 높은 동족 살해의 표적
을 예측해 볼 수 있다. 첫째들이 맨 먼저 번식을 하기 때문에 후순위 출
생자들은 더 나이 든 형제를 살해할 경우 잃을 게 더 많다. 더 어린 형제
의 포괄 적응도는 더 나이 든 형제들이 낳은 자식에 의해 강화된다. 더

163) Daly and Wilson 1988a.
164) Daly and Wilson 1994.
165) Daly and Wilson 1988a:30~31.
166) Daly and Wilson 1988a:31.
167) Thoren 1990.

어린 형제가 더 나이 든 형제를 죽이면 이 행동으로 이미 태어난 조카와 질녀의 생존 전망이 위험에 빠질 수 있다. 출생 순서에 따라 동족 살해율에 차이가 발생한다면 첫째들이 동족 살해를 수행할 가능성이 더 많다고 예측해야 한다. 성경 역시 이런 결론을 암시하고 있다. 구약성서에 나오는 기사들에 관한 연구는 첫째들이 대체로 품행이 나쁜 것으로 그려지는 반면 후순위 출생자들은 영웅으로 묘사된다는 것을 알려 준다.[168]

나는 동족 살해라는 주제를 보도한 각종 신문 기사를 수집했다. 내가 수행한 비공식 조사의 경우 규모가 작기는 하지만 확인 보도된 모든 사례는 나이 든 형제가 더 어린 형제를 죽였다는 내용이었다. 예를 들어, 플로리다에서는 10살 소녀가 최근에 "비디오 게임 때문에 싸우다"가 3살 된 남동생을 총으로 쏴 죽였다.[169] 같은 날 신문들은 하를렘의 5살 소년이 "사고로" 갓난아기 여동생을 쏴 죽였다고 보도했다.[170] 3개월 후 오리건의 10살 소년은 비배심 법정에서 5살 여동생을 죽인 혐의로 유죄 판결을 받았다. 그는 라이플로 동생을 쐈는데, 주장하기로는 "그녀가 자기를 약 올렸기" 때문이었다.[171] 마지막으로 들어 볼 동족 살해의 예는 두 자매 — 둘 다 청소년이었다. — 와 언니의 남자 친구 사이에 형성된 삼각 관계이다. 언니는 질투심에 눈이 멀었고, 남자 친구에게 자신의 동생을 목 졸라 죽이라고 요구했다. 남자 친구는 언니가 지켜보는 가운데 살인

168) Antman 1993.

169) *Boston Globe*, 21 August 1995, p. 4.

170) *Boston Globe*, 21 August 1995, p. 4.

171) *USA Today*, 28 November 1995, p. 3A.

을 했다.[172)]


## 지적 성취

17. 과학 혁신. 다수의 중요한 과학 혁신에서 목격된 수용 양상이 아직까지도 충분히 연구되지 못했다. 이런 논쟁들 가운데 일부를 소개하면 다음과 같다. (1)파라셀수스의 인습 타파적 의학 이론, (2)18세기의 전기 이론, (3)인구 압력과 그에 결부된 경제적 함의에 관한 맬서스의 이론, (4)특히 1780년부터 1830년에 이르는 의학상의 감염 이론,[173)] (5)생물학의 역사에서 전개된 기계론과 생기론 논쟁, (6)패러데이에서 시작되어 헤르츠에서 끝나는 맥스웰의 전자기 이론, (7)비유클리드 기하학, (8)19세기의 원자 이론, (9)X선의 발견과, 원자에 대한 새로운 견해와 결부된 기타 증거, (10)멘델의 법칙, (11)1875년부터 1940년대의 현대적 종합에 이르기까지의 진화 이론, (12)케인스주의 경제학 이론. 실제에 있어 이 목록은 통계적으로 의미 있는 결과를 도출해 낼 수 있을 만큼 충분히 많은 수의 참가자를 표본으로 활용할 수 있느냐의 여부에 따라 크게 확장될 수도 있고 제한될 수도 있다. 그러나 비교적 작은 규모의 표본일지라도 후속의 메타 분석에서 유용하게 활용될 수 있다. 이런 연구들의 경우 이 책 전체에서 개진된 주장을 효과적으로 검증하려면 사회 계급, 형제의 수, 특히 혁신의 이데올로기적 함의를 통제해야 한다.

18. 개념의 급속한 변화. 내가 이 책에서 연구한 대다수의 혁명은 해결

---

172) *Boston Globe*, 18 April 1996, p. 73.
173) Ackerknecht 1948.

되는 데 몇십 년, 심지어 수세기가 걸렸다. 일반으로 혁명적 사상의 수용에서 출생 순서 등 가족 내 차이가 담당하는 역할은 논쟁 기간과 비례한다. 혁명이 본 궤도에 오르는 데 걸리는 기간이 길면 길수록 그 과정을 후순위 출생자들이 주도하면서 출생 순서 효과가 상당한 규모로 개입할 가능성이 더욱 더 커진다.

급속한 개념 변화의 시기에도 일정 규모의 출생 순서 효과가 더 짧은 기간 동안이겠지만 존재하는지의 여부는 아직까지 충분히 해명되지 못했다. 우리는 순응 행동에 관한 실험적 조사 연구를 통해 출생 순서 효과가 인상적일 수 있음을 알아냈다. 출생 순서 효과가, 단기간의 과학 논쟁에 관한 나의 연구가 암시하는 것보다 훨씬 더 포괄적일 수도 있다. 그런 효과가 상당한 정도로 발휘되는 기간이 일시적이어서 역사적 표본으로는 감지되지 않을 수 있는 것이다. 예를 들어, 우리는 플랑크의 양자 원리를 처음 접한 몇 주 동안 과학자들이 그 이론에 보인 반응을 거의 알지 못한다. 장기적 기초에서 출생 순서 효과를 전혀 보이지 않는 다수의 기술적 과학 혁신이 단기적으로는 상당한 효과를 보일지도 모른다. 이 문제를 해명하려면 추가 연구가 이루어져야 한다. 이런 연구들에서는 어떤 커다란 출생 순서 효과도, 마찬가지로 연구할 만한 가치가 있는 다른 가족 내 차이의 대리 지표가 될 가능성이 있다.

커다란 가족 내 차이를 발견할 것으로 기대할 수 있는 또 다른 과학 활동으로 동업자 평가가 있다. 너무 급진적이거나 너무 사변적이라는 이유로 게재를 거부당한 논문들은 아마도 인습에 사로잡히지 않은 아이디어로 인해 첫째들의 회의를 산 후순위 출생자들의 작업일 것이다. 첫째들은 과학계의 경찰이다. 후순위 출생자들은 무법자이다.

19. 과학 사기 행위. 출생 순서가 과학계의 사기 행위와 직접적으로 상관관계를 맺고 있는 것 같지는 않다. 여러 가지 요소들, 특히 출생 순서

와 관계가 없는 성격 결함이 사기 행위의 동기가 될 수 있다. 그럼에도 불구하고 과학 사기 행위는 종종 이데올로기적 편향을 고무한다. 결국 이런 환경 때문에 더 정교한 예측이 가능해진다. 시릴 버트의 날조된 IQ 데이터처럼 보수적인 정치·사회사상을 퍼뜨리려 했던 사기 행위들에는 첫째들이 개입하는 경향이 있다(버트 자신이 두 아이 가운데 첫째였다.). 반면, 자유주의적 견해를 지지하는 조작된 결과를 내놓은 과학자들은 대개 후순위 출생자들이다. 과학계에서 누가 사기 행위를 저지르는지를 파악하는 핵심은 출생 순서, 다섯 가지 성격 특질 중 성실성, 사기 행위의 이데올로기적 함의 사이의 상호 작용 효과일 것이다. 다시 말해, 과학 사기 행위에 대한 연구도 보다 일반적으로는 인간 행동에 대한 연구처럼 개인 대 상황의 상호 작용 효과에 관한 주의 깊은 탐구가 필요하다.

20. 나이와 창조적 업적. 대다수의 지적인 분야에서 후순위 출생자들은 첫째들보다 더 늦은 나이에 중요한 발견을 할 것이다. 전문가가 되려면 차근차근 단계를 밟아 나가는 문화 적응 과정이 필요하고, 이 과정은 사람들을 편협하게 만드는 경향이 있다. 더 어린 형제들은 첫째들보다 이 과정에 더 오랫동안 저항한다. 후순위 출생자들이 자신들의 경력의 후기 단계에서 중요한 발견을 하게 되는 것도 이 때문이다.

이 가설을 검증하기 위해 노벨상 수상자들을 연구해 보는 것도 가치 있는 일일 것이다. 이 주제와 관련해 현재 나와 있는 연구는 몇 가지 관련 경향을 알려 주었다. 노벨상의 초기 수상자들과 비교할 때 최근의 수상자들은 후순위 출생자일 가능성이 더 많았다. 이 결과는 아마도 노벨상 수여 기준의 변화와 관계가 있을 것이다.[174] 알프레드 노벨의 취지는 중

---

174) Clark and Rice 1982. 나이와 과학적 창조성에 관해서는 Simonton 1994를 보시오.

요한 '발견'에 상을 주어 치하할 것을 조건으로서 명시했다. 또, 그 중요한 발견이라는 것은 이데올로기적으로 중립적이어야 했다. 초기의 노벨상은 노벨의 유지를 따랐다. 알베르트 아인슈타인은 상대성 이론이 아니라 광전자 효과에 관한 업적으로 1921년 노벨상을 받았다.

노벨상이 과감한 이론적 도약을 수반하고, 많은 경우 이데올로기적함의를 띠는 개념적 혁신에 점점 더 많이 시상되면서 수상의 기준이 첫째들보다 후순위 출생자들을 선호하기 시작했을 것이다. 이 문제를 연구하는 최선의 방법은 상이 수여된 혁신들의 가장 두드러진 특징을 평가하는 것이다. 혁신이 얼마나 논쟁적이었는가? 그 혁신은 어떤 이데올로기적 함의를 가졌는가? 노벨상 위원회가 그 연구에 시상하기로 결정하는 데 얼마나 걸렸는가? 이런 질문들은 급진적 혁신(후순위 출생자)과 기술적 혁신(첫째)을 구분해 주는 지표 가운데 일부이다.

출생 순서에 따른 수상자들의 변화는 경제학 분야에서도 발생했을 것이다. 노벨 경제학상이 만들어진 1968년에는 현대 경제학 이론의 토대를 마련한 잠재적 수상자군이 존재했다. 이들 수상자군이 전부 소진되자 노벨상 위원회는 시상의 범위를 확대해 더 주관적인 영역, 곧 역사, 사회학, 철학 분야를 포함시키기 시작했다.[175] 추상적 수학 이론에서 실질적 적용이 수반되는 연구 영역으로의 이런 이동은 첫째들보다 후순위 출생자들에게 더 유리한 상황으로 작용했을 것이다.

175) Bennett 1994.

# 부록 11

●

## 각자의 반항 성향을 측정하는 방법

　이 마지막 부록은, 어떤 개인이 급진적 혁신을 지지할 가능성을 예측하는 데 활용할 수 있는 공식을 설명한다. 이 공식은 표 10에 나오는 기본 확률을 바탕으로 구축되었다. 이들 확률 예측치는 나의 연구에 나오는 28가지 과학 논쟁에 대한 로지스틱 회귀 모형에서 얻은 것이다. 표는 개인이 코페르니쿠스 이론이나 다윈주의 같은 급진적 혁명을 지지할 가능성을 알려 준다. 이 확률은 나이, 사회적 태도, 출생 순서에 따라 분류했다.[176)

176) 표 10에 제시된 확률 예측치는 28가지 과학 논쟁(1543~1967년)에 참가한 1,436명의 완벽한 전기 자료를 계산한 로지스틱 회귀 모형에 기초하고 있다. 이 모형은 네 가지 커다란 주

표 10에서 들어맞는 범주를 찾아 개인의 기본 확률을 획정하라. 예를 들어, 60세가 넘었고 사회적으로 보수적인 첫째는 다윈주의 같은 급진적 혁신을 지지할 확률이 3퍼센트이다. 30세 미만의 사회적으로 자유주의적인 막내는 수용 확률이 96퍼센트이다.

이 기본 확률은 추가로 다음 7개의 전기적 영향력이 고려되면서 조정된다. 표 10에서 획정한 확률 예측치에, 개인의 특성에 기초한 다음의 확률들을 더하거나 빼라.

1. 현저한 부모-자식 갈등. 한쪽 부모와 현저한 갈등을 겪은 첫째들의 경우는 표 10의 관련 기본 확률에 30퍼센트를 더하라. '현저한 부모-자식 갈등'은, 전체 인구의 5분의 4에서 확인되는 것보다 더 한 갈등으로 정의할 수 있다. 현저한 부모-자식 갈등을 경험한 후순위 출생자들의 경우는 표 10의 적절한 기본 확률에 10퍼센트를 더하라. 부모-자식 갈등(결국 탈귀속화)이 덜 극단적이지만 전체 인구의 3분의 2에서 관측되는 정

요 효과, 곧 나이, 사회적 태도, 상대적 출생 순위, 혁신의 이데올로기적 함의를 포괄한다. 이 모형에는 세 가지 커다란 2원적 상호 작용 효과, 곧 이데올로기적 함의와 나이, 이데올로기적 함의와 사회적 태도, 이데올로기적 함의와 상대적 출생 순위도 포함되어 있다. 모든 주요 효과는 p<0.0001에서 통계적 유의성을 갖는다. 상호 작용 효과는 p<0.005에서 통계적 유의성을 갖는다. 2원적 상호 작용 효과는 나이, 사회적 태도, 상대적 출생 순위가 혁신의 급진성과 비례해 수용도를 알려 주는 훨씬 더 탁월한 예보자임을 일깨워 준다.

표 10의 확률 예측치는 이데올로기적으로 급진적 함의를 지닌 과학 논쟁들에 한해서만 일람표를 만든 것이다. 이 부류의 논쟁에서 모형의 예보자들은 관측된 급진주의와 0.50(df=1/582, t=13.46, p<10억분의 1; 관측 결과 대 예측 결과의 2×2 표에 기초할 때 75.2퍼센트의 정확성으로 분류됨)의 다중 상관관계를 맺는다. 기술적 혁명과 논쟁적 혁신 참가자들의 경우 다중 상관은 0.31(df=1/482, t=6.38, p<10억 분의 1; 69.0퍼센트의 정확성으로 분류됨)이었다. 보수주의 이론을 논쟁한 과학자들의 경우 다중 상관은 0.10(df=1/366, t=1.88, p<0.06; 59.2퍼센트의 정확성으로 분류됨)이었다. 정확한 분류의 우연율은 50.4퍼센트였다.

도를 초과할 경우는 이 두 조정값을 반으로 줄여야 한다.

2. 현저한 수줍음. 전체 인구의 5분의 4보다 더 수줍어하는 첫째들의 경우는 표 10의 관련 확률에 20퍼센트를 더하라. 수줍어하는 막내들의 경우는 표 10의 기본 확률에서 15퍼센트를 빼라. 중간 자식들의 경우는 조정하지 말라.

3. 이웃한 형제들 사이의 연령 격차. 가장 가까운 형제와의 연령 격차가 2년 미만이거나 5년 이상인 첫째들의 경우는 표 10의 기본 확률에 5퍼센트를 더하라. 외자식들의 경우는 연령 격차가 큰 첫째라고 상정할 수 있다. 손위 형제보다 2년 미만으로 어리거나 5년 이상으로 어린 후순위 출생자들의 경우는 기본 확률에서 5퍼센트를 빼라.

4. 부모 사망과 더 나이 든 형제들의 대리 부모 행위. 첫째가 10살 이전에 부모를 잃고, 더 어린 형제들에게 대리 부모 행위를 했다면 표 10의 기본 확률에서 15퍼센트를 빼라. 후순위 출생자가 10살 이전에 부모를 잃고, 더 나이 든 형제들의 대리 부모 행위를 경험했다면 표 10의 기본 확률에 10퍼센트를 더하라.

5. 성별. 1900년 이전에 태어난 여성들의 경우는 표 10의 기본 확률에 10퍼센트를 더하라. 최근의 연구는 사상에 대한 개방성에서 일관된 성별 차이가 존재함을 보여 주지 않았다.[177] 그럼에도 불구하고 여성들은 남성들보다 정치적으로 더 자유주의적이다. 그러므로 동시대 여성의 경우는 5퍼센트 정도로 약간의 상향 조정이 필요한 것 같다.

6. 인종. 소수 민족 개인들의 경우 — 특히 차별을 받는 사람들(예를 들어, 흑인과 유대인) — 는 표 10의 기본 확률에 10퍼센트를 더하라.

---

177) 성별과, 사상에 대한 개방성에 관한 연구로는 Feingold 1994를 보시오.

표 10

**급진적인 개념 혁신을 지지할 확률 예측치**

## A. 기본 확률

| | 첫째<br>(외자식 포함) | 중간<br>자식 | 막내 |
|---|---|---|---|
| **30세 미만의 개인** | | | |
| 사회적 보수주의자[a] | 14 | 40 | 49 |
| 사회적 온건파[a] | 48 | 77 | 84 |
| 사회적 자유주의자[a] | 75 | 92 | 96 |
| **30~59세의 개인** | | | |
| 사회적 보수주의자 | 6 | 22 | 26 |
| 사회적 온건파 | 25 | 58 | 66 |
| 사회적 자유주의자 | 52 | 82 | 86 |
| **60세 이상의 개인** | | | |
| 사회적 보수주의자 | 3 | 12 | 15 |
| 사회적 온건파 | 15 | 44 | 50 |
| 사회적 자유주의자 | 36 | 72 | 76 |

이곳에 관련 기본 확률(A)을 기입하시오. ＿＿＿＿＿%

## B. 기본 확률 조정

**1. 현저한 부모-자식 갈등**      + ＿＿＿＿＿%

(첫째일 경우 30퍼센트, 후순위 출생일 경우 10퍼센트를 더하라.)

**2. 현저한 수줍음**      ± ＿＿＿＿＿%

(첫째일 경우 20퍼센트를 더하고, 막내일 경우 15퍼센트를 빼라.)

**3. 연령 격차**      ± ＿＿＿＿＿%

(첫째일 경우 작거나(0~2.0년) 큰(5.0년 이상) 연령 격차라면 5퍼센트를 더하고, 후순위 출생자일 경우 동일하게 작거나 큰 연령 격차라면 5퍼센트를 빼라.)

**4. 부모의 조기 사망과 대리 부모 행위**      ± ＿＿＿＿＿%

(첫째일 경우 15퍼센트를 빼고, 후순위 출생자일 경우 10퍼센트를 더하라.)

**5. 성별**      ± ＿＿＿＿＿%

(1900년 이전에 태어난 여성일 경우 10퍼센트를 더하고, 1900년 이후에 태어난 여성일 경우 5퍼센트를 더하라.)

**6. 인종** + _____%

(소수 민족일 경우 10퍼센트를 더하라.)

**7. 우정** + _____%

(급진적 혁신가와 개인적으로 친밀한 관계라면 10퍼센트를 더하라.)

**8. ‥‥‥** B란의 총 조정값(예비) _____%[b]

C. 50퍼센트와 (A란의) 기본 확률 사이의 절대적 차이를 계산하라. _____%

D. 50에서 C값을 빼고, 그 결과를 50으로 나누어라. _____%

E. B.8에 D의 결과를 곱하라. _____%

F. E가 양이면 A에 E를 더하라.

E가 음이면 A에서 E를 빼라.

이 값이 적절한 확률 예측치이다. _____%

---

a. 이 표에서 사회적 **보수주의자들**은 전체 인구의 최초 4분위수에 위치한다. 사회적 **온건파**는 전체 인구의 중간 절반을 차지한다. 사회적 **자유주의자들**은 전체 인구의 마지막 4분위수에 위치한다.

b. 어떠한 확률 예측치도 0보다 낮을 수 없고, 100보다 높을 수 없다. 따라서 B란의 조정값은 A란의 기본 확률이 50퍼센트에서 벗어나는 정도로 수정되어야만 한다. A란의 기본 확률이 92퍼센트(30세 미만의 중간 자식 출신으로 사회적 자유주의자)라고 가정해 보라. 또, B란의 총 조정값이 다 합해 +10퍼센트라고 가정해 보자. **정확한** 조정값을 구하는 공식은 C(92-50=42)와 D의 절차((50-42)/50=8/50=0.16)를 따른다. B.8 조정값(+10퍼센트)에 0.16을 곱하면 정확한 조정값은 10퍼센트가 아니라 1.6퍼센트가 된다. 이렇게 수정된 조정값을 A(92퍼센트)에 더하면 정확한 확률 예측치는 93.6퍼센트가 된다.

7. 우정. 개인이 급진적 혁명의 지도자와 특별히 친한 사이라면 표 10의 확률 예측치에 10퍼센트를 더하라.

급진적 혁신에 대한 개방성을 알아보려는 이 10변수 공식은 다변량 로지스틱 회귀 모형의 결과를 모방한 것이다. 구체적인 행동 맥락에서 이 모형을 적용할 때는 상식을 활용해야 한다. 예를 들어, 다윈 이전 시기에 벌어진 진화 논쟁에서는 과학계의 3분의 1 이하만이 논란이 분분한 이 사상을 지지했다. 전체 과학계의 경우 다윈 이전 시기에 진화 이론을 받아들인 평균 비율은 표 10이 가정하는 것처럼 50퍼센트가 아니라 30퍼센트였다.

이 부록에 제시된 공식은 급진적 논쟁의 참가자들에게 적용될 때 뛰어난 정확도를 바탕으로 그들의 수용 가능성에 따라 순위를 매겨 줄 것이다. 평균적으로 볼 때 표 10 A란의 기본 확률 공식은 75퍼센트의 정확도로 개인들을 혁신의 지지자와 반대자로 분류한다. 그 혁신이 진짜로 급진적인 이데올로기 혁명이라면 말이다.[178] B~F란을 통해 이 기본 확률에 적절한 조정을 가하면 공식의 정확도가 85퍼센트까지 상승한다. 세부 사항을 날조하면 공식의 정확도는 떨어진다.

여러분이나 다른 누군가가 공식의 예측을 벗어나는 뚜렷한 예외라면 스스로에게 이유를 물어보아야 한다. 예외가 발생하는 가장 커다란 이유는 이 책 전체에서 논의된 영향력 가운데 일부, 특히 상황 요소들 때문일 것이다. 어떠한 공식도 인간 행동에 영향을 미치는 온갖 우연성을 완벽한 조리로서 설명할 수는 없다. 물론 이 공식들에 그런 우연성의 일부를 적절하게 조정하는 방식을 도입할 수는 있겠지만 말이다.

---

178) 기술적 혁명과 논쟁적 혁신의 경우는 이 모형에서 유도되는 대강의 확률을 다음과 같이 계산할 수 있다. 보수적 첫째들의 경우는 표 10의 기본 확률에 5.0을 곱하라. 사회적으로 온건한 첫째들의 경우는 기본 확률에 1.8을 곱하라. 급진적 첫째들의 경우는 기본 확률에 1.2를 곱하라. 사회적으로 보수적인 중간 자식들과 막내들의 경우는 기본 확률에 1.8을 곱하라. 사회적 온건파와 자유주의자들인 중간 자식들과 막내들의 경우는 기본 확률에 1.1을 곱하라. 보수적 이론을 놓고 벌어지는 논쟁에서는 첫째들과 사회적 보수파들이 그들의 대응 세력보다 새로운 사상을 지지할 가능성이 더 많다. 젊은이들이 보수적인 이론을 지지할 가능성이 더 많음에도 불구하고 나이의 역할은 자유주의적 혁신에서보다 예보 능력이 크게 떨어진다.

# 삽화 및 사진 목록

●

1840년의 찰스 다윈(조지 리치먼드의 수채화)

(Down House와 Royal College of Surgeons의 승낙을 받아 실음)

화산 원뿔, 채텀 섬(갈라파고스 제도)(저자가 직접 찍은 사진)

제임스 섬의 갈라파고스거북(저자가 직접 찍은 사진)

후드 섬의 갈라파고스거북(저자가 직접 찍은 사진)

갈라파고스 해양이구아나(저자가 직접 찍은 사진)

갈라파고스 육지이구아나(저자가 직접 찍은 사진)

1849년의 존 굴드(런던 소재 Wellcome Institute Library의 승낙을 받아 실음)

제임스 섬 설리번 만의 불모지대(갈라파고스 제도)(저자가 직접 찍은 사진)

인디패티거블 섬의 정상에서 바라본 양치류와 사초 지역(갈라파고스 제도)(저자

가 직접 찍은 사진)

인디패티거블 섬의 스칼레시아 삼림 지대(갈라파고스 제도)(저자가 직접 찍은 사진)

1861년의 루이 아가시(Marcou, 1896, 2: 권두화에서)

조르주 퀴비에(런던 소재 Mary Evans Picture Library의 승낙을 받아 실음)

1586년의 티코 브라헤(런던 소재 Wellcome Institute Library의 승낙을 받아 실음)

1865년의 찰스 라이엘(런던 소재 Wellcome Institute Library의 승낙을 받아 실음)

프란츠 요제프 갈과 동조자들(만화)(런던 소재 Wellcome Institute Library의 승낙을 받아 실음)

1826년의 프레데릭 퀴비에(F. Cuvier, 1826에서)

1906년의 지그문트 프로이트(런던 소재 Mary Evans Picture Library와 Sigmund Freud Copyrights Ltd.의 승낙을 받아 실음)

1910년경의 알프레트 아들러(Alexandria Adler의 승낙을 받아 실음)

1857년경의 찰스 다윈(Maull과 Fox의 사진을 바탕으로 Gustav Kruell이 작업한 목판화) (Harvard University, Museum of Comparative Zoology의 승낙을 받아 실음)

"엄마는 항상 너를 가장 좋아하셨어."(Dean Vietor의 만화)(The New Yorker, 9 January 1995, p. 34에서; ⓒ1995, The New Yorker Magazine, Inc.)

"난, 다윈을 알지. 괜찮은 사람이었어."(Charles Sauers의 만화)(The New Yorker, 29 March 1982, p. 53에서; ⓒ1982, The New Yorker Magazine, Inc.)

1800년 베네수엘라 오리노코 강 유역의 알렉산더 폰 훔볼트와 아이메 봉플랑 (Ferdinand Keller의 소묘)(런던 소재 Mary Evans Picture Library의 승낙을 받아 실음)

"멀리퍼트 가의 쌍둥이가 우연히 만나다.."(Charles Addams의 만화)(The New Yorker, 4 May 1981, p. 43에서; ⓒ1981, The New Yorker Magazine, Inc.)

1839년의 찰스 디킨스(Daniel Maclise의 유화)(런던 소재 National Portrait Gallery의 승낙을 받아 실음)

만년의 볼테르(런던 소재 Mary Evans Picture Library의 승낙을 받아 실음)

"그런데, 내가 고생해서 내 지위를 만들자마자 그들이 동생을 또 가져 버렸지 뭐야."(Bruce Eric Kaplan의 만화)(The New Yorker, 30 October 1995, p. 86에서; ⓒ1995, The New Yorker Magazine, Inc.)

1821년의 험프리 데이비(Thomas Phillips의 유화)(런던 소재 National Portrait Gallery의 승낙을 받아 실음)

1842년의 마이클 패러데이(Thomas Phillips의 유화)(런던 소재 National Portrait Gallery 의 승낙을 받아 실음)

1950년경의 닐스 보어와 하랄드 보어(Niels Bohr Institute/American Institute of Physics, Emilio Segré Visual Archives의 승낙을 받아 실음)

마젤란 해협의 비글 호(Darwin 1890: 권두화에서)

비글 호 단면도(Darwin 1890: 펼침면 1에서)

알프레드 러셀 월리스와 비단뱀의 조우, 말레이시아(Wallace 1869: 펼침면 228에서)

1620년경의 요하네스 케플러(런던 소재 Mary Evans Picture Library의 승낙을 받아 실음)

1689년의 아이작 뉴턴(런던 소재 Wellcome Institute Library의 승낙을 받아 실음)

프러시아 왕 프리드리히 빌헬름 1세(런던 소재 Mary Evans Picture Library의 승낙을 받아 실음)

프러시아 왕비 소피아 도로테아(런던 소재 Mary Evans Picture Library의 승낙을 받아 실음)

남동생 세 명과 함께한 프리드리히 2세(C. F. Rusca의 유화)(Mitford 1970:122에서; Harper & Row와 베를린 소재 Verwaltung der staatlichen Schl?sser und G?rten의 승낙을 받아 실음)

1750년경 상수시 궁전의 볼테르와 프리드리히 대제(베를린 소재 Ullstein Bilderdienst 의 승낙을 받아 실음)

1920년대의 막스 보른(Born 1975: 권두화에서; Charles Scribner's Sons와 Gustav Born의 승낙을 받아 실음)

로버트 워링 다윈(런던 소재 Wellcome Institute Library의 승낙을 받아 실음)

수재너 웨지우드 다윈(Cambridge University Library 특별 평의회의 승낙을 받아 실음)

1821년의 에라스무스 앨비 다윈(Cambridge University Library 특별 평의회의 승낙을 받아 실음)

캐럴린 새라 다윈(Browne 1995:110 ff.에서; Alfred A. Knopf, Studio Vista, Barbara and Hensleigh Wedgwood의 승낙을 받아 실음)

1816년의 찰스 다윈과 여동생 캐서린(Darwin 1903, 1: 권두화에서)

다운하우스에 있던 다윈의 서재(Darwin 1887, 1:108에서)

해리엇 터브먼(Bradford 1869: 권두화에서; Schlesinger Library, Radcliffe College의 승낙을 받아 실음)

1971년 기자 회견 석상의 마거릿 미드(Department of Library Services, American Museum of Natural History의 승낙을 받아 실음)

"인류학자들이 온다! 인류학자들이 와!"(Gary Larson의 만화)(THE FAR SIDE/ Universal Press Syndicate의 승낙을 받아 실음)

마담 에밀리 뒤 샤틀레(Voltaire 1953~1965, 16: 권두화에서; 제네바 소재 Institut et Musée Voltaire의 승낙을 받아 실음)

1834년경의 해리엇 마티노(Richard Evans의 유화)(런던 소재 National Portrait Gallery의 승낙을 받아 실음)

1917년의 지그문트와 안나 프로이트(런던 소재 Mary Evans Picture Library와 Sigmund Freud Copyrights Ltd.의 승낙을 받아 실음)

뒤쪽에서 본 다운하우스(런던 소재 Mary Evans Picture Library의 승낙을 받아 실음)

1844년의 루이 아가시(Fritz Zuberb?hler의 유화)(Museum of Comparative Zoology, Harvard University의 승낙을 받아 실음)

1857년의 토머스 헨리 헉슬리(L. Huxley 1901, 1: 펼침면 160에서)

1718년의 프랑수아-마리 아루에(볼테르)(Nicholas Largillière의 작품을 모사한 유화)

(Voltaire 1835~1838, 1: 권두화에서)

갖가지 완두를 살펴보고 있는 그레고어 멘델(Theodor Charlemont의 돋을새김 작품)
(Iltis 1932: 권두화에서; W. W. Norton의 승낙을 받아 실음)

니콜라우스 코페르니쿠스(런던 소재 Wellcome Institute Library의 승낙을 받아 실음)

루시와 라이너스(Charles Schulz의 만화)(PEANUTS, ⓒ 1996. Feature Syndicate, Inc., 허락
을 받아 재수록함)

1928년의 에른스트 마이어와 그의 말레이시아인 안내자(Mayr 1932:97에서;
Department of Library Services, American Museum of Natural History의 승낙을 받아 실음)

1834년경의 휴 밀러(Miller 1854: 권두화에서)

1630년경의 갈릴레오(런던 소재 Wellcome Institute Library의 승낙을 받아 실음)

1863년경의 로버트 피츠로이(Francis Lane의 유화)(Royal Naval College, Greenwich,
England의 승낙을 받아 실음)

존 러벅(Bettmann Archive의 승낙을 받아 실음)

1633년의 갈릴레오 재판(런던 소재 Mary Evans Picture Library의 승낙을 받아 실음)

"랠프, 시작해 봅시다."(Don Addis의 만화)(Don Addis와 St. Petersburg Times의 승낙을 받
아 실음)

1865년의 조지 엘리엇(메리 앤 에번스)(Sir Frederick W. Burton의 데생)(런던 소재
National Portrait Gallery의 승낙을 받아 실음)

1842년의 찰스 다윈과 그의 맏이 윌리엄의 은판 사진(Department of Library Services,
American Museum of Natural History의 승낙을 받아 실음)

미국 독립 혁명 당시의 벤저민 프랭클린(런던 소재 Wellcome Institute Library의 승낙
을 받아 실음)

1869년의 알프레드 러셀 월리스(런던 소재 National Portrait Gallery의 승낙을 받아 실
음)

프란츠 요제프 갈(런던 소재 Wellcome Institute Library의 승낙을 받아 실음)

전형적인 19세기의 골상학 머리 지도(Spurzheim 1838: 권두화에서)

면죄부 판매(J?rg Breu the Elder의 목판화)(Geisberg 1974, 1:323에서; Hacker Art Books, Inc., New York의 승낙을 받아 실음)

1545년의 마르틴 루터(Lucas Cranach the Elder의 유화)(John G. Johnson Collection, Philadelphia Museum of Art의 승낙을 받아 실음)

쥐트펜의 헨리가 1524년 순교당하는 모습(Holmquist 1917:153에서)

오스트리아 대공 페르디난트 1세(런던 소재 Mary Evans Picture Library의 승낙을 받아 실음)

1536년경의 헨리 8세(Hans Holbein the Younger의 유화)(런던 소재 National Portrait Gallery의 승낙을 받아 실음)

1530년 당시 아라곤의 캐서린(무명 화가의 유화)(런던 소재 National Portrait Gallery의 승낙을 받아 실음)

1533년경 왕비이던 시절의 앤 볼린(무명 화가의 유화)(런던 소재 National Portrait Gallery의 승낙을 받아 실음)

헨리 8세의 마지막 아내 캐서린 파(William Scrots의 작품으로 여겨지는 유화)(런던 소재 National Portrait Gallery의 승낙을 받아 실음)

1968년경의 카를로스 자칼(일리치 라미레스 산체스)(Archive Photos/Express Newspapers의 승낙을 받아 실음)

1974년 빈 공항의 카를로스 자칼과 다른 네 명의 테러리스트(Archive Photos/Popperfoto의 승낙을 받아 실음)

"나는 누구한테 이의를 제기하지?"(Bud Handelsman의 만화)(The New Yorker, 13 May 1972, p. 31에서; ⓒ1972, The New Yorker Magazine, Inc.)

"나에게는 꿈이 있습니다."라는 연설을 하고 있는 마틴 루서 킹(1963)(Bettmann Archive의 승낙을 받아 실음)

1960년의 피델 카스트로와 체 게바라(UPI/Bettmann Archive의 승낙을 받아 실음)

바스티유 함락(1789년 7월 14일)(런던 소재 Mary Evans Picture Library의 승낙을 받아 실음)

1793년 6월 2일 프랑스 국민 공회 회의장에서 일어난 봉기(Charles Louis Lucien Muller의 데생)(런던 소재 Mary Evans Picture Library의 승낙을 받아 실음)

지롱드당원들의 마지막 밤(Louis-Léopold Boilly의 작품을 모사한 판화)(Favier et al. 1989:379에서; Chronicle Communications/Larousse, Paris의 승낙을 받아 실음)

1793년경의 막시밀리앙 로베스피에르(François-Pascal-Simon Gérard의 것으로 추정되는 소묘)(Duruy 1895, 1: 권두화에서)

형장으로 가는 조르주-자크 당통(J. -B. Wille의 소묘)(Musée de la Ville de Paris와 Alfred A. Knopf의 승낙을 받아 실음)

1793년 루이 16세의 처형(작자 불명의 인쇄물)(런던 소재 Mary Evans Picture Library의 승낙을 받아 실음)

1953년의 제임스 왓슨과 프랜시스 크릭(A. Barrington Brown/Science Source/Photo Researchers의 승낙을 받아 실음)

1633년 이단 심문소의 지하 감옥에 갇힌 갈릴레오(런던 소재 Wellcome Institute Library의 승낙을 받아 실음)

1932년의 알베르트 아인슈타인(런던 소재 Mary Evans Picture Library와 Sigmund Freud Copyrights Ltd.의 승낙을 받아 실음)

1922년 개기 일식 때 아인슈타인의 일반 상대성 이론이 검증되다(Campbell and Trumpler 1923:48에서; Lick Observatory Bulletin의 승낙을 받아 실음)

약 7주 된 인간 배아(Darwin 1871, 1:15에서)

"다윈의 돌출부"를 보여 주는 인간의 귀(Darwin 1871, 1:22에서)

1874년경의 찰스 다윈(Leonard Darwin의 사진)(Cambridge University Library 특별 평의회의 승낙을 받아 실음)

# 그림 목록

●

# 표 목록

●

# 감사의 말

●

이 책을 준비하는 데 26년이 걸렸다. 그 과정에서 내가 진 빚은 엄청나다. 조언자들, 가족, 친구들의 무조건적 지지가 없었더라면 나는 결코 이 책의 핵심을 이루는 대규모의 역사 인물 조사 연구를 완수하지 못했을 것이다.

5년 연속 특별 연구 지원을 해 준 존 D.와 캐서린 T. 맥아더 재단에 사의를 표한다. 이 재단의 아낌없는 지원이 이 책이 현재의 꼴로 모습을 드러내는 데서 필수적이었다. 하버드 특별 연구 협회, 버클리 소재 캘리포니아 대학교의 밀러 기초 과학 연구소, 존 사이먼 구겐하임 재단, 전미 인문학 기금), 딥너 과학 기술사 연구소의 연구비 지원에도 감사를 드린다. 전미 과학 재단의 교부금도 연구 활동에 많은 도움을 주었다.

역사는 인간 행동을 탐구할 수 있는, 비할 바 없는 자료의 보고이다. 그러나 학문으로서의 역사는 이론에 취약하고, 가설 검증에는 훨씬 더 취약하다. 행동 과학 분야에 종사하는 수많은 동료 연구자들이 내가 역사에 대해 이론적으로 세련된 주장을 펼칠 수 있도록 도와주었다. 더욱더 중요한 사실은, 그들이 내가 통계적 수단을 활용해 이런 주장들을 검증할 수 있도록 도와주었다는 점이다. 다수의 이론적 쟁점들과 관련해 인간 행동과 진화 학회 회원들이 제공한 안내가 이 책에 큰 기여를 했다. 그들에게 고마움을 전한다. 특히, 리처드 알렉산더, 마이클 베일리, 로라 벳직, 데이비드 M. 버스, 마틴 데일리, 제니퍼 데이비스-월턴, 새라 블래퍼 하디, 케빈 맥도널드, 존 K. 피어스, 캐서린 샐먼, 도널드 시먼즈, 마고 윌슨. 데이비드 M. 버스, 하먼 R. 할콤 3세, 새라 블래퍼 하디는 원고, 특히 다윈 이론과 그것이 인간 행동과 맺고 있는 관련성을 논한 부분에 대해 통찰력 넘치는 논평을 해 주었다. 스티븐 제이 굴드, 에른스트 마이어), 에드워드 O. 윌슨이 나에게 진화 생물학을 가르쳐 주었다. 특히 에른스트 마이어는 내게 엄청난 영감을 불어넣어 주었다. 나아가 그는 이 책에 셀 수 없이 많은 기여를 했다.

로버트 로젠탈, 도널드 루빈, 할 스턴, 다우위 인테마, 앨런 재슬라프스키 및 하버드 대학교 심리학과 브라운 백 통계학 세미나의 다른 성원들에게도 감사드린다. 나는 이 세미나에 거의 10년 동안 간헐적으로 참가하면서 과정을 운영하는 교사들에게 각종의 귀중한 통계학 지식을 배웠다. 수많은 방법적 문제들과 관련해 데이비드 필머, 데이비드 파우스트, 브루스 H. 존스도 귀중한 조언을 해 주었다. 없는 자료 문제를 해결하는 방법과 관련해 자신들의 전문 지식을 기꺼이 빌려 준 도널드 루빈과 조지프 새퍼에게는 특별한 감사의 인사를 전한다. 이 책에서 내가 가끔씩 동원해야 했던, 없는 자료를 대치시키는 방법은 조지프 새퍼가 작성한 컴퓨터 프로그램으로 인해 가능했다(부록 5에 설명해 놓았다.).

이 책에서 개진된 가설 가운데 일부는 전문가 평가단으로 참가해 도움을 준 110명의 역사가가 없었다면 검증될 수 없었을 것이다. 이들 역사가는 4,000명 이상의 역사 인물에 대해 총 2만 번 이상의 평가를 해 주었다. 그들의 평가는 혁명적 논쟁 과정에서 개인들이 취한 입장은 말할 것도 없고 종교적·정치적 태도까지도 아우른다. 나는 자신들의 역사 지식을 기꺼이 나누어 준 이 전문가들에게 큰 은혜를 입고 있다.

나는 여러 해 동안 활기 넘치는 몇몇 조사 연구 보조원들의 도움을 받았다. 그 가운데 한 명이 조지프 에로스이다. 그는 하버드 와이드너 도서관의 평면도를 컴퓨터에 입력했고, 우리는 가장 효율적인 방법으로 수백 권의 전기를 손에 넣을 수 있었다. 다른 조사 연구 보조원들도 소개해 감사를 표하고자 한다. 팀 앨본, 후삼 안사리, 샤리 바식, 바리 쿨, 도미니크 마천드, 안-마리 물랭, 케빈 납, 프랜 오코넬, 이리나 시롯키나, 카린 짠-민, 게일 웨인거트. 조너선 핑클스틴은 이 책이 다루는 주제에 개인적으로 흥미를 느껴 나를 도와주었다. 그가 미국 연방 대법원 투표 양상(12장)과 관련해 전기적 조사 작업의 일부를 해 주었다.

여러 해에 걸쳐 많은 과학 저술가들이 내 연구에 관심을 보여 주었다. 그들은 내가 발전시키고 있던 개념과 연구 결과들을 소개했고, 나는 그들의 소개와 논평에 자극을 받아서 나의 논제를 새로운 방식으로 궁리하기에 이르렀다. 이들 작가, 특히 대니얼 골먼과 매트 리들리에게 나는 큰 신세를 지고 있다. 전체 원고를 읽고 수많은 제안을 통해 책의 개선에 크게 기여한 올리비아 저드슨, 마이클 셔머, 데이비드 스팁, 로버트 라이트에게도 심심한 감사를 드린다.

I. 버나드 코언은 과학사 전문가만이 할 수 있는 사려 깊은 비판을 해 주었다. 필립 키처, 도널드 플레밍, 존 커, 폴-앙드레 로젠탈, 리처드 센

스, 미리엄 솔로몬도 수많은 건설적인 제안을 해 주었다. 딘 키스 사이먼턴은 과학적 명성에 관한 자료의 일부를 내게 나누어 주었다. 엘리자베스 놀은 책의 구성과 관련해 재치 있는 조언을 다수 해 주었다.

다른 학자들도 여러 장들에서 나를 도와주었다. 다윈 및 다윈주의 혁명과 관련해 나는 여러 해에 걸쳐 프레더릭 버크하트, 피에트로 코르시, 피터 고트리, 맬컴 코틀러, 던컨 포터, 샘 슈웨버의 현명한 조언을 따랐다. 로린 R. 그레이엄은 우생학 운동과 관련해, 데이비드 B. 롤스턴은 유럽 역사와 관련해 도움을 주었다. 파트리스 이고네는 프랑스 혁명에 관한 장을 비평해 주었고, 필립 컨버스는 루이 16세 재판 과정에서 드러난 투표 양상을 분석한 나의 통계에 기술적 조언을 해 주었다. 스티븐 해리스, 스콧 H. 헨드릭스, 스티븐 오즈먼트는 종교 개혁에 관한 장에서 유용한 조언을 해 주었다.

사이비 과학의 정체를 폭로하는 빼어난 활동으로 많은 사람들이 증오하는 (그러나 훨씬 더 많은 사람들이 고마워하는) 프레더릭 크루스가 다양한 쟁점, 특히 마르크스주의와 정신 분석의 결합과 관련해 조언과 영감을 주었다. 나는 여러 해에 걸쳐 정신 분석에 관한 모리스 이글, 아돌프 그륀바움, J. 앨런 홉슨, 존 커, 맬컴 맥밀란, 피터 스웨일스의 비판적 연구 논문들도 읽었다.

셜리 로는 친구이자 동료 연구자로서 특별한 도움을 통해 이 작업의 완성에 기여했다. 아버지 앨바 W. 설로웨이는 전체 원고를 통독하면서 "이 부분은 지루하니 빼라."는 식으로 유효적절한 제안을 연거푸 해 주셨다. 이 분별 있는 제안의 결과가 부록에 반영되어 있다. 존 루포는 이 책의 사진 관련 작업을 대부분 맡아 처리해 주었다. 그의 뛰어난 실력으로 복사본이 원본보다 더 잘 나오는 개가를 거두었다. 자료의 전재는 물론 다른 일에서도 나를 도와준 알파그래픽스 사의 팀에게도 감사를 드린다. 에드워드 테너, 하비 슐먼, 특히 프랭크 커티스는 저작권과 관련해서 나를 능숙하게 지원해 주었다. 좋은 친구이자 끈기 있는 조언자인 진 오코넬은 이 프로젝트의 모든 단계에서 귀중한 제안을 해 주었다. 작업이 모양새를 갖추어 나가는 동안 그녀는 내가 발전시키고 있던 개념을 참을성 있게 경청하면서 비평했다. 그녀의 적절한 조언으로 책이 크게 개선되었다.

판테온에서 나를 담당한 편집자 댄 프랭크가 이 책의 주장을 예리하게 다듬는 데서 중요한 기여를 했다. 몇 개 장은 하도 많이 읽어서 어떤 때는 그가 나보다 나의 주장을 더 잘 알고 있는 것 같았다. 늘 변함없이 가장 재치 있는 방식으로 전달된 교묘한 조언으로 인해 원고 수정의 마지막 단계까지 즐거움의 연속이었다. 클로딘 오헌은 가장 찾기 힘든 삽화의 일부를 내가 이 책에 실을 수 있도록 도와주었으며, 승낙을 받는 성가신 일을 포함해 다른 여러 면에서도 나를 도와주었다. 책을 디자인한 펀 커틀러도 표, 도해, 삽화의 형식과 관련해 수많은 제안을 했다. 본문의 내용을 크게 개선해 준 교열 담당자 낸시 길버트에게 감사드린다. 판테온의 제작 담당 수석 편집자 진 모턴도 체재와 관련해 여러 제안을 했다.

이 책의 도해는 처음에 SYSTAT를 사용해 만들었다. SYSTAT는 그래픽 구현 기능이 아주 뛰어난 통계 프로그램이다.(Wilkinson and Hill 1994.) 나는 연구를 수행하고 책을 쓰는 과정에서 이 프로그램을 활용해 자료를 시각적으로 구현했고, 여러 변수들 사이의 복잡한 관계를 더 잘 파악할 수 있었다. 주목할 만한 통계 결과는 시각적 형태로 제시될 때 두드러져 보이는 경향이 있다. 잡지 《뉴스위크》의 그래픽 디자이너 보니 스크랜턴이 어도비 일러스트레이터(Adobe Illustrator)를 사용해 내가 만든 SYSTAT 그림을 현재의 형태로 다시 작업했다. NK 그래픽스 사의 데이비드 어션

이 SYSTAT 파일을 어도비 포맷으로 전환하는 데 필요한 기술 지식을 제공했다.

나는 존 K. 피어스와 캐럴린 피니라고 하는 아주 특별하고 소중한 두 명의 동료이자 비평가를 갖는 행운을 누렸다. 존은 지난 8년 동안 이 책의 모든 장을 초고 형태로 읽으면서 내용과 문체에 관해 조언해 주었다. 다윈주의 이론과 가족 역학에 관해 그와 토론하면서 이들 주제에 관한 나의 이해가 크게 진작되었다. 캐럴린 피니는 책을 포괄적으로 비평해 주었다. 그녀는 논리의 미묘한 (또, 미묘하지 않은) 결함을 찾아내면서 거듭해서 창의적인 기여를 했다. 이를 바탕으로 책의 전반적인 구성과 본문의 최종 형태가 크게 개선되었다. 경험적 예증에 대한 그녀의 까다로운 기준도 연구 결과에 대한 나 자신의 이해에 끊임없이 영감을 주었다.

나는 1989년부터 현재까지 매사추세츠 공과 대학 과학, 기술, 사회 프로그램에 재직하고 있다. 이 프로그램에 감사한다. 가장 최근에 프로그램을 책임졌던 케네스 케니스턴과 메릿 로 스미스에게도 감사를 드린다. 두 사람은 한 명의 독립 연구자에게 생기 넘치는 지적 환경을 제공해 주었다.

단연코 제롬 케이건에게 가장 큰 빚을 지고 있다. 나는 이 책을 그에게 바친다. 제리는 내가 이 프로젝트를 처음 구상했을 때(대학원 1학년생이었던 1970년에 착상했다.) 열렬히 지지했고, 끊임없는 격려로 내가 이 프로젝트를 잊지 않도록 해 주었다. 이런 그의 영향이 나의 이력에 개입되어 있다. 청년의 마음을 가진 제리는 새로운 사상에 늘 흥분한다. 그의 폭넓은 과학적 관심사는 정말로 내게 커다란 도움이 되었고, 이 책의 학제적 취지에서도 드러난다.

마지막으로 인쇄된 말을 통해서만 알고 있는 한 사람에게 인사를 드리고 싶다. 내가 처음으로 찰스 다윈의 생애에 관심을 가진 것은 대학생 때였다. 한번은 여름방학 때 남아메리카로 건너가 그의 발자취를 쫓으며 답사를 하기도 했다. 나는 과학적 창조성이라는 문제에 흥미를 느꼈고, 다윈의 지적 발달을 탐구하기 시작했다. 나는 다윈 자신이 보였던 집요한 끈기의 정신으로 6,000명 이상의 삶을 연구했다. 오직 한 사람, 다윈의 창조성을 제대로 이해해 보겠다는 희망에서 말이다. 만약 누군가가 '타고난 반항아'였다면, 능숙하게 반란에 나섰다면 그것은 바로 다윈이었다. 다윈의 삶과 사상에 대한 연구를 통해 내가 배운 것은 한 문장으로 요약된다. 인간의 마음에 대해 다윈 자신의 이론이 제공하는 비범한 통찰을 통해 창조적 천재성을 가장 잘 파악할 수 있다.

# 후주(後註)

●

## 서론

1. 나이와 과학 혁신에 관해서는 예를 들어, Hull, Tessner, and Diamond 1978; Blackmore 1978 을 보시오.

2. 오이디푸스 콤플렉스와 급진주의에 관해서는 Erikson 1958; Wolfenstein 1967; Rejai and Phillips 1979:175~178; Rejai and Phillips 1983:151~152를 보시오.

3. 정치 변동에서 사회 경제적 요인들이 담당하는 역할에 관한 논의를 보려면 Lefebvre 1962~1964, 1:214, 266; Martin 1973:95; Rejai and Phillips 1979:97~99; Rejai and Phillips 1983:75; Soboul 1980:8을 참조하시오. 신교도 종교 개혁에 관해서는 Hillerbrand 1973:38; Spitz 1985:184; Ozment 1992:20을 보시오. 사회 계급과 과학에서 확인되는 혁명적 성향에 관해서 는 Shapin 1979b; Cooter 1984:43~44; Desmond 1989; Desmond and Moore 1992를 보시오.

4. Loomis 1964:55에서 인용.

5. Dickens 1989:51, 220. Scarisbrick 1968:508; Kelley 1981:78도 보시오.

6. 형제의 차이에 관한 유용한 연구 논평을 보려면 Plomin and Daniels 1987; Dunn and Plomin 1990을 참조하시오.

7. 출생 순서와 번식 성공에 관해서는 Duby 1978; Boone 1986:869; MacDonald 1991을 보시오. 출생 순서와 유아 살해에 관해서는 Scrimshaw 1978, 1984; Hrdy 1987을 보시오. 역사상의 형제 갈등에 관해서는 Daly and Wilson 1988a:30을 보시오. 그들은 봉건 왕족들이 "형제 도륙에 관한 얘기를 끝없이" 펼쳐 놓는다고 언급한다.

8. 역사가들이 공식적인 가설 검증을 생략할 수 있었던 한 가지 이유는 나쁜 역사로 인해 죽은 사람이 한 명도 없기 때문이다. 의학에서는 신약의 혜택과 관련해 입증되지 않은 주장을 펼치다가는 환자들에게 마구잡이로 사용하는 과정에서 의료 과실이 발생할 수도 있다. 그럼에도 불구하고, 객관적 절차가 가설을 검증하는 방법으로서 서사적 평가 방식보다 더 낫다는 것을 증명하는 것이 인명 손실을 가져오지는 않는다(Faust 1984).


## 1장 과학 혁신에 대한 개방성

1. Darwin 1985~, 3:2.

2. Darwin 1985~, 1:134; Josiah Wedgwood가 Robert Waring Darwin에게 1831년 8월 31일자로 보낸 편지.

3. Darwin 1958(1876):85.

4. 갈라파고스 제도는, 아이작 뉴턴의 만유인력 사상에 영감을 준 것으로 간주되는 "떨어지는 사과"와 비슷한 상징성을 갖는다. 뉴턴의 발견에 관한 이야기처럼 다윈과 갈라파고스 제도에 관한 이야기도 무시 못 할 전설의 주제가 되었다(Sulloway 1982a, 1983a).

5. 갈라파고스 제도의 나이에 관해서는 Hickman and Lipps 1985; Christie et al. 1992를 보시오.

6. Darwin 1933:334.

7. 다윈의 『연구 일지』(1845:377~378) 제2개정판에서 인용했다. 그는 여기서 갈라파고스 제도에 관한 자신의 언급을 확장했다. 초판은 1839년에 나왔다.

8. Darwin 1933:383; 1836년 1월 18일의 기록.

9. Darwin 1845:380. 다윈의 핀치에 관한 현대의 연구를 보려면 Lack 1947과 Grant 1986을 참조하시오.

10. Darwin 1933:334.

11. Darwin 1845:390.

12. Darwin 1845:393.

13. Herbert 1974; Sulloway 1982a, 1982b, 1983b, 1984도 보시오.

14. John Gould의 생애를 확인하려면 Sauer 1982와 Sharpe 1893을 보시오.

15. Owen 1894, 2:250~251; Sharpe 1893:xxiv(나는 여기서 인용했다.).

16. Sulloway 1982c:358.

17. Sulloway 1982c:357.

18. Sulloway 1982c:362~386.

19. Darwin 1959:7.

20. Darwin 1985~, 2:32; 1837년 7월 30일자 편지.

21. Darwin 1958(1876):120.

22. Darwin 1985~, 3:43~44.

23. 종에 관한 다윈의 '위대한 저작'이 출간되기까지는 한 세기 이상을 기다려야 했다(Darwin 1975). 다윈은, 자신이 『자연선택』이라고 부르던 이 대저의 일부 장을 『사육 동식물의 변이 (*The Variation of Animals and Plants under Domestication*)』(1868년)로 확장 편성해 발표했다.

24. Darwin and Wallace 1958(1858). 미국인 박물학자는 Asa Gray였다.

25. Bell 1860(1859):viii.

26. Mayr 1964:vii.

27. Agassiz 1860:154.

28. Darwin 1887, 2:248.

29. Clark and Hughes 1890, 2:360; 1860년 1월 2일자 편지.

30. Flourens 1864:65.

31. FitzRoy 1839:503.

32. Lurie 1960:373. 나는 여기서 아가시의 여행을 다룬 Stephen Jay Gould의 설명(1983)을 이용했다.

33. Mayr 1988:185~195.

34. Kuhn 1962.

35. Kuhn 1962:24.

36. Kuhn 1962:66~91; Cohen 1985:28~29도 보시오. 과학에 대한 쿤의 유력한 견해는 과학 사

상의 "사회적 구성"을 주제로 많은 후속 저술을 탄생시켰다. 과학의 사회적 구성을 지지하는 저술로 가장 중요한 것들은 Fleck(1979(1935)), Latour and Woolgar(1986(1979)), Latour(1987), Shapin(1982, 1993), Shapin and Schaffer(1985), Collins and Pinch(1982), Collins(1985), Pickering(1984)이다. 실험과 방법의 전통을 반영하는 사회적 활동에 포괄된 관습으로서의 과학을 주제로 최근에 발표된 저술들에 대한 논평을 보려면 Lenoir 1988과 Golinski 1990을 참조하시오.

37. Lightman and Gingerich 1992.

38. 예를 들어, Barber의 고전적인 논문(1961)을 보시오; Merton 1973:497~559; Mahoney 1976:116; Cohen 1985:17~18, 321도 보시오.

39. Mayr 1982:311~312, 328~329; Bowler 1984:65~67. Lovejoy 1959:356, 380도 보시오.

40. Darwin 1903, 1:305; 조지프 후커에게 1868년 7월 28일자로 써 보낸 편지.

41. Greene 1971:17, 25 n.9와 Ghiselin 1972:123을 보시오.

42. Darwin 1958(1876):124.

43. Millhauser 1959:122에서 인용.

44. Darwin 1985~, 3:2; 조지프 후커에게 1844년 1월 11일자로 보낸 편지.

45. Mitroff 1983:264. Giere(1988, 1989:8)도 보시오. 그는 이렇게 말한다. "과학의 일반 이론에 대한 가장 전도유망한 접근법은 개인들을 분석의 기본 단위로 삼는 것이다." Kitcher(1993)는 이런 일반적 주장을 면밀하게 검토하면서 합리성이 상이한 개념적 지위를 차지하는 과학자들 사이에서 일어나는 경쟁 과정의 산물이라고 말한다.

46. Lovejoy 1959:360. 다윈의 천재성에 기대는 설명은 1859년 이전에 진화론자로 전향한 과학자들이 꽤 많았음을 상기하면 금방 무너지고 만다. 나 자신의 계산에 따르면 다윈이 비로소 전향한 1837년경에 진화를 지지한 사람은 최소 30명이고, 1859년경에는 85명이다(2장).

47. Huxley 1887:197.

48. Darwin 1887, 2:226~227.


## 2장 출생 순서와 과학 혁명

1. 에른스트 마이어가 이 놀라운 사실에 주의를 환기시켰다. "생물학, 특히 생물 분류와 형태학에 정통했던 사람들이 창조와 종의 불변성 교설을 가장 강력하게 지지했다."(1964:ix)

2. McCrae and Costa 1987, 1990:41, 44; Loehlin 1992:64~66.

3. Eaves, Eysenck, and Martin 1989:360~365, 385; Bouchard et al. 1990; Dunn and Plomin 1990:50; Loehlin 1992:66~67, 91.

4. 이 장에서 이미 언급된 행동 유전학 연구 내용 외에도 Plomin and Daniels 1987; Dunn and Plomin 1991을 보시오.

5. 나는 3장에서 출생 순서와 성격에 관한 문헌들을 검토한다.

6. 예를 들어, Palmer 1966; Harris and Howard 1968; Price 1969; Sutton-Smith and Rosenberg 1970:113~114; Singer 1971; Smith 1971; Kagan 1971:148, 1977을 보시오.

7. 이런 연구가 실제 생활의 행동과 많은 관련성을 가지는지 여부를 아무도 모른다는 점이야 말로 다수의 실험 심리학 연구가 노정하는 전형적인 특성이다. Becker(1986:206)는 성별에 따른 설득과 순응의 차이에 관한 메타 분석적 논평에서 이 문제를 언급한다.

8. 출생 순서에 따라 호르몬과 항원에 차이가 난다는 사실이 보고되었다. 그러나 이런 생리적 차이가 출생 순서에 따른 성격 차이의 원인이라는 확고부동한 증거는 전혀 존재하지 않는다. 임신과 결부된 호르몬 변화는 태어나고 4년이 지나면 정상으로 돌아온다. 반면 출생 순서 효과는 연령 격차가 3~4년일 때(3장과 5장을 보시오.) 강화된다. 그럼에도 불구하고 태아 상태에서 경험하는 환경의 차이는 더 연구해 볼 가치가 충분한 주제이다. Foster and Archer 1979; Miller 1994; Blanchard et al. 1995를 보시오.

출생 순서 효과가 대체로 환경적이라는 사실은, 첫째로 양육된 생물학적 후순위 출생자들을 첫째로 양육되지 않은 생물학적 후순위 출생자들과 비교해 보면 알 수 있다. 나는 본문에서 이런 사례를 몇 건 언급한다. 이 장의 후반부(후주 81번)에서는 이 문제와 관련해 공식적인 통계 증거를 제시했다.

Holmes(1995)는 과학 혁명기의 입장이 출생 계절과 큰 관계를 맺고 있다고 주장했다. 출생 계절은 생물학적 원인과 환경적 원인을 모두 가질 수 있는 조합이다. 출생 순서는 계절과 공진한다. 그러나 이 시원치 않은 조합은 이 책에서 논의되는 근본적인 출생 순서 효과의 원인이 아니다. 더 크고 대표성을 갖는 표본을 활용해 추가 분석을 시도해 보면 출생 계절에 관한 홈스의 주장이 비논리적임을 알 수 있다(부록 9, 기술적 논의 1을 보시오.).

9. 내 연구에 등장하는 모든 개인은 다양한 전기적 요소들에 따라 코드화했다. 출생 순서와 형제의 수 외에도 성별, 사회 계급, 국적, 교파, 전문 분야, 참가 당시의 나이, 기타 30개 이상의 다른 변수들을 채택했다. 나는 출생 순서를 코드화하면서 형제의 사망, 입양, 유년기에 의붓형제들이 존재했는지 여부를 고려했다. 이 정보가 증거로 채택되려면 일곱 번째 생일 이전에

확립된 출생 순서 지위가 열여섯 번째 생일 때까지 안정적으로 유지되어야만 했다. 이 기준을 만족시키지 못하는 사례는 통계표 작성에서 전부 배제했다. 이 변수들의 코드화 절차는 부록 2에 설명되어 있다.

10. 그러나 외자식들에 대한 연구 결과가 별도로 제시되는 4~6장과 8~9장을 보시오.

11. Lurie 1960:4.

12. Coleman 1964:6.

13. Winsor 1979:112.

14. Lurie 1970:72.

15. Coleman 1964:14, 15, 175.

16. Bourdier 1971b:527.

17. Bourdier 1971b:524.

18. Bourdier 1971b:527.

19. Bourdier 1971b:524, 523.

20. Bourdier 1971a:521.

21. Bourdier 1971a:521.

22. Williams-Ellis 1966.

23. Wallace 1905, 1:15.

24. Thoren 1990:5.

25. Thoren 1990:4; Koestler 1959:283도 보시오.

26. Hellman 1973:410; Thoren 1990:426.

27. Thoren 1990:337.

28. Thoren 1990:250.

29. Thoren 1990:468~469.

30. Cohen 1985:42.

31. 나는 개별 과학 논쟁의 대표적 모집단을 획정하면서 한 가지 중요한 규칙을 따랐다. 특정 논쟁 과정에서 용기 있게 발언했다고 보고된 사람은 그 또는 그녀의 직업에 관계없이 나의 표본에 반드시 포함시킨 것이다. 그리하여 다수가 과학자이기도 했던 신학자들과 철학자들이 나의 조사 연구에 등장한다.

과학과 다른 학문 분야 사이의 경계가 지난 세기에는 오늘날보다 덜 면밀하게 그어졌고, 다수의 신학자들은 과학에 정통했다. 코페르니쿠스, 프리스틀리, 멘델은 모두 교회에서 공식 직책을 보유했다. 심지어는 다윈조차도 비글 호 항해 직전까지 성직 경력을 심사숙고했다. 영국에서 주요 대학의 교수들은 19세기 중반까지 성직을 갖도록 요구받았다. 논쟁에 참가한 사람들의 표본 가운데 12퍼센트를 비과학자로 분류할 수 있었기 때문에 나는 나의 데이터베이스에 이 정보를, 참가자들이 뛰어난 전문 지식을 갖추었던 구체적 분야와 함께 기록했다.

32. 나는, 특정 혁신의 지지자나 반대자로 분류된 모든 참가자들에 대해 나의 데이터베이스에 공식적 발언과 그 개인이 용기 있게 발언한 날짜를 기록했다. 과학적 입장의 출전이 되어 준 100종 이상의 간행물은 부록 3에 정리해 놓았다. 18권짜리 『과학 인명사전』도 본 연구에 포함된 상당수 개인들의 과학적 입장에 관한 정보를 알려 준다. 이 사전에는 내 표본 가운데 1,700명 이상에 관한 기사가 있고, 그 서술 자체가 나의 데이터베이스에 코드화되었다.

33. 본 연구에 평가자로 참여한 전문가 110명은 부록 4에 정리해 놓았다. 이 분들의 관대한 도움에 감사를 드린다. 그들의 도움이 없었다면 이 연구 프로젝트의 많은 것들이 불가능했을 것이다.

34. 다윈 이전 시기의 진화에 대한 지지 기준은 물리적 과정으로서의 진화를 믿느냐이다. 19세기 독일의 일부 자연 철학자들은 종이 하나님의 마음속에 존재하는 "형상(idea)"으로서 진화한다고 믿었다. 이런 개인들을 진화론자로 간주하지 않은 것은, 그들이 이 과정의 물리적 실재를 지지하지 않았기 때문이다. 이런 형이상학적 관념은 창조론과 완전히 일치했다.

35. 복수의 판정관을 활용해 '평정자 간 신뢰도'를 획정할 수 있었다. (다윈주의를 포함해) 진화 관련 논쟁들에 대한 평가자 10명의 평정자 간 평균 신뢰도는 0.89로, 이것은 상당히 높은 값이다. 다중 평가를 활용해 오차 효과를 감소시킬 수 있었고, 그에 기초한 평가의 '유효 신뢰도'는 0.93이었다. 이 정도 크기의 신뢰도라면 본서에 제시된 통계 분석을 정당하다고 주장하기에 충분한 값 이상이다.

나는 독립적 평가자들에 의뢰해 이 장에서 다루는 28가지 과학 혁신 모두의 과학적 입장을 평가했다. 26명의 판정관에 기초한 내 연구 전체의 평정자 간 평균 신뢰도는 0.90이다. 평정자 간 신뢰도에 대해 더 자세히 알고 싶다면 부록 3을 보시오.

36. Darwin 1887, 2:326.

37. Lyell 1881, 2:364; Wilson 1970도 보시오.

38. Darwin 1887, 3:10.

39. Colp 1977:141~144; Bowlby 1990:372.

40. Darwin 1985~, 7:397.

41. Agassiz 1860:154.

42. Hull 1978:200~207.

43. Crocker 1959:123; Carozzi 1974:27; Mayr 1982:311~312; Bowler 1984:65~67.

44. Carozzi 1974:26.

45. 그림 2.1에 대한 기술적 정보: 1700년부터 1875년까지의 전 기간에 걸친 출생 순서와 과학적 입장 사이의 상관관계는 0.39이다(r=phi, df=1/446, t=9.07, p<1×10⁻¹⁵). 과학적 입장에 관한 7점 측정자를 사용한 출생 순서와의 이계열 상관관계는 0.36(df=1/431, t=8.07, p<1×10⁻¹³)이다. 7단계 척도 사용은 대다수 통계 검정의 결과에 별다른 차이를 가져오지 않았고, 또 사례를 누락시켜야 했다.(여기서 외자식들은 첫째에 포괄되었다. 외자식들은 진화에 대한 태도에서 다른 첫째들과 유사했다.)

이 통계는 두 가지 개별 표본을 합친 것이다. 다윈 이전 시기에 출생 순서와 진화에 대한 지지 사이의 상관관계는 0.43(r=phi, df=1/218, t=6.99, p<1×10⁻¹¹)이었다. 형제의 수와 사회 계급을 통제한 출생 순서와 과학적 입장 사이의 부분 상관은 0.40이다. 출생 순서를 통제했더니 형제의 수도, 사회 계급도 진화에 대한 지지 여부를 알려 주는 유의미한 예보자가 못 되었다.

다윈주의 수용에서 출생 순서와 과학적 입장 사이의 상관관계는 0.35(r=phi, df=1/226, t=5.58, p<1×10⁻⁸)이다. 형제의 수와 사회 계급을 통제한 출생 순서와 과학적 입장 사이의 부분 상관은 0.32이다. 출생 순서를 통제했더니 형제의 수도, 사회 계급도 다윈주의에 대한 지지 여부를 알려 주는 유의미한 예보자가 못 되었다.

46. Darwin 1987(1838):250.

47. 1850년 이전 시기의 r=0.50(df=1/143, t=6.87, p<1×10⁻¹⁰). (17.5대 1이라는) 이런 승산비의 95퍼센트 신뢰 한계는 5.6과 53.5이다.

48. 이전의 진화 이론들보다 다윈주의 이론에 의해 전향한 과학자들이 훨씬 더 많았다(r=0.23, df=1/644, t=6.00, p<1×10⁻⁹). 후순위 출생자들의 지지 증가보다 첫째들의 지지 증가가 더 컸다. 후순위 출생자들은 이미 진화를 우호적으로 생각하고 있었다.

49. Eiseley 1961.

50. 내 다윈주의 혁명 표본(1700~1875년)의 평균 형제 수는, 그린우드-율(1914) 규칙으로 계산했더니 3.55(N=381)명이었다. 이 표본의 47퍼센트가 실제로 첫째(예상 비율은 28퍼센트였다.)였기 때문에 이런 태도는 너무 많은 것으로, 첫째들의 지적 성취를 지지하는 다른 증거와도 일치하는 현상이다(Altus 1966, Belmont and Marolla 1973).

51. Darwin 1887, 2:72.

52. 프랑스 이외 국가들의 평균 형제 수는 3.8명으로 평균 3.6명이었던 프랑스보다 높았다. 프

랑스 과학자들의 평균 형제 수는 다른 나라 과학자들보다 훨씬 더 작았다(2.10대 3.76, 그린 우드-율의 규칙(1914)에 따라 계산함; $r=-0.28$, $df=1/190$, $t=-3.96$, $p<0.001$). 프랑스는 인구학적 변동이 더 이른 시기에 발생했고, 하여 다른 나라들보다 진화에 더 적대적이었다 ($r=-0.08$, $df=1/642$, $t=-2.03$, $p<0.05$). 프랑스의 다윈주의 수용과 (그 밖의 지역 사이의) $r=-0.13$($df=1/349$, $t=-2.48$, $p<0.02$). 출생 순서를 통제했더니 이 현저한 국적 효과가 $r=-0.08$($df=1/225$, $t=1.21$, $p<0.23$)로 축소되었다.

53. Mayr 1982:536.

54. 진화에 대한 그의 반대가 "오랜 세월 동안 포괄적 암운을 드리웠던," 퀴비에의 역할은 Stebbins(1972:118~119)가 자세히 논의했다.

55. 과학 분야에서 혁신에 대한 개방성 및 나이와 관련된 증거는 대부분이 일화적이다. 그러나 그 일반화는 압도적으로 진실이다. 다윈주의 혁명에서 나이가 담당한 역할을 보려면 Hull, Tessner, and Diamond 1978을 참조하시오. 그들은 영국인들이 다윈 이론을 수용하는 과정을 조사 연구했다. Kuhn 1962:90, 150~152; Blackmore 1978; Sulloway(준비 중)도 보시오.

56. 그림 2.2에 대한 기술적 정보: 출생 순서를 통제한 나이와 진화 지지 사이의 부분 상관은 $-0.20$($df=1/403$, $t=-4.08$, $p<0.0001$; 다윈 이전 시기와 다윈이 참가한 논쟁을 결합했음)이다. 나이는 출생 순서와 크게 상호 작용한다. 출생 순서와 나이의 주요 효과를 통제하면 상호 작용 효과의 부분 상관은 $-0.09$($df=1/403$, $t=-1.82$, $p<0.05$)이다.

57. 혁신의 유포를 주제로 한 고전적 저작은 Rogers(1962)이다. 이 연구의 일부 방법들과 전반적 결과를 개관하려면 Rogers(1971, 1983)와 Mahajan and Peterson(1985)도 보시오. 메타 분석적 방법은 혁신 유포 연구의 필수적 요소로, 데이터의 수집에서 결과의 분석과 제시에 이르기까지 이 책에 반영된 연구의 모든 측면을 규제했다. 메타 분석적 방법에 관해서는 Glass, McGaw, and Smith 1981; Hunter, Schmidt, and Jackson 1982; Rosenthal 1987을 보시오.

58. 나는 Kuhn 1962/1970, 1977; Cohen 1985; Hacking 1981; 18권짜리 『과학 인명사전』에서 각 이론에 할애된 쪽수를 토대로 "혁명적" 혁신의 이 인용 빈도를 정리했다. 이런 쪽수 세기는 나의 데이터베이스에서 하나의 변수로 일정한 형태를 갖추고 있다.

이 2차 문헌에서 가장 빈번하게 인용된 "혁명"은 뉴턴 이론(978쪽에 걸쳐 언급), 다음으로 다윈주의 혁명(525쪽), 아인슈타인의 특수 및 일반 상대성 이론(374쪽), 코페르니쿠스 혁명(323쪽), 라부아지에가 주도한 화학 혁명(321쪽)이었다. 가장 빈번하게 언급된 17개의 "혁명들" 가운데 16가지를 나의 역사적 조사 연구 대상에 포함시켰다. 나는 패러데이, 맥스웰, 헤르츠 및 기타 인물들이 개발한 전자기 이론(273쪽에 걸쳐 언급)에 관한 데이터는 수집하지 않았다. 나는 이 개념의 수용과 관련해 공식적인 통계 조사를 정당화할 수 있을 만큼 충분히 자세한 설명을 찾을 수 없었다.

59. 나의 조사 대상에 포함된 12개의 기술적 혁명 가운데 네 가지는 이데올로기적 함의 때문에 빈번하게 언급되었다. 이 네 가지 사건은 뉴턴 이론, 정신 분석, 상대성 이론, 양자 역학이다 (Popper 1980:103; Cohen 1985:379). 우리는 Hacking(1983:493)과 Cohen(1985:95)을 좇아 이 12개의 기술적 사건을 방금 내가 언급한 4개의 "대 혁명"과 8개의 "더 작은" 혁명으로 하위 분할할 수 있다. 14장에서는 이데올로기적 급진주의라는 연속 척도를 활용해 이런 구별에 대한 검정을 시도했다.

60. Popper(1981:81, 98~106)도 "이데올로기적" 혁명과 "과학적" 혁명을 비슷한 방식으로 구분했다. 그는 코페르니쿠스주의와 다윈주의 혁명을 첫 번째 범주에 포함시켰다. 포퍼의 구별을 지지하는 Cohen(1985:284, 377)은 코페르니쿠스와 다윈 이론이 이데올로기적 급진성을 가졌다는 것에 동의한다.

61. 나는 본문에 언급된 지침 외에 다른 두 가지 지표를 더 참조해 급진주의를 획정했다. (1)혁신이 문자로 표현된 성경의 진실과 모순되었다는 과학 역사가들의 공식 언명, (2)이론의 교수 행위가 종교나 정치 기관에 의해 금지되었다는 증거.

62. Hutton 1788:304.

63. 세계의 역사가 6,000년에 불과하다는 억측은 제임스 어셔 대주교의 계산(1650)에 기초한 것이다. 그는 세계가 B.C. 4004년 10월 23일 일요일에 창조되었다고 결론지었다. 어셔가 이렇게 구체적으로 세계 창조의 날짜를 주장한 최초의 인물은 아니었다. 그러나 그는 이를 성공적으로 대중화했다(Davies 1969:13~14; Rudwick 1972:70).

64. 내가 보수적 이론으로 분류한 다섯 가지 혁신은 과학 역사가들도 전부 분명히 그렇다고 설명한 것들이다. (자연발생설 반박을 포함한) 생기론에 관해서는 Gasking 1967; Farley 1977, 1982; Roe 1981을 보시오. 이상주의적 분류 체계들에 관해서는 Stresemann 1975; Desmond 1989를 보시오. 배종설에 관해서는 Farley and Geison 1974를 보시오. (흔히 종교의 한 형태로 간주되는) 현대적 관념론에 관해서는 J. Oppenheim 1985를 보시오. 우생학에 관해서는 Kevles 1985; Proctor 1988; Weingart, Kroll, and Bayertz 1988을 보시오.

발생학의 전성설은 창조론 및 생기론과의 강력한 연계 때문에 흔히 보수적 이론으로 간주된다. 17세기의 유물론 철학에서 영감을 얻은 이 생물학 개념은 당시에는 보수적인 이론이 아니었다. 전성설은 이렇게 (아리스토텔레스의 후성설이라는) 보수적 이론을 대체했다. 18세기에 접어들면서 전성설은 후성설보다 더 보수적인 이론으로 자리를 잡았다(Roe 1981:3~9). 내가 획정한 7개의 논쟁적 혁신 가운데 하나인 후성설은 생물학의 변동 개념에 우호적인 개방적인 가정에 근거했다. 역사적 맥락의 문제를 더 자세히 다루는 14장을 보시오.

65. Roe 1981:98에서 인용.

66. Roe 1981:119.

67. Stresemann 1975:170~191.

68. Desmond 1989:22.

69. (2.0대 1로 후순위 출생자들에게 우호적인) 승산비에서 $x^2(1)=55.15(r=0.17)$, $N=2,015$, $p<1\times10^{-13}$. 승산비는 맨틀-핸첼 검정을 사용해 사건 전반에 걸쳐 계산한 것이다. 맨틀-핸첼 통계량은 칸도수(빈도, cell frequency)와 표본 크기의 차이를 바로잡아 준다. 이 승산비의 95퍼센트 신뢰 구간은 1.7과 2.6이다. 이 결과는 상당히 잠다하고, 하여 급진적 혁신에서 출생 순서가 담당하는 영향력의 정도를 과소평가한다.

　28가지 혁신 전체 표본에서 출생 순서와 과학적 입장 사이의 평균 가중 상관관계는 $0.24(r=phi, df=1/2,013, t=11.08, p<1\times10^{-20})$이다.

70. 나는 내 연구에서 78명의 개인을 과학 혁신의 주요 "창시자"로 선정했다. 급진적 이데올로기 혁명의 창시자들 가운데는 후순위 출생자들이 4.5배 더 많았다$(r=0.32, x^2(1)=6.88, N=66, p<0.01)$. 기술적 혁명과 논쟁적 혁신의 창시자들 가운데는 후순위 출생자들이 많지 않았다. 물론 그들이 첫째들보다 이들 이론을 지지할 가능성이 훨씬 더 많긴 했지만.

71. 28가지 과학 논쟁의 동질성을 검증해 보면 $x^2(29)=84.69, N=2,015, p<1\times10^{-7}$이다. 이것은 출생 순서의 효과 크기가 사건들에 따라서 크게 달라진다는 의미이다(나는 같은 논쟁을 초기 단계와 후기 단계로 환산하여 28가지 논쟁을 두 번씩 분석했다. 그리하여 자유도가 도합 30으로 증가했다.).

72. 골상학의 유물론적 함의에 관해서는 Young 1970, 1972와 Cooter 1984를 보시오.

73. 이 문제를 해결하기 위해 나는 14장(특히 그림 14.1)에서 과학 논쟁들을 다차원적으로 분류했다. Cohen(1985)은 혁명적 지위와 관련해 당대의 기준이 갖는 중요성을 강조했다.

74. 골상학의 명백하게 급진적인 성격 때문에 나는 추가적 통계 결과를 제시하면서 이 이론을 급진적 이데올로기 혁명에 포함시켰다. 골상학이 급진적 이데올로기 혁명으로 재분류되고, 코페르니쿠스 이론에 대한 후기 논쟁이 기술적 혁명으로 간주된다면 네 종류의 과학 논쟁 전체에 걸쳐 출생 순서 효과는 효과 크기의 동질성 검증을 통과한다. 나는 14장에서 1609년 이후 과학자들이 코페르니쿠스 이론을 채택한 것은 이데올로기적 헌신성 때문이 아니라 주로 기술적 고찰에 의한 것이었음을 보여 주는 증거를 제시했다.

75. 후순위 출생자들은 논쟁의 후기뿐만 아니라 초기에도 과학 혁신을 압도적으로 지지했다. 그러나 논쟁 후기에는 후순위 출생자들의 지지에 우호적인 승산비가 동일 논쟁의 초기 단계에 관측된 것의 절반인 경우가 대부분이다. 출생 순서 효과의 차이가 현저했다($z=1.98$, $p < 0.05$).

76. 그림 2.4에 관한 기술적 정보: 타원들은 각급 혁신들의 도심(圖心)에 관한 가우스(정규) 2변량 신뢰 구간을 나타낸다. 신뢰 구간은 95퍼센트로 설정되어 있다. 각 타원의 위치는 출생 순서 효과와 경과 시간 사이의 피어슨 상관이 갖는 기울기에 의해 결정된다(Wilkinson and Hill 1994:373).

   (1)급진적 이데올로기 혁명으로서의 지위와 (2)논쟁의 단계를 통제하면 이 두 변수들 사이의 상호 작용이 현저해진다(부분 $r=-0.47$, $df=1/26$, $t=-2.79$, $p < 0.01$).

77. 과학 혁신의 유형을 통제한 혁신의 승산비와 시작 연도 사이의 부분 상관은 0.02($df=1/27$, $t=0.13$, $p=0.90$)이다.

78. 나는 부록 9, 기술적 논의 2에서 장자 상속권에 관한 이 주장을 더 자세히 검증했다.

79. Wedgwood 1929:70; Stone 1979:167; Segaleû 1985:63을 보시오.

80. 보수적 이론을 제외한 모든 논쟁에서 후순위로 태어난 장남과 차남 이하의 $r=0.00$($x^2(1)=0.02$, $N=678$, $p < 0.89$); 보수적 이론의 경우도 결과는 비슷했다($r=0.00$, $x^2(1)=0.00$, $N=181$, $p < 0.97$).

81. 기능적 구성 개념으로서의 출생 순서에 대한 공식적 검증은 (루이 아가시와 티코 브라헤처럼) 생물학적으로는 후순위 출생자이지만 첫째로 양육된 과학자들에 의해 제공된다. 나의 표본에서는 이런 사례가 29명이었다. 이들 개인은 과학 혁신에 대한 반응에서 다른 첫째들과 통계적으로 구별이 안 됐다. 나아가 이들 기능적 첫째들은 기능적 후순위 출생자들보다 자유주의적 혁신을 지지할 가능성이 훨씬 더 적었다($r=0.11$, $x^2(1)=14.82$, $N=1,265$, $p < 0.001$). 첫째로 양육되지 않은 후순위 출생자들은 첫째로 양육된 후순위 출생자들보다 자유주의적 과학 진보를 지지할 가능성이 4.4배 더 많았다.

82. 23가지 자유주의적 혁신에서 첫째 수용자에 대해 후순위 출생의 수용자가 갖는 3.1의 승산비는 $r=0.26$, $x^2(1)=112.77$, $N=1,618$, $p < 1 \times 10^{-15}$(맨틀-핸첼 검정을 사용함). 이 승산비의 95퍼센트 신뢰 한계는 2.5와 3.8이다. 동일한 23가지 논쟁에서 출생 순서와 과학적 입장 사이의 상관관계는 0.27($r=phi$, $df=1/1,616$, $t=11.12$, $p < 1 \times 10^{-22}$)이다. 평균 가중 상관관계는 0.31이다. 7점 척도로 코드화한 과학적 입장의 경우도 출생 순서와의 평균 가중 상관관계는 거의 동일했다($r=0.29$, $N=1,089$).

83. 자유주의적 이론을 지지하는 승산비가 3.1대 1로 후순위 출생자들에게 우호적이고, 보수적 이론의 경우 0.54대 1의 승산비로 첫째들을 편든다는 사실에서 이들 통계값이 나온다.: 3.1/0.54=5.7대 1. 급진적 이데올로기 혁명과 보수적 혁신의 경우도 유사한 승산비를 가지며, 그 값은 4.8÷0.54, 곧 8.9대 1이다.

84. 나는 14장, 특히 그림 14.1과 표 7에서 이 내용을 확장한다. 거기서 나는 과학 혁신의 시기에 출생 순서 효과의 강도가 10여 개의 조정 변수에 의존함을 보여 주었다.

85. 내 연구에 등장하는 28가지 논쟁을 각 조정 변수의 평균에 기초해 둘로 나누었더니 그에 따른 출생 순서 효과의 차이가 통계적으로 유의미했다. 지지도의 경우 r=0.08, $x^2(1)$=11.41, N=2,001, p<0.001; 참가자 수의 경우 r=0.10, $x^2(1)$=10.31, N=2,001, p<0.005; 논쟁 기간의 경우 r=0.07, $x^2(1)$=21.05, N=2,001, p<0.0001.

86. Ernst and Angst 1983을 보시오.

87. 그림 2.5에 관한 기술적 정보: 내 연구에서 자유주의적 혁신에 속하는 23가지 논쟁의 경우 출생 순서 효과는 2에서 7 이상에 이르는 모든 형제의 수에서 통계적으로 유의미했다. 형제의 수에 따른 이질성 검증은 별 의미가 없었다($x^2(5)$=3.47, p=0.63).

88. 그림 2.6에 관한 기술적 정보: 내 연구의 23가지 자유주의적 논쟁에서 출생 순서 효과는 귀족 계급을 제외한 모든 사회 경제적 단위에서 통계적으로 유의미했다. 과학적 입장과 사회 경제적 지위 사이의 점-이계열 상관관계(선형 추세로 계산한)는 0.04(df=1/1,499, t=1.47, p<0.15)이다.

89. 귀족들은 내 표본의 다른 참가자들보다 과학자가 아닐 가능성이 더 많았다. 후순위로 태어난 귀족들은 첫째로 태어난 귀족들보다 신학자일 확률이 더 높았다(이것은 다른 사회 경제적 집단 내부에는 존재하지 않는 출생 순서 경향이다.). 마지막으로, 귀족들은 새로운 이론의 창시자와 개인적인 교분이 있거나 그 학생일 가능성이 더 많았다.(통계적으로 유의미한) 이런 복잡한 요소들 전부가 이 사회 경제적 집단 내부에서 출생 순서가 발휘하는 역할을 축소해 버린다.

　과학자이면서 (동시에 신학자나 새 이론의 설계자의 친구가 아닌) 귀족들을 다루었을 경우에는 출생 순서에 따른 수용의 차이가 통계적으로 유의미했다(r=0.28, $x^2(1)$=6.32, N=78, p<0.02). 이 대조군의 경우 승산비는 3.6대 1로 후순위 출생자들에게 우호적이었다. 실제로 이 값은 귀족이 아닌 사람들로 구성된 비교 집단의 승산비와 비슷하다(3.7대 1).

90. 그림 2.7에 관한 기술적 정보: 자유주의적 과학 논쟁에 참가한 형제들의 경우 r=0.41($x^2(1)$=13.76, N=83, p<0.001). 이 출생 순서 효과는 표본의 나머지 경우보다 훨씬 더

컸다. 둘을 대비해 보면 (1,521명의 비형제들의 경우) r=0.26, (83명의 형제들의 경우) r=0.41, z=1.48, p<0.15. 7점 척도로 점수를 매긴 과학적 입장에서 대비해 보았더니 효과 크기의 차이가 아주 컸다(z=2.35, p<0.02; r=0.25(N=1,028)와 0.49(N=70)). 마찬가지로 가족 구성원들과 혈연이 아닌 개인들의 대비 속에 부모와 그들의 자식 74명을 포함시켰더니 그 차이 역시 꽤 컸다(z=3.20, p<0.005).

내 연구에서 또 다른 22명의 형제는 생기론과 우생학 같은 보수적 이론에서 용기 있게 발언했다. 출생 순서와 과학적 입장 사이의 상관관계는 0.01로, 이것은 자유주의적 혁신의 상관관계보다 상당히 낮은 값이다(z=1.67, p<0.05, 단측 검정).

91. 형제 과학자들이 선보이는 1.92점의 차이는 내 표본에 등장하는 혈연이 아닌 과학자들이 선보인 값(0.98점)의 두 배이다.: N=1,098, z=2.35, p<0.02.

92. Bourdier 1971a:521. 가족의 수와 사회 계급을 통제했더니 내 표본에서 후순위로 태어난 과학자들은 첫째들보다 행동 과학 연구를 수행할 확률이 더 높았다(r=0.07, df=1/885, t=2.02, p<0.05; 동물학, 심리학, 정신 의학 분야에서 수행된 연구와 다른 분야에서 수행된 작업을 대조 비교함). 후순위 출생자들이 인간 행동의 탁월한 해석자라는 사실은 더 나이 든 강력한 형제들에 대응하는 과정에서 유용한 전략의 초석이 되어 준다. 가정환경에서 심리적 교양은 일종의 권력이다. 이 과학 영역을 전공하기로 결정하는 과정에서 출생 순서가 형제들 사이의 연령 격차와 상호 작용한다. 후순위 출생자들은 손위 형제와 큰 연령 격차 ─ 4년 이상으로 정의됨 ─ 로 분리될 때 행동 과학을 전공할 가능성이 가장 많았다(r=0.11, df=1/440, t=2.34, p<0.02; 이런 상황하에서 승산비는 첫째 출신 행동 과학자 한 명 당 2.76명의 후순위 출생자라는 인상적인 값을 보여 주었다.). 프레데릭 퀴비에가 조르주보다 49개월 더 어렸다는 사실을 언급할 필요가 있다. 19세기 심리학의 또 다른 개척자 프랜시스 골턴은 일곱 자녀 가운데 막내로, 손위 형제와 6살 터울이었다. 형제들 사이의 연령 격차가 크면 출생 순서와 결부된 불평등이 증대한다. 부족한 가족 자원도 형제들로 하여금 심리학에 흥미를 갖도록 유도하는 것 같다. 하층 계급의 대가족 출신 과학자들이 특히 이 과학에 종사할 가능성이 많았다(이 2원적 상호 작용 효과의 부분 r=0.10(df=2/885, F=4.20, p<0.02)).

93. Richards 1987:69.

94. Richards 1987:65.

95. Richards 1987:65.

96. 이론 선택에서 이런 불일치가 우연히 발생할 확률은 1조분의 1 미만이다(p<1×10⁻¹²).
이 비교는 다윈 이전 시기의 진화에 대한 반응과 이상주의적 분류 체계들에 대한 반응 사이의 차이를 기초로 한 것이다. 124대 1의 비율로 후순위 출생자들이 급진적 대안을 편애한다는 사실은 표 2에 나오는 관련 승산비 두 개(9.7대 1 대 0.078대 1)의 승산비이기도 하다. 첫째들의 이론 선택을 대비해 보면 r=0.75(df=1/120, t=8.00, p<1×10⁻¹³). 후순위 출생자들의 이론 선택을 마찬가지로 대비해 보면 r=0.08(df=1/139, t=0.95, p=0.78). 두 값 사이의 차이와 관련해서는 z=7.14, p<1×10⁻¹².

97. Darwin 1887, 3:91.

98. Darwin 1887, 2:385.


## 3장 출생 순서와 성격

1. 예를 들어, Steelman and Powell 1985를 보시오.

2. Adler 1927, 1928, 1956:376~383; Ernst and Angst 1983:85~87도 보시오. 프로이트와 기타 초기의 정신 분석학자들은 대개 출생 순서의 문제를 무시했다. 프로이트 자신(1916~1917:334)은 단 한 차례 짤막하게 이 주제를 언급했다.

3. Adler 1956:377.

4. Adler 1956:379; Ernst and Angst 1983:85.

5. Adler 1956:378~379.

6. Adler 1956:379.

7. Adler 1956:380.

8. Adler 1956:381.

9. 정신 분석 이론의 수많은 결점들에 관해서는 Gruünbaum 1984, 1993; Eysenck 1985; Crews 1986, 1995; Sulloway 1979b, 1991a를 보시오. 정신 분석 가설들은, 치료 전문가와 환자가 모두 정신 분석학적 기대에 오염되어 있기 때문에 임상적 실험으로 검증할 수 없다(Grünbaum 1984). 아들러 학파가 《개인 심리학 저널》을 통해 프로이트주의자들보다 가설 검증을 장려했다는 사실을 언급할 필요가 있다. 그들은 출생 순서 연구를 수행하기 위해 가끔씩 이 방법을 도입했다(Miley 1969; Vockell, Felker, and Miley 1973).

10. 아들러의 가설은 다른 심리학자들에 의해 확장되고 다듬어졌다. 이와 관련된 다른 부연 설명의 요약을 보려면 Sutton-Smith and Rosenberg 1970:4~10; Ernst and Angst 1983:86~87을 참조하시오. 한 가지 흥미로운 정신 분석학적 해설은 출생 순서를 채택해 각종의 다양한 역

사적 경향, 예를 들어 전체론적인지 개체론적인지, 낭만적인지 현실적인지, 일관된지 그렇지 않은지 등등을 설명한다(Harris 1964). 해리스의 주장이 대부분 인상주의적인데다 작은 표본에 기초하고 있음에도 불구하고 그가 제시한 가설의 다수는 경험적 문헌의 전반적 요점과 일치한다.

11. Hamilton 1963, 1964a,b.

12. 내가 부연해서 설명한 포괄 적응도를 정의한 Dawkins(1982:185~186)는, 이 개념이 개인의 절대적 특성으로서가 아니라 친척들의 번식 성공에 개인이 미치는 영향의 관점에서 정확하게 정의되어야 하는 이유를 설명한다. 포괄 적응도가 절대적 특성이라면 개별 생물은 죽거나 태어나지 않은 상태에서도 포괄 적응도를 가질 것이다.

13. 홀데인의 일화는 Richards 1987:541을 보시오. 홀데인은 1950년대에 이 개념의 전면적 함의를 파악하는 데 실패했고, 그래서 그 명예도 10년 후 해밀턴에게 돌아갔다. Edward O. Wilson(1975)은 해밀턴의 포괄 적응도 개념을 토대로 "사회 생물학"이라는 용어 아래 사회(적) 행동에 관한 진화적 이론을 폭넓은 형태로 제안했다. 윌슨이 이 주제를 다루기 시작하고 20년이 흐르는 동안 사회 생물학은 새롭게 출현해 발전하는 연구 분야로 자리를 잡았다. 윌슨의 1975년 저작을 놓고 벌어졌던 열띤 논쟁 덕택에 다수의 연구자들이 윌슨의 "사회 생물학"을 포기하고 다른 명칭을 찾아 나섰다. 오늘날의 사회 생물학자들은 스스로를 행동 생물학자, 다윈주 인류학자, 진화 심리학자로 부른다. 이런 태도와 행동으로 응당 신뢰를 받아야 할 곳에서 지적 명예와 신용이 추락하고 말았다. "진화 심리학"(이라는 용어)는 심리학자들이 사용하기에 적합하지만 윌슨이 "사회 생물학"이라는 용어로 당초 구상했던 더 광범위한 프로젝트의 하위 분야이다. 다윈은 사회 생물학자였다. 물론 그가 이 용어를 사용하지는 않았지만. 아무튼 모든 사회 생물학자들이 다윈주의자인 것은 이 때문이다. 사회 생물학에 관한 추가 논의를 보려면 Wilson 1978; Alexander 1979; Symons 1979; Trivers 1985; Buss 1994; Ridley 1994; Wright 1994를 참조하시오. 사회 생물학을 사려 깊고 풍부하게 비판한 책으로는 Kitcher 1985를 보시오.

14. Trivers 1985:47.

15. Trivers 1985:47.

16. Trivers 1974. 형제 갈등 개념처럼 부모-자식 갈등 개념도 혈연 선택에 관한 해밀턴의 개념에 내재적이다. Hamilton(1964a,b) 자신이 이 두 가지 갈등을 온전하게 인식하고 통찰했다. 트리버스는 개인의 발달(과 부모-자식 관계)에 비용-이득 분석 방법을 적용함으로써 이 두 가지 원리를 새롭고 중요한 방식으로 확장했다.

17. Trivers 1985:145~155.

18. 유전자 연구는, 부족한 자원을 공유함으로써 얻게 되는 편익이 비용보다 두 배 이상 많을 때면 형제들이 언제나 그렇게 할 것임도 알려 준다(Trivers 1985:148).

19. 다윈주의 이론에 기초하면 일란성 쌍둥이는 형제 경쟁을 벌이지 않는 천사 같은 이타주의 자여야 한다. 그러한 특별한 사례를 위해 행동이 진화하기에는 우리 종에서 쌍둥이 수태는 너무나 드문 현상이다(Alexander 1979:157; Daly and Wilson 1988a:11). 다수의 무성 생물에서 무제한적 이타주의가 압도적인 이유는 형제들이 대개 쌍둥이이기 때문이다(Wilson 1975). 진디의 일부 종은 자식을 두 가지 상이한 형태로 낳는다. 그러나 이 두 종류는 실제로 쌍둥이이다. 한 형태는 병정 계급으로, 그들은 애벌레 단계에 머무르면서 두 번째 종류의 생존을 방어한다. 또 다른 형태는 식물의 수액을 먹을 수 있는데, 자라서 성충이 되어 번식을 한다. 병정 진디가 이타주의자인 이유는 그들의 형제들이 그들을 대신해 번식을 하기 때문이다(Trivers 1985:42).

우리가 주목하지 않을 수 없는 협력 성향은 사회성 곤충들이 발달시켰다. 개미, 꿀벌, 말벌 등등 말이다. 윌리엄 해밀턴이 1963년에 파악한 것처럼 사회성 곤충의 이타적 성향은 반배수체라고 하는 독특한 유전자 배열 때문이다(Hamilton 1964a,b; Wilson 1971). 암컷은 두 세트의 염색체를 갖는다. 반면 무정란에서 발생한 수컷은 어머니에게서 물려받은 염색체 한 세트만을 보유한다. 평균적으로 자매들은 그녀들 유전자의 4분의 3을 공유하지만 형제들과는 유전자적으로 4분의 1만 관계를 맺고 있다. 결과적으로 사회성 곤충은, 자매들이 대부분의 과업을 수행하는 암컷 중심의 사회를 발달시켰다. 일부 종에서는 자매들이 여왕의 수컷 자식 생산을 적극적으로 제한한다(Trivers 1985:178, 279~280). 빈둥거리기나 하면서 유전적으로는 조카나 다름없는 형제를 누가 좋다고 하겠는가?

20. Mock 1984; Mock, Drummond, and Stinson 1990도 보시오.

21. Mock, Drummond, and Stinson 1990:445.

22. Mock 1984:17. 형제 살해와 부모가 수행하는 유아 살해의 보완적 성격을 고려하면 이 과정의 1차적 통제가 일반으로 부모-자식 쌍의 어느 한쪽 구성원에 달려 있다고 예측할 수 있게 된다. 다시 말해, 두 행동 사이에는 협력 관계가 전혀 존재하지 않으므로 형제를 살해하면서 동시에 유아 살해를 할 수는 없는 일이다. 부모가 유아 살해를 억제하는 행위가 자식을 낳는 생리적 비용이 매우 높은 종들에서 가장 흔할 것이라고도 예상해 볼 수 있다. 새가 알을 낳는 비용은 인간이 9개월간 임신 상태로 지내는 비용과 비교할 때 상대적으로 작다.

23. Hayssen 1984:114. 포유류에서 발견되는 형제 살해의 다른 예들은 Trivers(1985:23)와

Frank, Glickman, and Licht(1991)에서 논의된다.

24. Angier 1994(Hubert Schwabl의 조사 연구를 보고하고 있음).

25. 형제 살해, 부모의 유아 살해, 영양 소홀 행위, 피임의 보완적 성격에 관해서는 Hrdy and Hausfater 1984:xv를 보시오. 이 문단에서 논의한 생리적 문제들과 관련해 (개인적 교신을 통해) 정보를 제공해 준 새라 하디에게 감사를 드린다. Hrdy 1992도 보시오.

26. Hrdy and Hausfater 1984:xix.

27. Hrdy 1987:98. 인간과 동물의 유아 살해에 관해서는 Hausfater and Hrdy(1984)와 Parmigiano and von Saal(1994)가 유용하다.

28. Daly and Wilson 1988a:41~42, 46, 61.

29. Scrimshaw 1984:459(A. Aguirre를 인용).

30. Scrimshaw 1984:458.

31. Scheper-Hughes 1992:310.

32. Scheper-Hughes 1992:365.

33. Scrimshaw 1984:458~459(A. Aguirre를 인용).

34. Alexander(1979:158)는 형제들 사이의 나이 차이와 다윈주의적 적응도 사이의 관계를 올바르게 파악했다. 부모의 차별이라는 주제는 Daly and Wilson(1988a:41~42, 46~48, 72~73, 75; 1988b)이 다룬다. 부모의 편애와 출생 순서에 관한 내 얘기가 미묘한 까닭은, 그들이 일반적으로 더 어린 자식에게 더 많은 보살핌을 제공하기 때문이다. 더 어린 자식들은 부모의 보살핌이 없으면 쉽게 죽고 만다. 부모는 적응도를 극대화시키는 존재로서 연령이 수반하는 요구에 따라 모든 아이에게 투자를 하는 경향이 있다. 그러나 동시에 살아남아서 번식을 수행할 가능성이 가장 많은 자식을 편애하는 양상도 보인다. 유력한 상황도 때때로 일정한 역할을 담당한다. 예를 들어, 건강 상태가 안 좋으면 당연하게도 부모는 첫째보다 아직 태어나지 않은 자식에 기대를 건다(Hrdy 1992). 기근 시기에 아이를 살리려고 잘못 노력했다가는 아이는 물론이고 어머니의 목숨까지도 위태로워질 수 있다. 그러면 어머니의 번식 기회마저 추가로 박탈되고 마는 것이다.

35. 첫째의 사회적 지위를 주제로 한 이 39개국 조사 연구는, Rosenblatt and Skoogberg 1974를 보시오. 고대 일본의 식사 풍습은 성별에 따른 편견도 아울러 갖고 있었다(Kay 1972:117). 장남들은 장녀들에 비해 특권이 많았다. 이 장의 뒤에서 논의하겠지만 이것은 다윈주의적 함의도 갖는 경향이다.

36. 장자 상속권을 다윈주의의 논리로 설명한 Alexander(1979:158)에 대한 비판을 보려면

Kitcher 1985:294~298을 참조하시오.

37. Hrdy and Judge(1993)가 이 주제를 훌륭하게 다루고 있다. Segaleû 1985도 보시오.

38. Herlihy 1973.

39. 이 가설을 최초로 발표한 사람은 Trivers and Willard(1973)이다. 엄청나게 많은 연구가 수행되었고, 그 대부분이 가설을 확증해 주는 내용이었다. Hrdy(1987)가 적절하게 판정한 상당수의 생물학적 증거는, 특정 종의 암컷이 자식의 성비를 조절해 포괄 적응도를 강화한다는 사실을 알려 준다. 예를 들어, 사슴의 경우 수컷 자식은 건강 상태가 좋아야만 성공적으로 짝짓기 경쟁을 벌일 수 있다. 암컷은 건강 상태가 양호할 때 더 많은 수의 수컷 새끼를 낳는다. 건강 상태가 좋지 못한 암컷은 더 많은 수의 암컷 새끼를 낳는다.

40. Boone 1986. Voland 1984, 1990; Hrdy 1987; Hrdy and Judge 1993도 보시오.

41. 독일의 한 농촌 공동체를 18세기와 19세기에 걸쳐 계보학적으로 연구한 Voland(1984, 1990)의 작업은 Boone(1986)의 포르투갈 사례와 거의 흡사하다. 볼랜드의 연구는 출생 순서와 성별에 따른 부모의 차별이 엘리트 계급에만 국한되지 않음을 보여 준다. 차별은, 부와 재산이 계급에 따라 나뉘고 토지에 억매인 모든 전통 사회에 널리 보급되는 경향이 있다.

42. Boone 1986:869.

43. 차남 이하는, 장남들과 비교할 때 사생아를 둔 아버지가 될 가능성이 훨씬 더 컸다(r=0.16, $x$제곱(1)=87.21, N=3,285, p<0.0001; 분의 표 5(1986:870)에서 계산함). 후순위 출생자들이 배우자 침탈이나 기타의 성적 전략을 수행할 가능성이 더 많은지 여부를 파악하는 연구가 수행되어야 한다(부록 10, 10절을 보시오.). 나는 이 장의 뒷부분에 기술된 출생 순서에 따른 성격 차이뿐만 아니라 순리적 고려 사항을 토대로 출생 순서에 따른 짝짓기 전략의 차이를 예측했다.

44. Betzig 1986.

45. Mitterauer and Sieder 1983:56; Vogel 1992.

46. Dunn and Plomin 1990:73.

47. 나는 이 주제를 다른 곳에서도 논의했다(Sulloway 1995).

48. McCrae and Costa 1987, 1990; Goldberg 1981, 1982; Digman 1990; John 1990도 보시오.

49. 다섯 가지 성격 특질은 민간의 분류법으로, 적절하고 현명하게 채택되어야 한다(Kagan 1994:42~46). Buss(1991)는 이 다섯 가지 특질이 사람들과 관련해 최대한 유용한 정보를 약식으로 제공하려는 진화적 이유로 고안되었다고 주장한다. Osgood, Suci, and Tannenbaum(1957)의 의미론적 형태(좋음-나쁨, 강함-약함, 적극적-수동적)에도 동일한 논리가 적용된다. 다

섯 가지 성격 특질과 겹치는 이 세 가지 특질은 최소한의 정신 활동으로 친구나 적에 관한 정보를 최대한 알려 준다. 하등 동물이 보여 주는 방어적 흉내 행동은 생물학적 '판단'과 관련된 이 세 가지 특질을 빈번하게 활용한다. D. S. Wilson 1996도 보시오.

50. 예를 들어, Koch 1956e:408; Brim 1958; Sutton-Smith and Rosenberg 1970:114~116; Ernst and Angst 1983:148을 보시오.

51. Forbes 1971; Stewart 1977, 1992.

52. Sutton-Smith and Rosenberg 1970:59.

53. Sutton-Smith and Rosenberg 1970:39~68. 지위에 따른 유사한 전략이 영장류의 지배 위계에서도 관찰된다(de Waal 1989).

54. Sutton-Smith and Rosenberg 1970:118~119; 출생 순서와 이타주의에 관해서는 Batson 1991도 보시오. 특히 과거에는 더 나이 든 형제들이 살아남아 번식을 할 수 있는 가능성이 더 많았기 때문에 그들과 협력하는 것이 많은 경우 더 어린 형제들의 이익에 부합했을 것이다. 이전 세기들에는 유년기 사망률이 높았고, 하여 다수의 더 어린 형제들의 유전자는 오직 더 나이든 형제들을 통해서만 유전되었다. 일부 조류 종에서는 더 어린 형제들이 더 나이 든 형제들의 새끼 양육을 돕는다(Trivers 1985:184~185; Emlen, Wrege, and Demong 1995).

55. Altus 1966, Belmont and Marolla 1973, Zajonc 1976을 보시오. 출생 순서에 따른 업적의 차이는, 제대로 해석할 경우, 다섯 가지 성격 특질에서 경험에 대한 개방성보다 성실성을 드러내 준다. IQ는 성격 특질이 아니며, 여섯 번째 요소이다(McCrae 1994).

56. 인용문을 주목해야 하는 이유는, 출생 순서에 관한 다른 대다수의 주장에 비판적인 Ernst and Angst(1983:240)가 그 말을 했기 때문이다. MacArthur 1956; Altus 1963; Palmer 1966; Harris and Howard 1968; Price 1969; Sutton-Smith and Rosenberg 1970:113~114; MacDonald 1969a,b, 1971a,b; Singer 1971; Smith 1971; Kagan 1971:148; 1977; Baskett 1984도 보시오.

57. Ernst and Angst 1983:159. 첫째들이 지위와 관련해 후순위 출생자들보다 근심이 더 많을지도 모른다. 그러나 그들은 자신감이 더 넘치기도 한다(Koch 1955a). 이런 행동 차이는 상황에 크게 좌우된다.

58. 신경과민을 규정하는 형용사 쌍은 "질투하지 않는-질투하는," "마음이 안정된-화를 내는," "감정에 좌우되지 않는-감정적인"이다(McCrae and Costa 1987:85). 질투의 심리적 기능에 관해서는 DeKay and Buss 1992:187~188을 보시오.

59. Koch 1955a:36.

60. Koch 1955a:24; 1956e:397~398, 406.

61. 예를 들어, Koch 1955a:26, 28, 36; Koch 1956a:17; Koch 1956e:407을 보시오.

62. 행동 유전학의 호기심을 자아내는 연구 결과는 후순위 출생자들이 "패배자의 옹호자들"이라는 나의 주장과 관계를 맺는다(Eaves, Eysenck, and Martin 1989:323). 사회적 태도 등 다수의 항목이 보통 수준의 유전성을 보이는 60문항 설문지에서 다음의 항목은 전혀 유전되지 않았다. "소위 말하는 패배자는 다른 사람들의 도움이나 동정을 받을 자격이 없다." 이 항목에 대한 답변에서 보이는 대부분의 차이는 비공유 환경(과 그에 따른 형제의 차이) 때문이다. 이 문제가 행동 유전학 연구로 조사되지는 않았다. 그러나 출생 순서에 따른 차이의 방향을 예상하는 일은 어렵지 않다.

63. 출생 순서와 순응에 관해서는 Bragg and Allen 1970; Sampson and Hancock 1967; Sutton-Smith and Rosenberg 1970:83~84, 140~142를 보시오. 출생 순서와 인습적 도덕에 관해서는 MacDonald 1969b; Sutton-Smith and Rosenberg 1970:110; Ernst and Angst 1983:124~126을 보시오. 출생 순서와 위험한 활동에 관해서는 Sutton-Smith and Rosenberg 1970:82; Nisbett 1968을 보시오.

64. Schooler 1972.

65. Ernst and Angst 1983. 연구자들은 출생 순서 문헌을 체계적으로 분석한 에른스트와 앙스트에게 지적으로 크게 빚지고 있다. 나는 그들의 책을 읽으면서 나 자신의 역사적 표본에서 사회 계급과 형제의 수 같은 중요한 배경적 요소들을 통제해야 할 것이라고 확신하게 되었다. 출생 순서 문헌에 관한 다른 유용한 편집과 논평을 보려면 Miley 1969; Vockell, Felker, and Miley 1973; Schubert, Wagner, and Schubert 1976; Schubert, Wagner, and Schubert 1984를 참조하시오.

66. Ernst and Angst 1983:242(강조는 그들의 것).

67. Dunn and Plomin 1990:85. 다른 학자들도 출생 순서 연구에서 마찬가지로 비판적인 결론에 도달했다. 예를 들어, Scarr and Grajek 1982; Plomin and Daniels 1987; Blake 1989a,b; Somit, Arwine, and Peterson 1996을 보시오.

68. 에른스트와 앙스트는 그들의 1983년 저작 서문에서 당시에 막 사용되기 시작한 메타 분석적 방법이 자신들의 분석에 "훨씬 더 확고한 발판"을 제공해 주었을 것이라고 말했다(1983:xi). 에른스트와 앙스트 자신의 데이터에 적용된 메타 분석적 방법은 출생 순서 연구에서 놀랄 만큼 시종일관된 경향을 보여 줄 따름이다.

69. 메타 분석 절차에 대한 안내를 받으려면 Glass, McGaw, and Smith 1981; Hunter, Schmidt, and Jackson 1982; Hunter and Schmidt 1990; Rosenthal 1984/1991, 1987; Wolf 1986을 보시오.

메타 분석의 사용과 오용 — 특히 의학 분야 — 에 관해서는 Mann 1990을 보시오.

70. Hunter, Schmidt, and Jackson 1982:132.

71. 내가 여기서 사용한 건수 세기 방식은 유의적 경향을 과소평가하는 경향이 있고, 이것은 제2형 통계 오류를 발생시킨다(Mann 1994). 표 4의 출생 순서와 성격에 관한 연구 결과가 시종일관되기 때문에 건수 세기 방식의 이런 한계는 본안과 관계가 없다.

72. 결과가 가설을 "확인해 주"거나 "반박한다"고 내가 명시적으로 언급하는 것과 무관할 정도로 유의미적인 출생 순서 연구가 지나치게 많았다. 보고된 효과의 방향을 무시하면 86개의 연구가 유의미적인 결과를 제시했다. 우연적 결과 치고는 너무 많은 셈이다(z=15.81, p<10의 마이너스 8승). 이 출생 순서 결과들은 서류 서랍 검증(File Drawer Test)도 통과했다. 이 검정은 의미가 없는 연구들이 발표되지 않고 서류 서랍에 처박히는 경향을 고려한다(Sulloway 1995).

73. 내가 이미 언급한 것처럼 다섯 가지 성격 특질은 민간의 분류법이지 성격 차의 과학적 분류 체계가 아니다(Kagan 1994:42~46). McCrae and Costa(1990:43, 47)는 외향성의 여섯 가지 측면을 확인했다. 이 가운데 하나가 사회적 지배이다. 첫째들이 후순위 출생자들보다 더 붙임성이 좋거나 재미를 추구하지는 않았다. 사교성과 재미 추구는 외향성의 다른 두 측면이다. 이들 특성은 후순위 출생자임과 상관관계를 맺는다(MacArthur 1956; Hall and Barger 1964).

74. 연구들의 이질성 검증에서 $x^2(4)$=44.96, p<0.001; 결과는 동질적이지 않았다.

75. 상대적 효과 크기의 이런 비교는 전형적인 '설명 분산'에 기초하고 있다. Steelman and Powell(1985)은 출생 순서에 따라 사회적 기술(후순위 출생자들이 더 높은 점수를 기록했다.)에는 커다란 차이가 생기지만 학업 능력은 그렇지 않다는 사실을 발견했다. 3,000명 이상의 개인을 표본으로 삼은 이 연구에서 성격 변수들의 효과 크기는 학업 변수들(평균 계수는 7)의 효과 크기보다 2~10배 더 컸다.

연구자들이 출생 순서가 각급의 상이한 행동(표 4)에 매우 이질적인 영향력을 발휘한다는 것을 고려해 출생 순서의 예상 효과 크기를 더 잘 인식한다면 출생 순서 연구에서 흔히 보이는 상당수의 쓸데없는 논쟁이 사라질 것이다. 예를 들어, Somit et al.(1996)은 출생 순서가 다수의 정치적 맥락에서 불충분하고 모순적인 영향력을 발휘했음을 자세히 전하면서 그것이 정치적 리더십의 여러 측면과 맺는 관련성에 정당한 의문을 제기한다. 나아가 Somit et al.은 이런 저명성 관계에 대한 지지가 거의 없음을 발견하고는 출생 순서와 관련된 모든 주장이 근거가 없다고 배격한다. 저명성에 관한 연구 결과를 경험에 대한 개방성 연구 결과와 혼동한 것이다. 그들은 이런 부적절한 논리 속에서, 후순위 출생의 연방 대법관들이 첫째 출신 연방 대법관들보다 소수 의견을 낼 가능성이 더 많다는 자신들의 의미심장한 결론을 "통계가 발휘한 변덕"이라며 기각했다(1996:48). 그들이 상세하게 보고한 연구 결과가 우연히 발생할 확률은 5만분의 1 미만이다. 그리고 그런 사태야말로 정말 통계의 변덕이라 할 수 있을 것이다!

76. Ernst and Angst(1983:43~45, 48)는 형제 수와/또는 사회 계급을 통제한 출생 순서와 IQ 연구 33건을 정리했다. 16건의 논문은 첫째들이 IQ가 더 높다는 가설을 확인해 준다. 후순위 출생자에게 우호적인 유의적 결과를 내놓은 논문은 한 편뿐이었다. 나머지 16건의 연구는 요령부득의 결과를 보고했다. 메타 분석을 해 보면 이 결과는 인상적이다($z=5.34$, $p < 10^{-8}$). 그럼에도 불구하고 출생 순위는 IQ 점수의 분산에서 단지 1퍼센트만을 해명해 줄 뿐이다. 출생 순서와 IQ의 관계에서 일관되게 드러난 메타 분석적 형세는 커다란 효과 때문이 아니라 큰 표본 때문이다.

출생 순서와 학문적 성취 사이의 관계를 보면 첫째들에 우호적인 경향이 여전히 인상적으로 관찰된다. 이 결과는 에른스트와 앙스트가 보고한 35건의 통제 연구를 토대로 하고 있다($z=4.35$, $p < 10^{-6}$). 이들 연구에서 보고된 효과 크기는 대체로 작았다($r \leq 0.10$). 이것은 IQ의 경우에 보고된 효과 크기와 비슷한 값이다.

77. 내가 사용한 메타 분석 방법(유의적 결과를 보여 주는 연구를 세기)으로는 효과 크기를 적어도 직접적인 방식으로는 추정할 수 없다(Hunter, Schmidt, and Jackson 1982:130~132; Hedges and Olkin 1980을 보시오.). 효과 크기를 직접 계산하려면 더 정교한 메타 분석이 필요하다. 실제로 그렇게 할 만한 가치가 있을 것이다. 나의 효과 크기 추정은 이 정보를 보고한 연구들에 대한 비공식 조사를 바탕으로 했다. 개방성에 관해서는 2장, 표 2를 보시오. 여기서 가장 큰 효과 크기는 $r=0.40$을 약간 상회하는 수준이었다. 이들 효과 크기에 관한 메타 분석은, 그것들이 각 이론의 이단성에 기초할 때 예상 효과 크기와 거의 일치함을 보여 준다(14장, 그림 14.1). 경험에 대한 개방성에서 관측된 효과 크기와 표 4를 바탕으로 외삽법에 의한 추정을 시도하면 나머지 다섯 가지 성격 특질과 관련해 다음과 같은 최대 상관관계를 기대할 수 있다. 성실성($r \approx 0.35$), 친화성($r \approx 0.30$), 정서안정성($r \approx 0.20$). 외향성의 효과 크기가 $r=0.10$을 넘는 경우는 거의 없었다(7장, 그림 7.2를 보시오.). 공통점이 없는 행동 맥락과 평가 방식을 으레 혼동하는 평균 상관관계는 일반으로 내가 여기서 특정한 최대 상관관계의 절반 크기이다. 여기서 내가 말하는 '최대 상관관계'는 큰 표본들에서 일관되게 반복되며 그 일관성이 출생 순서, 구체적 결과 변수, 행동적 맥락 사이의 조화로 인해 가능한 효과 크기이다.

78. 성별과 다섯 가지 성격 특질에 관해서는 Feingold 1994:443을 보시오. 두 가지 추가 결론은 출생 순서 문헌에 관한 나의 메타 분석적 개관에서 비롯했다. 에른스트와 앙스트는 출생

순서 효과가 나이가 들면서 방산돼 성인들 사이에서는 거의 찾아볼 수 없다고 주장했다. 표 4에서 분석된 196건의 연구를 보면 연령과 결과 사이에는 아무 관계가 없다. 이것은 에른스트 및 앙스트의 주장과 모순된다(1983:184, 284; 피험자의 나이와 연구 결과 사이의 r=−0.04 — 의미 없음). Ernst and Angst(1983:187)는 지필 검사의 신뢰도에도 의문을 제기했다. 이 비판은 정당하다. '실험' 연구와 '관측' 데이터는 '자기 보고' 데이터보다 출생 순서 효과를 제시할 가능성이 더 크다(r=0.22, $x^2(1)$=9.60, N=196, p<0.0001; 지필 검사를 활용한 연구 결과와 나머지 모든 결과를 대비함). 실험 연구가 자기 보고 데이터보다 우월하다는 사실은 동일한 피험자를 활용해 보면 가끔씩 증명된다. 예를 들어, Stewart(1967)는 잠입 도형 검사 시에는 의존성에 차이가 났지만 형용사 점검표로 측정했을 때는 차이가 나지 않았음을 확인했다. 얼마나 많은 첫째가 스스로를 "냉담"거나 "모험심이 없다"고 규정하려고 들까? 공감과 위험 감수에 관한 자기 보고 측정값은 일반적으로 부적격한 출생 순서 결과를 낳는다(Ernst and Angst 1983:103~105, 161~162). 실험 연구에서는 사람들이 자신들의 본색을 드러낼 가능성이 더 많다. 고통스런 전기 충격이 수반되었던 연구를 상기해 보라. 후순위 출생자들은 가시적 고통을 표출하는 피험자들을 대신하겠다고 자원할 확률이 첫째들보다 훨씬 더 높았다(Batson 1991).

79. Koch 1954, 1955a,b, 1956a,b,c,d,e, 1957, 1960을 보시오. 실험에 참가한 한 학생은 코치가 "구식으로, 아주 단정하고 의례적인 숙녀"로 "학생들을 친절하게 대해서 유명했다."고 술회했다. "그녀는 항상 모자와 장갑을 착용한 채 설명을 했다."(개인적으로 주고받은 편지, Bruce Cushna, 20 July 1992)

80. Koch 1955a:36; 1956c:325; 1956e:397~398, 403, 406, 408.

81. Koch 1955a:36.

82. 출생 순서, 형제의 성별, 연령 격차와 관련해 유의미한 효과가 우연히 작동할 기대수는 40.6(상호 작용을 포함해)이다. 코치의 양측 검정 활용에 토대를 둔 이 총계는 보고된 유의적 효과 72와 비교된다($x^2(1)$=25.96, z=5.06, p<100만분의 1). 출생 순서와 관련해 36개의 유의미한 효과(상호 작용을 포함해)를 우연히 얻을 확률도 작다($x^2(1)$=7.43, z=2.73, p<0.01).

코치의 연구에는 상호 작용을 포함해 다 합해서 96개의 유의미한 효과가 존재한다. 우연적 기대수는 43.5이다($x^2(1)$=66.69, z=8.17, p<$1 \times 10^{-16}$). 성별이 24가지 주요 효과를 설명해 준다. 다른 72가지 효과에는 출생 순서, 형제들 사이의 연령 격차, 형제의 성별이 개입한다. 이것들은 가끔씩 성별과 상호 작용한다. 다른 세 가지 변수는 성별보다 상호 작용 효과로 드러날 가능성이 더 많다. 하여 이 변수들이 발휘하는 영향력을 '특성' 차원에서 정확하게 평가하기가 더욱 더 어려워진다($x^2(1)$=4.44, p<0.05).

83. Koch 1955a:15, 26~27. 소년들의 경우 분노, 집념, 무자비함에서 보이는 이런 출생 순서 경향은 중간 연령 격차(2~4년)에서 특히 두드러졌다. 그러므로 이들 효과에는 (출생 순서×연령 격차×성별의) 3원적 상호 작용이 개입되었다고 할 수 있다.

84. Koch 1956a:8, 17. 출생 순서에 따른 "싸우기 좋아하는 성향"의 이런 유의적 차이는 '성별 ×출생 순서' 상호 작용 효과로 등장한다. 후순위로 태어난 소년들은 실제로 첫째 출신 소년들보다 싸움을 더 좋아한다. 이것은 그들이 힘이 덜 드는 전술을 채택하는 경향이 있음을 드러낸다.

85. 코치 자신도 이런 출생 순서 상호 작용들의 빈도에 깜짝 놀랐다. 그녀는 독자들에게 이 주제와 관련해 "단순한" 결론을 내리지 말라고도 경고했다(1956a:37). 실제에 있어 단순한 결론은 충분히 정당화되지만 구체적 특성과 관련해서는 그렇지 못하다. Ernst and Angst(1983:125, 167)는 중요한 상호 작용 효과를 있는 그대로의 유의적 효과보다는 "모순"으로 취급해 버리는 코치의 보수적 견해를 되풀이한다. 복잡함과 비논리적 결론을 동등시하는 이런 인간 행동 접근법은 기본적으로 잘못된 것이다.

86. 출생 순서에 따른 차이가 성별과 결부된 차이 위로 완벽하게 그려지지는 않는다. 예를 들어, 첫째들과 여성들은 후순위 출생자들과 남성들보다 더 성실하다.

87. Brim 1958.

88. Parsons and Bales 1955.

89. 이 두 개의 대비되는 행동 유형은 외향성과 친화성을 설명하는, 약간 수정된 방식일 뿐이다. McCrae and Costa 1990:27; Wiggins 1979도 보시오.

90. 출생 순서와 동기가 있는 행동 사이의 부분 상관은, 성별과 형제의 성별을 통제했을 때, $-0.91$(df=1/20(칸), t=9.85, p<0.0001)이었다. 다른 두 예보자를 통제했을 때 형제의 성별과의 부분 상관은 0.87(df=1/20, t=8.00, p<0.0001)이었다. 성별과 동기가 있는 특성 사이의 부분 상관은 $-0.83$(df=1/20, t=6.65, p<0.0001)이었다. 이 마지막 상관관계는, 교사들이 학교 환경에서 소년들보다 소녀들이 더 계획적이고 자기주장이 강하다고 인식하는 현실을 뒷받침해 준다. 이들 상관관계가 매우 큰 이유는, 그것들이 집단 차에서 도출되었기 때문이다.

나는 코치의 데이터를 분석한 Brim(1958)의 방법을 답습하면서 해결이 불가능하다고 생각되는 다수의 작은 모순들과 부닥쳤다. 그래서 코치의 데이터에 대한 브림의 분석을 반복하면서 점검했다. 여기 제시된 통계는 브림의 것이 아니라 나의 재분석에서 얻은 것이다.

91. 출생 순서와 자기 표출적 행동 사이의 부분 상관은 0.66(df=1/20, t=3.89, p<0.001, 다른 두 가지 예보자, 곧 성별과 형제의 성별을 통제했음)이었다. 성별과 자기 표출적 특성 사이의

부분 상관은 0.91(df=1/20, t=9.64, p＜0.001)이었다.

92. Koch 1955a:34; 1956a:12, 15, 21, 26. 여성적 성향의 경우 출생 순서에 의한 주요 효과가 중간 정도의 연령 격차(2~4년 이격)일 때에만 유효했다. Koch 1956d:238을 보시오. 남성적 태도와 여성적 태도, 그리고 출생 순서에 관해서는 Ernst and Angst 1983:259~260을 보시오.

93. 코치의 연구에는 성별에 따른 차이라는 주제와 관련해 주의할 것을 당부하는 내용이 실려 있다. Brim(1958:13)은 교사들이 일부 척도에서 소년들과 소녀들을 다르게 평가했다고 믿었다. 특히 브림은 소녀들이 완벽하게 동일한 정도로 "동기가 있는" 특성들을 선보일 때 언제나 소년들보다 더 높은 점수를 받는다고 생각했다. 교사들이 학교 환경이라는 맥락 속에서 각자의 평가를 수행했다는 것도 마찬가지로 그럴 듯한 설명이다. 이 맥락에서 소녀들은 더 "계획적이고," "자신감이 넘치며," "책임을 다 하는" 것으로 평가받았다. 이런 식으로 편견이 발생할 수 있는 원인은 작으며, 몇 개의 척도에만 영향을 미친다. 아무튼 이 문제는 출생 순서에 따라 시종일관되게 부상하는 유의적 성별 내 차이에 영향을 미치지 못한다.

94. 영장류 집단의 지배와 협력에 관해서는 de Waal 1982와 Trivers 1985:363, 381을 보시오.


## 4장 가족 내 지위

1. Plomin and Daniels(1987)는 형제들의 성격 차이에 관한 조사 연구 내용을 개설한다. Scarr and Grajek 1982; Loehlin et al. 1990; Loehlin 1992; Dunn and Plomin 1991; Plomin et al. 1991도 보시오. '공유' 가정환경과 '비공유' 가정환경 사이의 구별이 실제에서 문제가 되는 이유는 비공유 가정환경을 직접 측정하는 것이 불가능하기 때문이다. 이런 이유로 비공유 환경은 유전적 요소, 공유 환경, 측정된 오차를 평가하고 남은 모든 것이라고 정의된다. 이 방법론적 쟁점에 관해서는 관련 문헌에 대한 Plomin and Daniels(1987)의 논평에 뒤이어 나온 31건의 비평, 특히 복과 지모브스키, 이젠크, 하텅, 헤이, 젠슨의 글을 보시오. 비공유 환경은 측정의 문제에도 불구하고 과거에 생각했던 것보다 성격에 훨씬 더 많은 영향력을 행사한다. 대다수의 연구자들이 이제 그 사실에 동의하고 있다.

형제의 차이가 시간이 경과하면서 증가한다는 증거는 Loehlin et al. 1990:227~229; Loehlin 1992:83, 100~101; McCartney, Harris, and Bernieri 1990을 보시오.

2. Darwin 1958(1976):42~42. Judy Dunn and Robert Plomin(1990)은 그들의 공저 『분리된 삶(*Separate Lives*)』에서 각자의 형제들과 현저하게 다른 모습을 보여 준 작가들과 기타 지식인들

의 사례를 다수 소개한다.

3. Bruhns 1873, 1:46.

4. Humboldt and Bonpland 1814~1829; Bruhns 1873, 1:351.

5. Parton 1881, 1:236.

6. Darwin 1858(1876):121.

7. Darwin 1985~, 7:102.

8. Mayr 1963:33. "형제 종(sibling species)"이라는 말을 만든 사람은 Mayr(1942)다.

9. Grant 1986:314~347.

10. Mayr 1963:68. Gause(1934)는 다윈의 진화 논리를 바탕으로 미생물 실험을 통해 경쟁적 배제의 원리를 검증 확인했다. 그의 연구 결과는 David Lack(1947)에 큰 영향을 미쳤다. 다윈의 갈라파고스핀치들에 대해 우리가 갖고 있는 현대적 이해의 상당 부분이 랙 덕분에 가능한 것이다.

11. Brown and Wilson(1956)이 다윈의 핀치들에 관한 Lack(1947)의 증거를 바탕으로 "형질 치환(character displacement)"이라는 용어를 만들었다.

12. 가족에 대한 다윈주의적 견해는 개인들의 독특함, 상충하는 이해관계, 가족 내 '하위 조직들'의 중요성을 오랫동안 강조해 온 가족 구조 이론과 일치한다(Bossard and Boll 1956; Hoffman 1981; Minuchiun 1985). 그러나 가족 구조 접근법에서 빠진 것은 적응 반응이라는 연동 양상의 기초가 되는 진화 논리이다.

13. 형제들은 (종의 다른 구성원들에서뿐만 아니라) 서로 그들 유전자의 절반 이상을 공유한다. 평균적으로 볼 때 비교적 새로운 유전자는 모든 형제의 절반에 존재한다. 새로운 행동이나 특성의 진화를 다룰 때면 일반적으로 이 새로운 유전자들이 중요하다(Wright 1994:158).

14. Buss and Plomin 1984; Thomas and Chess 1977; Chess and Thomas 1986; Kagan 1984, 1994.

15. Zuckerman 1987.

16. Lykken 1982; Lykken et al. 1992.

17. Hartung 1987과 Lykken 1987을 보시오.

18. Lykken et al. 1992:1572.

19. Lykken et al. 1992:1565.

20. 예를 들어, Tooby and Cosmides 1990a; Buss 1991; MacDonald 1991, 1995를 보시오.

21. MacDonald 1991, 1995.

22. Zuckerman 1990.

23. Pinker 1994.

24. Maccoby and Jacklin 1974:243~246; McDonald 1994. 첫째들과 후순위 출생자들을 구별해 주는 성격 차이의 일부가 상황에 좌우되며 동시에 유전자-환경 상호 작용을 반영하는 유사한 생리적 메커니즘과 연계되어 있을지도 모른다. 여성들의 경우는 사회적 지배의 개인차가 성 호르몬의 상이한 수준과 결부된다(Cashdan 1994).

25. Alexander 1995.

26. 인간에게서 '개방적인' 유전자 프로그램이 갖는 중요성과 장기간에 걸친 부모의 보살핌이 담당하는 역할을 정식으로 강조한 것은 Mayr(1976:23)였다.

27. '형제 선택'이라고도 할 수 있는 사태로 인해 인간 유전자 풀의 성격 특성이 첫째들과 후순위 출생자들에서 상이한 비율로 진화했을 가능성이 있다. 우리 인류라는 종은 성실성의 능력을 후순위 출생자들보다 첫째들에게 더 빚지고 있을 것이다. 경험에 대한 개방성은 후순위 출생자적 특성이다. 아마도 이런 특성의 선택은 형제 집단 내에서 더 격심하게 이루어졌을 것이다. 진화 과정에서 '형제 선택'의 유전적 결과가 짝짓기를 통해 지속적으로 누적 취합되었고, 미래 세대는 이를 바탕으로 새로운 행동 전략을 활용할 수 있게 되었을 것이다.

28. Darwin 1958(1876):76~77.

29. 인생에서 우연적 사건이 담당하는 역할에 관해서는, 다윈의 항해 여행을 보기로 제시하는 Dunn and Plomin 1990:135~150을 보시오. 다수의 '우연적' 사건들이 보이는 것만큼 그렇게 우연적인 것은 아니다. 다윈의 항해 여행도 마찬가지이다(4장, 그림 4.3).

30. 과거 환경에서는 '가족 단위'가 현대 사회에서보다 더 컸다. 이런 환경 변화로 인해 아마도 출생 순서에 따른 차이를 포함해 현대의 가정생활이 보여 주는 일정한 특징들이 과거보다 더 중요해졌다. 그럼에도 불구하고 정신 역학적으로 고찰되는 성격 발달의 기본 구조는 대동소이할 것이다. 형제 경쟁에는 부모와 같은 역할을 하는 사람이면 누구에게서라도 투자를 최대한으로 끌어내려는 노력이 수반된다. 마찬가지로 위계적 지위를 다루는 행동 전략은 가족 내에서만큼이나 또래 집단에서도 유용하다.

31. Daniels 1986.

32. Koch 1960; Dunn and Plomin 1990:63~64, 74~75.

33. Daly and Wilson 1988a. 사람들이 사회 정의 및 상호 관계의 문제에서 미세하지만 차별을 한다는 증거는 압도적으로 많다.(Cosmides 1989; Glantz and Pearce 1989)

34. Stephen 1888:20.

35. Stephen 1888:20~21.

36. Forster 1874:23; 부모 차별의 중요성을 예증하는 사례로 찰스 디킨스를 언급하는 Dunn and Plomin 1990:80에서도 인용.

37. Forster 1874:24. MacKenzie 1979:11, 80도 보시오.

38. Forster 1874:16.

39. Forster 1874:17.

40. Johnson 1977:349.

41. Ackroyd 1990:5.

42. Plomin and Daniels 1987:7; Dunn and Plomin 1990:79.

43. 다수의 인지 메커니즘이 갖는 "영역 특정적" 성격을 강조한 Tooby and Cosmides의 작업 (1990a,b, 1992)은 가정생활의 여러 측면을 개념화할 수 있는 중요한 다윈주의적 이론 체계이다.

44. Dunn and Munn 1985.

45. Dunn and Plomin 1990:88.

46. Parton 1881, 1:29.

47. Brandes 1930, 1:27.

48. Brandes 1930, 1:27.

49. Besterman 1969:31.

50. Parton 1881, 1:51, 28.

51. Parton 1881, 1:51.

52. Schachter et al. 1976.

53. 325명의 형제들에 대한 어머니들의 평가를 활용한 후속 연구가 형제 탈귀속에 관한 이 결과를 확인해 주었다(Schachter 1982). 새히터와 동료들이 실제의 차이점이 아니라 형제들이 그렇다고 인식한 차이를 연구했다는 점에 주의해야 한다(Scarr and Grajek 1982:371).

54. Schachter 1982:148.

55. Freud 1900, 4:250~256; 1916/1917, 15:204~207; 16:333~334.

56. Mayr(1963:66~88, 248)은 종 내부의 생태적 다양성(다형 현상과 성적인 차이)을 포함해 이 증거를 정밀하게 살펴본다. Gause 1934; Brown and Wilson 1956; Schluter, Price, and Grant 1985; Grant 1986도 보시오.

57. 흥미로운 연구 결과가 부모들 사이의 차이를 적극 이용하려는 형제 전략에 관한 이 결론을 지지해 준다. 70개의 가정에서 가장 나이 든 세 명의 형제들을 연구해 보았더니 부모들의 관

심사가 크게 다를 때 첫 번째와 두 번째 아이의 관심사가 가장 다르다는 사실이 확인되었다. 이런 상황에서 터울을 건너 뛴 형제 쌍(첫째와 셋째)은 더 비슷했다. 이것은 형제의 차이에서 드러나는 전형적인 반반 확률 경향과 일치하는 것이다(Verger 1968).

58. 그림 4.1에 관한 기술적 정보: 자유주의적 논쟁에서 출생 순위와 과학적 급진주의 사이의 $r=0.19(df=1/1,133, t=6.38, p<0.0001)$. 형제의 수와 과학적 급진주의 사이의 $r=-0.11(df=1/1,133, t=-3.56, p<0.001)$. 출생 순위와 형제의 수 사이의 상호 작용과 관련한 $r=-0.09(df=1/1,133, t=-3.05, p<0.005)$. 이 상호 작용 효과는 후순위 출생자들의 급진주의가 주로 첫째의 보수주의에 대한 반응임을 암시한다. 가족의 수가 증가할수록 더 어린 형제들은 그들의 가장 보수적인 형제와 나이가 더 멀어진다. 이런 정황은 극단적 급진주의의 동기를 축소시킨다. 이 결과에는 출생 순서와 형제 수 사이의 상호 작용으로 표현되는 중요한 이질성이 존재한다. 형제의 수가 많은 가정에서 막내들은 중간 자식들, 특히 첫째들과 비교해 증가된 이질성을 보여 준다(부분 $r=0.14, df=6/1,130, F=3.95, p<0.01$; 레빈의 분산 상등 검정으로 한정된 2원적 상호 작용 효과에 기초함). 다시 말해, 막내의 지위를 예측하기가 가장 힘든 것이다(하층 계급 대가족에서 특히).

59. 하층 계급 부모들이 아들보다 딸을 선호한다는 트리버스-윌러드 가설은 자명하지 않은 진화론적 가설의 좋은 보기이다. 이 가설은 많은 경험적 지지를 받았다(Trivers and Willard 1973; Voland 1984; Boone 1986; Hrdy 1987, 1992; Gaulin and Robbins 1991; Wright 1994:173도 보시오.). 다윈주의 이론 덕택에 인식과 관련해서 이전에는 알지 못했던 지식을 새롭게 많이 발견하게 되었다. 예를 들어, 인간은 추상적으로 사고할 때 일정한 논리적 오류를 범한다. 그러나 사회적 상호 관계의 구체적 문제들을 다룰 때면 그런 실수를 범하지 않는다(Cosmides 1987).

60. Gould and Lewontin(1979)은 진화 생물학에 존재하는 "팡글로스주의적" 사고방식의 위험성을 지적했다. 단지 무언가가 존재하기 때문에 그것이 적응적이지는 않은 것이다. (다윈주의가 전복해 버린) 팡글로스 박사의 세계관을 정통 다윈주의 이론과 비교한다는 게 아이러니임에도 불구하고 굴드와 르원틴은 중요한 지적을 했다.

61. Birembaut 1971:350.

62. Huxley 1887:185(엘리 드 보몽과 진화); Marcou 1896, 1:110~111(엘리 드 보몽과 빙하 이론).

63. Greene 1982:94.

64. Butts 1976:292.

65. Darwin 1887, 2:261 n.

66. 나는, Robert Merton(1973:286~324)이 상좌 논쟁에 관한 자신의 고전적인 논문에서 언급한 38명의 과학자 외에도 『과학 인명사전』에 색인으로 올라온 162명의 개인을 추가로 더 분석했다.

67. 출생 순서와 상좌 논쟁 참가의 $r=-0.22$ ($x^2(1)=6.06$, N=120, $p<0.01$). 이 검정은 상좌에 깊은 관심을 가지고 관련 논쟁에 적극적으로 참가한 개인들을 상좌에 "무관심하"거나 상좌를 주장하는 일에 "주저했다"고 보고된 개인들과 비교 대조했다. 이 범주 구분은 Merton(1973:288, 305, 318)의 유용한 분류를 토대로 했다.

68. Cohen 1974:84.

69. Merton 1973:314~325.

70. Cohen 1974:84.

71. Shapin and Schaffer 1985:128~139.

72. Moore 1944:92.

73. Moore 1944:134. '정중함'과 과학적 방법의 출현에 관한 Shapin and Schaffer(1985)의 흥미로운 논제는 형제의 차이를 적절하게 통제하지도 않은 채 선택한 적은 수의 전기적 사례를 바탕으로 광범위한 역사 입론을 구성했다는 문제를 제기한다. Biagioli(1992)도 같은 시기에 영국과 이탈리아 국가의 정치 방식이 달랐기 때문에 보일과 갈릴레오의 과학 방식이 달랐다고 주장하면서 동일한 방법론적 오류를 범했다. 그는 이렇게 주장한다. "갈릴레오의 공격적 방식과 보일의 예의 바른 태도 사이에서 볼 수 있는 두드러진 차이는 '예절 교육'(문명화 과정)을 규정하는 상이한 (사회적) 맥락의 결과이다."(1992:37) 정말일까? 첫째였던 갈릴레오는 "싸우기 좋아하고," "욱하는 성질"이었다고 묘사되는데(Drake 1970:66; 1972:247~248), 이것은 그런 출생 순서를 갖는 개인들에 전형적인 성격 특성들이다. 이탈리아 과학자들이 영국 과학자들보다 전체적으로 덜 예의 바르다는 설득력 있는 증거는, 갈릴레오 같은 이탈리아 첫째들과 뉴턴 같은 영국 첫째들을 비교하거나 로베르트 벨라르미네 같은 이탈리아 후순위 출생자들과 보일 같은 영국의 후순위 출생자들을 비교했을 때에만 제시될 수 있다. 『과학 인명사전』에 표제어로 수록된 벨라르미네는, "기질이 상냥하고 쾌활하"며 논쟁이 "성미에 맞지 않는다"고 생각한 사람으로 묘사되었다(McMullin 1970:587). Shapin and Schaffer(1985)와 Biagioli(1992, 1993)가 제기한 종류의 사회 문화적 주장이 그들에게 뭔가 중요한 것을 의미하는지도 모른다. 그러나 그들이 제시한 증거는 그들의 주장을 입증하지 못하며, 가족 내 차이의 관점에서 훨씬 더 간단하게 설명할 수 있다.

74. Bartlett 1955:266.

75. Williams 1965:160.

76. Williams 1971:527; Merton 1973:288도 보시오.

77. Williams 1965:160.

78. Gillispie 1978:347.

79. Gillispie 1978:347.

80. Wallace 1905, 1:363.

81. Darwin 1985~, 7:107; 1858년 6월 18일자 편지.

82. Darwin 1985~, 7:117~118.

83. Darwin and Wallace 1859(1858).

84. "미묘한 상황"이라는 구절을 확인하려면 Leonard Huxley 1901, 1:500을 보시오. 윌리스의 대응을 보려면 Darwin 1985~, 7:166; 알프레드 러셀 윌리스가 1858년 10월 6일자로 조지프 후커에게 보낸 편지를 참조하시오. 다윈의 친구들이 이 문제에서 윌리스의 의견을 묻지 않고 다윈의 이해관계를 보호하는 데 신속하게 나섰다는 사실을 언급해 둘 필요가 있다(Brackman 1980도 보시오.). 이 사실을 고려할 때 윌리스가 보여 준 우호적 반응은 더 한층 주목할 만하다.

85. Darwin 1887, 2:309; 1860년 5월 18일자 편지.

86. Darwin 1887, 3:121.

87. Merton 1973:289.

88. 다양한 관심사와 경험에 대한 개방성에 관해서는 McCrae and Costa 1985:163~166을 보시오.

89. Weiner 1994:287.

90. 수렴적 사고와 확산적 사고에 관해서는 Guilford 1957, 1959; Getzels and Jackson 1962; Hudson 1966을 보시오.

　출생 순서와 확산적 사고라는 논제와 관련해서 상당한 연구가 수행되었고, 그 결과는 모순적이다(Ernst and Angst 1983:150~153). 본문의 논의가 명확성을 기하는 과정에서 그 관계가 상당히 복잡해졌다. 이것은 출생 순서, 형제의 수, 형제들 사이의 연령 격차, 사회 계급이 그 관계를 조정하기 때문이다. 후순위 출생자들이 — 인습에 사로잡히지 않는다는 의미에서 — "확산적 사상가들"이라는 사실은 내가 2장과 3장에서 제시한 증거들로 입증된다. 확산적 사고는 다섯 가지 성격 특질 가운데서 경험에 대한 개방성의 측면으로 가장 잘 개념화할 수 있다(McCrae 1994:256).

91. 이 데이터는『과학 인명사전』, Marquis의 World Who's Who in Science 및 각종 인명사전에 등장하는 각 과학자의 관련 전문 지식 분야를 바탕으로 작성했다.

92. 과학적으로 가장 계통이 선 분야들은 하위 분야를 갖기 때문에 과학자들이 중요한 연구를 수행한 분야의 수를 세는 일은 분석의 수준에 좌우된다. 나는 시종일관 수학, 물리학, 의학, 생리학 같은 15가지 일반 분야에 대한 기여를 바탕으로 과학 이력을 코드화했다. 해양학과 기상학처럼 보기 드문 분야에서의 탐구 활동은 "기타" 연구라는 개별 범주로 계산했다.

93. 저명성과, 과학자들이 중요한 기여를 한 분야의 수 사이의 r=0.24(df=1/2,258, t=11.53, p<0.0001). 이 선형 추세를 통제했더니 의미 있는 2차 추세가 발견되었다. 저명성은 전문화나 극단적인 다각화에 의해 가장 효과적으로 달성되었다. 분포의 중앙 지점에 위치한 사람들의 다각화 노력이 상대적으로 눈에 덜 띄었다(r=0.06, df=1/2,258, t=2.83, p<0.005).

94. 과학적 관심사의 수와 출생 순위 사이의 r=0.09(df=1/780, t=2.42, p<0.02). 형제의 수도 고려하면 이 관계에 2차 추세가 개입한다. 중간 자식들의 과학적 관심사가 첫째나 막내들보다 더 적은 것이다(r=0.07, df=1/780, t=2.08, p<0.05). 선형 추세와 2차 추세를 결합하면 r=0.13(df=2/780, F=6.36, p<0.005).

과학적 관심사와 관련된 이러저런 효과 크기들은 작다. 그러나 총괄해 보면 충분히 이해할 수 있는 내용이다. 성공 추구 전략은 가족 내 지위의 요건에 맞춰지는 것 외에도 분명 다른 많은 요소들의 영향을 받는다. 그 가운데 으뜸가는 것이 지적 능력이다.

95. 사회 계급과 과학적 관심사의 수와 관련해서는 r=0.08(df=1/742, t=2.32, p<0.05).

96. 과학적 관심사와 형제의 수와 관련해서는 r=0.10(df=1/688, t=2.67, p<0.01).

97. 출생 순서, 사회 계급, 가족의 수 사이의 3원적 상호 작용이 과학적 관심사의 수와 맺는 부분 r=0.08(df=1/742, t=2.29, p<0.05). 출생 순서와 가족의 수 사이의 2원적 상호 작용도 아주 컸다(부분 r=0.07, df=1/742, t=1.99, p<0.05). 이 결과는, 출생 순서가 저명성과 업적에 미친 효과를 설명하기 위해 가끔씩 사용돼 온 자원 희석 개념과도 관련이 있다(Powell and Steelman 1990; Travis and Kohli 1995).

98. (Anna Freud) Bernays 1940:337.

99. (Anna Freud) Bernays 1940:337.

100. 제4법칙("상황에 따라 제1~3법칙을 무시하고 전문화하라.")의 흥미로운 발현에는 출생 순서, 사회 계급, 일반적 연구 영역(물리 과학 대 생물 과학) 사이의 3원적 상호 작용 효과가 개입한다. 첫째들이 특정 과학에서 일반화를 추구하자(상층 계급 첫째들이 물리학에서 그렇게 했다.) 같은 사회 계급 출신에 후순위로 태어난 과학자들은 그 과학 분야에서 전문화를 선

택했다. 이렇게 미로처럼 얽힌 성공 추구 전략에서도 한 가지 상수가 존재한다. 첫째들이 무엇을 하든 후순위 출생자들은 그 정반대를 수행했다는 것이 그 상수의 내용이다(부분 r=0.11, df=1/697, t=2.88, p<0.005).

101. 그림 4.2에 관한 기술적 정보: 형제의 수와 출생 순서에 따른 과학 연구 분야 수의 2차 추세에서 r=0.07(df=1/780, t=2.08, p<0.05). 그림 4.2의 2차 추세는 확산적 사고 연구에서 Runco(1987)가 보고한 추세와도 비슷하다. 과학에서 광범위한 관심사가 확산적 사고를 드러낸다는 점에서 그림 4.2는 이 주제에 관한 연구들이 많은 경우 왜 모순되는지를 설명해 준다. 두 자녀 가정에서 둘째는 확산적이다. 세 자녀 가정에서 둘째는 수렴적이(고 두 명의 확산적인 형제들에게 에워싸인)다. 확산의 장점이 가족의 수(와 가족 자원)에 맞춰 조정되기 때문에 확산적 사고 연구는 출생 순위, 형제의 수, 사회 계급을 통제해야만 한다. 현존하는 연구 문헌들을 보면 이런 통제가 거의 전적으로 결여되어 있다.

형제들 사이의 연령 격차는, 주로 출생 순서 및 형제의 수와의 상호 작용 형태로 확산적 사고에 영향을 미친다. 첫째들은 터울이 작은 형제가 없는 경우(여기서는 4년 이하로 정의됨) 별로 많지 않은 확산 노력마저 중단하고 전문화의 길로 돌아선다. 후순위 출생자들은 같은 상황에서 열심히 다각화한다(출생 순서와 연령 격차 사이의 2원적 상호 작용 효과에서 부분 r=0.20(df=2/441, F=9.36, p<0.001)).

가족 수의 차이가 최종 양상을 수정한다. 작은 규모의 가정에서는 작은 연령 격차가 다각화에 이바지한다. 대가족에서는 정반대 양상이 진실이다. 터울이 작은 형제들은 전문화하고, 터울이 큰 형제들이 가장 많이 다각화했다(부분 r=0.10, df=1/441, t=2.17, p<0.05). 이 마지막 경향은 특히 후순위 출생자들 사이에서 현저했다(이 3원적 상호 작용 효과의 부분 r=0.15, df=2/441, t=2.32, p<0.005).

요약해 보자. 연령 격차도 사회 계급과 동일한 방식으로 기능한다. 나이 차이가 얼마 안 나는 형제가 없는 개인은 일반으로 더 많은 부모 투자에 의존할 수 있다. 이런 상황에서는 다각화의 매력이 더 커지는 셈이다. 일반적으로 후순위 출생자들은 쓸모 있고 실제로 도움이 될 때에는 언제나 다각화한다.

102. 출생 순서와 지적 성취에 관해서는 Ernst and Angst 1983:29~69를 보시오. 내 표본의 과학자들을 보면 출생 순서와 저명성 사이의 상관관계가 −0.08(df=1/1,993, t=−3.69, p<0.001)이었다. 추세는 두드러진 곡선 형태로, 첫째들과 막내들이 가장 저명했다(r=0.12, df=2/1,588, F=10.80, p<0.0001). 사회 계급과 가족의 수를 통제한 선형 상관관계는 −0.04(df=1/719, t=−0.97, p<0.34)였다. 첫째들이 저명한 과학자들 사이에서 압도 다수를 차지하지는 않았음

에도 불구하고 전체 과학자 집단에서는 다수였다(그린우드-율(1914)의 규칙에 기초해 가족의 수를 통제함). 이렇게 출생 순서는 누가 과학자가 될지에 영향을 미친다. 그러나 과학자들이 얼마나 저명해질지에는 영향을 미치지 못한다.

103. 출생 순서와 전문화 분야(물리 과학 대 생명 과학) 사이의 2원적 상호 작용 효과와 관련해 이것들이 과학적 저명성과 맺는 부분 r=0.09(df=1/697, t=2.41, p<0.02).

104. 내가 채택한 저명성 측정자에 기초했을 때 다윈은 표본에서 다섯 번째로 저명한 과학자였고, 생물학자 중에서는 가장 저명했다. 19개의 전기적 지표가 그 측정자를 구성하는데, 이 가운데 15개는 Simonton(1984c)의 작업에 토대를 두고 있다. 상위 10등을 차지한 그 외의 과학자들을 저명성 순위에 따라 밝혀 보면 (1)뉴턴, (2)갈릴레오, (3)데카르트, (4)코페르니쿠스, (6)케플러, (7)라부아지에, (8)파스칼, (9)하위헌스, (10)라이프니츠. 생물학자들로는 퀴비에가 12위, 라마르크가 15위, 하비가 17위, 린네가 20위였다. 이 장에서 거론된 다른 인물들도 보자. 라플라스(13위), 패러데이(14위), 데이비(16위), 프로이트(21위), 프랭클린(27위), 훔볼트(29위), 볼테르(31위), 멘델(52위). 개인들의 수준에서 저명성을 평가하려는 시도에는 주관적 요소가 개입한다. 그러므로 이 순위는 에누리해서 들어야 한다. 나 개인적으로는 다윈을 데카르트보다 더 높은 순위에 올리고 싶다. 다윈을 코페르니쿠스보다 상위에 두고 싶기도 하다. 알다시피 코페르니쿠스의 독창성은 단 한 분야로 한정되었다. 21위를 차지한 프로이트는 이 측정자에 의해 과대평가된 것 같다. 그 측정자가 각종 인명사전에서 과학자들에게 할당된 지면을 주로 반영했기 때문이다.

105. 출생 순서와 사회 계급 사이의 2원적 상호 작용 효과와 관련해 이것들이 과학적 저명성과 맺는 부분 r=0.07(df=1/1,162, t=2.46, p<0.02). 출생 순서는 저명성과도 커다란 관계를 맺는다. 첫째들은 후순위 출생자들보다 더 저명했다(부분 r=-0.10, df=1/1,162, t=-3.46, p<0.001). 사회 계급의 경우 이 추세는 통계적으로 유의미하지 않았다. 이들 효과 말고도 출생 순서, 사회 계급, 전문 분야(물리학 대 생물학), 연구 분야의 수 사이에서 4원적 상호 작용 효과가 발생해 과학적 저명성과 관계를 맺는다. 일반적으로 첫째들과 후순위 출생자들은 상이한 성공 추구 전략을 통해 저명해졌다. 나아가 그들 각자의 성공 추구 전략은 사회 계급에 따라 크게 달랐다(부분 r=0.09, df=1/723, t=2.44, p<0.02; 형제의 수, 모든 주요 효과, 모든 하층 계급 상호 작용 효과를 통제함). 3원적 상호 작용 효과 가운데 하나도 중요했다. 후순위 출생자들은 첫째들보다 물리학에서 전문화를 추구하거나 생물학에서 다각화를 추구함으로써 저명해질 가능성이 더 많았다(부분 r=0.13, df=1/723, t=3.50, p<0.001).

106. (사회 계급과 형제의 수 사이의 비율로 표현되는) '가족 자원' 단위당 저명성으로 환산

된 저명성에는 차례적 지위와 추구된 분야들의 수 사이의 2원적 상호 작용 효과가 개입한 다. 중간 자식들은 단 하나의 과학 분야만을 추구함으로써 저명해지는 데서 천재적인 수완 을 발휘했다. 반면 첫째들과 막내들은 다각적 분야를 추구하는 데서 탁월했다(부분 $r=0.12$, $df=4/686$, $F=2.56$, $p<0.05$). 이 외에도 차례적 지위, 추구된 분야의 수, 과학 유형(물리 과 학 대 생명 과학) 사이에서 3원적 상호 작용 효과가 발생한다(부분 $r=0.14$, $df=4/686$, $F=3.62$, $p<0.01$). 중간 자식들은 물리 과학에서 한 분야를 추구할 때 저명해질 가능성이 가장 많았다. 첫째들은 두 분야를 추구함으로써, 또 물리 과학에서 저명해지는 데 정통했다. 막내들은 세 분 야 이상, 특히 생명 과학에서 저명해지는 데 탁월했다.

전문화를 통해 저명해지는 능력에는 출생 순위에 따른 흥미로운 '홀수-짝수' 효과가 개입한 다. 둘째 외에도 출생 순위가 넷째, 여섯째, 여덟째, 열째인 과학자들이 출생 순위가 첫째, 셋 째, 다섯째, 일곱째, 아홉째인 과학자들보다 전문화를 통해 저명성을 획득하는 데서 훨씬 더 뛰어난 능력을 보여 주었다. 이 홀짝 효과에서 $r=0.09$($df=1/750$, $t=2.35$, $p<0.02$; 선형 추세에 서 추구된 분야의 수를 제어하고, 집중 대비로 계산함). 중국 가정들의 정치적 태도에서 유사 한 양상을 발견한 G. William Skinner(1992)의 자극이 없었다면 이런 지그재그형 양상을 찾 아내지 못했을 것이다.

107. Iltis 1932:40.

108. Iltis 1932:95.

109. McCrae and Costa 1985:166. 위험 감수(모험), 사회적 지위, 번식 성공에 관해서는 Buss 1994:201을 보시오.

110. Longstreth 1970.

111. 권투 및 스카이다이빙과 관련해서는 Sutton-Smith and Rosenberg 1970:20~22를 보시오. 다른 스포츠 활동을 확인하려면 Nisbett 1968을 보시오. 니스벳의 연구 결과는, 사회 계급과 형제의 수를 통제한 더 작은 규모의 또 다른 표본에서 반복 확인되었다(Casher 1977).

112. Harris(1964:17~18)는 저명인사 1,000명에 관한 조사 연구에서 단 두 개의 분야, 즉 군사 지도자와 탐험가에서만 더 어린 아들들이 큰 차이로 많음을 확인했다.

113. Bruhns 1873, 1:400~401.

114. 여행에 대한 나의 평가는 5점 척도를 토대로 했다. 사람들은 조국 밖으로 여행하지 않았 을 경우 0점을 받았다. 이웃 국가로 여행한(예를 들어, 영국에서 프랑스로) 사람들에게는 1점 을 주었다. 중간 정도의 해양 및 육로 여행(예를 들어, 서유럽에서 북아메리카로)에는 2점을 부여했다. 먼 이국의 땅을 여행한(예를 들어, 영국에서 말레이시아로) 사람들에게는 3점을 주

었다. 두 차례 이상 대서양 횡단 여행을 한 사람들에게도 3점을 주었다. 마지막으로, 전 세계 일주 등 아주 광대한 지역을 답사하는 여행에 나선 사람들에게는 4점을 주었다.

115. 그림 4.3에 관한 기술적 정보: 다음의 검정들은 전부 사회 계급과·가족의 수를 통제한 것이다. 차례적 지위와 세계 여행의 부분 r=0.11(df=1/664, t=2.76, p<0.01). 여행은 형제의 수가 많은 가정에서 더 흔했다. 그러나 그 경향이 현저하지는 않았다. 사회 계급은 형제의 수와 크게 상호작용했다. 여행은 하층 계급 대가족에서 가장 흔했고, 상층 계급 대가족에서 가장 덜 이루어졌다(부분 r=0.11, df=2/664, F=3.92, p<0.05).

출생 순서에 따른 세계 여행의 선형 추세에 더하여 출생 순위에 따른 2차 추세가 존재한다(r=0.13, df=1/642, t=3.36, p<0.001). 셋째들이 여행을 가장 많이 했다.

외자식들과 후순위로 태어난 장남들은 첫째들보다 세계 여행에 나설 가능성이 더 많았다(r=0.08, df=1/441, t=1.71, p<0.05(단측 검정)).

형제들 사이의 연령 격차도 세계 여행의 가능성에 영향을 미쳤다. 그러나 출생 순서와 관련해서만 그렇게 했다. 연령 격차가 크면(4년 이상) 첫째들은 덜 여행했고, 후순위 출생자들은 더 많이 여행했다(r=0.11, df=1/349, t=2.14, p<0.05). 가족의 수가, 대가족에서 특히 진실인 이 관계를 조정했다. 작은 규모의 가정에서는 연령 격차가 커지자 여행이 다소 증가했다(이 3원적 효과의 부분 r=0.13, df=1/349, t=2.54, p<0.05). 연령 격차와 세계 여행이 수반되는 이 상호 작용 효과들은 이 장의 앞부분에서 논의된 과학적 다각화와 결부된 효과들과 유사하다.

차례적 지위(출생 순위), 사회 계급, 가족의 수를 통제한 세계 여행과 출생 날짜 사이의 부분 상관은 0.38(df=1/664, t=10.62, p<0.0001)이었다. 차례적 지위가 세계 여행에 미치는 영향은 이전 세기의 과학자들만큼이나 20세기의 과학자들 사이에서도 막강했다.

116. Darwin 1958(1876):44.

117. Bruhns 1873, 1:27.

118. Darwin 1958(1876):68.

119. Darwin 1985~, 1:126.

120. Blunt 1971:102; p. 117도 보시오.

121. Bourdier 1972a:356.

122. E. Agassiz 1885, 2:635.

123. Wallace 1905, 1:282.

124. Wallace 1905, 1:361~363; McKinney 1972:131.

125. 세계 여행과 다원주의 지지 사이의 상관관계는 0.15(df=1/413, t=2.99, p<0.005)이다. 출

생 순서를 통제한 부분 상관은 0.07(df=1/413, t=1.55, p<0.13)이다. 과학 분야의 23가지 자유주의 이론 수용에서 세계 여행은, 출생 순서를 통제했을 때, 새로운 이론들의 수용 여부를 알려 주는 유의미한 예보자였다(r=0.08, df=1/787, t=2.20, p<0.03).

126. 상대적 출생 순위에 따른 세계 여행의 이 '3차' 추세에서 r=0.13(df=1/664, t=3.47, p<0.001). 아들 순위에 따른 세계 여행에서는 현저한 '홀수-짝수' 효과도 존재했다. 후순위 출생자들의 경우 홀수 아들들이 짝수 아들들보다 여행에 나설 가능성이 더 많았다. 후순위 출생의 장남(첫째 아들)이 떠난 여행은 다음 아들에게 덜 매력적인 것으로 비치는 것 같다. 동일한 선택이 계속해서 셋째 아들에게는 더 매력적인 것으로 비치는 것 같다(r=0.07, df=1/864, t=1.98, p<0.05).

127. 가족 내 지위를 찾으려는 목표와 세계 여행 사이의 밀접한 관계를 지지해 주는 여행은 과학적 관심사의 수와도 커다란 관계를 맺는다. 여행 자체가 관심사에 포함되지 않을 때조차도 말이다(r=0.14, df=1/663, t=3.72, p<0.001).

여행(그보다는 여행의 기초가 되는 심리적 성향)은 출생 순서 및 형제의 수와 상호 작용해 과학적 관심사의 수를 정한다. 어떤 형태로든 대양을 가로지르는 여행을 한 더 어린 형제들은 널리 여행하지 않은 사람들보다 관심사가 더 많았다(2원적 효과의 부분 r=0.17, df=2/663, F=9.76, p<0.001). 광범위하게 여행한 대가족 출신의 사람들에게서도 동일한 경향을 발견할 수 있었다(2원적 효과의 부분 r=0.12, df=1/663, t=3.01, p<0.005). 3원적 상호 작용도 중요했다. 대가족 출신의 더 어린 형제들 사이에서, 특히 그들이 여행을 했을 경우 과학적 다각화가 가장 많이 일어났다(부분 r=0.15, df=2/663, F=7.74, p<0.001). 다윈과 윌리스는 이 마지막 경향의 좋은 사례이다.

승산비는 경험에 대한 개방성으로 해석할 수 있는 여행과 다양한 관심사에 관한 증거를 요약해 주는 좋은 방법이다. 두 변수의 결합 점수가 중앙값 이상인 과학자들을 중앙값 이하인 과학자들과 비교해 보면 막내들이 중앙값 이상을 받을 가능성이 첫째들보다 4.4배 더 높았다. 첫째들을 대조군으로 삼은(1.0) 다른 승산비는 외자식들의 경우 2.9, 형제들의 상위 절반에 속하는 중간 자식들의 경우 1.3, 하위 절반에 속하는 중간 자식들의 경우 1.8(그러나 끝에서 세 번째는 아님), 끝에서 세 번째인 중간 자식들의 경우 3.8(그러나 막내는 아님)이었다.

128. Sulloway 1991b.

129. Darwin 1879, 1958(1876), 1877.

130. Darwin 1958(1876):28.

## 5장 발달 장애

1. Bowlby 1958, 1960, 1969~1980, 1988; Ainsworth 1967; Matin 1977; Rutter 1977, 1979, 1981 을 보시오. 볼비의 생애에 관한 개관을 포함해 이 문헌들에 관한 유용한 논평을 보려면 Karen 1994를 참조하시오.

2. 볼비는, 이 직업이 첫째들이 지배하는 확립된 흐름으로 정착한 상태에서 정신 분석 교육을 받았다(2장의 표 2를 보시오.). 후순위 출생자였던 그는 유력한 통설에 저항했다. 주류파는 볼비의 개념을 무시했고, 곧이어 적대감을 드러냈다. 볼비(1969)가 정신 분석학의 비다원주의적 가정들을 충분히 인식했다는 점을 언급해 둘 필요가 있다. 나는 이 주제를 다른 곳에서 상세하게 논의했다(1979b, 1991b).

3. Hrdy 1977; Hausfater and Hrdy 1984를 보시오.

4. Harlow 1958.

5. 평가자들은 부모-자식 갈등을 사정하면서 7점 척도를 사용했다. 세 명의 독립적 판정관들 사이의 평균 상관관계는 0.78이었다. 다중 평가의 유효 신뢰도는 0.90이었다. 부모-자식 관계를 알려 주는 증거의 타당성은 부록 9, 기술적 논의 3에서 다루었다. 이 연구에서 측정된 부모-자식 갈등은 애착에 대한 표준적인 측정과 같지 않다. 그렇지만 두 구성 개념은 밀접하게 연결되어 있다.

6. 그림 5.1에 관한 기술적 정보: 출생 순서를 통제했더니 부모와의 갈등이 과학 급진주의에 커다란 영향력을 행사했다(자유주의 과학 논쟁의 경우 $r = -0.16$, $df = 1/675$, $t = -4.21$, $p < 0.001$; 상관관계 부호가 마이너스인 이유는 격렬한 부모-자식 갈등이 부모 관계 척도에서 낮은 점수로 표시되었기 때문이다.). 출생 순서와 부모-자식 갈등을 통제한 상호 작용 효과 역시 대단했다($r = 0.08$, $df = 1/675$, $t = 2.07$, $p < 0.05$). 주요 효과로서의 출생 순서의 경우 부분 상관관계는 0.22($df = 1/675$, $t = 5.90$, $p < 0.0001$)였다.

출생 순서와 부모-자식 갈등에 관한 나의 연구 결과는 철학적 태도에 관한 다음의 흥미로운 연구 결과와도 일치한다. 연구자들은 27쌍의 형제를 조사했다(전부가 하버드 대학교 재학생들로 두 자녀 가정 출신이었다.). 출생 순서에 따른 차이는 개인들이 아버지와 스스로를 강력하게 동일시했을 때에만 발견되었다. 탈귀속자들은 세계관이 비슷했다(Stein, Stein, and Kagan 1970). 이들 연구자들은 어머니들과의 동일시는 평가하지 않았다.

7. 나는 1975년에 프로이트의 딸 안나에게 출생 순서와 과학적 급진주의 사이의 관계 — 출생 순서가 정신 분석학의 초기 수용 과정에서 담당한 역할을 포함해 — 를 알려 주었다. 그녀는

다음과 같은 발언으로 이 연구 결과를 폄하했다. "중요한 것은 개인의 출생 순서가 아니라 얼마나 사랑받았는가이다."(1975년 6월 런던 메어스필드 가든 20번지에서 나눈 대화) 두 가지 고려 사항이 다 중요하다. 그러나 프로이트 자신의 활약에서조차 출생 순서는 오이디푸스적 갈등보다 혁명적 성격을 알려 주는 더 뛰어난 예보자였다.

8. Erikson의 Young Man Luther(1958)가 좋은 예다. 다른 사례를 보려면 Stannard의 유용한 논문(1980)을 참조하시오.

9. 다윈주의 이론과 부합하는 부모-자식 갈등과, 모순되는 오이디푸스적 갈등 사이에서 정신분석학파가 보이는 혼란과 관련해서는 Trivers(1985:146~147)와 특히 Daly and Wilson의 통찰력 있는 연구(1990)를 보시오.

10. 자유주의 과학 논쟁들에서 혁신에 대한 개방성과 부모-자식 갈등 사이의 상관관계는 아버지와의 갈등 및 어머니와의 갈등이 유사했다. 아버지와의 갈등의 경우 $r=-0.14$(df=1/649, $t=-3.67$, $p < 0.001$). 어머니와의 갈등의 경우 $r=-0.13$(df=1/538, $t=-3.12$, $p < 0.005$). 부자 갈등과 모자 갈등의 관계가 마이너스가 아니라 플러스라는 사실도 언급해 둘 가치가 있다 ($r=0.38$, df=1/575, $t=9.74$, $p < 0.0001$). 프로이트주의자들은 부모와의 갈등이 대개는 무의식적이기 때문에 비임상적인 증거로는 이해할 수 없다고 주장할지도 모른다. 이 논리는 정신 분석학의 주장을 계속하기 위해 부모-자식 갈등이 출생 순서보다 더 중요해 보이는 이유를 설명하려고 한다. 이 주장은 내가 이미 제시한 자료로 논파되었다. 후순위 출생자들은 일반적으로 과학 혁신을 지지한다. 따라서 어떤 심리적 형태로든 부모와의 갈등이 출생 순서보다 더 많은 '분산'을 해명해 준다는 것은 사실상 불가능하다.

11. 출생 순서와 경험에 대한 개방성 사이의 상호 작용과 관련해 이것들이 부모-자식 갈등과 맺는 부분 $r=0.11$(df=1/418, $t=2.22$, $p < 0.05$). 개방성은 과학 혁신에 대한 개방성, 여행, 광범위한 관심사로 환산해 평가했다(z 점수와 평균을 결합함). 이 개방성 측정값은 부모-자식 갈등과 커다란 상관관계를 맺었다(부분 $r=-0.15$, df=1/418, $t=-3.04$, $p < 0.005$). 이 결과는 형제의 수를 통제한 값이다. 형제의 수가 많을수록 부모-자식 갈등을 덜 경험한다(부분 $r=0.10$, df=1/418, $t=2.03$, $p < 0.05$). 이들 주요 효과와, 출생 순서 및 개방성 사이의 상호 작용 효과를 통제했더니 후순위 출생자들이 첫째들보다 부모와 더 많이 갈등했다(부분 $r=0.11$, df=1/418, $t=2.19$, $p < 0.05$).

12. 관련 증거를 보려면 Singer(1971)와 Smith(1971)의 연구 결과를 참조하시오.

13. Burkhalter 1965:17~27, 105~106을 보시오.

14. Darwin 1985~, 8:542; 9:45~48도 보시오.

15. Burkhalter 1965:18.

16. Burkhalter 1965:18.

17. Cohen 1985:144~145.

18. Koestler 1959:229.

19. Koestler 1959:229; 이런 세부 사실들을 확인하려면 Gingerich(1973:289)와 Caspar (1962:36~38, 252)도 보시오.

20. Koestler 1959:230.

21. Koestler 1959:236.

22. 내가 8장에서 제시한 급진주의 '가족 역학 모형'에 기초해서 보면 케플러가 급진적 주장을 지지할 확률 예측치는 65퍼센트이다. 이 확률 예측치를 다른 첫째들과 비교해 보면 그는 97퍼센트에 위치한다.

23. 8장에서 제시된 급진주의 '가족 역학 모형'에 기초해서 보면 뉴턴이 혁신을 지지할 확률은 60퍼센트로, 다른 첫째들과의 비교에서 그는 89퍼센트에 위치한다.

24. Westfall 1980:53~55.

25. Westfall 1980:53.

26. Frank Manuel은 자신의 정신 분석적 저작 Portrait of Isaac Newton(1968)에서 뉴턴이 남은 인생 동안 로버트 후크 및 고트프리트 라이프니츠 같은 다양한 대리인들을 표적으로 삼으면서 어머니 상실에 대한 분노를 표출했다고 주장했다. 웨스트폴은 이 도발적인 주장과 관련해 다음과 같이 묻는다. "그게 …… 사실일까? 내가 볼 때 우리에게는 그 실상을 알 수 있는 수단이 전혀 없다. 그럴싸하기는 하다. 그러나 그만 한 비중으로 잘못 파악한 것일 수도 있다. 나는 이와 관련해 둘 중 어느 한쪽으로 방향을 잡기 위해 경험적 증거를 어떻게 활용할 수 있다는 것인지 모르겠다."(1980:53n) 나도 웨스트폴의 견해에 동의한다. Manuel의 가설은 모집단 자료를 사용해 검증할 수 있다. 그러나 이것은 전혀 다른 문제이다.

27. Millhauser 1959:16.

28. Chambers 1872:216.

29. 일반적으로 후순위로 태어난 장남들의 급진주의는 다른 후순위 출생자들과 비슷하다. 이 법칙의 주된 예외는 둘째이다. 그러나 그것도 대가족일 때뿐이다. 이런 조건에서는 장남이라는 사실이 보수주의를 조장한다. 이 결과에는 출생 순위, 아들 순위, 형제의 수 사이에서 발생하는 3원적 상호 작용 효과가 개입한다(부분 $r=0.11$, $df=1/435$, $t=2.31$, $p<0.03$; 자유주의 과학 논쟁에 참가한 후순위 출생자들의 경우). 주요 효과와 2원적 상호 작용 효과 가운데 중요

한 것은 전혀 없었다.

30. Durant and Durant 1965:448.

31. Simon 1963:46.

32. Asprey 1986:47.

33. Durant and Durant 1965:441.

34. Asprey 1986:47; Durant and Durant 1965:441.

35. 프리드리히 대제의 누나이자 바이로이트 후작 부인이었던 빌헬미나가 동생에게 들은 내용을 전한 것으로, Durant and Durant(1965:441)에서 인용.

36. 수많은 연구는 동성애가 적어도 남성 사이에서는 후순위 출생자인 것과 결부되어 있음을 보여 주었다(Blanchard and Sheridan 1992; Zucker and Blanchard 1994; Blanchard et al. 1995; Blanchard and Bogaert 1996). 이 연구들의 효과 크기는 일반적으로 작다($r < 0.10$). 후순위 출생자들이 동성애자가 되는 경향을 보이는 중요한 한 가지 심리적 이유는, 그들이 경험에 더 개방적이고 나아가 기꺼이 인습에 사로잡히지 않는 자신들의 성적 경향에 따라 행동하려고 하기 때문이다. 아주 급진적인 행동의 경우 출생 순서가 경험에 대한 개방성에 미치는 영향력의 효과 크기는 상당하다($r \approx 0.40$). 0.40의 효과 크기를 전체 인구의 10퍼센트에 적용하면 $r = 0.04$의 최종 효과 크기가 발생한다. 이 값은 출생 순서와 동성애 사이에서 관측된 상관관계의 절반 정도이다. 동성애가 더 나이 든 자매들의 수가 아니라 더 나이 든 형제들의 수와 상관관계를 맺는 듯하다는 사실은, 이전 남성 태아들에 대한 모계 항원에 기초한 면역학적 동성애 설명과도 일치한다(Blanchard and Bogaert 1996). 그러나 이 결과는 출생 순서와 형제들의 성별이 성별 관련 성격 특성에 미치는 효과와도 일치한다(3장, 그림 3.2). 이 양자택일의 설명 방법 가운데서 어느 것이 우수한지를 획정하려면 추가 연구가 필요하다.

37. Durant and Durant 1965:448.

38. Asprey 1986:404.

39. Asprey 1986:1.

40. Koestler 1971:19.

41. Scrimshaw 1984:458; Daly and Wilson 1988a:46.

42. 그림 5.2에 관한 기술적 정보: 상호 작용 효과를 반영하기 위해 두 개의 역대비를 계산한 2차 추세의 경우 부분 $r = 0.08$(df=1/734, t=2.15, $p < 0.05$; 자유주의 과학 논쟁에 한해서만). 출생 순서의 부분 $r = 0.24$(df=1/734, t=6.56, $p < 0.0001$).

Helen Koch(1955a, 1956a)는 가장 커다란 성격 차이가 24~48개월의 연령 차이와 결부됨을 확인했다. Harris and Howard(1968)와 Hayden(1973)도 연령 격차와 성격 차이의 2차 관계를 상세히 보고했다.

43. 출생 순서와 경험에 대한 개방성의 복합 측정(과학 혁신에 대한 개방성, 광범위한 관심사, 여행)에서 $r=0.30$(df=1/756, t=8.61, p<0.0001). 상호 작용 효과를 반영하는 두 개의 역대비를 계산한, 출생 간격에 따른 2차 추세에서 $r=0.23$(df=1/756, t=6.55, p<0.0001). 경험에 대한 개방성에서 보이는 이 2차 추세와 과학적 입장에 대한 2차 추세 사이의 차이에서 $z=4.36$, p<0.0001. 경험에 대한 개방성과의 관계에서는 출생 간격에 따른 선형 추세도 존재한다 ($r=0.12$, df=1/756, t=3.39, p<0.001). 사회적 태도도 개방성을 알려 주는 좋은 지표이다. 나의 과학자 표본에서 사회적 태도는 출생 순서 및 형제들 사이의 연령 격차와 기대했던 방식으로 상관관계를 맺었다(9장을 보시오.).

44. 경험에 대한 개방성을 복합 측정한 결과 상위 10위를 차지한 과학자들은 다음과 같다. (1) 아타나시우스 키르허, (2)프랜시스 골턴, (3)찰스 다윈(알프레드 러셀 월리스 및 알렉산더 폰 훔볼트와 동률), (6)벤저민 프랭클린, (7)로버트 후크, (8)레지널드 달리(현장 조사에 전념하면서 전 세계를 답사한 지구 물리학자), (9)로버트 스콧과 함께 남극을 찾은 지질학자 프랑크 데븐햄, (10)철학자 겸 심리학자 존 듀이. 이들 10명은 전부 후순위 출생자들이다. 알프레트 베게너가 11위를 차지했다. 네 자녀 가운데 막내였던 그는 대륙 이동 이론을 선구적으로 제창했고, 한 과학 탐험대의 재보급을 돕다가 그린란드의 만년설에서 목숨을 잃었다.

경험에 대한 개방성에서 첫째들의 중앙 순위는 그들을 37퍼센트에 위치시켰고, 후순위 출생자들의 중앙 순위는 그들을 60퍼센트에 위치시켰다. 이것은 상당한 차이이다($r=0.25$, df=1/1,617, t=10.44, p<0.0001). 출생 순서가 개방성 예보자로 채택되고 난 다음에도 상대적 출생 순위(첫째에서 막내까지)의 부분 상관이 중요했다($r=0.11$, df=1/1,312, t=4.02, p<0.001). 가장 개방적인 개인들은 대개 골턴, 훔볼트, 베게너 같은 막내들이거나 다윈과 월리스처럼 형제들의 끄트머리에 위치했다. 연령 격차가 4년인 막내들의 중앙 순위는 그들을 73퍼센트에 위치시켰다.

출생 순서와 연령 격차 외에도 형제의 수와 사회 계급이 광범위한 과학적 관심사를 예보해 준다(4장, 그림 4.2와 관련 내용을 보시오.). 이 측정에서 높은 점수를 받는, 프로이트(프로이트는 13위를 차지했다.) 같은 첫째들은 주로 중간 계급이나 하층 계급의 대가족 안에서 성장했다.

45. 형제들 사이의 연령 격차와 형제 갈등에 관한 이 논리는 또 다른 결론으로 이어진다. 더 어린 형제들은 그들의 더 나이 든 형제들보다 더 이타적이어야 한다. 그 역보다 말이다. 왜냐하

면 더 나이 든 형제가 유전적으로 더 나은 보험 증서이기 때문이다. 다섯 가지 성격 특질 가운데 친화성과 관련된 증거 역시 이 가설과 일치한다(3장, 표 4).

46. 나이에 따른 번식적 가치에 관한 자료를 보려면 Daly and Wilson 1988a:74를 참조하시오. 이 가능성 함수는 5세까지 가파르게 상승한다. 그 후로는 번식적 가치의 증가가 점차 완만해지면서 15세에 정점에 도달한다. 더 어린 형제가 생김으로써 보정된 비용(손해)이 3~5년 터울에서 최대에 이를지 여부를 내가 판정할 수는 없었다. 이 보정된 비용은 가족 자원의 양에 영향을 받을 것이고, 따라서 순전히 개인적인 차원에서 이 문제에 대한 답은 정해진 게 전혀 없다. 그럼에도 불구하고 이 보정된 비용이 어떠하리라는 것에 대한 거친 추정 대부분은 연령 격차가 2~6년일 때 그 비용이 최대일 것임을 알려 준다.

47. 첫째들이 3~4년의 연령 격차에서 부모와 더 커다란 갈등을 경험하는 경향은 2원적 상호 작용을 알려 준다(r=0.18, df=1/269, t=2.95, p<0.005). 전체로서의 부모-자식 갈등은 2차 추세를 따르며, (3~4년의) 중간 정도 연령 격차에서 가장 낮다(r=0.18, df=1/269, t=1.97, p<0.05). (4년 미만의) 가까운 터울에서 후순위 출생자들은 높은 갈등 수준을 경험한다. 이것은 전통 사회에 살았던 부모들이 유아 살해를 심각하게 고려할 가능성이 가장 많은 연령 간격이다. 출생 간격이 5년 이상으로 커지면 부모-자식 갈등이 다시 높아진다. 특히 외자식들은 형제들이 있는 자식들보다 부모와 더 커다란 갈등을 경험한다. 이 결과에는 몇 가지 설명이 가능한데, 내게는 그 설명들 사이에서 적절한 판단을 내릴 수 있는 수단이 없다. 예를 들어, 형제들은 갈등의 방향이 부모보다 서로에게 향하도록 할 수도 있다. 또한 다른 형제들이 존재할 때 부모와의 갈등이 전략으로서 비용이 더 많이 들 수도 있다. 부모-자식 갈등은 작은 규모의 형제에서보다 큰 규모의 형제에서 훨씬 더 적다(r=0.17, df=1/406, t=3.41, p<0.001).

48. 나는 Plomin 1986:71~74; Plomin, DeFries, and McClearn 1990:383~84; Loehlin 1992:15, 32, 37, 47~68에 요약된 데이터를 바탕으로 이 상관관계를 계산했다. 이란성 쌍둥이의 N은 1만 5000 이상이다. 생물학적 형제의 N은 3,500 이상이다. 두 상관관계의 차이에서 z=2.68(p<0.005).

형제들 사이의 연령 격차와 형제 대비 효과에 관한 주장은 행동 유전학 연구에서 중요한 방법론적 함의를 갖는다. 형제 대비 효과가 쌍둥이와 쌍둥이가 아닌 경우에 서로 다르기 때문에 그것들을 계산하는 데 흔히 사용되는 방법들이 유전 가능성 표준 추정치에 영향을 미칠 수도 있는 것이다. 행동 유전학자들은 대개 이 문제를 무시해 왔다.

49. Plomin 1986:236.

50. 그림 5.3에 관한 기술적 정보: 주요 효과로서의 출생 순서의 경우 r=0.20(df=1/843, t=6.10,

p＜0.0001). 출생 순서, 사회 계급, 부모 사망 시의 나이 사이의 3원적 상호 작용 효과의 경우 부분 r=0.09(df=2/843, F=3.58, p＜0.03). 다른 중요한 효과는 전혀 없었다.

그림 5.3의 상호 작용 효과는 사회 계급을 3등분(상층 계급, 중간 계급, 하층 계급)했을 때 유효했다. 중간 계급 출신의 개인들은 다른 두 계급 출신자들 사이의 중간 양상을 좇았다. 그림 5.3의 3원적 상호 작용 효과는 사망한 부모가 아버지인지, 어머니인지와는 무관했다.

(과학적 개방성, 관심사의 폭, 여행으로 측정된) 경험에 대한 개방성도 유사한 3원적 효과를 보여 주었다(r=0.08, df=2/1,050, F=3.66, p＜0.03). 이 종속 변수는 출생 순서와 부모 사망 시의 나이가 개입하는 2원적 효과를 제시했다(부분 r=0.11, df=2/1,050, F=6.07, p＜0.005). 가장 개방적인 개인들은 이른 나이에 부모를 잃은 후순위 출생자들이었다. 동일한 경험을 한 첫째들은 편협해졌다.

51. 부모 사망의 단기 결과는 흔히 형제들의 더 강화된 친밀함이다. 장기 효과는 대리 부모 행위의 성격에 따라 다양하게 나타난다(Ross and Milgram 1982:243).

52. Bruhns 1873, 1:15.

53. Bruhns 1873, 1:30.

54. Born 1978:7.

55. Born 1978:8.

56. 보른은 아인슈타인의 특수 상대성 이론으로 가장 먼저 개종한 과학자 가운데 한 명이었다. 그는 양자 가설의 강력한 지지자였고, 양자 역학의 발전에서도 지도적인 역할을 수행했다. 보른이 어렸을 때 부모를 잃지 않았다면 새로운 이론들에 대한 그의 이런 지지를 이해하기가 더 어려울 것이다. 내가 10장에서 논의한 다변수 모형에 따르면 보른이 이 세 이론을 지지할 확률은 61퍼센트였다.

57. 자매들은 남자 형제들과 달리 그녀들의 사회 계급과 무관하게 대리 부모 행위로 내몰린다. 따라서 내가 여기서 설명하는 일부 효과는 남성들에게만 유효하다.

58. Absolon 1979~1987, 1:7. 빌로트는 조지프 리스터가 도입한 새로운 멸균 수술법을 처음에는 반대했다. 그러나 이후 태도를 바꿔 독일에서 이 방법이 널리 퍼지는 데 일조했다.

59. Ross and Milgram 1982:243. 또 다른 연구도 대리 부모 행위에 대한 나의 주장을 보강해 준다. Flaherty(1980)는 사회 생물학 수용에 관한 연구 논문에서 자신들의 더 어린 형제들에게 "부모처럼 거드름을 부렸다."고 시인한 첫째들과, 더 나이 든 형제들의 거드름에 "분노를 느꼈다."고 보고한 더 어린 형제들을 비교했다. 플래허티의 조사 연구에서 첫째들은 일반적으로 후순위 출생자들보다 사회 생물학을 더 많이 지지했다. 그러나 대리 부모 행위를 놓고 벌어진

갈등을 보고한 부표본에서 이 차이는 훨씬 더 컸다(z=1.89, p＜0.05).

60. 이른 시기의 부모 사망과 생존한 부모와의 갈등의 경우 r=0.15(df=2/299, F=3.60, p＜0.03). 갈등은 부모 사망과 무관하게 후순위 출생자들에게서 훨씬 더 많았다(r=0.12, df=1/282, t=2.09, p＜0.03; 형제의 수를 통제함). 사회 계급 역시 주요 효과를 발휘했다. 갈등이 하층 계급 가정에서 더 많았던 것이다. 그 대부분이 후순위 출생자들 때문이었다.

출생 순서와 부모 사망 사이의 상호 작용의 경우 이것들이 부모-자식 갈등과 맺는 부분 r=0.20(df=2/299, F=6.37, p＜0.005). 부모 사망은 사회 계급과도 상호 작용한다. 부모가 사망한 하층 계급 가정에서 갈등이 훨씬 더 많았다(부분 r=0.15, df=2/299, F=3.23, p＜0.05). 이 2원적 효과는 후순위 출생자들 사이에서 가장 두드러졌다. 이것은 커다란 3원적 효과도 존재하기 때문이다(부분 r=0.22, df=2/299, F=7.63, p＜0.001).

61. 나는 Bowlby 1990 and Sulloway 1991b를 활용했다.

62. 나는 "억눌렀다"(repressed, 억압)라는 용어를, 숙고한 끝에 전통적인 정신 분석학의 용례와 다르게 사용했다. Bowlby(1988:70~71)는 억압 개념을 "선택적 배제"로 재정의했다. 그의 개념은 프로이트의 개념보다 훨씬 덜 건방지며, 훨씬 더 적게 설명한다. 그러나 그의 개념은 자신이 설명하는 바를 썩 훌륭하게 설명해 준다.

63. 이 이야기를 확인하려면 Bowlby(1990:78)와 Raverat(1952:245)을 보시오. 래버랫은, "심리학자들이 이 일화에 커다란 흥미를 느낄지도 모르겠다."고 올바르게 예언했다.

64. 이런 세부 사실들을 확인하려면 Bowlby(1990:57, 71)를 보시오.

65. Darwin 1958(1876):28.

66. Darwin 1887, 1:11.

67. Darwin 1958(1876):22.

68. Darwin 1985~, 1:502.

69. 과호흡 증후군의 유행병학에 관한 논의와 볼비의 가설을 지지해 주는 연구 결과들을 보려면 Brown et al. 1986을 참조하시오. Champion(1990)이 이 연구 결과의 일부를 문제 삼았다. Guze 1992:28도 보시오.

나는 부모의 조기 사망이 자신감을 훼손한다는 볼비의 가설을 검증해 보았다. 그렇게 하기 위해서 먼저 수줍음의 견지에서 그의 주장을 평가했다. 수줍음은 근심과 결부되는 경향이 있기 때문이다(7장). 실제로 부모의 조기 사망은 수줍음과 결부되었다(부분 r=0.13, df=2/595, F=5.31, p＜0.01). 이 관계에서 부모의 사망은 사회 계급과 상호 작용한다. 하층 계급 가정에서는 전반적 경향이 역전되었다(부분 r=0.18, df=2/595, F=10.02, p＜0.005). 하층 계급 가정에서 일어날 가능성이 더 많은 '가장' 되기는 첫째들에게는 더 많은 지위를 부여하고, 후순위 출생자들은 더 많은 분노를 느끼며 반항적 성향을 가지게 만든다. 이렇게 대조적인 가족 내 지위(와 관련 가족 역학)가 수줍어하는 성격을 조장할 것 같지는 않다. 그러므로 다윈의 질병에 관한 볼비의 설명이 올바르다고 해도, 그것은 일률적 진실이기보다 가족 내 지위의 복합적 측면에 부수하는 것이다. 특히 볼비의 설명은 하층 계급 출신 첫째들에게는 일반적으로 사실이 아니다.

70. Darwin 1985~, 2:279.

71. Darwin 1903, 1:252; Bowlby 1990:6, 240, 377도 보시오.

72. Darwin 1887, 2:360.

73. Darwin 1958(1876):139; Fleming 1961도 보시오.

74. Bowlby 1990:12.

75. 나는 여기서 Bowlby(1990)와 다르게 해석했다. 그는 다윈이 비판에 민감했다는 점을 주로 강조했다. 나는, 다윈이 불안과 과로를 대가로 치르고서라도 그런 비판을 극복하고자 하는 결의가 대단했었다는 점을 강조하고자 한다(Sulloway 1991b).

76. Darwin 1958(1876):140, 145; Darwin 1903, 2:41도 보시오.

77. Darwin 1887, 1:149. 이 말은 Anthony Trollope의 소설에 나오는 구절이다.

78. Darwin 1887, 1:149.

79. Darwin 1985~, 7:388.

80. Darwin 1859:243~44.

81. Mayr 1991b:105에서 인용.

82. 사회 계급은 과학 급진주의에 아무런 영향력을 행사하지 못한다. 자유주의 과학 논쟁의 경우 $r=0.01(df=1/2,173, t=0.31, p=0.76)$. 그림 5.3에 사용된 표본의 경우 $r=0.04(df=1/843, t=1.21, p=0.23)$.


## 6장 성

1. Gould 1981.

2. Becker 1986:205.

3. Linn 1986:217.

4. 성별 연구에 관한 메타 분석적 개관이 최근에 1,000건 이상 이루어졌다. Hyde and Linn 1986과, 특히 Feingold 1994를 보시오. Maccoby and Jacklin(1974)의 선구적 조사 연구는 여전히 유용하다. 이 연구로 메타 분석 기법이 앞당겨졌다. Block(1976)은 이런저런 방법론적 이유를 들어 이 연구를 비판했다.

가장 커다란 성별 차이는 육체적 힘이다(r≈0.67). 한 가지 지적 영역, 다시 말해 정신 회전(mental rotation)을 수행할 수 있는 능력에서만 상당한 수준의 성별 차이가 존재한다(r≈0.45). 성격 특성 가운데서는 나약함에 상당한 수준의 성별 차이가 개입한다(r≈0.53). 공격성의 경우 평균 점-이계열 상관관계는 0.25이다(중간 정도의 차이). 다른 대부분의 성격 차이는 작은 수준이다. 적극성은 r≈0.15; 순응성은 r≈0.12. 이들 통계를 확인하려면 Becker 1986:199; Linn 1986:218; Feingold 1994:448을 보시오. 다섯 가지 성격 특질들의 평균 상관관계는 0.28이다. 내가 이런 심리적 차이의 일부를 '작은 수준'이라고 했다고 해서 그것들이 사소한 것은 아니다. 치료 효과로서 0.10의 상관관계는 환자가 치명적인 질병에서 살아남을 가능성을 45퍼센트에서 55퍼센트로 끌어올리는 것과 같다.

5. Buss 1994. 성별에 따른 배우자 선택 기준의 차이는 평균 상관관계가 0.20이다(Feingold 1994:450).

6. Linn 1986:211.

7. Linn 1986:220; Becker 1986도 보시오.

8. Zimbardo and Leippe 1991:60. "상황에 따라 성별이 발휘하는" 상호 작용 효과의 다른 예들을 보려면 Hyde and Linn 1986; Linn 1986:221을 참조하시오.

9. Bragg and Allen(1970)이 이 내용을 개설한다.

10. 그림 6.1에 관한 기술적 정보: 이 그림은 순응성에 관한 일곱 개의 측정값을 결합한 것이다. 이 측정값 가운데 네 가지는 Koch(1955b:19~21)에서 얻었고, 단일 측정자로 통합했다. 또 다른 두 개의 측정값은 Sampson and Hancock(1967)에서 얻었다. 마지막 일곱 번째 측정값은 Bragg and Allen(1970)이 제공해 주었다. Sutton-Smith and Rosenberg(1970:141)에서도 비슷한 종합을 확인할 수 있다(그들의 표 9.2에는 몇 가지 오류가 보인다.).

그림 6.1의 세로축은 각각의 형제 구성에 따른 순응 행동의 평균 순위를 표시한다. 두 자녀 가정에서는 출생 순서, 성별, 형제의 성별에 따라 여덟 개의 조합이 만들어진다. 출생 순서와 형제의 성별 사이의 상호 작용에서 부분 상관은 0.48(df=1/12, t=1.90, p<0.05(단측 검정))이다. 이 통계 검정은 최초의 데이터가 아니라 결합 점수에 토대를 둔 것으로, 최초 데이터의 N이 커지면 이 결과의 통계적 유의성도 증가할 것이다. Koch(1955b)의 데이터는 종합적 메

타 분석 검정 안에서 쉽게 통합되지 않는다. 그러나 다른 연구들은 이 방법으로 손쉽게 결합할 수 있다. 이 다른 연구들의 경우 성별과 출생 순서의 상호 작용은 r=0.22(df=1/248, t=3.47, p＜0.01)였다. 출생 순서의 결합 상관관계도 0.25로 상당한 수준이었다. 그러나 성별의 결합 상관관계는 불과 0.06이었다. 이것은 미미한 수준이다. 출생 순서는 형제의 성별과도 상호 작용한다. 두 성별 모두의 후순위 출생자들은 그들의 더 나이 든 형제가 형(이나 오빠)라면 순응적이지 않을 가능성이 더 많았다(r=0.13, df=1/248, t=2.10, p＜0.05).

11. Bragg and Allen 1970.

12. Koch 1956d.

13. 조사 결과에 따르면 소녀들은 소년들보다 교사와 부모의 지시에 순응할 가능성이 더 많았다(Maccoby and Jacklin 1974:272). Gilligan 1982도 보시오.

14. 포상을 조건으로 하는 가족 내 역할과 자기 표출적 가족 내 역할에 관해서는 Parsons and Bales 1955를 보시오. 자매들 사이에서 확인되는 부모 귀속화 유형에 관해서는 Koch 1960:37~38, 100, 103; Sutton-Smith and Rosenberg 1970:145~146을 보시오.

15. 나는 여성들의 순응성에 관한 출생 순서 조사 연구에 만족하지 못하고 있다. 실험적 상황에서 순응하는 동기와 관련해 알려진 것은 많지 않다(Sampson and Hancock 1967:406). 자매들 가운데서 더 어린 자매들은 상냥해지기 위해 순응하는 것 같다(후순위 출생자의 특성). 실제 생활에서는 그런 개인들이 중요한 사회적 쟁점들과 관련해 상대적으로 순응하지 않을 수도 있다. 내가 이 장에서 다른 경향을 암시하는 역사적 증거를 제시했다고 할지라도 말이다. 아무튼 심리 실험들이 단기 행동을 다룬다는 사실을 명심하는 게 중요하다. 긴 안목에서 볼 때 결국은 행동이 달라질 수도 있는 것이다.

16. Edwards Klemmack 1973:623~624; Hess 1971도 보시오.

17. 다수의 심리적 특성들에서 성별에 따른 차이는 출생 순서에 따른 차이보다 훨씬 더 작다. 여기에는 성취 욕구와 자율성에 대한 요구 등이 포함된다(Sampson and Hancock 1967). 후순위로 태어난 남성들은 더 협조적이고, 상냥하고, 유순하고, 나약하다는 등의 전형적인 여성의 행동 특성을 다수 보여 준다. 후순위로 태어난 여성들은 일반적으로 첫째로 태어난 여성들보다 더 '여성적'이다. 첫째로 태어난 여성들은 성취 지향적이고, 거만한 경향이 있다(3장, Koch 1955a:38, Ernst and Angst 1983:259~260을 보시오.). Maccoby and Jacklin 1974:351도 보시오.

18. 나의 개혁가 표본은, Whitman(1985)이 편집한 인명사전 American Reformers에 등재된 504명의 개인을 바탕으로 했다.

19. 나는 Dictionary of American Conservatism(Filler 1987)을 참고해 보수주의자 표본을 만들었다. 614명의 통합 표본에서 213명(35퍼센트)이 여성이었다.

20. Whitman(1985:919~927)이 서술한 61가지 상이한 개혁 유형을 분석해 이 다섯 가지 범주를 획정했다. 하나의 하위 범주에 관여하는 사람은 다른 유형의 개혁보다 동일한 하위 범주의 또 다른 개혁에 참가할 가능성이 많았다.

개혁 운동에 대한 나의 분류는 사회 계급에 따른 영입 유형, 인종, 교파, 성별, 역사 단계 등 다양한 기준에 기초했다. 나는 출생 순서를 분류 기준에서 배제했다. 물론 결과에는 아무런 차이도 없었다. 이들 개혁 운동과 그 참가자들을 분석해 보면 우선 첫째로 보수주의와 급진주의가 선명하게 갈린다는 점을 알 수 있다. 두 번째 요소는 성별이 관련된 이해관계와 쟁점들이다.

21. Whitman 1985:xiv.

22. 나는 정치, 종교, 인종 문제 관련 쟁점들에 개입한 개인들을 '급진적 개혁가들'로 분류했다. 급진주의는 3점 척도로 채점했다. 보수적 대의에 가담했으면 -1점, 온건 개혁에 가담했으면 0점, 급진적 개혁에 가담했으면 +1점. 급진적 개혁 참가를 예보해 주는 다변수 모형은 다음의 세 가지 변수를 수용했다. 출생 순서, 사회 계급, 소수 인종적 지위. 급진적 개혁은 비교적 이른 세기들에 더 흔했다. 내가 다변수 모형에 출생 연도를 포함시킨 것은 이 때문이다. 이 네 가지 변수는, 별로 중요하지 않은 형제의 수를 모형에 삽입한 후에도 계속해서 아주 커다란 효과를 발휘했다.

나는 여기서 이 모형에 담긴 예보자들의 부분 상관관계를 제시해 놓았다. 출생 연도의 $r=-0.36$(df=1/520(조화 평균), t=-8.94, p<0.0001). 소수 인종적 지위의 $r=0.22$(df=1/520, t=5.22, p<0.0001). 출생 순서의 $r=0.20$(df=1/520, t=4.58, p<0.0001). 사회 계급의 $r=0.15$(df=1/520, t=3.40, p<0.005). 결합 모형의 R=0.47(조정된 R=0.46, df=4/520, F=36.67, p<0.0001). 따로 취급된 여성의 경우 출생 순서와 급진적 개혁에 대한 지지 사이의 상관관계는 0.20(df=1/168, t=2.64, p<0.01)이었다. 성별과 급진주의의 부분 $r=0.04$(df=1/532(조화 평균), t=1.04, p<0.30).

23. '사회적 패배자들'은 여기서 흑인, 유대 인, 하층 계급 출신, 후순위 출생자들로 규정된다. 인종 개념에 대한 인류학자들의 태도를 조사 분석한 논문에서 유사한 구성 개념을 채택한 Lieberman and Reynolds(1978)도 보시오.

24. 출생 순서와 노예 제도 폐지에 대한 지지 사이의 r=0.16(df=1/356, t=2.98, p<0.001). 이 검정은 노예 제도 폐지에 대한 지지와 기타 모든 개혁 운동에 대한 지지를 비교 대조했다. 따

로 취급된 여성들의 경우 동일한 비교 대조값이 아주 컸다(r=0.17, df=1/175, t=2.28, p＜0.05). Sherwood and Nataupsky(1968)는 출생 순서에 따른 이 결과들을 비교했고, 첫째 출신 연구자들은 후순위로 태어난 연구자들보다 흑인들이 선천적으로 열등하다(IQ)고 결론지을 가능성이 훨씬 더 많음을 확인했다. 이 결과에는 연구자들의 개인적 견해가 개입되었고, 따라서 인종에 따라 실제로 지능이 다른지와 관련해서 아무것도 알 수가 없다.

25. Hurwitz 1985:781.

26. 출생 당시 부모 나이를 바탕으로 '중간' 자식이던 터브먼의 출생 순위가 비교적 낮았으리라고 추측해 볼 수 있다. 그들은 둘 다 약 40세였다(Conrad 1943:5, 33, 211).

27. Wrench 1985b:817.

28. Wrench 1985b:817.

29. Conrad 1943:127.

30. 출생 순서에 따른 여성 보수주의자들과 개혁가들의 차이는 r=0.18(df=1/182, t=2.51, p＜0.02).

31. Filler 1987:294. 슐라플라이의 영웅 배리 골드워터도 나의 미국인 보수주의자 표본에 포함된다. 슐라플라이처럼 골드워터도 첫째다.

32. Filler 1987:234.

33. Krasno 1985:63.

34. 여성들의 경우 출생 순서와 성별에 맞지 않는 행동에 가담하는 것 사이의 r=0.13 (df=1/175, t=2.30, p＜0.05). 이 출생 순서 효과는 남성이 주도하는 개혁 분야에 여성이 참가한 것과, 아동 복지나 여성 문제처럼 전통적으로 여성들이 주도해 온 개혁 분야에 여성이 참가한 것을 비교 대조한 값에 토대를 두었다. 개혁의 성별 편향은 각급 개혁의 성비와 모든 개혁의 평균 성비 사이의 차이로 평가했다.

35. Reed 1985:381.

36. 여성의 경우 출생 순서와 개혁 활동의 유형 사이의 r=0.14(df=1/175, t=1.87, p＜0.05; 단측 검정). 이 대비는 참가자들의 평균적 사회 계급에 기초해 두 개의 범주(상층과 하층)로 나눈 개혁들에 참가한 여성들을 토대로 했다. 명확하게 계급 장벽을 뛰어넘은 여성들의 경우 r=0.23(df=1/47, t=1.66, p＜0.06; 단측 검정). 이 대비는 상층 계급 여성들에 대한 분석과, 그녀들이 보여 준 상층 계급적 개혁 및 하층 계급적 개혁에 대한 지지 사이의 차이를 바탕으로 했다.

37. 여기서 소수 인종(민족)적 지위는 흑인, 히스패닉, 가톨릭, 유대 인인 것으로 정의된다. 소수 인종적 지위와 출생 순서가 급진적 주장에 대한 지지에 미치는 커다란 주요 효과를 통제

했더니 2원적 상호 작용의 부분 상관이 -0.10(df=1/344, t=3.69, p<0.05, 두 성별 모두에 대해 단측 검정을 실시함)이었다. 여성의 경우 동일한 상호 작용의 부분 상관은 -0.11(df=1/180, t=1.52, p<0.07, 단측 검정)이었다.

38. Wrench 1985a:815.

39. Wrench 1985a:815.

40. 출생 순서 효과가, (1)부모와의 갈등 및 (2)자식이 경제적으로 성공하지 못한 부모와의 동일시를 거부하는 것에 의해 방해를 받는다는 관련 증거를 제시한 5장도 보시오. 나는 9장에서 첫째들이 후순위 출생자들보다 부모의 정치적 태도를 수용할 가능성이 더 많다는 사실을 보여 준다.

41. 여성의 권리를 쟁취하기 위한 투쟁에서 첫째로 태어난 여성들이 압도적으로 많았다는 사실은 형제 수를 통제한 Greenwood-Yule(1914)의 법칙으로 알 수 있다(r=0.24, $x^2$=4.80(1), N=85, p<0.05).

42. 여성의 권리에 대한 첫째들의 지지를 분석할 때는 첫째들이 후순위 출생자들보다 성취 욕구가 더 크다는 점을 명심해야 한다(Sampson and Hancock 1967).

43. 여성의 권리 회복 운동에 참가한 여성과, 정치 및 인종 문제 개혁에도 가담한 여성들을 대비해 보면 (출생 순서와의 관계에서) r=0.27(df=1/85, t=2.63, p<0.01). '개인적 연루'는 개혁 지지의 중요한 예보자였다. 이런 연관 속에서 나는 개인적 연루를 여성의 권리 회복 운동에 나선 여성 내지 인종적 권리를 위해 투쟁하는 흑인이나 유대 인으로 정의했다. 개인적 연루는 출생 순서와도 상호 작용한다. 주요 효과로서의 출생 순서, 성별, 개인적 연루를 통제했더니 개인적 연루와 출생 순서 사이의 상호 작용으로 -0.10의 부분 상관관계(df=1/363, t=-1.91, p<0.03, 단측 검정)가 도출되었다. 여성을 개별적으로 취급한 부분 상관은 -0.11(df=1/168, t=1.41, p<0.10, 단측 검정)이었다.

44. 내 표본의 또 다른 28명은 우생학이나 현대적 관념론 등 각종 '보수주의적' 논쟁에 참여했다. '보수주의적' 논쟁에 관한 나의 정의를 보려면 2장의 표 2와 14장의 그림 14.1을 참조하시오.

45. 성별과 자유주의 논쟁에서 일어나는 혁신 수용 사이의 r=0.09(df=1/3,117, t=4.81, p<0.0001). 내 표본에서 여성들이 개입된 낮은 상관관계에 오도되어서는 안 된다. 내 표본에서는 대다수의 과학자들이 남성이기 때문에 여성이 참여하는 어떤 효과와 관련해서도 커다란 상관관계를 얻기가 어렵다. 내 표본에 남성만큼 많은 수의 여성이 있었다면 성별과 지지 사이의 상관관계가 0.52로 엄청난 수준을 보일 것이다. 균형을 잃은 표본은 한쪽으로 기울어

진 상관관계를 산출한다. 승산비가 이 문제를 보정하는 데 도움이 된다. 여성들이 자유주의 과학 혁신을 지지할 가능성은 남성들보다 1.7배 더 많았다.

46. 나의 과학자 표본에서 성별과 상대적 출생 순위(첫째에서 막내까지) 사이의 상관관계는 0.06(df=1/1,410, t=2.39, p<0.02, 자유주의 논쟁 참가자들의 경우)이었다. 이 결과는 형제 수에 관한 분석으로도 확인되었다. 그린우드-율(1914)의 규칙에 기초하면 자유주의 과학 논쟁에서는 여성의 26퍼센트가 막내여야 했다(실제로는 45퍼센트가 막내 출신이었다.). 표본의 또 다른 27퍼센트는 더 어린 형제들이 있는 첫째들이다. 이 값은 거의 정확하게 예상대로였다(그러나 저명한 개인들의 경우 통례보다 더 적었다.). 중간 자식들은 그 수가 적었다. 이것은 저명한 개인들에 전형적인 결과이다. 첫째들과 막내들은 부모에게서 더 많은 관심을 받는다. 이런 상황이 그들의 지적 능력을 자극하고, 학문적 성취에 동기를 부여한다(Altus 1966; Zajonc 1976).

내 표본에서 후순위 출생자이면서 위로 오빠 한 명을 두고 자란 여성의 수(16명 중 16명)는 우연히 발생할 확률을 크게 능가했다($x^2$=3.66(1), p<0.05, 자유주의 논쟁 참가자들의 경우(단측 검정)).

47. 게다가 내 표본에서 아주 저명해진 여성들은 저명해진 남성들보다 후순위 출생자일 가능성이 더 많았다. 이 점은 자유주의적 과학 논쟁에 참여한 여성들의 경우 특히 사실이다(z=2.76, p<0.005).

48. Sonnert 1995.

49. 내 연구에서 출생 연도는 사회적 태도와 상관관계를 맺었다(사람들은 세월이 흐르면서 더 자유주의적으로 변모해 왔다.). 남성과 여성의 비교는, 평균적으로 남성이 여성보다 더 이른 출생 날짜를 갖는다는 사실을 고려하고 통제해야만 한다. 출생 연도를 통제했어도 여성은 여전히 남성보다 더 자유주의적이었다. 성별과 사회적 태도의 부분 상관은 0.12(df=1/2,125, t=4.84, p<0.0001; 자유주의 논쟁에 참가한 여성들의 경우)였다. 출생 연도를 통제한 성별과 부모의 사회적 태도 사이의 부분 상관은 0.18(df=1/374, t=3.45, p<0.001; 자유주의 논쟁 참가자들의 경우)이었다. 나는 9장에서 사회적 태도에 대한 평가를 다룬다.

50. 성별 및 부모-자식 갈등과 관련해서는 r=0.13(df=1/542, t=2.97, p<0.005; 여성은 더 많은 갈등을 경험했다.).

51. 성별과 어머니와의 갈등 사이의 상관관계는 0.25(df=1/373, t=4.99, p<0.0001)였다. 성별과 아버지와의 갈등 사이의 상관관계는 0.02(df=1/459, t=0.75, 유의적이지 않음)였다. 두 상관관계의 차이는 그 자체로 중요하다. 여성 과학자들이 남성들보다 그녀들의 어머니와 더 많은

갈등을 경험했음을 알려 주기 때문이다(z=3.24, p<0.001). 부모와 겪는 갈등에 관한 이 결과는 성별 차이에 관한 Jeanne Block(1973:524)의 장기 연구와도 일치한다. 블록은, 부모와 높은 수준의 갈등을 경험하는 여성들이 그렇지 않은 여성들보다 전형적인 여성성을 덜 보이며 인습에 구애받지 않음을 확인했다.

52. (여성들의 경우) 압도 다수의 첫째들이 보수주의 이론을 지지할 때 $x^2$=4.15(1), N=27, p<0.05(그린우드-율(1914)의 규칙을 적용함). 내 표본에서 이 두 부류의 논쟁(보수주의와 자유주의)을 결합하면 첫째 출신 여성들이 각각의 개별 논쟁에서 자신들에게 적합한 보수주의적 입장을 채택할 가능성이 훨씬 더 높아질 것이다($x^2$=7.69(2), N=47, p<0.05, 그린우드-율(1914)의 규칙에 기초함).

53. Grosskurth 1988:39, 73, 76~77.

54. Grosskurth 1988:76.

55. Grosskurth 1988:49.

56. Mead 1972:64.

57. Goertzel, Goertzel, and Goertzel 1978:94, 96.

58. Rensberger 1983:34; Freeman 1983:284.

59. Howard 1984:79.

60. Mead 1928:8; Freeman 1983:83.

61. BBC 방송의 마거릿 미드 인터뷰(1976)로 Freeman 1983:77에서 인용.

62. Mead 1928:151.

63. Mead 1928:213.

64. Freeman 1983:94.

65. Howard 1984:322.

66. Freeman 1983:244에서 인용.

67. Freeman 1983:244~248.

68. Howard 1984:323.

69. Freeman 1983:289; pp. xv and 251도 보시오.

70. Freeman 1983:289~290.

71. Freeman 1983:290.

72. Bateson 1984:226.

73. Ehrman 1986:61.

74. Ehrman 1986:2.

75. Heilbron 1979:278을 보시오; Guerlac 1981:73도 보시오.

76. Ehrman 1986:2.

77. Wade 1969:445.

78. Ehrman 1986:56.

79. Darwin 1985~, 2:81.

80. Martineau 1877, 1:355.

81. Pichanick 1980:3~4를 보시오; Martineau 1877, 1:133.

82. Stephen 1890:1194.

83. Petersen 1979:38, 46, 217.

84. Martineau 1877, 1:211, 327~329.

85. 이 사실을 알려 준 Peter J. Gautrey에게 감사드린다.

86. Roazen 1975:439.

87. Rubins 1978:120; pp. xii and 17도 보시오.

88. Freud 1933.89. Rubins 1978:143~156; Grosskurth 1986:176~178.

90. Grosskurth 1986:176.

91. Rubins 1978:239~240.

92. Roazen 1975:486, 487.

93. Grosskurth 1986:237, 433; Karen 1994:44~45.

94. Grosskurth 1986:121.

95. Grosskurth 1986:3.

96. Karen 1994:42~44.

97. Roazen 1975:482~487.

98. Grosskurth 1986:404n.

99. Karen 1994:47.

100. 내 연구에서 평균적으로 볼 때 여성 과학자들은 남성들보다 더 어렸다. 나이가 경험에 대한 개방성의 좋은 예보자이기 때문에 나는 과학적 입장을 예측하는 다중 회귀 모형에 상대적 출생 순위, 사회적 태도, 부모와의 갈등과 더불어 나이를 포함시켰다. 이 모형의 다중 상관은 0.53(df=5/581, F=45.24, p<0.0001; 자유주의 논쟁에서)이다. 이 모형은 5장 그림 5.1에서 상세하게 소개한 출생 순서와 부모와의 갈등 사이의 커다란 2원적 상호 작용을 포괄한다. 급

진주의를 예측케 해 주는 이 다섯 개의 예보자를 통제한 성별의 부분 상관은 0.04(df=1/581, t=0.99, p＜0.33)였다. 다변수 모형의 결과는 변수를 집어넣는 순서와는 무관하다. 성별은 언제나 기각되었고, 다른 네 가지 변수는 항상 수용되었다.

101. Keller 1983; 1985:173. Keller(1985:173~174)가 이런 종류의 개방적 특성을 구현했다고 보는 유전학자 바바라 맥클린톡은 네 자녀 가운데 셋째였다. 맥클린톡은 여성으로서도 과학계의 '이단아'였다.


## 7장 기질

1. 예를 들어, Dunn and Plomin 1990:34, 50; Loehlin 1992:68을 보시오. 성격 특성의 경우 변이량의 30~40퍼센트가 유전되는 것으로 추정하고 있다. 반면 신장이나 몸무게 같은 육체적 특징의 경우는 80퍼센트가 유전되는 것으로 보고된다. 생물들이 '개방적인' 행동 프로그램을 가진 것은 생물학적으로 적응적이다. 진화는 성격 영역에서 개방적인 프로그램들을 선택했다. 이 개방적 프로그램에서 학습이 차지하는 역할이 상당하다(Mayr 1985:612).

유전 가능성 추정치 문제에서 조심할 필요가 있다. 형제 대비 효과 때문에 부풀려지기 쉽다는 것을 명심해야 한다. 유전 가능성이 종종 계산되는 방식을 고려하면 내가 이 책에서 상세하게 설명하는 바로 그 영향력이 쌍둥이 연구에서 문제를 혼란스럽게 하는 경향이 있다. 예를 들어, 유전 가능성은 일란성 쌍둥이와 이란성 쌍둥이의 성격 특성과 관련한 상관관계들 사이에서 많은 경우 두 배의 차이가 나는 것으로 계산된다. 이란성 쌍둥이가 일란성 쌍둥이보다더 커다란 대비 효과를 보인다는 점에서 유전 가능성 추정치가 두 배로 부풀려지는 것이다. "대비 효과"라는 용어는, 부모들이 자식들의 성격을 평가하면서 자신들이 관찰했다고 주장하는 차이를 과장하는 경향을 나타내기 위해서도 사용되어 왔다. 이런 편향이 유전 가능성 추정치에 마찬가지로 팽창적 영향력을 행사한다. 형제 경쟁에서 비롯하는 대비 효과가 그런 것처럼 말이다(Saudino et al. 1995). 이런 방법론적 문제들이 유전 가능성 추정치에 영향을 미침에도 불구하고 유전적 원인들로 설명되는 전체 변이량과 비교할 때 필수적 조정량은 아마도 작을 것이다.

2. Thomas and Chess 1977; Chess and Thomas 1986; Kagan 1994.

3. Buss and Plomin 1984; Plomin, DeFries, and McClearn 1990:384~385; Loehlin 1992:4.

4. 수줍음에 관한 명저를 다수 집필한 필립 짐바르도는 이렇게 말했다. "수줍음은 모호한

개념이다."(Zimbardo 1977:13) 짐바르도가 이렇게 선언한 후 이 주제와 관련해 상당한 연구가 수행되었고, 덕분에 개념의 모호성이 다소 줄어들었다. 존스, 칙, 브릭스가 이런 연구의 상당수를 Jones, Cheek, and Briggs 1986에서 요약하고 있다. 수줍음과 내향성 사이의 상관관계는 채택한 측정자에 따라 0.40에서 0.60까지 산포했다(Plomin and Daniels 1986:63; Crozier 1986:135~136). 수줍음과 다섯 가지 성격 특질 사이의 관계에 대해서는 McCrae and Costa(1987:85; 1990:3)를 보시오.

5. Eysenck and Rachman 1965:19.

6. Eysenck 1956; Geen 1986:274도 보시오.

7. Kagan 1994:167~168; Plomin and Daniels 1986:65~69; Loehlin 1992:67.

8. Kagan and Reznick 1986; Kagan, Reznick, and Snidman 1988.

9. Kagan and Reznick(1986:88)은 이 연구 내용을 개관한다.

10. Kagan, Reznick, and Snidman 1988:171. 그럼에도 불구하고 출생 순서가 수줍음과 맺는 관계에 대한 연구 결과들은 서로 상충한다. 나는 이 장의 후반부에서 그중의 하나를 다룰 것이다.

11. 나는 자서전과 전기를 바탕으로 나의 데이터베이스에 있는 1,000명 이상의 수줍음 관련 정보를 기록했다. 이 기록 내용은 7점 척도를 사용해 코드화했고, 세 명의 독립적 평가자들에게 의뢰해 신뢰도를 획정하도록 했다. 판정관 네 명이 내린 평가의 평균 상관관계는 0.76이었다.

수줍음의 긍정적이고 부정적인 함의를 피하기 위해 Gough and Thorne(1986)은 이 특성의 유용한 개요를 제시했다. 나도 내 평가에서 그들의 접근법을 실시하려고 했다.

12. F. Darwin 1888:533.

13. Darwin 1887, 1:143.

14. Darwin 1958(1876):115.

15. Desmond and Moore 1992:307.

16. Darwin 1872:329.

17. Lurie 1960:18, 33.

18. Marcou 1896, 1:15.

19. Marcou 1896, 1:15~16.

20. Marcou 1896, 1:23, 13.

21. Walter 1990:16~17.

22. 그림 7.1에 관한 기술적 정보: 출생 순서는 자유주의 과학 혁신의 수용에 현저한 주요 효과를 발휘한다(부분 $r=0.22$, $df=1/745$, $t=6.11$, $p<0.001$). 수줍음은 현저한 주요 효과를 발휘

하지 못했다(부분 r=-0.03, df=1/745, t=-0.72, p<0.48). 출생 순서와 수줍음을 통제한 2원적 상호 작용 효과는 아주 컸다(부분 r=0.09, df=1/745, t=2.41, p<0.02).

수줍음은 '과학적 호전성'에도 반영된다. 나는 이 행동 성향을 과학 혁신의 수용도를 알아보는 7점 척도로 평가했다. 호전성은 척도의 중앙값(4.0)과 실제로 취한 과학적 입장 사이의 절대값으로 정의된다(독립적 평가자로 위촉된 과학 역사가 26명이 과학적 입장을 판정해 주었다.). 수줍어하는 과학자들은 어떤 관점을 옹호하든 외향적인 과학자들과 비교해 극단적인 입장보다는 온건한 입장을 채택할 가능성이 훨씬 더 많았다(r=0.09, df=1/702, t=2.35, p<0.02). 수줍어하는 과학자들은 외향적인 과학자들보다 사회적으로 더 보수적이기도 했다(r=0.10, df=1/458, t=2.23, p<0.03; 출생 순서를 통제함).

23. Arkin, Lake, and Baumgardner 1986:193~194. 신장이나 체중 같은 육체적 특징이 수줍음과 상당히 유사한 방식으로 출생 순서와 상호 작용할 가능성이 있어 보인다. 헤비급 권투 선수의 체격을 가진 사람이 첫째의 성향인 사회적 지배권을 행사하기는 쉽다. 내가 아는 한 이 주제를 다룬 연구는 지금까지 수행되지 않았다. 그러나 이 장 후반부의 "수줍음의 원인" 절을 보라. 형제들 사이의 연령 격차의 영향력에 기초한 이 가설이 간접적인 방식으로 지지되고 있음을 알게 될 것이다. 부록 10, 5절도 보시오.

24. de Beer 1964:166에서 인용; Bibby 1960:69도 보시오.

25. Darwin 1903, 1:158; Darwin 1887, 2:324.

26. Besterman 1969:497.

27. Gay 1966:385.

28. Hearsey 1976:18.

29. Parton 1881, 1:50.

30. Parton 1881, 2:134.

31. Voltaire 1953~1965, 81:39; Parton 1881, 1:19~20.

32. Besterman 1969:106~107; Parton 1881, 1:184~192.

33. Parton 1881, 1:284.

34. Olby 1985:236~239; Mayr 1982:729~731.

35. Kruta and Orel 1974:282; Olby 1985:93도 보시오.

36. 멘델은 나의 7점 수줍음 척도에서 2.0점을 기록했다. 이것은 평균값에 한참 못 미치는 수준이다.

37. Koestler 1959:117.

38. Rosen 1984:59.

39. Rosen 1984:187.

40. Koestler 1959:152.

41. Rosen 1984:184~185.

42. Rosen 1984:82, 161.

43. Westman 1975:182, 184, 190.

44. Rosen 1984:167.

45. Koestler 1959:190.

46. Hermann 1971:23. 플랑크의 회고는 물리학의 단절에 대한 그의 초기 지지를 지나치게 강조한다(Kuhn 1978:140).

47. Kuhn 1962/1970:77; Kuhn 1978도 보시오.

48. Heilbron 1986:33, 21. 수줍음 척도에서 코페르니쿠스는 2.5점, 레티쿠스는 6.0점, 플랑크는 2.5점을 기록했다.

49. 첫째들이 후순위 출생자들보다 더 수줍어하는 경향이 있다는 증거를 확인하려면 McArthur 1956:48~49; Price 1969:194; Asendorpf 1986:100을 보시오. 반대 주장을 확인하려면 Kagan, Reznick, and Snidman 1988:171을 보시오. 연구자가 사교성(붙임성, 후순위 출생자적 특성)을 평가하는지, 혹은 사회적 권세(첫째적 특성)를 평가하는지에 따라 외향성 측정값이 상반될 것이다. 3장, 표 4에서 상충하는 문헌들에 대한 나의 메타 분석적 개관을 보시오.

50. 그림 7.2에 관한 기술적 정보: 전반적으로 출생 순서는 수줍음에 커다란 주요 효과를 발휘한다(부분 r=-0.12, df=1/370, t=-2.78, p<0.05). 출생 순서와 형제의 수 사이의 상호 작용도 현저했다(부분 r=-0.15, df=1/370, t=-2.83, p<0.005). 형제의 수는 주요 효과로서 현저하지 않았다(부분 r=0.05, df=1/370, p<0.34).

51. Asendorpf 1986:100. 나 자신의 연구에 따르면 가장 수줍어하는 형제 집단은 차례로 중간 자식, 외자식, 막내, 첫째 순이었다. 외자식들은 첫째들보다 크게 덜 외향적이지는 않았다. 그러나 수줍음 관련 평가를 받은 외자식들은 표본 크기가 작았다(N=38).

52. Kagan, Reznick, and Snidman 1988:171. Helen Koch(1955a, 1956c, 1956e)는 첫째들이 후순위 출생자들과 비교할 때 더 자신감이 넘치고, 더 경쟁적이며, 감정적으로 더 격렬하고, 권리 주장이 더 뚜렷하다는 사실을 발견했다. 이것들은 (사회적 지배의 관점에서 볼 때) 전부 외향성과 관계가 있다.

53. 더 어린 형제의 수줍음과, 그들과 손위 형제 사이의 연령 격차의 r=0.11(df=1/334,

t=2.01, p<0.05). 더 나이 든 형제의 수줍음과, 그들과 손아래 형제 사이의 연령 격차의 r=-0.08(df=1/266, t=1.25, p<0.21). (두 개의 연령 격차 사이의 차이로 표현된) 두 효과를 결합하면 r=0.14(df=1/222, t=2.12, p<0.05). 이 마지막 통계에 따르면 외향성이 최적으로 확보되는 조건은 나이 터울이 작은 더 어린 형제를 두고―특히 3~4년 더 어린―, 인접해서 더 나이 든 형제가 한 명도 없어야 한다. 수줍음이 최적으로 확보되는 조건은 인접해서 더 나이 든 형제를 두고, 터울이 작은 더 어린 형제가 한 명도 없어야 한다.

54. 수줍음에 영향을 미치는, 사회 계급과 어머니 사망 시의 나이 사이의 상호 작용과 관련한 부분 상관은 0.10(df=1/464, t=2.27, p<0.05; 주요 효과 통제시)이다.

55. 예를 들어, "애착 장애를 겪은" 아이들이 수줍어하는 개인들과 일치하는 Bowlby(1969~1980, 1988); Pilkonis(1986)을 보시오.

56. 수줍음에 영향을 미치는 출생 순서, 사회 계급, 어머니 사망 시의 나이 사이의 3원적 상호 작용과 관련한 부분 r=-0.12(df=1/388, t=-2.46, p<0.02).

57. 다윈의 지병(과호흡 증후군)에 대한 볼비의 설명을 보려면 Bowlby 1990과 5장을 참조하시오.

58. 그로데크는 수줍음 척도에서 3.5점을 기록했다.

59. Grossmann and Grossmann 1965:18~19.

60. Martineau 1877, 1:19, 394. 성인기의 마티노는 수줍음 척도에서 4.3점을 기록했다.

61. Mayr 1932:97.

62. Ernst Mayr와의 개인적 교신, 1992년 8월 4일.


## 8장 예외들

1. 나는 유명한 사람들이 극단주의자가 될 가능성이 있다는 주장을 검증했다. 그 과정에서 '극단주의'를 경험에 대한 개방성의 모집단 평균과 내 연구에 등장하는 각 개인이 획득한 점수 사이의 차이의 절대값으로 평가했다. 개방성은 여기서 (1)과학 혁신에 대한 개방성, (2)여행, (3)과학적 관심사의 수를 동등하게 가중한 지수로 측정했다. 개방성은 저명성과 커다란 상관관계를 맺었다(r=0.15, df=1/2,156, t=7.05, p<0.0001). 개방성이 저명성에 미치는 선형 영향력을 통제한, 평균과 절대 편차의 부분 상관도 저명성의 유력한 예보자였다(r=0.06, df=1/2,156, t=2.85, p<0.005). 나아가 출생 순서는 극단주의와 상호 작용한다. 후순위 출생

자들은 첫째들보다 극단주의를 통해 더 커다란 저명성을 획득했다(부분 r=0.07, df=1/917, t=2.01, p<0.05; 출생 순서, 개방성, 극단주의의 주요 효과들을 통제함). 그러나 첫째들은 후순위 출생자들보다 과학적 호전성을 통해 저명해질 가능성이 훨씬 더 많았다(새로운 이론을 지지하든 반대하든 극단적 입장을 취함 ─ r=-0.09, df=1/592, t=-2.22, p<0.05). 여러 측면에서 호전성은 개방성과는 상극이다. 극단주의에 관한 두 개의 측정값이 출생 순서와의 관계 속에서 상이한 결과를 내놓는 것은 바로 이런 이유에서 기인한다.

2. Rudwick 1974:389.

3. 사회적 태도를 포괄하는 보다 종합적인 모형에 기초해서 보면 밀러가 진화를 지지할 확률 예측치는 11퍼센트에 불과했다. 10장 그림 10.3을 보시오.

4. 홉스는 교권 개입 반대주의자였다. 그는 왕당파였음에도 불구하고 안정된 사회를 위해서는 (군주제든 의회제든) 절대주의 통치가 필수적이라고 믿을 만큼 관습에 억매이지 않는 사람이었다. 역사 전문가들의 평가를 참조하면 홉스가 동시대인들과 비교할 때 자신의 종교적·정치적 태도를 바탕으로 사회적 급진주의를 지지할 확률은 96퍼센트였다. 과학 혁신에 대한 개방성, 여행, 과학적 관심사의 수로 평가한 경험에 대한 개방성 척도에서 홉스는 89퍼센트를 차지했다.

5. 홉스가 종종 전체주의의 선구자로 비치기도 했지만 이런 해석은 그의 의도를 완전히 오판한 것이다. 그는 인간 평등의 원칙을 강력하게 지지했고, 이런 태도는 "현대 전체주의 국가의 지침 및 실천과 완전히 동떨어져" 있다(Mintz 1972:447). Harris 1964:37~40도 보시오.

6. Mintz 1972:448.

7. Mintz 1972:449.

8. 그림 8.1에 관한 기술적 정보: 이 8변수 가족 역학 모형은 로지스틱 회귀에 토대를 두고 있다. 여기서 로지스틱 회귀란 이진 결과 변수를 활용하기 위한 회귀 절차의 변형일 뿐이다. 이 모형의 조정 R=0.29. 28가지 과학 혁명의 전체 데이터가 이 모형에 반영되었다(다섯 개의 '보수주의적' 이론에 대한 지지는 보수주의 입장으로 모형화했다.). 나의 데이터베이스에 있는 3,890명의 참가자들 가운데 779명은 없는 자료가 너무 많아서 빼 버렸다. 나머지 표본(N=3,111)에서는 없는 자료를 다섯 번 귀속시켜서 다섯 개의 상이한 데이터세트를 만들었다(부록 5를 보시오.).

이 모형은 각 칸의 평균 반응에 기초해 72.5퍼센트의 칸을 분류해 주었다. 나는 잭나이프 절차를 활용해 사례가 스스로를 예측하지 못하도록 조치했다. 성공할 기본 확률은 62.3퍼센트였다(자유주의적 입장을 지지할 표본의 비율).

로지스틱 회귀가 가족 역학 모형의 설명력을 완벽하게 확보해 주지는 못한다. 없는 자료를 여러 차례 귀속시켜야 하기 때문이다. 이 기술은 상호 작용 효과를 귀속시키기가 어렵기 때문에 결과를 희석시키는 경향이 있다. 나는 로지스틱 회귀와 더불어 없는 자료의 다각 귀속을 실시했다. 주로는 구체적 역사 인물들의 확률 예측치를 계산하기 위해서였다. BMDP 8D 프로그램의 EM 알고리즘을 활용하고, 그렇게 얻은 상관관계 행렬을 BMDP 9R 프로그램(가능한 모든 부분 집합 회귀)을 가지고 분석하면 가족 역학의 설명력과 관련해 더 나은 안내를 받을 수 있다. 이 방법들에서 조정 R=0.33(df=10/1,152(조화 평균), F=15.49, p＜0.0001). 이 모형의 다중 R값 0.33은 성공할 기본 확률을 50퍼센트라고 했을 때 표본의 67퍼센트를 정확하게 분류한다는 얘기이다. 가족 간 차이뿐만 아니라 가족 내부의 차이까지도 반영하는 종교적·정치적 태도 정보를 포괄하는 모형들에서는 이 결과가 크게 개선된다(조정 R=0.49, df=12/1,221(조화 평균), F=32.76, p＜0.0001). 이 모형은 성공할 기본 확률을 50퍼센트로 가정했을 때 표본의 75퍼센트를 지지 또는 반대의 항으로 정확하게 분류할 수 있다는 얘기이다. 다원주의 혁명처럼 아주 급진적인 과학 혁신들에서 종합적인 모형은 참가자들의 84퍼센트를 정확하게 분류할 정도로 훨씬 더 성공적이다. 10장, 그림 10.3과 부록 9의 기술적 논의 7도 보시오.

9. 이 외향적 막내 집단이 자유주의적 혁신을 지지할 확률 예측치는 80~93퍼센트이다. 다윈이 불과 73퍼센트의 확률 예측치를 보였다는 사실은 이와 대조적이다.

10. E. Darwin 1915, 2:223.

11. Darwin 1887, 3:69.

12. Darwin 1887, 3:68.

13. 헉슬리가 자유주의적 혁신을 지지할 확률 예측치는 80퍼센트이다.

14. 행동 연구에서 수집된 정보의 10퍼센트 정도는 '오차 분산'으로 간주한다. 나머지 90퍼센트의 정보를 모형화하려고 애쓰는 것이다. 나는 전기적 불일치와 모순을 공식적으로 추적하지는 않았지만 전기적 보고 내용 전체에서 1~2퍼센트가 그럴 것이라고 추정했다. 이런 불일치 가운데 일부는 기능적 출생 순서와 생물학적 출생 순서 사이의 차이를 분석하면 해결할 수 있다. 다른 불일치 내용들로는 출생 날짜(특히 17세기 이전에 태어난 인물들의 경우), 아버지의 직업, 부모 사망 시의 나이가 있다. 전문적인 평가자들을 활용해도 오차가 발생한다. 독립적 평가자들을 다수 활용하는 절차가 이런 오차 발생의 원인을 감소시켜 주는 경향이 있음에도 불구하고 말이다.

15. Drake 1970:43~62.

16. Drake 1970:58.

17. Drake 1970:58.

18. Drake 1970:58.

19. 예를 들어, 내가 사회적 태도의 영역에서 출생 순서에 따른 부모-자식의 유사성 가설을 검증한 9장을 보시오.

20. 외자식들은 경험에 대한 개방성에서 첫째들이나 후순위 출생자들보다 훨씬 더 가변적이다. r=0.10(df=1/812, t=2.99, p<0.005; 레빈 검정 결과). 경험에 대한 개방성은 여기서 (1)과학 혁신에 대한 개방성, (2)과학적 관심사의 수, (3)자유주의적인 사회적 태도, (4)세계 여행(표준화 점수를 내고, 단일 기준으로 결합한다.)으로 평가된다.

21. Darwin 1958(1876):72.

22. FitzRoy 1839.

23. Mellersh 1968:274.

24. De Beer 1964:167.

25. 피츠로이의 사회적 태도를 고려하면 그가 진화를 지지할 확률은 불과 5퍼센트였다(10장 그림 10.3을 보시오.).

26. Drake 1978:312.

27. Drake 1978:320, 338~343; Biagioli 1993:336~348.

28. Hutchinson 1914, 1:23, 56.

29. 러벅이 다윈의 이론을 지지할 확률을 80퍼센트로 제시하는 이 포괄 모형은 10장에서 설명된다(특히 그림 10.3을 보시오.).

30. Somkin 1973:529.

31. Somkin 1973:528.

32. 교파와 코페르니쿠스 이론 지지의 r=0.00(df=1/237, t=0.00, p<0.95).

33. 신학자라는 지위와 코페르니쿠스 이론 지지의 r=-0.06(df=1/199, t=-0.80, p<0.43).

34. 과학자라는 지위와 코페르니쿠스 이론 지지의 r=0.13(df=1/242, t=1.43, p<0.05). 나는 14장에서 이 영향력을 상세히 논의한다("갈릴레오가 승리한 이유" 부분을 보시오.).

35. 나이와 코페르니쿠스 이론 수용의 r=-0.23(df=1/242, t=-3.25, p<0.005).

36. Drake 1978:339.

37. 나는 이 책에 나오는 대다수 모형에서 변수 기입의 기준으로 맬로스의 Cp를 채택했다. 맬로스의 Cp는 부가되는 매번의 새로운 변수에 대해 모형들에 벌칙을 적용함으로써 과적합을 막아 준다(Dixon 1992, 2:1098).

38. 이 책에서 내가 제시하는 행동학적 명제들을 반박하지 못하는 것들로 "저명성," "리더십," "업적"처럼 모호하게 정의된 결과 변수들과 관련된 의미 없는 출생 순서 연구 결과들이 있다 (예를 들어, Ernst and Angst 1982:43~69; Somit et al. 1996을 보시오.). 출생 순서와 이런 종류의 행동적 결과 사이의 관계는 대체로 미약하다. 대규모 표본에서 가끔씩 통계적으로 유의미한 경향이 확인되기는 하지만 말이다(3장). 나는 이 책 전체에서 내가 제기한 주장들을 제대로 검증토록 하기 위해서 이런 결과 변수들을 보수적/급진적 업적(내지 예를 들어, 상냥함 같은 다른 적절한 성격 특질) 항으로 정의했다. 나아가 가설 검증 시에도 채택한 표본과 관련해 형제의 수와 사회 계급 등을 최소로만 통제했다. 이상적이라면 상황적 맥락과 연관된 사회적 태도 등 기타 다양한 변수들도 통제해야만 할 것이다. 14장, 특히 그림 14.1과 표 7도 보시오.

## 9장 사회적 태도

1. 예를 들어, 미국 독립 혁명과 관련해서는 Bailyn(1967) and Martin(1973); 프랑스 대혁명과 관련해서는 Godechot(1971) and Furet and Richet(1970)을 보시오. 사회적 태도를 과학 사상과 연계시키려는 노력들로는 Merton 1938; Westfall 1958; Jacob 1976; Webster 1976; Moore 1979; Jacob and Jacob 1980; Corsi 1988; Desmond 1989; Cohen 1990 등이 있다.

2. Darwin 1903, 1:321.

3. 나는 전문가 평가의 신뢰도를 점검하는 수단으로 자기 보고 정보와 동시대 관찰자들의 자료를 주로 활용했다. 내가 여기서 이들 자료를 수집한 방법을 자세히 설명하지 않은 것은 이런 이유 때문이다. 이 주제와 관련해 추가 정보를 보려면 부록 4를 참조하시오.

4. 나는 부록 6에서 이 평가 절차에 관한 기술적 정보를 추가로 제시했다. 전문가 평가단 94명의 평균 상관관계는 0.83이었다. 이 전문가들의 평가와 자기 보고 데이터에 기초한 평가 사이의 상관관계는 0.93이다. 당대 관찰자의 평가와 전문가 평가 사이의 상관관계는 0.90이었다. 전문가 평가를 종합한 유효 신뢰도는 정치가 0.90, 신앙이 0.92였다. 세 가지 방법 모두의 유효 신뢰도는 정치가 0.91, 종교가 0.93이었다. 정치적 태도와 종교적 태도는 서로 깊은 상관관계를 맺고 있었다($r=0.62$, $df=1/2,142$, $t=36.87$, $p<0.0001$). 이 연구에 참여한 94명의 판정관은 부록 4에 밝혀 놓았다.

5. 그림 9.1에 관한 기술적 정보: 사회적 태도 점수는 정치와 종교에 대한 개별적 평가를 평균한 것이다. 과학 분야에서 전개된 23가지 자유주의 혁신에서 출생 순서를 통제한 사회적 태도

와 지지 사이의 부분 상관은 0.30(df=1/1,386, t=11.74, p<0.0001)이었다. 개별적으로 정치적 태도의 r=0.30(df=1/1,977, t=14.11, p<0.0001). 개별적으로 종교적 태도의 r=0.32(df=1/2,074, t=15.27, p<0.0001). 출생 순서와 지지 사이의 부분 상관은 0.26(df=1/1,386, t=10.12, p<0.0001)이었다. 자유주의 혁신을 지지할 가능성을 평가하는 데서 12.5의 승산비는 사회적 태도에서 1.5 미만으로 평가받은 개인들(N=35)과 4.5 이상으로 평가받은 개인들(N=60) 사이의 대비를 나타낸다. 승산비는 칸도수(빈도)가 고르지 못하다는 사실을 바로잡아 준다. 이 통계치는 백분율에 기초한 비교보다 개인의 차이를 더 효과적으로 측정한다.

6. Belhoste 1991:viii.

7. Freudenthal 1971:133(수학자 닐스 헨릭 아벨의 말을 인용한 것임); Belhoste 1991:139.

8. Belhoste 1991:138.

9. Freudenthal(1971:133) and Belhoste(1991:139)에서 인용. 여기서 나는 두 기사(記事)의 내용을 섞어서 기술했다. 스탕달의 발언은 다소 비현실적으로 비치지만 2년 전 코시가 프란츠 요제프 갈과 관련해 한 말을 정확히 알려 준다.

10. Freudenthal 1971:133.

11. 사회적 태도와 우생학 지지의 r=-0.30(df=1/219, t=-4.60, p<0.0001). 우생학 운동을 보려면 Haller 1963; Kevles 1985; Proctor 1988; Weingart, Kroll, and Bayertz 1988을 참조하시오.

12. Kevles 1985. Sherwood and Nataupsky(1968)는 첫째들이 후순위 출생자들보다 흑인들이 선천적으로 열등한 지능을 갖고 있다는 견해를 지지할 가능성이 더 많음을 확인했다. 이 연구가 사회적 태도를 평가하지 않았음에도 불구하고 저자들은 흑인들의 선천적 열등성에 대한 믿음이 상층 계급적 지위와 큰 상관관계를 맺고 있다고 생각했다.

두 개의 출생 순서 관련 연구는 이런 맥락에서 언급할 수 있다. Lieberman and Reynolds (1978)는 첫째 출신의 형질 인류학자들이 후순위 출생자들보다 인종적 차이의 생물학적 실재를 믿을 가능성이 더 많음을 확인했다. 하버드와 웰즐리 교수들의 사회 생물학 수용을 연구한 1980년의 한 논문은 첫째들이 후순위 출생자들보다 이 이론을 훨씬 더 많이 수용했음을 발견했다(r=-0.25, N=94, p<0.01). 그들 대다수가 생물학자가 아니었다. 이 이론이 널리 인정되는 과학적 믿음과 양립할 수 없다는 의미에서 혁신적이라고 생각한 개인들 가운데서는 후순위 출생자들이 더 많이 지지했다(Flaherty 1980; 데이비드 필머와의 개인적 교신).

13. 그림 9.2에 관한 기술적 정보: 다섯 가지 보수주의 과학 혁신의 경우 출생 순서를 통제한 사회적 태도와 지지 사이의 부분 상관은 -0.20(df=1/345, t=-3.71, p<0.001)이었다. 출생 순서와 지지 사이의 부분 상관은 -0.14(df=1/345, t=-2.70, p<0.01)였다. 출생 순서와 사회적 태

도 사이의 상호 작용은 현저했다. 첫째들은 이론들을 평가하는 데서 후순위 출생자들보다 보수적 이데올로기의 영향을 받기가 더 쉬웠다(r=-0.11, df=1/345, t=-2.12, p<0.05).

14. Darwin 1987:291(노트 C, p. 166).

15. McKinney 1976:139~140.

16. 사회 계급과 사회적 급진주의에 관한 주장을 보려면 Shapin 1975, 1979a, 1979b, 1982; Cooter 1984; Desmond 1989; Desmond and Moore 1992를 참조하시오.

17. 내 표본에서 129명은 서로의 아버지나 아들이었다. 역사 전문가들은 74번 두 개인의 사회적 태도를 평가했다. 나는 내 연구에 등장하는 개인들의 또 다른 부모 445명도 출판된 전기적 묘사에 기초해 평가할 수 있었다. 그 묘사 내용은 원문 그대로 나의 데이터베이스에 기록해 두었다. 전기 작가들은 그들이 다루는 대상 인물들의 사회적 태도를 묘사하는 데서 많은 경우 다음과 같은 용어들을 사용한다. "보수주의," "온건파," "자유주의," "급진주의." 이들 용어가 사용되었을 때마다 나는 그 묘사와 일치하는 평점을 부여했다. 예를 들어, 1.0은 "극보수," 1.5는 "보수주의," 2.0은 "온건파," 3.0은 "자유주의," 4.0은 "더 나아간 자유주의" 내지 "진보주의," 5.0은 "급진주의."

18. 부모와 자식의 사회적 태도의 r=0.47(df=1/481, t=11.55, p<0.0001). 동류 결혼과 유전에 기초할 때 생물학적 부모와 자식 사이에서 급진주의의 상관관계 예측치는 거의 동일했다 (0.52). Martin et al. 1986:4368; Eaves, Eysenck, and Martin 1989:386을 보시오. 동류 결혼 때문에 부모들 사이에 존재하는 비슷한 유전적 자질이 부모 자식 사이의 일부 유사성을 설명해 주는 것 같다.

19. 행동 유전학 연구들은 이 설명되지 않는 변이량의 절반 정도가 유전자에 그 기원을 두고 있다고 말한다. 나머지 절반은 공유되지 않는 환경 때문이다(Eaves, Eysenck, and Martin 1989:363). 어느 쪽이든 해명되지 않은 변이량의 기원은 둘 다 형제의 차이인 것 같다.

20. 다른 연구자들도 외자식들이 첫째들보다 더 자유주의적이라고 보고했다(Boshier and Walkey 1971; Farley and Farley 1974).

21. 그림 9.3과 그림 9.4에 관한 기술적 정보: 상대적 출생 순위와 종교적 태도 사이의 상관관계는 0.16(df=1/1,500, t=6.22, p<0.0001)이다. 정치적 태도의 경우 그 상관관계는 0.13(df=1/1,464, t=4.82, p<0.0001)이다.

출생 순위로 분석한 사회적 태도는 지그재그형 양상을 보여 주었다. 선형 추세를 통제한 Z 자형 양상의 효과 크기는 r=0.09(df=1/554, t=2.01, p<0.05; 후순위 출생자들). 아들 계열에서는 홀수의 출생 순위를 차지한 자식들 사이에서 지그재그형 양상이 특히 현저했다. 출생 순

위와 홀수/짝수 번째 아들이라는 지위를 통제한 상호 작용 효과는 r=0.21(df=1/554, t=5.10, p＜0.0001; 후순위 출생자들). 예를 들어 보자. 둘째들은 그들이 장남일 경우 사회적으로 보수적이지만 차남일 경우는 급진적이다.

Skinner(1992)도 자카르타에 거주하던 중국인 가정들을 연구한 자신의 논문에서 유사한 들쭉날쭉 양상에 관심을 표명한 바 있다. 아들들은, 그들이 아들 계열에서 더 이른 출생 순위를 차지하고 있을수록 전통적 가치를 지지한다는 의미에서 '자식 구실을 하는' 경향이 있었다. 나아가 이 양상은 아들이 형제 계열에서 홀수 번째인지 짝수 번째인지에 의해서도 영향을 받았다. 형제의 수가 갖는 홀짝 양상과 형제들의 성별도 사회적 태도에 영향을 미쳤다. 더 나이든 딸들은 더 어린 아들들이 연루된 부모-자식 갈등을 축소하면서 그녀들의 아버지에게 '인간성을 부여하는' 경향이 있었다.

22. 첫째들과 그들의 부모가 보이는 사회적 태도들의 r=0.62(df=1/91, t=7.18, p＜0.0001). 후순위 출생자들의 경우 r=0.36(df=1/131, t=4.44, p＜0.0001). 두 상관관계 사이의 차이에서 z=2.17(p＜0.02). 설명된 분산의 차이는 $0.62^2/0.36^2=3.0$대 1.

23. Turner 1990:21. 나는 내 연구에 등장하는 과학자들을 대상으로 터너의 주장을 정식으로 검증해 보았다. 이 표본에서 자유주의적 사회 태도는 부모-자식 갈등과 커다란 상관관계를 맺었다(r=−0.14, df=1/491, t=−3.23, p＜0.01; 상관관계 값이 마이너스인 이유는 부모와의 관계 척도에서 낮은 점수가 높은 수준의 부모-자식 갈등을 나타내기 때문이다.).

24. Turner 1990:29.

25. 부모의 출생 순서와 부모의 사회적 태도 사이의 커다란 2원적 상호 작용은 물론 부모의 사회적 태도를 통제했더니 후순위 출생자 부모들의 자식들은 더 급진적인 성향을 보였다(r=0.18, df=1/125, t=2.03, p＜0.05). 내 연구에 등장한 첫째 출신 자식들은 그들의 첫째 출신 부모들의 사회적 가치에 순응할 가능성이 아주 많았고(r=0.73), 후순위로 출생한 부모들의 사회적 가치에는 덜 순응했다(r=0.48; 대비해 보면 z=1.34, p＜0.10). 2원적 상호 작용 효과는, 첫째 출신 부모들이 보수적일 때 주로는 후순위로 출생한 자식들의 급진주의가 증가하는 관계로 급진적인 자식들을 더 많이 갖게 되는 경향이 있음을 알려 준다(r=−0.17, df=1/125, t=−1.98, p=0.05). (사회적 태도 측정자에서 2.5 미만인) 보수적인 부모들의 경우 자식들의 출생 순서와 사회적 태도 사이의 상관관계는 0.23이었다. (사회적 태도 측정자에서 2.5 이상으로 평가된) 자유주의적 부모들의 경우 동일한 상관관계는 불과 0.05였다. 두 부모가 다 자유주의적일 때, 특히 첫째마저 자유주의적일 경우에는 후순위 출생자들이 사회적 태도를 통해 다른 형제들과 스스로를 구별 짓기가 더욱 더 어려워진다. 내가 서술하고 있듯이 이 결론은 검증 가능

한 하나의 가설을 제기한다. 자유주의적 가정에서 후순위 출생자들은 광범위한 관심사나 여행, 또는 혁신에 대한 개방성 같은 다른 수단을 통해 더 나이 든 형제들과 스스로를 구별 지어야 한다. 혁신에 대한 개방성의 경우 이 가설은 확인되었다(두 개의 관련 상관관계를 대비하는 $z=2.03$, $p < 0.03$). 여행의 경우도 그 추세가 예상한 대로였고, 상당한 정도로 유의미했다($p < 0.15$). 과학적 관심사의 수에서는 그 추세가 유의미하지 않았다. 그러나 이 변수의 경우 관련 효과 크기도 작았다.

26. Tanner 1931:601.

27. 사회적 태도의 경우 8변수 가족 역학 모형의 다중 상관관계는 0.47(조정 $R=0.44$, $df=9/325$, $F=10.09$, $p < 0.0001$; 이 모형은 한 가지 커다란 상호 작용 효과도 수반한다.)이다.

(없는 자료를 추정하는) BMDP의 8D 프로그램과 9R(가능한 모든 부분 집합 회귀)을 사용한 8변수 모형(상호 작용들을 포함해 11개 항을 가짐)은 맬로스의 $C_p$ 기준으로 선택했다($R=0.45$, 조정 $R=0.43$, $df=11/1,185$, $F=26.68$, $p < 0.0001$). 이 모형에는 3개의 주요 효과가 개입한다. 출생 순서, 부모-자식 갈등, 수줍음. 7개의 2원적 상호 작용도 있다. 출생 순위와 형제의 수, 출생 순서와 연령 격차, 출생 순서와 부모-자식 갈등, 출생 순서와 수줍음, 출생 순서와 부모 사망, 출생 순서와 사회 계급, 사회 계급과 부모 사망. 이 모형에는 3원적 효과도 하나 개입한다. 출생 순서와 부모 사망과 사회 계급.

출생 순서와 대비되는 전반적 형제 차이로 분산을 설명하면 $0.47^2/0.15^2=9.8$대 1. 사회 계급과 사회적 태도 사이의 상관관계는 0.04($df=1/2,211$, $t=1.93$, $p < 0.06$)이다. 사회 계급과 대비되는 출생 순서로 분산을 설명하면 $0.15^2/0.04^2=14.1$대 1. 사회 계급과 대비되는 형제의 차이로 분산을 설명하면 $0.47^2/0.4^2=138$대 1.

28. Mayr 1963:472.

29. 내 연구에서 배우자들이 보이는 사회적 태도의 유사성은 상당히 컸다. 이것은 부모들이 선택적 동류 결혼을 한다는 것을 알려 주는 다른 연구 내용과도 일치하는 사실이다($r=0.63$, $df=1/143$, $t=9.79$, $p < 0.0001$). 더 큰 표본을 측정해 보았더니 배우자들의 사회적 태도의 상관관계가 0.35에서 0.68 사이에 산포했다. 평균이 0.50쯤 되는 셈이다. Eaves, Eysenck, and Martin 1989:376~378을 보시오. Buss and Craik 1983b, 1994:36도 보시오.

Buss and Craik(1983b)가 세계관에 따른 동류 결혼을 경험적으로 다루었다. 그들은 배우자들이 "당대의 세계관"에 따라 결혼한다는 사실을 보여 주었다. '세계관'을 측정하기 위해 그들이 사용한 두 개의 척도 가운데 하나는 기술, 합리성, 자유 기업에 대한 관심을 강조했다. 두 번째 척도는 다음의 두 가지 태도를 측정했다. (1)환경 개선을 위해 경제 성장률을 낮춰야 한다는 정책, (2)부국에서 빈국으로 부를 재분배해야 한다는 정책. 첫 번째 척도의 배우자 상관 관계는 0.37이었다. 두 번째 척도의 배우자 상관관계는 0.50이었다.

30. Eaves, Eysenck, and Martin 1989:322.

31. Martin et al. 1986; Eaves, Eysenck, and Martin 1989; Dunn and Plomin 1990:37; Waller et al. 1990.

32. Eaves, Eysenck, and Martin 1989:322.

33. 내가 아는 한 쌍둥이 연구는 출생 순서와 형제가 갖는 기타의 구조적 차이들이 수행하는 역할을 무시했다. 행동 유전학 모형들에서 비공유 환경의 역할을 상당히 자세히 밝혀 줄 수 있는 정보들인데도 말이다. 부록 10, 7절을 보시오.

34. Franklin 1916:11. 프랭클린의 아버지는 첫 번째 아내와의 사이에서 자녀를 일곱 두었다. 그리고 두 번째 아내와는 열 명을 더 두었다. 이 자녀들 가운데 열세 명이 살아남아 성인이 되었다. 프랭클린보다 더 어린 형제 두 명 가운데 한 명인 남동생은 아기였을 때 욕조에서 익사했다. 프랭클린이 끝에서 두 번째이자 막내아들이 된 사연이다.

35. Becker 1931:597. 프랭클린은, 1776년 6월 대륙 회의가 영국으로부터의 독립 선언서를 초안 하도록 임명한 다섯 사람 가운데 한 명이었다. 이 문서의 대부분은 토머스 제퍼슨의 작품이었다. 독립 선언서는 1776년 7월 4일 대륙 회의 대표자들에 의해 채택되었다.

36. Franklin 1916:7, 11.

37. Franklin 1916:10.

38. Ozment 1980:426~427; Kagan, Ozment, and Turner 1987:395.

39. Franklin 1916:11.

40. Michelet 연도 미상, 5:325.

41. Schwennicke 1980~1981, 2:표 30.

42. '이튼' 가문과 '다윈' 가문 둘 다 Burke의 Landed Gentry(1965~1972)에 들어가 있다. 이 책은 중세 이래 영국에서 가장 부유한 가문들을 모아 놓은 일람이다.

43. Sulloway 1982b:73.

44. Adamson 1890:971.

45. Adamson 1890:971. 내가 가계도상의 이 사실을 찾아 나선 것은 아니고, 이튼의 전기 작가가 알려 주었다. 아마도 이튼 자신이 이 사실을 즐겨 말했기 때문일 것이다.

46. 그림 9.5에 관한 기술적 정보: 이튼은 그의 가계에 기초할 때 사회적 태도에서 9퍼센트를 차지하고 있어야 했다(그의 실제 위치는 8퍼센트였다.). 나는 다음의 방식으로 이튼의 사회적

견해가 차지할 지위를 예측했다. 우선 첫째로 나는 이튼의 제1세대 조상이 50퍼센트일 것이라고 가정했다. 둘째로, 매번의 후속 세대에서는 '장남'인 것과 사회적으로 보수적인 견해를 채택하는 것 사이에 중간 정도 수준인 0.12의 상관관계가 개입했을 것으로 가정했다. 상대적 출생 순위와 사회적 태도의 경우 이미 알려진 상관관계는 0.16(df=1/1,608, t=6.33, p<0.0001)이다. 나는 이튼 가문의 가계 기록에서 더 어린 아들이 딱 한 차례 가문의 영지를 상속받은 사실을 확인하고, 그 내용을 나의 계산에 포함시켰다(Burke 1965~1972, 3:308). 일련의 계산을 마친 최종 결과 이튼의 사회적 태도를 나의 5점 척도에서 1.83에 위치시킬 수 있었다(이것은 9퍼센트 지위를 예측하는 것이다.). 동일한 방법을 적용하면 다윈은 사회적 태도에서 80퍼센트를 차지하고 있어야 한다. 사회적 급진주의에서 다윈이 차지한 지위는 그의 평생에 걸쳐 64퍼센트에서 84퍼센트로 상승했다. 벤저민 프랭클린은 88퍼센트를 차지할 것으로 예측되었다(그는 실제로 90퍼센트를 차지했다.). 루이 15세는 21퍼센트일 것으로 예측되었다(그는 실제로 17퍼센트였다.).

47. 다윈의 출생 순서와 사회적 태도를 우선적으로 고려했을 때 그가 진화 이론을 지지할 확률은 94퍼센트였다. 이튼이 진화 이론을 지지할 확률은 3퍼센트였다. 이 지점에 관한 상세한 논의는 10장의 그림 10.3을 보시오.

48. 이론상으로는 출생 순서에 따라 동류 결혼 추세가 작아져야 한다. 이 변수를 포괄하는 나의 표본이 비교적 작음에도 불구하고 과학자들의 부모는 동류 결혼을 했다. 그러나 그들도 사회 계급과 관련해서만 그렇게 했다. 상층 계급에서 후순위로 태어난 남성들은 첫째로 태어난 아내를 일정 정도 선호했다. 그녀들이 상속자가 될 수도 있는 것이다. 하층 계급에서 후순위로 태어난 남성들은 일관되게 후순위로 태어난 아내와 결혼했다(부분 r=0.24, df=1/97, t=2.40, p<0.02). 이 경향은 극단적인 사회적 견해를 가진 개인들에게서 특히 현저했다.

49. 나의 표본에서 사회적 태도와 사회 계급 사이의 상관관계는 0.04(df=1/2,211, t=1.93, p<0.06)였다.

50. 자유주의 과학 혁신에 대한 개방성과 출생 순서의 상관관계는 0.26이다. 사회 계급과 출생 순서의 상관관계는 0.01이다. 이에 따라서 분산을 설명해 보면 0.068대 0.0001, 곧 680대 1이다. 출생 순서가 모든 것을 설명하고, (이 맥락에서) 사회 계급은 거의 아무것도 설명해 주지 못한다고 하기 위해 이런 불균형적인 값을 취해서는 안 된다. 전체로서 형제의 차이가 과학적 입장과 맺는 다중 상관은 8변수 모형에서 0.33이다. 설명된 분산(0.109)은 사회 계급과 결부된 설명된 분산보다 1,090배 더 크다.

51. 교파와 소수자적 지위를 통제한, 소수 교파의 지위(신교도 국가에서 가톨릭교도이거나,

혹은 그 반대 경우)와 국적의 상호 작용 효과가 가지는 부분 상관은 0.10(df=1/1,513, t=4.05, p<0.001)이었다. 주요 효과로서 소수자적 지위가 갖는 부분 상관은 0.01(의미 없는 수준)이었다. 예를 들어, 역사적으로 볼 때 프랑스의 신교도는 프랑스의 가톨릭교도와 영국의 가톨릭교도보다 과학 혁신에 더 개방적이었다. 그러나 두 개의 종교적 소수파가 전체로서 더 개방적이지는 않았다(영국 가톨릭의 상대적 보수주의 때문에).

내 연구에 등장하는 유대 인 과학자들의 사회적 태도는 다른 참가자들의 사회적 태도보다 훨씬 더 자유주의적이었다(r=0.29, df=1/575, t=7.28, p<0.0001; 19세기와 20세기에 걸쳐 세대를 맞춘 표본과 비교함). 그럼에도 불구하고 사회적 태도의 형제 차이가 이런 집단 차이보다 2.4배 더 컸고, 성별 차이보다는 3.5배 더 컸다(r=0.24, df=1/356, t=4.62, p<0.0001; 세대를 맞춘 남성 표본과 여성을 비교함). 인종과 성별에 따른 이런 차이의 상당 부분은 아마도 영입(충원) 효과일 것이다. 예를 들어, 내 연구에 나오는 여성들은 남성들보다 후순위 출생자일 가능성이 훨씬 더 많았다. 이로 인해 개인차가 집단 차이로 비치는 것이다.

52. 경로 분석이 이런 결론을 강화해 준다. 예를 들어, 부모의 사회적 가치가 자식들의 사회적 가치와 맺는 r=0.47. 그러나 형제의 차이가 사회적 태도와 맺는 다중 상관은 0.44이다. 결국 0.47×0.44(=0.21)의 영향력은 부모들의 형제 차이인 셈이다. 형제 차이의 영향력 총합은 0.44+0.21, 곧 0.65대 가족 공유 환경 0.47이 된다. 그때조차도 '가족 공유 환경' 탓으로 돌릴 수 있어 보이는 것의 일부가 실제로는 동류 결혼을 단행한 부모들의 유전적 유사성 때문이다(Martin et al. 1986; Eaves, Eysenck, and Martin 1989).

과학 혁신에 대한 개방성에서 사회적 태도는 다수의 관련 예보자 가운데 하나일 뿐이다. 이런 이유로 형제 차이가 사회적 태도를 예측할 때보다 이 종속 변수를 예측하는 데서 훨씬 더 중요해진다. 내가 방금 개관한 것과 동일한 종류의 경로 분석을 시도해 보면 혁신에 대한 개방성에서 설명된 분산의 63퍼센트는 형제 차이로 소급할 수 있다. 우리가 경로 분석을 두 세대 이상 진행한다면 형제 차이의 역할이 훨씬 더 중요해질 것이다.

53. Petersen 1979:23.

54. Simpkins 1974:68.


## 10장 다원주의 혁명의 사회사

1. Desmond 1989:4. Robert Young(1985:164~167)도 과학의 역사, 특히 다윈주의 혁명기의 역

사에 대한 마르크스주의적 접근 방법을 오랫동안 옹호했다.

2. Desmond 1975.

3. Desmond 1982, 1984a, 1984b, 1985, 1987, 그리고 특히 1989; Desmond and Moore 1992도 보시오.

4. 데스먼드의 『진화의 정치학(*Politics of Evolution*)』은 과학 역사 협회의 파이저 상을 받았고, 심사 위원회는 "과학의 역사가 사회 역사와 정말로 어떻게 결합될 수 있는지에 관한 모범"을 보여 주었다고 시상 이유를 설명했다(Mauskopf 1992:279). 이 외에도 데스먼드와 무어의 다윈 전기(1992)는 과학의 역사에 대한 일반 대중의 관심을 고무하는 도서들에 주어지는, 과학역사 협회의 왓슨-데이비스 상을 받았다.

5. Gould 1992:216. I. Bernard Cohen(1992:10)도 보시오. 그는 "젠트리 출신의 박물학자라는 다윈의 사회 계급과 배경이 진화와 관련해 어떻게 그토록 급진적인 관념을 제출토록 할 수 있었는지" 궁금해 한다.

6. 그림 10.1에 관한 기술적 정보: 출생 순서와 진화에 대한 지지 사이의 상관관계 r=0.40(df=1/447, t=9.21, p<0.0001). 선형 기울기로 계산한 사회 계급과 지지의 상관관계는 거의 영이었다(r=0.01, df=1/552, t=0.20, p=의미 없음). 곡선형 관계의 r=0.06(df=1/552, t=1.31, p<0.20). 두 가지 선형 관계가 해명해 주는 상대적 변이량은 0.402/0.012=1,600대 1.

7. 첫째들의 '지적 장자 상속권'에 관해서는 Sutton-Smith and Rosenberg 1970:69~79; Zajonc 1976을 보시오. 다윈 혁명기에 확인할 수 있는 이런 경향의 증거 자료를 보려면 부록 9의 기술적 논의 4를 참조하시오.

8. 1859년 이전에 후순위 출생자들과 사회적 자유주의자들은 첫째들 및 사회적 보수주의자들보다 과학적 명성을 획득할 가능성이 훨씬 더 적었다. 다윈주의 혁명이 권력과 명성의 이런 균형을 크게 바꾸어 놓았다. 이와 관련된 증거 자료를 보려면 부록 9의 기술적 논의 4를 참조하시오.

9. Morrell and Thackray 1981:23~29.

10. Bunting 1974:88~89; Desmond and Moore 1992:488.

11. Darwin 1887, 3:224.

12. 데스먼드는 자신의 저서 Politics of Evolution에서 그랜트를 무려 600번 이상 언급한다. 다른 어떤 개인보다 많은 횟수이다. 데스먼드(1984a, 1984b)는 그랜트의 급진주의가 그의 변화무쌍했던 과학적 생애에 야기한 곤경을 소개하는 논설도 여러 편 썼다.

13. Southwell 1840:19.

14. Desmond 1987:85.

15. Desmond 1987:86, 97, 109. 서른두 명이나 되는 사우스웰의 더 나이 든 형제들은 아버지가 여러 명의 아내와 차례로 결혼했기 때문이다. 사우스웰은 자기 어머니의 첫째이자 외자식이었다. 사우스웰의 Confessions of a Free-Thinker(ca. 1845)를 보시오.

16. 그림 10.2에 관한 기술적 정보: 데스먼드의 표본에서는 참가자의 76퍼센트가 후순위 출생자이다. 대조군에서는 60퍼센트만이 후순위 출생자인 것과 대비되는 지점이다(r=0.11; df=1/616, t=2.69, p<0.01). 사회 계급과 급진적 이론에 대한 지지 사이의 관계를 보면 데스먼드의 표본에서 그 상관관계가 0.28(df=1/70, t=2.43, p<0.02)이었다. 출생 순서 및, 출생 순서와 사회 계급에 따른 영입 사이의 중요한 상호 작용을 통제했더니 그 부분 상관은 별 의미 없는 값인 0.09(df=1/50, t=0.62, p<0.54)가 되었다. 유사하게도 데스먼드의 표본에서는 출생 순서와 사회적 태도 사이의 상관관계가 무려 0.48(df=1/50, t=3.94, p<0.001)이었다. 출생 순서를 통제한 사회 계급과 사회적 태도 사이의 부분 상관은 의미가 없었다(r=0.12, df=1/49, t=0.82, p<0.42). 데스먼드의 표본에 관한 추가 정보를 보려면 부록 9, 기술적 논의 5를 참조하시오.

17. 나는 데스먼드와 무어의 책 Darwin: The Life of a Tormented Evolutionist(1992)의 미국판에 나오는 매력적인 부제목에서 인용하고 있다.

18. Desmond and Moore 1992:286, 297.

19. Desmond and Moore 1992:354.

20. Desmond and Moore 1992:287.

21. Thompson 1984.

22. Darwin 1985~, 4:144.

23. Desmond and Moore 1992:317.

24. 부록 9의 기술적 논의 6을 보시오. 데스먼드와 무어는, 다윈 동료들의 사회적 태도를 평가하는 나의 작업을 도와준 서른 명 가까운 독립적 평가자들의 일원이었다.

25. 다윈이 자신의 과학자 동료들이 보인 보수적 경향과 관련해 제기한 비판적 논평을 보려면 Darwin 1958(1876):pp. 64~65(헨슬로); p. 76(피츠로이); p. 101(라이엘); p. 102(버클랜드); p. 103("가소로운" 머치슨)을 참조하시오.

26. Desmond and Moore 1992:286; Desmond 1987:425.

27. Wells 1973:241; Wilson 1970:71~72, 75, 104; Thompson 1984:329.

28. Wallace 1905, 1:104.

29. 성인기의 대부분을 영국에서 보낸 미국 태생의 내과의 윌리엄 찰스 웰스가 자연선택 이론의 공동 발견자로 가끔씩 취급된다. 이 주장은 1818년에 발표된 한 에세이에 토대를 두고 있다. 웰스는 거기서 피부에 수많은 갈색 얼룩이 있었던 한 백인 여성을 언급한다. 웰스는 그 에세이에서 자연선택이 그런 돌연변이를 어떻게 활용해 흑인종이 생겨나는지를 개설했다. 매튜, 다윈, 월리스와 달리 웰스는 자신의 입론을 인간의 종으로 한정했다. 그는 종이 장기간에 걸쳐 폭넓게 변화할 수 있는지 등의 더 광범위한 쟁점은 논급하지 않았다(Mayr 1982:499). 웰스는 차남이었다. 사회적 태도에서 그는 자유주의자(3.0)로 평가받았다. Gould 1985:338도 보시오.

30. Dempster 1983:98에 재수록된 Matthew 1831:365.

31. Darwin 1871, 1:135.

32. Darwin 1871, 1:135. 다윈과 장자 상속권에 관해서는 Hrdy and Judge 1993도 보시오.

33. Darwin 1887, 2:385n.

34. 이 종합 모형에서 출생 순서를 빼면 9퍼센트의 설명된 분산이 사라진다(부분 상관은 0.37(df=1/346, t=7.34, p<0.0001)이다.). 사회적 태도를 빼면 설명된 분산이 8퍼센트 사라진다. 과학적 입장을 알려 주는 그 다음으로 중요한 예보자인 1859년 당시의 저명성은 설명된 분산의 3퍼센트를 책임진다.(더 나이 든 경향을 보이기도 했던 저명한 개인들은 전반적으로 다윈주의에 반대했다.) 포괄 모형에서 2퍼센트 이상의 설명된 분산을 담당하는 다른 예보자는 없다. 출생 순서와 기타의 형제 차이가 설명하는 상대적 분산의 추정치는 경로 분석 모형들에 기초한다.

35. 그림 10.3에 관한 기술적 정보: 다윈주의의 채택을 예보해 주는 10변수 모형의 다중 상관 R=0.68(df=10/363(조화 평균), F=30.49, p<0.0001). 이 모형의 더 자세한 세부 사항은 부록 9의 기술적 논의 7에 제시해 놓았다.

36. 다윈주의 혁명의 '지도자들'에 대한 나의 선택은 진화의 역사를 소개하는 표준 저작들의 인용 횟수에 기초하고 있다. Glass, Tempkin, and Straus 1959; Gillespie 1979; Ruse 1979; Mayr 1982; Bowler 1984가 권위 있는 저작들이다.

37. 그림 10.4에 관한 기술적 정보: 진화 이론 개척자들과 개종자들의 확률 예측치를 비교해 보면 r=0.16(df=1/263, t=2.56, p<0.02). 진화 개종자들의 지지 확률 평균값은 64퍼센트였다.

38. 다윈이 진화를 받아들일 확률 예측치(94퍼센트)는 로지스틱 회귀 분석 모형에서 유도된 값이다. 로지스틱 회귀 분석 모형은 나의 10변수 중회귀 분석 모형에 포함된 것과 동일한 예보자를 사용한다(부록 9, 기술적 논의 7).

39. 자연선택에 의한 진화의 공동 발견자 세 사람(매튜, 다윈, 윌리스)과 다윈주의 혁명의 다른 열두 지도자 사이의 $r=0.45$(df=1/13, $t=1.83$, $p<0.05$; 단측 검정).

40. Burkhardt 1987:xiv.

41. Matthew 1860b:433.

42. Wallace 1905, 1:363; Marchant 1916:92~93, 131.

43. Darwin 1887, 1:149.

44. Darwin 1958(1876):22.

45. Young 1972:250.

46. 골상학 운동을 훌륭하게 개관하고 있는 Young 1970, 1972 and Cooter 1984를 보시오.

47. Möbius 1907:11.

48. 이 골상학 위원회의 다섯 위원 가운데 세 명이 첫째였다(조르주 퀴비에, 필립 피넬, 자크 르네 트농). 네 번째 위원(앙투안 포르탈)은 '장남'이었고, 어쩌면 첫째였을지도 모른다. 나는 다섯 번째 위원(라파엘-비앙버뉘 사바티에)의 출생 순서를 모른다. 나는 다변수 모형을 채택해 이 위원회가 골상학을 지지할 가능성을 예측해 보았다. (사바티에를 포함해) 다섯 명의 위원이 지지할 확률 예측치의 평균은 8퍼센트였다. 이 값은 전체 참가 인원의 확률 예측치 평균을 훨씬 밑도는 수준이다. 나는 각 위원의 확률 예측치를 끌어내는 과정에서 다각 귀속 절차를 활용해 없는 자료를 추정했다(부록 5를 보시오.). 다각 귀속을 활용하면 이들 확률값의 오차 항을 측정할 수 있다. 우리는 이 방법에 기초해 위원회가 실제로 골상학을 수용할 확률이 8퍼센트였음을 95퍼센트 확신할 수 있다(±6퍼센트).

　　과학 위원회들이 '기성 과학계'의 저명한 전문가들로 구성될 때면 항상 첫째들에 치우치고, 그리하여 보수적인 결론을 끌어내는 경향이 있다. 이 주제는 과학 정책에 중요한 함의를 가진다.

49. Young 1972:250.

50. 골상학을 수용하는 것과 진화를 받아들이는 것 사이의 상관관계는 $0.59$($x^2(1)=9.26$, $p<0.001$, 27개의 동반 입장에 기초해서).

51. Cooter 1984:10; Young 1985:4. 콤의 Constitution of Man이 기록한 엄청난 판매고(10만 부 이상)는, 다윈이 1876년까지 『종의 기원』을 겨우 1만 8000부 판매한 사실과 뚜렷하게 대비된다(Freeman 1978:221).

52. Young 1972:255.

53. Gibbon 1878. 골상학 수용을 예측하는 다변수 모형은 이 운동의 지도자들을 썩 잘 구별해 냈다. 갈, 슈푸르츠하임, 그리고 두 명의 콤 형제는 모두 83~93퍼센트 사이의 지지 확률을 보

일 것으로 예측되었다. 갈의 확률 예측치는 90퍼센트였다.

54. Cooter 1984:141~142, 175~180, 261.

55. Shapin 1982:193; Shapin 1975, 1979a, 1979b도 보시오.

56. Cooter 1984:43~44.

57. Galton 1874. 저명한 과학자들 가운데 첫째들이 압도적으로 많은 비율을 차지하는 경향은 이미 자세히 보고되었다(Visher 1947; Roe 1953; West 1960; Clarke and Rice 1982).

58. 사회 계급과 골상학 수용 사이의 $r=0.25$(df=1/86, t=2.38, p<0.05). 나는 학자들 — 사회 계급의 중요성에 관한 그들의 견해가 의심스러운 — 의 다양한 문헌을 바탕으로 골상학자들과 그 반대자들의 표본을 구성했다. Shapin(1975, 1979a, 1979b)과 Cooter(1984, 1989)가 대표적이다. 나는 Dictionary of National Biography나 Modern English Biography에 수록된 155명의 골상학자를 정리한 Parssinen(1970, 1974)의 표본에서도 큰 도움을 받았다.

59. 사회 계급과 후순위 출생자라는 지위 사이의 상관 $r=0.20$(df=1/86, t=1.86, p<0.07).

60. 그림 10.5에 관한 기술적 정보: 출생 순서와 골상학 수용의 $r=0.40$(df=1/86, t=4.03, p<0.0001). 비과학자의 지위와 골상학 수용의 $r=0.26$(df=1/86, t=2.51, p<0.02). 사회 계급과 골상학 수용의 $r=0.25$(df=1/86, t=2.38, p<0.05). 이것들은 전부 통제되지 않은 상관관계들이다. 출생 순서를 통제한 사회 계급과 골상학 수용의 부분 $r=0.19$(df=1/85, t=1.77, p<0.10). 과학자로서의 지위를 통제했을 때의 부분 상관은 0.13(df=1/84, t=1.24, p<0.23)이었다. 골상학 수용에서는 출생 순서와 비과학자로서의 지위 사이에서 커다란 상호 작용이 발생했다. $r=-0.38$(df=1/84, t=-3.77, p<0.001). 첫째들은 후순위 출생자들보다 과학적 훈련 부족에 더 큰 영향을 받았다. 후순위 출생자들은 과학 방법론을 충분히 훈련받았을 때조차도 골상학을 지지하는 경향을 보였다.

61. Darwin 1985~, 1:97.

62. Egerton 1976:189.

63. 4변수 경로 분석 모형에 기초할 때 사회 계급은 (누적 경로계수 항으로) 설명된 분산의 4퍼센트를 담당한다. 실제 분산으로는 1퍼센트인 셈이다. 이 모형은 출생 순서 외에 사회적 태도, 과학자로서의 지위, 사회 계급(R=0.65, df=4/70, F=12.76, p<0.001)을 포괄한다. 설명된 분산을 담당하는 다른 변수들을 경로 분석으로 분해해 보면 출생 순서가 전체의 54퍼센트, 사회적 태도가 37퍼센트, 과학자로서의 지위가 5퍼센트이다. 사회 계급을 제외한 모든 예보자가 통계적으로 유의미했다. 사회 계급으로 설명된 분산과 다른 세 예보자로 설명된 분산을 비교해 보면 4퍼센트/96퍼센트=1/24. 사회 계급과 과학자로서의 지위는 그 상관관계가 미약

했다(r=0.14). 그럼에도·사회 계급이 모형에서 배제되지 않는 이유는 그것이 다른 변수와 높은 수준의 교차 상관관계를 맺기 때문이다. 출생 순서를 모형에 반영하는 순간 사회 계급은 중요한 예보자이기를 그만둔다.

64. 집단의 차이에 기초한 과학 역사가들의 주장은, 그것들이 개별적 차이를 통제한 결과가 아닐 경우 의심스럽기 마련이다. 가설을 검증하지 않으면 역사 해석의 이런 오류를 바르게 인식하는 것이 아주 어려워진다. 영입(충원) 효과 때문에 피상적으로 보면 집단의 차이가 존재하는 것 같기도 하다. 그러나 적절한 통제가 가해지면 그 집단의 차이가 개별적 차이로 분해된다.

독일의 바이마르 공화국 시절 물리학에서 불확정성이 부상한 사태에 관한 폴 포먼의 명제가 이 문제의 좋은 사례이다. Forman(1971, 1978)에 따르면 제1차 세계 대전에서 독일이 패배하면서 바이마르의 지식인들이 과학을 달리 생각하게 되었다는 것이다. 사람들은 전시에 자신들을 배반한 과학과 기술에 대한 믿음을 버렸다. 이제 그들은 신비스럽고 영적인 믿음에 의지했다. 이런 지적 흐름의 한 결과가 고전적인 물리학의 인과 관계를 거부하는 행위였다고 포먼은 주장한다. 개별적 차이가 대단히 광범위하기 때문에 포먼의 명제는 심각한 난관에 봉착한다. 첫째들, 사회적 보수주의자들, 더 나이 든 과학자들은 일관되게 인과적 관점을 옹호한 반면 후순위 출생자들, 사회적 자유주의자들, 더 어린 과학자들은 불확정성을 지지했다(R=0.39, df=1/32, t=2.38, p<0.03). 이런 이유로 제1차 세계 대전은 일부 사람들로 하여금 합리성을 거부하는 것이 아니라 합리성에 대한 믿음을 재확인토록 해 주었다. 첫째였던 알베르트 아인슈타인은 신이 주사위놀이를 하고 있다고는 생각할 수 없다고 주장했고, 그는 으뜸가는 사례이다.

포먼의 사회학적 명제는 개별적 차이는 문제가 되지 않는다고 가정함으로써 이 과학 논쟁의 중요한 특징을 놓쳐 버렸다. 양자 역학의 수용에서 가장 중요한 개별적 차이를 체계적으로 비교 검토한다면 실제로는 과학자가 독일인인지 아닌지, 혹은 제1차 세계 대전기에 살았는지 여부보다 이런 차이가 더 유력하다는 것을 알 수 있다. 불과 다섯 개의 전기적 변수만을 채택한 컴퓨터 모형에 기초했을 때 아인슈타인이 불확정성의 원리를 지지할 확률 예측치는 28퍼센트였다. 아인슈타인과 다른 물리학자들이 불확정성에 저항하도록 만든 개별적 차이를 통제했더니 독일인임은 이 논쟁에서 중요한 원인이 아니었다(r=0.01, df=1/31, t=0.49, p<0.96). 개별적 차이와 국가적 차이를 통제한 이 논쟁 참가 연도도 과학적 입장을 알려 주는 유의미한 예보자가 아니었다(r=-0.25, df=1/30, t=-1.40, p<0.17).

포먼의 명제에 대한 나의 검증이 과학적 합리성을 공격하던 풍조가 제1차 세계 대전에 대한 반응으로 부상했다는 그의 전반적 주장을 반박하지는 않는다. 이 주장을 지지하는 인상적인 증거가 상당히 많다(Harrington 1987, 1992도 보시오.). 문제가 되는 것은 혁명적 성격에서 개별적 차이를 통제했을 때 시대정신(Zeitgeist)이 독일의 수학자들과 물리학자들의 사고방식에 현저한 '주요 효과'를 발휘했다는 주장이다.

65. 내가 이 장에서 언급한 조사 연구 말고도 프랑스 대혁명에 대한 연구들이 사회 계급에 관한 자신들의 주장을 검증하는 데서 역사가들이 보인 거듭되는 외면 사태를 예증한다(13장, 특히 그림 13.2).

66. Crews 1986:140.


## 11장 종교 개혁

1. Spitz 1985:346, 384.

2. Kelley 1981:125.

3. Ozment 1992:xiv.

4. Liermann 1941:322; Moeller 1972:72; Spitz 1985:77, 87, 380; Ozment 1992:11.

5. Bainton 1950:79~83; Spitz 1985:66~68.

6. Ozment 1992:11~12에서 인용.

7. Spitz 1985:88~89.

8. Hillerbrand 1973:38; Spitz 1985:74도 보시오.

9. 이 결정적 시기에 교황 제도에 대한 루터의 태도 변화와 관련해서는 Hendrix(1981)의 유익한 설명을 보시오.

10. Ozment 1992:6.

11. Moeller 1972:71.

12. Spitz 1973:67.

13. Hillerbrand 1973:187.

14. Hillerbrand 1973:187.

15. Ozment 1992:20.

16. Dickens 1989:326; Heimpel 1954:156(Moeller 1972:114에서 인용).

17. Hillerbrand 1973:40.

18. 나는 Swanson(1967), Moeller(1972), Hillerbrand(1973:38~41, 186, 206), Spitz(1985:181~

191), Dickens(1989:325~338), Ozment(1975; 1992:19~21, 32~37)의 저작들을 바탕으로 이 여덟 가지 주장을 추출했다.

19. Moeller 1972:14.

20. Hillerbrand 1973:38; 이 논제를 설득력 있게 옹호하는 Moeller 1972도 보시오.

21. Dickens 1989:89.

22. 내가 이 표본을 구성하면서 전거로 삼은 중요한 출처들은 다음과 같다. Durant 1957; Williams 1962; Elton 1963; Léonard 1965; Hillerbrand 1971, 1973; Ozment 1975, 1980, 1992; Dickens 1989; Spitz 1985. 나의 신교도 종교 개혁 표본과 관련해 더 자세한 기술적 세부 사항들은 부록 7에 제시해 놓았다.

23. 나는 다중 회귀를 채택했다. 그러나 경로 분석 같은 다른 모형화 기법도 가능하다. 이 모형에서 다른 여섯 가지 중요한 예보자들을 통제한 출생 순서와 종교 개혁 지지의 부분 상관은 0.37(df=1/513, t=9.12, p<0.0001)이다.

부록 7은 다른 모형들뿐만 아니라, 여기 설명된 모형과 관련해 좀 더 세부적인 기술적 사항들을 제공한다. 맬로스 Cp 기준으로 선택한 가장 우수한 모형은 본문에서 논의한 9개의 예보자 가운데 7개를 채택했다(다중 R=0.61(조정 R=0.60), df=7/513(조화 평균), F=42.60, p<0.0001). 인문주의자인 것은 중요한 예보자가 아니었고, 왕족인 것은 7변수 모형에 크게 기여하는 사회 계급과 커다란 상관관계를 맺었다.

24. 출생 순서와 형제들의 신교도 종교 개혁 수용의 r=0.33(df=1/112, t=3.69, p<0.001).

25. 나이와 종교 개혁 지지의 상관관계는 −0.22(df=1/511, p<0.0001). 출생 순서는 나이와 상호 작용한다. 후순위 출생자들은 나이가 발휘하는 효과에 첫째들보다 훨씬 덜 영향 받았다(부분 r=0.20, df=1/131, t=2.36, p<0.02).

26. 39세 이상의 후순위 출생자 가운데 3분의 2가 종교 개혁을 받아들였다(32/46). 첫째들은 17명 가운데 2명만이 그렇게 했다(r=0.52, df=1/61, t=4.69, p<0.0001). 출생 순서의 영향력과 나이의 영향력에 대한 다른 비교를 보려면 2장, 그림 2.2(다원주의 혁명과 관련해서), 9장(계몽 운동 시기의 사회적 태도와 관련해서), 14장(과학 혁명과 관련해서)을 참조하시오.

27. 그림 11.1에 관한 기술적 정보: 이 모형에서 다른 여섯 가지 예보자를 통제한 사회 계급과 종파 선택 사이의 부분 상관은 0.10(df=1/513, t=2.32, p<0.05)이었다. 출생 순서의 부분 상관은 0.37(df=1/513, t=9.12, p<0.0001)이었다. 설명된 분산의 차이를 보면, 0.372/0.102=15.2대 1. 왕족의 일원들은 첫째이기 십상이었기 때문에 사회 계급 데이터에는 영입(충원) 편향(치우침)이 존재한다. 출생 순서와 사회 계급 사이의 관계는 r=0.11(df=1/349, t=2.08, p<0.05).

성직자들(특히 하급 성직자들) 역시 비성직인들과 비교해 후순위 출생자인 경향을 보였다 (r=0.10, df=1/362, t=1.84, p＜0.05; 단측 검정).

28. 분할 상속에 관한 다음의 논의에서 나는 Fichtner(1989)의 유용한 연구에 의존했다.

29. Fichtner 1989:53; Ozment 1983:152.

30. 출생 순서와 신학자들의 신교 지지 사이의 r=0.29($x^2$(1)=5.34, N=64, p＜0.05).

31. 8변수 모형에서 개인적 영향력이 종파 선택과 맺고 있는 부분 r=0.19(df=1/512, t=4.34, p＜0.001). "개인적 영향력"의 정의와 코드화 절차는 부록 7을 보시오.

32. 출생 순서와, 개인이 순교 당하는 종교적 대의 사이의 상관관계는 0.68($x^2$(1)=16.67, N=36, p＜0.001).

33. 종교적 '온건파'로서의 루터에 관해서는 Dickens 1989:87; Ozment 1992:121, 127, 136, 141을 보시오. Hillerbrand 1973:208; Hendrix 1981:15, 139도 보시오.

34. 권위적 종교 개혁과 급진적 종교 개혁 사이의 구별은 Williams(1962)를 보시오.

35. Ozment 1980:264. Moeller 1972:34; Dickens 1967:72도 보시오.

36. Ozment 1992:127.

37. 그림 11.3에 관한 기술적 정보: 종교 개혁의 7변수 모형에 기초할 때 마르틴 루터가 신교도가 될 확률 예측치는 67퍼센트였다. 동일한 7변수 모형에 기초할 때 녹스가 신교도 종교 개혁에 가담할 가능성은 78퍼센트였다. 칼뱅과 츠빙글리의 경우는 각각 80퍼센트와 82퍼센트였다. 급진적 종교 개혁의 지도자들의 경우 신교도가 될 확률 예측치가 90퍼센트 이상이었다는 점은 이와 대비된다. 이들 확률값은 BMDP의 LR 프로그램(로지스틱 회귀)으로 얻은 것이다. BMDP의 LR 프로그램은 각각의 개별적 결과에 구체적 확률값을 할당한다(Dixon 1992).

38. Erikson 1958:73.

39. 루터에 관한 에릭슨의 주장을 설득력 있게 반박하는 내용으로는 Bainton 1977; Spitz 1977; Ozment 1980:225~231을 보시오. 에릭슨이 루터가 부모와 겪은 갈등을 과장했다는 사실이 부모와의 갈등이 급진주의의 좋은 예보자라는 일반적 정황을 부정하지는 않는다(5장, 특히 그림 5.1). 루터가 에릭슨이 주장한 종류의 적대감을 부모들에게 가졌다면 다변수 종교 개혁 모형은 그가 급진적 종교 개혁가가 되었을 것이라는 결과를 내놓는다.

40. Armstrong 1910, 1:259.

41. Armstrong 1910, 1:259.

42. Spitz 1985:184. 종교 개혁에 관한 나의 설명은 Ozment(1975) and Brady(1982:176)의 견해를 지지한다. 그들은 종교 개혁과 관련한 사회 경제적 논제를 비판했다. 여기에는 그 유명한

베버의 논제도 포함된다. 이들 학자에 따르면 종교 개혁은 정신적 분열을 수반했다.

43. Kelley 1981:78.

44. Scarisbrick 1968:508.

45. Dickens 1989:51.

46. Hendrix(1990, 1994)는 "가족 충성도"에 따라 종파 선택을 설명하려고 했다. 실제로 가족 충성도가 세대를 막론해 종파 선택을 알려 주는 중요한 예보자로 기능했다($r=0.66$, df=1/57, $t=6.56$, $p < 0.0001$). 이런 정황은 부모의 사회적 태도와 자식들의 사회적 태도 사이에서 형성되는 강력한 상관관계에서 도출된다(9장). 출생 순서를 포괄하는 2변수 모형은 종교적 충성을 훨씬 더 잘 예보해 준다. 자식들은 부모의 종교적 견해를 채택하는 경향이 있었다. 출생 순서의 파괴적 영향력이 개입하는 경우를 제외하고는 말이다(부분 $r=0.21$, df=1/42, $t=1.81$, $p < 0.05$(단측 검정)). 다수의 자식이 그들의 부모에 불충했다. 특히 그들의 출생 순서가 달랐을 때 그렇게 했다.

47. 출생 순서와 배우자의 종파 선택 사이의 $r=0.55$($x^2(1)=12.51$, N=41, $p < 0.001$).

48. 출생 순서와 부모 및 자식의 종파 선택 사이의 $r=0.46$($x^2(1)=16.00$, N=75, $p < 0.0001$).

49. Schultze 1957:443.

50. Kawerau 1910b:183.

51. Kamen 1985:124.

52. Pollard 1897b:331, 332.

53. Pollard 1897a:305.

54. Dickens 1989:229.

55. Weir 1991:3.

56. Erickson 1980:117.

57. Routh 1964:35.

58. Fraser 1992:229~230.

59. 앤 볼린과 그녀의 두 형제의 출생 순서와 관련해서는 많은 논의가 있었다. 세 명 가운데 메리가 장녀였다는 것은 틀림없는 사실이고, 앤은 거의 확실히 둘째였을 것이다. 앤의 다른 형제는 남자 형제였다(Weir 1991:146~147; Paget 1981도 보시오.).

60. Weir 1991:281.

61. Dickens 1989:135, 136.

62. Warnicke 1989:111; Weir 1991:224.

63. Weir 1991:413. 캐서린 하워드의 출생 순서와 형제의 수는 사료마다 다르다(예를 들어, 열 자녀 가운데 다섯째라는 주장도 있다.). 그러나 그녀가 "가족 위계가 낮았고, 나면서부터 무리의 일원이었다."는 점에는 모두가 동의한다(Fraser 1992:318).

64. Scarisbrick 1968:429; Fraser 1992:322.

65. 제인이 태어나고 1년 후 오빠가 죽었다. 시무어 형제는 열 명이었던 셈이다(Fraser 1992: 235).

66. Hume 1905:293.

67. Hume 1905:293, 298. Weir 1991:341; Fraser 1992:233도 보시오.

68. Fraser 1992:262.

69. Hume 1905:293.

70. Scarisbrick 1968:375.

71. Scarisbrick 1968:373.

72. Weir 1991:429.

73. Spitz 1985:267.

74. Scarisbrick 1968:433; Routh 1964:41도 보시오.

75. Weir 1991:519.

76. Gairdner 1887:1219.

77. 수줍음을 통제한 상대적 출생 순위와 결혼 생활의 운명 사이의 부분 상관은 0.98(df=1/4, t=7.87, p<0.01)이었다. 내 연구에서 변수들이 많다는 점을 고려하면 이 결과가 우연적인 것일 뿐이라고 주장할 수도 있을 것이다. 그러나 출생 순서는 종교 개혁기에 배우자들의 종파 선택을 알려 주는 중요한 예보자였고, 나아가 결혼 생활의 갈등까지 예보해 줬다(후주 47번을 보시오.). 나는 헨리의 아내들에 대한 분석에서 변수를 다섯 개만 고려했다. 출생 순서, 결혼 순서, 수줍음, 사회적 관습(성 행동을 포함한), 종교적 태도. 변수가 매번 추가될 때마다 모형에 벌칙을 적용하는 맬로스의 Cp 기준을 채택해 가능한 모든 모형 가운데서 (출생 순서와 수줍음의) 2변수 모형을 추출했다. 이 2변수 모형의 R=0.99(조정 R=0.99, df=2/3, F=98.77, p<0.005). 사회적 성향과 종교적 태도도 결혼 결과와 강력한 상관관계를 맺었다(자유주의자들은 보수주의자들보다 더 고된 생활을 했다.). 출생 순서와 수줍음이 이 두 변수를 이미 예보했기 때문에 다변수 모형에 짜 넣지는 않았다.

78. (첫째에서 막내에 이르는) 상대적 출생 순위에 기초할 때 헨리 8세의 결혼 순서는 의미심장해 보인다. r=-0.74(df=1/4, t=-2.21, p<0.05(단측 검정)).

79. Toman(1992; Toman and Preiser 1973도 보시오.)이 출생 순서와 결혼 생활 만족의 문제를 탐구했다. (성공적인 결혼 생활은 더 나이 든, 혹은 더 어린 형제와의 관계를 복제한다고 주장하는 그의 "상보성" 이론을 지지하는 증거는 서로 상충한다(Ernst and Angst 1983:177~181). 토먼에 따르면 여동생이 있는 첫째 출신 남성은 오빠와 함께 성장한 후순위 출생의 여성과 더 잘 지내야 한다. 토먼은 이 명제를 부모-자식 관계에도 적용했다. 출생 순서와 배우자 선택 사이에 연결 고리가 있다면 그 연계는 틀림없이 토먼이 가정한 것보다 더 복잡할 것이다. 급진적 혁명기의 대인 관계 행동 맥락을 고찰해 보면 이 책에 제시된 대다수의 증거가 토먼의 명제와 상충함을 알 수 있다. 이런 격변기에 상보적 출생 순서는 형제들 사이에서뿐만 아니라 부모와 자식들 사이에서도, 그리고 배우자들 사이에서 갈등을 증대시켰다. 형제의 차이와 배우자 선택에 관한 문제는 부록 10, 10절도 보시오.

80. Dickens 1989:36.

81. Hillerbrand 1973:38.

82. Brady(1982:164)는 이런 주장들을 비판적으로 검토한다.

83. Dickens 1989:92; Spitz 1985:184도 보시오.

84. Hillerbrand 1973:188.

85. 집단주의 문화 대 개인주의 문화에 관한 문헌을 보려면 Ross and Nisbett 1991:181을 참조하시오.

86. 신교도주의와 근대 과학의 출현에 관해서는 Stimson 1935; Jones 1936/1961; Merton 1938을 보시오. I. Bernard Cohen(1990)은 "머튼 명제"로 배태된 각종 문헌을 요약하면서 이 논제의 연구 역사를 매우 유용한 한 권의 책으로 개관하고 있다. 머튼 명제는, "교회가 윤리적 규범으로 자신들의 경제적 삶을 구속하도록 더 이상 방치해서는 안 된다는 결의가 확고했던 사람들의 요구"(Brady 1982:164)가 종교 개혁을 끌어냈다고 주장하는 베버 명제의 확장판이다. 이런 전반적 주장을 개진한 Weber(1904), Troeltsch(1913), Tawney(1926)를 보시오.

87. 1750년 이전 교파와 자유주의적 과학 혁신에 대한 지지 사이의 r=0.21(df=1/629, t=5.39, p<0.0001). 1750년 이후로는 교파에 따른 지지에서 현저한 차이가 전혀 발생하지 않았다.

88. 가톨릭교도 과학자들보다 더 자유주의적인 신교도 과학자들의 사회적 태도를 통제해도 첫째 출신 신교도들은 첫째 출신 가톨릭교도들보다 1543년에서 1750년에 걸쳐 자유주의 과학 혁신을 지지할 가능성이 훨씬 더 컸다(r=0.20, df=1/83, t=1.87, p<0.05(단측 검정)). 후순위 출생자들의 경우 효과 크기는 거의 동일했다. 따라서 신교도주의는 과학 혁신에 대한 개방성에 출생 순서 이상으로 독립적 영향력을 행사한 셈이다(r=0.16, df=1/180, t=2.21, p<0.03; 출

생 순서가 알려진 개인들의 경우).

출생 순서, 교파, 출생 연도를 통제하자 이 세 변수는 과학적 저명성과 3원적 상호 작용을 했다($r=0.06$, $df=1/1,750$, $t=2.36$, $p<0.02$). 첫째 출신 신교도들과 후순위로 태어난 가톨릭교도들은 근대 초기에 모집단의 나머지와 비교해 훨씬 더 저명했다. 특히 근대 초기의 첫째들은 매우 높은 빈도로 주요 과학 혁명들을 이끌었다. 이 상호 작용 효과는 첫째들이 후순위 출생자들보다 IQ가 더 높은 경향을 보인다는 사실을 반영하는 것인지도 모른다(Zajonc 1976). 과학에서는 개방성이 지능을 조장한다. 지적인 보수주의자들은 급진적 혁신을 강력하게 반대하는 경향이 있다. 역사를 돌이켜보면 이런 행태로 인해 그들의 명성이 훼손되고 말았다.


## 12장 정치적 태도

1. Eysenck 1954; Eysenck and Wilson 1978.

2. Eysenck and Wilson 1978:5, 31, 181.

3. Eysenck 1954:178~179, 210, 226; Eysenck and Wilson 1978:309; McCrae and Costa 1987; Feingold 1994.

4. Eysenck and Wilson 1978:113; Feingold 1994.

5. Koch 1955a. 코치의 연구 결과에 대한 논평을 보려면 3장, 특히 그림 3.2를 참조하시오.

6. Koch 1955a:15, 26. 질투심에서 아내를 살해하는 남성들은 첫째일 가능성이 많다. 물론 내가 아는 한 어느 누구도 이 가설을 검증해 보지는 않았다.

7. Boone 1986.

8. 출생 순서와 인종주의 사이의 관계를 보려면 Sherwood and Nataupsky 1968:55~56; Lieberman and Reynolds 1978을 참조하시오.

9. 정치적·종교적 태도의 유전에 관한 조사 연구를 보려면 Martin et al. 1986; Eaves, Eysenck, and Martin 1989를 참조하시오.

10. Andrews 1968:185.

11. 내가 작성한 계몽 전제 군주들의 목록은 Gagliardo(1967)와 Andrews(1968)가 주로 언급한 인물들이다. 요제프 2세(와 특히 그의 남동생 레오폴드 2세) 같은 일부 계몽 전제 군주들은 보수주의자이기보다 기준에 약간 미달하는 '자유주의자'로 볼 수 있다(Andrews 1968:7~8). 나폴레옹 같은 다른 계몽 전제 군주들은 나머지보다 더 완고했다. 그러나 전체적으로 볼 때

이 일곱 명의 통치자는 박약한 성격의 제한적 개혁에 이끌린 보수주의자 내지 온건파였다.

12. 토스카나의 레오폴드 2세 말고도 찰스 3세, 스타니슬라프 2세, 나폴레옹 보나파르트가 차남 이하였다.

13. Eysenck and Wilson 1978:181.

14. 3단계 급진주의 척도로 코드화한 각종 종교 개혁 분파에 대한 지지와 출생 순서 사이의 r=0.33(df=1/248, t=5.44, p<0.0001). 재세례파는 가장 급진적인 범주에 속한다(Ozment 1992:22, 126; Williams 1962:226). 이렇게 엄청나게 박해를 받은 분파의 경우 내 표본에서 그 출생 순서가 알려진 구성원들이 소수였음에도 불구하고 어쨌든 내 조사 연구에 등장한 모든 재세례파는 후순위 출생자였다.

15. Paynes 1969:25.

16. James 1969:34.

17. James 1969:44.

18. James 1969:112.

19. 구소련 정치 지도자들의 이 출생 순서 정보는 Somit et al.(1996:84)이 보고한 것과 다르다. 그들은 기능적 출생 순서가 아니라 생물학적 출생 순서를 언급했다. 예를 들어, 그들은 스탈린이 네 자녀 가운데 막내였다고 보고한다. 그러나 그보다 더 나이 든 형제는 전부 유년기에 사망했고, 결론적으로 그는 기능적으로 외자식일 수밖에 없었다(Hingley 1974). 구소련 지도자들의 출생 순서 정보를 손쉽게 이용할 수 없었고, 또 이용할 수 있었다 해도 그 정보가 종종 모순적이었기 때문에 나는 여기서 가장 믿을 수 있는 전거만을 열거했다. 스탈린: Hingley 1974:3; 흐루시초프: Leonhard 1965:13. 출생 순서를 알 수 있는 다른 구소련 지도자로는 브레즈네프가 있다. 그는 세 자녀 가운데 둘째이자 장남이었다(Academy of Sciences of the USSR 1978:16; Murphy 1981:6). Dornberg(1974:39)는 브레즈네프를 첫째로 취급하는데, 이것은 거의 틀림없는 착오이다. 출생 순서 정보를 이용할 수 있었던 다른 두 명의 스탈린 사후 지도자들, 곧 고르바초프와 옐친도 모두 기능적 첫째들이다(Doder and Branson 1990:3~4; Solovyov and Klepikova 1992:115). 고르바초프는 아버지의 재혼으로 제2차 세계 대전 중에 전선에서 사망한 형이 있었다. 고르바초프는 이 의붓형과 함께 자란 것 같지 않다.

20. Stipp 1994.

21. Demaris 1977:43.

22. Smith 1976:32.

23. Smith 1976:29.

24. Smith 1976:154.

25. Smith 1976:154.

26. Demaris 1977:45.

27. Demaris 1977:22.

28. Demaris 1977:16.

29. Smith 1976:283.

30. Smith 1976:87.

31. Smith 1976:88.

32. Smith 1982:1.

33. Elms 1976:31.

34. Smith 1982:38, 116.

35. 오이디푸스적 갈등은, Wolfenstein(1967)이 제시한 것처럼, 많은 경우 첫째들에게 중요한 영향력을 행사함에도 불구하고 정치 분야의 혁명적 성격의 핵심이 아니다. 이 주장에 대한 공식 검증을 보려면 주 51번과 56번을 참조하시오.

36. 이런저런 세부 사실들은 Rejai and Phillips 1979:176~177에서 가져왔다.

37. Rejai and Phillips 1979:177에서 인용.

38. Rejai and Phillips 1979:177에서 인용.

39. 6장, 특히 "여성 개혁가들"에 관한 논의; 9장, 특히 그림 9.3과 9.4; 11장, 특히 그림 11.1을 보시오.

40. Weber 1984:562.

41. Weber 1984.

42. 108명의 판사가 재직한 연방 대법원의 전체 역사에서 상대적 출생 순위와 지명권을 행사한 대통령의 당적 사이의 상관관계는 0.36(df=1/106, t=3.99, p＜0.001)이었다. 후순위로 태어난 판사들은 민주당원인 경향도 보였다(r=0.30, df=1/106, t=3.22, p＜0.005). 이 사실을 통제해도 민주당 출신 대통령들은 여전히 후순위 출생자들(특히 막내들)을 지명하는 경향을 보였고, 공화당 출신 대통령들은 첫째들을 지명하는 경향을 보였다(부분 r=0.21, df=1/106, t=2.20, p＜0.05).

43. 상대적 출생 순위와 최고 법원의 자유주의 성향 투표 사이의 r=0.38(df=1/64, t=3.29, p＜0.01).

법관들의 당파 관계는 출생 순서와 무관하게 자유주의 투표를 알려 주는 중요한 예보자였다(부분 r=0.27, df=1/63, t=2.22, p＜0.05). 상대적 출생 순위와 당파 관계가 참여하는 2변수 모형을 활용한, 투표 양상과의 다중 상관은 0.46((조정 r=0.43), df=2/63, F=8.22, p＜0.001)이었다. 후순위로 태어난 재판관들은 더 자주 소수 의견을 내놓는 경향이 많았다. 그 증거가 수집된 전 기간 동안의 재판에서 r=0.21(df=1/96, t=2.09, p＜0.05). Somit et al.(1996:48)도 보시오. 이 통계치가 유도된 출처를 포함해서 연방 대법원 투표 경향에 관한 추가 정보를 확인하려면 부록 9, 기술적 논의 8을 보시오.

44. Lewis 1969:2721.

45. McInerney 1985:844.

46. Rejai and Phillips 1979, 1983, and 1988.

47. Rejai and Phillips 1983:125.

48. Rejai and Phillips 1983:111. 이 두 명의 연구자는 데이터 인자 분석에 기초해 혁명의 유형을 정교하게 분류했다. 보수주의/급진주의 척도에 따라 혁명들을 3단계로 분류한 나도 아홉 개의 하위 범주를 포괄하는 그들의 분류법을 토대로 했다. 일부 정치 지도자들은 두 개 이상의 하위 범주에서 높은 점수를 기록했다. 이들 개인에게는 최고 인자 점수를 기록하는 범주를 할당했다. 보수주의적 혁명가가 되는 기준은 북아일랜드의 경우 IRA 성원이 되는 것이고, 기타의 경우는 "믿음의 옹호자들" 인자에서 높은 점수를 기록하는 것이다. 급진적 혁명가들은 선동가, 직업 혁명가, 연장자(원로 정치가가 된 전직 직업 혁명가)들로 구성된다. 그 외 다른 모든 아류 혁명가들은 온건파 혁명가 범주에 포함시켰다.

49. Rejai and Phillips 1983:110.

50. Rejai and Phillips 1983:102~105.

51. 출생 순서와 급진적 정치 혁명에 대한 지지의 r=0.48(df=1/47, t=3.77, p＜0.001). 형제의 수를 통제한 출생 순서와 지지의 부분 상관은 0.39(df=1/45, t=2.84, p＜0.01)이다. 출생 순서를 통제한 부모-자식 갈등과 지지의 부분 상관은 0.30(df=1/39, t=1.93, p＜0.06)이다. 출생 순서는 급진적 혁명에 대한 지지의 변이량을 부모-자식 갈등보다 2.6배 더 잘 해명해 준다.

52. 살아남은 다섯 자녀 가운데 맏이였던 조지 워싱턴에게는 위로 나이 차이가 많이 나는 의붓형제가 두 명 있었다. 이 두 사람은 영국에서 자랐다. 두 형제가 미국으로 돌아왔을 때 조지는 열한 살이었다. 이후로도 그들은 다른 영지에서 따로 살았다(Flexner 1965:12). Rejai and Phillips는 워싱턴을 첫째로 취급한다. 나도 마찬가지이다.

53. 급진적 혁명에 대한 지지와 위기의 영향력 사이의 r=0.48(df=1/47, t=2.48, p＜0.02). 위기 상황에서 혁명적 대의를 지지하는 것과 출생 순서 사이의 r=-0.20(df=1/47, t=-1.43, p＜0.16).

전기적 자료를 더 많이 이용할 수 있게 되면 이 통계치는 틀림없이 의미심장해질 것이다. 개발 도상국들의 정치 선동가들의 경우가 자료가 없는 일이 가장 흔하다. 이 사람들은 후순위 출생자들로, 임박한 위기를 결여한 혁명들에 가담하는 경향을 보였다. BMDP의 8D 프로그램을 사용해 없는 자료를 추정해 보았더니 출생 순서와 위기 상황에서 지도자가 되는 것 사이의 상관관계가 −0.35(df=1/56(조화 평균), t=−2.80, p＜0.01)였다. 첫째들은 위기 시의 지도자들이다.

나는 Rejai and Phillips(1983)를 좇아 "위기들"을 정량적으로 평가했다. 위기들은, 다양한 상황적 특성에 기초해 31개의 혁명을 두 집단으로 분류했다. (1)미국 독립 혁명과 프랑스 대혁명처럼 단계적으로 확대되는 일련의 갈등으로 촉발된 혁명, (2)앞선 위기와 무관하게 발생한 혁명. 대부분의 제3세계 혁명들이 (2)번의 위기 없이 발생한 혁명에 속한다. 레자이와 필립스에 따르면 제3세계의 혁명들은, "비교적 엘리트인 집단들이 오랜 세월에 걸쳐……치밀하게 계획하고, 조직하고, 실행에 옮겼다."(1983:132)

54. Pistrak 1961:3에서 인용.

55. 과학 혁명에서 위기가 담당하는 역할을 다루는 14장에서 위기에 관한 이 논의가 부연된다.

56. 없는 자료를 추정하는 BMDP의 8D 프로그램과 9R 프로그램(가능한 모든 부분 집합 회귀)을 사용한 5변수 모형은 맬로스의 $C_p$ 기준으로 선택되었다. 부분 상관 항으로 순위를 매겼더니 급진적 혁명가를 알려 주는 가장 효과적인 예보자들은 (1)개발도상국 출신, (2)높은 수준의 부모-자식 갈등 경험, (3)후순위 출생자, (4)형제의 수가 많은 가정 출신, (5)위기 상황에 휘말리지 않음(R=0.68, 조정 R=0.65, df=5/64(조화 평균), F=10.94, p＜0.0001)이었다. 경로 분석 모형들에서는 형제의 차이가 설명된 분산의 59퍼센트를 담당한 반면 상황 변수들(개발도상국 출신, 위기의 존재 유무)은 설명된 분산의 나머지 41퍼센트만을 담당했다. 요컨대 형제의 차이가 상황적 요인들보다 더 중요해 보인다. 경로 분석은 부모-자식 갈등과 출생 순서의 설명적 중요성도 역전시켰다. 후순위 출생자가 부모들과 더 커다란 갈등을 빚는 경향을 보였던 것이다.

57. Stewart 1977, 1992를 보시오. 스튜어트의 연구 결과를 보강해 주는 관련 증거를 보려면 Simonton 1990b도 참조하시오.

58. 정치 지도자들에 관해서는 Stewart 1977, 1992를 보시오. 노벨상 수상자들은 Clark and Rice 1982를 보시오.

59. Toland 1976:9~11.

60. Mabee 1970.

61. Hamilton 1936:69.

62. Oates 1975:126.

63. Foner 1971:1.

64. Harris 1964; Sutton-Smith and Rosenberg 1970:9.

65. Pasternak 1995:3.

66. Shute 1985:333.

67. Pasternak 1995:xii.

68. Pasternak 1995:48.

69. Pasternak 1995:xiii.

70. 나의 노예 제도 폐지론자 표본은 휘트먼의 『미국의 개혁가들(*American Reformers*)』(1985)을 바탕으로 구축했으며 91명의 개인을 포괄한다. 휘트먼의 책에 나오는 또 다른 25명은 더 최근 시기의 흑인 민권 운동에 가담했고, 또 다른 10명은 인디언의 권리 회복을 위해 투쟁한 것으로 기록되어 있다. 나의 호전성 척도는 휘트먼의 책에 공헌한 사람들이 설명한 대로 다음의 범주들을 포괄한다. (1)비폭력 저항을 강력하게 선호함, (2)노예 제도(혹은 인종 차별) 폐지를 위해 투쟁함(그러나 평화적 방법을 거부함), (3)얼마간 호전적인 방법을 지지함, 특히 방어적 공격을 지지함, (4)노예 제도(또는 인종 차별)를 폐지하기 위해 폭력적 수단을 사용하는 것을 옹호하는 사람들을 지지함(그러나 그 자신이 폭력적 방법을 채택하지는 않음), (5)인종적 평등을 달성하기 위해 폭력적 수단을 채택함. 네 명의 독립적 평가자들에게 의뢰한 호전성 평가의 유효 신뢰도는 0.91이었다.

이 호전성 분류는 Mabee(1970)가 상술한 조직적 제휴에 기초한 또 다른 분류와 상당히 높은 수준의 상관관계를 맺었다. r=0.81(df=1/30, t=7.57, p<0.001).

71. 노예 제도 폐지 운동에서 상대적 출생 순위와 가족의 수를 통제한 호전성의 2차 방정식(U 자형 추세)의 부분 상관은 0.27(df=1/62, t=2.16, p<0.04)이었다. 이 추세는 남성은 물론 여성에서도, 또 백인은 물론 흑인에서도 존재했다.

72. 흑인 민권 운동에서 상대적 출생 순위와 가족의 수를 통제한 호전성의 2차방정식(U자형 추세)의 부분 상관은 0.43(df=1/21, t=2.17, p<0.05)이었다. 호전성의 이런 2차 추세(후주 71번도 보시오.)는 프랑스 혁명에서 관측된 것과도 일치한다(13장).

73. 인종 평등을 위한 투쟁에 참가한 사람들로 구성된 나의 표본에서 흑인들은 백인들보다 더 호전적이었고(별로 놀라운 일도 아니다.), 남성들은 여성들보다 더 호전적이었다. 그러나 인종이나 성별은 결코 호전성의 유의미한 예보자가 아니었다. 그 자리는 출생 순서의 몫이다.

74. 그림 12.2에 관한 기술적 정보: 형제의 수뿐만 아니라 선형 추세를 통제한 출생 순서와 호전성 사이의 관계는 큰 곡선을 그린다(부분 r=0.27, df=1/91, t=2.68, p<0.01).

가설에 따르면 박약함을 보이는 보수주의 운동에서는 출생 순서와의 반전된 U자형 관계가 나타나야 한다. 사후 세계가 존재한다고 단언한 현대적 관념론이 그런 운동 가운데 하나였다. 이런 믿음에 대한 지지는 예상한 대로의 곡선 추세를 보여 주었다. 출생 순서가 자유주의적 사고에 행사하는 선형 효과를 통제했더니 중간 자식들이 불균형적이라 할 만큼 이 이론을 선호했다(부분 r=−0.16(df=1/106, t=1.69, p<0.05; 단측 검정)). 첫째들은 그것이 하나님의 존재를 재확인해 주는 보수적 이데올로기였기 때문에 관념론자들이 된 것 같다. 중간 자식들이 관념론을 채택한 것은 그것이 박약했기 때문일 것이다. 자유주의적이고 완고한 경향의 막내들은 그들이 어리석은 미신이라고 생각하는 것과 전혀 관계를 맺으려고 하지 않았다.

75. Moore 1971:38~39.

76. Moore 1971:39.

77. Lewis 1970:12.

78. Lewis 1970:12; Davis 1969:17.

79. Rejai and Phillips(1983:152, 156~157)의 혁명적 엘리트 연구를 보면 중간 자식들이 '낭만적' 정치 성향이라는 척도에서 조금 더 높은 평가를 받았다는 것을 알 수 있다(r=0.20, df=1/43, t=1.31, p<0.10(단측 검정; 대비에 기초함)). 이 두 연구자들에 따르면 이 측정자는 혁명적 성격의 '더 온화한 측면'을 드러낸다. 중간 자식들에 대한 더 일반적인 논의는 Salmon 1996을 보시오.

80. Winter 1973:158.

81. James 1969:33.

82. James 1969:33~34.

83. James 1969:171~172.

84. Schachter et al. 1976; Schachter et al. 1978; Schachter 1982.

85. Alexander 1979:158; Daly and Wilson 1988a:52, 62, 75도 보시오.

86. 형제의 호전성 차이를 조장하는 나날의 심리적 역학에 대해 우리는 여전히 아는 게 별로 없다. 사실 이 논제에 관한 내 논의의 상당 부분이 내가 원래 제출하고자 했던 것보다 더 사변적이었다. 형제들이 각자의 가족 내 지위를 차지하면서 개별적 이익을 극대화하기 위한 전략들을 개발하는 방식을 더 많이 연구해야 한다. 이것은 함께 자란 형제들에게 더 많은 관심을 기울일 것을 요청하는 논제이다. 부록 10, 2절도 보시오.

# 13장 프랑스 대혁명

1. Furet and Richet 1970:105.

2. Lefebvre 1962~1964, 1:124.

3. Schama 1989:8.

4. Bowers 1950:323에서 인용.

5. Schama 1989:615.

6. Higonnet 1985:538.

7. Ozouf 1989c:351.

8. Higonnet 1985:513~514, 534.

9. Soboul 1980:8(마티에 인용); Lefebvre 1962~1964, 1:214, 266; Bowers 1950:260.

10. Patrick 1972:216, 219, 225; Soboul 1980:11.

11. Greer 1935:97.

12. Higonnet 1985:517, 530, 538.

13. Bowers 1950:34.

14. Bowers 1950:340.

15. Palmer 1989:108.

16. Kuscinski 1917~1919:382.

17. Dawson 1948:1.

18. 예를 들어, Kuscinski(1917~1919)의 Bonnet de Meautry, Chénier, Crassous, Dufriche-Valaze, Dumont, Gaston, Laloy, Marey, Méjansac, Montaut, Reverchon, Second, Serveau, Valdruche, Yzarn-Valady 항목들을 보시오. Chénier, Crassous, La Revellière-Lépeaux, Second 등 다수의 대표자들에게는 왕당파적 견해로 처형당한 형제들이 있었다.

19. Kuscinski 1917~1919:230; d'Amat 1968.

20. Robert and Gougny 1889~1891, 2:86~87.

21. Ozouf 1989c:351.

22. Ozouf 1989c:351.

23. Chaumié 1980:22, 29.

24. Higonnet 1985:538.

25. 그림 13.1에 관한 기술적 정보: 출생 순서와 당파적 충성 사이의 곡선 관계는

r=0.24(df=1/325, t=4.53, p<0.0001). 국민 공회 내에서 평원당에는 다른 어떤 분파들보다 중간 자식들이 더 많았다. (첫째에서 막내에 이르는) 상대적 출생 순위의 선형 영향력을 통제한 2차 추세(중간 자식들을 다른 대의원들과 대비시키는)는 급진주의의 중요한 예보자이기도 하다. 가장 급진적인 대의원들은 첫째들이거나 막내들이었다(r=0.16, df=1/195, t=2.31, p<0.03).

26. Lefebvre 1962~1964, 1:209~210.

27. 첫째들과 막내들은, 일반적으로 평원당에 가담한 중간 자식들보다 당파 관계에서 훨씬 더 큰 이질성을 보여 주었다(r=0.40, df=1/193, t=6.03, p<0.0001). 산악당원이었던 쇼디외는 자신의 회고록에서 평원당이 "의견을 가질 용기가 없는 놈들"로 이루어진 도당이라며 경멸했다(1897:219).

28. Lefebvre 1962~1964, 2:121.

29. 내가 루이 16세를 첫째라고 하는 이유는, 그가 여섯 살 때 형이 죽었기 때문이다. 이로써 루이 16세는 살아남은 다섯 형제의 만이가 되었다(Schwennicke 1980~1991, 2:표 30).

30. Palmer 1989:4. 공안 위원회의 첫째 일곱 명 가운데는 더 어린 형제들이 있었던 개인이 5명(바레르, 비요-바렌, 콜로 데르부아, 로베스피에르, 생-쥐스트), 외자식이 두 명(에로 드 세셸, 프리에 드 라 코트 도르)이었다. 공안 위원회의 후순위 출생자 네 명은 카르노, 쿠통, 로베르 랭데, 장봉 생-앙드레였다. 프리에 드 라 마른은 세 자녀 가운데 둘째였다. 그러나 나는 그의 손위 형제의 성별을 파악할 수 없었다. 공안 위원회의 임시 성원 가운데 세 명은 첫째(캉봉, 가스파랭, 트레야르)였고, 오직 한 명만이 후순위 출생자(당통)였다. 대체로 보아 공안 위원회의 후순위 출생자들은 첫째들보다 덜 무자비했다. 예를 들어, 랭데는 당통의 사형 집행 영장에 서명하기를 거부했다. 이들 후순위 출생자 가운데 오직 한 명, 곧 쿠통만이 공포 통치 시절에 자신이 수행한 역할로 인해 처형당했다. 첫째들 가운데 여섯 명이 처형당한 것과 대비되는 대목이다. 이렇게 작은 표본에서조차 그 대비가 통계적으로 유의미했다(r=0.61, N=11, p<0.05(적합 확률 검정)). 공포 통치 하의 또 다른 집행 위원회였던 사회 안전 위원회(Committee of General Security, 프랑스 혁명기에 공안 위원회와 함께 공포 통치를 관장했던 경찰 기구-옮긴이)의 성원들도 그 대다수가 첫째들이었다는 사실을 언급할 필요가 있다. 출생 순서 정보를 이용할 수 있었던 개인들의 경우 아홉 명 가운데 다섯 명이 첫째였다. 또 다른 세 명은 '장남'으로만 알려져 있지만 아마도 첫째였을 것이다.

31. Palmer 1989:9.

32. Lefebvre 1962~1964, 2:133.

33. Palmer 1989:12.

34. Palmer 1989:9.

35. Curtis 1973:244.

36. Begis 1893:262, 279; Palmer 1989:166~171.

37. Ward 1934:18.

38. Ward 1934:19.

39. Mazlish(1976)는 로베스피에르를 "혁명의 고행자"라고 썼다. 다섯 가지 성격 특질의 관점에서 볼 때 로베스피에르가 보여 준 성격의 이런 특징은 적대성이 아니라 성실성으로 가장 잘 분류될 수 있을 것이다(McCrae and Costa 1987:85).

40. Lefebvre 1962~1964, 2:134.

41. Palmer 1989:7.

42. 9장, 특히 그림 9.3~9.4를 보시오. 프랑스만 보더라도 출생 순서와 자유주의적 사회 태도 사이의 상관관계가 0.15(df=1/260, t=2.43, p＜0.02)였다. 이 상관관계는 내 연구에 나오는 과학자들로부터 얻은 것으로, 그들은 종교 개혁기부터 현대에 이르기까지 각자의 사회적 태도를 평가받았다. 이 표본에는 프랑스 대혁명의 결출한 참가자들도 다수 포함되어 있다. 바이, 푸르크루아, 기요탱, 기통 드 모르보, 마라, 몽주가 그런 인물들이다.

43. Chaumié 1980:32, 41, 43, 49.

44. Kates 1985:112~115.

45. Ozouf 1989c:357.

46. 이 형제 대의원들을 살펴보면 산악당원들과 비산악당원들 사이에 −0.63이라는 출생 순서 상관관계가 존재한다(r=phi, N=16, p＜0.05(적합 확률 검정)).

47. Matrat 1971:169. 오귀스탱 로베스피에르의 별명은 그의 두 번째 이름 봉(Bon)에서 유래했다.

48. 오귀스탱은 1794년 1월 국민 공회에서 초급진파 에베르(Hébert)를 방어했다. 형은 이렇게 반박했다. "그(오귀스탱)가 툴롱 (임무에서는) 큰 기여를 했다. 그러나 지금 논의에서는 과오를 저지르고 있다."(Kuscinski 1917~1919:531) 막시밀리앙 로베스피에르는 두 달 후 에베르를 처형했다.

49. 푀양파와 (1791년 푀양파에서 이탈한) 자코뱅파의 출생 순서를 비교하면 r(phi)=0.20 (x²=5.30, N=135, p＜0.05). 푀양파와 지롱드당 '핵심 인물들'의 출생 순서를 비교하면 r(phi)=0.23(x²=2.64, N=49, p＜0.06(단측 검정)). 지롱드당 '핵심 인물들'과 지롱드당 '동조자

들'의 출생 순서를 비교하면 r(phi)=0.32($x^2$=5.72, N=55, p<0.01). 산악당 '핵심 인물들'과 산악당 '동조자들'의 출생 순서를 비교하면 r(phi)=0.28($x^2$=6.99, N=90, p<0.001).

상대적 출생 순위와 국민 공회 내의 당파 관계 사이의 전반적 관계를 보면 r=0.20(df=1/196, t=2.83, p<0.005). 상대적 출생 순위를 통제했더니 중간 자식들을 다른 모든 출생 지위와 대비시키는 2차 추세 역시 통계적으로 유의미했다(부분 r=0.19, df=1/195, t=2.76, p<0.01). 두 추세를 결합하면 출생 순서의 영향력을 더 잘 측정할 수 있다. r=0.27(df=2/195, F=7.94, p<0.001). 첫째들과 막내들은 모두 중간 자식들보다 국민 공회 내의 두 가지 호전적 극단으로 자연스럽게 끌릴 가능성이 더 많았다. 평원당을 국민 공회의 중간으로 정하면서 당파 관계를 2차 추세로 코드화했더니 (상대적 출생 순위와, 중간 자식들과 기타 출생 지위 사이의 중요한 비교값을 사용하는) 2변수 모형의 다중 R이 0.36으로까지 치솟았다(df=2/195, F=14.14, p<0.0001).

나의 대의원 분류는 Patrick(1972), Higonnet(1985), Brunel(1980)의 평가를 취합한 결과에 토대를 두었다(어떤 역사가의 분류 체계를 따르더라도 결과에는 별반 차이가 없었다.). 역사적 문헌과 기술적 세부 사항에 대해 더 자세히 알고 싶다면 부록 8을 보시오.

50. Kuscinski 1917~1919:603.

51. Higonnet(1985:525)는 이 피에 굶주린 동아리를 다른 좌파(Other Left)라고 부른다.

52. Ozouf 1989b:221.

53. Ozouf 1989b:221~222. 더 어린 형제들에게 복수의 동기가 상대적으로 결여되어 있다는 점이 프랑스 대혁명의 골치 아픈 사실을 해명해 준다. 공포 시대를 겪고 살아남은 지롱드당원들은 일반적으로 과거에 공포 통치를 수행하던 대의원들이 아니었다(Chaumié 1980:29~30). 이렇게 정치적으로 위선적인 행동은 대부분이 아마르, 바레르, 비요-바렌, 메를랭 드 티옹빌 같은 첫째들의 몫이었다. 그들은 공포 통치를 지지했다. 이 교활한 집단은 '온건파'를 혹독하게 다루는 법을 배운데다가 과거의 '극단주의자들'을 숙청하는 데에도 마찬가지로 능했다. 혁명의 단계와 상관없이 무도(無道)한 경향이야말로 그들의 강력한 특성이었다.

54. 내가 출생 순서 정보를 확인한 산악당의 독립파 29명 가운데 24명은, 쿠진스키 및 다른 학자들의 정치적 분석과 출생 순서에 기초해 관용파인지 아닌지를 정확하게 분류할 수 있었다 (r=0.48, df=1/27, t=2.81, p<0.01). 출생 순서를 알고 있는 4명의 관용파 가운데 세 명은 막내아들(바지르, 조제프 셰니에, 당통)이었다. 바지르와 당통은 막내 바로 위였고, 셰니에는 막내였다. 첫째였던 데물랭은 일반적으로 관용파로 분류된다. 그러나 Ozouf(1989b:221)가 지적한 것처럼 그는 그들과 "현저하게 달랐다." 당통이 자신의 호전적인 동료들과 화해를 추구했고,

심지어 데물랭이 마침내 가두는 데 성공한 사람들마저 일부 석방해 버린 반면 데물랭은 시종 일관 의장직을 적을 향한 "무기로" 사용했다.

프리에 드 라 코트 도르가 "우물쭈물하고, 조심성이 없으며, 자만심이 강하다."고 묘사한 당통의 절친한 친구 필리포는 첫째였다. 쿠진스키에 따르면 필리포는 어떤 "관용적" 특성 때문이라기보다 그의 "오만함"과 "자만심" 때문에 무너졌다(1917~1919:493). 그는 당통파였음에도 불구하고 관용파가 아니었다.

관용파가 아닌 산악당의 독립파 25명 가운데 스물한 명은 첫째거나 장남이었다. 이들 첫째와 장남 가운데 가장 유명한 사람들은 다음과 같다(굵은 서체로 표시된 사람들이 첫째들이다.). 비요-바렌, 카리에, 콜로 데르부아, 파브르 데글랑틴, 푸셰, 프레롱, 에로 드 세셸(외자식), 메를랭 드 티옹빌(이상 에베르파), 자보그, 마라(마라파), 질리앵, 르 봉(로베스피에르파), 탈리앵(테러리스트). 초급진파 신문《페르 뒤셴》의 발행자였던 에베르는 기능적 첫째였다. 그러나 그는 국민 공회의 대의원이 아니었다.

55. 나의 완고함 척도는 공격적이고 적대적인 행동을 측정해 줄 뿐만 아니라 Eysenck (1954:178~179, 210, 226), Eysenck and Wilson(1978:309)이 설명한 종류의 정치적 태도와도 일치한다. 이 척도는 부록 8에 더 자세히 설명해 놓았다.

56. 출생 순서와 완고함의 통제되지 않은 상관관계는 -0.27(df=1/192, t=-3.84, p<0.001)이다. 당파 관계를 통제한 부분 상관은 -0.19(df=1/184, t=-2.57, p<0.02)이다. 당파 관계 통제 절차는 산악당 대의원들이 기회가 더 많았기 때문에 완고한 행동에 참가했을지도 모른다는 사실을 고려하는 것으로, 이는 우리가 측정하고자 하는 성격 특성과 당파 관계 사이에서 비논리적인 교차 상관이 발생하기 때문이다. 그 부분 상관은 이 교차 상관이 최소임을 알려 준다. 당파 관계 자체가 출생 순서와 큰 연관을 맺고 있다는 사실을 고려할 때 그 부분 상관은 온갖 편향(치우침)을 과잉 수정하기도 한다. 경로 분석 모형들(부록 8을 보시오.)이 아마도 이 데이터를 분석하는 최고의 방법일 것이다.

57. 중간 자식들과 다른 출생 지위들이 완고함과 맺는 관계를 비교해 보면 부분 r=-0.25(df=1/192, t=-3.60, p<0.001; 당파 관계를 통제함).

58. Higonnet 1985:516; Ozouf 1989a:102.

59. Seligman(1913)과, 특히 Patrick(1972:104)은 이 투표수를 세는 것과 관련된 복잡한 문제들을 명확하게 해명했다. 내가 투표 문제를 언급하는 것은 부록 8에 나오는 멜의 모호한 수정 조항 때문이다.

60. 이 세 차례의 개별 투표에서 장남들과 차남 이하를 비교하는 상관관계(phi)는 다음과 같

다. 국민에게 호소하는 문제에서 r=-0.17(df=1/172, t=-2.24, p<0.03), 국왕 처형 문제에서 r=-0.15(df=1/182, t=-2.06, p<0.05), 관용의 문제에서 r=-0.17(df=1/177, t=-2.29, p<0.03). 마이너스 값들은 장남들이 급진적 견해에 투표할 가능성이 더 많았음을 가리킨다. 차남 이하는 국민 공회에 대항해 폭력을 선동했다는 이유로 마라를 투표로 탄핵했다(r=-0.16, df=1/141, t=-1.95, p<0.06). 이게 다가 아니다. 후순위 출생자들은 지롱드당원 암살 음모를 조사하기 위해 1793년 5월 임명된 12인 위원회에 찬성투표를 했다(r=-0.22, df=1/142, t=-2.74, p<0.01). 마지막으로, 후순위 출생자들은 장남들보다 지롱드당 지도자들의 체포에 항의할 가능성이 더 많았다(r=0.22, df=1/192, t=3.17, p<0.005). 전부 여섯 가지 정치 쟁점에서 출생 순서와 '급진주의' 사이의 상관관계는 -0.20(df=1/192, t=-2.76, p<0.01)이었다. 내가 이 통계 값들을 장남과 차남 이하의 대비 항으로 제시한 이유는 프랑스 문헌들이 빈번하게 출생 순서 정보를 이런 형태로 보고하기 때문이다. 2분법으로 코드화된 출생 순서의 경우 표본의 크기는 더 작았지만 여섯 가지 정치 쟁점의 상관관계는 거의 동일했다(r=-0.21, df=1/161, t=-2.69, p<0.01). 출생 순서와 사회 계급 사이의 커다란 상호 작용 때문에 이들 상관관계는 출생 순서의 온전한 영향력을 과소평가한다. 그림 13.2를 보시오.

이 여섯 개의 정치 경향 모두는 (U자형의) 2차 추세를 보여 준다. 막내 대의원들은 중간 자식들보다 급진적 노선에 따라 투표할 가능성이 훨씬 더 많았다. 2차 대비를 사용한 투표 행동의 상관관계는 다음과 같다. 국민에게 호소하는 문제에서 r=0.20(df=1/170, t=2.59, p<0.05), 국왕 처형 문제에서 r=0.21(df=1/180, t=2.92, p<0.01), 관용의 문제에서 r=0.21(df=1/175, t=2.76, p<0.01), 마라 탄핵 문제에서 r=0.27(df=1/138, t=3.33, p<0.01), 12인 위원회 복권 문제에서 r=0.27(df=1/140, t=3.31, p<0.01), 지롱드당 지도자들 체포 항의 문제에서 r=0.28(df=1/188, t=4.04, p<0.0001). 국왕 재판 시의 세 차례 투표에서 2차 대비는 0.29의 상관관계를 보여 주었다(df=1/182, t=4.01, p<0.0001). 여섯 개의 상이한 정치 쟁점에서 2차 대비는 0.34의 상관관계를 보여 주었다(df=1/192, t=4.94, p<0.0001). 이 여섯 개의 쟁점에서 상대적 출생 순위에 따른 현저한 선형 추세를 통제한 상대적 출생 순위의 2차 추세의 부분 상관은 통계적으로 유의미했다. 그 2차 추세의 부분 r=0.28(df=1/191, t=4.04, p<0.0001). 나는 12장에서 호전성의 이런 2차 추세를 논의했다.

61. 완고함과 사형 찬성의 r=0.48(df=1/730, t=14.62, p<0.0001). 출생 순서를 통제한 부분 상관은 0.44(df=1/173, t=6.47, p<0.0001)이다.

62. 5변수 모형에서 R=0.69((조정 R=0.68), df=5/531(조화 평균), F=94.02, p<0.0001). 이 5변수 모형은 대의원 85퍼센트의 투표 성향을 정확하게 분류했다. 그 다섯 개의 변수는 출생 순

서, 완고함, 나이, 당파 관계, 이전의 정치적 경험이다.

63. 이 세 가지 변수 가운데 두 개는 2변량 상관관계로서 투표 양상과 미약하게만 관계를 맺었다. 사회 계급의 경우 r=0.03(df=1/725, t=0.78, p＜0.44). 도시 대 시골의 경우 r=0.10(df=1/725, t=2.67, p＜0.01). 북동부와 남서부로 하위 분할된 지역(출신지)이 보여 주는 투표 양상과의 상관관계는 더 컸다(r=0.16, df=1/730, t=4.49, p＜0.0001). 이 지리적 변수는 대부분의 다변수 모형들이 거부하는 다른 예보자들과 커다란 상관관계를 맺었다.

64. Higonnet 1985:526.

65. 그림 13.2에 관한 기술적 정보: 출생 순서는 투표 양상에 커다란 주요 효과를 발휘했다. 그러나 사회 계급은 그렇지 못했다. 이 두 예보자를 통제한 2원적 상호 작용 효과의 부분 상관은 0.17(df=1/180, t=2.27, p＜0.03)이었다.

사회 계급이 국왕 재판 시의 투표 양상을 알려 주는 다른 일곱 가지 예보자들 각각과 맺는 상관관계 중에서 가장 큰 값을 보이는 것은 출생 순서와 맺는 상관관계이다. 하층 계급 대의원들은 후순위 출생자인 경향이 있었다. 부분적으로는 하층 계급 가정이 상층 계급 가정보다 더 큰 경향이 있었기 때문이다(r=-0.19, df=1/192, t=-2.70, p＜0.01). 이 관계는 하층 계급 대의원들이 공포 통치를 특별히 더 지지하지 않은 이유를 해명해 준다.

국왕 재판 시의 투표 양상을 예측하는 데서 몇 가지 추가적인 상호 작용 효과를 언급할 필요가 있다. 출생 순서와 완고함을 통제한 2원적 상호 작용 효과의 부분 상관은 0.18(df=1/180, t=2.41, p＜0.02)이었다. 첫째들은 그들의 완고함 정도와 무관하게 국왕 처형에 찬성투표를 할 가능성이 많았다. 반면 후순위 출생자들은 기질의 이 측면에 더 많은 영향을 받았다. 완고함은 당파 관계와도 상호 작용했다. 일반적으로 산악당원들은 사형에 찬성했다(현저한 주요 효과). 비산악당원들의 경우는 완고함이 누가 사형에 찬성하는지를 결정하는 데서 훨씬 더 커다란 역할을 수행했다(부분 r=-0.16, df=1/177, t=-2.17, p＜0.05; 모든 주요 효과 — 출생 순서, 완고함, 당파 관계 — 와 모든 2원적 상호 작용 효과를 통제함).

또 다른 중요한 상호 작용 효과로 출생 순서와 기질이 있다. 그것들은 공포 통치가가 될 선입적 애호 가능성에 영향을 미쳤다. 낮은 출생 순위는 프랑스 역사가들에 의해 "공포 정치가"로 인용되는 결과를 예측했다(r=-0.20, df=1/194, t=-2.77, p＜0.01). 높은 외향성 점수도 마찬가지였다(r=-0.28, df=1/194, t=-3.98, p＜0.0001). 이들 주요 효과를 통제한 2원적 상호 작용은 현저했다. 외향성은 첫째들을 공포 정치가로 만드는 데서 후순위 출생자들에서보다 더 커다란 역할을 수행했다(부분 r=-0.22, df=1/202, t=-3.18, p＜0.01).

출생 순서가 개입하는 상호 작용 효과에 관한 나의 분석은 이 변수와 관련된 전기 정보의 현재적 이용 가능성에 제한을 받았다. 학자들이 향후에 국민 공회 대의원들의 출생 순서 정보를 추가로 확보하게 되면 사회적 맥락에 기초한 다른 중요한 상호 작용 효과들이 부상할 것이다. 도시 환경에서 살았는지, 또는 프랑스 남부 출신인지 같은 특정한 사회적 맥락 속에서 첫째들과 후순위 출생자들이 이런 영향력에 상이하게 반응했음을 알게 될 것이다.

66. 다중 회귀 모형들과 달리 경로 분석은 인과 관계를 상정한다. 당파 관계가 투표 양상과 관련해 지금까지는 가장 커다란 상관관계를 보여 주고 있지만 이런 표면적 연관은 사태를 오도하는 것이다. 3변수 경로 분석 모형 — 당파 관계, 출생 순서, 완고함을 포괄하는 — 을 통해 이 점을 분명하게 알 수 있다. 이 3변수 모형에서 당파 관계가 투표 양상에 미치는 영향력의 총합은 0.59(부분 상관)이다. 출생 순서의 영향력 총합은 0.29(투표 양상과 맺는 상관관계)와, 여기에 간접적 효과의 총합이 더해진다. 그 간접적 효과의 총합은 0.29×0.59(출생 순서가 당파 관계를 경유해 투표 양상에 미치는 영향력) 더하기 0.17×0.30(출생 순서가 완고함을 경유해 투표 양상에 미치는 영향력) 더하기 0.17×0.22×0.59(출생 순서가 완고함 및 완고함이 당파 관계에 미치는 영향력을 경유해 투표 양상에 미치는 영향력)이다. 출생 순서의 효과 크기 총합은 0.53이다. 형제의 차이이기도 한 완고함의 효과 크기 총합은 0.43이다. 결국 형제의 차이가 당파 관계의 0.59와 비교해 0.96의 '영향력'을 해명해 주는 셈인데, 이것은 설명할 수 있는 분산의 62퍼센트이다. 당파 관계 항을 (중간 자식들이 차별적으로 평원당을 편드는) 2차 추세로 포괄하면 형제의 차이로 소급할 수 있는 설명된 분산의 양이 66퍼센트까지 증가한다. 경로 분석 모형에 다른 예보자들을 추가해도 이 기본적인 결론에는 큰 변화가 없었다. 인과 관계 모형화의 쟁점들에 관한 유용한 개설을 보려면 Asher 1983과 Davis 1985를 참조하시오.

67. Lefebvre 1962~1964, 2:52.

68. Palmer 1989:123.

69. Chaumié 1980:23.

## 14장 사회적 환경과 지적 배경

1. 과학계의 인식 방법에 관한 최고의 연구 가운데 일부를 수행한 사람은 Dunbar(1995)였다. 그는 서로 다른 세 연구실에서 과학자들이 수백 시간에 걸쳐 문제를 해결하기 위해 벌인 토론을 분석했다. 이런 종류의 연구는 대단히 노동 집약적인 작업이고, 따라서 그 일을 기꺼이 떠맡겠다고 나선 사람이 극소수인 이유를 누구라도 쉽게 짐작할 수 있을 것이다.

2. Judson 1979:177.

3. Crick 1988:63.

4. 그림 14.1에 관한 기술적 정보: 과학 논쟁의 4단계 분류는 2장을 보시오. 출생 순서의 효과 크기가 표 2에 정리되어 있다. 관측된 데이터의 표본 크기가 30 미만인 두 가지 논쟁(전성설과 데본기 논쟁)의 경우 나는 없는 자료를 추정했다(부록 5).

각급 사건들은 사회적 태도에 토대를 둘 때 다른 사건들과 많이 달랐다. 사회적 태도와 혁신에 대한 지지 사이의 평균 가중 상관관계들은 다음과 같다. 급진적 이데올로기 혁명의 경우 $r=0.46$(N=946), 기술적 혁명의 경우 $r=0.27$(N=1,085), 논쟁적 혁신의 경우 $r=0.10$(N=224), 보수적 이론의 경우 $r=-0.21$(N=510). 급진적 이데올로기 혁명과 기술적 혁명을 비교해 보면 $z=4.98$($p < 0.0001$). 기술적 혁명과 논쟁적 혁신을 비교해 보면 $z=2.30$($p < 0.05$). 논쟁적 혁신과 보수적 이론을 비교해 보면 $z=3.76$($p < 0.0001$). 출생 순서의 평균 가중 상관관계에 기초할 때 네 부류의 사건들 가운데 세 부류가 서로 크게 달랐다. 기술적 혁명과 논쟁적 혁신만이 이 변수로 분리되지 않았다. 물론 이 두 부류의 사건이 사회적 태도가 참가자들에게 영향을 미친 방식 항에서는 통계적으로 구별되었지만 말이다.

5. Paul Meehl(1990:202~203)은 무의미한 가설을 검증하려고만 하는 통계적 방법들의 빈곤함을 강조했다. 그는 과학과 관련된 전반적인 주장들이 통계적 의미에서만 진실이고, 따라서 메타 분석적 방법들을 사용해 검증되어야만 한다고도 생각했다(Meehl 1984:xxii). 이 장에서 나의 접근법은 부분적이나마 이런 이중적인 문제들에 대응하는 방편이다. 그림 14.1의 선형 관계에 기초해 내가 염두에 두고 있는 구체적인 사례를 살펴보자. 사회적 태도와 과학적 입장 사이에서 0.53의 상관관계를 보여 주는 다원주의 같은 과학 혁명은 출생 순서와 과학적 입장 사이에서도 약 0.36($\pm 0.11$, 상관관계의 95퍼센트 신뢰 구간)의 유사한 상관관계를 보여 줘야 한다. 이런 예측 범위(0.25에서 0.47)를 능가하는 출생 순서 효과는 파격적인 것으로, 나의 주장들이 논파당할 가능성도 있다.

실제 사태는 이 2변수 모형이 암시하는 것보다 조금 더 복잡하다. 물론 이런 복잡화는 예측의 위험성을 증대시킬 뿐이지만 말이다. 이데올로기적 맥락이 출생 순서 효과를 결정하는 유일한 요소는 아니다. (예를 들어, 개념적 참신함과 경험적 증거 같은) 인식적 요인들과 시간적 요소들도 관계가 있다. 그럼에도 불구하고 나의 전반적 요점은 동일하게 유지된다. 출생 순서 관련 주장들에 대한 설득력 있는 반박은 다중 변수 속에서 포괄적인 관계를 가져야만 한다는 것이다. 혁명적 논쟁을 조정하는 추가 요인들을 파악하는 데 성공하면 출생 순서 효과에 관한 예측이 아마도 더 정확해질 것이다(나아가 반박당할 가능성도 더 커질 것이다.).

6. 과학 혁신의 이런 구조적 특성을 알아보기 위한 나의 데이터베이스는 30가지 변수 정보와 그것들이 과학적 입장과 맺는 관계를 포괄한다. 이 변수들은 크게 두 가지 범주로 나눌 수 있다. 혁신에 대한 참가자들의 지지와 반대를 예측해 주는 전기적 변수와 혁신의 중요한 구조적 특성. 전기적 특성으로는 (1)출생 순서, (2)부모-자식 갈등, (3)수줍음, (4)부모 사망, (5)종교적 태도, (6)정치적 태도, (7)여행, (8)나이, (9)사회 계급, (10)개인적 유대, (11)교파, (12)교육, (13)학문적 충실성이 있다. 혁신의 구조적 특성으로는 (14)민족적 차이(전기적 특성이기도 하다.), (15)논쟁의 정도, (16)논쟁으로 소비된 햇수, (17)논쟁의 단계(초기 또는 후기), (18)과학 역사가들이 "혁명"으로 인용하는 빈도, (19)논쟁 참가자들의 수, (20)과학의 유형(물리 과학 또는 생명 과학), (21)'실패한' 이론인지, (22)논쟁에 가담한 해당 분야 전문가들의 비율, (23)논쟁에 가담한 비과학자들의 비율, (24)논쟁에 가담한 여성의 비율, (25)논쟁에 가담한 성직자들의 비율이 있다.

이 데이터베이스의 기타 변수들은 각각의 이론이 과학 진보에 관한 각종의 역사적·철학적 주장과 얼마나 부합하는지에 관한 판단을 반영한다. 예를 들어, 이 데이터베이스에는 Kuhn(1962)의 여러 가설과 관련된 정보가 통합되어 있다. (26)이론이 '패러다임'을 제시하는가, (27)'위기'가 이론에 선행하는가, (28)이론에 '비교할 수 없는' 논쟁의 징후가 개입되어 있는가. 이런 평가는 나 자신의 판단에 토대를 두었지만 해당 주제와 관련해 상당량의 공간된 자료를 반영했다. 나는 내 판단을 점검하는 차원에서 데이터베이스에 객관적인 관련 지표도 포함시켰다. (29)쿤과 다른 학자들이 각각의 혁신을 언급한 횟수, (30)혁신이 책이나 논문으로 발표되었는가(학문적 완성도의 지표). 이들 변수에 관한 추가 논의를 보려면 부록 9, 기술적 논의 9를 참조하시오.

7. 기타의 모험적인 예측은 출생 순서와 출생 순서가 가족 내 지위의 다양한 특징들과 맺는 관계에 관한 나의 가설에서 도출된다. 부모-자식 갈등이 혁신에 대한 반대를 예보하는, 어떤 결정적인 출생 순서 효과(다시 말해, 후순위 출생자들의 수용과 첫째들의 거부)가 발견되어 나의 주장을 반박한다면 나는 그 결과를 수용할 것이다. 보수적 혁신의 경우는 그 반대의 결과가 가족 내 지위의 중요성에 관한 나의 주장을 압도적으로 반박할 수도 있다. 기타 다양한 반박 내용이 형제 차이의 다른 예보자들로 환산되어 정식화될 수 있을 것이다. 이런 변수들은 전부 가족 구조를 반영하는 인과 관계 네트워크의 일부로, 완전히 서로 무관하게 존재할 수는 없다는 게 나의 요점이다.

8. 혁명으로 인용되는 것에 관한 나의 변수는 28가지 논쟁 각각이 Kuhn 1962; Hacking 1981; Cohen 1985; 18권짜리 『과학 인명사전』에 언급된 총 횟수를 바탕으로 했다.

9. 출생 순서의 효과 크기와 표 7에 정리된 12가지 중요한 예보자들 사이의 관계를 보면 $R=0.90$(조정 $R=0.83$, df=12/19, F=6.64, $p<0.0001$). 맬로스 Cp를 선택 기준으로 사용해 가능한 최선의 회귀 모형을 채택하면 6변수 모형(종교적 태도, 정치적 태도, 논쟁의 단계, 여행, 부모와의 갈등, 민족적 차이)을 얻게 된다. 이 엄밀한 모형은 0.89의 다중 상관관계 값(조정 $R=0.85$, df=6/25, F=15.01, $p<0.0001$)을 갖는다. 일부 변수들은 출생 순서 효과를 예측하는 데서 서로 상호 작용하기 때문에 더 위력적인 모형들도 가능하다. 나는 이 장을 전개해 가는 과정에서 그런 상호 작용 효과의 일부를 설명했다.

10. 출생 순서는 역사 변화의 맥박을 재는 하나의 효과적인 수단일 뿐이다. 다른 측정자들도 가능하다. 나는 이런 연관 속에서 과학 혁신의 구조적 특징에 관한 나의 데이터베이스를 서로 밀접한 관계가 있는 '요인들'로 환산해 분석했다. 명확하게 정의되는 요인이 네 개 부상했다. 첫 번째 요인은 이데올로기적 논쟁으로, 높은 상관관계 값을 기록했다(출생 순서의 경우 0.80, 종교적 태도의 경우 0.74, 정치적 태도의 경우 0.71). 두 번째 요인은 실패한 혁명(0.79)으로, 이것은 Kuhn(1962)의 전(前)패러다임적 과학과 패러다임적 과학 사이의 구별을 굳건하게 뒷받침해 준다. 저명하지 않은 과학자들(-0.28)은 물론 비과학자들(0.57)까지 영입(충원)되는 대체적인 경향에 기초했을 때 정신 분석이 이 요인에서 가장 높은 점수를 기록했다. 세 번째 요인은 기술적 혁신으로, 내부자들(0.85), 저명한 과학자들(0.67), 첫째들(0.20)의 채택과 결부되어 있다. 마지막 네 번째 요인은 현대의 과학 혁신으로, 이것들은 과거의 혁신들(0.71)보다 더 빨리 전개되고, 일반적으로 젊음(0.53)과 결부된 지적 개방성에서 더 커다란 프리미엄을 갖는다.

11. 그림 14.2에 관한 기술적 정보: 도해에 나오는 각 논쟁은 z-점수를 사용해 경과 시간을 표준화했다. 이 분석은 7개의 '실패한' 혁명을 제외했다. 전성설, 최면술, 골상학, 이상주의적 분류 체계, 현대적 관념론, 우생학, 정신 분석. 과학 논쟁이 종결되는 것은 사회적 태도와 개인적 관계망 등 내 연구에 나오는 기타의 '주관적' 영향력 때문이었다.

출생 순서와 성공적 혁신에 대한 지지 사이의 부분 상관은 0.24(df=1/1,344, t=8.88, $p<0.0001$)이다. 경과된 시간의 경우 부분 상관은 0.08(df=1/1,344, t=3.01, $p<0.005$). 출생 순서는 경과된 시간보다 분산을 9배 더 설명해 준다($0.24^2/0.08^2=9.0$대 1). 경로 분석을 해 보면 이 점을 더 확실히 알 수 있다. 시간이 경과하면서 새로운 경험적 발견이 이루어진다. 그러면 과학자들은 이를 바탕으로 그들의 개념적 충성을 조정한다. 그러나 이런 새로운 증거의 상당 부분은 그 자체가 형제들의 연구 스타일 차이에서 비롯하는 것이다.

12. 사회학자들은 과학의 합리적 특성을 과소평가하는 경향이 있다. 이것은 부분적으로 그들이 개인의 중요성을 얕보기 때문이다. 사회 구성주의자 해리 콜린스는 이렇게 말한다. "대

개의 경우 개체로서 개인이 가지는 생각은 전혀 흥미가 없다."(Collins 1985:148) 사회학자들이 과학적 여론을 추구한다는 점에서 그들은 옳다. 여기서는 개인들이 핵심이 아니다. 그러나 과학의 적대적 특성, 나아가 과학의 진보에서는 개인들이 사활적인 중요성을 갖는다. 이런 맥락에서 Mitroff(1983:264)가 Kuhn(1962)의 과학 개념이 개인을 경시했다고 비판한 것은 옳다. Giere(1988:46, 241)가 지적하는 것처럼 대다수의 과학 철학자들은 개인의 역할을 과소평가하는 이런 경향을 공유했다.

Kitcher(1993)는 과학적 합리성의 적대적 모형을 제안했다. 그의 접근법은 인지적·사회적 편향에 대한 승인을, 과학자들이 가설을 검증함으로써 사실들에 관련해 '타협'의 요구를 줄이는 방식에 대한 설명과 결합한다. 이 장의 많은 부분은 키처의 주장 및 Solomon(1994)의 유사한 견해와 일치한다. 정신적 다양성과 개인들의 중요성에 대한 나의 강조는 Mayr(1976), Giere(1988), Hull(1988)의 견해와도 일치한다.

13. Kuhn 1957:206.

14. Hellman 1973; Gingerich and Westman 1988.

15. Hellman 1973:403.

16. 그림 14.3의 기술적 정보: 출생 순서와 1610년 이전의 코페르니쿠스 이론 수용의 $r=0.38(df=1/28, t=2.18, p<0.05)$. 1609년 이후로는 출생 순서에 따른 유의미한 차이가 전혀 발견되지 않았다($r=0.00, df=1/49, t=0.00, p<1.00$).

17. Biagioli 1992.

18. Drake 1978:164; Westfall 1985.

19. Westfall 1985:28.

20. Thomas Kuhn(1957:224)은 이렇게 쓰고 있다. "1609년 이후 프톨레마이오스 체계의 주된 심리적 위력은 보수주의였다. 프톨레마이오스 체계를 고수하던 사람들은 새로운 우주론을 배울 생각이 전혀 없었다." 엄밀히 말하자면 이 논쟁에서 '보수주의'는 '인식적'이기보다는 '이데올로기적'이었다. 사회적 태도가 코페르니쿠스 체계에 대한 충성에 미친 영향은 시간의 경과와 함께 증가했다(상호 작용의 부분 $r=0.15(df=1/175, t=2.05, p<0.05)$). 1609년 이후 사회적 태도의 효과 크기는 출생 순서의 효과 크기보다 훨씬 더 컸다($z=3.50, p<0.001$). 1610년 이전에는 이 두 변수 사이에 이렇다 할 차이가 전혀 존재하지 않았다. 출생 순서의 효과 크기가 사회적 태도의 효과 크기보다 조금 더 컸지만 둘 다 좋은 예보자였던 것이다.

21. 1609년 이후에는 선도적 코페르니쿠스주의자들과의 우정이 코페르니쿠스 이론 지지를 알려 주는 예보자로서 출생 순서보다 훨씬 더 중요했다($z=2.29, p<0.05$). 1610년 이전에는 두

변수가 똑같이 중요한 예보자였다.

22. 출생 순서는 코페르니쿠스 혁명기에 다양한 조정 변수들과 상호 작용한 유일한 변수가 아니었다. 과학자로서의 지위가 또 다른 변수였다. 비과학자들은 천문학의 세부 사항을 잘 몰랐기 때문에 코페르니쿠스 체계의 기술적 장점과 공훈을 제대로 인식할 수 없었다. 따라서 속인들은 과학자들보다 종교적 이유에 더 많은 관심을 기울였고, 더 느리게 코페르니쿠스 이론을 받아들였다(종교적 태도와 과학자로서의 지위 사이의 상호 작용에서 부분 r=-0.18(df=1/240, t=-2.77, p＜0.01)). 과학자 가운데서도 특히 천문학자들의 지지가 많았다. 이 연구 결과는 과학의 인지적 특징에 관한 Solomon(1994)의 주장과도 관계가 있다. 경험적 증거에 가장 정통한 사람들은 거기에 최대의 가중치를 주는 경향이 있다.

신학자들은 진리의 종교적 기준에 특히 민감했다. 코페르니쿠스 이론과 관련해 그들은 시간이 경과하면서 점점 더 증거보다는 이데올로기적 충성의 차원에서 반응했다. 이것은 과학자들 사이에서 관측된 경향과는 정반대 현상이다. 그들의 신념은 '사회적으로 구성된' 것이어서 새로운 별이나 달에서 산맥을 발견해도 바뀌지 않을 정도였다.(신학자로서의 지위와 종교적 태도 사이의 상호 작용 효과가 과학적 입장과 맺는 부분 r=-0.16(df=1/176, t=-4.78, p＜0.05)).

신학자로서의 지위는 과학자로서의 지위와도 상호 작용했다. (가상디처럼) 과학자이면서 동시에 신학자였던 사람들은 과학자가 아니었던 신학자들보다 코페르니쿠스 이론을 수용할 가능성이 훨씬 더 많았다(부분 r=-0.32, df=1/37, t=-2.12, p＜0.05; 1609년 이후).

23. 외부자들이 내부자들보다 과학 혁신을 지지할 가능성이 더 많은 경우가 가끔 있다. 그러나 그런 일은 논쟁 중인 쟁점들이 기술적이지 않거나 이데올로기적으로 급진적인 함의를 가질 때뿐이다. 골상학과 정신 분석이 그런 사례들이다. (정치와 종교의 관점에서 정의되는) 혁신의 이데올로기적 경향과 외부자들의 지지 사이의 2원적 상호 작용이 출생 순서 경향에 미치는 부분 r=0.38(df=1/28, t=2.14, p＜0.05). 다시 말하지만 과학 진보와 관련해 믿을 수 있는 일반화는 역사적 상황에 민감할 뿐만 아니라 일률적으로 적용되지도 않는다.

24. Cowell 1992. 465쪽 종교 재판소의 지하 감옥에 수감되어 있는 갈릴레오 삽화와 관련해 그가 이 그림이 암시하는 것보다 훨씬 더 존중받았다는 사실을 언급할 필요가 있겠다. 이단 심문소가 기소하려던 갈릴레오의 입장이 모호했고, 거기에 연로한 나이도 고려되었다. 실제로 갈릴레오는 종교 재판소 궁전의 일반적인 방에 묵었다(Redondi 1987:258).

25. Frank 1947:141; Hoffmann 1972:132.

26. 그림 14.4에 관한 기술적 정보: 출생 순서와 1915년 이전의 상대성 이론 지지의

r=0.34(df=1/40, t=2.37, p＜0.05). 1914년 이후 시기의 r=0.09(df=1/67, t=0.74, p＜0.47).

27. 사회적 태도와 1919년 이후의 상대성 이론 수용의 r=0.34(df=1/42, t=2.37, p＜0.05). 1914년 이후 시기의 r=0.39(df=1/67, t=0.74, p＜0.47).

28. 사회 구성주의자들이 과학에서 사회적 영향력이 행사하는 역할에 관심을 기울인 것은 옳다. 예를 들어, Barnes 1974, 1977, 1982; Barnes and Bloor 1982; Latour and Woolgar 1979; Latour 1987; Knorr-Centina 1981; Collins and Pinch 1982, 1993; Collins 1985; Pickering 1984; 중요한 저술 Fleck 1979(1935)를 보시오. Golinski(1990)는 과학계의 수사(修辭)에 관한 최근 문헌 일부를 검토하면서 그것들이 이런 사회학적 접근법과 맺고 있는 관계에 대해 언급한다. 과학적 수사를 연구하는 학자들에게 그것은 과학자들이 하는 말이 아니라 정말로 중요한 것을 말하는 방식이다.

사회 구성주의자들은 과학과 관련해 사회적인 것의 개념을 확장하려는 유익한 노력에도 불구하고 과학의 인식적·경험적 측면을 과소평가하는 완전한 오류를 범했다. 예를 들어, Latour(1987:247)는 과학 연구의 인식 방법과 관련해 "모라토리엄"을 요구하는 지경에까지 이르렀다. 라투르도, 다른 어떤 사회 구성주의자들도 공식적인 과학 방법을 활용해 자신들의 주장을 수고스럽게 검증해 본 적이 없다. 이런 학자들은 자신들의 접근법과 일치하지 않는 연구 방법에 모라토리엄을 선언하라고 요구하기보다 그들 자신의 연구 프로그램이 검증을 외면하기로 함으로써 비판적인 질문에 이미 파산 선고를 당했음을 인정해야 할 것이다. 과학적 사유의 특성에 관한 주장들은 가설 검증이 없다면 한때의 지적 유행으로 끝나고 말 것이다. Crews(1986)와 Gross and Levitt(1994)은 지식에 관한 이런 상대주의적 관점을 명쾌하게 비판한다.

29. 그림 14.5에 관한 기술적 정보: 후순위 출생자들이 눈 밖에 난 이론(전성설과 후성설)을 채택하는 성향의 부분 상관은 0.28(df=1/56, t=2.18, p＜0.05)이었다. 현저한 주요 효과(출생 순서 내지 시간의 경과)는 전혀 없었다.

나는 기타 다양한 '출생 순서×상황'의 상호 작용 효과와 관련해 그 증거를 부록 9, 기술적 논의 10에 제시해 놓았다. 이런 상호 작용 효과 가운데 하나로 시간의 조정 역할이 있다. 예를 들어, 우생학 운동은 시간이 흐르면서 그 목표가 더욱 더 보수적으로 변했고, 1900년 이후에는 첫째들과 사회적 보수주의자들의 마음을 더욱 더 강력하게 사로잡았다. 내가 그 부록에서 논의한 다른 상호 작용 효과로는 민족적 차이의 역할도 있다. 뉴턴의 혁명과 라부아지에의 화학 혁명을 예로 들 수 있을 것이다. 두 혁명은 두 명의 중요한 창시자들이 대변하는 국가들 내에서 더 우호적으로 환영받았다. 논쟁의 국가적 맥락을 고려하면 일반적으로 후순위 출생자들은 물의가 가장 크게 일어난 국가들에서 혁신을 지지할 가능성이 더 많았다.

30. Roe 1981:8.

31. Kuhn 1962; Kuhn 1957; 아울러, 쿤의 생각을 잘 정리한 개설을 보려면 Hoyningen-Huene 1993도 참조하시오.

32. 수많은 과학 역사가들은 물론이고 심지어는 참가자 자신들도 급진적 혁명의 시기에 위기가 없었다고 증언했다. 다윈주의 혁명에 관해서는 Greene(1971), Ghiselin(1972), Darwin(1958(1876):124)을 보시오. 코페르니쿠스 혁명에 관해서는 Gingerich(1975)를 보시오. 그는 다수의 역사적 증거를 제시하면서 이 사건에 대한 Kuhn(1957, 1962)의 주장을 반박한다. 28가지 과학 논쟁을 정리한 나의 데이터베이스에서 급진적 이데올로기 혁명의 지위는 위기의 존재와 음의 상관관계를 맺었다($r=-0.53$, $p<0.005$). 보수적 이론의 경우도 그것은 마찬가지였다($r=-0.48$, $p<0.01$). 기술적 혁명의 경우는 상관관계의 값이 양이었다($r=0.33$, $p<0.07$). 그로 인해 이 부류의 사건들은 급진적 이데올로기 혁명 및 보수적 이론들과 크게 달라졌다(각각 $z=3.54$, $p<0.001$; $z=3.27$, $p<0.005$). 『과학 혁명의 구조』(1962)에서 쿤은 위기가 없이 발생한 혁명보다 위기가 있었던 혁명을 더 빈번하게 언급했다($r=0.44$, $p<0.05$).

33. 쿤(1962)의 과학 모형은 후순위 출생자들의 행동보다 첫째들의 행동을 더 잘 설명해 준다. 쿤 자신이 첫째이고, 따라서 이것은 전혀 놀라운 일이 아니다.

34. 출생 순서 효과를 예측하는 데서 위기는 이데올로기와 강력하게 상호 작용한다(부분 $r=-0.49$, $df=1/28$, $t=-2.95$, $p<0.01$; 두 개의 주요 효과를 통제함). 혁명이 급진적일수록 위기는 출생 순서 효과를 더욱 더 약하게 한다. 코페르니쿠스 혁명과 다윈주의 혁명기에 발생한 사태처럼 말이다. 급진성이 없는 혁명들에서는 위기가 출생 순서 효과를 증대시키는 경향이 있다. 혁명적 사상가들은 어떤 훌륭한 목적이 없으면 과학 분야에서 대개는 반항을 획책하지 않는다. 급진적 혁명기에는 자유주의 이데올로기가 여기에 동기를 부여한다. 기술적 혁명기에는 기성 이론의 붕괴가 유사한 동기를 제공한다. 후순위 출생자들은 여기에 자극받아 반란을 시작한다. 그러나 첫째들은 아니다.

35. Kuhn(1970c:181)은 혁명의 전조로서 위기가 필요조건이어야 한다는 주장을 다소 누그러뜨렸다. Hoyningen-Huene 1993:232~233도 보시오. 그럼에도 불구하고, 쿤은 위기가 혁명의 통상적 특징이라고 여전히 믿고 있다. 급진적 이데올로기 혁명의 경우 위기는 통상적 특징이 아니다.

36. 생명 과학 분야에서는 심지어 이 학문이 패러다임을 제시할 때조차도 위기가 발생할 가능성이 적다. 이데올로기적 이유가 급진주의자들에게 성급하게 말할 수 있는 기회를 제공하

기 때문이다. 위기를 보여 주는 이론과 물리 과학에서 위기가 발생하는 것 사이의 상관관계는 놀랍게도 0.75(df=1/30, t=6.12, p<0.0001)였다. Kuhn(1962)은 혁명적 변화를 설명하면서 생명 과학을 대체로 무시했다(어떤 이론이 생물학적인 것과 그것이 쿤의 『과학 혁명의 구조』에서 인용되는 것 사이의 상관관계는 -0.52(df=1/30, t=-3.30, p<0.005)였다.). 쿤은 과학의 역사에서 가장 급진적인 혁명 가운데 하나이며 위기가 없었던 사건인 다윈주의 혁명에 한 페이지만을 할애했다. 쿤이 생물학을 조금만 다룬 것에 대해서는 Ruse 1970, 1971; Mayr 1976:277, 294; Hoyningen-Huene 1993:5를 보시오.

37. Poincaré 1908:199; 1913:486.

38. Kuhn 1978:143~144, 210.

39. 내가 여기서 일부러 "심리학적으로 말해 보면"이라는 어구를 사용한 까닭은, 비교 불가능성에 관한 나 자신의 의견이 쿤을 자극하거나 그의 논지가 철학적으로 문제가 있다고 몰아붙이기보다는 얼마간 실용적인 차원에서 제시되고 있기 때문이다.

40. Gillespie 1979:19~40. Mayr 1982:407도 보시오. 이론 비교가 Kuhn(1962:202)의 비교 불가능성 개념에 의해 방해를 받지는 않는다. 그러나 쿤의 경우 전환에는 언제나 비교 불가능성이 수반된다. Hoyningen-Huene 1993:218~221도 보시오.

41. Darwin 1859:435.

42. Darwin 1859:393.

43. 본문에서 개진되고 있는 나의 주장은 과학 위원회 구성과 그들이 내리는 결론에 대한 평가에서도 실질적인 함의를 갖는다. 위원회는 저명한 개인들(따라서 첫째들)로 채워지는 경향이 있기 때문에 그들의 투표는 '가중치'를 적용해 혁신에 대한 태도에서 드러나는 개인적 편향(치우침)을 조정해야 할 것이다.

44. 출생 순서에 따른 이론 채택의 효과 크기와 과학에서 민족적 차이가 갖는 효과 크기 사이의 관계를 확인하려면 이 장의 표 7과 부록 9의 기술적 논의 10을 보시오.


## 15장 결론

1. Weiner 1994:287.

2. Schachter et al. 1976, 1978; Schachter 1982.

3. Mayr 1964; 1976:26~29.

4. 특수하게 분화된 '지능'의 다면적 총합이라는 지성 개념은 Howard Gardner(1983, 1987, 1993, 1995)의 작업에서 얻은 것이다. 이런 심리적 관점은 뇌가 구체적인 행동적 문제들을 해결하기 위해 진화한 적응적 모듈로 구성되어 있다는 개념과도 일치한다(Tooby and Cosmides 1990a,b, 1992; Barkow, Cosmides, and Tooby 1992). Gould(1996)는 다윈 자신의 지적 능력과 관련해 지능에 대한 이런 다면적 접근이 중요함을 강조했다. 나도 이 견해를 전적으로 지지한다. 굴드에 따르면 다윈이 과학자로서 거둔 성공은 상이한 세 가지 영향력에 의해 가능했다. (1)행운을 가져온 뜻밖의 상황 ― 예를 들어, 그는 상층 계급적 가족 배경을 바탕으로 대부분의 시간을 과학적 조사 활동에 바칠 수 있었다. (2)마찬가지로 행운이었던 다양한 지적 능력의 결합. (3)이런 지적 능력이 특수한 과학 문제와 교묘하고 적절하게 상호 작용한 사태. 이 책의 관점에 따라 다시 얘기해 보면 다윈은 레디, 스팔란차니, 파스퇴르처럼 생명체가 이전 생명체에서만 발생한다는 것을 증명할 가망이 없었다. 그것은 보수적 관점에 "전(前)적응된" 마음을 요구하는 보수적 업적이었다.

5. 2장의 그림 2.3과 2.4를 보시오.

6. 2장의 결론을 보시오.

7. Lyell 1881, 2:363.

8. 153쪽을 보시오.

9. 224쪽을 보시오.

10. 14장의 그림 14.2를 보시오. 리스터의 멸균 수술 방법에 관한 논쟁처럼 불과 10년간 지속된 논쟁들에서조차 후순위 출생자들은 첫째들보다 7.5년 앞서서 새로운 관점을 채택했다.

11. 2장의 그림 2.2와 364쪽을 보시오; 488쪽과 11장 후주 25번도 보시오.

12. 나이와 창조성에 관해서는 Simonton(1994:181~191)이 개발한 유용한 이론 모형을 보시오. 과학적 발견 당시의 나이와 출생 순서 사이의 r=0.18(df=1/64, t=1.50, p<0.07; 내 연구에 나오는 혁명들의 지도자 66명의 경우(단측 검정)). 이 통계 검정에서 내 표본의 크기는 유의성을 확보할 수 있는 검정력을 제한할 만큼 작았다. 이 조사 연구 활동의 범위를 확장하려던 나의 시도는 과학 역사를 전공하는 동료들의 강력한 반대에 부딪쳤다. 이 장의 후주 31번을 보시오.

13. Darwin 1985~, 2:408.

14. Gray 1889, 2:430.

15. Freeman 1978:283.

16. Darwin 1958(1876):135.

17. Darwin 1887, 1:149.

18. Darwin 1887, 1:149; Darwin 1903, 2:41도 보시오.

19. 다윈의 자연선택이 "위험한 사상"이라는 논제와 관련해서는 Dennett 1995를 보시오.

20. L. Wilson 1970:347.

21. E. Darwin 1915, 2:207.

22. Darwin 1958(1876):140.

23. 410쪽을 보시오.

24. 11장, 특히 그림 11.3을 보시오.

25. Smith 1976:29.

26. 첫째들이 폭력적 방법을 지지한다는 법칙의 중요한 예외를 퀘이커 교도 같은 집단들에서 볼 수 있다. 퀘이커파의 교리는 이단적 종교 운동으로 시작되었으며, 그들의 평화주의 철학은 집단의 규범으로 제도화되었다. 재세례파는 이런 종교적 태도의 후순위 출생자적 선구였다 (11장, 특히 그림 11.4). 막내들이 정치적으로 폭력적인 방법을 지지한다는 법칙의 예외는 간디처럼 아주 수줍어하는 개인들에게서 확인된다. 이런 일반화는 첫째들에게 훨씬 더 잘 들어 맞는다. 이들 주장에 대한 검증은 13장의 후주 65번을 보시오.

27. 유명한 저서 Robert's Rules of Order(1876)에서 의회 절차를 체계화한 Henry Martyn Robert가 일곱 자녀 가운데 넷째, 다시 말해 정확히 중간 자식이었다는 사실은 흥미로운 역사의 각주이다.

28. Mackey 1979:518.

29. 371~374쪽을 보시오.

30. Cohen 1985:5.

31. 최근에 나는 과학에서 나이와 창조성에 관한 연구를 수행하기 위해 전미 과학 재단에 연구 기금을 신청했다. 나의 신청서는 다변수 모형을 활용해 내가 검증하고자 하는 일련의 가설들을 개설했다. 예를 들어, 나이 먹음의 효과는 일정한 분야에서 연구를 계속해 온 햇수, 업적의 유형, 경험에 대한 개방성의 개인차 같은 공변량에서 분리되어야만 한다. 전미 과학 재단의 과학 역사와 철학 프로그램 심사원단은 주로 역사학자들로 구성되어 있다. 심사원단은 나의 제안서에 다음과 같은 견해를 표명했다.

심사위원들이 토의한 가장 흥미로운 내용 가운데 하나는 주 연구자가 역사에 대해 갖고 있는 접근 태도였다. 다수의 심사위원들은 역사에 강력한 통계적 분석을 적용하는 게 고지식하고, 부적절하며, 심지어는 기묘하기까지 하다고 판단했다. 역사에서 일반화가 근거들에 대한 세밀한 조사 활동을 통해 검증되기보다 통계로 검증되어야 한다는 게 정말로 사실일까? 일부(심사위원들)는 주 연구자가 역사는 법칙을 폭로할 수 있는 과학이라는 19세기적 믿음으로 회귀한 것 같다고 말했다. 심사위원들은 역사에 대한 이런 편협한 견해에 반대했다.(교부금 신청서 SBR-9512062, "과학 변화에 관한 이론들을 검증함"에 대한 심사원단 권고, 1995년 4월; 굵은 서체는 추가)

외부의 동료들한테서는 거의 완벽에 가까운 점수를 받았음에도 불구하고 물론 나는 그 교부금을 받지 못했다.

연구 지원금 교부의 주된 평가 기준이 "과학적 우수성"이라는 전미 과학 재단으로부터 받은 이상야릇한 반응은 논외로 하자. 문제는 이 심사원단의 비판이 연구 방법(가설 검증)을 역사의 이론과 혼동하고 있다는 점이다. 연구 방법을 과학적이게 만드는 것은 검증이지 지지받는 특별한 관점이 아니다. 역사를 과학적으로 연구할 수 있다는 주장마저도 가설 검증을 통해서만 정당하게 평가할 수 있다. 과학의 역사와 사회적 환경의 최근 동향을 규정하고 있는 비과학적 태도에 관해서는 Gross and Levitt 1994를 보시오.

32. Kuhn 1962. 동화와 조절을 통한 학습이라는 피아제의 이론 일부도 동일한 통찰력을 담고 있다(Inhelder and Piaget 1969). 쿤도 이 이론의 영향을 받았다. 과학 연구 활동에서 노정되는 중요한 인지적 한계의 일부와 관련해서는 Faust 1984를 보시오.

33. Darwin 1958(1876):123.

34. Kuhn(1962)은 합리성의 이런 기준 일부를 강조했다. 물론 이런 정황도 그의 저작이 과학의 비합리성을 지지하는 것으로 폭넓게 오해받는 사태를 막지는 못했지만 말이다. Hoyningen-Huene 1993도 보시오.

35. Campbell(1965, 1970, 1974)이 가설 검증과 자연선택 사이의 이런 유비법을 개발했다. Toulmin 1972와 Richards 1987도 보시오.

36. 17세기에 과학적 방법에 대한 후순위 출생자들의 지지는 내가 표 2와 그림 14.1에서 제시한 데이터에서 볼 수 있는 것보다 훨씬 더 강력했다. 이 논쟁 참가자들의 전기 정보를 처음 모으기 시작하자 출생 순서가 곧바로 지지 여부를 알려 주는 인상적인 예보자로 떠올랐다. 그러나 내가 이 표본을 확대하자마자 초기의 효과가 사라져 버렸다. 중요한 상호 작용 효과를 수반하는 이 논쟁의 두 가지 측면이 최초의 결과가 희석된 이유를 해명해 준다. 첫째, 과학적 방법을 가장 열심히 주창했던 사람들은 (베이컨이나 데카르트 같은) 후순위 출생자들이었다. 실제로 내가 맨 처음 주목한 사람들도 이런 개인이었다. 여기서 이 주장을 간단히 검

증해 보자. 나는 이 과학 논쟁을 상세히 전하는 두 권의 권위 있는 참고 문헌(Mouy 1934와 Jones 1961)에서 그 또는 그녀가 인용되는 횟수에 따라 각 참가자에게 가중치를 부여한 모형을 구축했다. 이 모형에서 출생 순서는 지지 여부를 알려 주는 꽤 훌륭한 예보자였다($r=0.28$, $df=1/79$, $t=2.59$, $p<0.02$). 이 가중 상관관계는 '베이컨/데카르트' 효과 크기를 그림 14.1에 표시된 28가지 과학 논쟁의 회귀선에 근접시킨다. 이 특별한 논쟁에서 출생 순서 효과의 핵심은 새로운 과학에 찬성하며 '적극적으로 활동하는가'이다. 새로운 실험적 방법에 대한 지지와 상대적 출생 순위 사이의 상관관계가 2진수로 코드화된 출생 순서의 상관관계보다 훨씬 더 컸다는 사실도 주목할 만하다. 상대적 출생 순위의 경우 $r=0.27$($df=1/60$, $t=2.17$, $p<0.05$; 이 통계값은 0.08에 불과한 2변량 상관관계(phi)와 비교된다.). 적극적 활동으로 가중치를 부여했더니 상대적 출생 순위와 지지 사이의 상관관계가 0.30으로 상승했다.

이 특별한 논쟁을 규정하는 두 번째 상호 작용 효과는 출생 순서와 과학자로서의 지위이다. 과학자들 사이에서 출생 순서는 새로운 실험적 방법에 대한 지지를 알려 주는 유의미한 예보자가 아니었다($r=0.01$, $df=1/54$, $t=0.07$, $p<0.95$). 과학자로서의 지위는 그 자체가 지지 여부를 알려 주는 중요한 예보자였다. 이것은 전혀 놀라운 일이 아니다. 과학의 지식 생산과 관련해 논쟁되고 있던 방법론적 쟁점들이 비과학자들 사이에서보다 과학자들 사이에서 논쟁이 덜되었다는 사실은 분명하다. 따라서 출생 순서는 비과학자들 사이에서 실험적 방법에 대한 지지 여부를 알려 주는 훨씬 더 나은 예보자였다($r=0.40$, $df=1/23$, $t=2.11$, $p<0.05$). 2원적 상호 작용 효과의 경우 부분 상관은 0.25($df=1/77$, $t=2.29$, $p<0.05$)였다. 나는 이 상호 작용 효과를 면밀히 추적하다가 다음과 같은 예상을 하기에 이르렀다. 내가 조사해 보지 않은 시기인 16세기의 과학자들을 살펴보면 고대인들의 권위에 대한 태도에서 현저한 출생 순서 효과가 발견될 것이라고 말이다.

37. Cohen 1985:175, 208~209. Randall 1940:276; Jacob 1976:18; Berlin 1980:44도 보시오.

38. Darwin 1985~, 3:2.

# 참고 문헌

●

ABSOLON, KAREL B.

1979-1987. *The Surgeon's Surgeon: Theodor Billroth, 1829-1894*. 3 vols. Lawrence, Kans.: Coronado Press.

ACADEMY OF SCIENCES OF THE USSR

1978. Leonid I. Brezhnev: Pages from His Life. New York: Simon and Schuster.

ACKERKNECHT, ERWIN H.

1948. Anticontagionism between 1821 and 1867. *Bulletin of the History of Medicine* 22:562-93.

ACKROYD, PETER

1990. *Dickens*. London: Sinclair-Stevenson.

ADAMSON, ROBERT

1890. Eyton, Thomas Campbell (1809-1880). *Dictionary of National Biography* 6:971.

ADLER, ALFRED

1927. *Understanding Human Nature*. New York: Greenberg.

1928. Characteristics of the first, second, and third child. *Children* 3:14-52.

1956. *The Individual Psychology of Alfred Adler: A Systematic Presentation in Selections from His*

*Writings*. Edited and annotated by Heinz L. Ansbacher and Rowena R. Ansbacher. New York: Basic Books.

AGASSIZ, ELIZABETH CARY

1885. *Louis Agassiz: His Life and Correspondence*. 2 vols. Boston: Houghton, Mifflin.

AGASSIZ, RUDOLPHE LOUIS

1860. Professor Agassiz on the Origin of Species. *American Journal of Sciences*, 2d series, 30:142-55.

AINSWORTH, MARY

1967. *Infancy in Uganda: Infant Care and the Growth of Attachment*. Baltimore: Johns Hopkins University Press.

ALEXANDER, FRANZ, SAMUEL EISENSTEIN, AND MARTIN GROTJAHN, EDS.

1966. *Psychoanalytic Pioneers*. New York: Basic Books.

ALEXANDER, RICHARD D.

1979. *Darwinism and Human Affairs*. Seattle: University of Washington Press.

1987. *The Biology of Moral Systems*. Hawthorne, N.Y.: Aldine de Gruyter.

1990. Epigenetic rules and Darwinian algorithms: The adaptive study of learning and development. *Ethology and Sociobiology* 11:241-313.

1991. Social learning and kin recognition: A reply to Paul Sherman and an addendum. *Ethology and Sociobiology* 12:387-99.

1995. The view from the president's window: Impression from the Santa Barbara meeting. *Human Behavior and Evolution Society Newsletter* 4, no. 2 (September): 1-3.

ALTUS, WILLIAM D.

1963. The first-born as a conservative: Adler revisited. *American Psychologist* 18:356.

1966. Birth order and its sequelae. *Science* 151:44-49.

1970. Marriage and order of birth. *Proceedings of the 78th Annual Convention of the American Psychological Association* 5:361-62.

ANDREWS, STUART

1968. *Enlightened Despotism*. New York: Barnes & Noble.

ANGIER, NATALIE

1994. Canary chicks: Not all created equal. *New York Times (Science Times)*, 25 January, pp. C1, C8.

ANONYMOUS

1837a. Zoological Society. *The Morning Chronicle*, 12 January, p. 3.

1837b. Zoological Society. *The Morning Herald*, 12 January, p. 5.

ANSBACHER, HEINZ L.

1959. The significance of the socio-economic status of the patients of Freud and of Adler. American Journal of Psychotherapy 13:376-82.

ANTMAN, A. E.

1993. Big brother. Letter to the Editor. *The Economist*, 25 December, p. 8.

APPEL, TOBY

1987. *The Cuvier-Geoffroy Debate. French Biology in the Decades before Darwin.* New York and Oxford: Oxford University Press.

APPERLY, FRANK L.

1939. A study of American Rpodes scholars. *Journal of Heredity* 30:493-95.

ARBUCKLE, ELISABETH SANDERS, ED.

1983. *Harriet Martineau's Letters to Fanny Wedgwood.* Stanford, Calif.: Stanford University Press.

ARIÈS, PHILIPPE

1962. *Centuries of Childhood: A Social History of Family Life.* Translated by Robert Baldick. New York: Alfred A. Knopf.

ARKIN, ROBERT M., ELIZABETH A. LAKE, AND ANN H. BAUMGARDNER

1986. Shyness and self-presentation. In *Shyness: Perspectives on Research and Treatment*, edited by Warren E. Jones, Jonathan M. Cheek, and Stephen R. Briggs, pp. 189-203. New York and London: Plenum.

ARMITAGE, ANGUS

1966. *John Kepler.* London: Faber and Faber.

ARMSTRONG, EDWARD

1910. *The Emperor Charles V.* 2d ed. 2 vols. London and New York: Macmillan.

ASENDORPF, JENS

1986. Shyness in middle and late childhood. In *Shyness: Perspectives on Research and Treatment*, edited by Warren H. Jones, Jonathan M. Cheek, and Stephen R. Briggs, pp. 91-103. New York and London: Plenum.

ASHER, HERBERT B.

1983. *Causal Modeling.* 2d ed. Newbury Park, Calif.: Sage Publications.

ASPREY, ROBERT B.

1986. *Frederick the Great: The Magnificent Enigma.* New York: Ticknor & Fields.

AULARD, FRANÇOIS-ALPHONSE

1882. *L'Èloquence parlementaire pendant la révolution française: Les Orateurs de l'Assemblée Constituante.* Paris: Hachette.

1885-86. *L'Èloquence parlementaire pendant la révolution française: Les Orateurs de la Législative et de la Convention.* 2 vols. Paris: Hachette.

1889. *La Société des Jacobins: Recueil de documents pour l'histoire du club des Jacobins de Paris.* Vol. 1: *1789-1790.* Paris: Jouaust.

BAER, KARL ERNST VON

1986. [1886]. *Autobiography of Dr. Karl Ernst von Baer*. Edited by Jane M. Oppenheimer. Translated by H. Schneider. Canton, Mass.: Science History Publications.

BAILLET, ADRIEN

1690. *Auteurs déguisez sous des noms étrangers, empruntez, supposez, feints à plaisir, chiffrez, renversez, retournez, ou changez d'une langue en une autre*. Paris: Antoine Dezallier.

BAILYN, BERNARD

1967. *The Ideological Origins of the American Revolution*. Cambridge: Harvard University Press.

BAINTON, ROLAND H.

1950. *Here I Stand: A Life of Martin Luther*. New York: Abingdon-Cokesbury Press.

1977. Psychiatry and history: An examination of Erikson's *Young Man Luther*. In *Psychohistory and Religion: The Case of Young Man Luther*, edited by Roger A. Johnson, pp. 19-56. Philadelphia: Fortress Press.

BARBER, BERNARD

1961. Resistance by scientists to scientific discovery. *Science* 135:596-602.

BARKOW, JEROME H., LEDA COSMIDES, AND JOHN TOOBY, EDS.

1992. *The Adapted Mind: Evolutionary Psychology and the Generation of Culture*. New York: Oxford University Press.

BARLOW, NORA

1958. The Darwin-Butler controversy. In *The Autobiography of Charles Darwin, 1809-1882: With Original Omissions Restored*, edited with Appendix and Notes by Nora Barlow, pp. 167-219. London: Collins.

BARNES, BARRY

1974. *Scientific Knowledge and Sociological Theory*. London and Boston: Routledge & Kegan Paul.

1977. *Interests and the Growth of Knowledge*. London: Routledge & Kegan Paul.

1982. *T. S. Kuhn and Social Science*. New York: Columbia University Press.

BARNES, BARRY, AND DAVID BLOOR

1982. Relativism, rationalism and the sociology of knowledge. In *Rationality and Relativism*, edited by M. Hollis and S. Lukes, pp. 21-47. Cambridge: MIT Press.

BARNES, BARRY, AND STEVEN SHAPIN, EDS.

*1979. Natural Order: Historical Studies of Scientific Culture*. Beverly Hills, Calif.: Sage Publications.

BARNETT, CORRELLI

1978. *Bonaparte*. New York: Hill and Wang.

BARTLETT, JOHN

1955. *Familiar Quotations*. Boston and Toronto: Little, Brown.

BASKETT, LINDA MUSUN

1984. Ordinal position differences in children's family interactions. *Developmental Psychology* 20:1026-31.

BATESON, MARY CATHERINE

1984. *With a Daughter's Eyd: A Memoir of Margaret Mead and Gregory Bateson.* New York: William Morrow.

BATSON, C. DANIEL

1991. *The Altruism Question: Toward a Social Psychological Answer.* Hillsdale, N.J.: Lawrence Erlbaum.

BAUMGARTNER, FREDERIC J.

1986. Scepticism and French interest in Copernicanism to 1630. *Journal for the History of Astronomy* 17:77-88.

BECKER, BETSY JANE

1986. Influence again: An examination of reviews and studies of gender differences in social influence. In *The Psychology of Gender: Advances through Meta-analysis*, edited by Janet Shibley Hyde and Maria C. Linn, pp. 178-209. Baltimore and London: Johns Hopkins University Press.

BECKER, CARL L.

1931. Franklin, Benjamin (1706-1790). *Dictionary of American Biography* 6:585-98.

BECKER, SELWYN W., AND JEAN CARROLL

1962. Ordinal position and conformity. *Journal of Abnormal and Social Psychology* 65:129-31.

BECKER, SELWYN W., MELVIN J. LERNER, AND JEAN CARROLL

1964. Conformity as a function of birth order, payoff, and type of group pressure. *Journal of Abnormal and Social Psychology* 69:318-23.

BEESLY, A. H.

1899. *Life of Danton.* London: Longmans, Green.

BEGIS, ALFRED, ED.

1893. *Curiosités révolutionnaires: Billaud Varenne, membre du Comité de Salut Public. Mémoires inédits et correspondance accompagnés de notices biographiques sur Billaud Varenne et Collot-d' Herbois.* Paris: Librairie de la Nouvelle Revue.

BEIK, PAUL H.

1970. *The French Revolution Seen from the Right: Social Theories in Motion, 1789-1799.* Transactions of the American Philosophical Society, new series 46 (part 1); New York: Howard Fertig.

BELHOSTE, BRUNO

1991. *Augustin-Louis Cauchy: A Biography.* Translated by Frank Ragland. New York and Berlin: Springer-Verlag.

BELL, ERIC TEMPLE

1937. *Men of Mathematics*. New York: Simon and Schuster.

BELL, THOMAS

1860 [1859]. Presidential address to the Linnean Society on the anniversary of Linnaeus's birth, May 24, 1859. *Journal of the Proceedings of the Linnean Society: Botany* 4:vii-xx.

BELLOC, HILAIRE

1928. *Danton: A Study*. London: Nisbet.

BELMONT, LILLIAN, AND FRANCIS A. MAROLLA

1973. Birth order, family size, and intelligence. *Science* 182:1096-1101.

BELSKY, J., L. STEINBERG, AND P. DRAPER

1991. Childhood experience, interpersonal development, and reproductive strategy: An evolutionary theory of socialization. *Child Development* 62:647-70.

BENNETT, AMANDA

1994. Along with high honor, Nobel award in economics influences future research. *Wall Street Journal*, 11 October, pp. B1, B16.

BENRATH, KARL

1911. Renée of France (Renata of Ferrara) [1510-1575]. *The New Schaff-Herzog Encyclopedia of Religious Knowledge* 9:486-87. Edited by Samuel Macauley Jackson. New York and London: Funk and Wagnalls.

BERGER, PHILIP A.

1977. Antidepressant medications and the treatment of depression. In *Psychopharmacology: From Theory to Practice*, edited by Jack D. Barchas, Philip A. Berger, Roland D. Ciaranello, and Glen R. Elliot, pp. 174-207. New York: Oxford University Press.

BERLIN, ISAIAH

1980. *Personal Impressions*. Edited by Henry Hardy. London: Hogarth Press.

BERNAYS, ANNA FREUD

1940. My brother, Sigmund Freud. *The American Mercury* 51:335-42.

BESTERMAN, THEODORE

1969. *Voltaire*. London: Longmans, Green.

BETZIG, LAURA

1986. *Despotism and Differential Reproduction: A Darwinian View of History*. Hawthorne, N.Y.: Aldine de Gruyter.

BIAGIOLI, MARIO

1992. Scientific revolution, social bricolage, and etiquette. In *The Scientific Revolution in National Context*, edited by Roy Porter and Mikulás Teich, pp. 11-54. Cambridge: Cambridge University Press.

1993. *Galileo, Courtier: The Practice of Science in the Culture of Absolutism*. Chicago: University of Chicago Press.

BIBBY, CYRIL

1960. *T.H. Huxley: Scientist, Humanist, and Educator.* New York: Horizon Press.

BIERMANN, KURT R.

1972. Humboldt, Friedrich Wilhelm Heinrich Alexander von (1769-1859). *Dictionary of Scientific Biography* 6:549-55.

BIETENHOLZ, PETER G., ED.

1985-87. *Contemporaries of Erasmus: A Biographical Register of the Renaissance and Reformation.* 3 vols. Toronto: University of Toronto Press.

BIREMBAUT, ARTHUR

1971. Élie de Beaumont, Jean-Baptiste-Armand-Louis-Léonce [1798-1874]. *Dictionary of Scientific Biography* 4:347-50.


1978. Is Planck's "principle" ture? *British Journal for the Philosophy of Science* 29:347-49.

BLAKE, JUDITH

1989a. *Family Size and Achievement.* Berkeley and Los Angeles: University of California Press.

1989b. Number of siblings and educational attainment. *Science* 245:32-36.

BLANCHARD, RAY, AND ANTHONY F. BOGAERT

1996. Homosexuality in men and number of older brothers. *American Journal of Psychiatry* 153:27-31.

BLANCHARD, RAY, AND PETER M. SHERIDAN

1992. Sibship size, sibling sex ratio, birth order, and parental age in homosexual and nonhomosexual gender dysphorics. Journal of Nervous and Mental Disease 180:40-47.

BLANCHARD, RAY, AND KENNETH J. ZUCKER

1994. Reanalysis of Bell, Weinberg, and Hammersmith's data on birth order, sibling sex ratio and parental age in homosexual men. American Journal of Psychiatry 151:1375.

BLANCHARD, RAY, KENNETH J. ZUCKER, SUSAN J. BRADLEY, AND CAITLIN S. HUME

1995. Birth order and sibling sex ratio in homosexual male adolescents and probably prehomosexual feminine boys. Developmental Psychology 31:22-30.

BLANNING, T. C. W.

1987. The French Revolution: Aristocrats versus Bourgeois? Atlantic Highlands, N.J.: Humanities Press International.

BLOCK, JACK

1989. Critique of the act frequency approach to personality. Journal of Personality and Social Psychology 50:234-45.

BLOCK, JEANNE HUMPHREY

1973. Conceptions of sex role: Some cross-cultural and longitudinal perspectives. American

Psychologist 28:512-26.

1976. Issues, problems, and pitfalls in assessing sex differences. Merrill-Palmer Quarterly
    22:283-308.

[BLOMFIELD] JENYNS, LEONARD

1862. Memoir of the Rev. John Stevens Henslow. London: Van Voorst.

BLUNT, WILFRID

1971. The Compleat Naturalist: A Life of Linnaeus. With the assistance of William T. Stearn.
    New York: Viking Press.

BODEMER, CHARLES W.

1964. Regeneration and the decline of preformation in eighteenth century embryology.
    Bulletin of the History of Medicine 38:20-31.

BOEHMER, HEINRICH

1930. Luther and the Reformation in the Light of Modern Research. Translated by E. S. G.
    Potter. New York: Dial Press.

BOONE, JAMES L.

1986. Parental investment and elite family structure in preindustrial states: A case study of late
    medieval-early modern Portuguese genealogies. American Anthropologist 88:859-78.

BORING, EDWIN G.

1964. Cognitive dissonance: Its use in science. Science 145:680-85.

BORN, MAX

1978. My Life: Recollections of a Nobel Laureate. London: Taylor & Francis.

BOSHIER, ROGER, AND FRANK H. WALKEY

1971. Birth order and conservatism: An Adlerian myth? Psychological Reports 29:392-94.

BOSSARD, J. H. S., AND E. BOLL

1956. The Large Family System. Philadelphia: University of Pennsylvania.

BOUCHARD, THOMAS J., JR., DAVID T. LYKKEN, MATTHEW MCGUE, NANCY L.
    SEGAL, AND AUKE TELLEGEN

1990. Sources of human psychological differences: The Minnesota study of twins reared apart.
    Science 250:223-25.

BOUCHARD, THOMAS J., JR., AND MATTHEW MCGUE

1990. Genetic and rearing environmental influences on adult personality: An analysis of
    adopted twins reared apart. Journal of Personality 58:263-92.

BOURDIER, FRANCK

1971a. Cuvier, Frédéric (1773-1838). Dictionary of Scientific Biography 3:520-21.

1971b. Cuvier, Georges (1769-1832). Dictionary of Scientific Biography 3:521-28.

1972a. Geoffroy Saint-Hilaire, Étienne (1772-1844). Dictionary of Scientific Biography

5:355-58.

1972b. Geoffroy Saint-Hilaire, Isidore (1805-1861). *Dictionary of Scientific Biography* 5:358-60.

BOWERS, CLAUDE G.

1950. *Pierre Vergniaud: Voice of the French Revolution.* New York: Macmillan.

BOWLBY, JOHN

1958. The nature of the child's tie to his mother. *International Journal of Psycho-Analysis* 39:350-73.

1960. Grief and mourning in infancy and early childhood. *The Psychoanalytic Study of the Child* 15:9-52.

1969-1980. *Attachment and Loss.* 3 vols. New York: Basic Books; London: Hogarth Press.

1988. *A Secure Base: Parent-Child Attachment and Healthy Human Development.* New York: Basic Books.

1990. *Charles Darwin: A New Life.* London: W. W. Norton; New York: W. W. Norton, 1991.

BOWLER, PETER J.

1971. Preformation and pre-existence in the seventeenth century: A brief analysis. *Journal of the History of Biology* 4:221-44.

1984. *Evolution: The History of an Idea.* Berkeley and Los Angeles: University of California Press.

1988. *The Non-Darwinian Revolution: Reinterpreting a Historical Myth.* Baltimore and London: Johns Hopkins University Press.

BRACKMAN, ARNOLD C.

1980. *A Delicate Arrangement: The Strange Case of Charles Darwin and Alfred Russel Wallace.* New York: Times Books.

BRADFORD, SARAH H.

1869. *Scences from the Life of Harriet Tubman.* Auburn, N.Y.: W.J.Moses.

BRADY, THOMAS A., JR.

1982. Social history. In *Reformation Europe: A Guide to Research,* edited by Steven Ozment, pp. 161-81. St. Louis: Center for Reformation Research.

BRAGG, BARRY W., AND VERNON L. ALLEN

1970. Ordinal position and conformity: A role theory analysis. *Sociometry* 33:371-81.

BRANDES, GEORG

1930. *Voltaire.* 2 vols. Translated by Otto Kruger and Pierce Butler. New York: Albert & Charles Boni.

BRANDI, KARL

1939. *The Emperor Charles V: The Growth and Destiny of a Man and of a World-Empire.* Translated from the German by C. V. Wedgwood. New York: Alfred A. Knopf.

BRANNIGAN, AUGUSTINE

1981. *The Social Basis of Scientific Discoveries*. Cambridge: Cambridge University Press.

BRAUDEL, FERNAND

1972-73. *The Mediterranean and the Mediterranean World in the Age of Philip II*. 2 vols. Translated by Sian Reynolds. New York: Harper & Row.

BRELAND, HUNTER M.

1974. Birth order, family configuration, and verbal achievement. *Child Development* 45:1011-19.

BRIM, ORVILLE G., JR.

1958. Family structure and sex role learning by children: A further analysis of Helen Koch's data. *Sociometry* 21:1-16.

BROAD, WILLIAM, AND NICHOLAS WADE

1982. *Betrayers of the Truth*. New York: Simon and Schuster.

BROCKLISS, L. W. B.

1992. The scientific revolution in France. In *The Scientific Revolution in National Context*, edited by Roy Poter and Mikulás Teich, pp. 55-89. Cambridge: Cambridge University Press.

BROME, VINCENT

1983. *Ernest Jones: Freud's Alter Ego*. New York: W. W. Norton.

BROOKE, JOHN HEADLEY

1977. Richard Owen, William Whewell and the *Vestiges*. *British Journal for the History of Science* 10:132-45.

BROWN, G. W., T. HARRIS, AND A. BIFULCO

1986. Long-term effects of early loss of parent. In *Depression in Young People: Developmental and Clinical Perspectives*, edited by Michael Rutter, Carroll E. Izard, and Peter B. Read, pp. 251-96. New York: Guilford.

BROWN, W. L., AND E. O. WILSON

1956. Character displacement. *Systematic Zoology* 5:49-64.

BROWNE, JANET

1995. *Charles Darwin: Voyaging*. New York: Alfred A. Knopf.

BROWNING, OSCAR

1885. Bateson, William Henry (1812-81). *Dictionary of National Biography* 1:1321.

BRUHNS, KARL, ED.

1873. *Life of Alexander von Humboldt: Compiled in Commemoration of the Centenary of His Birth by J. Löwenberg, Robert Avé-Lallemant, and Alfred Dove*. 2 vols. Translated by Jane and Caroline Lassell. London: Longmans, Green.

BRUNEL, FRANÇOIS

1980. Les députés Montagnards. In *Actes du colloque Girondins et Montagnards*, edited by Albert Soboul, pp. 343-61. Paris: Société des Études Robes-pierristes.

BRUSH, STEPHEN G.

1974. Should the history of science be rated X? *Science* 183:1164-72.

BUFFON, GEORGES LOUIS

1753. Discours prononcé a L'Académie Française par M. de Buffon, le jour de sa réception. In *Oeuvres complètes*. 44 vols. Paris: Verdière and Ladrange, 1824-1832. Vol. 1: cxlix-clxiii.

BUNTING, JAMES

1974. *Charles Darwin: A Biography*. Folkeston, Kent: Bailey Brothers & Swinfen.

BURKE, JOHN, AND SIR BERNARD BURKE

1965-1972. *Burke's Genealogical and Heraldic History of the Landed Gentry. Founded 1836 by John Burke and Sir Bernard Burke*. 18th ed. 3 vols. Edited by Peter Townsend. London: Burke's Peerage.

1970. *Burke's Genealogical and Heraldic History of the Peerage, Baronetage and Knightage. Founded in 1826 by John Burke and Sir Bernard Burke*. 105th ed. 3 vols. Edited by Peter Townsend. London: Burke's Peerage.

BURKHALTER, LOIS WOOD

1965. *Gideon Lincecum, 1793-1874: A Biography*. Austin and London: University of Texas Press.

BURKHARDT, FREDERICK

1986. Introduction to *The Correspondence of Charles Darwin*. Edited by Frederick Burkhardt and Sydney Smith. Vol. 2: 1837-1843. Cambridge: Cambridge University Press.

1987. Introduction to *The Correspondence of Charles Darwin*. Edited by Frederick Burkhardt and Sydney Smith. Vol. 3: 1844-1846. Cambridge: Cambridge University Press.

BURKHARDT, RICHARD W., JR.

1977. *The Spirit of System: Lamarck and Evolutionary Biology*. Cambridge and London: Harvard University Press.

BURLINGAME, LESLIE J.

1973. Lamarck, Jean-Baptiste (1744-1839). *Dictionary of Scientific Biography* 7:584-94.

BUSBY, M. J., AND A. E. RODIN

1976. Relative contributions of Holmes and Semmelweis to the understanding of the etiology of puerperal fever. *Texas Reports on Biology and Medicine* 34:221-37.

BUSS, ARNOLD H., AND ROBERT PLOMIN

1984. *Temperament: Early Developing Personality Traits*. Hillsdale, N.J.: Lawrence Erlbaum.

BUSS, DAVID M.

1989. Sex differences in human mate preferences: Evolutionary hypotheses tested in 37 cultures. *Behavioral and Brain Sciences* 12:1-14.

1991. Evolutionary personality psychology. *Annual Review of Psychology* 42:459-91.

1994. *The Evolution of Desire: Strategies of Human Mating*. New York: Basic Books.

1995. Evolutionary psychology: A new paradigm for psychological science. *Psychological Inquiry* 6:1-30.

BUSS, DAVID M., JEANNE HUMPHREY BLOCK, AND JACK BLOCK

1980. Preschool activity level: Personality correlates and developmental implications. *Child Development* 51:401-8.

BUSS, DAVID M., AND KENNETH CRAIK

1980. The act frequency concept of disposition. *Journal of Personality* 48:379-92.

1983a. The act frequency approach to personality. *Psychological Review* 90:105-26.

1983b. Contemporary worldviews: Personal and policy implications. *Journal of Applied Social Psychology* 13:259-80.

BUTLER, SAMUEL

1872. *Erewhon; or, Over the Range*. London: Trubner.

1877. *Life and Habit*. London: Trübner.

1879. *Evolution, Old and New; or the Theories of Buffon, Dr. Erasmus Darwin, and Lamarck, as Compared with that of Mr. Charles Darwin*. London: Hardwicke and Bogue.

BUTTS, ROBERT E.

1976. Whewell, William (1794-1866). *Dictionary of Scientific Biography* 14:292-95.

CAMPBELL, DONALD T.

1965. Variation and selective retention in socio-cultural revolution. In *Social Change in Developing Areas*, edited by H. R. Barringer, G. I. Blanksten, and R. W. Mack, pp. 19-49. Cambridge, Mass.: Schenkman Press.

1970. Natural selection as an epistemological model. In *A Handbook of Methods in Cultural Anthropology*, edited by Raoul Naroll and Ronald Cohen, pp. 51-85. Garden City, N.Y.: Natural History Press.

1974. Evolutionary epistemology. In *The Philosophy of Karl Popper* 1:413-63. Edited by Paul A. Schlipp. La Salle, Ill.: Open Court.

CAMPBELL, W. W., AND R. TRUMPLER

1923. Observations on the deflection of light in passing through the sun's gravitational field. *Lick Observatory Bulletin* 11:41-54.

CANNON, WALTER F.

1960. The Uniformitarian-Catastrophist debate. *Isis* 51:38-55.

CANTOR, GEOFFREY N.

1975. Phrenology in early nineteenth-century Edinburgh: An Historiographical discussion. *Annals of Science* 32:195-218.

CAROZZI, ALBERT V.

1966. Agassiz's amazing geological speculation: The Ice-Age. *Studies in Romanticism* 5:57-83.

1967. Introduction to *Studies on Glaciers*, by Louis Agassiz. Preceded by the *Discourse of*

*Neuchâtel*. Translated and edited by Albert V. Carozzi. New York: Hafner.

1973. Agassiz's influence on geological thinking in the Americas. *Archives des Sciences (Genève)* 27:5-38.

1974. Maillet, Benoît de (1656-1738). *Dictionary of Scientific Biography* 9:26-27.

1984. Glaciology and the Ice Age. *Journal of Geological Education* 32: 158-70.

CASHDAN, ELIZABETH

1995. Hormones, sex, and status in women. *Hormones and Behavior* 29:354-66.

CASHER, BONNIE BERGER

1977. Relationship between birth order and participation in dangerous sports. *The Research Quarterly* 48:33-40.

CASPAR, MAX

1962. *Kepler, 1571-1630*. Translated and edited by C. Doris Hellman. New York: Collier Books.

CASPI, A., G. H. ELDER, JR., AND D. J. BEM

1987. Moving against the world: Life-course patterns of explosive children. *Developmental Psychology* 23:308-13.

CATON, HIRAM

1958. *The Politics of Progress: The Origins and Development of the Commercial Republic, 1600-1835*. Gainesville, Fla.: University of Florida Press.

CATTELL, J. MCKEEN

1917. Families of American men of science. III. Vital statistics and the composition of families. *Scientific Monthly* 5:368-77.

CHALLAMEL, AUGUSTIN

1895. *Les Clubs contre-révolutionnaires: Carcles, comités, sociétés, salons, réunions, cafés, restaurants et libraries*. Paris: L. Cerf.

[CHAMBERS, ROBERT]

1844. *Vestiges of the Natural History of Creation*. London: Churchill.

CHAMBERS, WILLIAM

1872. *Memoir of Robert Chambers, with Autobiographical Reminiscences of William Chambers*. Edinburge: William and Robert Chambers.

CHAMPION, L.

1990. The relationship between social vulnerability and the occurrence of severely threatening life events. *Psychological Medicine* 20:157-61.

CHÂTELET, GABRIELLE-ÉMILIE LE TONNELIER DE BRETEUIL

1738. Lette sur les éléments de la philosophie de Newton. *Journal des sçavans*, September, pp. 534-41.

CHAUMIÉ, JACQUELINE

1980. Les Girondins. In *Actes du colloque Girondins et Montagnards*, edited by Albert Soboul, pp. 19-60. Paris: Societé des Études Robespierristes.

CHESS, STELLA, AND ALEXANDER THOMAS

1986. *Temperament in Clinical Practice*. New York and London: Guilford Press.

CHOUDIEU, PIERRE-RENÉ

1897. *Mémoires et Notes de Choudieu*. Edited by Victor Barrucand. Paris: E. Plon, Nourrit.

CHRISTIE, D. M., R. A. DUNCAN, A. R. MCBIRNEY, M. A. RICHARDS, W. M. WHITE, K.S. HARPP, AND C. G. FOX

1992. Drowned islands downstream from the Galápagos Islands imply extended speciation times. *Nature* 355:246-48.

CLARK, JOHN WILLIS, AND THOMAS MCKENNY HUGHES

1890. *The Life and Letters of the Reverend Adam Sedgwick*. 2 vols. Cambridge: Cambridge University Press.

CLARK, ROGER D., AND GLENN A. RICE

1982. Family constellations and eminence: The birth orders of Nobel Prize winners. *Journal of Psychology* 110:281-87.

CLARK, RONALD W.

1971. *Einstein: The Life and Times*. New York: World Publishing.

CLARK, WILLIAM

1992. The scientific revolution in the German nations. In *The Scientific Revolution in National Context*, edited by Roy Porter and Mikulás Teich, pp. 90-114. Cambridge: Cambridge University Press.

CLEVELAND, W. S.

1981. LOWESS: A program for smoothing scatterplots by robust locally weighted regression. *American Statistician* 35:54.

COHEN, I. BERNARD

1956. *Franklin and Newton*. Philadelphia: American Philosophical Society.

1960. *The Birth of a New Physics*. Garden City, N.Y.: Anchor Books.

1974. Newton, Isaac (1642-1727). *Dictionary of Scientific Biography* 10:42-101.

1975. *Benjamin Franklin, Scientist and Statesman*. New York: Charles Scribner's Sons.

1980. *The Newtonian Revolution: With Illustrations of the Transformation of Scientific Ideas*. Cambridge: Cambridge University Press.

1985. *Revolution in Science*. Cambridge and London: The Belknap Press of Harvard University Press.

1988. The publication of *Science, Technology and Society*: Circumstances and consequences. *Isis* 79:571-81.

1990. Editor. *Puritanism and the Rise of Modern Science: The Merton Thesis*. With the assistance of K. E. Duffin and Stuart Strickland. New Brunswick and London: Rutgers University Press.

1992. The agnostic in the abbey. Review of *Darwin*, by Adrian Desmond and James Moore. *New York Times Book Review*, 2 August, p. 10.

1993. What Galileo saw: The experience of looking through a telescope. In *From Galileo's "Occhialino" to Optoelectronics*, edited by Paolo Mazzoldi, pp. 445-72. London: World Scientific.

COHEN, JACOB

1977. *Statistical Power Analysic for the Behavioral Sciences*. Rev. ed. New York: Academic Press; 2nd ed., 1988.

COHEN, ROBERT S.

1978. Marx, Karl (1818-1883). *Dictionary of Scientific Biography* 15:403-17.

COLE, F.J.

1930. *Early Theories of Sexual Generation*. Oxford: Clarendon Press.

COLEMAN, WILLIAM

1964. *Georges Cuvier, Zoologist: A Study in the History of Evolution Theory*. Cambridge: Harvard University Press.

1970. Bateson, William (1861-1926). *Dictionary of Scientific Biography* 1:105-6.

COLLINS, HARRY M.

1985. *Changing Order: Replication and Induction in Scientific Practice*. London and Beverly Hills: Sage Publications.

COLLINS, HAPPY M., AND TREVOR J. PINCH

1982. *Frames of Meaning. The Social Construction of Extraordinary Science*. London: Routledge & Kegan Paul.

1993. *The Golem: What Everyone Should Know about Science*. Cambridge and New York: Cambridge University Press.

COLP, RALPH, JR.

1977. *To Be an Invalid: The Illness of Charles Darwin*. Chicago and London: University of Chicago Press.

COMBE, GEORGE

1828. *Of the Constitution of Man and Its Relation of External Objects*. Edinburgh: Anderson; London: Longman.

CONANT, JAMES BRYANT

1942. The advancement of learning during the Puritan Commonwealth. *Proceedings of the Massachusetts Historical Society* 66:3-31.

CONDON, EDWARD UHLER

1973. Reminiscences of a life in and out of quantum mechanics. *International Journal of*

*Quantum Chemistry Symposia* 7:7-22.

CONGDON, LEE

1983. *The Young Lukács.* Chapel Hill, N.C.: University of North Carolina Press.

CONRAD, EARL

1943. *Harriet Tubman.* Washington, D.C.: Associated Publishers.

COOK, HAROLD J.

1992. The new philosophy in the Low Countries. In *The Scientific Revolution in National Context,* edited by Roy Porter and Mikulás Teich, pp. 1115-49. Cambridge: Cambridge University Press.

COOTER, ROGER

1984. *The Cultural Meaning of Popular Science: Phrenology and the Organization of Consent in Nineteenth-Century Britain.* Cambridge: Cambridge University Press., 1958.

1989. *Phrenology in the British Isles: An Annotated, Historical Biobibliography and Index.* Metuchen, N.J., and London: Scarecrow Press.

CORSI, PIETRO

1988. *The Age of Lamarck: Evolutionary Theories in France, 1790-1830.* Translated by Jonathan Mandelbaum. Berkeley and Los Angeles: University of California Press.

COSER, LEWIS A.

1965. *Men of Ideas: A Sociologist's View.* New York: Free Press.

COSMIDES, LEDA

1989. The logic of social exchange: Has natural selection shaped how humans reason? *Cognition* 31:187-276.

COSTA, PAUL T., JR., P. J. FAGAN, R. L. PIEDMONT, Y. PONITCAS, AND T. N. WISE

1992. The five-factor model of personality and sexual functioning in outpatient men and women. *Psychiatric Medicine* 10:199-215.

COSTABEL, PIERRE

1974. Malebranche, Nicolas (1638-1715). *Dictionary of Scientific Biography* 9:47-53.

COWELL, ALAN

1992. After 350 years, Vatican says Galileo was right: It moves. *New York Times,* 3 October, pp. 1, 4.

1993. Low birth rate is becoming a headache for Italy. New York Times, 28 August, pp. 1, 5.

CRELLIN, J. K.

1996a. The problem of heat resistance of micro-organisms in the British spontaneous generation controversies of 1860-1880. *Medical History* 10:50-59.

1996b. Airborne particles and the germ theory: 1860-1880. *Annals of Science* 22:49-60.

1968. The dawn of the germ theory: Particles, infection and biology. In *Medicine and Society in the 1860s,* edited by F. L. Paynter, pp. 57-76. London: Wellcome Institute of the History of

Medicine.

CREWS, FREDERICK

1986. *Skeptical Engagements*. New York and Oxford: Oxford University Press.

1995. *The Memory Wars: Freud's Legacy in Dispute*. With responses by 18 critics. New York: New York Review of Books.

CRICK, FRANCIS

1988. *What Mad Pursuit: A Personal View of Scientific Discovery*. New York: Basic Books.

CROCKER, LESTER G.

1959. Diderot and eighteenth century French transformism. In *Forerunners of Darwin: 1745-1859*, edited by Bentley Glass, Owsei Temkin, and William L. Straus, Jr., pp. 114-43. Baltimore: Johns Hopkins University Press.

CRONIN, VINCENT

1972. *Napoleon Bonaparte: An Intimate Biography*. New York: William Morrow.

CROSS, J. W., ED.

ca. 1885. *George Eliot's Life as Related in Her Letters and Journals*. 3 vols. New York: Harper & Brothers.

CROZIER, W. RAY

1986. Individual differences in shyness. In *Shyness: Perspectives on Research and Treatment*, edited by Warren H. Jones, Jonathan M. Cheek, and Stephen R. Briggs, pp. 133-45. New York and London: Plenum.

CURTIS, EUGENE NEWTON

1973. *Saint-Just: Colleague of Robespierre*. New York: Octagon Books.

CUVIER, FRÉDÉRIC, ED.

1826. *Dictionnaire des Sciences Naturelles*. *Portraits*. Strasbourg: Levrault.

DAJER, TONY

1992. Divided selves. *Discover*, September, pp. 38-69.

DALY, MARTIN, AND MARGO WILSON

1988a. *Homicide*. New York: Aldine de Gruyter.

1988b. The Darwinian psychology of discriminative parental solicitude. *Nebraska Symposium on Motivation* 35:91-144.

1990. Is parent-offspring conflict sex-linked? Freudian and Darwinian models. *Journal of Personality* 58:163-89.

1994. Some differential attributes of lethal assaults on small children by stepfathers versus genetic fathers. *Ethology and Sociobiology* 15:207-17.

D'AMAT, ROMAN

1986. Duprat, Jean. *Dictionnaire biographique française* 12:508-9.

DANIELS, DENISE

1986. Differential experiences of siblings in the same family as predictors of adolescent sibling personality differences. *Journal of Personality and Social Psychology* 51:339-46.

DARNTON, ROBERT

1968. *Mesmerism and the End of the Enlightennment in France.* Cambridge: Harvard University Press.

1974. Mesmer, Franz Anton (1734-1815). *Dictionary of Scientific Biography*, 9:325-28.

DARWIN, CHARLES ROBERT

1837. Remarks upon the habits of the genus Geospiza, *Camarhynchus, Cactornis,* and *Certhidea* of Gould. *Proceedings of the Zoological Society of London* 5:49.

1839. *Journal of Researches into the Geology and Natural History of the Various Countries Visited by H.M.S. Beagle, under the Command of Captain FitzRoy, R.N. from 1832 to 1836.* London: Henry Colburn.

1841. *The Zoology of the Boyage of H.M.S. Beagle, under the Command of Captain FitzRoy, R.N., during the Years 1832-1836.* Edited and superintended by Charles Darwin. Part 3: Birds. London: Smith, Elder.

1845. *Journal of Researches into the Natural History and Geology of the Countries Visited during the Voyage of H.M.S. Beagle round the World, under the Command of Capt. FitzRoy, R.N.* 2d ed. London: John Murray.

1859 [1858]. On the tendency of species to form varieties. Communicated by Charles Lyell ... and J. D. Hooker. [Read 1 July 1858.] *Journal of the Proceedings of the Linnean Society (Zoology)* 3:45-52; reprinted in Darwin and Wallace (1958:259-67).

1859. *On the Origin of Species by means of Natural Selection, or the Preservation of Favoured Races in the Struggle for Life.* London: John Murray.

1868. *The Variation of Animals and Plants under Domestication.* 2 vols. London: John Murray.

1871. *The Descent of Man, and Selection in Relation to Sex.* 2 vols. London: John Murray.

1872a. *The Expression of the Emotions in Man and Animals.* London: John Murray.

1872b. *On the Origin of Species by means of Natural Selection, or, The Preservation of the Favoured Races in the Struggle for Life.* 6th ed. London: John Murray.

1877. A biographical sketch of an infant. *Mind* 2:285-94.

1879. Preliminary notice. In *Erasmus Darwin*, by Ernst Krause, pp. 1-127. Translated by W. S. Dallas. London: John Murray.

1887. *The Life and Letters of Charles Darwin, including and Autobiographical Chapter.* Edited by Francis Darwin. 3 vols. London: John Murray.

1890. *Journal of Researches into the Natural History and Geology of the Countries Visited during the Voyage of H.M.S. Beagle round the World, under the Command of Capt. FitzRoy, R.N.* A new edition with illustrations by R. T. Pritchett. London: John Murray; New York: D. Appleton.

1903. *More Letters of Charles Darwin: A Record of His Work in a Series of Hitherto Unpublished*

*Letters*. Edited by Francis Darwin and A. C. Seward. 2 vols. New York: D. Appleton.

1909. *The Foundations of the Origin of Species: Two Essays Written in 1842 and 1844*. Edited by Francis Darwin. Cambridge: Cambridge University Press.

1933. *Charles Darwin's Diary of the Voyage of H.M.S. "Beagle."* Edited by Nora Barlow. Cambridge: Cambridge University Press; New York: Kraus Reprint, 1969.

1958 [1876]. *The Autobiography of Charles Darwin, 1809-1882. With the Original Omissions Restored*. Edited with Appendix and Notes by Nora Barlow. London: Collins.

1959. *Darwin's Journal*. Edited by Gavin de Beer. *Bulletin of the British Museum (Natural History) Historical Series* 2, no. 1.

1963 [1836]. *Darwin's Ornithological Notes*. Edited with Introduction, Notes, and Appendix by Nora Barlow. *Bulletin of the British Museum (Natural History) Historical Series* 2, no. 7.

1975 [1854-1858]. *Natural Selection*. Edited by Robert Stauffer. Cambridge: Cambridge University Press.

1985-. *The Correspondence of Charles Darwin*. Edited by Frederick Burkhardt and Sydney Smith. 10 vols. (to date). Cambridge: Cambridge University Press.

1987. *Charles Darwin's Notebooks, 1836-1844: Geology, Transmutation of Species, Metaphysical Enquiries*. Transcribed and edited by Paul H. Barrett, Peter J. Gautrey, Sandra Herbert, David Kohn, and Sydney Smith. Ithace, N.Y.: British Museum (Natural History)/Cornell University Press.

DARWIN, CHARLES, AND ALFRED RUSSEL WALLACE

1859 [1858]. On the tendency of species to form varieties; and on the perpetuation of varieties and species by natural means of selection ... Communicated by Charles Lyell ... and J. D. Hooker. [Read 1 July 1858.] *Journal of the Proceedings of the Linnean Society (Zoology)* 3:45-62; reprinted in Darwin and Wallace (1958).

1958 [1858]. *Evolution by Natural Selection*. Foreword by Sir Gavin de Beer. Cambridge: Cambridge University Press.

DARWIN, EMMA

1915. *Emma Darwin: A Century of Family Letters, 1792-1896*. Edited by Henrietta [Darwin] Litchfield. 2 vols. Cambridge: Cambridge University Press.

DARWIN, ERASMUS

1794-96. *Zoonomia; or, the Laws of Organic Life*. 2 vols. London: J. Johnson.

DARWIN, FRANCIS

1888. Darwin, Charles Robert (1809-1882). *Dictionary of National Biography* 5:522-534.

1914. William Erasmus Darwin (1839-1914). *Christ's College Magazine* 29:16-23.

DAVIES, GORDON L.

1969. *The Earth in Decay: A History of British Geomorphology, 1578-1878*. New York: Elsevier.

DAVIES, NICHOLAS B.

1992. *Dunnock Behavior and Social Evolution.* Oxford and New York: Oxford University Press.

DAVIS, JAMES A.

1985. *The Logic of Causal Order.* Newbury Park, Calif.: Sage Publications.

DAVIS, LENWOOD G.

1969. *I Have a Dream ... The Life and Times of Martin Luther King, Jr.* Chicago: Adams Press.

DAWKINS, RICHARD

1976. *The Selfish Gene.* Oxford: Oxford University Press.

1982. *The Extended Phenotype: The Gene as the Unit of Selection.* Oxford and San Francisco: W. H. Freeman.

DAWSON, JOHN CHARLES

1948. *Lakanal the Regicide: A Biographical and Historical Study of the Career of Joseph Lakanal.* Tuscaloosa: University of Alabama Press.

DEAK, ISTVAN

1987. The convert. *New York Revies of Books,* 12 March, pp. 39-44.

DE BEER, GAVIN

1964. *Charles Darwin: Evolution by Natural Selection.* Garden City, N.Y.: Doubleday.

DEBUS, ALLEN G., ED.

1968. *World Who's Who in Science: A Biographical Dictionary of Notable Scientists from Antiquity to the Present.* Chicago: Marquis Who's Who.

DEKAY, W. TODD, AND DAVID M. BUSS

1992. Human nature, individual differences, and the importance of context: Perspectives from evolutionary psychology. *Current Directions in Psychological Science* 1:184-89.

DEMARIS, OVID

1977. *Brothers in Blood: The International Terrotist Network.* New York: Charles Scribner's Sons.

DEMSTER, W. J.

1983. *Patrick Matthew and Natural Selection.* Edinburgh: Paul Harris.

DENNETT, DANIEL C.

1995. *Darwin's Dangerous Idea: Evolution and the Meaning of Life.* New York: Simon and Schuster.

DESMOND, ADRIAN

1982. *Archetypes and Ancestors: Palaeontology in Victorian London, 1850-1875.* Chicago and London: Chicago University Press.

1984a. Robert E. Grant: The social predicament of a pre-Darwinian transmutationist. *Journal of History of Biology* 17:189-223.

1984b. Robert E. Grant's later views on organic development: The Swiney Lectures on "palaeozoology," 1853-1857. *Archives for Natural History* 11:395-413.

1985. Richard Owen's reaction to transmutation in the 1830s. *British Journal of the History of*

*Science* 18:25-50.

1987. Artisan resistance and evolution in Britain, 1819-1848. *Osiris* 3:77-110.

1989. *The Politics of Evolution: Morphology, Medicine, and Reform in Radical London.* Chicago and London: University of Chicago Press.

DESMOND, ADRIAN, AND JAMES MOORE

1992. *Darwin: The Life of a Tormented Evolutionist.* New York: Warner Books; London: Michael Joseph (under the title *Darwin*), 1991.

DE WAAL, FRANS

1982. *Chimpanzee Politics: Power and Sex among Apes.* New York: Harper & Row.

1989. *Peacemaking among Primates.* Cambridge and London: Harvard University Press.

DIAMOND, ARTHUR M.

1980. Age and the acceptance of cliometrics. *Journal of Economic History* 40:838-41.

DIAMOND, SOLOMON

1976. Wundt, Wilhelm (1832-1920). *Dictionary of Scientific Biography* 14:526-29.

DIBELIUS, FRANZ WILHELM

1909. George, Duke of Saxony (George the Bearded) [1471-1539]. *The New Schaff-Herzog Encyclopedia of Religious Knowledge* 4:458-59. Edited by Samuel Macauley Jackson. New York and London: Funk and Wagnalls.

DICKENS, ARTHUR GEOFFREY

1967. *Martin Luther and the Reformation.* London: English Universities Press.

1989. *The English Reformation.* 2d ed. London: B. T. Batsford.

DICKENS, CHARLES

1849-50. *The Personal History of David Copperfield.* London: Bradbury & Evans.

1861. *Great Expectations.* London: Chapman & Hall.

DIEUDONNÉ, JEAN

1975. Poincaré, Jules Henri (1854-1912). *Dictionary of Scientific Biography* 11:51-61.

DIGMAN, JOHN M.

1990. Personality structure: Emergence of the five-factor model. *Annual Review of Psychology* 41:417-40.

DIXON, W. J., ED.

1992. *BMDP Statistical Software Manual.* 2 vols. Berkeley and Los Angles: University of California Press.

DOBRZYCKI, JERZY

1972. *The Reception of Copernicus' Heliocentric Theory.* Dordrecht and Boston: D. Reidel.

DOBZHANSKY, THEODOSIUS, FRANCISCO J. AYALA, G. LEDYARD STEBBINS, AND JAMES W. VALENTINE

1977. *Evolution.* San Francisco: W. H. Freeman.

DOCK, WILLIAM

1976. Wells, William Charles (1757-1817). *Dictionary of Scientific Biography* 14:253-54.

DODER, DUSKO, AND LOUISE BRANSON

1990. *Gorbachev: Heretic in the Kremlin*. New York: Viking Press.

DOMINEY, WALLACE J., AND LAWRENCE S. BLUMER

1984. Cannibalism of early life stages in fishes. In *Infanticide: Comparative and Evolutionary Perspectives*, edited by Glenn Hausfater and Sarah Blaffer Hrdy, pp. 43-64. New York: Aldine.

DONOVAN, ARTHUR, LARRY LAUDAN, AND RACHEL LAUDAN, EDS.

1988. *Scrutinizing Science: Empirical Studies of Scientific Change*. Dordrecht and Boston: Kluwer Academic Publishers; Baltimore: Johns Hopkins University Press, 1992.

DORNBERG, JOHN

1974. *Brezhnev: The Masks of Power*. London: Andre Deutsch.

DOROZYNSKI, ALEXANDER

1991. Privacy rules blindside French glaucoma effort. *Science* 252:369-70.

DRAKE, STILLMAN

1957. Introduction to *Discoveries and Opinions of Galileo*. Translated by Stillman Drake. Garden City, N.Y.: Doubleday Anchor Books.

1970. *Galileo Studies*. Ann Arbor, Mich.: University of Michigan Press.

1971. Cesi, Federico (1585-1630). *Dictionary of Scientific Biography* 3:179-80.

1972. Galilei, Galileo (1564-1642). *Dictionary of Scientific Biography* 5:237-50.

1978. *Galileo at Work: Scientific Biography*. Chicago and London: University of Chicago Press.

DREYER, J. L.E.

1906. *History of the Planetary Systems from Thales to Kepler*. Cambridge: Cambridge University Press. Reprinted as *A History of Astronomy from Thales to Kepler*. New York: Dover, 1953.

DUBY, GEORGES

1977. *The Chivalrous Society*. Translated by Cynthia Poston. Berkeley: University of California Press.

1978. *Medieval Marriage: Two Models from Twelfth-Century France*. Translated by Elborg Forster. Baltimore: Johns Hopkins University Press.

DUFFIN, KATHLEEN ELIZABETH

1976. The search for a natural classification: Perspectives on the quinarian episode in ornithology. Senior honors thesis, Harvard College, Committee on History and Science.

DUNBAR, KEVIN

1995. How scientists really reason: Scientific reasoning in real-world laboratories. In *The Nature of Scientific Insight*, edited by Robert J. Sternberg and Janet E. Davidson, pp. 365-95. Cambridge: MIT Press.

DUNN, JUDY

1985. *Sisters and Brothers*. Cambridge: Harvard University Press.

1993. *Young Children's Close Relationships: Beyond Attachment*. Newbury Park, Calif: Sage Publications.

DUNN, JUDY, AND CAROL KENDRICK

1982. *Siblings: Love, Envy, and Understanding*. Cambridge: Harvard University Press.

DUNN, JUDY, AND P. MUNN

1985. Becoming a family member: Family conflict and the development of social understanding. *Child Development* 56:480-92.

DUNN, JUDY, AND ROBERT PLOMIN

1990. *Separate Lives: Why Siblings Are So Different*. New York: Basic Books.

1991. Why are siblings so different? The significance of differences in sibling experience within the family. *Family Process* 30:271-83.

DURANT, WILL

1957. *The Reformation: A History of European Civilization from Wyclif to Calvin: 1300-1564*. The Story of Civilization, Part 6. New York: Simon and Schuster.

DURANT, WILL, AND ARIEL DURANT

1965. *The Age of Voltaire: A History of Civilization in Western Europe from 1715 to 1756, with Special Emphasis on the Conflict between Religion and Philosophy*. The Story of Civilization, Part 9. New York: Simon and Schuster.

DURSTON, CHRISTOPHER

1989. *The Family in the English Reformation*. Oxford: Blackwell.

DURUY, GEORGE, ED.

1895. *Memoirs of Barrs, Member of the Directorate*. Translated by Charles E. Roche. 4 vols. Vol. 1: *The Ancien Régime—The Revolution*. London: Osgood, McIlvaine.

EAVES, L. J., H. J. EYSENCK, AND N. G. MARTIN

1989. *Genes, Culture and Personality: An Empirical Approach*. London and New York: Academic Press.

EDWARDS, JOHN N., AND DAVID L. KLEMMACK

1973. Birth order and the conservators of tradition hypothesis. *Journal of Marriage and the Family* 35:619-26.

EGERTON, FRANK N., III

1972. Forbes, Edward, Jr. (1815-1854). *Dictionary of Scientific Biography* 5:66-67.

1976. Watson, Hewett Cottrell (1804-1881). *Dictionary of Scientific Biography* 14:66-68.

EHRMAN, ESTHER

1986. *Mme du Châtelet: Scientist, Philosopher and Feminist of the Enlightenment*. Leamington Spa, UK: Berg Publishers.

EISELEY, LOREN

1961. *Darwin's Century*. New York: Doubleday.

EISENMAN, RUSSELL

1987. Creativity, birth order, and risk taking. *Bulletin of the Psychometic Society* 25:87-88.

EKMAN, PAUL, ED.

1973. *Darwin and Facial Expression: A Century of Research in Review*. New York: Academic Press.

ELLEGÅRD, ALVAR

1990 [1958]. *Darwin and the General Reader: The Reception of Darwin's Theory of Evolution in the British Periodical Press, 1859-1872*. With a new Foreword by David L. Hull. Chicago and London: University of Chicago Press.

ELLENBERGER, HENRI F.

1970. *The Discovery of the Unconscious: The History and Evolution of Dynamic Psychiatry*. New York: Basic Books.

ELMS, ALAN C.

1976. *Personality in Politics*. New York: Harcourt Brace Jovanovich.

ELTON, G. R.

1963. *Reformation Europe*, 1517-1559. London and Glasgow: Collins.

EMLEN, STEPHEN T., PETER H. WREGE, AND NATALIE J. DEMONG

1995. Making decisions in the family: An evolutionary perspective. *American Scientist* 82:148-87.

EPSTEIN, LEE, JEFFREY A. SEGAL, HAROLD J. SPAETH, AND THOMAS G. WALKER

1994. *The Supreme Court Compendium: Data, Decisions, and Developments*. Washington, D.C.: Congressional Quarterly.

ERDMANN, DAVID

1908. Albert of Prussia (1490-1568). *The New Schaff-Herzog Encyclopedia of Religious Knowledge*, 1:106-8. Edited by Samuel Macauley Jackson. New York and London: Funk and Wagnalls.

1909. George of Brandenburg (1484-1543). *The New Schaff-Herzog Encyclopedia of Religious Knowledge* 4:457-58. Edited by Samuel Macauley Jackson. New York and London: Funk and Wagnalls.

ERICKSON, CAROLLY

1980. *Great Harry*. New York: Summit Books.

ERIKSON, ERIK HOMBERGER

1958. *Young Man Luther: A Study in Psychoanalysis and History*. New York: W. W. Norton.

ERNST, CÉCILE, AND JULES ANGST

1983. *Birth Order: Its Influence on Personality*. Berlin and New York: Springer Verlag.

EYSENCK, HANS J.

1954. *The Psychology of Politics*. London: Routledge & Kegan Paul; New York: Praeger.

1956. The questionnaire measurement of neuroticism and extraversion. *Revista de Psicologia* 50:113-40.

1985. *The Decline and Fall of the Freudian Empire*. Middlesex, England: Penguin Books; New York: Viking Press.

1990. Genetic and environmental contributions to individual differences: The three major dimensions of personality. *Journal of Personality* 58:245-61.

EYSENCK, HANS J., AND S. RACHMAN

1965. *The Causes and Cures of Neurosis: An Introduction to Modern Behavior Therapy Based on Learning Theory and the Principles of Conditioning*. London: Routledge & Kegan Paul.

EYSENCK, HANS J., AND GLEN D. WILSON

1978. *The Psychological Basis of Ideology*. Lancaster: Medical and Technical Publishing.

FAHRENBERG, J., H. SELG, AND R. HAMPEL

1973. *Das Freiburger Persönlichkeitsinventar FPI*. 2d ed. Göttingen: Verlag für Psychologie Dr. C. J. Hogrefe.

FARBER, SUSAN L.

1981. *Identical Twins Reared Apart: A Reanalysis*. New York: Basic Books.

FARLEY, FRANK, AND SONJA V. FARLEY

1974. Birth order and political orientation in college women. *Psychological Reports* 34: 1045-146.

FARLEY, JOHN

1977. *The Spontaneous Generation Controversy from Descartes to Oparin*. Baltimore and London: Johns Hopkins University Press.

1982. *Gemetes and Spores: Ideas about Sexual Reproduction, 1750-1914*. Baltimore and London: Johns Hopkins University Press.

FARLEY, JOHN, AND GERALD L. GEISON

1974. Science, politics and spontaneous generation in 19th century France: The Pasteur-Pouchet debate. *Bulletin of the History of Medicine* 48:161-98.

FAUST, DAVID

1984. *The Limits of Scientific Reasoning*. Minneapolis: University of Minnesota Press.

FAUST, DAVID, AND PAUL E. MEEHL

1992. Using scientific methods to resolve questions in the history and philosophy of science: Some illustrations. *Behavior Therapy* 23:195-211.

FAVIER, JEAN, ANIKE BLAISE, SERGE COSSERON, AND JACQUES LEGRAND, EDS.

1989. *Chronicle of the French Revolution*. London: Chronicle Communications.

FEINGOLD, ALAN

1994. Gender differences in personality: A meta-analysis. *Psychological Bulletin* 116:429-56.

FELLOWS, OTIS

1989. *Diderot*. Updated Edition. Boston: Twayne Publishers.

FESHBACK, SEYMOUR, AND BERNARD WEINER

1986. *Personality*. 2d ed. Lexington, Mass.: D. C. Heath.

FESTINGER, LEON

1957. *A Theory of Cognitive Dissonance*. Stanford: Stanford University Press.

FEUER, LOUIS

1963. *The Scientific Intellectual*. New York: Basic Books.

1974. *Einstein and the Generations of Science*. New York: Basic Books.

FICHTNER, PAULA SUTTER

1989. *Protestantism and Primogeniture in Early Modern Germany*. New Haven and New York: Yale University Press.

FILLER, LOUIS

1987. *Dictionary of American Conservatism*. New York: Philosophical Library.

FISCH, R.

1977. Psychology of Science. In *Science, Technology, and Society: A Cross-Disciplinary Perspective*, edited by J. Spiegel-Rosing and D. de S. Price, pp. 277-318. Newbury Park, Calif.: Sage Publications.

FISHER, RICHARD B.

1977. *Joseph Lister, 1827-1912*. New York: Stein and Day.

FITZROY, ROBERT

1839. *Narrative of the Surveying Voyages of His Majesty's Ships Adventure and Beagle, getween the Years 1826 and 1836, Describing Their Examination of the Southern Shores of South America, and the Beagle's Circumnavigation of the Globe. Vol. 1: Proceedings of the First Expedition, 1826-1830, under the Command of Captain P. Parker King. Vol. 2: Proceedings of the Second Expedition, 1831-1836, under the Command of Captain Robert Fitz-Roy, R.N. With Appendix*. London: Henry Colburn.

FLAHERTY, JENNY

1980. Psychological correlates of scientific attitudes. Senior honors thesis, Wellesley College, Wellesley, Mass.

FLECK, LUDWIG

1979 [1935]. *Genesis and Development of a Scientific Fact*. Edited by Thaddeus J. Trenn and Robert K. Merton. Translated by Fred Bradley and Thaddeus J. Trenn. Chicago: University of Chicago Press.

FLEMING, DONALD

1961. Charles Darwin, the anaesthetic man. *Victorian Studies* 4:219-36.

FLEXNER, JAMES THOMAS

1965. *George Washington: The Forge of Experience (1732-1775)*. Boston: Little, Brown.

FLOURENS, PIERRE

1864. *Examen du livre de M. Darwin sur l'origine des espèces*. Paris: Garnier.

FONER, ERIC, ED.

1971. *Nat Turner*. Englewood Cliffs, N.J.: Prentice-Hall.

FORBES, GORDON B.

1971. Birth order and political success: A study of the 1970 Illinois general elections. *Psychological Reports* 29:1239-42.

FORMAN, PAUL

1971. Weimar culture, causality, and quantum theory, 1918-1927: Adaptation by German physicists and mathematicians to a hostile intellectual environment. *Historical Studies in the Physical Sciences* 3:1-115.

1978. The reception of an acausal quantum mechanics in Germany and Britain. In *The Reception of Unconventional Science*, edited by Seymour H. Mauskopf, pp. 11-50. Boulder, Colo.: Westview.

FORSTER, J.

1874. *Life of Charles Dickens*. London: Chapman and Hall.

FOSTER, JOHN W., AND STANLEY J. ARCHER

1979. Birth order and intelligence: An immunological interpretation. *Perceptual and Motor Skills* 48:79-93.

FRANK, LAURENCE G., STEPHEN E. GLICKMAN, AND PAUL LICHT

1991. Fatal sibling aggression, precocial development, and androgens in neonatal spotted hyenas. *Science* 252:702-704.

FRANK, PHILIPP

1947. *Einstein: His Life and Times*. Translated from the German by George Rosen. New York: Alfred A. Knopf.

FRANK, ROBERT G., JR.

1980. *Harvey and the Oxford Physiologists: A Study of Scientific Ideas*. Berkeley and Los Angeles: University of California Press.

FRANKLIN, BENJAMIN

1916. *The Autobiography of Benjamin Franklin*. Garden City, N.Y.: Garden City Publishing.

FRASER, ANTONIA

1992. *The Wives of Henry VIII*. New York: Alfred A. Knopf.

FREDERICK II

1751. Frederick the Great's eulogy on Julien Offray de La Mettrie. Reprinted and translated in *Man a Machine*, by Julien Offray de La Mettrie. La Salle, Ill.: Open Court, 1912.

FREDERICK, JEFFREY T.

1987. *The psychology of the American Jury*. Charlottesville, Va.: Michie.

FREEMAN, DEREK

1983. *Margaret Mead and Samoa: The Making and Unmasking of an Anthropological Myth*. Cambridge and London: Harvard University Press.

FREEMAN, R. B.

1978. *Charles Darwin. A Companion*. Folkestone, England: William Dawson; Hamden, Conn.: Archon Books.

FREUD, SIGMUND

1900. *The Interpretation of Dreams*. In *The Standard Edition of the Complete Psychological Works of Sigmund Freud*, 4-5. 24 vols. Translated from the German under the general editorship of James Strachey, in collaboration with Anna Freud, assisted by Alix Strachey and Alan Tyson. London: Hogarth Press and The Institute of Psycho-Analysis, 1953-1975.

1916-17. Introductory Lectures on Psycho-Analysis. In *The Standard Edition of the Complete Psychological Works of Sigmund Freud* 15-16.

1933. *New Introductory Lectures on Psycho-Analysis*. In *The Standard Edition of the Complete Psychological Works of Sigmund Freud* 22:3-182.

1940. *An Outline of Psycho-Analysis*. In *The Standard Edition of the Complete Psychological Works of Sigmund Freud* 23:141-207.

FREUD, SIGMUND, AND CARL GUSTAV JUNG

1974. T*he Freud/Jung Letters: The Correspondence between Sigmund Freud and C. G. Jung*. Edited by William McGuire. Translated by Ralph Manheim and R. F. C. Hull. Bollingen Series XCIV. Princeton: Princeton University Press; London: Routledge & Kegan Paul.

FREUDENTHAL, HANS

1971. Cauchy, Augustin-Louis (1789-1857). *Dictionary of Scientific Biography* 3:131-48.

FRIEDMAN, LEON, AND FRED L. ISRAEL, EDS.

1969. *The Justices of the United States Supreme Court, 1789-1969: Their Lives and Major Opinions*. 4 vols. New York and London: Chelsea House, in association with R. R. Bowker.

FULLER, STEVE

1989. *Philosophy of Science and Its Discontents*. Boulder, Colo.: Westview Press.

FULTON, JOHN F., AND ELIZABETH H. THOMSON

1947. *Benjamin Silliman: Pathfinder in American Science*. New York: Henry Schuman.

FURET, FRANÇOIS, AND MONA OZOUF, EDS.

1989. *A Critical Dictionary of the French Revolution*. Translated by Arthur Goldhammer. Cambridge: The Belknap Press of Harvard University Press.

1991. *La Gironde et les Girondins*. Paris: Payot.

FURET, FRANÇOIS, AND DENIS RICHET

1970. *French Revolution*. Translated from the French by Stephen Hardman. New York:
Macmillan.

GAGLIARDO, JOHN G.

1967. *Enlightened Despotism*. New York: Thomas Y. Crowell.

GAIRDNER, JAMES

1885. Askew, Anne (1521-1546). *Dictionary of National Biography* 1:662-64.

1887. Parr, Catherine (1512-1548). *Dictonary of National Biography* 3:1217-21.

GALILEI, GALILEO

1957 [1610]. *The Starry Messenger*. In *Discoveries and Opinions of Galileo*, pp. 20-58. Translated
with Introduction and Notes by Stillman Drake. Garden City, N.Y.: Doubleday Anchor
Books.

1967 [1632]. *Dialogue Concerning the Two Chief World Systems—Ptolemaic and Copernican.*
Translated by Stillman Drake. 2d ed. Berkeley and Los Angeles: University of Chlifornia
Press.

GALISON, PETER

1987. *How Experiments End*. Chicago: University of Chicago Press.

GALTON, FRANCIS

1874. *English Men of Science*. London: Macmillan.

GARDNER, HOWARD

1983. *Frames of Mind: The Theory of Multiple Intelligences*. New York: Basic Books.

1987. *The Mind's New Science*. New York: Basic Books.

1993. *Creating Minds: An Anatomy of Creativity Seen through the Lives of Freud, Einstein, Picasso,
Stravinsky, Eliot, Graham, and Gandhi*. New York: Basic Books.

1995. *Leading Minds: An Anatomy of Leadership*. In collaboration with Emma Laskin. New
York: Basic Books.

GASKING, ELIZABETH

1967. *Investigations into Generation, 1651-1828*. Baltimore: Johns Hopkins University Press.

GAULD, ALAN

1968. *The Founders of Psychical Research*. New York: Schocken Books.

GAULIN, STEVEN J. C., AND CAROLE J. ROBBINS

1991. Trivers-Willard effect in contemporary North American society. *American Journal of
Psyical Anthropology* 85:61-69.

GAUSE, G. F.

1934. *The Struggle for Existence*. Baltimore: Williams and Wilkins.

GAY, PETER

1959. *Voltaire's Politics: The Poet as Realist*. Princeton: Princeton University Press.

1966. *The Enlightenment: An Interpretation. The Rise of Modern Paganism*. New York: Alfred A. Knopf.

GEEN, RUSSELL G.

1986. Physiological, effective, and behavioral implications of extraversion introversion. In *Shyness: Perspectives on Research and Treatment*, edited by Warren H. Jones, Jonathan M. Cheek, and Stephen R. Briggs, pp. 265-78. New York and London: Plenum.

GEISBERG, MAX

1974. *The Single-leaf Woodcut: 1500-1550*. 4 vols. Revised and edited by Walter L. Strauss. New York: Hacker Art Books.

GEISON, GERALD L.

1969. The protoplasmic theory of life and the vitalist-mechanist debate. *Isis* 60:273-92.

GEORGE, CHARLES H., AND KATHERINE GEORGE

1961. *The Protestant Mind of the English Reformation 1570-1640*. Princeton: Princeton University Press.

GETZELS, JACOB W., AND PHILIP W. JACKSON

1962. *Creativity and Intelligence: Explorations with Gifted Students*. London and New York: John Wiley & Sons.

GHISELIN, MICHAEL T.

1969. *The Triumph of the Darwinian Method*. Berkeley and Los Angeles: University of California Press.

1972. The individual in the Darwinian revolution. *New Literary History* 3: 113-34.

GIBBON, CHARLES

1878. *The Life of George Combe, Author of "The Constitution of Man."* 2 vols. London: Macmillan.

GIBNEY, LEO

1989. *An Investigation into the Verdict Preferences of Death Qualified and Non-Death Qualified Juries*. Ann Arbor, Mich.: University Microfilms.

GIERE, RONALD N.

1988. *Explaining Science: A Cognitive Approach*. Chicago and London: University of Chicago Press.

1989. The units of analysis in science studies. In sciencestudies. In *The Cognitive Turn: Sociological and Psychological Perspectives on Science*, edited by Steve Fuller, Marc de Mey, Terry Shinn, and Steve Woolgar, pp. 3-11. Dordrecht: Kluwer Academic Publishers.

GIERYN, THOMAS F.

1988. Distancing science from religion in seventeenth-century England. *Isis* 79:582-93.

GIERYN, THOMAS F., AND RICHARD F. HIRSH

1983. Marginality and innovation in science. *Social Studies of Science* 13:87-106.

GILLESPIE, NEAL C.

1979. *Charles Darwin and the Problem of Creation*. Chicago and London: Chicago University Press.

GILLIGAN, CAROL

1982. *In a Different Voice: Psychological Theory and Woman's Development*. Cambridge and London: Harvard University Press.

GILLISPIE, CHARLES COULSTON

1951. *Genesis and Geology: A Study in the Relations of Scientific Thought, Natural Theology, and Social Opinion in Great Britain, 1790-1850*. Cambridge: Harvard University Press.

1974. Mertonian theses. *Science* 184:656-60.

1978. Laplace, Pierre-Simon, Marquis de (1749-1827). *Dictionary of Scientific Biography* 15:273-356.

GINGERICH, OWEN

1973. Kepler, Johannes (1571-1630). *Dictionary of Scientific Biography* 7:289-312.

1975. "Crisis" versus aesthetic in the Copernican revolution. In *Vistas in Astronomy*, edited by Arthur Beer and K. Aa. Strand, pp. 85-95. Oxford and New York: Pergamon.

GINGERICH, OWEN, AND ROBERT S. WESTMAN

1988. The Wittich connection: Conflict and priority in late sixteenth-century cosmology. *Transactions of the American Philosophical Society* 78, Part 7.

GINI, CORRADO

1915. Superiority of the eldest. *Journal of Heredity* 6:37-39.

GLANTZ, KALMAN, AND JOHN K. PEARCE

1989. *Exiles from Eden: Psychotherapy from an Evolutionary Perspective*. New York: W. W. Norton.

GLASS, BENTLEY

1959. Maupertuis, pioneer of genetics and evolution. In *Forerunners of Darwin, 1745-1859*, edited by Bentley Glass, Owsei Tempkin, and William L. Straus, Jr., pp. 51-83. Baltimore: Johns Hopkins University Press.

GLASS, BENTLEY, OWSEI TEMPKIN, AND WILLIAM L. STRAUS, JR., EDS.

1959. *Forerunners of Darwin, 1745-1859*. Baltimore: Johns Hopkins University Press.

GLASS, GENE V., BARRY MCGAW, AND MARY LEE SMITH

1981. *Meta-Analysis in Social Research*. Beverly Hills, Calif.: Sage Publications.

GLEN, WILLIAM

1982. *The Road to Jaramillo: Critical Years in the Revolution in Earth Sciences*. Stanford: Stanford University Press.

GLICK, THOMAS F., ED.

1972. *The Comparative Reception of Darwinism*. Austin and London: University of Texas Press.

1987. *The Comparative Reception of Relativity*. Dordrecht and Boston: D. Reidel.

GLUCK, MARY

1985. *Georg Lukács and His Generation: 1900-1918*. Cambridge: Harvard University Press.

GODECHOT, JACQUES

1971. *The Counter-Revolution: Doctrine and Action, 1789-1804*. Translated from the French by Salvator Attanasio. Princeton: Princeton University Press.

GODLEE, RICKMAN J.

1917. *Lord Lister*. London: Macmillan.

GOERTZEL, MILDRED GEORGE, VICTOR GOERTZEL, AND TED GEORGE GOERTZEL

1978. *Three Hundred Eminent Personalities*. San Francisco: Jossey-Bass Publishers.

GOLDBERG, LEWIS ROBERT

1981. Language and individual differences: The search for universals in personality lexicons. In *Review of Personality and Social Psychology*, edited by L. Wheeler, vol. 2, pp. 141-65. Beverly Hills, Calif.: Sage Publications.

1982. From ace to zombie: Some explorations in the language of personality. In *Advances in Personality Assessment*, edited by C. D. Spielberger and J. N. Butcher, vol. 1, pp. 203-34. Hillsdale, N.J.: Erlbaum.

GOLDBERG, STANLEY

1968. *The early Responses to Einstein's Special Theory of Relativity, 1905-1911: A Case Study in National Differences*. Cambridge: Harvard University Press.

1984. *Understanding Relativity: Origin and Impact of Scientific Revolution*. Boston, Basel, and Stuttgart: Birkhäuser.

GOLINSKI, JAN

1990. The theory of practice and the practice of theory: Sociological approaches in the story of science. *Isis* 81:492-505.

GORTVAY, GYORGY, AND I. ZOLTAN

1968. *Semmelweis: His Life and Work*. Translated by Éva Róa and R. Bonnerjea. Budapest: Akadémiai Kiadó.

GOSSE, EDMUND

1890. *The Life of Philip Henry Gosse*. London: Kegan Paul, Trench, Trübner.

GOSSE, PHILLIP HENRY

1857. *Omphalos: An Attempt to Untie the Geological Knot*. London: John Van Voorst.

GOUGH, HARRISON G., AND AVRIL THORNE

1986. Positive, negative, and balanced shyness: Self-definitions and the reactions of others. In *Shyness: Perspectives on Research and Treatment*, edited by Warren H. Jones, Jonathan M.

Cheek, and Stephen R. Briggs, pp. 189-203. New York and London: Plenum.

GOULD, JOHN

1837a. Remarks on a group of groud finches in Mr. Darwin's collection, with characters of the new species. *Proceedings of the Zoological Society of London* 5:4-7.

1837b. Observations on the raptorial birds from Mr. Darwin's collection, with characters of the new species. *Proceedings of the Zoological Society of London* 5:9-11.

1837c. Exhibition of the fissirostral birds from Mr. Darwin's collection, and characters of the new species. *Proceedings of the Zoological Society of London* 5:22.

1837d. Three species of the genus Orpheus, from the Galapagos, in the collection of Mr. Darwin. *Proceedings of the Zoological Society of London* 5:27.

1837e. On a new rhea (Rhea darwinii) from Mr. Darwin's Collection. *Proceedings of the Zoological Society of London* 5:35.

1841. *The Zoology of the Voyage of H.M.S. Beagle, under the Command of Captain FitzRoy, R.N., during the Years 1832-1836.* Edited and superintended by Charles Darwin. Part 3: Birds. London: Smith, Elder.

1868. *A Prospectus of the Works on Ornithology, etc. by John Gould, F.R.S., with a List of Subscribers to, or Possessors of, the Works.* London: Published by the author.

GOULD, STEPHEN JAY

1981. *The mismeasure of man.* New York: W. W. Norton.

1983. Agassiz in the Galápagos. In *Hen's Teeth and Horses' Toes*, pp. 107-19. New York: W. W. Norton.

1985. *The Flamingo's Smile.* New York: W. W. Norton.

1987. *Time's Arrow, Time's Cycle: Myth and Metaphor in the Discovery of Geological Time.* Cambridge and London: Harvard University Press.

1992. The paradox of genius. Review of *Darwin*, by Adrian Desmond and James Moore (1991). *Nature* 355:215-16.

1996. Why Darwin? Review of *Charles Darwin: Voyaging*, by Janet Browne (1995). *New York Review of Books*, 4 April, pp. 10-14.

GOULD, STEPHEN JAY, AND RICHARD LEWONTIN

1979. The spandrels of San Marco and the Panglossian paradigm: A critique of the adaptationist programme. *Proceedings of the Royal Society of London (B)* 205:581-98.

GRAHAM, LOREN

1972. *Science and Philosophy in the Soviet Union.* New York: Alfred A. Knopf.

1977. Science and values: The eugenics movement in Germany and Russia in the 1920s. *American Historical Review* 82:1133-64.

GRANT, PETER R.

1986. *Ecology and Evolution of Darwin's Finches.* Princeton: Princeton University Press.

GRANT, ROSEMARY B., AND PETER R. GRANT

1989. *Evolutionary Dynamics of a Natural Population: The Large Cactus Finch of the Galápagos.* Chicago and London: University of Chicago Press.

GRAY, ASA

1889. *Scientific Papers of Asa Gray.* Selected by Charles Sprague Sargent. 2 vols. Boston and New York: Houghton, Mifflin.

GREAVES, RICHARD L.

1969. Puritanism and science: The anatomy of a controversy. *Journal of the History of Ideas* 30:345-68.

GREENE, JOHN C.

1971. The Kuhnian paradigm and the Darwinian revolution in natural history. In *Perspectives in the History of Science and Technology,* edited by H. D. Roller, pp. 3-25. Norman, Okla.: University of Oklahoma Press.

GREENE, MOTT T.

1982. *Geology in the Nineteenth Century: Changing Views of a Changing World.* Ithaca and London: Cornell University Press.

GREENSON, RALPH R.

1968. Disidentifying from mother: Its special importance for the boy. *International Journal of Psycho-Analysis* 49:370-74. Reprinted in *Explorations in Psychoanalysis,* pp. 305-12. New York: International Universities Press, 1978.

GREENWOOD, M., AND G. U. YULE

1914. On the determination of size of family and of the distribution of characteristics in order of birth from samples taken through members of the sibships. *Journal of the Royal Statistical Society* 77:179-99.

GREER, DONALD

1935. *The Incidence of Terror during the French Revolution: A Statistical Interpretation.* Cambridge: Harvard University Press.

GROSS, PAUL R., AND NORMAN LEVITT

1994. *Higher Superstition: The Academic Left and Its Quarrels with Science.* Baltimore and London: Johns Hopkins University Press.

GROSSKURTH, PHYLLIS

1980. *Havelock Ellis: A Biography.* London: Allen Lane.

1986. *Melanie Klein: Her World and Her Work.* New York: Alfred A. Knopf.

1988. *Margaret Mead: A Life of Controversy.* London: Penguin.

1991. *The Secret Ring: Freud's Inner Circle and the Politics of Psychoanalysis.* Reading, Mass.: Addison-Wesley.

GRUBER, HOWARD

1974. *Darwin on Man: A Psychological Study of Scientific Creativity*. Together with *Darwin's Early and Unpublished Notebooks*. Transcribed and annotated by Paul H. Barrett. New York: E. P. Dutton.

GRÜNBAUM, ADOLF

1984. *The Foundations of Psychoanalysis: A Philosophical Critique*. Berkeley and Los Angeles: University of California Press.

1993. *Validation in the Clinical Theory of Psychoanalysis: A Study in the Philosophy of Psychoanalysis*. Introduction by Philip S. Holzman. *Psychological Issues*, monography 61. Madison, Conn.: International Universities Press.

GUENIFFEY, PATRICE

1989. Robespierre. In *A Critical Dictionary of the French Revolution*, edited by François Furet and Mona Ozouf; translated by Arthur Goldhammer, pp. 298-312. Cambridge: Harvard University Press.

GUERLAC, HENRY

1981. *Newton on the Continent*. Ithaca and London: Cornell University Press.

GUILFORD, J. P.

1957. A revised structure of intellect. Reports from the Psychological Laboratory, no. 19, University of Southern California.

1959. Traits of creativity. In *Creativity and Its Cultivation*, edited by H. H. Anderson, pp. 142-61. New York: Harper & Row.

GUTTING, GARY, ED.

1980. *Paradigms and Revolutions. Appraisals and Applications of Thomas Kuhn's Philosophy of Science*. Notre Dame, Ind.: University of Notre Dame Press.

GUZE, SAMUEL B.

1992. *Why Psychiatry Is a Branch of Medicine*. New York and Oxford: Oxford University Press.

HAAG, EUGÈNE, AND ÉMILE HAAG

1852. Budé. *La France Protestante* 3:74-77. Paris: Joël Cherbuliez.

HACKETT, FRANCIS

1934. *Francis the First*. New York: The Literary Guild.

HACKING, IAN

1981. *Scientific Revolutions*. Oxford and New York: Oxford University Press.

1983. Was there a probabilistic revolution, 1800-1930? In *Probability Since 1800: Interdisciplinary Studies of Scientific Development*, edited by Michael Heidelberger, Lorenz Krüger, and Rosemarie Rheinwald, pp. 487-506. Bielefeld: B. Kleine Verlag.

HAHLWEG, KAI, AND C. A. HOOKER, EDS.

1989. *Issues in Evolutionary Epistemology*. Albany: State University of New York Press.

HAHN, ROGER

1971. *The Anatomy of a Scientific Institution: The Paris Academy of Sciences, 1666-1803*. Berkeley, Los Angeles, and London: University of California Press.

HAGSTROM, WARREN O.

1965. *The Scientific Community*. New York: Basic Books.

HALE, NATHAN G., JR.

1971. *Freud and the Americans*. Vol. 1: *The Beginnings of Psychoanalysis in the United States, 1876-1917*. New York: Oxford University press.

HALL, A. RUPERT

1966. *The Scientific Revolution 1500-1800: The Formation of the Modern Scientific Attitude*. 2d ed. Boston: Beacon Press.

HALL, EVERETT EARL, JR.

1963. Psychological correlates of ordinal position in the two-child family, *Dissertation Abstractions* 24:2116-17.

HALL, EVERETT EARL, JR., AND BEN BARGER

1964. Attitudinal structures in older and younger siblings. *Journal of Individual Psychology* 20:59-68.

HALL, MARIE BOAS

1984. *All Scientists Now: The Royal Society in the Nineteenth Century*. Cambridge: Cambridge University Press.

HALL, THOMAS S.

1969. *Ideas of Life and Matter: Studies in the History of General Psysiology, 600 B.C. to A.D. 1900*. 2 vols. Chicago and London: Chicago University Press.

HALLAM, ANTHONY

1973. *A Revolution in Earth Sciences: From Continental Drift to Plate Tectionics*. Oxford: Clarendon Press.

HALLER, JOHN S., JR.

1971. *Outcasts from Evolution: Scientific Attitudes of Racial Inferiority, 1859-1900*. Urbana, Ill.: University of Illinois Press.

HALLER, MARK H.

1963. *Eugenics: Hereditarian Attitudes in American Thought*. New Brunswick, N.J.: Rutgers University Press.

HAMILTON, J. G. DER.

1936. Nat Turner. *Dictionary of American Biography* 16:69-70

HAMILTON, WILLIAM D.

1963. The evolution of altruistic behavior. *American Naturalist* 97:354-56.

1964a. The genetical evolution of social behavior. I. *Journal of Theoretical Biology* 7:1-16.

1964b. The genetical evolution of social behavior. II. *Journal of Theoretical Biology* 7:17-32.

HARLOW, HARRY

1958. The nature of love. *American Psychologist* 3:673-85.

HARRINGTON, ANNE

1987. *Medicine, Mind, and the Double Brain: A Study in Nineteenth-Century Thought.* Princeton: Princeton University Press.

1992. Other "ways of knowing": The politics of knowledge in interwar German brain science. In So Human a Brain: Knowledge and Values in the Neurosciences, edited by Anne Harrington, pp. 229-44. Boston: Birkhäuser.

HARRIS, IRVING D.

1964. *The Promised Seed: A Comparative Study of Eminent First and Later Sons.* Glencoe, Ill.: Free Press; London: Collier Macmillan.

HARRIS, IRVING D., AND KENNETH I. HOWARD

1968. Birth order and responsibility. *Journal of Marriage and the Family* 30:427-32.

HARRIS, MICHAEL

1974. *A Field Guide to the Birds of the Galapagos Islands.* London: William Collins Sons.

HARRIS, STEVEN J.

1989. Transposing the Merton thesis: Apostolic spirituality and the establishment of the Jesuit scientific tradition. *Science in Context* 3:29-65.

HART, MICHAEL H.

1978. *The 100: A Ranking of the Most Influential Persons in History.* New York: Hart Publishing Company.

HARTUNG, JOHN

1987. On nonheritablet genetic differences. *Brain and Behavioral Sciences* 10:25.

HARVEY, JOY

1983a. *Races Specified, Evolution Transformed: The Social Context of Scientific Debates Originating in the Société d'Anthropologie de Paris, 1859-1902.* Ph.D dissertation, Harvard University, Ann Arbor, Mich.: University Microfilms International.

1983b. Evolutionism transformed: Positivists and materialists in the Société d'Anthropologie de Paris from Second Empire to Third Republic. In *The Wider Domain of Evolutionary Thought*, edited by David Oldroyd and I. Langhan, pp. 289-310. Dordrecht: D. Reidel.

HARWOOD, JONATHAN

1987. National styles in science: Genetics in Germany and the United States between the world wars. *Isis* 78:390-414.

HAUSFATER, GLENN, AND SARAH BLAFFER HRDY, EDS.

1984. *Infanticide: Comparative and Evolutionary Perspectives.* New York: Aldine.

HAYDEN, DELBERT JOSEPH

1973. Trait oppositeness in siblings. *Dissertation Abstracts International* (B) 33:3285.

HAYSSEN, VIRGINIA D.

1984. Mammalian reproduction: Constraints on the evolution of infanticide. *In Infanticide: Comparative and Evolutionary Perspectives*, edited by Glenn Hausfater and Sarah Blaffer Hrdy, pp. 105-23. New York: Aldine.

HEARSEY, JOHN E. N.

1976. *Voltaire*. London: Constable.

HEDGES, LARRY V., AND INGRAM OLKIN

1980. Vote-counting methods in research synthesis. *Psychological Bulletin* 88:359-69.

HEILBRON, JOHN L.

1979. *Electricity in the 17th and 18th Centuries: A Study of Early Modern Physics*. Berkeley and Los Angeles: University of California Press.

1986. *The Dilemmas of an Upright Man: Max Planck as Spokesman for German Science*. Berkeley and Los Angeles: University of California Press.

HEIMPEL, HERMANN

1954. *Der Mensch in seiner Gegenwart: Sieben historische Essais*. Göttingen: Vandenhoeck and Ruprecht.

HELLMAN, C. DORIS

1973. Brahe, Tycho (1546-1601). *Dictionary of Scientific Biography* 2:401-16.

HELMREICH, ROBERT, AND DONALD KUIKEN

1968. Effects of stress and birth order on attitude change. *Journal of Personality* 36:466-73.

HENDRIX, SCOTT H.

1981. *Luther and the Papacy: Stages in a Reformation Conflict*. Philadelphia: Fortress Press.

1990. Luther's loyalties and the Augustinian order. In *Augustine, the Harvest, and Theology (1300-1650): Essays Dedicated to Heiko Augustinus Oberman in Honor of His 60th Birthday*, edited by Kenneth Hagen, pp. 236-58. Leiden: E. J. Brill.

1994. Loyalty, piety, or opportunism: German princes and the Reformation. *Journal of Interdisciplinary History* 25:211-24.

HENDRY, JOHN

1980. Weimar culture and quantum causality. *History of Science* 18:155-80.

HENRY, JOHN

1992. The scientific revolution in England. In *The Scientific Revolution in National Context*, edited by Roy Porter and Kikulás Teich, pp. 178-209. Cambridge: Cambridge University Press.

HERBERT, MIRANDA, AND BARBARA MCNEIL, EDS.

1981. *Biography and Genealogy Master Index*. 8 vols. 2d ed. Detroit, Mich.: Gale.

HERBERT, SANDRA

1974. The place of man in the development of Darwin's theory of transmutation. Part 1. To July

1837. *Journal of the History of Biology* 7:217-58.

HERLIHY, DAVID

1973. Three patterns of social mobility in medieval history. *Journal of Interdisciplinary History* 3:622-47.

1977. Family and property in Renaissance Florence. In *The Medieval City*, edited by David Herlihy and A. L. Udovitch, pp. 3-24. New Haven: Yale University Press.

HERMANN, ARMIN

1971. *The Genesis of Quantum Theory (1899-1913)*. Translated from the German by Claude W. Nash. Cambridge: MIT Press.

1973. Lenard, Philipp (1862-1947). *Dictionary of Scientific Biography* 8:180-83.

HESS, KATHRYN ELAINE

1971. Ordinal position and acceptance of conventional morality. *Dissertation Abstracts (A)* 32:1073.

HICKMAN, CAROLE S., AND JERRE H. LIPPS

1985. Geologic youth of Galápagos Islands confirmed by marine stratigraphy and paleontolopy. *Science* 227:1578-80.

HIGONNET, PATRICE

1985. The social and cultural antecedents of revolutionary discontinuity: Montagnards and Girondins. *English Historical Review* 100:513-44.

HILL, CHRISTOPHER

1965. *Intellectual Origins of the English Revolution*. Oxford: Clarendon Press.

1974. Puritanism, capitalism, and the scientific revolution. In *The Intellectual Revolution of the Seventeenth Century*, edited by Charles Webster, pp. 243-53. London: Routledge & Kegan Paul. Originally published in *Past and Present* 29 (1964):88-97.

HILLERBRAND, HANS J.

1971. *Christendom Divided: The Protestant Reformation*. London: Hutchison; New York: Corpus Instrumentorum.

1973. *The World of the Reformation*. New York: Charles Scribner's Sons.

HILTS, PHILIP J.

1991. Crucial research data in report biologist signed are held fake: Nobelist to ask retraction of paper he defended. *The New York Times*, 21 March, pp. A1, B10.

HINGLEY, RONALD

1974. *Joseph Stalin: Man and Legend*. London: Hutchinson.

HOBSON, J. ALLAN

1988. *The Dreaming Brain*. New York: Basic Books.

HODGE, M. J. S.

1972. The universal gestation of nature: Chamber's Vestiges and Explanations. *Journal of the*

*History of Biology* 5:127-52.

HOFFMAN, LYNN

1981. *Foundations of Family Therapy: A Conceptual Framework for Systems Change.* New York: Basic Books.

HOFFMANN, BANESH

1972. *Albert Einstein: Creator and Rebel.* With the collaboration of Helen Dukas. New York; Viking Press.

HOLDEN, CONSTANCE

1993. The making of a (female) scientist. *Science* 262:1815.

HOLMES, MICHAEL

1995. Revolutionary birthdays. *Nature* 373:468.

HOLMQUIST, HJALMAR FREDRIK

1917. *Martin Luther: Mindskrift til Reformationsjubilaeet.* Copenhagen: V. Pios Boghandel.

HOLTON, GERALD

1973. *Thematic Origins of Scientific Thought: Kepler to Einsein.* Cambridge: Harvard University Press.

HOOKE, ROBERT

1989. Statistics, sports, and some other thing. In *Statistics: A Guide to the Unknown.* 3d ed. Edited by Judith M. Tanur, Frederick Mosteller, William H. Kruskal, Erich L. Lehmann, Richard F. Link, Richard S. Pieters, Gerald R. Rising, pp. 188-97 Pacific Grove, Calif.: Wadsworth and Brooks.

HOOKER, JOSEPH DALTON

1846. Enumeration of the plants in the Galapagos Islands, with descriptions of the new species. *Proceedings of the Linnean Society of London* 1:276-79.

1847a. An enumeration of the plants of the Galapagos Archipelago; with descriptions of those which are new. *Transactions of the Linnean Society of London,* 20:163-233.

1847b. On the vegetation of the Galapagos Archipelago as compared with that of some other tropical islands and of the continent of America. *Transactions of the Linnean Society of London* 20:235-62.

HOOYKAAS, REIJER

1963. *Natural Law and Divine Miracle: The Principle of Uniformity in Geology, Biology and Theology.* Leiden: E. J. Brill.

1970. *Catastrophism in Geology, Its Scientific Character in Relation to Actualism and Uniformitarianism.* Amsterdam: North-Holland.

HOWARD, JANE

1984. *Margaret Mead: A Life.* New York: Simon and Schuster.

HOYNINGEN-HUENE, PAUL

1993. *Reconstructing Scientific Revolutions: Thomas S. Kuhn's Philosophy of Science*. Translated by Alexander T. Levine. With a Foreword by Thomas S. Kuhn. Chicago and London: University of Chicago Press.

HRDY, SARAH BLAFFER

1977. *The Langurs of Abu: Female and Male Strategies of Reproduction*. Cambridge: Harvard University Press.

1987. Sex-biased parental investment among primates and other mammals: A critical evaluation of the Trivers-Willard hypothesis. In *Child Abuse and Neglect*, edited by Richard Gelles and Jane Lancaster, pp. 97-147. New York: Aldine de Gruyter.

1992. Fitness tradeoffs in the history of evolution of delegated mothering with special reference to wet-nursing, abandonment, and infanticide. *Ethology and Sociobiology* 13:409-42.

HRDY, SARAH BLAFFER, AND GLENN HAUSFATER

1984. Comparative and evolutionary perspectives on infanticide: Introduction and overview. In *Infanticide: Comparative and Evolutionary Perspectives*, edited by Glenn Hausfater and Sarah Blaffer Hrdy, pp. xiii-xxxv. New York: Aldine.

HRDY, SARAH BLAFFER, AND DEBRA S. JUDGE

1993. Darwin and the puzzle of primogeniture. *Human Nature* 4:1-45.

HUDSON, LIAM

1962. Intelligence, divergence and potential originality. *Nature* 196:601.

1963. Personality and scientific aptitude. *Nature* 198:913.

1966. *Conturary Imaginations: A Psychological Study of the English Schoolboy*. London: Methuen.

HUDSON, VALERIE M.

1990. Birth order and world leaders: An exploratory analysis of effects on personality and behavior. *Political Psychology* 11:583-601.

HUFBAUER, KARL

1982. *The Formation of the German Chemical Community (1720-1795)*. Berkeley and Los Angeles: University of California Press.

HULL, DAVID L.

1973. *Darwin and His Critics: The Reception of Darwin's Theory of Evolution by the Scientific Community*. Cambridge: Harvard University Press.

1988. *Science as a Process: An Evolutionary Account of the Social and Conceptual Development of Science*. Chicago and London: University of Chicago Press.

HULL, DAVID L., PETER D. TESSNER, AND ARTHUR M. DIAMOND

1978. Planck's principle. *Science* 202:717-23.

HUMBOLDT, ALEXANDER VON, AND AIMÉ BONPLAND

1814-29. *Personal Narrative of Travels to the Equinoctial Regions of the New Continent during the Years 1799-1804*. 7 vols. published in 9. Translated by H. M. Williams. London:

Longmans, Hurst, Rees, Orme, and Brown.

HUME, MARTIN

1905. *The Wives of Henry the Eighth and the Parts They Played in History*. New York: McClure, Phillips & Co.

HUND, FRIERICH

1974. *The History of Quantum Theory*. Translated from the German by Gordon Reece. New York: Barnes & Noble.

HUNT, LYNN

1992. *The Family Romance of the French Revolution*. Berkeley and Los Angeles: University of California Press.

HUNT, ROBERT

1888, Davy, Humphry (1778-1829). *Dictionary of National Biography* 14:187-93.

HUNTER, JOHN E. AND FRANK L. SCHMIDT

1990. *Methods of Meta-analysis: Correcting Error and Bias in Research Findings*. Newbury Park, Calif.: Sage Publications.

HUNTER, JOHN E., FRANK L. SCHMIDT, AND GREGG B. JACKSON

1982. *Meta-Analysis: Culminating Research Findings Across Studies*. Beverly Hills: Sage Publications.

HUNTER, MICHAEL

1981. *Science and Society in Restoration England*. Cambridge: Cambridge University Press.

1982. *The Royal Society and Its Fellows, 1660-1700: The Morphology of an Early Institution*. Chalfont St. Giles: The British Society for the History of Science.

HURWITZ, EDITH F.

1985. Harriet Elizabeth Beecher Stowe. In *Amencan Reformers*, edited by Alden Whitman, pp. 780-83. New York: H. W. Wilson.

HUTCHINSON, HORACE G.

1914. Life of Sir John Lubbock, *Lord Avebury*. 2 vols. London: Macmillan.

HUTTON, JAMES

1788. The theory of the earth; or an investigation of the laws observable in the composition, dissolution, and restoration of land upon the globe. *Transactions of the Royal Society of Edinburgh* 1:209-304.

HUXLEY, LEONARD

1901. *Life and Letters of Thomas Henry Huxley*. 2 vols. New York: D. Appleton.

HUXLEY, THOMAS HENRY

1887. On the reception of the "Origin of Species." In *The Life and Letters of Charles Darwin*, edited by Francis Darwin, 2:179-204. London: John Murray.

HYDE, JANET SHIBLEY

1986. Introduction: Meta-analysis and the psychology of gender. In *The Psychology of Gender: Advances through Meta-analysis*, edited by Janet Shibley Hyde and Maria C. Linn, pp. 1-13. Baltimore and London: Johns Hopkins University Press.

HYDE, JANET SHIBLEY, AND MARIA C. LYNN, EDS.

1986. *The Psychology of Gender: Advances through Meta-analysis*. Baltimore and London: Johns Hopkins University Press.

IHDE, AARON J.

1964. *The Development of Modern Chemistry*. New York: Harper & Row.

ILTIS, HUGO

1932. *Life of Mendel*. Translated by Eden and Cedar Paul. New York: W. W. Norton.

IMBRIE, JOHN, AND KATHERINE PALMER IMBRIE

1986. *Ice Ages: Solving the Mystery*. Cambridge and London: Harvard University Press.

INHELDER, BÄRBEL, AND JEAN PIAGET

1969. *The Psychology of the Child*. New York: Basic Books.

JACOB, JAMES R., AND MARGARET JACOB

1980. The Anglican origins of modern science: The metaphysical foundations of the Whig constitution. *Isis* 71:251-67.

JACOB, MARGARET C.

1976. *The Newtonians and the English Revolution, 1689-1720*. Ithaca, N.Y.: Cornell University Press.

JACYNA, L. S.

1984a. Principles of general physiology: The comparative dimension to British neuroscience in the 1830s and 1840s. *Studies in the History of Biology* 7:47-92.

1984b. The Romantic programme and the reception of cell theory in Britain. *Journal of the History of Biology* 17:13-48.

JÄGER, RALF J., MARIA ANVRET, KERSTIN HALL, AND GERD SCHERER

1990. A human XY female with frame shift mutation in the candidate testisdetermining gene *SRY. Nature* 348:452-54.

JAMES, DANIEL

1969. *Ché Guevara: A Biography*. New York: Stein and Day.

JENKINS, ELIZABETH

1959. *Elizabeth the GSreat*. New York: Coward-McCann.

JENSEN, WILLIAM A., BERND HEINRICH, DAVID B. WAKE, MARVALEE H. WAKE, AND STEPHEN L. WOLFE

1979. *Biology*. Belmont, Calif.: Wadsworth.

JENSSEN, JOHANNES

1896-1910. *History of the German People at the Close of the Middle Ages*. 16 vols. London: K. Paul,

Trench, Trübner, and Co.

JOHN, OLIVER P.

1990. The "Big Five" factor taxonomy: Dimensions of personality in the natural languages and in questionnaires. In *Handbook of Personality: Theory and Research*, edited by Lawrence A. Pervin, pp. 55-100. New York: Guilford Press.

JOHNSON, EDGAR

1977. *Charles Dickens: His Tragedy and Triumph*. Revised and abridged. New York: Viking Press.

JONES, ERNEST

1953-57. *The Life and Work of Sigmund Freud*. 3 vols. New York: Basic Books; London: Hogarth Press.

JONES, HAROLD E.

1954. The environment and mental development. In *Manual of Child Psychology*, pp. 631-92. 2d ed. Edited by L. Carmichael. New York: John Wiley.

JONES, HENRY FESTING

1919. *Samuel Butler, Author of Erewhon (1835-1902): A Memoir*. 2 vols. London: Macmillan and Co.

JONES, RICHARD FOSTER

1936. *Ancients and Moderns: A Study of Background of the Battle of the Books*. Saint Louis: Washington University Studies.

1961. *Ancients and Moderns: A Study of the Rise of the Scientific Movement in Seventeenth-Century England*. 2d ed. St. Louis: Washington University, 1961; Berkeley and Los Angeles: University of California Press, 1965.

JONES, WARREN H., JONATHAN M. CHEEK, AND STEPHEN R. BRIGGS

1986. *Shyness: Perspectives on Research and Treatment*. New York and London: Plenum.

JOHNSON, JOHN A., CHRISTOPHER K. GERMER, JAY S. EFRAN, AND WILLIS F. OVERTON

1988. Personality as the basis for theoretical predilections. *Journal of Personality and Social Psychology* 55:824-35.

JORAVSKY, DAVID

1970. *The Lysenko Affair*. Cambridge: Harvard University Press.

JORDAN, DAVID P.

1979. *The King's Trial: The French Revolution vs. Louis XVI*. Berkeley: University of California Press.

JUDD, JOHN WESLEY

1909. Darwin and geology. In *Darwin and Modern Science*, edited by A. C. Seward, pp. 337-84. Cambridge: Cambridge University Press; New York: G. P. Putnan's Sons.

JUDSON, HORACE FREELAND

1979. *The Eighth Day of Creation: The Makers of the Revolution in Biology*. New York: Simon and
Schuster.

JUNKER, THOMAS

1989. *Darwinismus und Botanik: Rezeption, Kritik und Theoretische Alternativen im Deutschland
des 19. Jahrhunderts*. Stuttgart: Deutscher Apotheker Verlag.

KAGAN, DONALD, STEBEN OZMENT, AND FRANK M. TURNER

1987. *The Western Heritage*. 2 vols. 3rd ed. New York: Macmillan.

KAGAN, JEROME

1971. *Personality Development*. New York; Harcourt Brace Jovanovich.

1977. The child in the family. *Daedalus* 106:33-56.

1984. *The Nature of the Child*. New York: Basic Books.

1986. *The Power and Limitations of Parents*. Austin, Tex.: Hogg Foundation for Mental Health.

1994. *Galen's Dream*. New York: Basic Books.

KAGAN, JEROME, AND J. STEPHEN REZNICK

1986. Shyness and temperament. In *Shyness: Perspectives on Research and Treatment*, edited by
Warren H. Jones, Jonathan M. Cheek, and Stephen R. Briggs, pp. 81-90. New York and
London: Plenum.

KAGAN, JEROME, J. STEPHEN REZNICK, AND NANCY SNIDMAN

1988. Biological bases of childhood shyness. *Science* 240: 167-71.

KALA, A. K., AND N. N. WIG

1982. Delusions across cultures. *International Journal of Social Psychiatry* 28:185-93.

KAMEN, HENRY

1985. *Inquisition and Society in Spain in the Sixteenth and Seventeenth Centuries*. London:
Weidenfeld and Nicolson.

KAMMEYER, KENNETH

1967. Birth order as a research variable. *Social Forces* 46:71-80.

KAREN, ROBERT

1994. *Becoming Attached: Unfolding the Mystery of the Infant-Mother Bond and Its Impact on
Later Life*. New York: Warner Books.

KATES, GARY

1985. *The* Cercle Social, *the Girondins, and the French Revolution*. Princeton: Princeton
University Press.

KAWERAU, PETER GUSTAV

1910a. Joachim I [1484-1535]. *The New Schaff-Herzog Encyclopedia of Religious Knowledge*
7:182-83.

1910b. Joachim II [1505-1571]. *The New Schaff-Herzog Encyclopedia of Religious Knowledge*

7:183.

KAY, GEORGE F.

1972. *The Family in Transition: Its Past, Present, and Future Patterns*. Newton Abbot, England: David and Charles.

KEARNEY, HUGH F.

1974. Puritanism, capitalism, and the Scientific Revolution. In *The Intellectual Revolution of the Seventeenth Century*, edited by Charles Webster, pp. 218-42. London: Routledge & Kegan Paul. Originally published in *Past and Present* 28 (1964):81-101.

KELLER, EVELYN FOX

1983. *A Feeling for the Organism: The Life and Work of Barbara McClintock*. New York: W. H. Freeman.

1985. *Reflections on Gender and Science*. New Haven and London: Yale University Press.

KELLEY, DONALD R.

1981. *The Beginning of Ideology: Consciousness and Society in the French Reformation*. Cambridge: Cambridge University Press.

KEVLES, DANIEL J.

1985. *In the Name of Eugenics: Genetics and the Uses of Human Heredity*. New York: Alfred A. Knopf.

KEYNES, GEOFFREY

1966. *The Life of William Harvey*. Oxford: Clarendon Press.

KEYNES, RICHARD DARWIN, ED.

1979. *The Beagle Record*. Cambridge: Cambridge University Press.

KIMBLE, JOHN W.

1975. *Man and Nature: Principles of Human and Environmental Biology*. Reading, Mass.: Addison-Wesley.

1978. *Biology*. 4th ed. Reading, Mass.: Addison-Wesley.

KITCHER, PATRICIA

1992. *Freud's Dream: A Complete Interdisciplinary Science of Mind*. Cambridge: MIT Press.

KITCHER, PHILIP

1982. *Abusing Science: The Case against Creationism*. Cambridge: MIT Press.

1985. *Vaulting Ambition: Sociobiology and the Quest for Human Nature*. Cambridge and London: MIT Press.

1993. *The Advancement of Science: Science without Legend, Objectivity without Illusion*. New York: Oxford University Press.

KLEIN, MARTIN J.

1965. Einstein, specific heats, and the early quantum theory. *Science* 148: 173-80.

KNORR-CETINA, KARIN

1981. *The Manufacture of Knowledge: An Essay on the Constructivist and Contextual Nature of Science.* Oxford: Pergamon Press.

KOCH, HELEN L.

1954. The relation of "primary mental abilities" in five- and six-year-olds to sex of child and characteristics of his sibling. *Child Development* 25:209-23.

1955a. Some personality correlates of sex, sibling position, and sex of sibling among five- and six-year-old children. *Genetic Psychology Monographs* 52:3-50.

1955b. The relation of certain family constellation characteristics and the attitudes of children toward adults. *Child Development* 26:13-40.

1956a. Attitudes of young children toward their peers as related to certain characteristics of their siblings. *Psychological Monograph* 70:1-41.

1956b. Children's work attitudes and sibling characteristics. *Child Development* 27:289-310.

1956c. Sibling influence on children's speech. *Journal of Speech and Hearing Disorders,* 21:322-28.

1956d. Sissiness and tomboyishness in relation to sibling characteristics. *Journal of Genetic Psychology* 88:231-44.

1956e. Some emotional attitudes of the young child in relation to characteristics of his sibling. *Child Development* 27:393-426.

1957. The relation in young children between characteristics of their playmates and certain attributes of their siblings. *Child Development* 28:175-202.

1960. The relation of certain formal attributes of siblings to attitudes held toward each other and toweard their parents. *Monography of the Society for Research in Child Development* 25:1-124.

KOESTLER, ARTHUR

1959. *The Sleepwalkers.* With an Introduction by Herbert Butterfield. New York: Macmillan.

1960. *The Watershed: A Biography of Johannes Kepler.* Latham, Md.: University Press of America.

1971. *The Case of the Midwife Toad.* New York: Random House.

KOHN, ALEXANDER

1986. *False Prophets.* Oxford and New York: Basil Blackwell.

KOLDE, THEODOR FRIEDRICH HERMANN

1909. Frederick III, the Wise [1486-1525]. *The New Schaff-Herzog Encyclopedia of Religious Knowledge* 4:375-77. Edited by Samuel Macauley Jackson. New York and London: Funk and Wagnalls.

KOYRÉ, ALEXANDER

1957. *From the Closed World to the Infinite Universe.* Baltimore: Johns Hopkins University Press.

1973. *The Astronomical Revolution: Copernicus, Kepler, Borelli.* Translated by R. E. W. Maddison. Ithaca, N.Y.: Cornell University Press.

KOYRÉ, ALEXANDER, AND I. BERNARD COHEN

1962. Newton & the Leibniz-Clarke correspondence, with notes on Newton, Conti, and Des Maizeaux. *Archives Internationales d'Histoire des Sciences* 15:63-126.

KRAFT, P., AND P. KROES

1984. Adaptation of scientific knowledge to an intellectual environment. Paul Forman's "Weimar Culture, Causality, and Quantum Theory, 1918-1927": Analysis and criticism. *Centarus* 27:76-99.

KRASNO, FRANCIS

1985. Catherine Esther Beecher. In *American Reformers*, edited by Alden Whitman, pp. 62-64. New York: H. W. Wilson.

KRUTA, VLADISLAV

1976. Wagner, Rudolph (1805-1864). *Dictionary of Scientific Biography* 14:113-14.

KUHN, THOMAS S.

1957. *The Copernican Revolition: Planetary Astronomy in the Development of Western Thought.* Cambridge: Harvard University Press, 1957; New York: Vintage Books, 1959.

1962. *The Structure of Scientific Revolutions.* Chicago: University of Chicago Press; 2d ed., 1970.

1963. The essential tension: Tradition and innovation in scientific research. In *Scientific Creativity: Its Recognition and Development*, edited by Calvin W. Taylor and Frank Barron, pp. 341-54. New York and London: John Wiley & Sons; reprinted in Kuhn (1977:225-39).

1970a. Logic of discovery or psychology of research. In *Criticism and the Growth of Knowledge*, edited by Imre Lakatos and Alan Musgrave, pp. 1-20. Cambridge: Cambridge University Press; reprinted in Kuhn (1977:266-92).

1970b. Reflections on my critics. In *Criticism and the Growth of Knowledge*, edited by Imre Lakatos and Alan Musgrave, pp. 231-78. Cambridge: Cambridge University Press.

1970c. Postscript—1969. In *The Structure of Scientific Revolutions*, pp. 174-210. 2d ed. Chicago: University of Chicago Press.

1977. *The Essential Tension: Selected Studies in Scientific Tradition and Change.* Chicago and London: University of Chicago Press.

1978. *Black-Body Theory and the Quantum Discontinuity, 1894-1912.* Chicago: University of Chicago Press.

KUSCINSKI, AUGUSTE

1917-19. *Dictionnaire des conventionnels.* Paris: F. Rieder.

LACK, DAVID

1945. *The Galapagos Finches (Geospizinae): A Study in Variation. Occasional Papers of the California Academy of Sciences*, no. 31. San Francisco: Published by the Academy.

1947. *Darwin's Finches: An Essay on the General Biological Theory of Evolution.* Cambridge: Cambridge University Press.

LAKATOS, IMRE, AND ALAN MUSGRAVE, EDS.

1970. *Criticism and the Growth of Knowledge*. Cambridge: Cambridge University Press.

LA METTRIE, JULEN OFFRAY DE

1748. *L'Homme machine*. Leyden. Leyden: Élie Luzac; reprinted and translated by Gertrude
    Carman Bussey as *Man a Machine, Including Frederick the Great's "Eulogy" on La Mettrie* (La
    Salle, Ill.: Open Court, 1912); cited from the 1912 translation.

LANDIS, H. R. M.

1932. The reception of Koch's discovery in the United States. *Annals of Medical History*
    4:531-37.

LANGFORD, JEROME J.

1971. *Galileo, Science and the Church*. Rev. ed. Ann Arbor: University of Michigan.

LATOUR, BRUNO

1973. Les idéologies de la competence en milieu industrial à Abidjan. *Cahier Orstrom Sciences
    Humaines* 9:1-174.

1987. *Science in Action: How to Follow Scientists and Engineers through Society*. Cambridge:
    Harvard University Press.

LATOUR, BRUNO, AND STEVE WOOLGAR

1986. [1979]. *Laboratory Life: The Construction of Scientific Facts*. Introduction by Jonas Salk.
    Princetion: Princeton University Press.

LAUDAN, LARRY, ARTHUR DONOVAN, RACHEL LAUDAN, PETER BARKER,
    HAROLD BROWN, JARRET LEPLIN, PAUL THAGARD, AND STEVE WYKSTRA

1986. Scientific change: Philosophical models and historical research. *Synthese* 69:141-223.

LAUDAN, RACHEL

1987. *From Mineralogy to Geology: The Foundations of a Science, 1650-1830*. Chicago and
    London: University of Chicago Press.

LAUDAN, RACHEL, LARRY LAUDAN, AND ARTHUR DONOVAN

1988. Testing theories of scientific change. In *Scrutinizing Science: Empirical Studies of
    Scientific Change*, edited by Arthur Donovan, Larry Laudan, and Rachel Laudan, pp. 3-44.
    Dordrecht and Boston: Kluwer Academic Publishers; Baltimore: Johns Hopkins University
    Press, 1992.

LAYMAN, C. H., ED.

1990. *Man of Letters: The Early Life and Love Letters of Robert Chambers*. Edinburgh: Edinburgh
    University Press.

LEARY, WARREN E.

1990. Lab notes are false, Secret Service says. *New York Times*, 15 May, C5.

LEE, SIDNEY

1892. Seymour, Jane (1509?-1537). *Dictionary of National Biography* 10:678-80.

1912. Stephen, Sir Leslie (1837-1904). *Dictionary of National Biography*, Supplement, 1901-1911:398-405.

LEFEBVRE, GEORGES

1962-64. *The French Revolution*. 2 vols. Vol. 1: *From Its Origins to 1793*. Translated by Elizabeth Moss Evanson. Vol. 2: *From 1793 to 1799*. Translated by John Hall Stewart and James Friguglietti. London: Routledge & Kegan Paul; New York: Columbia University Press.

1969. *Napoleon: From 18 Brumaire to Tilsit, 1799-1807*. Translated by Henry F. Stockhold. New York: Columbia University Press.

LEFEBVRE, GEORGES, MARCEL REINHARD, AND MARC BOULOISEAU, EDS.

1959-63. *Procès verbaux des séances de la Convention Nationale*. 3 vols. Paris: Centre National de la Recherche Scientifique.

LEGGE, FRANCIS

1900. Wilberforce, Samuel (1805-1873). *Dictionary of National Biography* 21:204-8.

LE GRAND, H. E.

1988. *Drifting Continents and Shifting Theories: The Modern Revolution in Geology and Scientific Change*. Cambridge and New York: Cambridge University Press.

LEIBNIZ, GOTTFRIED WILHELM, AND SAMUEL CLARKE

1956. *The Leibniz-Clarke Correspondence, together with Extracts from Newton's "Principia" and "Opticks."* Edited with Introduction and Notes by H. G. Alexander. Manchester: Manchester University Press.

LEMAY, EDNA HINDIE

1991 Les révélations d'un dictionnaire: Du nouveau sur la composition de l'Assemblée Nationale Constituante (1789-1791). *Annales de la Révolution Française* 284:159-89.

LEMAY, MORRIS L.

1968. Birth order and college misconduct. *Journal of Individual Psychology* 24:167-69.

LENOIR, TIMOTHY

1988. Practice, reason, context: The dialogue between theory and experiment. *Science in Context* 2:3-22.

LÉONARD, ÉMILE G.

1965. *A History of Protestantism*. 2 vols. London: Thomas Nelson and Sons.

LEONHARD, WOLFGANG

1965. *Nikita Sergejewitsch Chruschtschow: Aufstieg und Fall eines Sowjetführers*. Lucerne and Frankfurt am Main: C. J. Bucher.

LESKY, ERNA

1965. *Die Wiener medizinische Schule in 19. Jahrhundert*. Graz and Cologne: Verlag Hermann Böhlaus Nachf.

LEVITON, ALAN E., AND MICHELE L. ALDRICH, EDS.

1985. Plate tectonics: Biogeography. *Journal of the History of the Earth Sciences Society* 4, no. 2.

LEWIS, ANTHONY

1969. Earl Warren. In *The Justices of the United States Supreme Court, 1789-1969: Their Lives and Major Opinions*, 4:2721-2899. Edited by Leon Friedman and Fred L. Israel. 4 vols. New York: R. R. Bowker.

LEWIS, BOB D.

1975. Birth order and religiosity. *Psychological Reports* 37:809-10.

LEWIS, DAVID L.

1970. *King: A Critical Biography*. New York: Praeger.

LEWIS-BECK, MICHAEL S., ANNE HILDRETH, AND ALAN B. SPITZER

1988. Was there a Girondin faction in the National Convention, 1792-93. *French Historical Studies* 15:519-36.

LIEBERMAN, LEONARD, AND LARRY T. REYNOLDS

1978. The debate over race revisited: An empirical investigation. *Phylon* 39:333-43.

LIERMANN, HANS

1941. Untersuchungen zum Sakralrecht des protestantischen Herrschers. *Zeitschrift der Savigny-Stiftung für Rechtsgeschichte, Kanonistische Abteilung* 30:311-83.

LIGHT, RICHARD J., AND DAVID B. PILLEMER

1984. *Summing Up: The Science of Reviewing Research*. Cambridge and London: Harvard University Press.

LIGHTMAN, ALAN, AND OWEN GINGERICH

1992. When do anomalies begin? *Science* 255:690-95.

LILLEY, S.

1949. Social aspects of the history of science. *Archives Internationales d'Histoire des Sciences* 28:376-443.

LINDROTH, STEN

1973. Linnaeus, Carl (1707-1778). *Dictionary of Scientific Biography* 8:374-81.

LINN, MARCIA C.

1986. Meta-analysis of studies of gender differences: Implications and future directions. In *The Psychology of Gender: Advances through Meta-analysis*, edited by Janet Shibley Hyde and Maria C. Linn, pp. 210-231. Baltimore and London: Johns Hopkins University Press.

LIPSET, DAVID

1980. *Gregory Bateson: The Legacy of a Scientist*. Englewood Cliffs, N.J.: Prentice-Hall.

LITTLE, RODERICK J. A., AND DONALD B. RUBIN

1987. *Statistical Analysis with Missing Data*. New York: John Wiley & Sons.

LOEHLIN, JOHN C.

1982. Are personality traits differentially heritable? *Behavior Genetics* 12:417-28.

1987. Twin studies, evironment differences, age changes. *Behavioral and Brain Sciences* 10:30-31.

1992. *Genes and Environment in Personality Development*. Newbury Park, Calif.: Sage Publications.

LOEHLIN, JOHN C., JOSEPH M. HORN, AND LEE WILLERMAN

1990. Heredity, environment, and personality change: Evidence from the Texas Adoption Project. *Journal of Personality* 58:221-43.

LOEHLIN, JOHN C., AND ROBERT C. NICHOLS

1976. *Heredity, Environment, and Personality: A Study of 850 Sets of Twins*. Austin and London: University of Texas Press.

LONGSTRETH, LANGDON E.

1970. "Birth order and avoidance of dangerous activities. Developmental Psychology 2:154.

LONGSTRETH, LANGDON E., GAYLE V. LONGSTRETH, CHRISTOPHER RAMIREZ, AND GLORIA FERNANDEZ

1975. The ubiquity of big brother. *Child Development* 46:769-72.

LOOFT, WILLIAM R.

1971. Conservatives, liberals, radicals, and sensation-seekers. *Perceptual and Motor Skills* 32:98.

LOOMIS, STANLEY

1964. *Paris in the Terror: June 1793-July 1794*. Philadelphia and New York: J. B. Lippincott.

LOVEJOY, ARTHUR O.

1959. The argument for organic evolution before the Origin of Species, 1830-1858. In *Forerunners of Darwin, 1745-1859*, edited by Bentley Glass, Owsei Tempkin, and William L. Straus, Jr., pp. 356-414. Baltimore: Johns Hopkins University Press.

LUEPTOW, LLOYD B., LORI GAROVICH, AND MARGARET B. LUEPTOW

1995. The persistence of gender stereotypes in the face of changing sex roles: Evidence contrary to the sociocultural model. *Ethology and Sociobiology* 16:509-30.

LURIE, EDWARD

1960. *Louis Agassiz: A Life in Science*. Chicago: University of Chicago Press.

1970. Agassiz, Jean Louis Rodolphe (1807-1873). *Dictionary of Scientific Biography* 1:72-74.

LYELL, CHARLES

1830-33. *Principles of Geology, Being an Attempt to Explain the Former Changes of the Earth's Surface, by Reference to Causes Now in Operation*. 3 vols. London: John Murray.

1863. *The Geological Evidences of the Antiquity of Man*. London: John Murray.

1881. *Life, Letters and Journals of Sir Charles Lyell Bart*. Edited by Katherine M. Lyell. 2 vols. London: John Murray.

LYKKEN, DAVID T.

1982. Research with twins: The concept of emergenesis. *Society for Psycgophysiological Research*

19:361-73.

1987. An alternative explanation for low or zero sib correlations. *Brain and Behavioral Sciences* 10:31.

LYKKEN, DAVID T., MATTHEW MCGUE, AUKE TELLEGEN, AND THOMAS J. BOUCHARD, JR.

1992. Emergenesis: Genetic traits that may not run in families. *American Psychologist* 47:1565-77.

MABEE, CARLETON

1970. *Black Freedom: The Nonviolent Abolitionists from 1830 Through the Civil War*. London: Macmillan.

MACALPINE, I., AND R. HUNTER

1969. *George III and the Mad Business*. New York: Pantheon Books.

MACARTHUR, CHARLES

1956. Personalities of first and second children. *Psychiatry* 19:47-54.

MCCANN, H. GILMAN

1978. *Chemistry Transformed: The Paradigmatic Shift from Phlogiston to Oxygen*. Norwood, N.J.: Ablex.

MCCARRY, CHARLES

1972. *Citizen Nader*. New York: Saturday Review Press.

MCCARTNEY, K., M. J. HARRIS, AND F. BERNIERI

1990. Growing up and growing apart: A developmental meta-analysis of twin studies. *Psychological Bulletin* 107:226-37.

MACCOBY, ELEANOR EMMONS, AND CAROL NAGY JACKLIN

1974. *The Psychology of Sex Differences*. Stanford: Stanford University Press.

MCCORMMACH, RUSSELL

1967. Henri Poincaré and the quantum theory. *Isis* 58:37-66.

MCCRAE, ROBERT R.

1987. Creativity, divergent thinking, and openness to experience. *Journal of Personality and Social Psychology* 52:1258-65.

1994. Openness to experience: Expanding the boundaries of factor V. *European Journal of Personality* 8:251-72.

MCCRAE, ROBERT R. AND PAUL T. COSTA, JR.

1985. Openness to experience. In *Perspectives in Personality*, edited by Hogan and W. H. Jones, vol. 1, pp. 145-72. Greenwich, Conn.: JAI Press.

1987. Validation of the five-factor model of personality across instruments and abservers. *Journal of Personality and Social Psychology* 52:81-90.

1990. *Personality in Adulthood*. New York and London: Guilford Press.

1994. The paradox of parental influence: Understanding retrospective studies of parent-child relations and adult personality. In *Parenting and Psychopathology*, edited by C. Perris, W. A. Arrindell, and M. Eisemann, pp. 107-25. New York: John Wiley & Sons.

MACDONALD, A. P., JR.

1969a. Manifestations of differential levels of socialization by birth order. *Developmental Psychology* 1:485-92.

1969b. Birth order and religious affiliation. *Developmental Psychology* 1:628.

1971a. Birth order and personality. *Journal of Consulting and Clinical Psychology* 136:171-76.

1971b. Relation of birth order to morality types and attitudes toward the poor. *Psychological Reports* 29:732.

MACDONALD, KEVIN

1991. A perspective on Darwinian psychology: The importance of domaingeneral mechanisms, plasticity, and individual differences. *Ethology and Sociobiology* 12:449-80.

1995. Evolution, the five-factor model, and levels of personality. *Journal of Personality* 63:525-67.

MCDONALD, KIM A.

1994. Biology and behavior. *The Chronicle of Higher Education*, 14 September, pp. A10-11, A21.

MCINERNEY, PETER

1985. Earl Warren. In *American Reformers*, edited by Alden Whitman, pp. 844-49. New York: H. W. Wilson.

MACKENZIE, NORMAN IAN

1979. *Dickens, a Life*. Oxford and New York: Oxford University Press.

MACKEY, HOWARD

1979. Wedgwood, Josiah (1730-95). In *Biographical Dictionary of Modern British Radicals*. Vol. 1: 1770-1830, pp. 517-18. Edited by Joseph O. Baylen and Norbert J. Gossman. Hassocks, Suxxex: Harvester Press; Atlantic Highlands, N.J.: Humanities Press.

MCKIE, DOUGLAS

1935. *Antoine Lavoisier: The Father of Modern Chemistry*. Philadelphia: J. B. Lippincott.

MACKINNEY, H. LEWIS

1972. *Wallace and Natural Selection*. New Haven and London: Yale University Press.

1976. Wallace, Alfred Russel (1823-1913): *Dictionary of Scientific Biography* 14:133-40.

MACKINNON, DONALD, W.

1962. The personality correlates of creativity: A study of American architects. *Proceedings of the XIVth International Congress of Applied Psychology*, 2:11-39. Copenhagen: Munksgaard; partially reprinted in Vernon (1970:289-311).

MACLEAN, GEORGE, AND ULRICH RAPPEN

1991. *Hermine Hug-Hellmuth*. New York and London: Routledge.

MACLEAY, WILLIAM SHARPE

1819-21. *Horae entomologicae; or, Essays on the Annulose Animals.* London: S. Bagster.

MACLEOD, ROY M.

1965. Evolution and Richard Owen. *Isis* 56:259-80.

MACMILLAN, MALCOLM

1991. *Freud Evaluated: The Completed Arc.* Amsterdam: Elsevier; Cambridge: MIT Press, 1996.

MCMULLIN, ERNAN

1970. Bellarmine, Robert (1542-1621). *Dictionary of Scientific Biography* 1:587-90.

MCNEIL, BARBARA, ED.

1985. *Biography and Genealogy Master Index, 1981-1985.* 5 vols. Detroit, Mich.: Gale.

1990. *Biography and Genealogy Master Index, 1986-1990.* 3 vols. Detroit, Mich.: Gale.

MCNEILL, WILLIAM H.

1986. *Mythhistory and Other Essays.* Chicago: University of Chicago Press.

MAHAJAN, VIJAY, AND ROBERT A. PETERSON

1985. *Models for Innovation Diffusion.* Newbury Park, Calif.: Sage Publications.

MAHONEY, MICHAEL J.

1976. *Scientist as Subject.* Cambridge: Ballinger.

1979. Psychology of the scientist: An evaluative review. *Social Studies of Science* 9:349-75.

MAIN, MARY B.

1977. Analysis of a peculiar form of reunion behavior in some day-care children: Its history and sequelae in children who are home-reared. In *Social Development in Childhood: Daycare Programs and Research*, edited by Roger A. Webb, pp. 33-78. Baltimore and London: Johns Hopkins University Press.

MALCOLM, JANET

1981. *Psychoanalysis: The Impossible Profession.* New York: Alfred A. Knopf.

MALTHUS, THOMAS ROBERT

1798. *An Essay on the Principle of Population, as It Affects the Future Improvement of Society. With Remarks on the Speculations of Mr. Godwin, M. Condorct, and Other Writers.* London: J. Johnson.

MANDEVILLE, BERNARD

1732-33. *The Fable of the Bees: or, Private Vices, Public Benefits.* 6th ed. 2 vols. London: J. Tonson; 1st ed., 1714.

MANN, CHARLES C.

1990. Meta-analysis in the breech. *Science* 249:476-80.

1994. Can meta-analysis make policy. *Science* 266:960-62.

MANUEL, FRANK E.

1968. *A Portrait of Isaac Newton.* Cambridge: Harvard University Press.

MARCHANT, JAMES

1916. *Alfred Russel Wallace: Letters and Reminiscences*. New York: Harper & Brothers.

MARCOU, JULES

1896. *Life, Letters, and Works of Louis Agassiz*. 2 vols. New York and London: Macmillan.

MARJORIBANKS, KEVIN

1979. Social attitudes: Social status and sibling constellation correlates. *Psychological Reports* 45:995-1000.

MARTIN, JAMES KIRBY

1973. *Men in Rebellion: Higher Governmental Leaders and the Coming of the American Revolution*. New Brunswick, N.J.: Rutgers University Press.

MARTIN, N. G., L. J. EAVES, A. C. HEATH, ROSEMARY JARDINE, LYNN M. FEINGOLD, AND HANS J. EYSENCK

1986. Transmission of social attitudes. *Proceedings of the National Academy of Science* 83:4364-68.

MARTINEAU, HARRIET

1877. *Harriet Martineau's Autobiography. With Memorials by Maria Weston Chapman*. 3 vols. London: Smith, Elder.

MARVIN, URSULA B.

1973. *Continental Drift: The Evolution of a Concept*. Washington, D.C.: Smithsonian Institution Press.

MATRAT, JEAN

1971. *Robespierre: Or the Tyranny of the Majority*. Translated from the French by Alan Kendall, with Felix Brenner. New York: Charles Scribner's Sons.

MATTHEW, PATRICK

1831. *On Naval Timber and Arboriculture*. Edinburgh: Adam Black.

1860a. Nature's of selection. *The Gardener's Chronicle*, 7 April, p. 312.

1860b. Letter. *The Gardener's Chronicle*, 12 May, p. 433.

MAUSKOPF, SEYMOUR H.

1988. Molecular geometry in 19th-century France: Shifts in guiding assumptions. *In Scrutinizing Science: Empirical Studies of Scientific Change*, edited by Arthur Donovan, Larry Laudan, and Rachel Laudan, pp. 125-44. Dordrecht and Boston: Kluwer Academic Publishers.

1992. Prize Announcements. *Isis* 83:278-79.

MAYR, ERNST

1932. A tenderfoot explorer in New Guinea: Reminiscences of an expedition for birds in the primeval forests of the Arfak Mountains. *Natural History* 32:83-97.

1942. *Systematics and the Origin of Species from the Viewpoint of a Zoologist*. New York:

Columbia University Press.

1961. Cause and effect in biology. *Science* 134:1501-1506.

1963. *Animal Species and Evolution*. Cambridge: The Belknap Press of Harvard University Press.

1964. Introduction to *On the Origin of Species. A Facsimile of the First Edition*, by Charles Darwin. Cambridge and London: Harvard University Press.

1976. *Evolution and the Diversity of Life: Selected Essays*. Cambridge and London: The Belknap Press of Harvard University Press.

1982. T*he Growth of Biological Thought: Diversity, Evolution, and Inheritance*. Cambridge and London: The Belknap Press of Harvard University Press.

1988. *Toward a New Philosophy of Biology: Observations of an Evolutionist*. Cambridge: Harvard University Press.

1991a. The ideological resistance to Darwin's theory of natural selection. *Proceedings of the American Philosophical Society* 135:123-39.

1991b. *One Long Argument: Charles Darwin and the Genesis of Modern Evolutionary Thought*. Cambridge: Harvard University Press.

1995. Ernst Mayr: An informal chronology. Prepared for the dedication of the Ernst Mayr Library, at the Museum of Comparative Zoology, Harvard University, Cambridge, Mass.

MAZLISH, BRUCE

1976. *The Revolutionary Ascetic: Evolution of a Political Type*. New York: Basic Books.

MEAD, MARGARET

1928. *Coming of Age in Samoa: A Psycholigical Study of Primitive Youth for Western Civilization*. New York: Wiiliam Morrow.

1969. *Social Organization of Manu'a*. Honolulu, Hawaii: Bernice P. Bishop Museum, Bulletin 76; reissue of the original, published in 1930.

1972. *Blackberry Winter: My Early Years*. New York: William Morrow.

MEEHL, PAUL E.

1954. *Clinical versus Statistical Prediction: A Theoretical Analysis and a Review of the Evidence*. Minneapolis: University of Minnesota Press.

1965. Seer over sign: The first good example. *Journal of Experimental Research in Personality* 1:27-32.

1978. Theoretical risks and tabular asterisks: Sir Karl, Sir Ronald, and the slow progress of soft psychology. *Journal of Consulting and Clinical Psychology*, 46:806-34.

1984. Foreword to *The Limits of Scientific Reasoning*, by David Faust, pp. xi-xxiv. Minneapolis: University of Minnesota Press.

1990. Why summaries of research on psychological theories are often uninterpretable. *Psychological Reports* 66:195-244.

MELLERSH, H. E. L.

1968. *FitzRoy of the Beagle*. London: Rupert Hart-Davis.

MERRIMAN, ROGER BIGELOW

1902. *Life and Letters of Thomas Cromwell*. 2 vols. Oxford: Clarendon Press.

MERTON, ROBERT K.

1938. Science, technology and society in seventeenth-century England. *Osiris* 4:360-632; reprinted in Merton (1970).

1947. *Social Theory and Social Structure*. New York: Free Press; rev. ed. 1957; enlarged ed., 1968.

1965. *On the Shoulders of Giants: A Shandean Postscript*. New York: Free Press.

1967. *On Theoretical Sociology*. New York: Free Press.

1970. *Science, Technology and Society in Seventeenth-Century England*. New York: Howard Fertig.

1973. *The Sociology of Science: Theoretical and Empirical Investigations*. Chicago and London: University of Chicago Press.

MICHELET, JULES

n.d. [ca. 1875]. *Histoire de France*. 5 vols. Paris: J. Hetzel.

MILEY, CHARLES HARVEY

1969. Birth order research 1963-1967: Bibiography and index. *Journal of Individual Psychology* 25:64-70.

MILLER, ARTHUR I.

1981. *Albert Einstein's Special Theory of Relativity: Emergence (1905) and Early Interpretation (1905-1911)*. Reading, Mass.: Addison-Wesley.

MILLER, DONALD G.

1971. Duhem, Pierre-Maurice-Marie (1861-1916). *Dictionary of Scientific Biography* 4:225-33.

MILLER, EDWARD M.

1994. Prenatal sex hormone tranfer: A reason to study opposite-sex twins. *Personality and Individual Differences* 17:511-29.

MILLER, HUGH

1847. *Foot-Prints of the Creator; or, the Asterolepis of Stromness*. Edinburgh; 22d ed., Edinburgh: William P. Nimmo, 1883.

1871 [1854]. My *Schools and School Masters*. Boston: Gould and Lincoln.

MILLHAUSER, MILTON

1959. *Just Before Darwin: Robert Chambers and Vestiges*. Middletown, Conn.: Wesleyan University Press.

MILNE, EDWARD ARTHUR

1952. *Sir James Jeans, a Biography*. With a Memoir by S. C. Roberts. Cambridge: Cambridge University Press.

MINTZ, SAMUEL L.

1972. Hobbes, Thomas (1588-1679). *Dictionary of Scientific Biography* 6:444-51.

MINUCHIUN, P.

1985. Families and individual development: Provocations from the field of family therapy. *Child Development* 56:289-302.

MISCHEL, WALTER

1968. *Personality and Assessment*. New York: John Wiley & Sons.

MITFORD, NANCY

1970. *Frederick the Great*. New York: Harper & Row.

MITROFF, IAN

1983. *The Subjective Side of Science: A Philosophical Inquiry into the Psychology of the Apollo Moon Scientists*. Seaside, Calif.: Intersystems Publications.

MITTERAUER, MICHAEL, AND REINHARD SIEDER

1983. *The European Family: Patriarchy to Partnership from the Middle Ages to the Present*. Translated by Karla Oosterveen and Manfred Hörzinger. Chicago: University of Chicago Press; Oxford: Basil Blackwell, 1982.

MOCK, DOUGLAS W.

1984. Infanticide, siblicide, and avian nestling mortality. In *Infanticide: Comparative and Evolutionary Perspectives*, edited by Glenn Hausfater and Sarah Blaffer Hrdy, pp. 3-30. New York: Aldine.

MOCK, DOUGLAS W., HUGH DRUMMOND, AND CHRISTOPHER H. STINSON

1990. Avian siblicide: Killing a brother or a sister may be a common adaptive strategy among nestling birds, benefiting both the surviving offspring and the parents. *American Scientist* 78:438-49.

MÖBIUS, PAUL JULIUS

1907. *Franz Joseph Gall*. In *Ausgewählte Werke*. Vol. 7. Leipzig: J. A. Barth.

MOELLER, BERND

1962. *Reichsstadt und Reformation*. Gütersloh: Gerd Mohn; translation 1972.

1972. *Imperial Cities and the Reformation: Three Essays*. Edited and translated by Erik Midelfort and Mark U. Edwards, Jr. Philadelphia: Fortress Press.

MOODY, PAUL AMOS

1970. *Introduction to Evolution*. New York; Harper & Row.

MOORE, EILBERT

1971. *A Special Rage*. New York: Harper & Row.

MOORE, JAMES R.

1979. *The Post-Darwinian Controversies: A Study of the Protestant Struggle to Come to Terms with Darwin in Great Britain and America, 1870-1900*. Cambridge: Cambridge University Press.

MOORE, RUTH

1966. *Niels Bohr: The Man, His Science, and the World They Changed*. New York: Alfred A. Knopf.

MORE, LOUIS TRENCHARD

1944. *The Life and Works of the Honourable Robert Boyle*. London: Oxford University Press.

MORNINGSTAR, LASHA

1993. Can Edmonton psychologists save the Royal marriage? *Toronto Star*, 16 July, B2.

MORRELL, JACK B.

1971. Professors Robison and Playfair, and the *Theophobia Gallica*: Natural philosophy, religion, and politics in Edinburgh, 1789-1815. *Notes and Records of the Royal Society* 26:43-63.

MORRELL, JACK B., AND ARNOLD THACKRAY

1981. *Gentlemen of Science: Early Years of the British Association for the Advancement of Science*. Oxford: Clarendon Press.

MOUY, PAUL

1934. *Le développement de la physique Cartésienne, 1646-1712*. Paris: J. Vrin.

MÜHLLEITNER, ELKE

1992. *Biographisches Lexikon der Psychoanalyse: Die Mitglieder der Psychologischen Mittwoch-Gesellschaft und der Wiener Psychoanalytischen Vereinigung 1902-1938*. Tübingen: Edition Diskord.

MULLIGAN, LOTTE

1980. Puritans and English science: A critique of Webster. *Isis* 71:456-69.

MURPHY, PAUL J.

1981. *Brezhnev: Soviet Politician*. Jefferson, N.C.: McFarland.

MURRAY, PENELOPE, ED.

1989. *Genius: The History of an Idea*. With an Introduction by Penelope Murray. Oxford: Basil Blackwell.

NEU, JOHN, ED.

1989. *Isis Cumulative Bibliography, 1976-1985*. 2 vols. Boston: G. K. Hall.

NICHOLS, ROBERT C.

1968. Heredity, environment, and school achievement. *Measurement and Evaluation in Guidance* 1:122-29.

NISBETT, RICHARD E.

1968. Birth order and participation in dangerous sports. *Journal of Personality and Social Psychology* 8:351-53.

NORMAN, W.T.

1963. Toward an adequate taxonomy of personality attributes: Replicated factor structure in peer nomination personality ratings. *Journal of Abnormal and Social Psychology* 66:574-83.

NUNBERG, HERMAN, AND ERNST FEDERN, EDS.

1962-75. *Minutes of the Vienna Psychoanalytic Society.* 4 vols. Translated by M. Nunberg in
collaboration with Harold Collins. New York: International Universities Press.

OATES, STEPHEN B.

1975. *The Fires of Jubilee: Nat Turner's Fierce Rebellion.* New York: Harper & Row.

OLBY, ROBERT

1985. *Origins of Mendelism.* 2d ed. Chicago: University of Chicago Press.

OPPENHEIM, A. N.

1968. *Questionnaire Design and Attitudes Measurement.* London: Heinemann Educational
Books.

OPPENHEIM, JANET

1985. *The Other World: Spiritualism and Psychical Research in England, 1850-1914.* Cambridge:
Cambridge University Press.

ORIEUX, JEAN

1979. *Voltaire.* Translated from the French by Barbara Bray and Helen R. Lane. Garden City,
N.Y.: Doubleday.

ORNSTEIN, MARTHA

1928. *The Rôle of Scientific Societies in the Seventeenth Century.* Chicago: University of Chicago
Press.

OSGOOD, CHARLES EGERTON, GEORGE J. SUCI, AND PERCY H. TANNENBAUM

1957. *The Measurement of Meaning.* Urbana: University of Illinois Press.

OSTWALD, FRIEDRICH WILHELM

1926-27. *Lebenslinien: Eine Selbstbiographie.* 3 vols. Berlin.

OUTRAM, DORINDA

1984. *Georges Cuvier: Vocation, Science and Authority in Post-Revolutionary France.* Manchester:
Manchester University Press.

1986. Uncertain legislator: Georges Cuvier's laws of nature in their intellectual context. *Journal
of the History of Biology* 19:323-68.

OWEN, REV. RICHARD

1894. *The Life of Sir Richard Owen.* With the scientific portions revised by C. Davies Sherborn.
2 vols. London: John Murray.

OZMENT, STEVEN

1975. *The Reformation in the Cities.* New Haven and London: Yale University Press.

1980. *The Age of Reform, 1250-1550: An Intellectual and Religious History of Late Medieval and
Reformation Europe.* New Haven and London: Yale University Press.

1982. Editor. *Reformation Europe: A Guide to Research.* St. Louis: Center for Reformation

Research.

1983. *When Fathers Ruled: Family Life in Reformation Europe*. Cambridge: Harvard University Press.

1990. *Three Behaim Boys: Growing up in Early Modern Germany: A Chronicle of Their Lives*. New Haven: Yale University Press.

1992. *Protestants: The Birth of a Revolution*. New York: Doubleday.

OZOUF, MONA

1989a. King's trial. In *A Critical Dictionary of the French Revolution*, edited by François Furet and Mona Ozouf; translated by Arthur Goldhammer, pp. 95-105. Cambridge: Harvard University Press.

1989b. Danton. In *A Critical Dictionary of the French Revolution*, edited by François Furet and Mona Ozouf; translated by Arthur Goldhammer, pp. 213-22. Cambridge: Harvard University Press.

1989c. Girondins. In *A Critical Dictionary of the French Revolution*, edited by François Furet and Mona Ozouf; translated by Arthur Goldhammer, pp. 351-64. Cambridge: Harvard University Press.

1989d. Montagnards. In *A Critical Dictionary of the French Revolution*, edited by François Furet and Mona Ozouf; translated by Arthur Goldhammer, pp. 380-92. Cambridge: Harvard University Press.

PACKARD, ALPHEUS S.

1901. *Lamarck, the Founder of Evolution: His Life and Work*. New York: Longmans, Green.

PAGEL, WALTER

1967. *William Harvey's Biological Ideas: Selected Aspects and Historical Background*. Basel and New York: S. Karger.

PAGET, HUGH

1981. The youth of Anne Boleyn. *Bulletin of the Institute of Historical Research* 55:162-70.

PAIS, ABRAHAM

1982. *"Subtle is the Lord...": The Science and the Life of Albert Einstein*. Oxford and New York: Oxford University Press.

PALMER, ROBERT D.

1966. Birth order and identification. *Journal of Consulting Psychology* 30:129-35.

PALMER, R. R.

1969. *Twelve Who Ruled: The Year of the Terror in the French Revolution*. Princeton: Princeton University Press.

PANNEKOEK, A.

1961. *A History of Astronomy*. New York: Interscience Publishers.

PARFAIT, NOËL

1848. *Notice biographique sur A.-F. Sergent*. Chartres: Garnier.

PARMIGIANO, STEFANO, AND FREDERICK S. VON SAAL, EDS.

1994. *Infanticide and Parental Care*. London: Harwood Academic Publishers.

PARSONS, TALCOTT, AND ROBERT F. BALES

1955. *Family, Socialization and Interaction Process*. Glencoe, Ill.: Free Press.

PARSSINEN, TERRY M.

1970. Popular science and society: The phrenology movement in early Victorian Britain: Appendix A (unpublished manuscript).

1974. Popular science and society: The phrenology movement in early Victorian Britain. *Journal of Social History* 8:1-20.

PARTON, JAMES

1881. *Life of Voltaire*. 2 vols. Boston: Houghton, Mifflin; London: S. Low, Marston, Searle & Rivington.

PASTERNAK, MARTIN B.

1995. *Rise Now and Fly to Arms*. The Life of Henry Highland Garnet. New York and London: Garland.

PASTORE, NICHOLAS

1949. *The Nature-Nurture Controversy*. New York: Columbia University Press.

PATRICK, ALISON

1972. *The Men of the First French Republic: Political Alignments in the National Convention of 1792*. Baltimore and London: Johns Hopkins University Press.

PAYNE, ROBERT.

1969. *The Life and Death of Mahatma Gandhi*. New York: E. P. Dutton.

PERTUÉ, MICHEL

1981a. Remarques sur les listes de Conventionnels. *Annales de la Révolution Française* 245:366-78.

1981b. La liste des Girondins de Jean-Paul Marat. *Annales de la Révoluion Française* 245:379-89.

PETERSEN, WILLIAM

1979. *Malthus*. Cambridge: Harvard University Press.

PICHANICK, VALERIE KOSSEW

1980. *Harriet Martineau: The Woman and Her Work, 1802-76*. Ann Arbor, Mich.: University of Michigan Press.

PICKERING, ANDREW

1981. Constraints on controversy: The case of the magnetic monopole. *Social Studies of Science* 11:63-93.

1984. *Constructing Quarks: A Sociological History of Particle Physics*. Edinburgh: Edinburgh University Press.

PILKONIS, PAUL A.

1986. Short-term group psychotherapy for shyness. In *Shyness: Perspectives on Research and Treatment*, edited by Warren H. Jones, Jonathan M. Cheek, and Stephen R. Briggs, pp. 375-85. New York and London: Plenum.

PINKER, STEVEN

1994. *The Language Instinct*. New York: William Morrow.

PISTRAK, LAZAR

1961. *The Grand Tactician. Khrushchev's Rise to Power*. New York: Praeger.

PLANCK, MAX

1949. *Scientific Autobiography and Other Papers*. Translated by Frank Gaynor. New York: Philosophical Library.

PLOMIN, ROBERT

1986. *Development, Genetics, and Psychology*. Hillsdale, N.J.: Lawrence Erlbaum.

1994. *Genetics and Experience: The Interplay between Nature and Nurture*. Thousand Oaks, Calif, and London: Sage Publications.

PLOMIN, ROBERT, HILARY COON, GREGORY CAREY, J. C. DEFRIES, AND DAVID W. FULKER

1991. Parent-offspring and sibling adoption analyses of parental ratings of temperament in infancy and childhood. *Journal of Personality* 59:705-32.

PLOMIN, ROBERT, AND DENISE DANIELS

1986. Genetics and shyness. In *Shyness: Perspectives on Research and Treatment*, edited by Warren H. Jones, Jonathan M. Cheek, and Stephen R. Briggs, pp. 63-80. New York and London: Plenum.

1987. Why are children in the same family so different from one another. *Behavioral and Brain Sciences* 10:1-60.

PLOMIN, ROBERT, J. C. DEFRIES, AND JOHN C. LOEHLIN

1977. Genotype-environment interaction and correlation in analysis of human behavior. *Psychological Bulletin* 84:309-22.

PLOMIN, ROBERT, J. C. DEFRIES, AND G. E. MCCLEARN

1990. *Behavioral Genetics: A Primer*. 2d ed. New York: W. H. Freeman.

POINCARÉ, HENRI

1908. *Science et Méthode*. Paris: Ernest Flammarion.

1913. *The Foundations of Science: Science and Hypothesis, The Value of Science, and Science and Method*. Translated by George Bruce Halsted. Lancaster, Pa.: Science Press.

POLLARD, ALBERT FREDERICK.

1897a. Seymour, Edward (1506?-1552). *Dictionary of National Biography* 17:1237-48.
1897b. Seymour, Thomas (1508?-1549). *Dictionary of National Biography* 17:1268-71.

POMEAU, RENÉ HENRY

1992. Voltaire. *The Encyclopaedia Britannica* 29:524-28.15th ed. Chicago: University of Chicago.

POPPER, KARL R.

1959. *The Logic of Scientific Discovery*. London: Hutchinson.

1962. *Conjectures and Refutations: The Growth of Scientific Knowledge*. New York: Basic Books; London: Routledge & Kegan Paul, 1963.

1981. The rationality of scientific revolutions. In *Scientific Revolutions*, edited by Ian Hacking, pp. 80-106. Oxford: Oxford University Press.

PORTER, ROY

1975. *The Making of Geology: Earth Science in Britain, 1660-1815*. New York: Cambridge University Press.

1982. The descent of genius: Charles Darwin's brilliant career. *History Today*, July, pp. 16-22.

1990. *The Enlightenment*. Atlantic Highlands, N.J.: Humanities Press Internationa.

POWELL, BRIAN, AND LALA CARR STEELMAN

1990. Beyond sibship size: Sibling density, sex composition, and educational outcomes. *Social Forces* 69:181-206.

PRICE, JOHN

1969. Personality differences within families: Comparisons of adult brothers and sisters. *Journal of Biosocial Science* 1:177-205.

PRIOLEAU, L., M. MURDOCK, AND N. BRODY

1983. An analysis of psychotherapy versus placebo. *The Behavioral and Brain Sciences* 6:275-85.

PROCTOR, ROBERT N.

1988. *Racial Hygiene: Medicine under the Nazis*. Cambridge and London: Harvard University Press.

QUATREFAGES DE BREAU, ARMAND DE

1894. *Les Émules de Darwin*. 2 vols. Paris. F. Alcan.

RANDALL, JOHN

1940. *The Making of the Modern Mind*. Rev. ed. Boston: Houghton Mifflin; first edition, 1926.

RAVERAT, GWEN

1952. *Period Piece: A Cambridge Childhood*. London: Faber and Faber.

REDONDI, PIETRO

1987. *Galileo: Heretic*. Translated by Raymond Rosenthal. Princeton: Princeton University Press.

REED, JOHN J.

1985. Sarah Moore Grimké and Angelina Emily Grimké. In *American Reformers*, edited by Alden Whitman, pp. 379-82. New York: H. W. Wilson.

REICHENBACH, HANS

1938. *Experience and Prediction*. Chicago: University of Chicago Press.

REID, IVAN

1977. *Social Class Differences in Britain: A Sourcebook*. London: Open Books.

REJAI, MOSTAFA, AND KAY PHILLIPS

1979. *Leaders of Revolution*. Beverly Hills and London: Sage Publications.

1983. *World Revolutionary Leaders*. New Brunswick, N.J.: Rutgers University Press.

1988. *Loyalists and Revolutionaries: Political Leaders Compared*. New York: Praeger.

RENSBERGER, BOYCE

1983. The nature-nurture debate I. *Science 83* 4 (April), pp. 28-37.

REYER, ALEXANDRE

1871. *Leben und Wirken des Naturhistorikers Dr. Franz Unger*. Graz: Leuschner and Lubensky.

RICHARDS, ROBERT J.

1987. *Darwin and the Emergence of Evolutionary Theories of Mind and Behavior*. Chicago and
     London: University of Chicago Press.

RICHET, DENIS

1989. Revolutionary *journées*. In *A Critical Dictionary of the French Revolution*, edited
     by François Furet and Mona Ozouf; translated by Arthur Goldhammer, pp. 124-35.
     Cambridge: Harvard University Press.

RICHMOND, PHYLLIS ALLEN

1954a. Some variant theories in opposition to the germ theory of disease. *Journal of the History
     of Medicine and Allied Sciences* 9:290-303.

1954b. American attitudes toward the germ theory of disease (1860-1880). *Journal of the History
     of Medicine and Allied Sciences* 9:428-54.

RIDLEY, JASPER

1985. *Henry VIII*. New York: Viking Press.

RIDLEY, MATT

1994. *The Red Queen: Sex and the Evolution of Human Nature*. New York: Macmillan.

ROAZEN, PAUL

1975. *Freud and His Followers*. New York: Alfred A. Knopf.

1985. *Helene Deutsch: A Psychoanalyst's Life*. Garden City, N.Y.: Anchor Press/Doubleday.

ROBERT, ADOLPHE, AND GASTON GOUGNY

1889-91. *Dictionnaire des parlementaires français*. 5 vols. Paris: Bourloton.

ROBERT, HENRY MARTYN

1876. *Pocket Manuel of Rules of Order for Deliberative Assemblies*. Chicago: S. C. Griggs.

ROBINSON, JOHN P., JERROLD G. RUSK, AND KENDRA B. HEAD

1972. *Measures of Political Attitudes*. Ann Arbor, Mich.: Institute for Social Research.

ROE, ANNE

1953. *A Psychological Study of Eminent Psychologists and Anthropologists and a Comparison with Biological and Physical Scientists. Psychological Monographs, no. 353.*

ROE, SHIRLEY A.

1981. *Matter, Life, and Generation: Eighteenth-Century Embryology and the Haller-Wolff Debate.* Cambridge: Cambridge University Press.

ROGER, JACQUES

1963. *Les Sciences de la vie dans la pensée française du XVIIIe siècle: La génération des animaux de Descartes à l'Encyclopédie.* Paris: Armand Colin; 2d ed., 1971.

ROGERS, EVERETT M.

1962. *Diffusion of Innovations.* New York: Free Press.

1971. *Communication of Innovations: A Cross-Cultural Approach.* 2d ed. [of Everett 1962]. With F. Floyd Shoemaker. New York: Free Press.

1983. *Diffusion of Innovations.* 3d ed. New York: Free Press.

RONAN, COLIN A.

1969. *Edmond Halley: Genius in Eclipse.* Garden City, N.Y.: Doubleday.

ROODIN, PAUL A., AND GLEN M. VAUGHT

1972. Birth order and conservatism. *Psychological Reports* 31:814.

ROSEN, EDWARD

1984. *Copernicus and the Scientific Revolution.* Malabar, Fla.: Robert E. Krieger.

ROSENBERG, BENJAMIN GEORGE

1982. Life span personality stability in sibling status. In *Sibling Relationships: Their Nature and Nurture Across the Lifespan*, edited by Michael E. Lamb and Brian Sutton-Smith, pp. 167-224. Hillsdale, NJ: Lawrence Erlbaum.

ROSENBLATT, PAUL C., AND ELIZABETH L. SKOOGBERG

1974. Birth order in cross-clutural perspective. *Developmental Psychology* 10:48-54.

ROSENTHAL, ROBERT

1984. *Meta-Analytic Procedures for Social Research.* Newbury Park, Calif.: Sage Publications; rev. ed., 1991.

1987. *Judgment Studies: Design, Analysis, and Meta-analysis.* Cambridge: Cambridge University Press.

1991. Parametric measures of effect size. In *Handbook of Research Synthesis*, edited by H. Cooper and L. V. Hedges, pp. 231-44. New York: Russell Sage Foundation.

ROSENTHAL, ROBERT, AND RALPH L. ROSNOW

1984. *Essentials of Behavioral Research: Methods and Data Analysis.* New York: McGraw-Hill; 2d ed., 1991.

1985. *Contrast Analysis: Focused Comparisons in the Analysis of Variance.* Cambridge: Cambridge

University Press.

ROSENTHAL, ROBERT, AND DONALD B. RUBIN

1982. A simple, general purpose display of magnitude of experimenter effect. *Journal of Educational Psychology* 74:166-69.

ROSNOW, RALPH L., AND ROBERT ROSENTHAL

1988. Focused tests of significance and effect size estimation in counseling psychology. *Journal of Counseling Psychology* 35:203-8.

ROSS, HELGOLA G., AND JOEL I. MILGRAM

1982. Important variables in adult sibling relationships: A qualitative survey. In *Sibling Relationships. Their Nature and Significance across the Lifespan*, edited by Michael E. Lamb and Brian Sutton-Smith, pp. 225-49. Hillsdale, N.J.: Lawrence Erlbaum.

ROSS, LEE, AND RICHARD E. NISBETT

1991. *The Person and the Situation: Perspectives of Social Psychology*. Philadelphia: Temple University Press.

ROTHMAN, KENNETH J.

1986. *Modern Epidemiology*. Boston: Little, Brown.

ROUTH, C. R. N.

1964. *Who's Who in History*. Vol. 2: *England 1485 to 1603*. Oxford: Basil Black-well.

ROWE, DAVID C.

1994. *The Limits of Family Influence: Gene, Experience, and Behavior*. New York and London; Guilford Press.

RUBIN, DONALD B.

1978. Multiple imputation in sample surveys—a phenomenological Bayesian approach to nonresponse. *The Proceedings of the Survey Research Methods Section of the American Statistical Association*, pp. 20-34. American Statistical Association: Arlington, Va.

1987. *Multiple Imputation for Nonresponse in Surveys*. New York: John Wiley & Sons.

1996. Multiple imputation after 18+ years. *Journal of the American Statistical Association* 91:473-89.

RUBIN, DONALD B., AND JOSEPH L. SCHAFER

1990. Efficiently creating multiple imputations for incomplete multivariate normal data. *Proceedings of the Statistical Computing Section of the American Statistical Association*, pp. 83-88.

RUBINS, JACK L.

1978. *Karen Horney: Gentle Rebel of Psychoanalysis*. New York: Dial Press.

RUDWICK, MARTIN J. S.

1970. The glacial theory. Review of *Studies on Glaciers*, by Louis Agassiz. *History of Science* 8:136-57.

1972. *The Meaning of Fossils: Episodes in the History of Palaeontology*. London: MacDonald; New York: Elsevier. 2d ed., Chicago: University of University Press, 1985.

1974. Miller, Hugh (1802-1856). *Dictionary of Scientific Biography* 9:388-90.

1985. *The Great Devonian Controversy: The Shaping of Scientific Knowledge among Gentlemanly Specialists*. Chicago and London: University of Chicago Press.

RUNCO, MARK A.

1987. Birth order and divergent thinking. *Journal of Genetic Psychology* 148:119-25.

RUNYON, WILLIAM MCKINLEY

1982. *Life Histories and Psychobiography: Explorations in Theory and Method*. New York: Oxford University Press.

RUSE, MICHAEL E.

1970. The revolution in biology. *Theoria* 36:1-22.

1971. Two biological revolutions. *Dialectica* 25:17-38.

1979. *The Darwinian Revolution: Science Red in Tooth and Claw*. Chicago and London: University of Chicago Press.

RUTTER, MICHAEL

1977. Separation, loss, and family relationships. In *Child and Adolescent Psychiatry: Modern Approaches*, edited by Michael Rutter and Lionel Hersov. Oxford: Blackwell.

1979. Maternal deprivation, 1972-1978: New findings, new concepts, new approaches. *Child Development* 50:283-305.

1981. *Maternal Deprivation Reassessed*. 2d ed. Harmondsworth: Penguin.

RYAN, JOHN PAUL, AND C. NEAL TATE

1980. *The Supreme Court in American Politics: Policy Through Law*. 2d ed. Washington, D.C.: American Political Association.

SACK, ROBERT L., AND EMANUEL DE FRAITES

1977. Lithium and the treatment of mania. In *Psychopharmacology: From Theory to Practice*, edited by Jack D. Barchas, Philip A. Berger, Roland D. Ciaranello, and Glen R. Elliott, pp. 208-25. New York: Oxford University Press.

SALMON, CATHERINE

1996. Middleborns are different: Birth order and the psychology of kinship. Talk presented at the Human Behavior and Evolution Society meetings, Northwestern University, 28 June.

SALTUS, RICHARD

1992. Twinspeak: They often lag in verbal skills. *Boston Globe*, 11 May, pp. 25, 27.

SALVIN, OSBERT

1876. On the avifauna of the Galapagos Archipelago. *Transactions of the Zoological Society of London* 9:447-510.

SAMPSON, EDWARD E.

1962. Birth order, need achievement, and conformity. *Journal of abnormal and Social Psychology* 64:155-59.

SAMPSON, EDWARD E., AND FRANCENA T. HANCOCK

1967. An examination of the relationship between ordinal position, personality, and conformity: An extension, replication, and partial verification. *Journal of Personality and Social Psychology* 5:398-407.

SANTILLANA, GIORGIO DE

1955. *The Crime of Galileo*. Chicago: University of Chicago Press.

SAUDINO, KIMBERLY J., SHIRLEY MCGUIRE, DAVID REISS, E. MAVIS HETHERINGTON, AND ROBERT PLOMIN

1995. Parent ratings of EAS temperaments in twins, full siblings, half siblings, and step siblings. *Journal of Personality and Social Psychology* 68:723-33.

SAUER, GORDON C.

1982. *John Gould the Bird Man. A Chronology and Bibliography*. Kansas City: University Press of Kansas.

SCARISBRICK, J. J.

1968. *Henry VIII*. London: Eyre & Spottiswoode.

SCARR, SANDRA, AND SUSAN GRAJEK

1982. Similarities and differences among siblings. In *Sibling Relationships: Their Nature and Nurture Across the Lifespan*, edited by Michael E. Lamb and Brian Sutton-Smith, pp. 357-381. Hillsdale, N.J.: Lawrence Erlbaum.

SCARR, SANDRA, AND KATHLEEN MCCARTNEY

1983. How people make their own environments: A theory of genotype $\longrightarrow$ environmental effects. *Child Development* 54:424-35.

SCHACHTER, FRANCES FUCHS

1982. Sibling deidentification and split-parent identification: A family tetrad. In *Sibling Relationship: Their Nature and Significance across the Lifespan*, edited by Michael E. Lamb and Brian Sutton-Smith, pp. 123-52. Hillsdale, N.J.: Lawrence Erlbaum.

SCHACHTER, FRANCES FUCHS, GABI GILUTZ, ELLEN SHORE, AND MICHELLE ADLER

1978. Sibling deidentification judged by mothers: Cross-validation and developmental studies. *Child Development* 49:543-46.

SCHACHTER, FRANCES FUCHS, ELLEN SHORE, SUSAN FELDMAN-ROTMAN, RUTH E. MARQUIS, AND SUSAN CAMPBELL

1976. Sibling deidentification. *Developmental Psychology* 12:418-27.

SCHACHTER, STANLEY.

1959. *The Psychology of Affiliation: Experimental Studies of the Sources of Gregariousness*.

Stanford: Stanford University Press.

SCHAFER, JOSEPH L.

1991. Algorithms for multiple imputation and posterior simulation from incomplete
multivariate data with ignorable nonresponse. Ph. D. Dissertation, Department of
Statistics, Harvard University.

SCHAMA, SIMON

1989. *Citizens: A Chronicle of the French Revolution*. New York: Alfred A. Knopf.

SCHEPER-HUGHES, NANCY

1992. *Death Without Weeping: The Violence of Everyday Life in Brazil*. Berkeley and Los Angeles:
University of California Press.

SCHLUTER, DOLPH, TREVOR D. PRICE, AND PETER R. GRANT

1985. Ecological character displacement in Darwin's finches. *Science* 227:1056-59.

SCHNEIDER, HANS-GEORG

1992. *Paradigmenwechsel und Generationenkonflikt: Eine Fallstudie zur Struktur
wissenschaftlicher Revolutionen: Die Revolution der Chemie des späten 18. Jahrhunderts*.
Frankfurt am Main: Peter Lang.

SCHOOLER, CARMI

1972. Birth order effects: Not here, not now! *Psychological Bulletin* 78:161-75.

SCHUBERT, DANIEL S. P., MAZIE EARLE WAGNER, AND HERMAN J. P.
SCHUBERT

1976. A thousand references on sibling constellation variables: ordinal position, sibship size,
sibling age spacing, and sex of sibling. JSAS Catalog of Selected *Documents in Psychology* 6,
no. 1792.

1984. An additional 2,000 references on sibling constellation variables: ordinal position,
sibship size, sibling age spacing, and sex of sibling. *Psychological Documents*, no. 2545.

SCHUBERT, GLENDON

1974. *The Judicial Mind Revisited: Psychometric Analysis of Supreme Court Ideology*. New York
and London: Oxford University Press.

1983. Aging, conservatism, and judicial behavior. *Micropolitics* 3: 135-79.

SCHULTZE, JOHANNES

1957. Elisabeth, Kurfürstin von Brandenburg [1485-1555]. *Neue Deutsche Biographie* 4:443.

SCHWENNICKE, DETLEV

1980-91. *Europäische Stammtafeln*. New edition. 14 vols. Marburg: J. A. Stargart.

SCRIBNER, ROBERT W.

1986. *The German Reformation*. Atlantic Highlands, N.J.: Humanities Press International.

SCRIMSHAW, SUSAN C. M.

1978. Infant mortality and behavior in the regulation of family size. *Population and*

Development Review 4:383-403.

1989. Infanticide in human populations. In *Infanticide: Comparative and Evolutionary Perspectives*, edited by Glenn Hausfater and Sarah Blaffer Hrdy, pp. 439-62. New York: Aldine.

SECORD, JAMES A.

1986. *Controversy in Victorian Geology: The Cambrian—Silurian Dispute.* Princeton: Princeton University Press.

1989. Robert Chambers and Vestiges. In *History, Humanity, and Evolution: Essays for John C. Greene*, edited by James R. Moore, pp. 165-94. Cambridge: Cambridge University Press.

1992. Edinburgh Lamarckians: Robert Jameson and Robert E. Grant. *Journal of the History of Biology* 24:1-18.

SEGAL, JEFFREY A., AND HAROLD J. SPAETH

1993. *The Supreme Court and the Attitudinal Model.* Cambridge: Cambridge University Press.

SEGAL, NANCY L.

1993. Twin, sibling, and adoption methods: Tests of evolutionary hypotheses. *American Psychologist* 48:943-56.

SEGALEÛ, MARTINE

1985. *Fifteen Generations of Bretons: Kinship and Society in Lower Brittany, 1720-1980.* Cambridge: Cambridge University Press.

SELIGMAN, EDMOND

1913. *La Justice en France pendant la révolution.* 2d ed. Paris: Plon-Nourrit.

SEYMOUR, WILLIAM

1972. *Ordeal of Ambition: An English Family in the Shadow of the Tudors.* London: Sidgwick & Jackson.

SHAKOW, DAVID, AND DAVID RAPAPORT

1964. *The Influence of Freud on American Psychology. Psychological Issues* 4, no. 1 (Monograph 13).

SHAPIN, STEVEN

1975. Phrenological knowledge and the social structure of early nineteenth-century Edinburgh. *Annals of Science*, 32:219-43.

1979a. Homo phrenologicus: Anthropological perspectives on an historical problem. In *Natural Order: Historical Studies of Scientific Culture*, edited by Barry Barnes and Steven Shapin, pp. 41-67. Beverly Hills and London: Sage Publications.

1979b. The politics of observation: Cerebral anatomy and social interests in the Edinburgh phrenology disputes. In *On the Margins of Science: The Social Construction of Rejected Knowledge*, edited by R. Wallis, pp. 139-78. Sociology Review Monograph no. 27. Keele, Staffordshire.

1981. Merton thesis. In *Dictionary of the History of Science*, edited by William F. Bynum, E. Janet Browne, and Roy Porter, pp. 262a-62b. Princeton: Princeton University Press.

1982. History of science and its sociological reconstructions. *History of Science* 20:157-211.

1988. Understanding the Merton thesis. *Isis* 79:594-605.

1993. Mertonian concessions. Review of *Making Science*, by Stephen Cole. Science 259:839-41.

SHAPIN, STEVEN, AND SIMON SCHAFFER

1985. *Leviathan and the Air-Pump: Hobbes, Boyle, and the Experimental Life*. Princeton: Princeton University Press.

SHAPIRO, BARBARA

1969. *John Wilkins, 1614-1672: An Intellectual Biography*. Berkeley and Los Angeles: University of California Press.

1974. Latitudinarianism and science in seventeenth-century England. In *The Intellectual Revolution of the Seventeenth Century*, edited by Charles Webster, pp. 286-316. London: Routledge & Kegan Paul. Originally published in *Past and Present* 40(1968):16-41.

SHARPE, R. BOWDLER

1893. *An Analytic Index to the Works of the Late John Gould. With a Biographical Memoir and Portrait*. London: Henry Sotheran.

SHERWOOD, JOHN, AND MARK NATAUPSKY

1968. Predicting the conclusions of Negro-White intelligence research from the biographical characteristics of the investigator. *Journal of Personality and Social Psychology* 8:53-58.

SHUTE, MICHAEL N.

1985. Henry Highland Garnet. In *American Reformers*, edited by Alden Whitman, pp. 332-34. New York: H. W. Wilson.

SIMON, EDITH

1963. *The Making of Frederick the Great*. Boston: Little, Brown.

SIMONTON, DEAN KEITH

1984a. *Genius, Creativity, and Leadership. Historiometric Inquiries*. Cambridge and London: Harvard University Press.

1984b. Is the marginality effect all that marginal? *Social Studies of Science* 14:621-22.

1984c. Scientific eminence historical and contemporary: A measurement assessment. *Scientometrics* 6:169-82

1987. *Why Presidents Succeed. A Political Psychology of Leadership*. New Haven and London: Yale University Press.

1988. *Scieitific Genius: A Psychology of Science*. Cambridge and New York: Cambridge University Press.

1990a. *Psychology, Science, and History: An Introduction to Historiometry*. New Haven and London: Yale University Press.

1990b. Personality and politics. In *Handbook of Personality: Theory and Research*, edited by
Lawrence A. Pervin, pp. 670-92. New York: Guilford Press.

1994. *Greatness: Who Makes History and Why*. New York and London: Guilford Press.

SIMPKINS, DIANA M.

1974. Malthus, Thomas Robert (1766-1834). *Dictionary of Scientific Biography* 9:67-71.

SINCLAIR, WILLIAM J.

1909. *Semmelweis: His Life and His Doctrine*. Manchester: University of Man chester Press.

SINGER, ELEANOR

1971. Adult orientation of first and later children. *Sociometry* 34:143-51.

SKINNER, G. WILLIAM

1992. Seek a loyal subject in f filial son: Family roots of political orientation in Chinese society.
In *Family Process and Political Process in Modern Chinese History*, pp. 943-93. Taipei,
Republic of China; Chiang Ching-kuo Foundation for International Scholarly Exchange.

SLATER, E.

1962. Birth order and maternal age of homosexuals. *Lancet* 13:69-71.

SMITH, COLIN

1976. *Carlos: Portrait of a Terrorist*. London: André Deutsch.

SMITH, DENIS MACK

1982. *Mussolini*. New York: Alfred A. Knopf.

SMITH, JOHN MAYNARD

1991. Dinosaur dilemma. Review of the Dinosauria, edited by David B. Weishample, Peter
Dodson, and Halszka Osmälska; and *Dinosaurs, Spitfires, and Sea Dragons*, by Chris
McGowan. *New York Review of Books*, 25 April, pp. 5-7.

SMITH, MERRITT ROE

1991. Industry, technology, and the "labor question" in 19th-century America: Seeking
synthesis. *Technology and Culture* 32:555-70.

SMITH, PRESERVED

1911. *The Life and Letters of Martin Luther*. Boston and New York: Houghton Mifflin.

SMITH, THOMAS EWIN

1971. Birth order, sibship size and social class as antecedents of adolescents' acceptance of
parents' authority. *Social Forces* 50:223-32.

SNOW, CHARLES P.

1961a. Either-or. *The Progressive* 24(February):24-25.

1961b. *The Two Cultures and the Scientific Revolution*. New York: Cambridge University Press.

SOBOUL, ALBERT

1980. Introduction to *Actes du Colloque Girondins et Montagnards*, edited by Albert Soboul.
Paris: Societé des Études Robespierristes.

SOLOMON, MIRIAM

1994. Social empiricism. *Noûs* 28:325-43.

SOLOVYOV, VLADIMIR, AND ELENA KLEPIKOVA

1992. *Boris Yeltsin: A Political Biography.* Translated by David Gurevich in collaboration with the authors. London: Weidenfeld and Nicolson.

SOMIT, ALBERT, ALAN ARWINE, AND STEVEN A. PETERSON

1996. *Birth Order and Political Behavior.* Lanham, Md.: University Press. of America.

SOMKIN, FRED

1973. Lubbock, Sir John (Lord Avebury) (1834-1913). *Dictionary of Scientific Biography* 8:527-29.

SONNERT, GERHARD

1995. *Who Succeeds in Science?: The Gender Dimension.* With the assistance of Gerald Holton. New Brunswick, N.J.: Rutgers University Press.

SONNERT, GERHARD, AND GERALD HOLTON

1996. Career patterns of women and men in the sciences. *American Scientist* 84:63-71.

SOUTHWELL, CHARLES

1840. *An Essay on Marriage; Addressed to the Lord Bishop of Exeter.* London: E. Roe.

ca. 1845. *The Confessions of a Free-Thinker.* London: Printed for the author.

SPENGEL, JOHANN WILHELM

1872. *Die Darwinische Theorie: verzeichniss der über dieselbe in Deutschland, England, Amerika, Frankreich, Italien, Holland, Belgien und Skandinavischen Riechen erschienenen Schriften und Aufsätze.* 2d ed. Berlin: Wiegant und Hempel.

SPINKA, MATTHEW

1968. *John Huss: A Biography.* Princeton: Princeton University Press.

SPITZ, LEWIS W.

1971. *The Renaissance and Reformation Movements.* 2 vols. St. Louis: Concordia Publishing House.

1973. Reformation. In *Dictionary of the History of Ideas: Studies of Selected Pivotal Ideas*, edited by Philip P. Weiner, vol. 4, pp. 66-69. New York: Charles Scribner's Sons.

1977. Psychohistory and history: An examination of Erikson's *Young Man Luther. In Psychohistory and Religion: The Case of Young Man Luther*, edited by Robert A. Johnson, pp. 57-96. Philadelphia: Fortress Press.

1985. *The Protestant Reformation*, 1517-1559. New York: Haper & Row.

SPURZHEIM, JOHANN G.

1838. *Phrenology, or th Doctrine of the Mental Phenomena.* 2 vols. 5th ed. Boston: Marsh, Capen and Lyon.

STANFIELD, JAMES FIELD

1813. *An Essay on the Study and Composition of Biography*. London: Sunderland.

STANNARD, DAVID E.

1980. *Shrinking History: On Freud and the Failure of Psychohistory*. Oxford and New York: Oxford University Press.

STEBBINS, ROBERT E.

1972. France. In *The Comparative Reception of Darwinism*, edited by Thomas F. Glick, pp. 117-63. Austin and London: University of Texas Press.

STEELAMAN, LALA CARR, AND BRIAN POWELL

1985. The social and academic consequences of birth order: Real, artifactual, or both. *Journal of Marriage and the Family* 47:117-24.

STEIN, RICHARD S., ADELE B. STEIN, AND JEROME KAGAN

1970. The effects of ordinal position and identification on the development of philosophical attitudes. *Journal of Genetic Psychology* 117:13-24.

STEPHEN, LESLIE

1888. Dickens, Charles (1812-1870). *Dictionary of National Biography* 5:20-32.

1890. Godwin, William (1756-1836). *Dictionary of National Biography* 8:64-68.

1893. Martineau, Harriet (1802-1876). *Dictionary of National Biography* 12:1194-99.

STEWART, JOHN A.

1986. Drifting continents and colliding interests: A quantitative application of the interests perspective. *Social Studies of Science* 16:261-79.

1987. Drifting or colliding interests?: A reply to Laudan with some new results. *Social Studies of Science* 17:321-31.

1990. *Drifting Continents & Colliding Paradigms: Perspectives on the Geoscience Revoution*. Bloomington and Indianapolis: Indiana University Press.

STEWART, LOUIS H.

1977. Birth order and political leadership. In *A Psychological Examination of Political Leaders*, edited by Margaret G. Hermann, with Thomas W. Milbury, pp. 205-36. New York: Free Press; London: Collier Macmillan.

1992. *Changemakers: A Jungian Perspective on Sibling Position and the Family Atmosphere*. London and New York: Routledge.

STEWART, RALPH H.

1967. Birth order and dependency. *Journal of Personality and Social Psychology* 6:192-94.

STIMSON, DOROTHY

1917. *The Gradual Acceptance of the Copernican Theory of the Universe*. New York: Baker & Taylor; Gloucester, Mass.: Peter Smith, 1972.

1935. Puritanism and the new philosophy in 17th century England. *Bulletin of the Institute of the History of Medicine* 3:321-34.

1948. *Scientists and Amateurs: A History of the Royal Society*. New York: Henry Schuman.

STIPP, DAVID

1994. Family matters. *The Wall Street Journal*, 23 August, pp. A1, A5.

STONE, LAWRENCE

1979. *Family, Sex, and Marriage in England, 1500-1800*. Abridged ed. New York: Harper Torchbooks.

STOWE, HARRIET BEECHER

1852. *Uncle Tom's Cabin; or, Life among the Lowly*. Boston: John P. Jewett.

STRESEMANN, ERWIN

1975. *Ornithology: From Aristotle to the Present*. Edited by G. William Cottrell. Translated by Hans J. and Cathleen Epstein. Cambridge and London: Harvard University Press.

STRICKLAND, HUGH E.

1840. On the true method of discovering the natural system in zoology and botany. *Notices and Abstracts to the British Association for the Advancement of Science; at the Glasgow Meeting, August 1840*. Vol. 10:128-29. London: John Murray.

1844. Report on the recent progress and present state of ornithology. In *Report of the Fourteenth Meeting of the British Association for the Advancement of Science; Held at York in September 1844*. Vol. 14: 170-219. London: John Murray.

SULLIVAN, WALTER

1974. *Continents in Motion: The New Earth Debate*. New York: McGraw-Hill.

SULLOWAY, FRANK J.

1969. Charles Darwin and the voyage of H.M.S. *Beagle*. A thesis presented to the Committe on History and Science for the degree of Bachelor of Arts, Harvar College.

1979a. Geographic isolation in Darwin's thinking: The vicissitudes of a crucial idea. *Studies in the History of Biology* 3:23-65.

1979b. *Freud, Biologist of the Mind: Beyond the Psychoanalytic Legend*. New York: Basic Books.

1982a. Darwin and his finches: The evolution of a legend. *Journal of the History of Biology* 15:1-53.

1986b. *The* Beagle *Collections of Darwin's Finches (Geospizinae). Bulletin of the British Museum (Natural History) Zoology Series* 43, no. 2.

1982c. Darwin's conversion: The *Beagle* Voyage and its aftermath. *Journal of the History of Biology* 15:325-96.

1983a. The legend of Darwin's finches. *Nature* 303:372.

1983b. Further remarks on Darwin's spelling habits and the dating of *Beagle* voyage manuscripts. *Journal of the History of Biology* 16:361-90.

1984. Darwin and the Galapagos. *Biological Journal of the Linnean Society* 21:29-59.

1985a. Darwin's "dogged" genius: His Galapagos visit in retrospect. *Noticias de Galapagos*, no.

42, pp. 7-14.

1985b. Darwin's early intellectual development: An overview of the *Beagle* voyage (1831-1836). In *The Darwinian Heritage*, edited by David Kohn, pp. 121-51. Princeton: Princeton University Press.

1991a. Reassessing Freud's case histories: The social construction of psychoanalysis. *Isis* 82:245-75.

1991b. Darwinian Psychobiography. Review of *Charles Darwin: A New Life*, by John Bowlby (1990). New York Review of Books, 10 October, pp. 28-32.

1995. Birth order and evoltionary psychology: A meta-analytic overview. *Psychological Inquiry* 6:75-80.

In prepartion (editor). *Testing Theories of Scientific Change.*

SULLOWAY, FRANK J., AND ADAMS, MARK B.

1970. Charles Darwin's voyage with H.M.S. *Beagle*. A series of six films and film guides. Cambridge, Mass.: Ealing Films.

SUOMI, STEPHEN J.

1982. Sibling relationships in nonhuman primates. In *Sibling Relationships: Their Nature and Significance across the Lifespan*, edited by Michael E. Lamb and Brian Sutton-Smith, pp. 329-56. Hillsdale, N.J.: Lawrence Erlbaum.

SUTTON-SMITH, BRIAN, AND B. G. ROSENBERG

1970. *The Sibling.* New York: Holt, Rinehart and Winston.

SWANSON, GUY

1967. *Religion and Regime: A Sociological Account of the Reformation.* Ann Arbor: University of Michigan Press.

SWARTH, HARRY S.

1931. *The Avifauna of the Galapagos Islands. Occasional Papers of the California Academy of Science*, no. 18.

SYDENHAM, MICHAEL JOHN

1961. *The Gironkins.* London: University of London.

1965. *The French Revolution.* London: B. T. Batsford.

SYMONS, DONALD

1979. *The Evolution of Human Sexuality.* New York: Oxford University Press.

TANNER, EDWIN P.

1931. Franklin, William (1731-1813). *Dictionary of American Biography* 6:600-601.

TATE, C. NEAL

1981. Personal attribute models of the voting behavior of U.S. Supreme Court justices: Liberalism in civil liberties and economics decisions, 1946-1978. *American Political Science Review* 75:355-67.

TATE, C. NEAL, AND ROGER HANDBERG

1991. Time binding and theory building in personal attribute models of Supreme Court voting behavior, 1916-88. *American Journal of Political Science* 35:460-80.

TAWNEY, RICHARD HENRY

1926. *Religion and the Rise of Capitalism: A Historical Study*. New York: Harcourt Brace.

TEMPKIN, OWSEI

1947. Gall and the phrenological movement. *Bulletin of the History of Medicine* 21:275-321.

THAGARD, PAUL

1989. Scientific cognition: Hot or cold? In *The Cognitive Turn: Sociological and Psychological Perspectives on Science*, edited by Steve Fuller, Marc de Mey, Terry Shinn, and Steve Woolgar, pp. 71-82. Dordrecht: Kluwer Academic.

THOMAS, ALEXANDER, AND STELLA CHESS

1977. *Temperament and Development*. New York: Brunner/Mazel.

THOMPSON, DOROTHY

1984. *The Chartists: Popular Politics in the Industrial Revolution*. New York: Pantheon Books.

THOREN, VICTOR E.

1990. *The Lord of Uraniborg: A Biography of Tycho Brahe*. With contributions by John R. Christianson. Cambridge: Cambridge University Press.

TODD, JOHN M.

1982. *Luther: A Life*. London: Hamish Hamilton.

TOLAND, JOHN

1976. *Adolf Hitler*. Garden City, N.Y.: Doubleday.

TOMAN, WALTER

1961. *Family Constellation*. New York: Springer.

1970. Birth order rules all. *Psychology Today*, December, pp. 44-49, 68-70.

1971. The duplication theorem of social relationships as tested in the general population. *Psychological Review* 78:380-90.

1988. Basics of family structure and sibling position. In *Siblings in Therapy: Life Span and Clinical Issues*, edited by Michael D. Kahn and Karen Gail Lewis, pp. 46-65.

1989. Family constellations and friendships systems. *Contemporary Family Therapy* 11:3-20.

1992. *Family Constellations*. 4th ed. New York: Springer.

TOMAN, WALTER, AND SIEGFRIED PREISER

1973. *Familienkonstellationen und ihre Störungen: Ihre Wirkungen auf die Person, ihre sozialen Beziehungen und die nachfolgende Generation*. Stuttgart: Ferdinand Enke.

TOOBY, JOHN, AND LEDA COSMIDES

1990a. On the universality of human nature and the uniqueness of the individual: The role of genetics and adaptation. *Journal of Personality* 58:17-68.

1990b. The past explains the present: Emotional adaptations and the structure of ancestral environments. *Ethology and Sociobiology* 11:375-424.

1992. Psychological foundations of culture. In *The Adapted Mind: Evolutionary Psychology and the Generation of Culture*, edited by Jerome H. Barkow, Leda Cosmides, and John Tooby, pp. 19-136. New York: Oxford University Press.

In press. Friendship and the banker's paradox: Other pathways to the evolution of adaptations for altruism. *Proceedings of the British Academy: Evolution of Social Behaviour Patterns in Primates and Man*. Edited by John Maynard Smith.

TOULMAN, STEPHEN

1972. *Human Understanding*. Princeton: Princeton University Press.

TRAVIS, RUSSELL, AND VANDANA KOHLI

1995. The birth order factor: Ordinal position, social strata, and educational achievement. *Journal of Social Psychology* 135:499-507.

TRIVERS, ROBERT L.

1972. Parental investment and sexual selection. In *Sexual Selection and the Descent of Man, 1871-1971*, edited by Bernard Campbell, pp. 136-79. Chicago: Aldine.

1974. Parent-offspring conflict. *American Zoologist* 14:249-64.

1985. *Social Evolution*. Menlo Park, Calif.: Benjamin/Cummings.

TRIVERS, ROBERT L., AND DAN WILLARD

1973. Natural selection of parental ability to very the sex-ratio of offspring. *Science* 179:90-92.

TROELTSCH, ERNST

1913. *Zur religiösen Lage, Religionsphilosophie und Ethik*. Tübingen: J. C. B. Mohr.

1931. *The Social Teachings of the Christian Churches*. Translated by Olive Wyon. London and New York: Macmillan.

TUFTE, EDWARD R.

1983. *The Visual Display of Quantitative Information*. Cheshire, Conn.: Graphics Press.

1990. *Envisioning Information*. Cheshire, Conn.: Graphics Press.

TURNER, FRANK MILLER

1974. *Between Science and Religion: The Reaction to Scientific Naturalism in Late Victorian England*. New Haven and London: Yale University Press.

1978. The Victorian conflict between science and religion: A professional dimension. *Isis* 69:356-76.

1990. The Victorian crisis of faith and the faith that was lost. In *Victorian Faith in Crisis: Essays on Continuity and Change in Nineteenth-Century Religious Belief*, edited by Richard J. Helmstadter and Bernard Lightman, pp. 9-38. London: Macmillan; Palo Alto, Calif.: Stanford University Press.

ULMER, S. SIDNEY

1986. Are social background models time-bound? *American Political Science Review* 80:957-67.

USSHER, JAMES

1650. *Annales Veteris Testamenti, a prima mundi origine deducti*. London: J. Flesher.

VERGER, DON

1968. Birth order and sibling differences in interests. *Journal of Individual Psychology* 24:56-59.

VERNON, PHILIP EWART, ED.

1970. *Creativity: Selected Readings*. Harmondsworth: Penguin Books.

VICKERS, BRIAN

1993. *Appropriating Shakespeare: Contemporary Critical Quarrels*. New Haven and London: Yale University Press.

VISHER, STEPHEN SARGENT

1947. *Scientists Starred 1903-1943 in "American Man of Science": A Study of Collegiate and Doctoral Training, Birthplace, Distribution, Backgrounds, and Developmental Influences.* Baltimore: Johns Hopkins University Press.

VOCKELL, E. L., D. W. FELKER, AND C. H. MILEY

1973. Birth order literature 1967-1971: Bibliography and index. *Journal of Individual Psychology* 29:39-53.

VOGEL, CHRISTIAN

1992. Die Rolle der Familie im biogenetischen Geschehen. In *Fortpflanzung: Natur und Kultur*, edited by Eckart Voland, pp. 290-305. Frankfurt: Suhrkamp.

VOLAND, ECKART

1984. Human sex-ratio manipulation: Historical data from a German parish. *Journal of Human Evolution* 13:99-107.

1990. Differential reproductive success within the Krummhorn population (Germany, 18th and 19th centuries). *Behavioral Ecology and Sociobiology* 26:65-72.

VOLTAIRE (FRANÇOIS-MARIE AROUET)

1733. *Letters concerning the English Nation*. London: C. Davis and A. Lyon.

1734. *Letters philosophiques*. Amsterdam: E. Lucas. Translated as *Letters on England*, by Leonard Tancock. Middlesex, England: Penguin Books, 1980.

1738. *Éléments de la philosophie de Newton*. Amsterdam: Étienne Ledet.

1835-38. *Oeuvres de Voltaire, avec des notes et une notice historique sur la vie de Voltaire*. 13 vols. Paris: Furne.

1877-85. *Oeuvres complètes de Voltaire*. 52 vols. Paris: Garnier Frères.

1953-1965. *Voltaire's Correspondence*. Edited by Theodore Besterman. 107 vols. Geneva: Institut et Musée Voltaire.

VOLTAIRE (FRANÇOIS-MARIE AROUET) AND FREDERICK THE GREAT

1927. *Letters of Voltaire and Frederick the Great*. Selected and translated by Richard Aldington.

London: G. Routledge & Sons; New York: Brentano's.

WADE, IRA O.

1969. *The Intellectual Development of Voltaire*. Princeton: Princeton University Press.

WALLACE, ALFRED RUSSEL

1855. On the law which has regulated the introduction of new species. *Annals and Magazine of Natural History* 26:184-96.

1859 [1858]. On the tendency of varieties to depart indefinitely from the original type. *Journal of the Proceedings of the Linnean Society (Zoology)* 3:53-62; reprinted in Darwin and Wallace (1958:268-79).

1869. *The Malay Archipelago: The Land of the Orang-utan and the Bird of Paradise; a Narrative of Travel with Studies of Man and Nature*. London; Macmillan.

1889. *Darwinism, an Exposition of the Theory of Natural Selection with Some of its Applications*. London: Macmillan.

1905. *My Life; a Record of Events and Opinions*. 2 vols. London: Chapman and Hall; New York: Dodd, Mead.

WALLER, NIELS G., BRIAN A. KOJETIN, THOMAS J. BOUCHARD, JR., DAVID T. LYKKEN, AND AUKE TELLEGEN

1990. Genetic and environmental influences on religious interests, attitudes, and values: A study of twins reared apart and together. *Psychological Science* 2:138-42.

WALLER, NIELS G., AND PHILLIP R. SHAVER

1994. The importance of nongenetic influences on romantic love styles: A twin-family study. *Psychological Science* 5:268-74.

WALTER, GÉRARD

1961. *Robespierre*. 2 vols. Paris: Gallimard.

WALTER, MAILA L.

1990. *Science and Cultural Crisis: An Intellectual Biography of Percy Williams Bridgman (1882-1961)*. Stanford: Stanford University Press.

WARD, REGINALD SOMERSET

1934. *Maximilien Robespierre: A Study in Deterioration*. London: Macmillan.

WARNICKE, RETHA M.

1989. *The Rise and Fall of Anne Boleyn: Family Politics at the Court of Henry VIII*. Cambridge and New York: Cambridge University Press.

WARREN, JONATHAN R.

1966. Birth order and social behavior. *Psychological Bulletin* 65:38-49.

WEBER, MAX

1904. *Die Protestantische Ethik und der "Geist" des Kapitalismus*. Tübingen and Leipzig: J. C. B. Mohr.

1930. *The Protestant Ethic and the Spirit of Capitalism*. Translated by Talcott Parsons. London: George Allen & Unwin.

WEBER, PAUL

1984. The birth oddity in Supreme Court appointments. *Presidential Studies Quarterly* 14:561-68.

WEBSTER, CHARLES

1966. Richard Towneley (1629-1707), and the Towneley group, and seven-teenth-century science. *Transactions of the Historical Society of Lancashire and Cheshire* 118:51-76.

1976. *The Great Instauration: Science, Medicine and Reform, 1626-1660*. New York: Holmes & Meier.

1986. Puritanism, separatism, and science. In *God and Nature: Historical Essays on the Encounter between Christianity and Science*, edited by David C. Lind-berg and Ronald L. Numbers, pp. 198-200. Berkeley and Los Angeles: University of California Press.

WEBSTER, RICHARD

1995. *Why Freud Was Wrong: Sin, Science and Psychoanalysis*. New York and London: HarperCollins.

WEDGWOOD, BARBARA, AND HENSLEIGH WEDGWOOD

1980. *The Wedgwood Circle, 1739-1897: Four Generations of a Family and Their Friends*. London: Studio Visa.

WEDGWOOD, JOSIAH

1929. *The Economics of Inheritance*. London: George Routledge & Sons.

WEGENER, ALFRED

1929. *Die Entstehung der Kontinente und Ozeane*. Braunschweig: Vieweg & Sohn; first edition, 1915. Translated as *The Origins of Continents and Oceans* by John Biram from the fourth revised German edition. New York: Dover, 1966.

WEINER, JONATHAN

1994. *The Beak of the Finch: A Story of Evolution in Our Time*. New York: Alfred A. Knopf.

WEINGART, PETER, JÜRGEN KROLL, AND KURT BAYERTZ

1988. *Rasse, Blut, und Gene: Geschichte der Eugenik und Rassenhygiene in Deutschland*. Frankfurt am Main: Suhrkamp.

WEIR, ALISON

1991. *The Six Wives of Henry VIII*. New York: Ballantine Books.

WEISS, PHILP

1989, Conduct unbecoming? *New York Times Magazine*, 29 October, pp. 40-95.

WEISS, SHEILA FAITH

1987. *Racial Hygiene and National Efficiency: The Eugenics of Wilhelm Schallmayer*. Berkeley and Los Angeles: University of California Press.

WELLS, KENTWOOD D.

1973. The historical context of natural selection: The case of Patrick Matthew. *Journal of the History of Biology* 6:225-58.

WENKE, ROBERT A.

1989. *The Art of Selecting a Jury*. 2d ed. Springfield, Ill.: Charles C. Thomas.

WEST, S. STEWART

1960. Sibling configuration of scientists. *American Journal of Sociology* 66:268-74.

WESTFALL, RICHARD S.

1958. *Science and Religion in Seventeenth-Century England*. New Haven and London: Yale University Press.

1971a. *Force in Newton's Physics: The Science of Dynamics in the Seventeenth Century*. London: Macdonald; New York: Elsevier.

1971b. *The Construction of Modern Science: Mechanisms and Mechanics*. New York: John Wiley & Sons; Cambridge: Cambridge University Press, 1977.

1980. *Never at Rest: A Biography of Isaac Newton*. Cambridge: Cambridge University Press.

1985. Scientific patronage: Galileo and the telescope. *Isis* 76:11-30.

WESTMAN, ROBERT S.

1975a. The Melanchthon circle, Rheticus, and the Wittenberg interpretation of the Copernican theory. *Isis* 66:165-93.

1975b. Ed. *The Copernican Achievement*. Berkeley and Los Angeles: University of California Press.

WHITMAN, ALDEN, ED.

1985. *American Reformers*. New York: H. W. Wilson.

WHITTERIDGE, GWENETH

1971. *William Harvey and the Circulation of the Blood*. London: Macdonald; New York: Elsevier.

WIGGINS, JERRY S.

1979. A psychological taxonomy of trait-descriptive terms: The interpersonal domain. *Journal of Personality and Social Psychology* 37:395-412.

WILKINSON, LELAND

1990. SYGRAPH: *The System for Graphics*. Evanston, Ill.: SYSTAT.

WILKINSON, LELAND, AND MARY ANN HILL

1994. *Using SYSTAT*. Evanston, Ill.: SYSTAT.

WILLIAMS, GEORGE C.

1966. *Adaptation and Natural Selection: A Critique of Some Current Evolutionary Thought*. Princeton: Princeton University Press.

1975. *Sex and Evolution*. Princeton: Princeton University Press.

WILLIAMS, GEORGE HUNSTON

1962. *The Radical Reformation*. Philadelphia: Wastminster Press.

1992. *The Radical Reformation*. 3d ed. Vol. 15 of Sixteenth Century Essays and Studies.
    Kirksville, Mo.: Sixteenth Century Journal Publishers.

WILLIAMS, L. PEARCE

1965. *Michael Faraday: A Biography*. London: Chapman & Hall; New York: Basic Books.

1971. Faraday, Michael (1791-1867). *Dictionary of Scientific Biography* 4:527-40.

WILLIAMS, WESLEY C.

1971. Chambers, Robert (1802-1871). *Dictionary of Scientific Biography* 3:191-93.

WILLIAMS-ELLIS, AMABEL

1966. *Darwin's Moon: A Biography of Alfred Russel Wallace*. London and Glasgow: Blackie.

WILSON, ALEXANDER

1970. *The Chartist Movement in Scotland*. New York: Augustus M. Kelley.

WILSON, ARTHUR M.

1972. *Diderot*. New York: Oxford University Press.

WILSON, DAVID SLOAN

1996. Adaptation and individual differences. Talk presented at the Human Behavior and
    Evolution Society meetings, Northwestern University, 29 June.

WILSON, EDWARD O.

1971. *The Insect Societies*. Cambridge: Harvard University Press.

1975. *Sociobiology: The New Synthesis*. Cambridge: Harvard University Press.

1978. *On Human Nature*. Cambridge; Harvard University Press.

WILSON, GEORGE, AND ARCHIBALD GEIKIE

1861. *Memoir of Edward Forbes*. Cambridge and London: Macmillan; Edinburgh: Edmonston
    and Douglas.

WILSON, LEONARD G.

1970. *Sir Charles Lyell's Scientific Journals on the Species Question*. New Haven and London: Yale
    University Press.

WINKLER, MARY G., AND ALBERT VAN HELDEN

1992. Representing the heavens: Galileo and visual astronomy. *Isis* 83:195-217.

WINSOR, MARY PICKARD

1979. Louis Agassiz and the species question. *Studies in the History of Biology* 3:89-117.

WINTER, DAVID G. *The Power Motive*. New York: Free Press.

WOLF, FREDERIC M.

1986. *Meta-Analysis: Quantitative Methods for Research Synthesis*. Beverly Hills, Calif.: Sage
    Publications.

WOLFENSTEIN, E. VICTOR

1967. *The Revolutionary Personality: Lenin, Trotsky, Gandhi*. Princeton, N.J.: Princeton University Press.

WOODWARD, KENNETH L., WITH LYDIA DENWORTH

1990. The order of innovation: A study finds scientific rebles are born, not made. *Newsweek*, 21 May, p. 76.

WORKMAN, HERBERT B.

1926. *John Wyclif: A Study of the English Medieval Church*. 2 vols. Oxford: Clarendon Press.

WRENCH, GUY THEODORE

1913. *Lord Lister, His Life and Work*. London: T. Fisher Unwin.

WRENCH, SUSAN BLEISWEIS

1985a. Sojourner Truth. In *American Reformers*, edited by Alden Whitman, pp. 814-15. New York: H. W. Wilson.

1985b. Harriet Tubman. In *American Reformers*, edited by Alden Whitman, pp. 816-18. New York: H. W. Wilson.

WRIGHT, ROBERT

1994. *The Moral Animal: Evolutionary Psychology and Everyday Life*. New York: Pantheon Books.

WRIGLEY, E. A., AND R. S. SCHOFIELD

1981. *The Population History of England, 1541-1871: A Reconstruction*. Cambridge: Harvard University Press.

WURZBACH, CONSTANT VON

1884. Unger, Franz. *Biographisches Lexikon des kaiserthums Oesterreich* 49:44-61.

YOUNG, ROBERT M.

1970. *Mind, Brain and Adaptation in the Nineteenth Century; Cerebral Localization and Its Biological Context from Gall to Ferrier*. Oxford: Oxford Clarendon Press.

1972. Gall, Franz Joseph (1758-1828). *Dictionary of Scientific Biography* 5:250-56.

1985. *Darwin's Metaphor: Nature's Place in Victorian Culture*. Cambridge: Cambridge University Press.

ZAJONC, ROBERT B.

1976. Family configuration and intelligence. *Science* 192:227-36.

1983. Validating the confluence model. *Psychological Bulletin* 93:457-80.

ZAJONC, ROBERT B., AND JOHN BARTH.

1980. Birth order, family size, and decline of SAT scores. *American Psychologist* 35:662-68.

ZAJONC, ROBERT B., AND GREGORY B. MARCUS

1975. Birth order and intellectual development. *Psychological Review* 82:74-88.

ZAJONC, ROBERT B., HAZEL MARCUS, AND GREGORY B. MARCUS

1979. The birth-order puzzle. *Journal of Personality and Social Psychology* 37:1325-41.

ZANGWILL, OLIVER L.

1966. The consequences of brain damage. *International Journal of Neurology* 5:395-402.

ZIMBARDO, PHILIP G.

1977. *Shyness: What It Is and What to Do about It*. New York: Addison-Wesley.

ZIMBARDO, PHILIP G., AND MICHEL R. LEIPPE

1991. *The Psychology of Attitude Change*. Philadelphia: Temple University Press.

ZINNER, ERNST

1943. *Entstehung und Ausbreitung der Copernicanischen Lehre*. Erlangen: Kommissionsverlag von Max Mencke.

ZUCKER, KENNETH J., AND RAY BLANCHARD

1994. Reanalysis of Bieber et al.'s 1962 data on sibling sex ratio and birth order in male homosexuals. *Journal of Nervous and Mental Disease* 182:528-30.

ZUCKERMAN, HARRIET

1977. *Scientific Elite: Nobel Laureates in the United States*. New York: Free Press; London: Collier Macmillan.

ZUCKERMAN, MARVIN

1987. All parents are environmentalists until they have their second child. *Behavioral and Brain Sciences* 10:42-44.

1990. The psychophysiology of sensation seeking. *Journal of Personality* 58:313-45.

ZWEIG, STEFAN

1934. *Erasmus of Rotterdam*. Translated by Eden and Ceder Paul. New York: Viking.

ZWEIGENHAFT, RICHARD L.

1975. Birth order, approval-seeking and membership in Congress. *Journal of Individual Psychology* 31:205-10.

# 찾아보기

●

**정병선**

연세대학교에서 글쓰기와 저널리즘을 공부했다.
『브레인 스토리』, 『우리는 왜 달리는가』, 『노화와 질병』, 『우리는 어떻게
비행기를 만들었나』, 『조류 독감』, 『엘니뇨와 제국주의로 본 빈곤의 역사』,
『존 리드 평전』, 『거짓 나침반』, 『전쟁의 얼굴』, 『렘브란트와 혁명』 등을
한국어로 옮겼다.
네 형제 중 막내로, '타고난 반항아'임을 자각하고 있다.

사이언스 클래식 12

# 타고난 반항아

1판 1쇄 펴냄 2008년 5월 1일
1판 4쇄 펴냄 2017년 11월 3일

지은이    프랭크 설로웨이
옮긴이    정병선
펴낸이    박상준
펴낸곳    (주)사이언스북스
출판등록 1997. 3. 24.(제16-1444호)
(06027) 서울특별시 강남구 도산대로1길 62
대표전화 515-2000, 팩시밀리 515-2007
편집부 517-4263, 팩시밀리 514-2329
www.sciencebooks.co.kr

한국어판 ⓒ (주)사이언스북스, 2008. Printed in Seoul, Korea.

ISBN 978-89-8371-221-9 03300